기업금융과 M&A

최상우(공인회계사) · 전우수(공인회계사) · 박준영 공저

개정증보판

SAMIL | 삼일인포마인

머리말

실무자의 입장에서 기업금융과 M&A업무 수행에 미력이나마 도움이 되는 업무매뉴얼을 만들어보고자 출발한 본서가 올해로 11판째를 맞이하였습니다. 3년만에 나온 금번 개정판에서는 2023년초까지 개정된 상법, 자본시장법, 공정거래법, 그리고 시행령등 각종 하위 규정등에 대한 해설을 상세히 반영하였고, 2022년 12월에 나온 금감원 기업공시 실무안내, 그리고 10판 발행 이후 각종 거래소 규정등 제반 규정, 회계처리 및 세무에 대한 개정내용을 충실히 반영하려 노력하였습니다. 특히 2020년 12월말 전부개정된 독점규제 및 공정거래에 관한 법률(공정거래법)과 2021년 8월 전부개정된 코스닥시장상장규정 관련한 내용을 최대한 반영하였습니다.

매 개정판마다 기존의 오류를 수정하고 표현양식의 통일성을 기하고자 노력하였습니다만, 혹시나 발견하실 수 있는 오류에 대해서는 미리 양해의 말씀을 구합니다. 아울러 시중의 많은 전문서적 관계자들보다 우리가 먼저 변경된 규정을 해석하고, 최근 사례들을 참조하여 기존 판의 일정표와 해설을 수정하는 것이 결코 쉬운 일은 아니었습니다.

현대 사회의 기업들은 복잡하고 다양한 기업금융과 M&A업무를 진행하고 있는데, 매년 수차례씩 개정되는 관련 법규, 회계 및 세무규정은 더욱 큰 난관이 되고 있습니다. 또한, 다수의 이해관계자, 명확하지 않은 규정외 고려요소 등이 실무자의 부담을 키우고 있습니다. 이에 저자들은 오랜 세월 실제 기업고객을 상대로 자문하며 축적한 나름의 노하우를 본서에 충실히 반영하고자 하였습니다.

본서는 단순한 규정 나열이나 실무에 필요없는 이론적 서술을 지양하고, 보다 더 실무적이고 체험적인 내용에 집중하고 있습니다. 그러나 오히려 이러한 한계로 인해 내용요약 및 해석상에 오류가 있을 수 있습니다. 또한 본 개정판 이후 관련 규정이 수시로 변경될 수 있습니다. 따라서 실무에 적용할 경우, 반드시 사전에 현재 규정을 체크하고 금융감독원 및 거래소 공시 등을 활용하여 최신 사례를 찾고, 필요시 관계기관에 질의를 하시기 바랍니다.

끝으로 3년만에 개정판이 나오기까지 아낌없이 지원해 주신 삼일인포마인 이희태 대표이사님과 조원오 전무님 이하 임직원 여러분에게 감사의 말씀을 전합니다. 보다 더 정확하고, 실무에 도움되는 내용이 반영된 다음 판에서 다시 인사드리겠습니다.

저자 최상우 · 전우수 · 박준영

차 례

제2장   **분 할**

차 례

차 례

제4장 영업양수 · 도 및 자산양수 · 도

제5장　　**주식매수청구권**

차 례

차 례

제9장 증 자

차 례

제10장 주식연계채권

제12장 지주회사

차 례

제13장 가치평가

제1장

합 병

01 합 병

I 합병의 정의

합병은 2개 이상의 회사가 계약에 의하여 청산절차를 거치지 않고 하나의 회사로 합쳐지는 것을 의미한다. 합병은 피합병회사의 자산과 부채를 포함한 모든 권리와 의무가 합병회사에게 포괄적으로 승계되고 그 대가로 합병회사는 피합병회사 주주들에게 합병회사의 주식과 합병교부금을 지급함으로써 합병회사와 피합병회사는 법적 및 경제적으로 하나의 회사가 된다.

II 합병의 종류

합병은 합병당사회사의 소멸 여부에 따라 흡수합병과 신설합병으로 구분된다.

흡수합병	• 합병당사회사 중 하나가 존속하여 다른 회사의 모든 권리와 의무를 포괄적으로 승계하는 형태 • 존속회사를 합병회사라 하고 소멸회사를 피합병회사라 하며 피합병회사의 주주는 합병회사의 주식과 합병교부금을 교부받음.
신설합병	• 2개 이상의 합병당사회사가 신설회사를 설립하여 합병당사회사의 모든 권리와 의무를 신설회사로 포괄이전하고 합병당사회사는 별도의 청산절차를 거치지 않고 소멸하는 형태 • 신설회사를 합병회사라 하고 소멸되는 회사를 피합병회사라 하며 소멸되는 합병당사회사의 주주는 신설회사의 주식과 합병교부금을 교부받음.

또한 합병은 상법상 합병절차의 간소화의 정도에 따라 일반합병, 소규모합병, 간이합병으로 구분된다.

일반합병	합병계약서에 대한 승인은 반드시 주주총회의 특별결의를 거쳐야 하며 반대주주의 주식매수청구권은 인정함
소규모합병 (상법 제527조의3)	• 흡수합병시 존속회사에 대해서만 인정됨. • 합병신주의 비율이 합병회사 발행주식총수의 10%를 초과하지 아니하고 합병교부금이 합병회사 최종 대차대조표상 순자산의 5%를 초과하지 아니하는 경우 인정됨. • 합병회사는 합병에 대한 주주총회결의를 이사회결의로 대체하고 반대주주의 주식매수청구권을 인정하지 않음. • 합병회사의 발행주식총수의 20% 이상이 소규모합병공고(통지)일로부터 2주간 내에 서면으로 합병반대의사를 통지할 경우에는 소규모합병이 인정되지 아니함.
간이합병 (상법 제527조의2)	• 흡수합병시 소멸회사에 대해서만 인정됨. • 소멸회사 총주주의 동의가 있거나 존속회사가 소멸회사 주식의 90% 이상을 소유한 경우에 인정됨. • 소멸회사는 주주총회의 승인을 거치지 않고 이사회 승인만으로 합병 가능 • 소멸회사 총주주의 동의가 있는 경우 반대주주가 존재하지 않으므로 주식매수청구권이 발생할 가능성은 없으나, 존속회사가 소멸회사 주식의 90% 이상을 소유한 간이합병의 경우에는 반대주주가 존재할 수 있으므로 주식매수청구권이 인정됨.

III 합병의 제한

합병자유의 원칙에 의거하여 회사 간 합병은 자유롭게 이루어지나 회사의 종류 및 특성, 정책적인 목적, 자본시장의 건전한 질서유지를 위하여 상법, 「독점규제 및 공정거래에 관한 법률」(이하 공정거래법), 「자본시장과 금융투자업에 관한 법률」 (이하 자본시장법)상 일정부분 합병이 제한된다.

1 상법과 공정거래법상 제한

상 법	물적 회사와 인적 회사 간 합병(제174조 ②)	유한회사, 유한책임회사 및 주식회사 등의 물적 회사(자본적 결합체)와 합명회사, 합자회사 등의 인적 회사(조합적 실체)간 합병시 존속회사가 인적 회사일 경우 사원의 책임이 가중되는 결과가 발생하므로 존속회사는 반드시 물적 회사이어야 함.
	주식회사와 유한회사의 합병(제600조)	• 주식회사와 유한회사 간 합병시 존속회사가 주식회사인 경우 유한회사는 주식회사의 설립 절차를 생략하고 주식회사로 전환되므로 이를 방지하기 위하여 법원의 인가를 받아야 함. • 합병의 존속회사 또는 합병으로 설립되는 회사가 유한회사인 경우 유한회사는 사채발행이 인정되지 않으므로 주식회사에 존재하는 사채의 상환이 완료되어야 합병이 가능함.
	해산 후 회사의 합병 (제174조 ③)	해산 후의 회사는 존립 중의 회사를 존속회사로 하는 경우에 한하여 합병이 가능함.
공정거래법	기업결합의 제한 (제9조)	합병을 통해 일정한 거래분야에서 경쟁을 실질적으로 제한하여서는 아니됨. 단, 효율성 증대효과가 경쟁제한의 폐해보다 큰 경우 등은 예외
	사후신고제도 (제11조 ①, ⑥)	특수관계인을 포함하여 자산 또는 매출총액이 3천억원 이상인 회사가 합병 당사회사에 포함된 경우 신고기준일(합병등기일)로부터 30일 내에 기업결합신고를 하여야 함.[주1)

공정거래법	사전신고제도 (제11조 ⑥, ⑦)	대규모회사[주2)]가 합병 당사회사에 포함된 경우 합병계약체결일부터 기업결합일 이전까지 기업결합신고를 하여야 하며, 신고 후 공정위 심사 결과를 통지받기 전까지(30일 소요, 공정위 필요시 90일 추가연장 가능) 합병등기를 하여서는 아니됨.

주1) 공정거래법상 기업결합신고에 있어 합병 당사회사 중 타일방의(특수관계인 포함) 자산 또는 매출총액이 300억원 미만일 경우에는 신고면제(공정거래법 시행령 제18조 ②)

주2) 특수관계인을 포함하여 자산 또는 매출총액이 2조원 이상인 회사(공정거래법 제9조 ①, 시행령 제15조)

 | 공정거래법상 특수관계인의 범위 |

특수관계인(공정거래법 시행령 제14조)
- 해당 회사를 사실상 지배하고 있는 자
- 동일인 관련자(단, 공정거래법에 의한 계열분리된 자 또는 지배적영향력 행사에 해당되지 않을 경우 제외 가능(영 제6조)
- 경영을 지배하려는 공동의 목적을 가지고 당해 기업결합에 참여하는 자

 | 공정거래법상 경쟁제한 |

실질적 경쟁제한으로 추정되는 경우(공정거래법 제9조 ③, 제6조)
- 시장점유율의 합계가 1)시장지배적사업자(단독으로 50% 이상, 3사 이하가 75% 이상인 경우(단 10% 미만인 자 제외), 2)해당 거래분야 1위, 또는 3)2위사업자와의 차이가 25% 이상이 되는 경우
- 특수관계인 포함 자산 또는 매출 2조원 이상의 대규모회사의 경우, 1)중소기업이 점유율 2/3 이상인 시장에서의 결합, 또는 2)해당 결합으로 점유율 5% 이상 되는 경우

② 자본시장법 및 감독규정에 의한 제한

일반적으로 유가증권상장법인과 코스닥상장법인(이하 상장법인)은 지분분산으로 인하여 다수의 주주가 존재하고 자본시장에서 직접 금융을 통하여 외부자금을 조달하므로 다수의 채권자 등 이해관계자가 존재하게 된다.

따라서 상장법인은 다양한 이해관계자들의 권리가 결집된 집합체로서 부실기업을 합병함으로써 재무구조가 악화되거나 부적격기업의 우회상장 수단으로, 또는 대주주의 부당한 이익획득 수단으로 악용되는 일이 없도록 하기 위하여 다음과 같은 엄격한 의무를 부여하고 있다.

제한규정	유가증권상장법인	코스닥상장법인
주요신고사항	주요사항보고서, 증권신고서 등 제출	좌 동
주요신고사항에 대한 벌칙	• 손해배상책임 • 금융위 조사 및 조치 • 형사적 책임	좌 동
합병비율 외부기관 평가	상장법인이 비상장법인과 합병시 합병비율에 대하여 외부기관의 평가를 받도록 함	좌 동
비상장대법인주1)과 합병시 규정 강화	• 상장법인과 합병하는 비상장대법인의 합병 요건 강화	한국거래소 우회상장실질 심사 대상주2)
우회상장 요건 강화	• 우회상장 요건 미충족시 상장 폐지 • 우회상장으로 인한 경영권 변동시 비상장법인에 대한 한국거래소 우회상장예비심사 실시 및 비상장법인 최대주주 등의 지분 매각 제한	좌 동
합병 후 단기분할 제한	상장법인과 비상장법인이 합병 후 합병등기일로부터 3년 내 분할재상장 관련 이사회결의시, 분할신설법인의 주된 영업부문에 합병 당시 비상장법인의 주된 영업부문 포함시 재상장 요건 강화	상장법인과 비상장법인이 합병 후 합병기일로부터 3년 내 분할재상장시 분할신설법인 재상장 요건 강화

주1) 비상장대법인 : 주요사항보고서 제출 직전 사업연도의 재무제표 기준 비상장법인의 자산총계, 자본금, 매출액 중 두 가지 이상이 상장법인보다 큰 비상장법인
주2) 코스닥상장법인과 합병하는 비상장대법인의 경우, 형식적요건만 적용되는 유가증권상장규정과는 달리 별도의 한국거래소 우회상장 예비심사의 대상이 됨. (제6장 우회상장 편 참조)

(1) 주요 신고사항

합병은 다수결의 원칙(주총 특별결의)에 의하여 회사 대주주의 이해관계에 따라 결정되는 것이 일반적이어서 공정성이 확보되지 않을 경우 소액주주가 피해를 볼 수 있다.

주요사항보고서 및 증권신고서는 위와 같은 불공정한 합병으로 인한 소액주주의 피해를 방지하기 위하여 마련된 것으로서, 합병의 목적, 방법, 요령, 합병비율, 반대주주 및 채권자의 권리행사방법, 합병당사회사에 관한 사항 등을 포함하고 있다. 자본시장법 시행 이후 사업보고서 제출대상법인은 주요사항보고서의 제출을 통하여 합병관련 주요사항을 공시하도록 하고 있다.

또한 합병으로 인하여 증권을 모집 또는 매출하는 경우에는 증권신고서를 금융위에 제출하여야 하며, 증권신고서 수리일로부터 일정한 기간이 경과되면 투자설명서를 금융위에 제출하고 주주총회일 이전까지 피합병회사 주주에게 투자설명서를 교부하여야 한다. 또한, 증권신고서를 제출한 합병회사는 합병기일 이후 지체없이 증권발행실적보고서를 금융위에 제출하여야 하며, 증권발행실적보고서 제출시 합병종료보고서의 제출은 면제된다.

❖ 주요 신고사항 요약 ❖

구분	비상장법인		상장법인
	사업보고서 대상 제외	사업보고서 대상[주1]	
주요사항 보고서	미제출	제출	제출
합병종료 보고서	미제출	미제출	제출 (단, 증권발행실적보고서 제출시 미제출)
증권신고서	• 모집매출[주2] 해당시 제출 • 모집매출 미해당시 미제출	좌동	좌동
투자설명서	증권신고서 제출시 제출	좌동	좌동
증권발행실적 보고서	증권신고서 제출시 제출	좌동	좌동

주1) 사업보고서 제출대상법인 : 주권 및 증권 등을 상장한 법인, 주권 및 증권 등을 모집·매출한 법인(상장폐지 법인 포함), 주권 및 증권 등별로 소유자 수가 500인 이상인 외감대상법인(자본시장법 시행령 제167조 ①)

주2) 모집 또는 매출 : 50명 이상의 자에게 증권의 취득권유 또는 매도권유를 하는 행위(이전 6개월 이내
　　에 권유대상자 합산), 기존 상장법인 및 모집매출 실적이 있는 법인의 신주발행은 간주모집으로 의
　　제. 다만 권유대상자가 50인 미만이라 하더라도, 주식을 교부받는 시점에서 지체없이 한국예탁결제
　　원에 예탁하고 그 예탁일부터 1년간 해당 증권을 인출하거나 매각하지 않기로 하는 내용의 예탁계
　　약을 체결하는 등의 전매제한 조치가 없는 경우, 「증권의 발행 및 공시 등에 관한 규정」 제2-2조
　　제1항에 기술된 전매기준에 해당되게 되어 간주모집으로 의제

① 주요사항보고서

사업보고서 제출대상법인은 다음의 주요사항보고서를 제출하여 합병관련 주
요사항을 공시하여야 한다.

구 분	내 용
제출의무자	• 타법인과 합병하고자 하는 사업보고서 제출대상법인
제출시기	• 규정상 이사회 결의일 3영업일까지 제출 (단, 해당 사업보고서 제출대상법인이 유가증권상장법인 또는 코스닥 상장법인 경우, 공시규정에 의거 **이사회결의일 당일 제출**)
제출장소	• 금융위원회 및 거래소
제출서식	• 기업공시서식 작성기준 중 <별지 제38-44호 서식> 주요사항보고서 (회사합병 결정) 참고
첨부서류	• 합병이사회 의사록 사본(합병회사, 피합병회사) • 합병계약서 사본 • 합병비율에 대한 외부평가기관의 평가의견서
규정	자본시장법 제161조 ①, ②, 동법 시행령 제171조 ④, 「증권의 발행 및 공시 등에 관한 규정」 제4-5조 ② 유가공시 제7조 ① 3호 가목(5), (6), 코스닥공시 제6조 ① 3호 가목(8)

② 증권신고서

자본시장법에 따라 합병으로 인하여 증권을 모집 또는 매출하는 경우에는 증권
신고서를 금융위에 제출하여야 한다. 증권신고서 작성시, 기제출한 정기보고서
및 주요사항보고서에 기재된 동일 내용은 규정상 해당 부분을 참조하라는 뜻을
기재한 후 생략할 수 있으나(법 제119조 ④, 발행·공시규정 제2-12조 ⑤) 감독당
국과 충분한 협의가 필요하다.

구　분	내　용
제출의무자	• 합병으로 인하여 증권의 모집 또는 매출을 하는 발행인(합병회사)
제출시기	• 주주총회 소집통지 및 공고일 7영업일 전까지 제출(증권신고서의 효력 발생기간 고려)
제출장소	금융위
기재사항	• 합병의 개요(일반사항, 합병가액 및 산출근거, 합병의 요령, 영업 및 자산내용, 신주의 주요권리 내용, 투자위험요소, 주식매수청구권 사항, 당사회사간 이해관계, 기타 투자자보호 사항 등) • 당사회사에 관한 사항 • 기업공시서식 작성기준 中 <별지 제9호 서식> 증권신고서 참조
작성 기준일	• 증권신고서 제출일 전일 　(단, 재무관련 사항 및 감사의견 등은 최근사업연도(또는 분/반기) 말 기준으로 함) • 기업공시서식 작성기준 中 <별지 제9호 서식> 증권신고서 작성지침 참조
첨부서류	• 합병당사회사의 정관(조직운영 및 투자자의 권리의무를 정한 것) • 합병당사회사의 주주총회 소집을 위한(또는 이에 준하는) 이사회 의사록 사본 • 합병당사회사의 법인등기부등본 • 행정관청의 인·허가 또는 승인에 대한 서류(해당시) • 합병계약서 사본 • 합병당사회사의 최근 3사업연도 감사보고서 및 연결감사보고서 • 합병당사회사의 반기검토보고서 또는 분기검토보고서(반기 또는 분기보고서 제출대상이 아닌 경우 : 회사제시 반기재무제표, 분기재무제표) • 합병당사회사 중 비상장법인의 주주명부 • 외부평가기관의 평가의견서 • 예비(간이)투자설명서
규정	자본시장법 제119조, 「증권의 발행 및 공시 등에 관한 규정」 제2-9조

한편, 소규모합병으로서 피합병회사가 상장회사가 아닌 경우로서 증권신고서 (합병 등)를 제출하는 경우, 절차의 간소화를 위하여 증권신고서 제출에 관한 특례규정을 적용하고 있다. 단, 최근 사업연도말 피합병회사의 부채총계가 자산총계보다 큰 경우 또는 피합병회사의 자산총계가 합병회사 자본총계의 100분의 5이상인 경우에는 그러하지 아니하다(발행·공시규정 제2-9조 ③, 기업공시서식 작성기준 별지 서식 9호 작성지침 IV).

특 례	내 용
생략가능 기재사항	제1부 합병의 개요 중 주식매수청구권 관련 사항 제2부 당사회사에 관한 사항
생략가능 첨부서류	정관, 주총소집 이사회의사록, 행정관청 허가/승인, 합병계약서 사본, 당사회사 3년 재무제표(감사보고서 및 연결감사보고서), 당사회사 분반기 재무제표(감사or 검토보고서)

③ 정정신고서

증권신고서의 형식상의 불비, 중요사항에 관한 거짓 기재 또는 불분명함등으로 투자자의 합리적 투자판단을 저해하거나 중대한 오해를 일으킬 수 있는 경우 증금융위는 이에 대한 정정신고서의 제출을 요구할 수 있다. 정정 요구에 의한 증권신고서는 정정신고서를 제출하면서 다시 효력발생기간을 산정하여야 한다(법 제122조 ①, ②). 아울러 증권신고서를 제출한 자는 정정요구가 아니라도 자진하여 정정신고서를 제출할 수 있으며, 다음의 경우에는 반드시 정정신고서를 제출하여야 한다(법 제122조, 시행령 제130조, 발행·공시규정 제2-13조).

증권발행 관련 사항의 변경	기재 불충분
• 모집·매출가액(합병비율 등)의 변경 • 기준일, 청약기간(주총일), 기일(중요한 합병 일정)의 변경 • 발행증권 수(합병신주 또는 교부되는 자기주식수)의 변경	• 최근 사업연도 재무제표 확정(주주총회), 분반기보고서 제출[주] • 영업양수도 계약, 합병 계약등의 체결 • 중대한 영향 미치는 소송의 발생

주) 증권신고서 제출 후, 청약권유일(주총소집통보일) 및 청약일(주주총회일)이 도래하기 전, 해당 분반기보고서 제출 또는 정기주총의 재무제표 확정이 도래하지 않도록, 합병일정 설정에 특히 주의하여야 함(법 제122조 ③, ⑤, 시행령 제130조 ② 3호 가목).

정정요구가 아닌 자진정정의 경우라 하더라도, 원칙적으로는 효력발생기간을 정정신고서 제출일로부터 재기산하는 바, 감독당국과의 긴민한 협의가 있어야 할 것이다. 또한 제출인이 증권신고서를 철회하는 경우, 기재된 청약일 전까지 철회신고서를 금융위에 제출하여야 하며(법 제120조 ④), 정정요구를 받은 후 3개월 이내 정정신고서를 제출하지 아니하는 경우, 해당 증권신고서는 철회한 것으로 간주한다(법 제122조 ⑥, 영 제130조 ⑤).

④ 투자설명서

증권신고서를 제출한 합병회사는 증권신고의 효력이 발생하는 날에 투자설명서를 금융위에 제출하고, 합병회사의 본점, 금융위, 거래소, 청약사무취급처에 비치하여 일반인이 열람할 수 있도록 하여야 한다. 또한 합병회사는 주주총회일 이전까지 피합병회사 주주에게 투자설명서를 교부하여야 한다.

구 분	내 용
제출의무자	증권신고서를 제출한 발행인
제출시기	증권신고서 효력이 발생하는 날
제출장소	금융위
기재사항	공시서식 중 <별지 제20호 서식> 투자설명서 참조
규정	자본시장법 제123조 및 제124조, 영 제131조, 시행규칙 제12조, 제13조 「증권의 발행 및 공시 등에 관한 규정」 제2-14조

⑤ 증권발행실적보고서

증권신고서를 제출한 합병회사는 합병이 종료된 때 지체없이 증권발행실적보고서를 금융위에 제출하여야 하며, 증권발행실적보고서 제출시 합병종료보고서의 제출은 면제된다.

구 분	내 용
제출의무자	증권신고서를 제출한 발행인
제출시기	합병종료(합병기일) 이후 지체없이 제출
제출장소	금융위
기재사항	• 합병 등의 일정 • 최대주주 및 주요주주 지분변동 상황 • 주식매수청구권 행사 • 채권자보호에 관한 사항 • 합병 관련 소송의 현황 • 신주 배정 등에 관한 사항 • 합병 전후의 요약재무정보 • 기업공시서식 작성기준 중 <별지 제25호 서식> 증권발행실적보고서 참조
규정	자본시장법 제128조, 「증권의 발행 및 공시 등에 관한 규정」 제2-19조, 제5-15조

한편, 합병주총에서 합병결의안이 부결되거나 매수청구 과다 및 채권자이의 미해소 등으로 합병계약이 해지되는 경우 정정 주요사항보고서 및 철회신고서 (증권신고서 기제출시)에 그 이유를 상세히 기재하여 제출함으로써 증권발행절차를 종결해야 한다(자본시장법 제120조 ④).

⑥ 합병등종료보고서

합병이 종료된 주권상장법인은 합병등기를 한 때 지체없이 합병등 종료보고서를 금융위에 제출하여야 한다. 단, 증권발행실적보고서 제출시 합병등 종료보고서의 제출은 면제된다.

구 분	내 용
제출의무자	합병 관련 주요사항보고서를 제출한 주권상장법인
제출시기	합병등기 후 지체없이 제출
제출장소	금융위
기재사항	• 합병 등의 일정 • 대주주등 지분변동 상황 • 주식매수청구권 행사 • 채권자보호에 관한 사항 • 관련 소송의 현황 • 신주 배정 등에 관한 사항 • 합병 전후의 요약재무정보 • 기업공시서식 작성기준 중 <별지 제55호 서식> 합병등 종료보고서 참조
규정	「증권의 발행 및 공시 등에 관한 규정」 제5-15조, 제2-19조

(2) 주요 신고사항에 대한 벌칙

주요사항보고서 및 증권신고서(투자설명서 및 정정신고서 포함)의 중요사항에 관하여 거짓의 기재 또는 표시가 있거나 중요사항이 기재 또는 표시되지 아니함으로써 증권의 취득자가 손해를 입은 경우 주요사항보고서 및 증권신고서(투자설명서 및 정정신고서 포함) 작성인의 책임을 엄격히 하기 위하여 자본시장법에서는 손해배상책임 및 형사적 책임에 대하여 명시하고 있다.

구 분	내 용
손해배상책임 (자본시장법 제125조 내지 제127조 및 제162조)	• 주요사항보고서 및 증권신고서의 중요사항의 거짓기재 등(거짓기재 또는 미기재)으로 인하여 증권의 취득자 등이 손해를 입은 경우 손해배상책임 발생. 단, 손해배상책임자가 상당한 주의를 하였음에도 알 수 없었음을 증명하거나, 취득자(전문자)가 취득(처분)시 그 사실을 안 경우는 제외 • 청구권자가 당해 사실을 안 날로부터 1년 내 또는 해당서류 제출일로부터 3년 내에 청구권 미행사시 권리소멸 • 손해배상책임자 　– 제출인(신고인)과 제출(신고) 당시의 당해 법인의 이사 　– 명예회장, 회장, 사장, 부사장, 전무, 상무, 이사 등의 업무집행 지시자(상법 제401조의2 ①) 　– 서명한 공인회계사, 감정인, 신용평가회사, 변호사, 변리사, 세무사 등 　– 자기의 평가, 분석, 확인 의견 기재에 동의하고 확인한 자 등
금융위 조사 및 조치 (자본시장법 제131조, 제132조 및 제164조)	• 투자자 보호를 위하여 필요한 경우 참고자료 제출 요구 및 장부서류 등의 조사 가능 • 중요사항의 거짓기재 등의 정정명령 및 모집매출 및 거래의 정지, 증권발행제한, 해임권고, 거래 정지 또는 수사기관에 통보 등의 조치 가능
형사적 책임 (자본시장법 제444조 및 제446조)	• 5년 이하 징역 또는 2억원 이하 벌금(법 제444조) 　– 주요사항보고서 및 증권신고서의 중요사항에 관한 거짓기재 등을 한 자 　– 거짓기재 등을 알고도 서명한 대표이사 및 담당이사 　– 거짓기재 등을 알고도 서명한 공인회계사, 감정인, 신용평가회사 • 1년 이하 징역 또는 3천만원 이하 벌금(법 제446조) 　– 주요사항보고서를 제출하지 아니한 자 　– 증권신고서(투자설명서 및 정정신고서 포함)관련 규정을 위반한 자
과징금 (자본시장법 제429조)	• 증권신고서상의 모집(매출)가액의 3%(20억원 한도)에서 과징금 부과 　– 증권신고서, 투자설명서 등 미제출 및 거짓기재 등을 한 자 • 상장사의 경우 직전 사업연도 중 일일평균거래금액의 10%(20억원 한도), 비상장사의 경우 20억원 한도에서 과징금 부과 　– 주요사항보고서 미제출 및 거짓기재 등을 한 자 • 각 위반행위 발생 이후 5년 경과시 과징금 부과 불가

(3) 합병비율 외부기관의 평가(자본시장법 시행령 제176조의5)

합병시 합병당사회사 주주의 주식교환비율은 합병비율에 따라 결정되므로 합병당사회사 주주의 이해관계에 가장 중요한 영향을 미치는 것은 합병비율(합병가액)의 산정이라 할 수 있다.

비상장법인 간 합병시 합병가액 산정에 대하여는 특별한 규정이 없으므로 합병당사회사는 조세문제 등을 고려하여 세무상 평가방법 또는 순자산가치 방법 등을 준용하며 합병비율을 결정한다(물론 경우에 따라 수익가치등 자유로운 평가방법을 취하는 사례도 있다).

그러나 상장법인이 합병을 하는 경우 불공정한 합병비율의 산정으로 인한 소액주주의 피해를 방지하기 위하여 자본시장법 및 감독규정에서는 몇 가지 예외사유 외에는 합병가액 평가기관에 대한 자격요건 및 합병비율 산정(Ⅷ. 합병가액 산정 참조) 방법을 법제화하고 있다.

 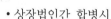

❘ 상장법인 합병시 외부평가 필요한 경우(자본시장법 시행령 제176조의5 ⑦) ❘

- 상장법인간 합병시
  - 상장법인이 기준시가를 사용하되 10%초과 할인 또는 할증할 시
  - 상장법인이 비상장법인 평가방법 사용시
  - 상장법인이 상장법인과 합병하여 비상장법인이 될 시
    (양방이 모두 기준시가를 사용하거나, 100%모자회사이면서 합병신주를 발행하지 않는 경우는 제외)
- 상장법인과 비상장법인 간의 합병시
  - 상장법인이 비상장법인 평가방법 사용시
  - 상장법인이 비상장대법인(직전년도 기준 자산, 자본금, 매출 중 2가지 이상 항목이 더 큰 비상장법인)과 합병할 시
    (100%모자회사이고, 합병신주를 발행하지 않는 경우는 제외)
  - 상장법인(코넥스 제외)이 비상장법인과 합병하여 비상장이 될 시
    (양방이 모두 기준시가 사용하거나, 100%모자회사이고 합병신주를 발행하지 않는 경우는 제외)

| 합병가액 외부평가기관(자본시장법 시행령 제176조의5 ⑧) |

- 인수업무 및 모집·사모·매출 주선업무를 인가받은 자(증권회사)
- 신용평가회사
- 공인회계사법에 따른 회계법인

위와 같이 외부평가기관은 증권회사, 신용평가회사, 회계법인만이 가능하므로 상장법인이 합병을 하는 경우 평가대상 자산에 토지와 건물 등과 같은 부동산이 포함되었다 하더라도 감정평가법인은 외부평가기관에 포함되지 않는다.

단, 평가대상 자산이 부동산인 경우 외부평가기관은 감정평가법인의 평가 및 의견을 참조하여 평가보고서를 작성할 수 있다.

외부평가기관이 다음에 해당되는 경우에는 그 기간 동안 평가업무가 제한된다.

 | 외부평가기관 평가업무 제한기간(자본시장법 시행령 제176조의5 ⑨) |

- 증권회사가 금융위로부터 주식의 인수업무 참여제한의 조치를 받은 경우 그 제한기간
- 신용평가회사가 금융위로부터 신용평가의 정지처분을 받은 경우 그 정지기간
- 회계법인이 「주식회사 등의 외부감사에 관한 법률」의 규정에 의하여 업무정지 조치를 받은 경우 그 정지기간
- 회계법인이 「주식회사 등의 외부감사에 관한 법률」의 규정에 의하여 특정회사에 대한 감사업무의 제한조치를 받은 경우 그 제한기간(단, 이 경우에는 해당 특정회사에 대한 평가업무만 제한됨)

또한 외부평가기관과 평가당사회사가 다음에 해당되는 경우(특수관계에 있는 경우)에는 평가의 공정성을 확보하기 위하여 평가를 제한하고 있다.

| 특수관계에 있는 경우(자본시장법 시행령 제176조의5 Ⅲ, 발행·공시규정 제5-14조) |

- 외부평가기관이 합병당사회사에 그 자본금의 3% 이상 출자하거나 합병당사회사가 외부평가기관에 3% 이상 출자하고 있는 경우
- 외부평가기관에 그 자본금의 5% 이상 출자주주와 합병당사회사에 그 자본금의 5% 이상 출자주주가 동일인이거나 특수관계인인 경우(그 동일인이 기관투자자로서 주요경영사항에 영향력을 행사하지 않는 경우 제외)
- 외부평가기관의 임원이 합병당사회사에 1% 이상 출자하거나 합병당사회사의 임원이 외부평가기관에 1% 이상 출자하고 있는 경우
- 외부평가기관 또는 합병당사회사의 임원이 합병당사회사 또는 외부평가기관의 주요주주의 특수관계인인 경우
- 동일인이 외부평가기관 및 합병당사회사의 주요경영사항에 대하여 사실상 영향력을 행사하는 경우
- 외부평가기관이 합병당사회사의 회계감사인(평가대상 재무제표에 대한 회계감사인 포함)인 경우

(주) 특수관계인 : 금융회사의 지배구조에 관한 법률 시행령 제3조 ①, 자본시장법 시행령 제2조 4호

(4) 비상장대법인과 합병시 합병규정 및 우회상장 요건 강화

상장법인과 비상장법인 간 합병시 주요사항보고서 제출일이 속하는 직전 사업연도 재무제표 기준 비상장법인이 자산총계, 자본금, 매출액 중 두 가지 이상이 상장법인보다 더 큰 경우 그 비상장법인(비상장대법인)은 일정 요건을 충족하여야 합병이 가능하다(자본시장법 시행령 제176조의5 ④ 2호).

아울러 경영권의 변동을 초래하는 비상장법인과 상장법인 합병의 경우, 비상장법인이 신규상장심사 및 절차를 거치지 않고 상장되는 효과(우회상장)가 발생된다. 따라서 감독당국은 신규상장하는 비상장법인과의 형평성 및 자본시장의 건전성을 유지하기 위하여 상장법인과 합병하는 비상장법인에 대하여 일정한 상장요건을 충족하여야 합병이 가능하도록 규정하고 있고 합병으로 비상장법인의 최대주주 등이 보유하는 상장주식에 대하여 일정기간 매각을 제한하고 있다.

자세한 사항은 '제6장 우회상장' 편을 참조하기 바란다.

구 분	내 용
우회상장 요건 미충족시 상장 폐지	상장법인이 비상장법인과의 합병으로 상장법인의 경영권이 변동(상장법인의 최대주주 변경)되는 경우 피합병되는 비상장법인이 우회상장 요건을 충족하지 못할 경우 당해 우회상장법인(상장법인)의 상장 폐지
비상장법인 최대출자자 등의 지분매각 제한	상장법인이 비상장법인과의 합병으로 상장법인의 경영권이 변동(상장법인의 최대주주 변경)되는 경우 피합병되는 비상장법인의 최대출자자 등이 보유한 상장법인 주식 등에 대한 매각 제한

(5) 합병 후 단기분할시 분할신설법인 재상장 제한

비상장법인이 상장법인과 합병하여 상장법인이 된 후 비상장법인의 사업부문을 분할재상장(인적분할 및 인적분할합병에 한함. 물적분할 및 물적분할합병은 제외. 유가증권시장상장규정 제38조 ①, 코스닥시장상장규정 제2조 ⑥)을 하게 되면 비상장법인은 신규상장요건 및 절차를 거치지 않고 상장(우회상장)되는 효과가 발생된다.

따라서 감독당국은 비상장법인이 상장법인과 합병을 한 후 단기간 내에 분할재상장을 통하여 비상장법인이 우회상장되는 것을 방지하기 위하여 다음과 같은 제한규정을 두고 있다.

여기서 유의할 사항은 분할시 재상장제한 규정은 i) 합병 후 3년 내에 ii) 분할신설법인의 영업부문이 합병 당시 비상장법인의 영업에 속하는 경우에만 적용된다는 점이며, 만약 과거 합병 당시 유가증권상장법인이 유가증권상장규정에 의거 우회상장예비심사를 통과했거나(유가증권시장상장규정 제34조), 코스닥상장법인에 한해서 과거의 합병이 소규모합병인 경우에는 제외된다(코스닥시장상장규정 제43조 ③).

① 유가증권상장법인

부실한 비상장법인이 유가증권상장법인과 합병을 한 후 단기간 내에 분할재상장을 통하여 우회상장되는 것을 방지하기 위하여, ⅰ) 비상장법인이 유가증권상장법인과 합병을 한 후 합병등기일로부터 3년 이내에 분할이사회 결의를 하면서, ⅱ) 분할신설법인의 주된 영업부문이 합병 당시 피합병된 비상장법인의 영업부문에 속하는 경우에는 다음의 요건을 충족하여야 분할신설법인의 재상장이 가능하도록 규정하고 있다.

단 합병 당시 유가증권상장법인이 유가증권시장상장규정 제34조에 따라 우회상장예비심사신청서를 거래소에 제출하여 그 심사를 받고 합병이 이루어진 경우에는 제외된다(유가증권시장상장규정 제42조 ④).

❖ 합병 후 단기분할시 재상장 요건 ❖

요 건	내 용
주된 영업의 계속연수	기준일 현재 분할 이전된 주된 영업부문이 3년 이상 사업 영위
기업규모	• 기준일 현재 자기자본 300억원 이상 • 기준일 현재 재상장 예정주식총수(최대주주 등 주식수 제외) 100만주 이상
주식분산	주식분산 요건 : 유가증권시장상장규정 제29조 ① 3호 참고
경영성과	• 다음 중 하나의 경영성과 요건을 충족할 것 (1) 매출과 수익성 모두 아래 충족 -기준일 현재 분할로 이전된 영업부문의 3년 평균 매출액 700억원 이상 & 최근 사업연도 1000억원 이상 -다음 중 하나 충족 　a. 세전이익액 : 최근 사업연도 30억원 이상 & 최근 3사업연도 합계 60억원 이상 　b. 자기자본이익률(이익/자기자본) : 최근 사업연도 5% 이상 & 최근 3사업연도 이익률 합계 10% 이상(단 1년이라도 이익률 마이너스일시 미충족으로 간주) 　c. 예비심사신청일 현재 자기자본 1천억원 이상인 법인(대형법인)의 경우 　 -최근연도 세전이익 50억원 이상 또는 자기자본이익률 3% 이상 　 -최근연도 영업현금흐름이 양(+)일 것 (2) 최근 사업연도 매출 1천억원 이상 α 신청일 현재 기준시 총 2천억원 이상 (3) 최근 사업연도 세전이익 50억원 이상 α 신청일 현재 기준시 총 2천억원 이상 (4) 재상장신청일 현재 기준시총 5천억원 이상 α 자기자본 1,500억원 이상 (5) 재상장신청일 현재 기준시총 1조원 이상 ※ 자기자본 : 기준일 현재 최근 사업연도 말 현재의 자기자본
감사의견	상장예비심사신청서 및 재상장신청서에 대한 감사보고서 감사의견 적정

요 건	내 용
사외이사 선임 및 감사위원회 설치	• 사외이사 선임(유가증권시장상장규정 제77조) • 감사위원회 설치(유가증권시장상장규정 제78조)
기타 요건	주식의 양도제한이 없을 것(유가증권시장상장규정 제29조 ① 7호)
질적 요건 충족	질적 요건 : 유가증권시장상장규정 제30조(단, 3호 경영안정성 요건 제외)
규 정	유가증권시장상장규정 제42조 ④, ⑤

(주) 기준일 : 재상장예비심사신청일

② 코스닥상장법인

코스닥상장법인이 비상장법인과 합병을 한 후 합병기일로부터 3년 내에 분할하여 재상장하는 경우 분할신설법인은 다음의 요건을 충족하여야 재상장이 가능하다. 특히 분할기일이 속한 사업연도말 기준으로 충족해야 하는 요건들이 다수 있으므로 분할기일 직전부터 재상장/변경상장일까지 거래가 중지되는 바, 일반적인 경우에서 코스닥 시장에서의 합병후 단기분할은 크게 제한을 받는다고 볼수 있다.

단 비상장법인과의 합병이 소규모합병이었을 경우에는 제외된다(코스닥시장상장규정 제43조 ③).

요 건	내 용
결산재무제표	• 분할기일이 속하는 사업연도 결산재무제표 확정 • 분할기일부터 사업연도 말까지의 기간이 3개월 미만인 경우, 다음 사업연도 결산재무제표 확정
자기자본	재상장 신청일 현재 자기자본 30억원 이상
자본상태	분할기일 및 재상장신청일 현재 자본잠식이 없을 것
유통주식수	상장신청일 현재 재상장 예정 보통주식총수 100만주 이상(최대주주 등 소유주식수 제외)

경영성과	• 분할기일이 속한 사업연도 법인세비용차감전계속사업이익 존재
	• 분할기일 속한 사업연도의 경영성과가 다음 중 하나 충족
	  a. 자기자본이익률(이익/자기자본) : 10% 이상
	  b. 당기순이익 : 20억 이상
	  c. 매출액 : 100억 이상

감사의견	분할기일이 속한 사업연도 말의 감사의견 적정(연결포함)

요 건	내 용
기타요건	• 주식양도제한 규정이 없을 것 • 액면가액이 100, 200, 500, 1,000, 2,500, 5,000원일 것 • 상근감사 요건(상법 제542조의10) 충족 • 사외이사 요건(상법 제542조의8) 충족
질적요건 충족	질적 요건 : 코스닥시장상장규정 제29조
규 정	코스닥시장상장규정 제43조 ③

IV 합병의 절차

신설합병의 경우 법인설립절차, 신설법인의 인·허가절차, 이월결손금 소멸 등 세무상 불이익, 특히 합병당사회사에 상장법인이 포함될 경우 소멸되는 상장법인의 상장폐지로 인한 주주보호절차, 신설법인의 재상장절차 등 복잡한 절차가 수반되므로 실무에서는 신설합병의 사례가 거의 발생하지 않는다.

따라서 본 교재에서는 흡수합병 위주로 합병절차를 살펴보기로 한다.

1 비상장법인 간 합병

비상장법인 간의 합병은 상법이 정한 절차에 따라 합병승인 이사회결의, 합병계약 체결, 합병당사회사의 주주총회결의, 주식매수청구권 행사, 주주 및 채권자 보호절차, 합병기일, 합병등기절차 등을 거쳐 절차가 진행된다.

절 차	일 정	설 명	관련규정
사전준비절차	–	• 법률, 회계, 조세문제 검토 • 합병비율 결정 • 합병절차 및 일정 확정 • 합병계약서 등 작성	–

절 차	일 정	설 명	관련규정
합병이사회결의 및 합병계약 체결	D-32	이사회 승인 후 당사회사 대표이사가 합병계약 체결	-
주총소집 이사회결의		주총소집을 위한 이사회결의	상법 제362조
주주명부 폐쇄 및 기준일 공고	D-31	명부확정 기준일 2주 전 공고	상법 제354조
주주명부확정 기준일	D-16	주총을 위한 권리주주확정일	상법 제354조
합병주주총회 소집공고 및 통지	D-15	주총 2주 전에 공고 및 통지	상법 제363조, 제522조
합병계약서, 합병재무제표 등 비치 공시		주총 2주 전~합병일부터 6개월	상법 제522조의2
합병반대의사 서면통지 접수마감	D-1	주총소집통지일~주총 전일	상법 제522조의3
합병승인 주주총회 개최	D	주총 특별결의	상법 제522조
반대주주 주식매수청구 시작		주총일로부터 20일 내 청구	상법 제522조의3
채권자 이의제출 공고 및 최고	D+1	주총일로부터 2주 이내 공고	상법 제527조의5
주식의 병합 및 구주권 제출 공고		주총일로부터 2주 이내 공고 (피합병회사만 해당)	상법 제440조
주식매수청구권 행사 만료	D+20	주총일로부터 20일 이내	상법 제522조의3
채권자 이의제출기간 만료	D+32	공고기간 1월 이상	상법 제527조의5
구주권 제출기간 만료			상법 제440조
합병기일	D+33	실질적인 합병일	
합병보고주주총회 갈음 이사회결의	D+34	합병보고주주총회 대체	상법 제526조
이사회결의 공고	D+35	합병보고총회는 이사회결의에 의한 공고로 갈음함	상법 제526조 ③
합병등기 (해산등기·변경등기)	D+36	• 본점 : 공고일로부터 2주 내 • 지점 : 공고일로부터 3주 내	상법 제528조 상업등기법 제62조 내지 제64조 상업등기규칙 제148조, 제149조

절 차	일 정	설 명	관련규정
주식매수청구대금 지급	D+60 內	주식매수청구를 받은 날부터 2월 내에 주식매수	상법 제374조의2
기업결합신고(해당시)	D+66 內	합병등기일로부터 30일 이내 공정위 신고	• 공정거래법 제11조 • 동법 시행령 제18조

(주) : 1. 위 일정 중 공고의 경우, 정관에서 정한 일간신문 외에도 정관에서 정한 전자적 방법(홈페이지)에 의한 공고도 가능함(상법 제289조 및 동법 시행령 제6조).
2. 주주수가 많거나 명의개서대리인 제도를 도입하는 경우 기준일로부터 주주명부가 확정되는 기간이 수일 소요됨.
3. 총주주로부터 기간단축동의서를 징구하는 경우 합병이사회결의 익일에 합병주총개최 가능
4. 비상장법인 중 사업보고서 제출 대상법인은 주요사항보고서를 제출해야 함.
5. 비상장법인 중 사업보고서 제출 대상법인의 합병시 50인 이상에게 주식을 교부하면 간주모집에 해당되므로, 증권신고서, 투자설명서, 증권발행실적보고서를 제출해야 함. 다만 해당주주가 50인 미만이라 하더라도, 합병으로 인한 배정주식을 교부받는 시점에서 지체없이 한국예탁결제원에 예탁하고 그 예탁일부터 1년간 해당 증권을 인출하거나 매각하지 않기로 하는 내용의 예탁계약을 체결하는 등의 전매제한 조치가 없는 경우, 「증권의 발행 및 공시 등에 관한 규정」 제2-2조 제1항에 기술된 전매기준에 해당되게 되어 증권신고서를 제출하여야 함.

(1) 합병이사회 결의 및 합병계약 체결

회사가 합병하기 위해서는 반드시 상법에 규정된 사항이 기재된 합병계약서를 작성하여 이사회 승인을 득해야 하며 당사회사의 대표이사들이 합병계약을 체결해야 한다.

합병계약서에 기재하여야 할 사항 (상법 제523조)	• 존속회사의 수권주식수 증가시 그 증가할 주식의 총수, 종류와 수 • 존속회사의 증가할 자본금과 준비금 총액 • 존속회사의 합병신주 또는 이전하는 자기주식의 종류와 수 및 소멸회사 주주에 대한 신주배정 또는 자기주식 이전에 관한 사항 • 존속회사가 소멸회사 주주에게 위에서 교환의 대가로 신주 또는 자기주식 외에 그 교환대가의 전부 또는 일부를 금전이나 그 밖의 재산을 제공하는 경우 그 내용 및 배정에 관한 사항 • 합병승인을 할 주주총회일 • 합병을 할 날(합병기일)
합병계약서에 기재하여야 할 사항 (상법 제523조)	• 존속회사가 합병으로 정관을 변경하기로 한 경우 그 규정 • 각 회사가 합병으로 이익배당을 할 때에는 그 한도액 • 존속회사에 취임할 이사와 감사 또는 감사위원회 위원을 정한 경우 그 성명 및 주민등록번호

(2) 합병주총소집 이사회결의

일반적으로 합병주총소집을 위한 이사회결의는 절차 및 기간단축을 위하여 합병 이사회결의와 동시에 이루어진다.

(3) 주주명부 폐쇄 및 기준일 공고

합병주총에서 의결권을 행사할 권리주주를 확정하기 위하여 이사회에서 정한 기준일을 공고하고 기준일 익일부터 일정기간 동안 주주명부를 폐쇄한다는 내용을 기준일의 2주 전에 정관에서 정한 신문 또는 전자적 방법(홈페이지 게재, 상법 제289조 및 동법 시행령 제6조)으로 공고하여야 한다. 따라서 전자적 방법의 경우 이사회 익일이 아닌 당일 즉시 공고가 가능하다.

주주수가 많지 않거나 총주주에 대한 통제가 가능한 경우 총주주로부터 기간단축 동의서를 징구함으로써 공고절차를 생략하여 합병기간을 단축할 수 있다.

(4) 주주명부확정 기준일

기준일자의 주주명부에 등재된 주주가 합병주총에서 합병승인에 대한 의결권을 행사할 주주로 확정된다.

주주명부확정기간은 주주수가 적고 개별적으로 통제가 가능한 비상상장법인의 경우에는 특별한 시간이 필요하지 않으나 상장법인 또는 주주수가 많아 명의개서대리인 제도를 도입하고 있는 비상장법인의 경우에는 수일이 소요된다.

또한, 기준일은 그 주주의 권리행사일(주주총회)의 앞선 3개월의 날 이내로 하여야 한다. 이에 주주총회가 기준일로부터 3개월 이상이 되는 시점으로 연기가 된다면, 명부폐쇄공고를 다시 실시하여 기준일을 재설정하여야 한다.

(5) 합병주주총회 소집공고 및 통지

주주명부가 확정되면 회사는 합병주총일 2주 전까지 합병승인을 위한 주총소집통지를 하여야 하며, 소집통지에는 합병의 목적 및 요령, 주식매수청구권 내용 및 행사방법 등을 명시하여야 한다. 또한 공고의 경우 정관에 정한 일간신문 또는 전자적 방법(홈페이지 게재, 상법 제289조 및 동법 시행령 제6조)으로 공고가 가능하다.

또한 원칙적으로 의결권이 없는 주주에게 일반적인 주총 안건에 대한 소집통지의 의무가 적용되지 않으나, 반대주주에게 주식매수청구권이 인정되는 합병, 분할합병, 포괄적 주식교환(이전) 및 중요한 영업양수도등의 경우에는 그러하지 아니하다 (상법 제363조 ⑦).

(6) 합병계약서, 합병대차대조표 등 비치 공시

합병주총일 2주 전부터 합병계약서, 소멸회사 주주에게 교부하는 주식(신주 또는 자기주식)의 배정에 관한 내용을 기재한 서류, 합병당사회사의 대차대조표와 손익계산서를 합병일 이후 6월간 본점에 비치하여 언제든지 주주 및 채권자가 열람 및 등사할 수 있도록 하여야 한다.

(7) 합병반대의사 서면통지 접수마감

합병주총일 전일까지 주식매수청구권 행사를 위한 합병승인 반대주주의 반대의사 서면접수를 마감한다.
주식매수청구권에 대한 구체적인 내용은 '제5장 주식매수청구권'편을 참조하기 바란다.

(8) 합병승인 주주총회

회사가 합병을 하기 위해서는 합병계약서에 대하여 주주총회 특별결의를 득해야 하며 합병으로 인하여 어느 종류의 주주에게 손해를 미치게 되는 경우에는 그 종류주주총회의 승인을 추가로 득해야 한다.
주주총회 특별결의 요건은 출석주주 의결권의 2/3 이상의 승인을 득해야 하며 그 비율이 발행주식총수의 1/3 이상이어야 한다.
한편 과도한 주식매수청구권의 행사로 인한 자금유출을 방지하기 위하여 주식매수청구권 행사규모가 전체 발행주식총수의 일정 비율 이하이어야 한다는 조건부 합병을 결의할 수도 있다.
이럴 경우 과도한 주식매수청구권의 행사로 인하여 합병 취소가 불가피할 때 새롭게 합병 취소에 대한 결의를 득하지 않아도 되므로 실무적으로 유용하게 활용될 수 있는 방법이다.

(9) 반대주주 주식매수청구

주주총회 결의일로부터 20일 동안 반대주주의 주식매수청구권 행사가 가능하다. 주식매수청구권에 대한 구체적인 내용은 '제5장 주식매수청구권'편을 참조하기 바란다.

(10) 채권자 이의제출 공고 및 최고

합병은 2개 이상의 회사가 자산 및 부채를 합체하는 것으로서, 부채의 규모 및 부채의 담보가 되는 자산의 규모가 변동되므로 채권자의 이해관계에 중요한 영향을 미치게 된다.

상법은 합병으로 인한 채권자를 보호하기 위하여 주총에서 합병을 결의한 경우 그 결의가 있는 날로부터 2주 내에 회사채권자(금융, 상거래 등 모든 채권자 포함)에 대하여 합병에 이의가 있으면 1월 이상의 일정한 기간 내에 이의를 제출할 것을 공고하고, 알고 있는 채권자에 대해서는 각 채권자별로 최고하도록 규정하고 있다.

사채권자가 이의를 제기하려면 사채권자집회의 결의가 있어야 하며, 이 경우 법원은 이해관계인의 청구에 따라 사채권자를 위하여 이의기간을 연장할 수 있다(상법 제439조 ③ 및 제530조 ②). 기타 회사의 공고와 마찬가지로 정관에 정한 일간신문 또는 전자적 방법(홈페이지 게재, 상법 제289조 및 동법 시행령 제6조)으로 공고가 가능하다.

(11) 주식의 병합 및 구주권 제출 공고(피합병법인만 적용)

합병시 합병법인과 피합병법인의 1주당 합병가액이 서로 상이하여 합병비율이 1 : 1이 아닌 경우 조세문제 및 단주처리문제가 발생하는 등 절차가 복잡해지므로 피합병회사는 주식병합 또는 분할을 통하여 합병비율을 1 : 1로 조정하는 경우가 있다.

위와 같이 주식을 병합 또는 분할하는 경우 피합병회사는 1월 이상의 기간을 정하여 그 기간 내에 피합병회사의 주권을 피합병회사에 제출할 것을 공고하고 주주명부에 기재된 주주와 질권자에 대해서는 개별적으로 통지하여야 한다.

그러나 조세상 문제가 없고 실무상으로 절차 진행에 큰 불편이 없다면 주식의 병합 또는 분할절차가 법률상 필수절차가 아니므로 주식의 병합 또는 분할절차를

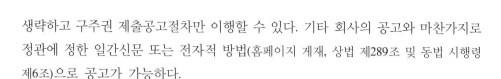

생략하고 구주권 제출공고절차만 이행할 수 있다. 기타 회사의 공고와 마찬가지로 정관에 정한 일간신문 또는 전자적 방법(홈페이지 게재, 상법 제289조 및 동법 시행령 제6조)으로 공고가 가능하다.

(12) 주식매수청구권 행사만료

주주총회 결의일로부터 20일이 경과하면 반대주주의 주식매수청구권 행사기간이 만료된다. 주식매수청구권에 대한 구체적인 내용은 '제5장 주식매수청구권'편을 참조하기 바란다.

(13) 채권자 이의제출기간 만료

채권자가 이의신청기간 내에 이의를 제출하지 아니한 때에는 합병을 승인한 것으로 간주하고, 이의를 제출한 채권자가 있는 때에는 회사는 그 채권자에 대하여 변제, 담보제공, 재산신탁 등의 별도의 보호절차를 취해야 한다.

(14) 구주권 제출기간 만료(피합병법인만 적용)

주식의 병합 또는 분할은 구주권 제출기간이 만료한 때에 그 효력이 발생하나, 채권자보호절차가 종료되지 아니한 경우 그 종료시에 효력이 발생한다.

(15) 합병기일

합병기일은 피합병회사의 자산과 부채가 합병회사로 승계되고 합병회사 주식이 피합병회사 주주에게 배정되어 합병당사회사가 실질적으로 합체되는 날로써 합병계약서의 필수적 기재사항이다.

합병시에는 합병보고총회에서 피합병회사의 자산 및 부채승계 여부, 신주발행 여부를 보고(이사회 결의 및 공고로 대체 가능)해야 하므로 합병기일은 채권자 이의제출기간의 종료일 이후 합병보고총회일 이전에 도래하도록 일정을 설계하여야 한다.

합병기일 설계시 유의할 사항은 합병절차 진행시 실질적인 합병기준일은 합병기일이나, 법률상의 합병효력발생일은 합병등기일이라는 점이다. 따라서 합병기일과 합병등기일이 상이하면 그 사이의 회계처리, 조세문제, 감사보고서 작성, 합병

신주관련 자본금 기표문제 등 복잡한 문제가 발생할 수 있다(이 부분에 대해서는 사전에 감사인 및 세무조정대리인과 협의 필요).

따라서 실무에서는 위와 같은 문제를 방지하기 위하여 합병절차를 설계할 때 합병당사회사의 감사인 및 세무조정대리인과 사전협의를 거치고 있으며 합병기일과 합병등기일 사이의 기간을 최단기간으로 설계함으로써 문제를 해결하고 있다.

(16) 합병보고주주총회 개최(합병보고주주총회 갈음 이사회결의)

합병기일 이후 합병회사는 주총을 소집하여 합병에 관한 사항을 보고하여야 한다. 통상 기간단축을 위하여 합병기일 이전에 합병보고주주총회의 소집절차를 미리 밟는 것이 관행이며 합병보고주주총회에서 합병회사 대표이사는 합병에 관한 사항을 보고하여야 하나, 보고사항에 대하여 주주들의 승인을 득할 필요는 없다.

합병으로 합병신주를 배정받게 되는 피합병회사의 주주도 합병보고주주총회에서 합병회사의 주주와 동일한 권리를 부여받기 때문에 합병회사는 보고주주총회 소집 시 합병신주를 배정받는 피합병회사의 주주에 대해서도 소집통지를 하여야 한다. 상법은 합병기간의 단축과 절차의 원활화를 위하여 합병보고주주총회를 이사회의 결의 및 공고로써 대체할 수 있도록 규정하고 있다.

따라서 실무에서는 특별한 목적사항 없이 합병경과보고만이 목적인 경우 이사회 결의에 의한 공고로써 합병보고주주총회를 대체하는 것이 일반적이다.

(17) 이사회결의 공고

합병보고주주총회를 대체하는 이사회결의가 이루어진 경우 정관에 정한 일간신문 또는 전자적 방법(홈페이지 게재, 상법 제289조 및 동법 시행령 제6조)으로 공고한다.

(18) 합병등기(소멸등기 · 변경등기)

합병계약서에 기재된 합병기일에 합병당사회사는 실질적으로 합체되지만 합병등기가 이루어져야 합병에 대한 모든 법률적 효력이 발생한다. 따라서 합병보고주주총회 개최 또는 합병보고주주총회를 갈음하는 이사회결의 공고로써 합병절차가 모두 완료되면 합병보고주주총회일로부터 본점소재지에서는 2주간 내, 지점소재지에서는 3주간 내에 합병회사는 변경등기를, 피합병회사는 소멸등기를 각각 완료해야 한다.

합병등기시 유의해야 할 사항은 실질적인 합병일인 합병기일과 법률적 효력이 발생하는 합병등기일의 기간이 길게 되면 그 사이에 발생하는 거래에 대한 귀속이 불분명해진다는 점이다.

예를 들면, 합병기일 이후에는 실질적으로 피합병회사가 존재하지 않으므로 피합병회사의 모든 거래가 합병회사의 거래로 기록되어야 하고 회계처리, 조세부담도 합병회사로 귀속되어야 하나, 법률상으로 피합병회사는 소멸등기시까지 존속한 것으로 인정되므로 형식적인 거래의 주체는 피합병회사가 된다.

따라서 합병기일부터 합병등기일 사이의 거래에 대한 회계처리 및 조세부담 주체를 산정하기 어려울 수 있으므로 실무에서는 합병기일과 합병등기일의 기간을 최단기간으로 설계하고 그 사이에 거래를 발생시키지 않음으로써 문제를 해결하고 있다.

불가피하게 거래가 발생하는 경우에는 회계처리는 합병회사 입장에서 이루어져야 하나, 조세부담의 측면에서는 실질과세의 원칙(합병관련 통칙 참조)에 따라야 할 것이다.

> ▶ 법인세법 기본통칙 4 - 0…9 〔합병등기일 전 실제 합병한 경우의 손익의 귀속〕
> 합병등기일 전에 사실상 합병한 경우 합병의 날로부터 합병등기의 날까지 생기는 손익은 국세기본법 제14조에 따라 실질상 귀속되는 법인에게 과세한다(개정 2019. 12. 23.)

❖ 합병등기시 필요서류 ❖

(주식회사) 합병회사의 변경등기시 필요서류 (상업등기법 제62조, 상업등기규칙 제148조)	• 변경등기신청서 • 합병계약서 　주총의사록, 보고총회의사록 및 공고서면 • 소멸회사의 주총 또는 이사회의사록 또는 총사원 동의서 • 소멸회사의 종류주주에게 손해를 미치게 될 경우, 그 회사의 종류주총 의사록 • 합병종료보고 공고 • 채권자 이의제출 공고 및 최고 증명서, 변제영수증 및 이의없다는 진술서 • 피합병회사의 주권제출 공고증명서 　(기타 상업등기신청서의 양식에 관한 예규 참조)

(19) 기업결합신고(해당시)

공정거래법 제11조(기업결합의 신고)에 의거 특수관계인을 포함한 자산총액 또는 매출총액이 3천억원 이상인 회사(기업결합신고대상회사)가 특수관계인을 포함하여 자산총액 또는 매출총액 300억원 이상인 회사(상대회사)와 합병을 하는 경우에는 신고기준일(합병등기일)로부터 30일 내에 기업결합신고를 하여야 한다(공정거래법 제11조 및 동법 시행령 제18조).

합병의 주체들이 특수관계인 간의 기업결합인 경우, 간이신고로 그 의무를 이행하도록 하며(공정위 고시 제2022-23호 "기업결합의 신고요령" Ⅱ. 2조 가목) 기업결합의 일방이 특수관계인을 포함하여 자산총액 또는 매출총액 2조원이 넘는 대규모회사라면 기업결합일 이전까지 기업결합신고를 하여야 하며, 회사는 신고 후 공정위로부터 심사결과를 통지받기 전까지(30일 소요, 공정위 필요시 추가 90일 연장 가능) 기업결합(합병등기)을 이행하여서는 안 된다(공정거래법 제11조 ⑥, ⑦, ⑧).

② 상장법인과 비상장법인 간 합병

상장법인과 비상장법인 간의 합병절차는 앞서 검토한 비상장법인 간의 합병절차에 외부평가기관의 합병비율평가, 주요사항보고서 제출, 상장법인의 공시 및 신고절차, 합병신주의 상장절차 등이 추가된다.

절 차	일 정	설 명	관련규정
사전준비절차	-	• 합병관련 법률, 회계, 조세문제 검토 • 외부평가기관과 평가계약 체결 • 합병가액 산정 및 합병비율 확정 • 합병절차 및 일정 확정 • 합병계약서, 주요사항보고서 등 작성 • 관계기관(금감원, 거래소, 명의개서 대행기관 등)과 사전협의	-

절 차	일 정	설 명	관련규정
합병이사회결의 및 합병계약 체결		이사회결의 후 합병계약 체결	–
합병관련 확인서 제출		우회상장요건 확인서류 거래소 제출([유가 : 별지 제6호 서식], [코스닥 : 별지 제15호 서식])	• 유가상장 제33조 ① • 유가상장 시행세칙 제29조 • 코스닥상장 제34조 • 코스닥상장시행세칙 제32조 ②
주요사항보고서	D-41	금융위, 거래소 제출	• 자본시장법 제161조 ① 6호 • 유가공시 제7조 ① 3호 • 코스닥공시 제6조 ① 3호
공시관련 매매거래 정지		• 주요사항 공시관련 매매거래 정지 • 우회상장 여부 확인	• 유가공시 제40조 ① • 코스닥공시 제37조 ① • 유가상장 제153조 ① • 코스닥상장 제18조 ①
증권신고서 제출		금융위 제출, 효력발생기간 7영업일	자본시장법 제119조
주총소집 이사회결의	D-41	주총소집을 위한 이사회결의	상법 제362조
주주명부 폐쇄 및 기준일 공고	D-40	주주명부확정 기준일 2주 전 공고	상법 제354조
투자설명서 제출	D-30	신고서 효력발생시(7영업일 이상) 금융위 제출	자본시장법 제123조
주주명부확정 기준일	D-25	주총을 위한 권리주주확정일	상법 제354조
주총소집 통지 및 공고 비치		사외이사 관련 사항 등을 회사의 인터넷 홈페이지에 게재하고 금융위 등에 비치	• 상법 제542조의4 • 동법 시행령 제31조
주총소집 공고 및 통지	D-15	소집의 뜻과 회의의 목적사항 통지	상법 제542조의4
합병계약서, 합병재무제표 등 비치 공시		주총 2주 전~합병일 이후 6개월간	상법 제522조의2

절 차	일 정	설 명	관련규정
합병반대의사 서면통지 접수마감	D-1	주총소집통지일~주총 전일	상법 제522조의3
합병승인 주주총회 개최	D	주총 특별결의	상법 제522조
반대주주 주식매수청구 시작		주총일로부터 20일 내	상법 제522조의3
합병주총 결과 보고		주총결의 공시 및 결과 보고	• 유가공시 제7조 ① 3호 • 코스닥공시 제6조 ① 3호
채권자 이의제출 공고 및 최고	D+1	주총일로부터 2주 이내 공고	상법 제527조의5
구주권 제출 공고		주총일로부터 2주 이내 공고	상법 제440조
주식매수청구권 행사기간 만료	D+20	주총일로부터 20일 이내	상법 제522조의3
채권자 이의제출기간 만료	D+32	공고기간 1개월 이상	상법 제527조의5
구주권 제출기간 만료	D+32	공고기간 1개월 이상	상법 제440조
합병기일	D+33	실질적인 합병일	-
합병보고주주총회 갈음 이사회결의	D+34	합병보고주총 대체	상법 제526조
이사회결의 공고	D+35	정관상 공고 신문 또는 전자적 방법(홈페이지) 게재	• 상법 제526조 ③, 제289조 • 동법 시행령 제6조
합병등기 (해산등기 · 변경등기)	D+36	본점 : 공고일로부터 2주 내 지점 : 공고일로부터 3주 내	• 상법 제528조 • 상업등기법 제62조~ 제64조, • 상업등기규칙 제148조, 제149조
합병종료보고서 또는 증권발행실적보고서 제출		합병등기 후 지체없이 제출	발행 · 공시규정 제2-19조 및 제5-15조
주식 등의 대량보유상황보고 (5% 보고)	D+41	합병등기일 익일로부터 5영업일 내에 보고	• 자본시장법 제147조 • 동법 시행령 제153조

절 차	일 정	설 명	관련규정
임원 등의 특정증권 등 소유상황 보고 (10% 보고)	–	• 최초보고 : 신주상장일 익일로 부터 5영업일 내 • 변동보고 : 합병등기일 익일로 부터 5영업일 내	• 자본시장법 제173조 • 동법 시행령 제200조
합병신주상장	–	–	• 유가상장 제43조 • 코스닥상장 제44조
주식매수청구대금 지급	D+50 內	매수청구종료일로부터 1월 이내 지급	자본시장법 제165조의5
기업결합신고 (해당시)	D+66 內	합병등기일로부터 30일 이내 공 정위 신고	• 공정거래법 제11조 • 동법 시행령 제18조

(주) : 1. 유가증권시장공시규정(유가공시), 코스닥시장공시규정(코스닥공시), 「증권의 발행 및 공시 등에 관한 규정」(발행·공시규정), 유가증권시장상장규정(유가상장), 코스닥시장상장규정(코스닥상장)
2. 상장법인의 합병시 50인 이상에게 합병회사의 주식을 교부하면 간주모집에 해당되므로, 증권신 고서, 투자설명서, 증권발행실적보고서를 제출해야 함. 다만 합병회사의 주식을 교부받을 주주 가 50인 미만이라 하더라도, 주식을 교부받는 시점에서 지체없이 한국예탁결제원에 예탁하고 그 예탁일부터 1년간 해당 증권을 인출하거나 매각하지 않기로 하는 내용의 예탁계약을 체결하 는 등의 전매제한 조치가 없는 경우, 「증권의 발행 및 공시 등에 관한 규정」 제2-2조 제1항에 기술된 전매기준에 해당하게 되어 증권신고서를 제출하여야 함.
3. 합병비율을 1 : 0으로 한 무증자합병의 경우 신주발행이 없어 간주모집에 해당되지 않으므로 증 권신고서, 투자설명서, 증권발행실적보고서를 제출할 필요가 없음.

(1) 상장법인 이사회결의 및 주요사항보고서 제출

사업보고서 제출대상법인은 합병 이사회 3일내 해당 내역을 주요사항보고서로 금 융위에 제출하여야 한다. 단, 상장법인의 경우 각 시장의 공시규정에 의거하여, 그 결의 내용을 지체없이 거래소에 신고 및 공시하여야 한다. 앞서 설명하였듯이 2015년 12월 3일 기업공시서식 작성기준의 별지서식 신설로서 금융위 및 거래소 수시공시 서식을 단일화하였으므로, 비상장이면서 사업보고서 제출대상법인의 경 우에는 3일내에, 유가증권 및 코스닥 상장법인은 당일에 공시문을 제출하면 된다.

구 분	유가증권상장법인	코스닥상장법인
시 기	이사회결의일 당일	좌동
장 소	금융위/거래소	좌동
제출서식	기업공시서식 작성기준 제38-44호	좌동

구 분	유가증권상장법인	코스닥상장법인
규 정	• 자본시장법 제161조 ① 6호 • 유가증권시장공시규정 제7조 ① 3호 가(5), (6)	• 자본시장법 제161조 ① 6호 • 코스닥시장공시규정 제6조 ① 3호 가(8)

(2) 공시관련 매매거래 정지

상장법인이 합병을 공시한 경우 거래소는 주가에 대한 충격을 완화하고 소액주주를 보호하기 위하여 시장조치를 통하여 당해 공시시점부터 일정기간 동안 주권의 매매거래를 정지하고 있다. 참고로 위 일정표는 우회상장이 아닌 일반합병에 대한 것임에 유의하고, 우회상장의 경우 '제6장 우회상장' 및 앞서의 우회상장 관련 설명을 참조하기 바란다.

① 유가증권상장법인

가. 유가증권시장공시규정

공시시점	매매거래정지기간
매매거래 정지기준	합병에 대한 신고·공시시점
장개시 이전	장개시 이후 30분 동안
장개시 이후~장종료 60분 이전	공시시점으로부터 30분 동안
장종료 60분 전 이후	그 다음 날부터 매매거래 재개 (단, 장개시 전 시간외거래는 불가)
규 정	• 유가증권시장공시규정 제40조 ① 2호 • 동 시행세칙 제16조 ① 1호, ③ 2호 • 유가증권시장업무규정 시행세칙 제54조

(주) 소규모합병 및 간이합병의 경우 적용 제외

나. 유가증권시장상장규정

구 분	내 용
거래정지 사유	투자자보호(우회상장 여부 확인)
거래정지 기간	합병공시~합병관련 확인서(별지 제6호 서식) 및 첨부서류 제출일 (단, 우회상장 해당시에는 우회상장 예비심사청구서 제출일까지)
규 정	유가증권시장상장규정 제153조 ① 7호, ② 6호

(주) 합병이사회결의 공시일에 맞추어 합병관련 확인서를 제출하거나 예비심사신청서등을 제출시, 상장규정에 의한 매매정지 없음.

② 코스닥상장법인

가. 코스닥시장공시규정

공시시점	매매거래 정지기간
매매거래 정지기준	합병에 대한 신고·공시 시점
장개시 이전	장개시 이후 30분 동안
장개시 이후~장종료 60분 이전	공시시점으로부터 30분 동안 (단, 장개시 전 시간외거래는 불가)
장종료 60분 전 이후	그 다음날부터 매매거래 재개
규 정	• 코스닥시장공시규정 제37조 ① 2호, ③ • 동 시행세칙 제18조 ① 7호, ② 2호 • 코스닥시장업무규정 시행세칙 제26조 2호, 3호

(주) 소규모합병, 간이합병의 경우 적용 제외되며, 코스닥시장상장규정상의 매매정지가 적용되는 코스닥
상장법인과 비상장법인 간 합병의 경우에도 적용 제외됨.

나. 코스닥시장상장규정

구 분	내 용
거래정지사유	투자자 보호(우회상장 여부 확인)
거래정지기간	합병 공시~우회상장 관련 서류(별지 제15호 서식)제출 후 거래 소로부터 우회상장여부 확인통지일까지
규 정	• 코스닥시장상장규정 제18조 ① 3호 • 동 시행세칙 제19조 ① 3호

(주) 합병관련 확인서상 우회상장에 해당되지 않거나, 합병이사회결의 공시일에 맞추어 합병관련 확인서
를 제출하거나 예비심사신청서등을 제출시, 상장규정에 의한 매매정지 없음.

(3) 주총소집 통지·공고

상장법인의 경우 의결권 있는 발행주식총수의 1% 이하의 주식을 보유한 주주(소
액주주)에 대해서는 주총일 2주 전에 2 이상의 일간신문에 주총소집의 뜻과 주총
의 목적사항을 각각 2회 이상 공고하거나 전자공시 시스템에 공고하는 방법으로
소집통지에 갈음할 수 있으며, 다음의 사항을 회사의 인터넷 홈페이지에 게재하고
금융위 등에 비치하여 일반인이 열람할 수 있도록 하여야 한다.

회사의 인터넷 홈페이지에
게재할 내용
	Ⅰ. 사외이사 등의 활동내역과 보수에 관한 사항
	  1. 사외이사 등의 활동내역
	  2. 사외이사 등의 보수현황
	Ⅱ. 최대주주 등과의 거래내역에 관한 사항
	  1. 단일거래규모가 일정규모 이상인 거래
	  2. 해당 사업연도 중에 특정인과 해당 거래를 포함한
	     거래총액이 일정규모 이상인 거래
	Ⅲ. 경영참고사항
	  1. 사업의 개요
	  2. 주주총회 목적사항별 기재사항

비치장소	• 상장회사의 본점 및 지점 • 명의개서 대행회사 • 금융위, 거래소
규 정	• 상법 제542조의4 • 상법 시행령 제31조

(주) 금융감독원 [기업공시서식 작성기준] 중 별지 서식 제58호 '주주총회 소집공고' 참조

(4) 주총소집절차

상장법인의 합병결의를 위한 주총소집과 관련하여 기준일공고, 기준일, 주총소집
통지절차를 정리하면 다음과 같다.

절 차	일 정	내 용
주총소집 이사회결의	D−16	
주주명부 폐쇄 및 기준일 공고	D−15	기준일 2주 전 공고(상장법인의 경 우, 주주명부 폐쇄 없음)
기준일	D	
주주명부 폐쇄기간	D+1～D+8	비상장법인에 해당(상장법인 미해당)
주총참석장 등 작성	D+9～D+10	
주총소집통지 발송	D+10～D+11	주총일 2주 전 통지
주주총회일	D+25	

비상장법인의 경우, 상법에 의거 1) 기준일 2주간 전에 기준일공고를 하고, 2) 기
준일부터 주주명부를 뽑기위해 실무적으로 3~5영업일 간의 주주명부폐쇄기관이
필요하다. 그러나 2019년 9월 도입된 주식 · 사채 등의 전자등록에 관한 법률("전

자증권법")에 의거 모든 상장사들은 명부폐쇄와 관련된 업무가 생략되었다. 이에 향후 실무는 기준일 이후 즉각적으로 소유자명세가 나오고, 그 직후 참석장 작성 및 소집통지 발송의 실무적 절차를 진행하면 될 것으로 판단된다(전자증권법 제66조 및 제37조). 단, 본 상장법인의 기준일 및 주총 일정과 관련해서는 증권신고서의 효력발생이 주총소집발송 이전에 이루어져야 하므로 전자증권법 도입에 의한 기준일~주총소집통지 발송의 과정을 축소하지 않은 점을 유의하기 바란다.

(5) 구주권 제출기간(1개월) 공고(피합병법인만 적용)

회사간의 합병이 있을 경우, 피합병회사는 1월 이상의 기간을 정하여 그 기간 내에 피합병회사의 주권을 피합병회사에 제출할 것을 공고하고 주주명부에 기재된 주주와 질권자에 대해서는 개별적으로 통지하여야 한다. 기타 회사의 공고와 마찬가지로 정관에 정한 일간신문 또는 전자적 방법(홈페이지 게재, 상법 제289조 및 동법 시행령 제6조)으로 공고가 가능하다.

단, 피합병법인이 주권상장법인인 경우에는 2019년 9월 시행된 주식·사채 등의 전자등록에 관한 법률(전자증권법)에 의거 주식병합일(분할기일)의 2주간 전까지 주식병합공고만 필요하며, 1개월의 기간이 불필요하다.

(6) 합병종료보고서 또는 증권발행실적보고서 제출(「증권의 발행 및 공시 등에 관한 규정」 제2 - 19조 및 제5 - 15조)

합병등기가 완료되면 상장법인은 금융위에 즉시 합병종료보고서를 제출하여야 한다. 한편, 증권신고서를 제출한 합병회사는 합병기일 후 지체없이 증권발행실적보고서를 금융위에 제출하여야 하며, 증권발행실적보고서 제출시 합병종료보고서의 제출은 면제된다.

(7) 지분변동 공시

흡수합병으로 인하여 상장법인의 지배권에 변동이 발생한 경우에는 당해 주주는 자본시장법에 따라 공시를 하여야 한다.

기업지배권 변동과 관련된 공시로는 주식 등의 대량보유상황 보고(5% 보고)와 임원 등의 특정증권 등 소유상황 보고(10% 보고)가 있다.

① 주식 등의 대량보유상황 보고(5% 보고)

합병으로 상장법인의 의결권 있는 주식 등(신주인수권증서, 전환사채권, 신주인수권부사채권, 파생결합증권, 교환사채권 포함)을 5% 이상 보유하게 되는 경우 또는 5% 이상 보유한 후 그 보유주식비율이 1% 이상 변동되는 경우, 5영업일(토요일, 공휴일, 근로자의 날 제외) 이내에 보유 또는 변동내역을 금융위와 거래소에 보고하여야 한다.

합병시 주식의 대량보유 보고기준일은 합병등기일이므로 합병등기일의 다음 날(보고기준일을 제외)부터 5영업일 이내에 합병으로 인하여 신규로 5% 이상의 주주가 되거나 기존 5% 이상의 주주가 1% 이상 변동된 경우 금융위와 거래소에 신고하여야 한다.

② 임원 등의 특정증권 등 소유상황 보고(10% 보고)

합병으로 상장법인의 임원 또는 주요주주가 된 경우에는 임원 또는 주요주주가 된 다음 날(보고기준일 제외)부터 5영업일 이내에 특정증권 등의 소유상황을 증선위와 거래소에 보고하여야 하며, 그 특정증권 등의 소유상황에 변동이 있을 때에는 그 변동이 있는 다음 날(보고기준일 제외)부터 5영업일 이내에 증선위와 거래소에 보고하여야 한다.

여기서 주요주주란 누구의 명의든 자기의 계산(차명주식 포함)으로 의결권 있는 주식의 10% 이상을 보유하거나 의결권 있는 주식의 10% 이상을 보유하고 있지 아니한 주주라도 임원의 임면 등 당해 법인의 주요경영사항에 대하여 사실상 영향력을 행사하고 있는 주주를 의미한다.

> **┃ 주요주주(자본시장법 제9조 ①주) ┃**
>
> - 누구의 명의로 하든지 자기의 계산으로 의결권 있는 발행주식총수의 10% 이상을 소유한 자(그 주식과 관련된 증권예탁증권 포함)
>   → 주요주주는 특수관계인 또는 공동보유자를 합산하지 않고 개별적으로 적용함.
> - 의결권 있는 발행주식총수의 10% 이상을 보유하고 있지 아니한 주주라도 임원의 임면 등 당해 법인의 중요한 경영사항에 대하여 사실상 영향력을 행사하고 있는 주주
>   → 실질적인 지배주주를 의미함.

주) 2016년 8월 1일 시행되는 개정 자본시장법에서는 '금융회사의 지배구조에 관한 법률' 제2조 6호를 준용(의미상 변화는 없음)

합병으로 기존 비상장법인의 임원 또는 주요주주가 특정증권 등의 소유상황을 보고하여야 하는 경우(최초보고) 그 보고기간의 기준일은 합병신주 상장일이고, 상장법인의 임원 또는 주요주주가 그 특정증권 소유상황의 변동을 보고(변동보고)하여야 하는 경우 그 변동보고 기준일은 합병등기일이다.

구 분	최초보고	변동보고
보고기준일	합병신주 상장일	합병등기일
규 정	자본시장법 시행령 제200조 ③	자본시장법 시행령 제200조 ④

(주) 보고기간 마지막 날이 공휴일인 경우 그 다음 날까지 보고, 보고기간 마지막 날이 토요일인 경우 그 전날인 금요일까지 보고

③ 주식 등의 대량보유상황 보고와 임원 등의 특정증권 등 소유상황 보고의 차이

흡수합병시 지배권 변동보고와 관련하여 '주식 등의 대량보유상황 보고(5% 보고)'와 '임원 등의 특정증권 등 소유상황 보고(10% 보고)'가 다음과 같은 차이가 있으므로 혼동하지 않도록 주의하여야 한다.

구 분	주식 등의 대량보유상황 보고 (5% 보고)	임원 등의 특정증권 등 소유상황 보고 (10% 보고)
보고접수처	금융위, 거래소	증선위, 거래소
보고기준	• 신규보고 : 5% 이상 보유시 • 변동보고 : 5% 이상 보유 후 1% 이상 변동시	• 최초보고 : 임원 또는 주요주주가 된 경우 • 변동보고 : 1천주 이상 또는 1천만원 이상 변동시
보고기준일	합병등기일	• 최초보고 : 합병신주 상장일 • 변동보고 : 합병등기일
보고기간	5영업일(토요일, 공휴일, 근로자의 날 제외) 이내	5영업일(토요일, 공휴일, 근로자의 날 제외) 이내
보고대상 유가증권	주식 등(주권, 신주인수권, 전환사채, 신주인수권부사채, 파생결합증권, 교환사채 포함)	특정증권 등(해당법인 발행증권 및 관련 증권예탁증권, 이와 관련한 교환사채 및 금융투자상품)
서 식	• <별지 제44호 서식> : 주식등의 대량보유상황보고서(일반) • <별지 제45호 서식> : 주식등의 대량보유상황보고서(약식)	<별지 제46호 서식> : 임원·주요주주 특정증권 등 소유상황보고서
규 정	자본시장법 제147조 동법 시행령 제153조	자본시장법 제173조 동법 시행령 제200조

(주) 보고기간 산정 : 보고기준일을 제외하고 그 다음 날부터 보고기간 계산(초일 불산입)

(8) 추가상장

상장법인(합병법인)이 비상장법인(피합병법인)과의 합병으로 인하여 합병신주를 발행할 경우에는 추가상장신청을 하여야 한다.

① 유가증권상장법인

구 분	내 용
신청시기	효력발생일(합병등기일) 후 지체없이
첨부서류	• <별지 제32호 서식> 추가상장신청서 • 신주발행일정표 • 법인등기부등본 • 발행등록확인서 • 주금납입증명서
첨부서류	• 거래소가 상장심사상 필요하다고 인정하는 서류 등
규 정	• 유가증권시장상장규정 제43조 • 유가증권시장상장규정 시행세칙 제37조, 별표 5호

(주) 추가상장신청 절차 및 첨부서류에 대해서는 사전에 거래소 담당자와 협의할 것

❖ **주권 재상장 및 추가상장수수료(유가증권시장상장규정 시행세칙 제128조 및 별표 10)** ❖

상장할 금액[주]		요 율
	30억원 이하	10억원당 50만원 (단, 1억원 이하는 25만원, 1억원~10억원 이하는 50만원 정액으로 한다)
30억원 초과	200억원 이하	150만원 + 30억원 초과금액의 0.021%
200억원 초과	500억원 이하	507만원 + 200억원 초과금액의 0.018%
500억원 초과	1,000억원 이하	1,047만원 + 500억원 초과금액의 0.015%
1,000억원 초과	2,000억원 이하	1,797만원 + 1,000억원 초과금액의 0.012%
2,000억원 초과	5,000억원 이하	2,997만원 + 2,000억원 초과금액의 0.008%
5,000억원 초과		5,397만원 + 5,000억원 초과금액의 0.003%
최대 한도액		8천만원

주) 추가상장할 시가총액 = 추가상장 주식수 × 상장신청일 직전일의 종가

② 코스닥상장법인

구 분	내 용
신청시기	• 사유발생일(합병등기일)로부터 1월 이내에 변경(추가)상장신청
첨부서류	• 변경·추가상장신청서(별지 제25호 서식) • 이사회 또는 주주총회 의사록 사본 • 법인등기부등본 • 발행등록사실확인서 • (합병 이전의 보통주식 의무보유대상자의) 의무보유확약서(별지 제14호 상장서식 33) 및 예탁원의 보유증명서 (해당시) • 유통주식현황표(별지 제2호 서식) • 상호변경, 액면분할, 합병 등으로 변경상장하는 경우 해당 증빙 서류 • 그 밖에 분할을 증빙하는 서류 및 거래소가 상장심사상 필요하다고 인정하는 서류
규 정	• 코스닥시장상장규정 제44조 ① • 코스닥시장상장규정 시행세칙 제39조 ①, 별표 5

(주) 추가상장신청 절차 및 첨부서류에 대해서는 사전에 거래소 담당자와 협의할 것

❖ **추가상장 수수료(코스닥시장상장규정 제88조, 시행세칙 제84조 및 별표 14)** ❖

시가총액[주)		요 율	
	100억원 이하	10억원당 25만원 (최저한도액 25만원)	
100억원 초과	300억원 이하	250만원 + 100억원 초과금액의	0.009%
300억원 초과	500억원 이하	430만원 + 300억원 초과금액의	0.008%
500억원 초과	700억원 이하	590만원 + 500억원 초과금액의	0.007%
700억원 초과	1,000억원 이하	730만원 + 700억원 초과금액의	0.006%
1,000억원 초과	2,000억원 이하	910만원 + 1,000억원 초과금액의	0.005%
2,000억원 초과	5,000억원 이하	1,410만원 + 2,000억원 초과금액의	0.004%
5,000억원 초과		2,610만원 + 5,000억원 초과금액의	0.002%
최대 한도액		5,000만원	

주) 추가상장할 시가총액 = 추가상장 주식수 × 상장신청일 직전일의 종가

(9) 기업결합신고(해당시)

공정거래법 제12조(기업결합의 신고)에 의거 특수관계인을 포함한 자산총액 또는 매출총액이 3천억원 이상인 회사(기업결합신고대상회사)가 특수관계인을 포함하여 자산총액 또는 매출총액 300억원 이상인 회사(상대회사)와 합병을 하는 경우에는

신고기준일(합병등기일)로부터 30일 내에 기업결합신고를 하여야 한다(공정거래법 제11조 및 동법 시행령 제18조).

합병의 주체들이 특수관계인 간의 기업결합인 경우, 간이신고로 그 의무를 이행하도록 하며(공정위 고시 제2022-23호 "기업결합신고요령" Ⅱ. 2고 기목) 기업결합의 일방이 특수관계인을 포함하여 자산총액 또는 매출총액 2조원이 넘는 대규모회사라면 기업결합일 이전까지 기업결합신고를 하여야 하며, 회사는 신고 후 공정위로부터 심사결과를 통지받기 전까지(30일 소요, 공정위 필요시 추가 90일 연장 가능) 기업결합(합병등기)을 이행하여서는 안 된다(공정거래법 제11조 ⑥, ⑦).

Ⅴ 소규모합병

합병의 경우 주주보호를 위하여 합병당사회사는 주주총회의 특별결의를 득하여야 하고 반대하는 주주에 대해서는 주식매수청구권을 통하여 보호하여야 한다.
그러나 주주총회소집은 복잡한 절차를 요구하고 주식매수청구권 행사는 많은 자금소요를 필요로 한다.
따라서 상법은 중요하지 않은 합병에 대하여 합병절차를 간소화하기 위하여 주주총회 및 주식매수청구권을 생략하고 이사회결의만으로도 합병이 가능하도록 제도를 마련하고 있는바, 그 제도가 소규모합병 제도이다.

① 정 의

흡수합병시 합병회사가 일정한 소규모의 회사를 흡수합병하는 경우 중요성의 관점에서 주주총회의 승인과 반대주주의 주식매수청구권을 생략하고 이사회결의만으로 합병이 가능하도록 한 제도이다.
상법에서 소규모합병 제도를 도입한 이유는 규모가 큰 회사가 소규모의 회사를 흡수합병하는 경우 규모가 큰 회사의 입장에서는 소규모합병 자체가 경상적인 경영활동에 불과하기 때문에 주주총회와 같은 복잡한 절차와 반대주주의 주식매수청구권으로 인한 자금부담 없이 신속하고 자유롭게 의사결정을 할 수 있도록 기업을 지원하기 위하여 도입되었다.

② 요 건(상법 제527조의3)

소규모합병은 흡수합병시 합병회사에 대해서만 인정되며 합병회사가 피합병회사의 주주에게 발행하는 합병신주 또는 자기주식이 합병회사 발행주식총수의 10%를 초과하지 아니하고 피합병회사 주주에게 지급하는 합병교부금(현금 등)이 합병회사 최종대차대조표상 순자산가액의 5%를 초과하지 아니할 때에만 인정된다. 과거 소규모합병 요건상 피합병회사 주주에게 지급되는 발행주식수 대비 10%의 주식은 오직 신주만을 고려하였기에(대법원 2004. 12. 9. 선고 2003다69355 판결 참조), 실무적으로 자기주식을 많이 활용하여 소규모합병을 택하는 경우가 종종 있어 왔다(ex. 지급되는 주식이 신주 2%, 자기주식 9%인 경우 총 지급대상이 11%임에도 불구하고 신주는 2%에 불과하여 소규모합병 해당). 그러나 2016년 3월 2일 개정 시행되는 상법에서는 소규모 요건에 자기주식의 포함을 명문화하여, 기존처럼 자기주식을 활용한 소규모합병으로의 우회전략을 활용할 수 없게 되었다.

단, 합병회사의 발행주식총수의 20% 이상의 주주가 합병통지나 소규모합병 공고일로부터 2주간 내에 회사에 대하여 서면으로 합병반대의사를 통지할 경우 소규모합병은 인정되지 않는다.

③ 특징 및 문제점

소규모합병은 주주총회 승인이 생략되므로 절차가 간단하고 주식매수청구권이 인정되지 않으므로 자금부담 없이 합병이 가능하다.

따라서 계열사 내에서 부실기업의 구조조정을 위한 수단으로 주로 이용된다.

그러나 지배주주 등을 제외한 일반 소액주주의 입장에서 소규모합병은 대주주의 지분율이 낮은 상장법인이 동일한 계열의 대주주의 지분율이 높은 소규모 비상장법인을 흡수합병함으로써 주총 및 주식매수청구권에 대한 부담 없이 대주주의 지배권을 강화(지분율 상승)하는 수단으로 악용될 수 있다.

④ **증권신고서 제출 특례**(「증권의 발행 및 공시 등에 관한 규정」 제2-9조)

피합병회사가 상장회사가 아닌 소규모합병의 경우, 「증권의 발행 및 공시 등에 관한 규정」 제2-9조 ③에 의거 다음의 기재사항이 생략된 증권신고서를 제출할 수 있고 일부 첨부서류 제출을 생략할 수 있다.

단, 최근 사업연도 말 현재 피합병회사의 부채총계가 자산총계보다 크거나 피합병회사의 자산총계가 합병회사 자본총계의 5% 이상인 경우에는 그러하지 아니하다(기업공시 작성기준 별지 서식 제9호).

구 분	생략내용
증권 신고서	• 제1부 합병 등의 개요 중 주식매수청구권 관련사항 (단, 당해 합병이 발행·공시규정 제2-9조 제3항 요건(소규모합병) 충족사실 기재) • 제2부 합병당사회사에 관한 사항 전부
생략가능 첨부서류	• 합병당사회사 정관 및 주총소집 이사회의사록 사본 • 행정관청의 인·허가 또는 승인에 대한 서류 • 합병계약서 사본 • 합병당사회사 최근 3사업연도 감사보고서 및 연결감사보고서 • 합병당사회사의 반기감사보고서(또는 검토보고서) 또는 분기감사보고서 (또는 검토보고서)

⑤ **소규모합병 절차**

소규모합병 절차와 관련하여 유의하여야 할 사항은 소규모합병을 위한 주총결의를 이사회결의로 대체하기 때문에 권리주주확정절차가 불필요하다고 생각할 수 있으나, 소규모합병에 대한 반대주주의 의견수렴을 위한 주주확정을 위하여 주주명부폐쇄 공고 및 주주명부확정 기준일이 필요하다.

주총특별결의가 필요한 일반합병의 경우 통상 합병이사회결의, 합병계약 체결, 주요사항보고서 제출이 동일자에 이루어지나 소규모합병의 경우 합병계약에 대한 공고(소규모합병 공고)를 합병계약 체결일로부터 2주 이내에 하도록 규정(상법 제527조의3 ③)하고 있으므로 합병이사회결의와 주요사항보고서 제출은 동일자에 이루어지나 합병계약 체결은 그 이후에 이루어진다는 점을 유의하여야 한다.

또한, 소규모합병은 흡수합병시 합병법인에게만 적용되므로 피합병법인은 이와 관계없이 주주총회개최 및 주식매수청구권 절차 여부를 검토하여야 하며, 합병법인이 상장법인인 경우 신고·공시절차 및 신주상장절차 등이 일반합병의 경우와 동일하게 요구되므로 상장법인으로서 준수해야 할 절차를 생략해서는 안 된다.

절 차	일 정	내 용	관련규정
사전준비절차	–	• 합병관련 법률, 회계, 조세 문제 검토 • 외부평가기관과 평가계약 체결 • 합병가액 산정 및 합병비율 확정 • 합병절차 및 일정 확정 • 합병계약서, 주요사항보고서 등 작성 • 관계기관(금감원, 거래소, 명의개서 대행기관 등)과 사전협의	–
합병이사회결의	D-41	소규모합병은 이사회결의사항	–
합병관련 확인서 제출	D-41	우회상장요건 확인서류 거래소 제출	• 유가상장 제33조 ① • 유가상장세칙 제29조 • 코스닥상장 제34조 • 코스닥상장세칙 제32조 ②
합병이사회결의 주요사항보고서 제출		금융위, 거래소에 신고	• 자본시장법 제161조 ① 6호 • 유가공시 제7조 ① 3호 • 코스닥공시 제6조 ① 3호
증권신고서 제출	D-41	금융위 제출, 효력발생기간 7 영업일 이상	자본시장법 제119조
기준일 공고	D-40	소규모합병을 반대할 수 있는 주주확정을 위한 기준일 2주 전 공고	상법 제354조
합병계약 체결	D-38	소규모합병 공고일 전 2주 이내	상법 제527조의3
주주명부확정 기준일	D-25	소규모합병 반대의사표시를	상법 제354조

절 차	일 정	내 용	관련규정
		위한 권리주주 확정일	
소규모합병 공고 반대주주 반대의사 통지 시작		합병계약 체결일로부터 2주 이내	상법 제527조의3
투자설명서 제출	–	신고서 효력 발생시 즉시 제 출 및 교부	자본시장법 제123조
합병계약서, 합병재무 제표 등 비치 공시	D – 15	주총갈음 이사회결의 2주 전 ~ 합병 후 6월간	상법 제522조의2
반대주주 반대의사 통지 완료	D – 10	합병공고일로부터 2주 내 서 면통보, 20% 이상 주주 반대 시 소규모합병 불가	상법 제527조의3
주총갈음 이사회 승인	D	소규모 합병시 이사회 승인으 로 주주총회 갈음	상법 제527조의3
결의내용 공시 및 보고	D	주총갈음 이사회결의 공시 및 결과보고	• 유가공시 제7조 ① 3호 • 코스닥공시 제6조 ① 3호
채권자 이의제출 공고 및 최고	D+1	주총갈음 이사회결의일 2주 내 공고	상법 제527조의5
구주권제출 공고	D+1	주총(이사회) 2주 내 공고 (소멸회사만 해당)	상법 제440조
채권자 이의제출 만료	D + 32	공고기간 1월 이상	상법 제527조의5
구주권제출 기간만료	D + 32	공고기간 1월 이상	상법 제440조
합병기일	D + 33	실질적인 합병일	
합병보고 이사회결의	D + 34	합병보고주주총회 대체	상법 제526조
합병보고 이사회결의 공고	D + 35	정관상 공고 신문 또는 전자 적 방법(홈페이지) 게재	• 상법 제526조 ③, 제289조 • 동법 시행령 제6조
합병등기	D + 36	• 본점 : 공고일로부터 2주 내 • 지점 : 공고일로부터 3주 내	• 상법 제528조 • 상업등기법 제62조 ~제64조 • 상업등기규칙 제148 조, 제149조

절 차	일 정	내 용	관련규정
합병종료보고서 또는 증권발행실적보고서 제출		합병등기 후 지체없이 종료보고서 제출	발행·공시규정 제2-19조 및 제5-15조
주식 등의 대량보유상황 보고 (5% 보고)	D+41	합병등기일 익일로부터 5영업일 내	• 자본시장법 제147조 • 동법 시행령 제153조
임원 등의 특정증권 등 소유상황 보고 (10% 보고)	–	• 최초보고 : 신주상장일 익일로부터 5영업일 내 • 변동보고 : 합병등기일 익일로부터 5영업일 내	• 자본시장법 제173조 • 동법 시행령 제200조
합병신주상장	–	–	• 유가상장 제43조 • 코스닥상장 제44조

(주) : 1. 유가증권시장공시규정(유가공시), 코스닥시장공시규정(코스닥공시), 「증권의 발행 및 공시 등에 관한 규정」(발행·공시규정), 유가증권시장상장규정(유가상장), 코스닥시장상장규정(코스닥상장)
2. 위의 절차는 상장법인인 합병법인에게 적용되는 소규모합병 절차임.
3. 상장법인의 합병시 50인 이상에게 합병회사의 주식을 교부하면 간주모집에 해당되므로, 증권신고서, 투자설명서, 증권발행실적보고서를 제출해야 함. 다만 합병회사의 주식을 교부받을 주주가 50인 미만이라 하더라도, 주식을 교부받는 시점에서 지체없이 한국예탁결제원에 예탁하고 그 예탁일부터 1년간 해당 증권을 인출하거나 매각하지 않기로 하는 내용의 예탁계약을 체결하는 등의 전매제한 조치가 없는 경우, 「증권의 발행 및 공시 등에 관한 규정」 제2-2조 제1항에 기술된 전매기준에 해당되게 되어 증권신고서를 제출하여야 함.
4. 합병비율을 1 : 0으로 한 무증자합병의 경우 신주발행이 없어 간주모집에 해당되지 않으므로 증권신고서, 투자설명서, 증권발행실적보고서를 제출할 필요가 없음.
5. 위의 절차는 소규모합병의 존속회사가 증권신고서 제출 의무가 있는 경우를 가정한 것으로, 증권신고서 제출의무가 없을 시에는 감독원 대응 및 신고서 효력발생기간의 필요가 없으므로 전체 일정이 일부 단축됨.

(1) 합병계약서 작성

소규모합병시 합병계약서의 내용은 일반합병의 경우와 동일하나 주주총회의 승인을 얻지 않고 합병을 한다는 뜻(주주총회의 승인을 이사회결의로 갈음)과 합병회사 발행주식총수의 20% 이상 소유한 주주가 소규모합병에 반대하는 의사를 통지한 경우에는 합병계약서의 효력이 상실된다는 내용을 기재하여야 한다.

(2) 소규모합병 공고 또는 통지

합병회사는 합병계약 체결일로부터 2주 내에 피합병회사의 상호 및 본점의 소재지, 합병을 할 날, 주주총회의 승인을 얻지 아니하고 합병을 한다는 뜻을 공고하거나 주주에게 통지하여야 한다. 이때 공고는 정관에서 정한 신문 또는 전자적 방법(홈페이지 게재, 상법 제289조 및 동법 시행령 제6조)에 공고하여야 한다.

(3) 반대주주의 반대의사 통지

합병회사 발행주식총수의 20% 이상 소유한 주주가 소규모합병 공고 또는 통지일로부터 2주 내에 서면으로 합병에 반대하는 의사를 통지한 때에는 소규모합병을 할 수 없다.

(4) 합병승인 주주총회

합병회사는 합병계약에 대한 주주총회의 승인을 이사회결의로 갈음하고, 피합병회사는 간이합병이 아닌 경우 합병주주총회(특별결의)를 개최하여 합병승인을 받아야 한다.

(5) 주식매수청구권

소규모합병의 경우 합병회사는 주식매수청구권이 인정되지 않으나, 피합병회사는 총주주의 동의에 의한 간이합병이 아닌 경우 주식매수청구권이 인정된다.

(6) 기타 절차

기타 상장법인의 공시 및 신고절차, 신주상장절차, 상법 및 공정거래법상의 절차는 일반합병을 참조하기 바란다.

VI 간이합병

흡수합병시 피합병회사가 합병승인 주주총회를 거치지 않고 이사회결의만으로 합병이 이루어지는 형태를 말한다.

① 요 건

흡수합병시 피합병회사에 대해서만 인정되며 합병에 대하여 피합병회사 총주주의 동의가 있거나 피합병회사 발행주식총수의 90% 이상을 이미 합병회사가 소유하고 있는 경우에만 가능하다.

② 특 징

유가증권상장법인의 경우 일반주주(유가증권시장상장규정 제2조 ① 12호) 지분율이 5% 미만이거나 그 수가 200명 미만인 경우(단, 일반주주 소유주식수가 200만주 이상인 경우 제외) 관리종목으로 지정(유가증권시장상장규정 제47조 ① 4호)되고 최근연도 사업보고서상 관리종목 지정사유를 해소하지 못하면 상장이 폐지(유가증권시장상장규정 제48조 ① 4호)되게 된다.

또한 코스닥상장법인의 경우 소액주주(코스닥시장상장규정 제2조 ① 16호) 지분율이 20% 미만이거나 소액주주의 수가 200인 미만인 경우(단, 소액주주 지분율이 10% 이상이면서 100만주 이상인 경우 제외) 관리종목으로 지정(코스닥시장상장규정 제53조 ① 9호)되고 1년 이내에 지정사유를 해소하지 못하면 상장이 폐지(코스닥시장상장규정 제54조 ① 9호)되게 된다.

따라서 간이합병의 지분율 요건을 충족할 수 있는 회사는 대부분이 비상장법인이며, 통상 동일계열집단 내에서 부실 비상장법인에 대한 구조조정수단으로 간이합병이 주로 이용된다.

③ 주식매수청구권

간이합병의 요건 중 피합병회사 총주주의 동의가 있을 경우에는 반대주주가 없으므로 주식매수청구권은 발생되지 않으나 합병회사가 피합병회사 발행주식총수의 90% 이상을 소유하고 있는 경우에는 반대주주가 발생할 수 있으므로 주식매수청구권이 인정된다.

④ 증권신고서

간이합병은 소멸하는 회사측의 합병형태를 말하는 것이므로 소멸회사가 간이합병을 하든, 일반합병을 하든 소멸회사는 증권신고서 제출의 의무가 없다. 그러나 존속회사의 경우 간이합병으로 소멸하는 회사의 주주에게 합병대가로 존속회사의 주식을 교부하게 되므로 소멸회사의 주주수가 50인 이상이거나, 50인 미만이라 하더라도 합병으로 인해 주식을 교부받는 시점에 지체없이 한국예탁결제원에 예탁하고 그 예탁일부터 1년간 해당 증권을 인출하거나 매각하지 않기로 하는 내용의 예탁계약을 체결하는 등의 전매제한 조치가 없는 경우에는 증권신고서 제출의 의무가 있을 수 있다(「증권의 발행 및 공시 등에 관한 규정」 제2-2조 제2항). 참고로 100% 자회사에 대한 1 : 0 무증자 합병을 실시하는 경우가 많은데 이때는 소멸하는 회사의 주주에게 교부되는 존속회사의 주식이 아예 없게 되므로 존속회사는 증권신고서 제출 등의 의무가 없게 된다. 단, 세금이슈 등으로 인해 100% 자회사임에도 불구하고, 합병 신주를 발행(존속회사의 자기주식化)하는 경우에도 1년간의 전매제한조치(보호예수)를 실시하면 증권신고서의 제출의무가 면제된다.

⑤ 절 차

간이합병시 합병회사가 소규모합병이 아닌 경우 합병회사의 합병절차는 합병주주총회 개최, 주식매수청구권 인정 등 일반 합병절차와 차이가 없고 피합병회사의 합병절차만 주주총회의 합병승인이 이사회결의로 대체되고 총주주의 동의가 있는 경우에는 주식매수청구권이 생략된다.
따라서 총주주의 동의가 이루어지지 않고 합병법인이 피합병법인의 주식을 90%

이상 보유한 상태에서 간이합병을 실시하는 경우에는 피합병회사도 반대주주에 대하여 주식매수청구권을 인정하여야 한다.

절 차	일 정	내 용	관련규정
외부평가기관과 평가계약 체결	D-40	• 별도의 신고 및 공시의무 없음 • 합병가액 평가	-
합병이사회결의	D-31	간이합병은 이사회결의사항	-
주주명부 폐쇄 및 기준일 공고	D-30	간이합병을 반대할 수 있는 주주 확정을 위한 기준일 2주 전 공고	상법 제354조
합병계약 체결	D-28	간이합병 공고일 2주 이내 계약 체결	상법 제527조의2 ②
주주명부확정 기준일		간이합병을 반대할 수 있는 주주 확정일	상법 제354조
합병계약서, 합병 재무제표 등 비치 공시	D-15	주총갈음 이사회 결의일 2주 전~ 합병 후 6월	상법 제522조의2
간이합병 공고 반대주주 반대의사 통지 시작		합병계약 체결일로부터 2주 이내 공고, 공고일로부터 반대의사 통지 시작	• 상법 제527조의2 ② • 상법 제522조의3 ②
주주명부 폐쇄	D-14	주주수가 많은 경우 주주명부 폐쇄 필요	
반대주주 반대의사 통지 완료	D-1	간이합병 공고일로부터 2주 내 서면통지	상법 제522조의3 ②
주총갈음 이사회 승인	D	간이합병은 이사회승인이 합병주총을 갈음함.	상법 제527조의2 ①
주식매수청구권 행사시작		(총주주 동의아닌 간이합병의 경우에 해당)	상법 제522조의3 ①
채권자 이의제출 공고 및 최고 구주권 제출공고 및 통지	D+1	주총대체 이사회 결의일로부터 2주 내	• 상법 제527조의5 • 상법 제440조
주식매수청구권 행사기간 만료	D+20	간이합병 공고일로부터 2주가 경과한 날로부터 20일 내 서면 청구	상법 제522조의3 ①
주권제출기간 만료 채권자 이의제출 기간 만료	D+32	공고기간 1월 이상	• 상법 제527조의5 • 상법 제440조

절 차	일 정	내 용	관련규정
합병기일	D+33	실질적인 합병일, 회계처리 기준일	
합병등기 (소멸등기)	D+36	• 본점 : 공고일로부터 2주 내 • 지점 : 공고일로부터 3주 내	• 상법 제528조 • 상업등기법 제62조 　～제64조 • 상업등기규칙 　제148조, 제149조

(주) : 1. 위의 절차는 비상장법인인 피합병회사에게 적용되는 간이합병절차이므로 합병회사는 일반적인
　　　　합병의 절차에 따라야 함.
　　　2. 비상장법인 중 사업보고서 제출 대상법인은 주요사항보고서를 제출해야 함.

VII 삼각합병

2012. 4. 15.부터 시행되는 개정 상법에서는 **M&A** 활성화를 위하여 많은 제도들이
보완되었다. 특히 합병과 관련하여 피합병회사의 의무나 책임이 실질적인 효익을
누리는 회사로 승계되는 것을 막고 절차 간소화 등 각종 효익을 가져다 주기 위해
삼각합병이 새로이 도입되었다.

① 개 요

회사(존속회사)가 다른 회사(소멸회사)를 흡수합병하는 경우, 소멸회사의 주주에게
합병대가로서 존속회사의 주식을 교부하는 것이 아니라 그 모회사의 주식을 교부
할 수 있도록 한 제도이다. 이는 합병대가를 유연화하여 흡수합병 계약서에 기재
할 사항으로 기존 규정상의 "금전 등" 외에도 "그 밖의 재산"(즉, 모회사 주식)을
제공하는 경우를 신설하고(상법 제523조 4호), 피흡수합병으로 소멸하는 회사의 주
주에게 제공하는 재산이 존속하는 회사의 모회사 주식을 포함하는 경우에 존속회
사가 그 지급을 위하여 원래는 취득할 수 없는(상법 제342조의2) 모회사의 주식을
취득할 수 있도록 함으로써 가능해진 것이다(상법 제523조의2). 단, 해당 모회사 주

식을 삼각합병 이후에도 계속 보유하고 있는 경우, 합병의 효력 발생일로부터 6개월 내에 이를 처분하여야 한다(상법 제523조의2 ②).

참고 • 삼각합병

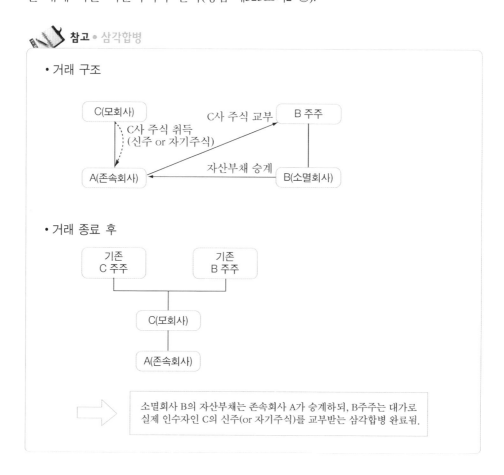

• 거래 구조

• 거래 종료 후

소멸회사 B의 자산부채는 존속회사 A가 승계하되, B주주는 대가로 실제 인수자인 C의 신주(or 자기주식)를 교부받는 삼각합병 완료됨.

② 부채승계의 회피

기존 일반적인 합병의 경우 소멸회사가 부채 등이 많은 경우, 존속회사로 그 책임 등이 승계되어 추후 많은 문제가 야기되는데 삼각합병을 통할 경우, 소멸회사의 부채는 존속하는 자회사가 자동 승계하게 하고 실질적 인수효과를 누리는 모회사는 그 책임을 면탈할 수 있게 되었다. 따라서 모회사가 자회사를 통하여 부채 및 부실 등이 많은 고위험회사를 인수하고자 할 때 더욱 유리하게 되었다.

③ 주주총회 및 주식매수청구권

합병당사회사인 자회사(존속회사)와 대상회사(소멸회사)의 주주총회 및 주식매수청구권 행사 여부는 일반적인 합병의 경우와 동일하다. 그러나 앞서 설명하였듯이 모회사는 합병의 효익을 누리면서 이에 수반되는 주주총회 및 주식매수청구권 등 상법상의 의무는 회피할 수 있게 되었다. 기존 모회사에 필요한 절차는 증자(신주교부의 경우) 또는 자기주식 처분(자기주식 교부의 경우) 등 이사회 결의사항에 국한된다. 또한 합병의 존속회사인 자회사가 모회사를 거래상대방으로 하여 모회사 주식을 취득하는 경우 자회사는 자기거래로서 이사회 승인을 받아야 한다(상법 제398조).

구분	주주총회	주식매수청구권
모회사	없음.	없음.
자회사(존속회사)	특별결의 필요 (소규모합병의 경우 면제)	있음. (소규모합병의 경우 면제)
대상회사(소멸회사)	특별결의 필요 (간이합병의 경우 면제)	있음. (100% 동의 간이합병의 경우 면제)

④ 기타 효과

삼각합병은 합병대상회사와 합병할 만한 자회사가 없다고 하더라도 물적 분할, 포괄적 주식교환(이전), 현물출자 등을 이용하여 100% 자회사를 설립한 후 이를 통하여 삼각합병을 시도할 수 있다. 또한 모회사가 외국법인인 경우에도 소멸회사 주주들에게 신주를 발행하여 줄 수 있으므로 외국회사와 국내회사 간 직접적인 합병이 불허되는 법적 환경 속에서 국제적 합병에 도움이 될 것으로 보인다. 아울러 2016년 3월 2일 시행되는 개정 상법에서는 삼각분할합병 및 삼각주식교환(역삼각합병)도 가능하게 되었다.

VIII 합병가액 산정

1 합병가액 산정방법 요약

합병가액은 합병비율을 산정하기 위한 주식평가방법으로서 합병회사와 피합병회사의 상장 여부에 따라 다음과 같이 구분된다.

합병대상회사		합병가액 평가방법	
합병회사	피합병회사	합병회사	피합병회사
비상장[주1]	비상장[주1]	제한 없음.	제한 없음.
상 장	비상장	기준시가를 기준으로 30%[주2] 이내 할인할증 (계열회사간 합병시는 10% 이내)단, 기준시가가 자산가치에 미달하는 경우 자산가치로 할 수 있음.	본질가치 [자산가치 × 0.4 + 수익가치 × 0.6] 단, 상대가치 비교공시
상 장	상 장	기준시가를 기준으로 30%[주2] 이내 할인할증 (계열회사간 합병시는 10% 이내)	좌동
규 정		자본시장법 시행령 제176조의5	• 자본시장법 시행령 제176조의5 • 발행·공시규정 제5-13조 • 발행·공시규정 시행세칙 제4-8조

주1) 특수관계자인 비상장법인 간 합병의 경우 부당행위계산 부인 및 합병에 따른 이익의 증여에 대한 검토를 위하여 세무상 비상장주식의 평가 필요
주2) 기준시가 대비 10% 초과하여 할인/할증시에는 외부평가 필요
주3) 상장회사의 합병가액을 기준시가 대신 본질가치[자산가치 × 0.4 + 수익가치 × 0.6] 사용시 외부평가 필요

② 합병가액 산정방법

(1) 상장법인의 합병가액 산정방법

합병가액	산정내역
기준시가	기준시가＝Average(ⓐ, ⓑ, ⓒ) ⓐ 종가를 거래량으로 가중산술평균한 1월간의 평균종가 ⓑ 종가를 거래량으로 가중산술평균한 1주일 평균종가 ⓒ 최근일 종가 ※ 기산일 : 합병이사회 결의일과 합병계약 체결일 중 앞서는 날의 전일
할인/할증주)	위 기준시가를 기준으로 30%(계열사간 합병시 10%) 이내 범위에서 할인 또는 할증 가능

주) 합병가액 산정의 공정성 문제로 인하여, SPAC과 합병하는 비상장사의 경우를 제외하고는 실제 할인
 /할증율을 적용하는 사례는 거의 없음.

(2) 본질가치 산정방법

본질가치는 다음에서 산정하는 자산가치와 수익가치를 각각 4 : 6으로 가중평균하여 산정한다. 이 경우 본질가치 산정을 위한 분석기준일은 주요사항보고서를 제출하는 날의 5영업일 전일로 한다. 단, 분석기준일 이후에 분석에 중대한 영향을 줄수 있는 사항이 발생한 경우에는 그 사항이 발생한 날로 한다.

구 분	산정방법
자산가치	(A)
수익가치	(B)
본질가치	C = (A × 0.4) + (B × 0.6)
분석기준일	주요사항보고서 제출일의 5영업일 전일
규 정	「증권의 발행 및 공시 등에 관한 규정 시행세칙」 제4조, 제8조

(3) 자산가치 산정방법

자산가치는 주요사항보고서 제출일이 속하는 날의 직전연도 말 재무상태표상의 자본총계에서 다음과 같은 부외자산을 가산하고 부외부채 및 자산성이 없는 자산을 차감하여 산정한다.

구 분	산정방법
1. 감사보고서상 자본총계[주]	A
(1) 가산항목	$B=a+b+c+d+e+f$
-분석기준일 현재 취득원가 평가 투자주식의 평가익	a
-분석기준일 현재 시장성 있는 투자주식의 평가익	b
-최근 사업연도말 자기주식	c
-결산기 이후 유상증자, CB전환권행사 및 BW신주인수권 행사 등으로 증가한 자본금	d
-결산기 이후 주식발행초과금 등 자본잉여금 및 재평가잉여금 발생액, 전기오류수정이익 등	e
-기타 결산기 이후 이익잉여금 증가없이 자본총계 증가시킨 거래로 인한 중요한 순자산증가액	f
(2) 차감항목	$C=a+b+c+d+e+f$ $+g+h+i+j$
-최근 사업연도말 비지배지분(연결재무상태표 사용시에 한함)	a
-분석기준일 현재 실질가치 없는 무형자산	b
-분석기준일 현재 회수불능채권	c
-분석기준일 현재 취득원가 평가 투자주식의 평가감 (단, 손상발생시 차이 가산 ×)	d
-분석기준일 현재 시장성 있는 투자주식의 평가감	e
-분석기준일 현재 퇴직급여채무 또는 퇴직급여충당부채 과소 설정액	f
-결산기 이후 자산의 손상차손	g
-결산기 이후 유상감자에 의한 자본금 감소	h
-결산기 이후 배당금지급, 전기오류수정손실 등	i
-기타 결산기 이후 이익잉여금 증가없이 자본총계 감소시킨 거래로 인한 중요한 순자산감소액	j
2. 순자산	$D=A+B-C$
3. 분석기준일 현재 발행주식 총수[주]	E
4. 1주당 자산가치	$F=D/E$

구 분	산정방법
5. 규 정	「증권의 발행 및 공시 등에 관한 규정 시행세칙」 제5조

주) 단, 전환주식, CB, BW등 향후 자본금을 증가시킬 수 있는 증권의 권리행사 가능성이 확실한 경우에는 이를 순자산 및 발행주식총수에 반영함.

(4) 수익가치 산정방법

수익가치는 현금할인모형, 배당할인모형 및 이익할인모형 등 미래수익가치 산정에 관하여 일반적으로 공정하고 타당한 것으로 인식되는 모형을 적용하여 합리적으로 산정한다(「증권의 발행 및 공시 등에 관한 규정 시행세칙」 제6조).

통상적으로 현금할인모형(DCF)을 많이 활용하고 있으며, 간혹 과거 발행·공시규정 시행세칙이 개정되기 전 이익할인모형을 사용하는 경우가 있다.

참고 ● 발행·공시규정 개정 이전 수익가치 산정방식(이익할인모형)

2012년 12월, 발행·공시규정 시행세칙 개정으로 인한 수익가치 자율화 이후에도 현금할인모형 등의 지나친 주관적 가정에 부담을 느낀 일부기업들이 과거와 같이 2개년 추정이익을 가중평균하여 자본환원율로 할인하는 방법을 여전히 사용하는 경우가 있다. 이 경우, 아래의 산식을 적용함에 있어 자본환원율, 추정기간 및 가중치 등은 상황에 따라 자율로 설정하고 있다.

- 추정기간 : 2개년(주요사항보고서 제출 사업연도 및 그 다음 사업연도)
- 자본환원율 : Max(①, ②)
  ① 평가대상회사가 상환하여야 할 모든 차입금의 가중평균이자율의 1.5배
  ② 상속세 및 증여세법상 할인율[주](10%)
  주) 상속세 및 증여세법 시행령 제54조 ①에 따라 기획재정부장관이 지정·고시하는 이자율('순손익가치환원율')

구 분	추정 1차연도	추정 2차연도	산정방법
1. 추정 법인세비용차감전계속사업이익			A
2. 법인세 등			B
3. 우선주배당조정액			C
4. 각 사업연도 추정이익	a	b	D = A − B − C
5. 발행주식총수	c	d	E
6. 1주당 추정이익	e = a / c	f = b / d	

구 분	추정 1차연도	추정 2차연도	산정방법
7. 추정연도별 가중치[주)	60%	40%	
8. 1주당 평균추정이익			F=e×60%+f×40%
9. 자본환원율			G
10. 1주당 수익가치			H = F / G
11. 규 정	(2012년 12월 이전 「증권의 발행 및 공시 등에 관한 규정 시행세칙」 제6조)		

주) 2차연도의 추정이익이 1차연도의 추정이익보다 작은 경우 가중치는 50% : 50%를 적용함.

(5) 상대가치 산정방법

상대가치는 한때 2010년 12월 발행·공시규정 시행세칙 개정으로 한국거래소 업종분류에 따른 소분류 업종이 동일한 주권상장법인 전체를 대상으로 의무적으로 산출하도록 하여 앞서의 본질가치와 산술평균하도록 하였으나, 2013년 8월 시행령 개정을 통해 합병가치에 아예 반영하지 않고 단순 비교공시만 하도록 하고 있다. 아울러 비교대상회사가 3사 이상인 경우에만 작성케 하므로써 실제로는 거의 활용되고 있지 아니하다.

구 분	산정방법
1. 상대가치	• 상대가치＝Average[①, ②] ① 유사회사별 비교가치를 평균한 가액의 30% 이상을 할인한 가액 ② 분석기준일 1년 이내에 다음 거래가 있었던 경우 그 가액을 가중산술평균한 가액[10% 이내로 할인/할증 가능] 　－유상증자의 경우 주당 발행가액 　－CB 또는 BW 발행한 경우 주당 행사가액 (주) : 1. ② 가액이 없거나 ②〉①의 경우에는 산술평균이 아닌 ① 가격만을 적용함. 그리고 ① 항목을 산정할 수 없을 경우(요건을 충족하는 유사회사가 3사 미만인 경우등), 상대가치를 적용하지 않음. 　　2. 유사회사 주가 : 보통주를 기준으로 Min[1월 종가평균, 전일종가]. 이때 기산일은 분석기준일 전일부터 소급함.

구 분	산정방법
2. 상대가치 산출방법	• 유사회사별 비교가치를 평균한 가액의 30% 이상을 할인한 가액 • 유사회사별 비교가치 = 유사회사 주가 × [발행회사 주당 세전이익/ 　　　　　　유사회사 주당 세전이익 + 발행회사 주당 　　　　　　순자산/유사회사 주당순자산] / 2 • 주당 세전이익 = [최근연도 세전이익/발행주식총수 + 직전연도 세전 　　　　　이익/발행주식총수] / 2 • 발행주식총수는 분석기준일 현재임. • 주당 순자산 : 평가대상회사의 주당 순자산은 규정 시행세칙 제5조 에 따른 자산가치로 하며(위 '(3) 자산가치 산정방법' 참조), 유사회 사의 주당 순자산은 분석기준일 또는 최근 분기 말을 기준으로 위 (3) 자산가치 산정방법을 따르도록 하나, 이때 사업연도 말 이후 배 당금지급, 전기오류수정손실 및 이익잉여금 증감을 수반하지 않는 중요한 순자산 증감액은 반영하지 않음.
3. 유사회사의 조건	• 평가대상회사와 한국거래소 업종분류에 따른 소분류 업종이 동일 한 주권상장법인 중 매출액에서 차지하는 비중이 가장 큰 제품 또 는 용역의 종류가 유사한 법인으로서 최근 사업연도 말 주당 세전 이익과 주당 순자산을 비교하여 각각 100분의 30 이내의 범위에 있 는 3사 이상의 법인 (해당 법인이 3사 미만인 경우, 상대가치 산정 필요 없음) • 단, 아래의 요건을 동시에 충족하여야 함. 　▷ 주당 세전이익이 액면가액의 10% 이상일 것 　▷ 주당 순자산이 액면가액 이상일 것 　▷ 상장일이 속하는 사업연도의 결산을 종료하였을 것 　▷ 최근사업연도 재무제표에 대한 감사의견이 적정 또는 한정일 것
4. 규 정	「증권의 발행 및 공시 등에 관한 규정 시행세칙」 제7조

부록···1 회계 및 세무

I 합병의 회계

「주식회사의 외부감사에 관한 법률」의 적용대상 기업 중 「자본시장과 금융투자업에 관한 법률」에 따른 주권상장회사의 회계처리에는 '한국채택국제회계기준(K‒IFRS)'을 적용하고, 그 외 비상장회사의 회계처리에는 '일반기업회계기준'을 적용한다.
본서에서는 '일반기업회계기준'의 회계처리를 중심으로 설명하며, '일반기업회계기준'과 'K‒IFRS'의 회계처리상 중요한 차이가 있을 경우에는 개별 항목별로 그 차이점을 설명하고자 한다.

1 일반 원칙

합병이라 함은 독립된 둘 이상의 기업이 상법의 규정에 따라 하나의 기업으로 합쳐지는 기업결합의 한 형태이다. 합병은 그 결합의 형태에 따라 어느 일방이 우월적인 지위에서 타 기업을 흡수하는 형태 또는 쌍방이 동등한 지위에서 결합하는 형태로 나누어 생각할 수 있다. 즉, 합병을 바라보는 관점에 따라 합병회사(매수회사)가 우월한 입장에서 피합병회사(피매수회사)의 자산과 부채를 공정가격으로 취득한 것으로 보는 매수설과 합병당사회사 중 어느 한편도 매수회사가 되지 아니하고 각각의 모든 권리와 의무를 동등하게 결합하여 결합된 실체에 대하여 공동으로 위험과 효익을 분담하는 지분통합설로 구분할 수 있다.

하지만 합병의 일반적인 목적이 현재 영위하는 사업과 시너지를 창출하기 위한 특정 사업부문의 매수, 기업규모 확대를 위한 인수, 신규 사업 진출을 위한 기존 기업의 인수 등임을 고려할 때, 합병은 대개 매수회사를 파악할 수 있고, 이러한 경우 당연히 취득법에 따라 회계처리하여야 한다.

기업회계기준(일반기업회계기준 및 K‒IFRS)에서도 일반적인 자산취득 및 부채인수 회계처리 방법과 일관성 유지, 합병과 취득의 경제적 유사성 등을 고려하여 합병의 회계처리 방법으로 취득법(동일지배하의 합병인 경우 제외)만을 인정하고 있다.

② 합병의 회계

합병은 매수설의 관점에서 보았을 때 취득자(이하 '합병회사'라 함)가 피취득자(이하 '피합병회사'라 함)에 대한 지배력을 획득하고 그 대가로 현금 및 자산의 이전, 부채의 부담, 수식의 발행 등을 하는 거래를 말한다. 따라서 모든 합병에 있어서 합병회사가 먼저 식별되어야 하며, 식별된 합병회사는 피합병회사의 자산과 부채를 취득일의 공정가치로 취득하고 피합병회사의 영업활동을 지배하게 된다.

합병의 회계처리에 있어 파악하여야 할 사항으로 ① 취득자의 식별, ② 취득일의 결정, ③ 식별가능한 자산·부채의 인식과 측정, ④ 합병대가의 측정, ⑤ 영업권 또는 염가매수차익의 인식과 측정이 있다.

(1) 취득자(합병회사)의 식별

회계상 취득자는 합병 후 재무정책과 영업정책을 결정할 수 있는 지배력을 행사하는 회사를 말하며, 법률적인 관점이 아닌 경제적 실질에 따라 결정된다. 예를 들어 모자회사간 역합병의 경우 법률적인 관점에서는 주식을 발행하는 자회사가 합병회사가 되고 소멸하는 모회사가 피합병회사가 되지만, 경제적 실질에 의해서는 모회사를 취득자로 보아 모회사가 자회사의 자산·부채를 회계처리하여야 한다.

제3자간 합병에서 경제적 실질에 의한 취득자를 파악함에 있어서는 합병 후 존속하는 회사에 대한 상대적 의결권, 의사결정기구의 구성, 경영진의 구성 등을 종합적으로 고려하여야 한다(일반기업회계기준 '사업결합' 12.10).

(2) 취득일의 결정

취득일은 합병회사가 피합병회사에 대한 지배력을 획득한 날로서 일반적으로 합병회사가 합병대가를 지불하고 피합병회사의 자산·부채를 인수한 날이다.

(3) 식별가능한 자산·부채의 인식과 측정

① 자산·부채의 인식

자산·부채는 식별 가능하여야 하며 취득일에 자산과 부채의 정의를 충족하여야 합병회사가 이를 인식한다. 이때 피합병회사의 이전 재무제표에 인식되지 않았던 자산·부채도 인식될 수 있다(일반기업회계기준 '사업결합' 12.13～12.14).

② 자산·부채의 측정

식별 가능한 자산·부채는 취득일의 공정가치로 측정하며, 취득자산에 대하여 별도의 평가충당금을 인식하지 않는다. 합병회사는 사업결합과정에서 취득한 식별 가능한 무형자산을 영업권과 분리하여 인식하여야 한다(일반기업회계기준 '사업결합' 12.16).

한편, 합병시 피합병회사가 보유하고 있던 자기주식에 대하여 합병신주를 교부한 경우 동 합병신주는 합병회사 주식의 공정가치로 측정하며, 피합병회사가 보유하고 있던 합병회사 주식 또한 합병회사 주식의 공정가치로 측정한다.

③ 인식과 측정 원칙의 예외

일반적으로 합병회사는 피합병회사의 재무상태표상 자산·부채를 공정가치로 인식하고 측정하나 다음의 경우에는 재무상태표에 인식하지 않았던 자산·부채도 인식하고 측정할 수 있다.

구 분		내 용
인식의 예외	우발부채	• 과거 사건에서 발생한 현재 의무이고 그 공정가치를 신뢰성 있게 측정할 수 있다면, 당해 의무의 이행을 위하여 경제적 효익을 갖는 자원의 유출 가능성이 매우 높지 않더라도 합병으로 인수한 우발부채를 인식
인식과 측정의 예외	법인세	• 승계한 자산·부채에서 발생하는 이연법인세를 인식하고 측정
	종업원급여	• 피합병회사의 종업원급여 약정과 관련된 부채(또는 자산)를 인식하고 측정
	보상자산[주1]	• 취득일의 공정가치로 보상자산을 인식 • 취득일의 공정가치를 측정할 수 없는 경우 가정을 사용하여 인식하고 측정 • 보상자산의 회수, 매각, 권리 상실시 보상자산을 제거

구 분		내 용
측정의 예외	재취득한 권리[주2]	• 재취득한 권리의 가치를 관련 계약의 잔여 계약기간에 기초하여 측정하며, 그 기간에 걸쳐 상각
	주식기준 보상	• 합병회사가 피합병회사의 주식기준보상을 대체할 의무가 있는 경우 합병대가 측정에 포함(대체할 의무가 없음에도 주식기준보상을 대체할 경우 보수원가로 인식)
규 정		일반기업회계기준 '사업결합' 12.21~12.26

주1) 보상자산 : 특정 자산이나 부채의 전부 또는 일부와 관련된 우발상황이나 불확실성의 결과로 매도 자로부터 보상받을 수 있는 금액
주2) 재취득한 권리 : 합병 전 합병회사가 피합병회사에게 부여했던 권리를 합병으로 인하여 재취득한 것(일반기업회계기준 '사업결합' 실12.23)

(4) 합병대가의 측정

합병대가는 합병회사가 피합병회사의 주주에게 지급하는 자산, 부담하는 부채 및 교부하는 합병회사 주식가액 등이며, 그 가액은 합병일의 공정가치로 측정하여야 한다(일반기업회계기준 '사업결합' 12.27).

합병대가 중 취득일의 공정가치와 장부금액이 다른 합병회사의 자산이 포함될 경우에는 해당 자산을 취득일 현재의 공정가치로 재측정하고 평가차손익은 당기손익으로 인식한다(일반기업회계기준 '사업결합' 12.28).

📖 사례

사업결합 전 A사(모회사)가 B사(피합병회사)의 지배회사인 동시에 C사(합병회사)의 지분 18%를 보유하고 있고, B사는 C사의 지분 30%를 보유하고 있다. C사(합병회사)는 B사(피합병회사)에 대한 합병대가로 C사의 신주를 A사에 발행하여 주고 B사는 소멸하게 됨에 따라 A사는 C사의 모회사가 되는 경우를 가정해 보자.

• 거래 구조

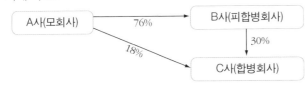

• 거래 종료 후

이 경우 C사가 취득자가 되고 B사가 피취득자가 되는 동시에, A사는 C사에 대한 취득자가 된다. A사는 합병 전 B사의 자산(예를 들어 B사의 종속회사 B´)과 부채를 통제하고 있었으며, 합병 후에도 여전히 통제하게 되므로 취득시 이전되는 B사의 자산(B´)과 부채를 취득일 직전의 장부금액으로 측정하고 자산과 부채에 대한 평가차손익을 당기손익으로 인식하지 않는다.

한편, 합병대가로 합병회사의 주식을 발행하는 경우 취득일에 피합병회사 주식의 공정가치가 합병회사 주식의 공정가치보다 더 신뢰성 있게 측정된다면 합병회사는 피합병회사 주식의 취득일의 공정가치를 이용하여 합병대가를 결정한다. 또한, 합병대가의 지급이 없는 합병에서 영업권 또는 염가매수차익을 산정하는 경우에 취득자는 이전대가의 취득일의 공정가치 대신에 가치평가기법을 사용하여 피합병회사의 취득일 현재 공정가치를 결정하여야 한다(일반기업회계기준 '사업결합' 12.32).

(5) 영업권 또는 염가매수차익의 인식과 측정

① 영업권의 정의

합병일 현재 피합병회사 주주에게 지급한 합병대가(이전대가)의 공정가치가 피합병회사로부터 취득한 식별 가능한 순자산의 공정가치를 초과하는 경우 그 초과금액을 영업권이라 한다(일반기업회계기준 '사업결합' 12.32).

• 영업권 = 합병대가 − 피합병회사 순자산의 공정가치
• 합병대가 = 교부한 합병회사 주식의 공정가치 + 교부한 자산 등
• 피합병회사 순자산의 공정가치 = 피합병회사 자산의 공정가치 − 피합병회사 부채의 공정가치

② 영업권 발생원인

영업권은 주로 피합병회사 주주에 대한 경영권 프리미엄, 시너지 효과, 무형자산에 대한 대가로 인하여 발생한다.

구 분	내 용
경영권 프리미엄	피합병회사의 주주에게 합병대가를 지불하고 피합병회사의 자산·부채의 취득시 피합병회사 대주주의 경영권 상실을 보상하기 위하여 피합병회사 순자산의 공정가치 이상으로 지불하는 대가
시너지 효과	합병시 결합체로서 갖는 가치증가분을 가산하여 지불하는 대가
무형의 자산에 대한 대가	재무제표에 기록되어 있지 아니한 독특한 영업상의 비밀, 원만한 노사관계, 장기 공급계약 등으로 인하여 동업종 타 기업보다 높은 수익을 창출하는 피합병회사의 무형의 자산에 대하여 지불하는 대가

③ 무형자산과 영업권

합병과정에서 영업권이 발생할 경우 영업권 가액에는 무형의 자산에 대한 대가가 포함되어 있을 수 있다. 일반기업회계기준에서 무형자산과 영업권은 상각방법과 내용연수에 차이가 있으므로 매 사업연도마다 상각 또는 회수가능가액 평가를 통하여 기간손익에 영향을 미치게 된다. 따라서 무형자산은 영업권과 분리하여 인식하여야 한다.

구 분	내 용
식별 가능성	다음 중 하나에 해당될 경우 식별 가능하므로 무형자산으로 인식 ① 계약상 권리 또는 기타 법적 권리로부터 발생한 자산 ② 피합병회사로부터 분리되어 개별적으로 또는 관련된 계약, 식별 가능한 자산·부채와 함께 매각, 이전, 라이선스, 임대, 교환 가능(분리 가능성)
규 정	일반기업회계기준 '사업결합' 12.16~12.17

K-IFRS에서도 취득자가 인식원칙과 인식조건을 충족할 경우 피취득자의 이전 재무제표에서 자산과 부채로 인식하지 않았던 브랜드명, 특허권, 고객 관계와 같은 식별할 수 있는 무형자산의 취득을 인식하도록 하고 있다(K-IFRS 제1103호 '사업결합' 13).

④ 영업권의 상각 및 평가

구 분	일반기업회계기준	K-IFRS
회계처리 방법	• 내용연수(20년 이내)에 걸쳐 정액법으로 상각 • 매 결산기에 손상 징후를 검토하고, 손상의 징후가 있을 경우 손상검토 • 영업권에 대하여 인식한 손상차손은 후속기간에 환입불가	• 상각하지 않음. • 매 결산기에 손상의 징후와 상관없이 손상검토 • 영업권에 대하여 인식한 손상차손은 후속기간에 환입불가
규 정	일반기업회계기준 '사업결합' 12.32 일반기업회계기준 '자산손상' 20.4, 20.28	K-IFRS 1103호 '사업결합' 32 K-IFRS 1036호 '자산손상' 10(2), 124

⑤ 염가매수차익

취득일 현재 피합병회사로부터 승계한 식별 가능한 순자산의 공정가치가 피합병회사 주주들에게 지급한 합병대가의 공정가치를 초과하는 경우 그 초과금액을 염가매수차익이라 하며, 염가매수차익은 당기손익으로 인식한다(일반기업회계기준 '사업결합' 12.33).

구 분	내 용
미래 발생 가능한 손실 또는 비용	합병기일에 식별 가능한 부채로 계상할 수 없으나 미래에 발생할 것으로 기대되는 손실이나 비용이 있을 경우
자산과 부채의 공정가치 오류	피합병회사의 자산이 과대 계상되거나 부채가 과소 계상되는 경우
피합병회사를 염가로 취득	합병회사가 피합병회사보다 협상능력 등에서 우위에 있어서 피합병회사의 자산을 염가로 취득하는 경우

한편, 염가매수차익을 인식하기 전에 합병회사는 승계하는 모든 자산·부채 및 합병대가를 정확하게 식별하고 인식하였는지에 대하여 재검토하여 자산·부채의 공정가치를 인식하는 과정에서 오류로 인한 염가매수차익이 발생하지 않도록 하여야 한다.

(6) 이연법인세

① 자산·부채의 세무기준액과의 차이에 따른 이연법인세부채

합병의 결과 인식되는 금액이 해당 자산·부채의 세무기준액과 다른 경우에는 일시저차이가 발생하게 된다. 예를 들어 합병시 취득하는 자산이 피합병회사의 장부금액보다 높은 공정가치로 인식되고 세무기준액은 피합병회사의 장부금액으로 유지된다면, 가산할 일시적차이가 발생하게 된다. 따라서 취득자는 동 일시적차이에 대하여 이연법인세부채를 인식하여야 하고 이연법인세부채는 영업권을 증가시키게 된다.

즉, 합병회사가 합병 후 자산의 매각(또는 감가상각)으로 인하여 향후 인식하게 될 회계상 이익이 세무상 과세소득보다 적게 되어, 회계상 이익에 대하여 부담할 법인세에 더하여 세무상 과세소득과 회계상 이익의 차이로 인하여 추가적으로 부담할 법인세 등을 이연법인세부채로 인식하고 해당 이연법인세부채를 영업권 또는 염가매수차익에 가감하여 조정하여야 한다.

 사례

합병회사가 피합병회사 지분 100%를 1,000원에 신주를 발행하여 취득하였음. 이연법인세를 고려하기 전 취득한 식별가능한 순자산의 공정가치는 800이며, 순자산의 세무기준액은 500이라 가정하고 적용세율은 20%라 가정함.

순자산의 공정가액	800
순자산의 세무기준액	500
가산할 일시적차이	300
세율	20%
이연법인세부채	60

차) 순자산	800	대) 자본금	1,000
영업권	260	이연법인세부채	60

② 영업권에 대한 이연법인세부채

영업권은 이전대가에서 취득한 식별가능한 순자산의 공정가치를 차감한 잔여금액으로 결정된다. 그런데 영업권 상각액이 세무상 손금으로 인정받을 수 없다면 영업권의 장부금액과 세무기준액의 차이가 가산할 일시적차이에 해당한다(영업권이 세무상 손금으로 인정가능한 경우라면 영업권의 장부금액과 세무기준액이 일치하여 이연법인세를 인식할 필요가 없다). 그러나 영업권은 잔여금액이기 때문에 만일 합병시 영업권과 관련하여 이연법인세부채를 인식하게 되면 순자산이 감소하게 되고 이는 또 다시 영업권의 증가로 이어져 다시 이연법인세부채를 추가로 인식해야 하며 이런 과정을 순환적으로 반복하게 된다. 따라서 영업권과 관련된 가산할 일시적차이에 대해서는 이연법인세부채를 인식하지 않는다.

구 분	일반기업회계기준	K-IFRS
자산·부채의 세무기준액과의 차이	영업권 및 염가매수차익에 영향을 미침	영업권 및 염가매수차익에 영향을 미침
영업권에 대한 이연법인세부채	인식하지 않음	인식하지 않음
규 정	일반기업회계기준 '법인세회계' 22.11, 22.13	K-IFRS 1012호 '법인세' 19, 21, 66

(7) 기타 합병시 고려사항

① 합병관련 원가

구 분	내 용
합병 관련 직접비용 및 간접비용	• 중개수수료, 자문·법률·회계·가치평가 및 그 밖의 전문가 또는 컨설팅 수수료 등 직접비용 및 일반관리원가 등 간접비용 • 원가가 발생하고 용역을 제공받은 기간에 당기비용으로 처리
신주 발행비용	• 등록비, 법률 및 회계자문수수료, 주권인쇄비, 인지세 등 직접비용 • 법인세효과 차감 후 주식발행초과금에서 차감 또는 주식할인발행차금에 가산
규 정	일반기업회계기준 '사업결합' 12.37, '자본' 15.5, '법인세회계' 22.48

② 상호 투자주식

가. 합병회사 보유 피합병회사 주식(포합주식)

합병시 합병회사가 보유하고 있는 피합병회사의 주식에 대하여 신주를 배정하는 경우에는 합병회사의 주식(자기주식)으로 전환되게 되나, 신주를 배정하지 않게 되면 소각처리 된다.

합병회사가 보유하고 있는 피합병회사의 주식은 그 주식에 대하여 신주를 배정하는가의 여부와 상관없이 취득일의 공정가치로 평가하고 그 결과 평가차손익이 있다면 당기손익으로 인식하여야 하며 이는 합병대가에 포함되게 된다(일반기업회계기준 '사업결합' 12.30).

구 분	신주배정(○)	신수배정(×)
포합주식 평가	공정가치 평가	공정가치 평가
합병대가 포함 여부	포함	포함
합병신주 발행	전부발행	포합주식 해당분 차감발행
자기주식 발생 여부	자기주식 발생	피합병회사 주식 소각효과
영업권 가액	동일	동일
자본총계	동일	동일

(주) 합병신주 평가액과 포합주식 평가액은 동일

나. 피합병회사 보유 합병회사 주식

피합병회사가 보유하고 있는 합병회사의 주식은 피합병회사의 다른 자산과 동일하게 취득일 현재 공정가치로 평가하여 합병회사의 자기주식으로 계상한다.

다. 피합병회사 보유 피합병회사 주식

피합병회사가 보유하고 있는 피합병회사의 주식(피합병회사의 자기주식)에 대하여 합병신주를 교부하는 경우 합병신주를 합병회사 주식의 공정가치로 평가하여 합병회사의 자기주식으로 계상한다(GKQA03 - 128, 2003. 12. 24.).

③ 측정기간

합병회사는 취득일 현재 존재하던 사실과 상황에 대하여 취득일로부터 1년 이내의 기간 동안 알게 되었을 경우 취득일에 인식한 금액을 소급하여 조정한다. 이 경우 식별 가능한 자산·부채의 증가(감소)에 대응하여 영업권의 감소(증가)로 인식한다(일반기업회계기준 '사업결합' 12.34~12.35).

④ 합병일 이전의 사업결합

만약 합병일 이전에 피합병회사의 지분을 취득하여 지배종속관계가 성립되고 지배기업이 연결재무제표를 작성하여야 한다면 지배종속관계 성립시점이 취득일이 될 것이다.

일반기업회계기준에서는 지배기업의 개별재무제표상 종속기업에 대한 투자자산에 대하여 지분법에 따라 회계처리하도록 하고 있다.

K-IFRS에서는 지배기업이 별도재무제표를 작성하게 되는데 지배기업의 별도재무제표상 종속기업에 대한 투자자산에 대해서는 원가법, 금융상품 평가 또는 지분법에 따른 회계처리 중 선택할 수 있다.

구 분	일반기업회계기준	K-IFRS
연결대상	규모에 상관없이 연결	규모에 상관없이 연결
지배기업 재무제표 및 종속기업 투자자산	• 개별재무제표 • 지분법 적용 • 지배기업 개별재무제표의 당기순손익 및 순자산이 연결재무제표의 당기순손익 및 순자산에 대한 지배기업의 지분과 일치	• 별도재무제표 • 원가법, 금융상품 평가 또는 지분법 적용 • 지배기업이 별도재무제표상 원가법이나 금융상품 평가방식을 적용할 경우 당기순손익 및 순자산이 연결재무제표의 당기순손익 및 순자산에 대한 지배기업의 지분과 일치할 수 없음
규 정	일반기업회계기준 '연결재무제표' 4.3, '지분법' 8.35	K-IFRS 1027호 '별도재무제표' 6, 10

개정전 일반기업회계기준에서는 일정규모 이상의 종속기업만 연결범위에 포함하도록 하였으나, 개정된 일반기업회계기준에서는 2019. 11. 1. 이후 최초로 시작되는 회계연도부터 종속기업의 규모에 상관없이 모두 연결범위에 포함하도록 하고 있다(일반기업회계기준 '시행일 및 경과규정 2018. 9. 21.').

한편, 지배권 취득일 이후 실질적인 합병이 이루어질 경우의 회계처리는 후술하는 지배·종속회사 간 합병의 회계처리에 따르면 될 것이다.

③ 지배·종속회사 간 합병

기업 실무에서 흔히 접할 수 있는 합병은 지배회사와 종속회사 또는 종속회사 간의 합병이다. 이러한 합병은 단순히 하나의 지배구조 안에 있는 두 개 이상의 회사를 통합하는 것으로 회계상 이미 하나가 된 경제적 실체 간의 합병으로 보아 연결재무제표상 장부가액을 이용한다.

(1) 지배 · 종속회사 간의 합병회계의 개념

지배회사와 종속회사 또는 종속회사 간에는 지배 · 종속 관계가 성립하는 시점에 하나의 경제적 실체가 된다. 따라서 지배 · 종속 관계 성립일 이후의 지배회사와 종속회사 또는 종속회사 간의 합병은 법률적 실체의 변경만을 가져올 뿐 경제적 실질의 변경은 없으므로 합병회사는 연결재무제표상 피합병회사의 장부가액을 승계하여 회계처리하여야 한다.

구 분	회계처리 방법
지배 · 종속회사 간 합병	종속회사의 자산 · 부채에 대하여 연결장부금액으로 인식
종속회사 간 합병	피합병회사의 연결장부금액과 합병대가의 차이는 자본잉여금으로 반영
규 정	일반기업회계기준 '동일지배거래' 32.9～32.10

한편, 종속회사가 지배회사를 합병하는 경우 법적으로 종속회사가 합병회사이지만 실질적으로 지배회사가 종속회사를 합병하는 것으로 보며, 종속회사의 자산 · 부채를 연결재무제표상의 장부금액으로 승계한다. 또 지배회사가 종속회사의 지분 100%를 보유하고 있는 상태에서 종속회사(완전자회사)가 무증자합병을 할 경우 종속회사가 자기주식을 100% 취득하게 되므로 이 경우에는 최소 1주 이상의 신주를 발행하여야 할 것이다.

(2) 지배 · 종속회사 간의 합병회계의 특징

연결재무제표상 장부금액을 승계하는 지배 · 종속회사 간의 합병회계처리는 아래와 같은 점에서 취득법에 의한 합병 또는 연결재무제표작성의 회계처리와 차이가 있을 수 있으므로 유의하여야 한다.

① 영업권
취득법 회계처리의 가장 큰 특징인 영업권(또는 염가매수차익)은 통상 합병대가에서 취득하는 자산 · 부채의 공정가액을 차감한 잔액이다. 그러나 연결재무제표 작성시 투자계정과 자본계정의 상계에 있어 비지배지분에 대한 영업권은 인식하지 않으므로, 만약 지배회사가 종속회사를 100% 소유하고 있지 않다면 비지배지분에 해당하는 영업권 가액에서 차이가 있을 수 있다.

가령, 지배회사가 종속회사의 지분 60%를 보유하고 있는 상태에서 추가적으로 종속회사의 지분 40%를 취득한다고 할 때, 매수법에 의할 경우에는 40%의 지분 취득시 취득대가와 순자산장부가액의 차이에 대하여 영업권(또는 염가매수차익)을 인식할 것이나, 지배회사와 종속회사 간의 합병시(연결재무제표 작성시에도 동일함)에는 이를 자본잉여금으로 회계처리하도록 하고 있다(일반기업회계기준 "동일지배거래" 32.12).

② 내부거래의 제거

연결재무제표 작성시 내부거래로 인한 채권·채무의 기말잔액과 수익·비용의 계상액 및 미실현손익은 상계되어 제거된다. 하지만 통상적인 합병의 경우 합병 당사법인 간의 채권·채무가 상계될 뿐이고 이미 발생한 손익을 제거하지는 않는다. 지배회사와 종속회사 간의 합병시에는 합병 직전일까지 발생한 피합병회사의 손익을 지분법손익으로 인식한 후 합병회계를 처리하여야 한다.

(3) 삼각합병의 회계

자회사가 피합병회사를 흡수합병함에 있어 모회사의 주식을 교부하는 삼각합병을 실행하기 위해서는 자회사가 합병 이전에 모회사의 주식을 보유하고 있어야 한다. 만일, 자회사가 모회사의 주식을 보유하고 있지 않다면 모회사는 자회사에 신주를 발행(또는 자기주식 처분)하여 주고, 자회사는 증자 등의 대가로 수령한 모회사의 주식을 피합병회사의 주주에게 합병대가로 지급하게 될 것이다. 따라서 합병 이전에 모회사 및 자회사가 신주발행 또는 자기주식 처분의 방식으로 모회사의 주식을 이전하고자 한다면 증자 또는 자기주식 매매의 회계처리를 준용하면 될 것이다.

Ⅱ 합병의 세무

합병은 법률적 절차에 따라 진행되는 단계적이고 복합적인 거래로서 합병당사법인뿐만 아니라 그 주주에 대해서도 다양한 세법항목이 적용된다.

따라서 합병절차의 진행에 앞서 합병으로 인하여 적용이 예상되는 세법항목에 대하여 합병법인, 피합병법인, 합병법인의 주주, 피합병법인의 주주로 구분하여 세무상 쟁점사항을 사전에 파악하고 그에 대한 대응방안을 충분히 준비한 이후에 합병절차를 진행하여야 한다.

합병시 적용되는 세법항목을 쉽게 이해하기 위해서는 합병은 ① 주주 간의 계약에 의해서, ② 피합병법인이 자산·부채를 합병법인에 양도한 후 청산절차 없이 해산하며, ③ 합병법인이 이를 포괄적으로 승계한다는 개념을 이해하여야 한다.

(1) 주주 간의 계약

사인 간의 계약은 존중되어야 하지만, 합병이 특정인의 부를 증가시키거나 무상으로 이전하기 위한 목적으로 이루어져 경제적인 합리성을 벗어난 경우라면, 불공정합병에 따른 부당행위계산의 부인 규정이나 증여이익 규정이 적용될 수 있다. 이때 불공정 합병 여부를 검토하기 위하여 합병비율 산정을 위한 주식평가를 우선적으로 수행할 필요가 있다.

(2) 피합병법인의 자산·부채 양도

합병시 피합병법인은 자산·부채를 합병법인에게 양도한 것으로 보아 각 사업연도소득에 양도손익을 포함하여 신고하여야 한다.

(3) 합병법인이 피합병법인의 자산·부채를 포괄적으로 승계

합병법인은 합병계약을 통하여 피합병법인의 자산·부채를 포괄적으로 승계하므로 합병시에는 자산을 개별적으로 승계할 경우에 발생하는 취득원가의 산정(자산·부채의 승계)이나 취득세 및 등록면허세 외에도 영업권의 과세여부, 감면 및 세액공제의 승계, 이월결손금의 승계 등 제반 세법항목을 함께 고려하여야 한다.

합병시 적용되는 세법항목을 합병법인, 피합병법인, 합병법인의 주주, 피합병법인의 주주로 각각 구분하여 요약하면 다음과 같다.

합병관계자	세 목	규 정
피합병법인 (양도자)	양도손익에 대한 법인세 및 부당행위계산부인	법인세법 제44조 및 제52조 동법 시행령 제88조 ① 3호의2
	의제사업연도 소득에 대한 법인세	법인세법 제8조
	부가가치세	부가가치세법 시행령 제13조
	증권거래세	조세특례제한법 제117조 ① 농어촌특별세법 제4조 7호의2
합병법인 (양수자)	승계한 자산의 취득가액	법인세법 제44조의2, 제44조의3
	이월결손금 등 승계 및 공제제한	법인세법 제45조
	세무조정사항 및 공제·감면 승계	법인세법 제33조, 제34조, 제44조의 3
	취득세 및 등록면허세	지방세특례제한법 제57조의2 농어촌특별세법 제4조
	합병 후 최초사업연도에 대한 중간예납	법인세법 제63조
	납세의무의 승계	국세기본법 제23조
합병법인 주주/ 피합병법인 주주	불공정 합병에 따른 이익의 증여	「상속세 및 증여세법」 제38조
	불공정 합병에 따른 부당행위계산의 부인	법인세법 시행령 제11조 8호, 제88조 ① 8호 및 8호의2, 제89조 ⑥
	합병에 따른 상장 등 이익의 증여	「상속세 및 증여세법」 제41조의5
	과점주주 취득세	지방세법 제7조
	의제배당소득에 대한 법인세 및 소득세	법인세법 제16조, 소득세법 제17조

① 적격합병의 요건

본 서에서 다루는 다양한 자본거래의 가장 큰 세무상 걸림돌은 양도자가 보유한 자산에 누적된 미실현이익의 실현에 따른 일시적 세부담으로 귀결된다. 그런데 이러한 이익을 모두 과세한다면 기업의 건전한 구조조정과 사업활동을 저해할 우려가 있어 세법은 일정한 조건을 만족하는 경우에 한해서 세부담을 완화하고 있는데, 이러한 조건을 만족하는 합병을 적격합병이라고 부른다. 따라서 합병세무에 대한 항목별 접근에 앞서 세무상 적격합병요건을 충족하는지의 여부에 대하여 검토하는 것이 필수적이다.

일반적 합병의 경우에는 적격합병요건을 충족하는 것이 어렵지는 않지만 특별한 목적으로 합병이 실행되는 경우 또는 복잡한 구조로 합병이 실행되는 경우에는 사전에 적격합병요건과 사후관리 만족 여부에 대한 심도있는 검토가 필요하다.

구 분	내 용
적격합병요건	• 사업목적 합병(합병 전 1년 이상 사업 영위) • 지분의 연속성(80% 이상 주식 교부·배정 및 보유) • 사업의 계속성(승계받은 사업 계속 영위) • 고용의 연속성(합병등기일 1개월 전 합병승계대상근로자의 80% 이상 승계 및 유지)
규 정	법인세법 제44조 ②, 동법 시행령 제80조의2

완전모회사와 완전자회사 간 또는 완전자회사 간에 합병하는 경우에는 합병으로 인한 경제적 실질의 변화가 없으므로 위에서 나열한 적격합병요건을 갖추지 않은 경우에도 적격합병으로 볼 수 있으며 사후관리의 적용도 받지 않는다.

참고로, 비적격합병과 적격합병의 차이를 요약하면 다음과 같다.

합병관계자	관련내용	비적격합병	적격합병
피합병법인 (양도자)	양도손익 과세	양도손익 = 양도가액[주1] − 순자산 장부가액	양도손익 = 0
합병법인 (양수자)	자산의 취득가액	취득가액은 시가	취득가액 = 피합병법인의 장부가액
	합병매수차손(익)	합병매수차손[주2] 손금산입 합병매수차익 익금산입	해당사항 없음
	이월결손금 승계	이월결손금 승계불가	이월결손금 승계
	세액공제 등 승계	세액공제 및 감면 승계불가	세액공제 등 승계
	취득세	과세	50% 감면
피합병법인 주주	의제배당	의제배당 = 주주가 수령한 재산가액 − 소멸된 주식의 취득가액	의제배당 = 0[주3]

주1) 양도가액 : 피합병법인의 주주 등이 받은 합병대가 + 합병법인이 납부하는 피합병법인의 법인세 등 (법인세법 시행령 제80조 ①)

주2) 합병매수차손 : 양도가액이 순자산시가를 초과하는 경우 그 차액, 피합병법인의 상호·거래관계, 영업상 비밀 등에 대하여 사업상 가치가 있다고 보아 대가를 지급한 경우에만 인정(법인세법 시행령 제80조의3 ②, ③)

주3) 합병대가로 주식 이외의 금전 등을 수령한 경우 금전 등에 대한 비율만큼은 의제배당 발생

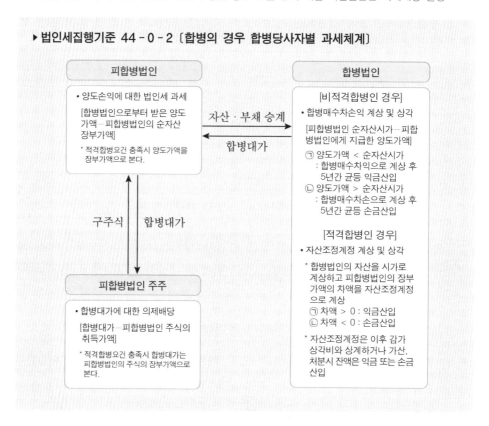

▶ 법인세집행기준 44 - 0 - 2 〔합병의 경우 합병당사자별 과세체계〕

(1) 사업목적 합병

• 합병등기일 현재 1년 이상 사업을 계속하던 내국법인 간의 합병일 것. 다만, 기업인수목적회사(SPAC, Special Purpose Acqusition Company)는 인수·합병을 목적으로 설립된 회사이므로 일정 요건을 갖춘 경우 예외로 함.

'합병등기일 현재 1년 이상'은 합병등기일로부터 소급하여 1년 이상 휴업 등 사업을 중단한 바 없이 법인등기부상의 목적사업을 1년 이상 계속하여 실질적으로 영위하여야 하는 것이다(서면 - 2017 - 법인 - 0208, 2017. 6. 22.). 또한 분할신설법인이 분할 후 1년 이내에 다시 합병을 하게 되는 경우 분할 전 분할법인의 사업기간을 포함하여 계산한다(법인세법 기본통칙 44 - 0…1).

(2) 지분의 연속성 (공정비율 배정과 보유)

> • 피합병법인의 주주 등이 받은 합병대가의 총합계액 중 합병법인(삼각합병의 경우 합병법인의 완전모회사[주1])의 주식 등의 가액이 80%[주2] 이상
>
> • 피합병법인의 주주 등에 합병으로 인하여 빚은 주식 등 배성시 수요 지배주주 등에게 각각 피합병법인에 대한 지분비율 이상의 주식 등 배정
>   * 주요 지배주주 등에 주식 등 배정액 = 합병법인이 지급한 주식 등 가액의 총합계액
>   × 주요 지배주주 등의 피합병법인에 대한 지분율
>
> • 피합병법인의 주요 지배주주 등이 합병등기일이 속하는 사업연도 종료일까지 그 주식 등을 보유(실제로는 1/2 이상을 보유)

주1) 완전모회사 : 다른 회사의 발행주식의 총수를 소유하는 회사(상법 제360조의2 ①)
주2) 「기업활력 제고를 위한 특별조치법」 제10조에 따라 주무부처의 장이 승인한 사업재편계획에 따라 내국법인 간에 2021년 12월 31일까지 합병(분할합병을 포함한다)하는 경우에는 70% 적용(조세특례제한법 제121조의32).

일반적인 합병의 경우 합병교부금(현금)이 개입되지 않고 지분비율 대로 합병법인의 주식이 배정되기 때문에 지분 연속성 요건을 만족하는 것이 어렵지 않다. 하지만 합병대가의 일부가 현금으로 지급된다거나 또는 포합주식이 있는 경우 주의가 요구된다. 위 조건을 적용함에 있어 주주가 사망하는 등 합병등기일이 속하는 사업연도의 종료일까지 그 주식 등을 보유할 수 없는 다음의 부득이한 사유가 있는 경우에는 요건의 예외로 한다(법인세법 시행령 제80조의2 ① 1호).

> • 피합병법인의 주요 지배주주 등이 합병으로 교부받은 전체 주식 등의 2분의 1 미만을 처분한 경우(해당 주주 등이 합병으로 교부받은 주식 등을 서로 간에 처분하는 것은 해당 주주 등이 그 주식 등을 처분한 것으로 보지 않고, 해당 주주 등이 합병법인 주식 등을 처분하는 경우에는 합병법인이 선택한 주식 등을 처분하는 것으로 본다)
>
> • 피합병법인의 주요 지배주주 등이 사망하거나 파산하여 주식 등을 처분한 경우
>
> • 피합병법인의 주요 지배주주 등이 적격합병, 적격분할, 적격물적분할, 적격현물출자에 따라 주식 등을 처분한 경우
>
> • 피합병법인의 주요 지배주주 등이 「조세특례제한법」 제38조·제38조의2·제121조의30에 따라 주식 등을 현물출자 또는 교환·이전하고 과세를 이연받으면서 주식 등을 처분한 경우
>
> • 피합병법인의 주요 지배주주 등이 「채무자 회생 및 파산에 관한 법률」에 따른 회생절차에 따라 법원의 허가를 받아 주식 등을 처분한 경우
>
> • 피합병법인의 주요 지배주주 등이 「조세특례제한법 시행령」 제34조 제6항 1호에 따른 기업개선계획의 이행을 위한 약정 또는 같은 항 2호에 따른 기업개선계획의 이행

> 을 위한 특별약정에 따라 주식 등을 처분한 경우
> • 피합병법인의 주요 지배주주 등이 법령상 의무를 이행하기 위하여 주식 등을 처분한 경우

(3) 사업의 계속성

> • 합병법인이 합병등기일이 속하는 사업연도 종료일까지 피합병법인으로부터 승계받은 사업을 계속할 것(피합병법인이 기업인수목적회사인 경우에는 적용하지 않음)

합병법인이 합병등기일이 속하는 사업연도 종료일 이전에 피합병법인으로부터 승계한 자산가액(유형자산, 무형자산 및 투자자산의 가액)의 50% 이상을 처분하거나 사업에 사용하지 아니하는 경우에는 승계받은 사업을 폐지한 것으로 본다. 다만, 피합병법인이 보유하던 합병법인의 주식을 승계받아 자기주식을 소각하는 경우에는 해당 합병법인의 주식을 제외하고 피합병법인으로부터 승계받은 자산을 기준으로 사업을 계속하는지 여부를 판정하되, 승계받은 자산이 합병법인의 주식만 있는 경우에는 사업을 계속하는 것으로 본다(법인세법 시행령 제80조의2 ⑦).

또한 다음의 부득이한 사유가 있는 경우에는 사업 계속성 요건의 예외로 한다(법인세법 시행령 제80조의2 ① 2호).

> • 합병법인이 파산함에 따라 승계받은 자산을 처분한 경우
> • 합병법인이 적격합병, 적격분할, 적격물적분할, 적격현물출자에 따라 사업을 폐지한 경우
> • 합병법인이 「조세특례제한법 시행령」 제34조 ⑥ 1호에 따른 기업개선계획의 이행을 위한 약정 또는 같은 항 2호에 따른 기업개선계획의 이행을 위한 특별약정에 따라 승계받은 자산을 처분한 경우
> • 합병법인이 「채무자 회생 및 파산에 관한 법률」에 따른 회생절차에 따라 법원의 허가를 받아 승계받은 자산을 처분한 경우

(4) 고용의 연속성

> • 합병등기일 1개월 전 당시 피합병법인에 종사하는 근로자 중 합병법인이 승계한 근로자의 비율이 80% 이상이고, 합병등기일이 속하는 사업연도의 종료일까지 그 비율을 유지할 것

피합병법인에 종사하는 근로자란 「근로기준법」에 따라 근로계약을 체결한 내국인 근로자를 말한다. 다만, 다음의 어느 하나에 해당하는 근로자는 제외한다(법인세법 시행령 제80조의2 ⑥).

- 임원
- 합병등기일이 속하는 사업연도의 종료일 이전에 「고용상 연령차별금지 및 고령자고 용촉진에 관한 법률」 제19조에 따른 정년이 도래하여 퇴직이 예정된 근로자
- 합병등기일이 속하는 사업연도의 종료일 이전에 사망한 근로자 또는 질병·부상 등의 사유[주1]로 퇴직한 근로자
- 일용근로자
- 근로계약기간이 6개월 미만인 근로자. 다만, 근로계약의 연속된 갱신으로 인하여 합병등기일 1개월 전 당시 그 근로계약의 총 기간이 1년 이상인 근로자는 제외
- 금고 이상의 형을 선고받는 등 근로자의 중대한 귀책사유[주2]로 퇴직한 근로자

주1) 질병·부상 등의 사유 : 체력의 부족, 심신장애, 질병, 부상, 시력·청력·촉각의 감퇴 등으로 피보험자가 주어진 업무를 수행하는 것이 곤란하고, 기업의 사정상 업무종류의 전환이나 휴직이 허용되지 않아 이직한 것이 의사의 소견서, 사업주 의견 등에 근거하여 객관적으로 인정되는 경우
주2) 근로자의 중대한 귀책사유(歸責事由) :
　가. 「형법」 또는 직무와 관련된 법률을 위반하여 금고 이상의 형을 선고받은 경우
　나. 사업에 막대한 지장을 초래하거나 재산상 손해를 끼친 경우로서 고용노동부령으로 정하는 기준에 해당하는 경우
　다. 정당한 사유 없이 근로계약 또는 취업규칙 등을 위반하여 장기간 무단 결근한 경우

다음의 부득이한 사유가 있는 경우에는 고용승계 요건의 예외로 한다(법인세법 시행령 제80조의2 ① 3호).

- 합병법인이 「채무자 회생 및 파산에 관한 법률」 제193조에 따른 회생계획을 이행 중인 경우
- 합병법인이 파산함에 따라 근로자의 비율을 유지하지 못한 경우
- 합병법인이 적격합병, 적격분할, 적격물적분할 또는 적격현물출자에 따라 근로자의 비율을 유지하지 못한 경우
- 합병등기일 1개월 전 당시 피합병법인에 종사하는 내국인 근로자가 5명 미만인 경우

상기 고용승계요건의 예외사항 중 합병등기일 1개월 전 당시 피합병법인에 종사하는 내국인 근로자가 5명 미만인 경우는 과세특례요건의 예외사항에 포함되지만, 합병 당시부터 승계대상 근로자가 5명 미만이라도 사후관리 사유(합병후 합병법인의 근로수가 피합병법인과 합병법인에 각각 종사하던 근로자 수의 합의 80% 미만으로 하락)의 예외에는 해당되지 않는다(법인세법 시행령 제80조의4 ⑦ 3호).

(5) 적격합병 사후관리

합병등기일이 속하는 사업연도의 다음 사업연도 개시일로부터 2년 이내에 사업폐지, 주식처분 또는 3년 이내에 피합병법인과 합병법인에 각각 종사하는 근로자 수의 합의 80% 미만으로 하락한 경우 적격합병의 세무상 혜택을 박탈하는데 이를 사후관리라고 한다.

 참고 ● 지분연속성 조건 심화

지분연속성 조건은 다른 조건에 비해서 좀 더 깊은 이해가 필요할 수 있어서 아래에서 부연한다.

① 주식 등의 가액이 80% 이상
    가. 주주 등이 받은 합병대가의 총합계액
        피합병법인의 주주 등이 받은 합병대가의 총합계액은 합병법인(삼각합병의 경우 합병법인의 완전모회사)의 주식 등의 가액과 금전, 그 밖의 재산가액의 합계액을 말한다. 합병법인에 합병포합주식이 있는 경우에는 그 합병포합주식에 대하여 합병교부주식 등을 교부하지 않더라도 그 지분비율에 따라 합병교부주식 등을 교부한 것으로 보아 합병교부주식 등의 가액을 계산한다. 이 때 주식 등의 가액에는 우선주의 가액을 포함하여 계산한다(서면 −2016−법인−2756, 2016. 4. 8.).
    나. 합병일 2년 이내 취득한 합병포합주식은 금전으로 취급
        합병대가의 총합계액 중 주식 등의 가액이 80% 이상인지를 판정함에 있어 합병법인에 합병등기일 전 2년 이내에 취득한 합병포합주식이 있는 경우에는 다음 가액을 금전으로 교부한 것으로 보고 주식 등의 비율을 계산한다.

> • 합병법인이 피합병법인의 지배주주 등이 아닌 경우
>   −합병등기일 전 2년 이내에 취득한 합병포합주식이 피합병법인 지분율의 20%를 초과하는 경우 그 초과하는 합병포합주식(합병포합주식 등에 대한 간주교부액 포함) 등의 가액
> • 합병법인이 피합병법인의 지배주주 등인 경우
>   −합병등기일 전 2년 이내에 취득한 합병포합주식(합병포합주식 등에 대한 간주교부액 포함) 등의 가액

    포합주식에 대한 신주교부 여부에 따라 적격합병 판단시 주식교부비율이 달라지지 않는 것은 아래 법인세법 집행기준을 참조하기 바란다.

▶ 법인세집행기준 44 - 0 - 3의2 〔지분의 연속성 요건 중 주식교부비율 요건〕

* 합병법인이 피합병법인의 주주에게 합병대가 150 지급
  - 피합병법인 주주(합병법인 제외) : 100 지급
  - 합병법인(포합주식 보유, 지배구주에 해당) : 50 지급
    • 합병등기일로부터 2년 이내 취득한 주식 : 30
    • 합병등기일로부터 2년 전에 취득한 주식 : 20

구 분	교부비율 판단
합병포합 주식 등에 합병신주 교부시	$$\frac{\text{합병대가 중 주식가액} - \text{2년 이내 취득한 포합주식가액}^*}{\text{합병대가}}$$ * 지배주주 등이 아닌 경우 20%를 초과하는 주식 등의 가액 $$\Rightarrow \frac{\text{주식 150} - \text{2년 이내 포합주식 30}}{\text{합병대가 150}} = 80\% \text{ (적격)}$$
합병포합 주식 등에 합병신주 미교부시	$$\frac{\text{합병대가 중 주식가액} + \text{포합주식 가액} - \text{2년 이내 취득한 포합주식가액}^*}{\text{합병대가} + \text{포합주식가액}}$$ * 지배주주 등이 아닌 경우 20%를 초과하는 주식 등의 가액 $$\Rightarrow \frac{\text{주식 100} + \text{교부간주 50} - \text{2년 이내 포합주식 30}}{\text{합병대가 100} + \text{교부간주 50}} = 80\% \text{ (적격)}$$

② 보유비율에 따른 균등배정

피합병법인의 주주 등에 합병으로 인하여 교부받은 주식 등을 배정시 주요 지배주주 등에게 각각 피합병법인에 대한 지분비율 이상으로 주식을 배정한다는 것은 합병 전 피합병법인의 지분비율에 비례하여 또는 그 이상으로 합병교부주식을 교부하여야 한다는 의미이다.

③ 주요 지배주주 등

가. 지배주주 등

지배주주 등이란 법인의 발행주식총수의 1% 이상의 주식을 소유한 주주로서 그와 특수관계에 있는 자와의 소유 주식의 합계가 해당 법인의 주주 중 가장 많은 경우의 해당 주주 등을 말한다(법인세법 시행령 제43조 ⑦).

나. 주요 지배주주 등

주요 지배주주 등은 피합병법인의 지배주주 등에 해당하는 자 중 다음에 해당하는 자를 제외한 주주 등 및 특수관계인을 말한다(법인세법 시행령 제80조의2 ⑤).

- 친족 중 4촌인 혈족
- 합병등기일 현재 피합병법인에 대한 지분율이 1% 미만이면서 보유지분의 시가평가액이 10억원 미만인 자
- 「자본시장과 금융투자업에 관한 법률 시행령」 제6조 ④ 14호 각목의 요건을 갖춘 기업인수목적회사(SPAC)와 합병하는 피합병법인의 지배주주 등인 자
- 피합병법인인 기업인수목적회사의 지배주주 등인 자

 ## 피합병법인의 세무

세 목	규 정
양도손익에 대한 법인세 및 부당행위계산부인	법인세법 제44조 및 제52조, 동법 시행령 제80조 및 동법 시행령 제88조 ① 3호의2
의제사업연도에 대한 법인세	법인세법 제8조, 동법 시행령 제9조
부가가치세	부가가치세법 시행령 제13조
증권거래세	조세특례제한법 제117조 ① 농어촌특별세법 제4조 7호의2

합병으로 인하여 소멸하는 피합병법인은 상법에 규정된 청산의 절차를 거치지 않고 법률적으로 소멸하게 된다. 따라서 일반적인 법인 청산의 경우에 준하여 의제사업연도에 대한 법인세를 신고·납부하여야 한다. 다만, 청산절차를 거치지 않고 해산일에 잔여재산가액이 '0'으로 확정된 것으로 볼 수 있기 때문에 일반적인 청산에서 발생하는 해산등기일부터 잔여재산가액 확정일까지의 의제사업연도에 대한 법인세 신고는 해당이 없으며, 청산소득은 양도소득으로 각 사업연도소득에 포함하여 신고하므로 청산소득에 대한 신고도 해당이 없다. 부가가치세법은 법인합병신고서에 사업자등록증을 첨부하여 소멸법인의 폐업 사실을 소멸법인의 관할 세무서장에게 신고하도록 하고 있다.

(1) 양도손익에 대한 법인세

피합병법인이 합병으로 해산하는 경우 그 법인의 자산을 합병법인에 시가로 양도한 것으로 본다. 이에 따라 피합병법인이 보유하고 있던 자산의 미실현손익은 합

병을 통하여 실현된 것으로 간주되어 합병등기일이 속하는 사업연도 소득금액 계산시 익금 또는 손금에 산입하여 과세되게 된다. 다만, 적격합병의 경우 양도손익을 없는 것으로 할 수 있다.

① 비적격합병

피합병법인의 양도손익에 대한 법인세는 합병에 있어 가장 큰 세부담이 될 수 있다. 하지만 양도손익은 단순히 개별자산에 내재된 미실현손익의 합계라기보다는 피합병법인 발행주식 전체의 교환 가치에서 순자산의 장부가액을 차감하는 것으로 보아야 한다. 따라서 세무 분석시 자산의 미실현손익과 양도손익은 차이가 있을 수 있다는 점을 유념해야 한다.

구 분	내 용
양도손익	• 양도손익＝피합병법인이 받은 양도가액－피합병법인의 합병등기일 현재 순자산장부가액
양도가액	• 합병으로 인하여 피합병법인의 주주 등이 지급받는 합병법인(삼각합병의 경우 합병법인의 완전모회사) 주식 등의 가액＋금전＋그 밖의 재산가액＋포합주식 등 해당액 • 합병법인이 납부하는 피합병법인의 법인세 및 그 법인세에 부과되는 국세 및 지방소득세 • 합병포합주식에 대해서는 합병교부주식을 교부하지 아니하더라도 교부한 것으로 계산
순자산장부가액	• 합병등기일 현재 자산의 장부가액 총액－부채의 장부가액 총액 • 국세기본법에 따라 환급되는 법인세액은 가산
규 정	법인세법 제44조, 동법 시행령 제80조

가. 포합주식에 대한 교부의제 금액

포합주식이란 합병법인이 합병등기일 전에 취득한 피합병법인의 주식을 말한다. 과거에는 포합주식의 취득가액을 합병대가에 포함시키도록 하였으나, 취득가액에 따라 양도손익의 크기 및 적격합병 여부 등이 달라질 수 있는 단점을 해소하기 위하여 현재는 합병법인이 포합주식에 대하여 합병법인의 주식 등을 교부하지 아니하더라도 그 지분비율에 따라 합병법인의 주식 등을 교부한 것으로 보도록 하고 있다.

사례 　포합주식에 대한 교부의제 금액

- 합병법인은 피합병법인의 주식 10,000주를 합병 전에 취득하여 보유(피합병법인의 총발행주식수는 100,000주)
- 합병시 피합병법인의 주주에게 합병대가로 합병법인 주식만 교부(합병비율은 1:1)
- 교부된 신주 : 90,000주(포합주식에 대하여 신주 미발행)
- 합병법인의 신주 발행가액 : 주당 1,000원

\<양도가액의 계산\>

- 양도가액＝90,000,000원＋90,000주×(10% ÷ 90%)×1,000원＝100,000,000원

※ 포합주식에 대하여 합병법인의 주식을 교부하는 경우와 양도가액은 동일하게 계산
※ (10%÷90%)는 「지분비율에 따라」를 수식화 한 것임.

나. 피합병법인의 법인세 등

피합병법인의 법인세와 지방소득세는 피합병법인이 납부하여야 하지만, 납부시점에 피합병법인은 이미 소멸하게 되므로 합병법인이 피합병법인을 대신하여 납부하도록 규정하고 있다. 피합병법인의 법인세 등은 본질적으로 합병법인이 부담할 금액이 아니기 때문에 이를 양도가액으로 의제하여 가산하도록 하고 있다.

한편, 과거 청산소득에 대한 법인세 대납액 계산시 순환논리를 피하기 위하여 우선 청산소득에 대한 법인세액을 합병대가로 보지 아니하고 계산한 금액을 산출한 후 이를 Gross-up하여 합병대가에 가산하도록 규정한 것은 양도가액 계산시에도 동일하게 적용된다(구법인세법 기본통칙 80-122…1).

다. 양도손익에 대한 부당행위계산의 부인

특수관계법인 간의 합병시 불공정한 비율로 합병함에 따라 양도손익을 부당하게 감소시킨 경우에는 적격합병 여부에 관계없이 부당행위계산의 부인규정이 적용될 수 있으므로 유의하여야 한다(법인세법 시행령 제88조 ① 3호의2). 합병법인 또는 피합병법인의 주주가 특수관계인인 다른 주주에게 이익을 분여함에 따른 부당행위계산의 부인 및 증여 이익에 대해서는 '4. 합병법인 주주의 세무'에서 기술한다.

② 적격합병

구 분	내 용
요 건	• 적격합병요건을 충족한 경우 • 완전자회사와 합병하는 경우, 완전자회사 간에 합병하는 경우
양도손익	• 양도손익 = 피합병법인이 받은 양도가액 − 피합병법인의 순자산장부가액 = 0
규 정	법인세법 제44조 ②, ③, 동법 시행령 제80조 ① 1호

피합병법인은 합병과세특례신청서를 작성하고 합병법인과 함께 날인하여 납세지 관할 세무서장에게 제출하여야 하고, 합병법인도 자산조정계정에 관한 명세서를 피합병법인의 납세지 관할 세무서장에게 제출하여야 한다.

(2) 의제사업연도에 대한 법인세

내국법인이 사업연도 중에 합병에 의하여 해산할 경우 피합병법인은 사업연도 개시일로부터 합병등기일까지를 1사업연도로 하여 법인세를 신고·납부하여야 하는데 이를 의제사업연도에 대한 법인세 신고의무라 한다. 의제사업연도라 하여 일반적인 사업연도와 비교하여 특별히 다르게 적용되는 규정은 없으므로 일반적인 법인세 세무조정의 예에 의하여 계산하면 되는 것이나, 유보사항의 승계여부에 따른 불이익을 최소화하기 위하여 결산조정사항 및 신고조정사항에 대하여 면밀히 검토할 필요가 있다.

구 분	내 용
납세의무자	합병법인이 피합병법인을 납세의무자로 하여 신고
납세지	피합병법인의 등기부상 본점 소재지 세무서가 원칙이나, 납세지 변경신고에 의하여 합병법인의 납세지에서 신고·납부 가능
신고기간	합병등기일이 속하는 달의 말일로부터 3개월 이내에 신고·납부
세 율	각 사업연도소득에 대한 법인세율과 동일
규 정	법인세법 제8조 ②, 동법 시행령 제9조 ③

참고로, 비상장법인 간의 합병은 주로 특수관계법인 간에 이루어지는 경우가 많은데 피합병법인이 합병법인으로터 자금을 차입하고 있는 상태에서 약정한 이자지급

일보다 먼저 합병하는 경우 합병법인에 지급할 이자비용은 합병등기일까지 계산하는 것이며, 그 계산한 이자비용을 채권과 상계할 경우 상계한 날을 지급한 때로 하여 상대방의 이자소득에 대하여 원천징수하여야 한다(원천세과-625, 2011. 10. 5.).

(3) 부가가치세

① 최종 과세기간에 대한 부가가치세 신고·납부 및 폐업신고

합병법인은 피합병법인을 납세의무자로 하여 부가가치세 과세기간 개시일로부터 합병에 따른 변경등기일까지를 1과세기간으로 하여 피합병법인의 부가가치세를 신고·납부하여야 한다. 이때 납세지는 피합병법인의 납세지로 한다. 또한, 합병법인은 법인합병신고서에 사업자등록증을 첨부하여 피합병법인 소관세무서에 소멸법인의 폐업사실을 신고하여야 하고 동일사업장을 합병법인이 계속 사용하고자 한다면 사업장을 새롭게 등록하여야 한다(부가가치세법 시행령 제13조 ④).

 참고● 합병 기일과 합병 등기일

실무상 합병기일과 합병등기일 사이에 하루 이틀 정도의 차이가 발생하게 되는데, 경우에 따라 합병기일 직후에 휴일이 있거나 등기사무 처리의 지연으로 인하여 합병기일과 합병등기일 간에 수일의 차이가 있을 수 있다. 이러한 경우, 합병 의제사업연도에 대한 법인세 신고시 합병기일과 합병등기일 사이에 발생하는 손익에 대하여 귀속대상 법인을 결정하여야 하는 문제가 있다. 합병등기일 이전에 실제 합병이 이루어진 경우 합병기일과 합병등기일 사이에 발생한 손익에 대해서는 실질상 귀속되는 법인에 과세하도록 하고 있다(법인세법 기본통칙 4-0…9). 그러나 부가가치세는 합병기일과 합병등기일 사이의 거래에 대하여 피합병법인 명의로 세금계산서를 교부하고 신고·납부하도록 하고 있으므로 법인세법상 수입금액과 부가가치세의 과세표준이 달라질 수 있다는 문제점이 있다. 그러한 문제를 피하기 위하여 실무적으로 합병당사법인은 합병기일과 합병등기일 사이에 거래가 발생하지 않도록 사전에 거래처와 충분히 조율한 후 합병을 실행하고 있다.

② 재화의 공급으로 보지 않는 사업의 양도의 범위

현행 부가가치세법은 상법상의 합병을 '재화의 공급으로 보지 않는 사업의 양도(포괄적 사업양도)'로 명시적으로 규정하고 있지 않다. 하지만 통상 합병법인이 피합병법인의 종업원을 포함한 자산·부채를 포괄적으로 승계하고 사업의 연속성을 계속 유지하기 때문에 실무상 문제되는 경우는 드물다. 예외적인 경우로 상당수 종업원을 합병시 승계시키지 않고 해고하거나 합병 후 해당 사업을 폐지할 계획이라면 해당 합병이 부가가치세법에서 규정하는 포괄적 사업양수·도에 해당하는지 신중히 검토할 필요가 있다(부가가치세법 제10조 ⑨ 2호, 동법시행령 제23조).

(4) 증권거래세

2010. 7. 1. 이전에는 합병을 유상거래로 보지 않아 합병으로 인한 주권 등의 소유권 이전을 증권거래세 과세대상으로 판단하지 않았으나, 2010. 7. 1.부터 법인세법 제44조 ①에서 "피합병법인이 합병으로 해산하는 경우에는 그 법인의 자산을 합병법인에 양도한 것으로 본다"고 규정함으로써 합병으로 인한 주권 등의 이전을 유상거래로 판단하고 있다.

다만, 적격합병(완전자회사와의 합병 및 완전자회사 간의 합병 포함)을 위하여 주식을 양도하는 경우에는 증권거래세가 면제되며(조세특례제한법 제117조 ① 14호), 이 경우 농어촌특별세도 비과세된다(농어촌특별세법 제4조 7호의2). 증권거래세를 면제받기 위해서는 과세표준 신고와 함께 세액면제신청을 하여야 한다(조세특례제한법 시행령 제115조 ⑮).

> **참고** 구주 반환 및 신주 교부
>
> 피합병법인의 주주가 구주를 반환하고 신주를 교부받는 행위를 증권거래세 과세 대상 거래로 볼 수도 있으나, 현행 세법 체계에서 합병으로 인하여 피합병법인의 주주에게 귀속되는 소득을 양도소득세가 아닌 의제배당으로 과세하는 이상 '구주를 반환하고 신주를 교부받는 행위'를 양도로 볼 수 없으므로 이에 대해서는 증권거래세를 부과할 수 없는 것으로 판단된다.

③ 합병법인의 세무

세 목	규 정
승계한 자산의 취득가액	법인세법 제44조의2, 제44조의3
이월결손금 등 승계 및 공제제한	법인세법 제45조
세무조정사항 및 공제·감면 승계	법인세법 제33조, 제34조, 제44조의 3
취득세 및 등록면허세	지방세특례제한법 제57조의2 농어촌특별세법 제4조
합병 후 최초사업연도에 대한 중간예납	법인세법 제63조
납세의무의 승계	국세기본법 제23조

(1) 피합병법인으로부터 승계한 자산의 평가

현행 기업회계기준에 따라 취득법에 의하여 회계처리할 경우 합병회사는 피합병 회사의 자산을 시가로 평가하여 승계하여야 한다. 물론 예외적으로 완전모회사와 완전자회사 간 합병 또는 완전자회사 간에 합병과 같이 동일지배거래인 경우 최 상위지배기업의 연결실체의 관점에서 거래를 판단하므로 연결재무제표상 장부가 액을 이용하고 손익거래가 아닌 자본거래에 준하여 회계처리한다.

한편, 법인세법은 합병을 자산의 양수도거래로 보고 있어 합병법인은 승계한 자산 을 시가로 계상하는 것을 원칙으로 하고 피합병법인에 지급한 양도가액과 순자산 시가와의 차액을 합병매수차익 또는 합병매수차손으로 익금 또는 손금에 산입하 도록 하고 있다. 단, 과세특례요건을 모두 갖춘 합병(적격합병)의 경우에는 양도손 익이 없는 것으로 하여 과세의 이연을 허용하고 있다.

사례 1 양도차익과 취득가액의 개념

- A사(합병법인)는 순자산의 장부가액이 25억원인 B사(피합병법인) 주주에게 합병대 가로 45억원의 주식을 교부하고 B사의 자산·부채를 승계하여 합병하였다. 객관적 인 평가에 따르면 B사의 순자산 시가는 45억원이다.
- 피합병법인에 대한 양도차익 및 합병법인의 취득가액은 아래와 같다.

구 분		비적격합병	적격합병
손익	피합병법인	양도차익 20억원 발생	양도차익 '0'
	합병법인	자산취득가액 45억원 계상	취득가액 25억원
세무상 효과		양도차익 과세피 추후 감가상각비 증가로 상쇄	없음

※ 양도차익 과세와 취득가액 증가는 장기적으로 과세소득에 미치는 영향은 상쇄되어 없으나 양도차익에 대한 과세가 합병 시점에 이루어져 과세 시점에 차이가 발생한다.

① 비적격합병

합병법인은 합병으로 인하여 피합병법인의 자산 승계시 해당 자산을 합병등기일 현재 시가로 양도받은 것으로 한다.

구 분	내 용
승계자산의 양수가액	• 합병법인은 피합병법인의 자산을 합병등기일 현재의 시가로 양도받은 것으로 함.
양도가액과 순자산시가와의 차액 처리	• 피합병법인에 지급한 양도가액〈피합병법인의 순자산시가 : 차액(합병매수차익)을 합병등기일로부터 5년간 균등하게 월할계산하여 익금산입 • 피합병법인에 지급한 양도가액〉피합병법인의 순자산시가 : 차액(합병매수차손)을 합병등기일로부터 5년간 균등하게 월할계산하여 손금산입 * 단, 합병매수차손은 피합병법인의 상호·거래관계, 영업상 비밀 등에 대하여 사업상 가치가 있다고 보아 대가를 지급한 경우에만 인정
양도가액	• 피합병법인의 주주 등이 받은 합병대가의 총합계액＋합병법인이 납부하는 피합병법인의 법인세 등＝합병법인(또는 합병법인의 완전모회사) 주식 등의 가액＋금전＋그 밖의 재산가액＋포합주식 등 해당액＋합병법인이 납부하는 피합병법인의 법인세 및 그 법인세에 부과되는 국세 및 지방소득세 • 합병포합주식에 대해서는 합병신주를 교부하지 아니하더라도 교부한 것으로 계산
순자산시가	• 순자산시가＝피합병법인의 합병등기일 현재 자산총액－부채총액
규 정	법인세법 제44조의2, 동법 시행령 제80조의3

② 적격합병

과세특례요건을 충족하여 양도손익이 없는 것으로 한 경우 합병법인은 피합병법인의 자산을 장부가액으로 양도받은 것으로 한다. 실무상 실행되는 대부분의 합병이 적격합병이라는 점을 고려한다면 승계자산에 대한 세무조정이 다소 복잡할 뿐 합병법인에게 직접적인 세부담을 초래하지 않는다.

가. 승계자산의 계상

적격합병시 합병법인은 피합병법인의 자산을 장부가액으로 양도받은 것으로 하고, 시가와 장부가액의 차이를 자산조정계정으로 계상하여야 한다. 이때 회계상 시가로 승계하였는지 장부가액으로 승계하였는지는 구분하지 않는다(법인세법 시행령 제80조의4 ①, 법규법인 2012-311, 2012. 9. 4.). 왜냐하면 합병법인이 자산조정계정을 관리하여야 하는 이유는 합병의 사후관리 사유(합병등기일이 속하는 사업연도의 다음 사업연도 개시일로부터 2년 이내에 승계받은 사업의 폐지, 주요 지배주주 등의 주식처분 또는 3년 이내에 고용유지비율이 80% 미만으로 하락) 발생시 납부세액 계산 등의 목적상 필요하기 때문이다. 이에 대해서는 아래 사례에서 부연하였다.

 사례 2 회계처리에 따른 세무조정

- A사(합병법인)는 순자산의 장부가액이 25억원인 B사(피합병법인) 주주에게 합병대가로 45억원의 주식을 교부하고 B사의 자산·부채를 승계하여 합병하였다.
- 객관적인 평가에 따르면 B사의 순자산 시가는 45억원이다.
- 합병은 적격합병의 모든 요건을 만족하였다.

구 분		회계처리 1 (시가)	회계처리 2 (장부가액)
피합병법인	회계처리	양도차익 20억원 발생	양도차익 '0'원
	세무조정	20억원 손금(기타)	없음
	결과	양도차이 과세 없음	
합병법인	회계처리	취득가액 45억원 계상	취득가액 25억원
	세무조정	자산조정계정 20억 손금(유보) 잉여금 20억 익금(기타)	자산조정계정 20억 손금(유보) 시가평가 20억 익금(유보)
	결과	세무상 취득가액을 장부가액인 25억원으로 유지	

- 합병법인은 사후관리기간 이후 자산을 45억원에 매각하였다.

구 분		회계처리 1	회계처리 2
합병법인	회계처리	양도차익 '0'원	양도차익 20억원
	세무조정	자산조정계정 20억 익금(유보)	자산조정계정 20억 익금(유보) 시가평가 20억 손금(유보)
	결과	양도차익 20억원 과세	

특히 합병이 하나의 지배력 아래에서 구조조정이나 사업재편의 수단으로 활용되는 경우 피합병법인의 연결재무제표상 장부가액으로 회계처리할 수 있는데, 이때에는 피합병법인의 개별재무제표상 장부가액과 연결재무제표상 장부가액이 서로 상이한지 확인하여 이에 맞게 세무조정을 수행해야 한다.

구 분	내 용
승계자산의 양수가액	• 과세특례요건의 충족으로 피합병법인의 양도손익이 없는 것으로 한 경우 합병법인은 피합병법인의 자산을 장부가액으로 양도받은 것으로 함. • 자산의 장부가액과 합병등기일 현재 시가와의 차액은 자산별로 관리
승계자산의 관리	• 양도받은 자산·부채 가액을 합병등기일 현재 시가로 계상하며, 시가와 피합병법인 장부가액의 차액을 자산조정계정으로 계상하여 다음과 같이 익금 또는 손금산입 　- 감가상각자산의 자산조정계정은 0보다 큰 경우 감가상각비와 상계, 0보다 작은 경우 감가상각비에 가산. 해당 자산 처분 사업연도에 잔액을 익금 또는 손금산입 　- 감가상각자산 외의 자산조정계정은 해당 자산 처분 사업연도에 전액 익금 또는 손금산입 　　* 단, 자기주식을 소각하는 경우에는 익금 또는 손금에 산입하지 아니하고 소멸
자산조정계정의 세무조정	• 합병등기일 현재 양도받은 자산·부채 시가 - 피합병법인의 장부가액 　- 차액이 0보다 큰 경우에는 차액을 익금산입(기타)하고 이에 상당하는 금액을 자산조정계정으로 손금산입(유보) 　- 차액이 0보다 작은 경우에는 차액을 손금산입(기타)하고 이에 상당하는 금액을 자산조정계정으로 익금산입(유보) 　- 피합병법인의 장부가액 계산시 승계받은 세무조정사항 중 해당 자산에 대한 익금불산입액은 가산, 손금불산입액은 차감
규 정	법인세법 제44조의3, 동법 시행령 제80조의4

③ 완전자회사와의 합병 및 완전자회사 간의 합병

구 분	내 용
적격합병 간주	• 완전자회사와의 합병 또는 완전자회사 간의 합병으로서 피합병법인의 양도손익이 없는 것으로 한 경우 피합병법인의 자산을 장부가액으로 양도받은 것으로 함. • 자산의 장부가액과 합병등기일 현재 시가와의 차액은 자산별로 관리 • 피합병법인의 이월결손금, 세무조정사항, 그 밖의 자산·부채, 감면·세액공제 승계
사후관리	• 적격합병의 사후관리 미적용
규 정	법인세법 제44조 ③, 제44조의3 ③, 동법 시행령 제80조의4

(주) 완전모회사 : 다른 회사의 발행주식의 총수를 소유하는 회사. 완전자회사 : 완전모회사가 지분 100%를 소유하고 있는 그 다른 회사(상법 제360조의2 ①). 완전모법인 : 다른 내국법인을 완전 지배하는 내국법인. 완전자법인 : 완전모법인이 지분 100%를 소유하고 있는 그 다른 내국법인(법인세법 제76조의8 ①). 상법에서는 "완전모(자)회사"라는 용어를 사용하고 세법에서는 "완전모(자)법인"이라는 용어를 사용하는데 양자 간에 실질적인 차이가 없으므로 본서에서는 두 용어를 혼용해서 사용하기로 한다.

④ 합병매수차손익

가. 합병매수차익

합병매수차익은 피합병법인의 양도가액(합병법인이 지급한 합병대가)이 순자산시가에 미달하는 경우 그 차액으로 정의된다(법인세법 시행령 제80조의3 ①).

합병주체	비적격합병	적격합병
합병매수차익	• 회계상 염가매수차익 • 5년간 분할 익금산입	• 회계상 염가매수차익 • 세무상 양도가액＝장부가액＝승계가액이므로 합병매수차익 미발생 • 과세특례 배제사유 발생시까지 과세유보
규 정	법인세법 제44조의2 ②	

적격합병의 경우 회계상 합병매수차익(염가매수차익)에 대해 법인세법은 명시적으로 과세여부를 표시하고 있지 않다. 다만, 적격합병(완전자회사와의 합병 및 완전자회사 간의 합병 포함)으로 인하여 양도손익이 없는 것으로 하는 경우에는 세무상으로는 합병매수차익이 발생하지 않게 된다(서면－2015－법인－1898, 2015. 11. 23., 서면－2018－법인－0772, 2018. 8. 2). 이것은 합병매수차익을 비과세한다는 의미가 아니라 합병법인에 과세특례 배제사유 발생시까지 과세를 유보하는 것으로 해석할 수 있다.

사례 3　　합병매수차익

- A사(합병법인)는 B사(피합병법인) 주주에게 합병대가로 30억원의 주식을 교부하고 B사의 자산·부채를 승계하였으며, B사의 합병 전 재무상태표 및 A사의 승계가액은 다음과 같다.

(단위 : 억원)

피합병법인(합병 전)				합병법인 승계가액			
자산	100	부채	75	자산	120	부채	75
		자본	25			자본금	10
						주발초	20
						합병매수차익	15
계	100	계	100	계	120	계	120

- B사의 합병 전 순자산장부가액은 25억원(100억원 – 75억원)이며, 순자산 시가는 45억원(120억원 – 75억원)이다. 적격합병 및 비적격합병 각각의 경우 A사의 합병매수차익 및 자산조정계정, B사의 양도손익은 다음과 같다.

구 분		적격합병	비적격합병
합병법인(A사)	합병매수차익	미계상	15억원(=45 – 30)
	자산조정계정	20억원(=45 – 25)	미계상
피합병법인(B사)	양도손익	–	5억원(=30 – 25)

　－ 합병매수차익은 5년간 월할 계산을 통하여 익금산입
　－ 자산조정계정은 감가상각비와 상계 또는 해당 자산 처분시 익금산입
　－ 양도손익은 합병등기일이 속하는 사업연도에 과세
- 적격합병 후 합병등기일이 속하는 사업연도 종료일로부터 2년 이내에 승계받은 사업의 폐지, 주요 지배주주 증의 주식 처분 또는 3년 이내에 고용유지비율이 80% 미만으로 하락 시 A사는 다음과 같이 처리한다(자산조정계정의 감가상각은 없는 것으로 가정).
　－ 자산조정계정 잔액(20억원) 익금산입, 합병매수차익(15억원) 손금산입
　－ 합병매수차익(15억원)은 합병등기일로부터 5년간 월할 계산을 통하여 익금산입 (사유 발생연도에는 합병등기일 이후 기간 경과분 인식)
　－ 비적격합병시와 동일한 과세금액 발생

나. 합병매수차손

　　합병매수차손은 일반적으로 영업권이라는 개념으로 이해되는 것이지만 세법에서는 일반적인 영업권과 달리 피합병법인의 양도가액(합병법인이 지급한

합병대가)이 순자산시가를 초과하는 경우 그 차액으로 정의된다(법인세법 시행령 제80조의3 ③).

적격합병의 경우 합병매수차익과 마찬가지로 해석상 합병매수차손이 세무상으로는 발생하지 않게 된다(서면-2015-법인-1898, 2015. 11. 23.). 따라서 합병매수차손은 세무상 손금에 산입할 수 없는 것이고, 과세특례 배제사유가 발생할 경우 반대조정을 위한 유보사항으로 볼 수 있다.

합병주체	비적격합병	적격합병
합병매수차손	• 회계상 영업권 • 5년간 분할 손금산입 • 피합병법인의 상호·거래관계, 영업상 비밀 등에 대하여 사업상 가치가 있다고 보아 대가를 지급한 경우에만 인정	• 회계상 영업권 • 세무상 양도가액=장부가액=승계가액이므로 합병매수차손 미발생 • 과세특례 배제사유 발생시까지 과세유보

 사례 4 합병매수차손

• A사(합병법인)는 B사(피합병법인) 주주에게 합병대가로 50억원의 주식을 발행해 주고 B사의 자산·부채를 승계하였으며, B사의 합병 전 재무상태표 및 A사의 승계가액은 다음과 같다.

(단위 : 억원)

피합병법인(합병 전)			합병법인 승계가액		
자산	100	부채	75	자산	120	부채	75

피합병법인(합병 전)				합병법인 승계가액			
자산	100	부채	75	자산	120	부채	75
		자본	25	합병매수차손	5	자본금	10
						주발초	40
계	100	계	100	계	125	계	125

• B사의 합병 전 순자산장부가액은 25억원(100억원-75억원)이며, 순자산 시가는 45억원(120억원-75억원)이다. 적격합병 및 비적격합병 각각의 경우 A사의 합병매수차손 및 자산조정계정, B사의 양도손익은 다음과 같다.

구 분		적격합병	비적격합병
합병법인(A사)	합병매수차손	미계상	5억원(=50-45)
	자산조정계정	20억원(=45-25)	미계상
피합병법인(B사)	양도손익	-	25억원(=50-25)

- 합병매수차손은 5년간 월할 계산을 통하여 손금산입
- 자산조정계정은 감가상각비와 상계 또는 해당 자산 처분시 익금산입
- 양도손익은 합병등기일이 속하는 사업연도에 과세

• 적격합병 후 합병등기일이 속하는 사업업연 종료일로부터 2년 이내에 승계받은 사업의 폐지, 주요 지배주주 등이 주식 처분 또는 3년 이내에 고용유지비율이 80% 미만으로 하락 시 A사는 다음과 같이 처리한다(자산조정계정의 감가상각은 없는 것으로 가정).
- 자산조정계정 잔액(20억원) 익금산입, 합병매수차손(5억원) 익금산입
- 합병매수차손(5억원)은 합병등기일로부터 5년간 월할 계산을 통하여 손금산입 (사유 발생연도에는 합병등기일 이후 기간 경과분 인식)
- 비적격합병시와 동일한 과세금액 발생

참고 • 합병매수차손과 영업권 구별

합병매수차손은 법인세법상 무형자산인 영업권과는 다르다. 법인세법 시행령 제24조 ① 2호 가목에서 영업권은 "합병 또는 분할로 인하여 합병법인 등이 계상한 영업권은 제외한다"고 규정하고 있기 때문이다. 법인세법 시행령 제24조에서 규정하는 영업권은 합병 또는 분할을 제외한 사업양수도 등에 의하여 취득한 영업권이라고 해석된다. 합병매수차손은 시가로 양도받은 것으로 보는 경우로서, 사업상 가치가 있어야 하고, 대가를 지급한 경우에만 인정되는 것으로 일반적인 영업권의 인식 조건과 다르지 않다. 다만, 합병매수차손은 양도가액이 순자산시가를 초과하는 차액개념으로 인식되며, 반드시 합병매수차손을 분리하여 별도의 평가를 요구하는 것은 아니고 피합병회사의 전체 가치를 기준으로 산정하여도 세무상 손금으로 인정하고 있다(심사법인 2013-0026, 2013. 7. 16.).[주1] [주2]

주1) "합병회사가 회사합병에 따라 피합병회사에게 지급하여야 할 영업권의 대가는 피합병회사의 허가권이나 영업망, 신용도, 고용승계 등의 구체적인 항목에 따라 평가한 후 이를 산정함이 바람직할 것이나, 이러한 무형적 가치에 대한 평가방법이 확립되어 있는 것이 아니어서 자산의 각 항목에 따라 사업성 가치를 평가하여 그 결과를 영업권 가액으로 산정하는 것은 사실상 쉽지 아니할 뿐만 아니라 이 사건과 같이 피합병회사가 가지는 여러 장점들을 전체로서 영업권으로 파악·평가를 하여도 기업거래 관행이나 회계원칙상 부당한 것으로 보이지 아니하는 점.....양수한 영업권에 대한 적절한 평가방법에 의하여 유상으로 취득한 금액으로 봄이 상당하다"(대법원 2007두12316. 2007. 10. 16.).
   "기술력, 거래 관계 등을 장차 초과수익을 올릴 수 있는 무형의 재산적 가치로 인정하여 합병대가를 산정하였으므로 합병시 피합병법인 주주들에게 순자산 가액을 초과하여 지급한 합병대가가 있는 경우 이는 영업권의 대가에 해당"(대법원 2012두1044, 2012. 5. 9.)
주2) 「법인세법」 제44조의2 제3항을 적용함에 있어 상장법인인 합병법인이 「자본시장과 금융투자업에 관한 법률 시행령」 제176조의5에 따라 적정하게 산정된 합병대가를 피합병법인 주주에게 지급하고, 이월결손금이 없는 피합병법인이 합병등기일 현재의 순자산시가를 초과하여 지급받은 양도가액을 익금에 산입한 경우 「법인세법 시행령」 제80조의3 제3

항에 따른 합병매수차손은 「법인세법 시행령」 제80조의3 제2항의 "사업상 가치가 있다고 보아 대가를 지급한 경우"에 해당하는 것임(기획재정부 – 법인세제과 – 36, 2017. 1. 8.)

⑤ 승계자산의 감가상각

가. 승계자산의 가액

비적격합병의 경우에는 회계상 세무상 공히 시가로 승계하여 차이가 발생하지 않는다. 반면, 적격합병의 경우에는 회계상 시가로 승계하지만 세무상으로는 피합병법인의 장부가액으로 승계하여야 하므로 이 차이에 대하여 자산별로 자산조정계정으로 관리하게 된다.

 사례 5 역합병 세무조정

• A사와 B사는 역합병을 하였으며 양사의 장부가액과 시가는 다음과 같다.

구 분		A사 (합병법인, 피취득자)	B사 (피합병법인, 취득자)
자산의 가액	장부가액	1,000	1,400
	공정가액 및 시가	1,200	2,000
합병후 회계상 가액 (취득자의 장부가액, 피취득자의 공정가액)		1,200	1,400
세무상 가액 (합병법인의 장부가액, 피합병법인의 시가)		1,000	2,000

※ 장부가액과 공정가액의 차이가 발생하는 모든 자산에 대해서 세무상 가액과 회계상 가액에 차이가 발생하며, 적격합병시 자산조정계정으로 관리
※ 만약 양사가 동일지배거래로서 연결재무제표상 장부가액이 별도로 있을 경우 복잡성은 증대

나. 중고자산 등의 기준내용연수

내국법인이 합병으로 인하여 기준내용연수의 50% 이상 경과된 피합병법인의 자산을 취득한 경우에는 그 자산의 기준내용연수의 50%에 상당하는 연수와 기준내용연수의 범위에서 선택하여 납세지 관할세무서장에게 신고한 연수를 내용연수로 할 수 있다. 이 경우 수정내용연수의 계산에 있어서 1년 미만은 없는 것으로 한다(법인세법 시행령 제29조의2 ①). 적격합병의 경

우에는 다음에 설명하는 바와 같이 합병법인이 합병법인 또는 피합병법인의 상각방법과 내용연수를 선택하여 적용할 수 있는 것이므로 이 규정은 비적격합병에 적용된다고 볼 수 있다(법인세법 집행기준 23−28−3 [합병으로 취득한 고정자산의 내용연수]).

다. 적격합병으로 취득한 자산의 상각범위액

적격합병으로 취득한 자산의 상각범위액을 정할 때 취득가액은 피합병법인의 취득가액으로 하고, 미상각잔액은 피합병법인의 양도 당시의 장부가액에서 적격합병에 의하여 자산을 양수한 합병법인이 이미 감가상각비로 손금에 산입한 금액을 공제한 잔액으로 하며, 해당 자산의 상각범위액은 다음 각 호의 어느 하나에 해당하는 방법으로 정할 수 있다. 이 경우 선택한 방법은 그 후 사업연도에도 계속 적용하여야 한다(법인세법 시행령 제29조의2 ②).

ㄱ. 피합병법인이 적용하던 상각방법 및 내용연수를 적용

ㄴ. 합병법인이 적용하던 상각방법 및 내용연수를 적용

라. 감가상각방법의 변경

상각방법이 서로 다른 법인이 합병할 경우에 합병법인은 납세지 관할세무서장의 승인을 얻어 그 상각방법을 변경할 수 있다(법인세법 시행령 제27조 ①). 상각방법의 변경승인을 얻고자 하는 법인은 그 변경할 상각방법을 적용하고자 하는 최초사업연도의 종료일까지 납세지 관할세무서장에게 변경승인을 신청하여야 한다.

⑥ 적격합병의 사후관리

합병등기일이 속하는 사업연도 말까지 과세특례요건을 충족하여 양도손익이 없는 것으로 한 합병법인에게는 일정기간 과세특례요건을 계속 유지할 의무가 부여된다. 만일 이러한 의무를 위반하는 경우 과세이연 효과를 소멸시키는 세무조정이 필요하다.

구 분	내 용
적격합병의 사후관리	• 합병등기일이 속하는 사업연도의 다음 사업연도 개시일로부터 2년(고용유지비율의 경우 3년) 이내에 다음 중 하나의 사유 발생시 사후관리 ① 합병법인이 피합병법인으로부터 승계받은 사업을 폐지 ② 피합병법인의 주요 지배주주 등이 교부받은 합병법인의 주식을 처분 ③ 합병법인에 종사하는 근로자 수가 합병등기일 1개월 전 당시 피합병법인과 합병법인에 각각 종사하는 근로자 수의 합의 80% 미만으로 하락 • 사후관리 - 자산조정계정 잔액의 총합계액(총합계액이 0보다 큰 경우에 한정하며, 총합계액이 0보다 작은 경우에는 없는 것으로 본다), 공제받은 이월결손금을 익금산입 - 승계한 세무조정사항 중 익금불산입액은 가산, 손금불산입액은 차감 - 공제받은 감면·세액공제액은 해당 연도 법인세에 가산하여 납부하고 해당 사유 발생연도부터 미적용
사후관리사유 발생시 합병매수차손익의 처리	• 합병등기일 현재 양도가액과 피합병법인의 순자산시가와의 차액을 합병등기일로부터 5년이 되는 날까지 다음 방법에 따라 익금 또는 손금산입 - 피합병법인에 지급한 양도가액〈피합병법인의 순자산시가 ① 차액(합병매수차익)을 상기 사유 발생 사업연도에 손금산입 ② 사유 발생 사업연도의 합병매수차익 익금산입액 = 합병매수차익 × 합병등기일부터 해당 사업연도 종료일까지 월수 / 60월 ③ 사유 발생 이후 사업연도의 합병매수차익의 익금산입액 합병매수차익 × 해당 사업연도 월수 / 60월 - 피합병법인에 지급한 양도가액〉피합병법인의 순자산시가 ① 차액(합병매수차손)을 상기 사유 발생 사업연도에 익금산입 ② 사유 발생 사업연도의 합병매수차손 손금산입액 = 합병매수차손 × 합병등기일부터 해당 사업연도 종료일까지 월수 / 60월 ③ 사유 발생 이후 사업연도의 합병매수차손의 손금산입액 = 합병매수차손 × 해당 사업연도 월수 / 60월 * 단, 합병매수차손은 피합병법인의 상호·거래관계, 영업상 비밀 등에 대하여 사업상 가치가 있다고 보아 대가를 지급한 경우에만 인정
규 정	법인세법 제44조의3, 동법 시행령 제80조의4

(2) 이월결손금 등 공제 제한

피합병법인의 이월결손금, 감면·세액공제의 승계 등은 세부담과 직결된다는 점에서 중요성을 갖는다.

법인세법에서는 기업의 구조조정을 원활히 지원하기 위해 적격합병(모회사와 완전자회사간의 합병 및 완전자회사 간의 합병 포함)에 한하여 이월결손금의 승계를 허용하고 있다. 다만, 이를 이용한 의도적인 절세를 방지하기 위하여 아래와 같은 제한을 두고 있다.

구 분	합병법인		피합병법인 합병 전 결손금	
	합병 후 발생한 결손금	합병 전 결손금	적격합병	비적격합병
처리 원칙	–	–	이월결손금 승계	이월결손금 승계불가
합병후 공제가능소득 원천	전체 사업	합병법인 사업	피합병법인 사업	–
사후관리^{주)}	–	–	사업폐지, 주식처분, 고용유지비율 80% 미만 하락	–

주) 완전자회사와의 합병 및 완전자회사 간의 합병시에는 사후관리 미적용

① 승계받은 사업의 구분경리

합병법인이 피합병법인으로부터 승계한 이월결손금은 피합병법인으로부터 승계받은 사업에서 발생하는 소득금액에서만 공제할 수 있다. 따라서 피합병법인으로부터 승계받은 사업의 소득금액을 파악하기 위하여 승계받은 사업부문을 합병법인의 기존 사업부문과 구분경리하여야 한다. 구분경리는 승계한 이월결손금을 공제받으려는 기간까지 유지되어야 한다.

합병법인과 피합병법인 모두 이월결손금이 없는 경우라도 합병 후 5년간 구분경리 의무가 부과되는데 이는 후술하는 보유자산처분손실 공제제한 때문인 것으로 이해된다(법인세법 제113조 ③).

② 구분경리 방법 및 예외

합병법인이 피합병법인으로부터 승계받은 사업과 기타의 사업을 구분경리함에 있어서 구분하여야 할 사업 또는 재산별로 자산·부채 및 손익을 법인의 장부상 각각 독립된 계정과목에 의하여 구분경리하도록 하고 있다(법인세법 시행령 제156조 ①). 따라서 일반적인 감면사업과 비감면사업을 겸영하는 법인의 소득구분과는 다르게 접근하여야 한다.

구분경리의 필요성에도 불구하고 모든 합병에 구분경리 의무가 부과되는 것은 큰 부담으로 지적되어 아래에 해당하는 경우에는 구분경리의 예외를 인정하고 있다(법인세법 제113조 ⑦).

가. 중소기업 간에 합병하는 경우

중소기업이라 함은 조세특례제한법 시행령 제2조의 규정에 의한 중소기업을 의미하는 것이므로(법인세법 시행령 제19조의2 ① 9호) 중소기업기본법상의 중소기업과 범위가 다르다. 중소기업의 판정은 합병등기일 전일의 현황에 의한다(법인세법 시행령 제156조 ②).

나. 동일사업을 영위하는 법인 간에 합병하는 경우

동일사업을 영위하는 법인 여부의 판정은 한국표준산업분류에 의한 세분류에 따른다. 이 경우 합병법인 또는 피합병법인이 2 이상의 세분류에 해당하는 사업을 영위하는 경우에는 사업용 자산가액 중 동일사업에 사용하는 사업용 자산가액의 비율이 각각 70%를 초과하는 경우에만 동일사업을 영위하는 것으로 본다(법인세법 시행령 제156조 ②). 여기서 자산은 유형자산, 무형자산 및 투자자산의 가액을 말한다(법인세법 시행령 제80조의2 ⑦).

다. 구분경리의 예외에 해당하는 경우 소득금액의 안분

구분경리의 예외에 해당하는 경우에 소득금액은 합병등기일 현재 합병당사법인의 사업용 자산가액 비율로 안분한다. 이 경우 합병법인이 승계한 피합병법인의 사업용 자산가액은 승계받은 사업에 직접 사용하는 자산으로서 승계받은 결손금을 공제하는 각 사업연도 종료일 현재 계속 보유(처분 후 대체 취득하는 경우 포함)하고 사용하는 자산에 한하여 합병등기일 현재의 세무상 장부가액에 따른다(서면-2014-법인-21858, 2015. 6. 30., 기획재정부 법인세제과-343, 2015. 5. 4.).

③ 이월결손금 공제범위

합병등기일 전 15년 이내에 개시한 사업연도에 발생한 피합병법인의 결손금은 승계받은 피합병법인의 사업에서 발생한 소득금액의 범위 내(2023년 1월 1일부터 소득금액의 80%. 단, 중소기업과 회생계획을 이행 중인 기업 등은 100%)에서 공제가 가능하다.

구 분	내 용

이월결손금 공제범위	• 이월결손금 공제 기간
	  – 2020년 1월 1일 이후 : 15년
	  – 2009년 1월 1일 이후부터 2019년 12월 31일까지 : 10년
	  – 2009년 1월 1일 이전 : 5년
	• 합병등기일 다음 사업연도부터 공제받을 수 있는 이월결손금은 매년 순차적으로 1년이 경과한 것으로 간주

④ 이월결손금 등의 사후관리

피합병법인으로부터 이월결손금 등을 승계한 합병법인이 합병의 사후관리 사유(합병등기일이 속하는 사업연도의 다음 사업연도 개시일로부터 2년 이내에 승계받은 사업의 폐지, 주요 지배주주 등의 주식처분 또는 3년 이내에 고용유지비율이 80% 미만으로 하락) 발생시 공제받은 이월결손금은 익금산입한다.

⑤ 합병전 보유자산 처분손실 공제 제한

합병 전에 이미 시가가 하락하여 잠재적인 손실이 예상되는 자산을 처분하지 않고, 합병 이후 처분한다면 앞서 설명한 이월결손금 공제 제한을 회피할 수 있는 가능성이 있었다. 이러한 조세 회피를 방지하기 위하여 적격합병의 경우 합병법인과 피합병법인이 합병 전 보유하던 자산을 처분하여 발생한 손실은 각각 합병 전 해당 법인의 사업에서 발생한 소득금액에서 공제하도록 제한하고 있다. 이러한 공제 제한은 합병등기일 이후 5년 이내에 끝나는 사업연도에 처분한 것에 적용하며 공제되지 못한 처분손실은 합병 전 해당 법인의 사업에서 발생한 결손금으로 본다(법인세법 제45조 ③).

주의할 점은 합병등기일에 이미 발생한 손실(합병등기일 현재 자산의 시가와 장부가액보다 낮은 경우에 그 차액)만 공제 제한 대상이며 합병 이후에 추가로 발생한 손실은 당기 손실로 공제가 가능하다는 점이다. 따라서 합병법인의 자산이라도 해당 자산에 부실이 있다면 합병등기일 당시 시가를 정확히 파악하는 노력이 필요하다.

구 분	내 용
합병전 보유 자산 처분손실공제	• 적격합병시 합병법인에 합병등기일 이후 5년 이내에 끝나는 사업연도 내에 자산의 처분손실 발생시, 각각 합병 전 해당 법인의 사업에서 발생한 소득을 한도로 손금산입 또는 결손금 처리 • 합병 전에 인식할 자산의 처분손실을 합병 후에 처분손실 인식 방지 • 처분손실은 합병등기일 현재 해당 자산의 시가가 장부가액보다 낮은 경우로서 그 차액을 한도로 하며, 합병 후 시가하락에 따른 처분손실은 전체사업에서 공제가능
규정	법인세법 제45조 제3항

(3) 세무조정사항 및 공제·감면 승계

① 세무조정 사항의 승계

합병이 자산과 부채의 포괄적인 승계를 전제로 하므로 피합병법인이 법인세 신고시 익금 또는 손금에 산입하거나 산입하지 아니한 금액('세무조정사항')도 합병법인에게 승계되어야 한다. 단, 비적격합병은 기본적으로 자산을 시가로 승계하기 때문에 세무조정사항 승계를 허용한다면 시가가 아닌 금액으로 승계할 수 있어 퇴직급여충당금 및 대손충당금 관련 세무조정사항만 예외적으로 승계가 허용된다(법인세법 제44조의3 ①, 동법 시행령 제80조의4 ①).

세무조정 사항의 승계 중 흥미로운 부분은 자기주식의 승계인데 아래의 사례를 통해서 조금 더 설명하고자 한다.

 사례 6 자기주식 관련 세무조정사항 처리

• 모회사는 자회사 주식을 100억원에 취득함.
• 모회사는 주식평가이익을 20억원 회계처리(세무상 익금불산입 유보 가정)
• 자회사가 모회사를 역합병하면서 기존 모회사 보유 자회사 주식을 자기주식 120억원으로 승계함. 이때 자회사 주식 시가는 120억원
• 합병 후 자기주식을 소각 또는 매각 검토
• 소각후 신주발행시 20억원 익금불산입 발생하지 않음.

구 분		자기주식 소각	자기주식 매각
합병시	세무조정사항 승계	20억원 익금불산입 유보	
	자산조정계정	–	
소각 및 매각 시		익금산입 없이 소멸	20억원 익금산입

② 감면 및 세액공제 승계

합병법인은 적격합병이나 완전모자회사 간의 합병인 경우 피합병법인의 합병
등기일 현재의 감면 및 세액공제 등을 승계한다(법인세법 제44조의3 ②, 법인세법
제59조).

구 분	내 용

승계한
피합병법인의
감면·세액공제
	• 적격합병시 승계한 감면·세액공제는 피합병법인으로부터 승계받은 사업에서 발생한 소득금액 또는 해당 법인세액의 범위에서 적용
	• 일정기간에 걸쳐 감면되는 세액감면은 합병 당시의 잔존 감면기간 내 종료하는 사업연도분까지 적용
	• 이월공제가 인정되는 세액공제(외국납부세액공제 포함)로서 이월된 미공제액은 이월공제 잔여기간 내에 종료하는 각 사업연도분까지 공제
	① 이월된 외국납부세액공제 미공제액
	  (승계받은 사업에서 발생한 국외원천소득 / 해당 사업연도 과세표준 × 해당 사업연도 세액) 범위에서 공제
	② 법인세 최저한세 이월 미공제액
	  승계받은 사업부문에 대하여 계산한 법인세 최저한세액 범위에서 공제(합병법인의 법인세 최저한세액 초과 불가)
	③ 기타 납부할 세액이 없어 이월된 미공제액
	  승계받은 사업부문에 대하여 계산한 법인세 산출세액의 범위에서 공제

규 정	법인세법 제45조, 동법 시행령 제81조

(4) 합병 후 최초사업연도에 대한 중간예납

합병 후 최초사업연도에 대한 중간예납은 일반적인 법인의 경우와 마찬가지로 가결산에 의한 방법과 전기납부실적을 근거로 하는 방법을 모두 사용할 수 있다(법인세법 제63조 ①, ③).

전기납부실적을 근거로 계산함에 있어 신설합병인 경우에는 피합병법인의 합병등기일이 속하는 사업연도의 직전사업연도를 기준으로 하여 계산하며, 흡수합병인 경우에는 합병이 전반기(사업연도 개시일 이후 6개월 이내)에 이루어진 경우에 한하여 합병법인 및 피합병법인의 합병등기일이 속하는 사업연도의 직전사업연도 소득을 합산하여 계산한다(법인세과-863, 2009. 7. 29.).

통상 흡수합병이 일반적이므로 이에 대하여 예를 들어 설명하면, 피합병법인과 합병법인은 모두 12월 말 법인으로 2022년 사업연도에 합병을 결정하였다고 가정할 때 합병등기일에 따른 중간예납의무 등을 정리하면 다음과 같다.

합병등기일	법인세 신고·납부
1월 1일 ~ 6월 30일	• 피합병법인 　- 의제사업연도에 대한 법인세신고(중간예납 필요 없음) • 합병법인 　- 피합병법인의 2021년 사업연도 납부실적과 합병법인의 2021년 사업연도 납부실적을 합산하여 중간예납액 계산
7월 1일 ~ 8월 31일	• 피합병법인 　- 의제사업연도에 대한 법인세신고 　- 중간예납 신고기한(8월 31일) 이내에 의제사업연도에 대한 신고를 마칠 경우 중간예납 생략 가능(서이 46012-10380, 2001. 10. 18.). • 합병법인 　- 합병법인의 2021년 사업연도의 납부실적만으로 중간예납
9월 1일 ~ 12월 31일	• 피합병법인 　- 중간예납 신고납부 　- 피합병법인의 중간예납세액은 의제사업연도에 대한 법인세 계산시 반영 • 합병법인 　- 중간예납 신고납부

(5) 취득세 및 등록면허세

① 취득세 등

2010. 12. 31. 이전 구 지방세법에서는 법인의 합병으로 인한 재산취득을 형식적인 수유권이 이전으로 보아 합병으로 인하여 취득하는 재산에 대하여 취득세를 비과세하였으나, 2011. 1. 1. 이후에는 과거 등록세 중 일부가 취득세로 통합되고, 적격합병에 한해 종전 취득세분을 차감한 특례세율을 적용하는 것으로 개정되었다.

이에 따라 적격합병에 한하여 합병법인이 피합병법인의 사업용 재산을 합병법인 명의로 이전하는 취득에 대하여 3.5%(지방세법 제11조 ① 2호, 상속 외의 무상취득)의 표준세율에서 중과기준세율 2%를 차감(사치성 재산 등 중과대상 자산에 대한 중과분은 제외)하여 1.5%의 세율이 적용된다(지방세법 제15조 ① 3호, 제151조 ①).

또한 과거 취득세분(현재 중과기준세율 2%)에 대해서는 10%에 해당하는 농어촌특별세가 가산되고, 과거 등록세분(중과기준세율 2%를 제외한 1.5%)에 대해서는 20%에 해당하는 지방교육세가 가산되므로 비적격합병에 해당될 경우에는 취득세 3.5%에 더하여 0.2%(중과기준세율 2%의 10%)의 농어촌특별세와 0.3%(취득세 3.5%에서 중과기준세율 2%를 제외한 1.5%의 20%)의 지방교육세가 가산된다(농어촌특별세법 제5조 ① 6호, 지방세법 제151조 ① 1호).

	2010년 12월 31일 이전		2011년 1월 1일 이후
무상취득 (시가표준액)	취득세 2%	등록세 1.5%	취득세 3.5%
	농어촌특별세 0.2% (취득세의 10%)	교육세 0.3% (등록세의 20%)	농어촌특별세 0.2%(중과기준세율 2%의 10%) 지방교육세 0.3%(중과기준세율을 제외한 취득세의 20%)
합병시	형식적 취득 1.8%		4% (단, 적격합병시 1.8%)

(주) 적격합병으로 인하여 면제되는 취득세에 대해서는 농어촌특별세가 비과세된다(농어촌특별세법 제4조 12호, 동법 시행령 제4조 ⑥ 5호).

다만, 2024. 12. 31.까지 적격합병에 한하여 합병일 현재 소비성서비스업을 제외한 사업을 1년 이상 계속하여 영위한 법인 간에 합병할 경우(소비성서비스업을 1년 이상 영위한 법인이 합병으로 인하여 소멸하고 합병법인이 소비성서비스업을 영위하지 아니하는 합병 포함)에는 합병으로 인한 사업용 재산 취득에 대하여 취득세(1.5%)의 50%(중소기업기본법에 따른 중소기업과 기술혁신형사업법인과의 합병을 하는 경우에는 60%)를 경감(중과대상 자산에 대한 중과분은 제외)한다.

구분	사업용 재산 해당분 적용세율		
적격합병 한시적 50% 감면 적용시	취득세 0%	등록세 0.75%	합산 0.9%
	농어촌특별세 0%	지방교육세 0.15%	

경감된 취득세는 합병등기일로부터 3년 이내에 다음 중 하나의 사유가 발생하는 경우에 추징한다(지방세특례제한법 제57조의2 ① 및 제177조의2 ①, 동법 시행령 제28조의2 ①).

- 합병법인이 피합병법인으로부터 승계받은 사업을 폐지하는 경우
- 피합병법인의 주요 지배주주 등이 합병법인으로부터 받은 주식 등을 처분하는 경우
- 합병법인에 종사하는 근로자 수가 합병등기일 1개월 전 당시 피합병법인과 합병법인에 각각 종사하는 근로자 수의 합의 80% 미만으로 하락하는 경우

법인세법에서는 승계받은 사업의 폐지 및 주요 지배주주의 주식처분에 대하여 2년의 사후관리 기간을 적용하지만, 지방세특례제한법에서는 3년의 사후관리 기간을 적용하므로 이에 유의하여야 한다.

종합하면 합병의 경우 무상취득으로 시가표준액을 과세표준으로 하되 농어촌특별세 등을 포함하여 실제 부담세율은 4%이나 적격합병인 경우에는 1.8%로 감소되며, 한시적으로 2024. 12. 31.까지 업종 기준에 부합한 법인이 적격합병한 경우 50%가 감면되어 0.9%가 적용된다. 다만, 적격합병의 사후관리 및 취득세 중과 대상이므로 지속적 관리가 필요하다.

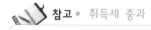

참고 • 취득세 중과

합병시 취득한 부동산이 취득 후 5년 이내에 사치성 재산(별장, 골프장, 고급주택, 고급오락장)이나 대도시 내에서의 부동산 취득(대도시 내에서의 본점 또는 주사무소의 사업용 부동산, 대도시 내에서의 공장의 신설 또는 증설용 부동산)에 해당될 경우에는 취득세를 중과하도록 하고 있다. 사치성 재산에 있어서는 기본세율에 중과기준세율(2%)의 100분의 400을 가산하고, 대도시 내에서의 부동산 취득에 대해서는 기본세율에 중과기준세율의 100분의 200을 가산한 세율을 적용한다(지방세법 제13조 ①, ⑤). 다만, 대도시 내에서 설립 후 5년이 경과한 법인(이하 "기존법인")이

다른 기존법인과 합병하는 경우에는 이를 중과대상으로 보지 아니하며, 기존법인이
대도시 안에서 설립 후 5년이 경과되지 아니한 법인과 합병하는 경우(신설법인을
존속법인으로 하는 경우)에는 합병 당시 기존법인 자산비율에 해당하는 부분을 중
과대상으로 보지 않는다(지방세법 시행령 제27조 ⑤).

여기서 대도시는 수도권정비계획법 제6조의 구분에 의한 과밀억제권역을 의미하며
대도시 안에 설치가 불가피하다고 인정되는 지방세법 시행령 제26조에 해당하는
업종인 경우에는 중과대상에서 제외된다(지방세법 제13조 ②).

② 과점주주 취득세

원칙상 법인의 주식 또는 지분을 취득함으로써 과점주주가 되었을 경우 또는
이미 과점주주인 상태에서 과점주주의 지분율이 증가될 경우에 그 과점주주는
해당 법인의 취득세 과세대상 물건을 취득한 것으로 보아 주식취득비율에 따
라 취득세를 부담하여야 한다(지방세법 제7조 ⑤).

합병시 과점주주 취득세는 합병법인이 합병으로 인하여 피합병법인이 소유하
던 다른 법인의 주식을 취득함으로써 합병법인이 다른 법인의 과점주주가 되
는 경우 또는 합병법인 또는 피합병법인의 주주가 합병으로 인하여 합병법인
의 과점주주가 되거나 이미 과점주주인 상태에서 보유 지분율이 증가하는 경
우에 적용될 수 있다.

지방세법 개정 이후의 조세심판례를 보면 과점주주의 취득은 지방세법 제15조
①의 합병으로 인한 취득으로 보지 않으며, 법인의 합병과 합병으로 인하여 법
인의 주주가 과점주주 취득세 납세의무를 부담하는 것은 별개의 거래로 보고
있다. 따라서 지방세특례제한법 제57조의2에서 과점주주의 취득에 대하여 별
도의 면제규정을 두고 있지 않는 한 합병법인 및 합병법인의 주주는 과점주주
취득세 납세의무가 있는 것으로 판단하고 있다.[주1] [주2] 물론 이러한 경우라도 기
존에 과점주주취득세를 납부하였던 자산에 대해서 다시 과세되지 않도록 주의
가 필요하다.

주1) 청구법인은 2012.12.28. 피합병법인을 흡수합병하면서 피합병법인이 소유한 이 건 법인의 발행
주식 60,000주에서 54,000주(90%)를 취득한 사실이 나타난다.
......이상의 사실관계 및 관련 법령 등을 종합하여 살피건대, 구「지방세법」제15조 제1항에서
다음 각 호의 어느 하나에 해당하는 취득에 대한 취득세는 제11조 및 제12조에 따른 세율에서
중과기준세율을 뺀 세율로 산출한 금액을 그 세액으로 한다고 규정하면서 그 제3호는 법인의
합병으로 인한 취득을 규정하고 있는 바, 위 규정에서 합병으로 인한 취득은 합병법인이 합병으
로 인하여 취득하는 것을 의미하는 것으로 보는 것이 타당하고 청구법인은 이 건 법인의 쟁점
주식을 합병을 하여 취득한 것이 아니므로 위 규정의 세율 특례를 적용할 수 없다고 보는 것이
타당한 점,「조세특례제한법」제120조 제2항에서 대통령령으로 정하는 합병에 따라 양수하는

재산을 2014년 12월 31일까지 취득하는 경우에는 「지방세법」 제15조 제1항에 따라 산출한 취득세를 면제한다고 규정하고 있는 바, 청구법인이 쟁점주식을 합병에 따라 취득한 것이 아니어서 (즉, 과점주주에 대한 취득세는 지방세법」제15조 제2항에서 규정하고 있으므로) 해당세율의 적용대상이 아니므로 결국 취득세 등의 면제대상으로 보기는 어려운 점 등에 비추어 처분청이 청구법인을 이 건 법인의 과점주주로 보아 취득세 등을 부과한 처분은 달리 잘못이 없다고 판단된다(조심 2016지0425, 2016. 12. 8.).

주2) 이상의 사실관계 및 관련 법령 등을 종합하여 살피건대, 이 건 합병일(2014. 9. 1.) 이전까지 청구인들은 피합병법인의 과점주주였을 뿐 이 건 법인의 과점주주에는 해당하지 않은 점, 청구인 OOO이 2014. 9. 1. 이 건 법인의 발행주식 1,016,469주를 취득함에 따라 최초로 청구인들이 이 건 법인의 과점주주가 된 사실은 다툼이 없는 점, 과점주주는 해당 법인의 재산을 사실상 처분하거나 관리 운영할 수 있으므로 과점주주가 되는 경우 해당 법인의 재산을 취득한 것으로 보아 취득세를 부과하는 것인 점, 합병의 경우 존속법인이 원칙적으로 피합병법인의 재산에 대하여 취득세 등을 부담하는 바 존속법인이 누구냐에 따라 납부하여야 하는 취득세 등이 달라지므로 존속법인에 관계 없이 합병에 따른 경제적 실질이 동일하다고 볼 수 없는 점, 법인의 합병과 합병으로 인하여 그 주주가 과점주주에 따른 취득세 납세의무를 부담하는 것은 별개의 거래(취득)로서 서로 관계가 없는 점 등에 비추어 이 건 취득세 등이 실질과세의 원칙에 위배된다는 청구인들의 주장은 받아들이기 어렵다(조심 2017지0316, 2017. 6. 8.).

③ 상장법인 주식의 과점주주 취득세

유가증권시장상장법인의 주식은 과점주주 취득세의 과세대상에 해당하지 아니하고(지방세기본법 제46조), 코스닥시장상장법인의 주식에 대해서는 2024. 12. 31.까지 과점주주 취득세의 85%를 감면한다(지방세특례제한법 제57조의2 ⑤ 8호, 제177조의2 ①, 동법 시행령 제28조의2 ④).

④ 등록면허세

지방세법 개편으로 2011. 1. 1. 이후 취득을 원인으로 이루어지는 자산의 등기 또는 등록에 대한 등록세는 취득세로 통합하여 부과되며(광업권 및 어업권의 취득에 따른 등록은 제외), 등록면허세는 별도로 부과되지 아니한다.

현행 지방세법상 등록면허세는 취득세 과세 대상인 등기 또는 등록을 제외한 등록 또는 면허에 대해서만 적용되며(지방세법 제23조 1호), 합병으로 인하여 합병법인의 자본금이 증가할 경우 자본금 증가액에 대해서는 0.4%(대도시에서 법인 설립 후 5년 이내의 자본증가는 1.2%)의 등록면허세와 등록면허세의 20%에 해당하는 지방교육세가 부과된다(지방세법 제28조 ① 6호 가목, ② 1호, 제151조 ① 2호).

참고● 지방세율 참고표

참고로, 2011. 1. 1.부터 적용되는 개정 지방세법에 따른 적용세율을 요약하면 다음과 같다.

가. 일반부동산 취득세

취득·등록 구분		종 전		개 정
		등록세	취득세	취득세
상속	농지	1천분의 3	1천분의 20	1천분의 23
	농지 이외 것	1천분의 8	1천분의 20	1천분의 28
무상취득	일반납세자	1천분의 15	1천분의 20	1천분의 35
	비영리사업자	1천분의 8	1천분의 20	1천분의 28
원시취득		1천분의 8	1천분의 20	1천분의 28
신탁 부동산 (수탁자 → 수익자 이전)	일반 납세자	1천분의 10	1천분의 20	1천분의 30
	비영리사업자	1천분의 5	1천분의 20	1천분의 25
공유물·합유물·총유물의 분할, 구분소유적공유권의 분할		1천분의 3	1천분의 20	1천분의 23
유상취득	농지	1천분의 10	1천분의 20	1천분의 30
	농지 이외 것	1천분의 20	1천분의 20	1천분의 40

나. 중과세

ㄱ. 본점·주사무소 및 공장 신·증설(지방세법 제13조 ①)

취득·등록 구분		종 전		개 정
		등록세	취득세	취득세
비도시형업종 공장 신·증설	5년 경과	1천분의 8	1천분의 20	1천분의 28
	5년 미만	1천분의 24(신축) 1천분의 60(승계)	1천분의 60	1천분의 84 1천분의 120
도시형업종 공장 신·증설		1천분의 8	1천분의 20	1천분의 28
본점·주사무소(신·증축에 한함)		1천분의 8	1천분의 60	1천분의 68

※ ① 본점 등 적용세율 = 표준세율(28/1000) + 중과기준세율(20/1000) × 2 = 68/1000

② 비도시형업종 공장 신·증설과 대도시 내 중과법인 중복되는 경우
  ▶ (공장 중과면적 × 1천분의 84) + (본점·주사무소 중과면적 × 1천분의 68)

ㄴ. 대도시 내 법인설립(휴면법인 인수 포함)·전입, 5년 이내 부동산 취득(지방
세법 제13조 ②)

취득·등록 구분		종 전		개 정
		등록세	취득세	취득세
법인설립(휴면 법인 인수) 지점· 분사무소 전입	5년 경과	1천분의 20	1천분의 20	1천분의 40
	5년 미만	1천분의 60	1천분의 20	1천분의 80
	신축	1천분의 24	1천분의 20	1천분의 44

※ ① 적용세율 = (표준세율 × 3) − 중과기준세율(20/1000) × 2
　　▶ 신축 28/1000 × 3 − 20/1000 × 2 = 44/1000

ㄷ. 골프장, 고급주택, 별장, 고급오락장(지방세법 제13조 ⑤)

취득·등록 구분		종 전		개 정
		등록세	취득세	취득세
골프장	임야취득	1천분의 20	1천분의 20	1천분의 40
	골프장 건설		1천분의 80	1천분의 80
고급오락장	건물·토지취득	1천분의 20	1천분의 20	1천분의 40
	오락장 설치		1천분의 80	1천분의 80

※ ① 부동산 취득 후 골프장 건설
　　▶ 적용세율 = 기본세율 + 중과기준세율(20/1000) × 4

(6) 기타 세법

세 목	규 정	내 용
외국인투자기업 의 조세감면	조세특례제한법 제121조의2 ②	2018년 12월 31일까지 조세특례제한법 제12조의2에 따라 감면신청을 한 외국인투자기업이 감면기간 중에 내국법인과 합병하여 당해 합병법인의 외국인투자비율이 감소한 때에는 합병 전 외국인투자기업의 투자비율을 적용하도록 하여 납세자에게 불리함이 없도록 하고 있다(구분경리 필요).

세 목	규 정	내 용
납세의무의 승계	국세기본법 제23조	법인이 합병한 경우 합병 후 존속하는 법인 또는 합병으로 설립된 법인은 합병으로 소멸된 법인에 부과되거나 그 법인이 납부할 국세 및 체납처분비를 납부할 의무를 진다.

④ 합병법인 주주의 세무

세 목	규 정
불공정 합병에 따른 이익의 증여	「상속세 및 증여세법」 제38조 동법 시행령 제28조
불공정 합병에 따른 부당행위계산의 부인	법인세법 시행령 제11조 8호, 제88조 ① 8호 및 8호의2, 제89조 ⑥
합병에 따른 상장 등 이익의 증여	「상속세 및 증여세법」 제41조의5 동법 시행령 제31조의5
과점주주 취득세	지방세법 제7조

합병당사자 중 합병과정에서 가장 피동적인 입장에 서게 되는 것이 합병법인의 주주이다. 합병법인의 주주는 합병이 실행되더라도 합병 전에 보유하던 주식을 계속하여 보유하게 될 뿐이다. 결국 합병을 통하여 보유주식수에 변동이 없이 피합병법인의 주주가 신규로 합병법인의 주주로 참여하기 때문에 지분율만 감소하게 된다. 물론 지분율의 감소에 따른 부의 감소는 합병법인의 순자산가치가 증가됨으로써 상쇄되는 것이 원칙이다. 하지만 합병법인과 피합병법인간 특수관계가 성립한다면 합병비율이 불공정하게 적용되어 부당히 부가 이전될 개연성이 있으며, 세법은 이를 규제하기 위하여 「상속세 및 증여세법」에 불공정 합병에 따른 이익의 증여 규정을, 법인세법에 부당행위계산부인 규정을 두고 있다.

다만, 특수관계법인 간의 합병이라 하더라도 상장법인이 「자본시장과 금융투자업에 관한 법률」 제165조의4에 따라 합병하는 경우에는 특수관계법인 간의 합병으로 보지 않는 것이며(「상속세 및 증여세법 시행령」 제28조 ①, 법인세법 시행령 제88조 ① 8호 가목), 비상장법인 간의 합병일 경우에도 합병비율을 세무상 평가방법에 따라 정하거나 완전모회사와 완전자회사 간에 합병할 경우에는 이익의 증여의제 및 부당행위계산 부인의 문제가 발생하지 않는다.

(1) 불공정 합병에 따른 이익의 증여

특수관계법인 간의 합병시 주식을 시가보다 높거나 낮게 평가하여 불공정한 비율로 합병하는 경우, 이익을 분여받은 개인 대주주는 「상속세 및 증여세법」을 적용받아 분여받은 이익에 대하여 증여세를 부담하여야 한다. 증여이익으로 과세된 가액은 개인주주가 동 주식을 양도할 때 양도가액에서 공제할 필요경비에 산입된다(소득세법 시행령 제163조 ⑩).

① 대주주 등

대주주 등은 해당 주주 등의 지분 및 그의 특수관계인의 지분을 포함하여 해당 법인의 발행주식총수 등의 1% 이상을 소유하고 있거나 소유하고 있는 주식 등의 액면가액이 3억원 이상인 주주 등을 말한다(「상속세 및 증여세법 시행령」 제28조 ②). 따라서 대주주는 특수관계인 주주군의 최대주주 1인만을 의미하는 것은 아니며 비록 단독으로는 1% 미만의 주식을 소유한 주주나 그의 특수관계인인 주주와의 주식을 합산한 지분이 1% 또는 액면가액 3억원 이상인 경우에는 당해 주주도 대주주가 된다.

② 증여이익의 계산

과세되는 증여이익은 복잡한 수식에도 불구하고 크게 세가지 경우로 구분하여 이해할 수 있다. 첫째로 주식 등의 교부시 합병 전후 30% 이상 부가 증가한 경우에는 증여이익의 크기에 상관없이 전액 과세되며, 둘째로 부의 변동이 30% 미만이라도 이익이 3억원 이상인 경우 과세되며, 마지막으로 현금 등을 주주가 받는 경우 의제배당으로 과세될 부분을 제외하고 증여이익을 계산하여 3억원 이상인 경우에 과세된다. 이때 대주주가 얻는 평가차액이 3억원 이상인지 여부는 대주주 중 각각의 주주 1인을 기준으로 판단하는 것으로, 대주주 1인과 특수관계인이 얻은 모든 이익을 합산하여 판정하는 것은 아니다(「상속세 및 증여세법」 기본통칙 38 - 28…3).

증여는 그 의미상 타인에게 무상으로 재산적 가치가 있는 자산을 이전하는 것이다. 따라서 특정인이 동시에 합병법인과 피합병법인의 주주인 상황에서 불공정 합병에 따른 부의 이전이 이루어진 경우에 자신에게서 분여받은 이익은 증여세가 과세되지 아니한다(기준 - 2015 - 법령해석법인 - 0264, 2016. 1. 18.).

또한, 증여이익은 합병의 전 과정을 통하여 발생한 경제적 이익을 기준으로 판단하여야 하므로 만약 불공정한 합병비율을 치유하기 위한 절차로 이익을 분

여받은 합병당사법인의 주주가 합병등기일로부터 3월 이내에 당해 이익에 상당하는 주식을 주가가 과소평가된 상대방 법인의 주주들에게 무상으로 이전하는 경우에는 처음부터 증여가 없었던 것으로 본다(상담4팀-1085, 2007. 4. 3.).

구 분	내 용
요 건	• 합병등기일이 속하는 사업연도의 직전 사업연도 개시일로부터 합병등기일까지 1회라도 특수관계가 성립했던 법인 간의 합병일 것 • 이익을 분여받는 자가 합병법인 또는 피합병법인의 대주주 등일 것 • 과세되는 증여 이익 : 합병대가를 주식 등으로 교부받은 경우에는 평가차익이 30% 이상 차이가 발생하거나 증여받은 이익이 3억원 이상인 경우, 합병대가를 주식 등 외의 재산으로 지급받은 경우에는 증여받은 이익이 3억원 이상인 경우에 적용 ① 합병등기일 전·후의 주식의 평가차익이 30% 이상 차이가 발생 [(가-나) / 가 ≧ 30%] 　－증여받은 이익 : [가-나] × 주가가 과대평가된 합병당사법인의 대주주 등이 합병으로 교부받은 신설(존속)법인 주식 등의 수 　가. 합병 후 신설(존속)법인의 1주당 평가액$^{주)}$ 　나. 과대평가법인의 1주당 평가액$^{주)}$ × (과대평가법인 합병 전 주식 등의 수/과대평가법인 주주 등이 합병으로 교부받은 신설(존속)법인 주식 등의 수) ② 합병대가를 주식으로 받는 경우 증여받은 이익이 3억원 이상 　－증여받은 이익 : [가-나] × 주가가 과대평가된 합병당사법인의 대주주 등이 합병으로 교부받은 신설(존속)법인 주식 등의 수 　가. 합병 후 신설(존속)법인의 1주당 평가액 　나. 과대평가법인의 1주당 평가액 × (과대평가법인 합병 전 주식 등의 수/과대평가법인 주주 등이 합병으로 교부받은 신설(존속)법인 주식 등의 수) ③ 합병대가를 주식 등 외의 재산으로 받는 경우 증여받은 이익이 3억원 이상(합병당사법인의 1주당 평가액이 액면가액에 미달하는 경우로서 그 평가액을 초과하여 지급받은 경우에 한함) 　－증여받은 이익 : 　가. 합병대가가 액면가액 이하인 경우 　　(1주당 합병대가－1주당 평가가액) × 합병당사법인의 대주주 등의 주식 등의 수 　나. 합병대가가 액면가액을 초과하는 경우 　　(1주당 액면가액－1주당 평가가액) × 합병당사법인의 대주주 등의 주식 등의 수

구 분	내 용
상장법인의 주식평가액	• 합병 후 신설(존속)법인의 주식평가액 : 유가증권시장 또는 코스닥시장 상장법인의 경우에는 Min[①, ②]로 하고, 그 외의 법인의 경우에는 ②를 적용 　① 「상속세 및 증여세법」 제63조 ① 1호 가목 : 평가기준일 전후 2개월의 최종시세가액의 단순평균액 　② [과대평가법인의 합병 전 주식 등의 가액 + 과소평가법인의 합병 전 주식 등의 가액] / 합병 후 신설(존속)법인의 주식 등의 수 　* 단, 합병(분할합병 포함)에 따른 증여이익을 계산할 때 합병으로 소멸되거나 흡수되는 법인 또는 신설되거나 존속하는 법인이 보유한 상장주식의 시가는 기준일 현재의 거래소 최종 시세가액으로 계산(「상속세 및 증여세법」 제63조 ① 1호 가목 단서). • 평가차액 : 유가증권시장 또는 코스닥시장 상장법인의 경우에는 상장주식 평가방식에 의한 평가차액보다 비상장주식의 평가방식에 의한 평가차액이 적게 되는 경우 합병 전후의 주식가액의 평가에 비상장주식 평가방식을 적용할 수 있으나 이 때 합병 후 신설(존속)법인의 주식평가는 ②의 방식을 적용
특수관계인	「상속세 및 증여세법 시행령」 제28조 ①
신고·납부	합병등기일이 속하는 달의 말일부터 3개월 이내에 신고·납부
규 정	「상속세 및 증여세법」 제38조, 동법 시행령 제28조

주) 합병당사법인의 주식 1주당 평가가액이 0 이하인 경우에는 0으로 보고, '합병에 따른 이익의 증여'를 적용함(재산세제과－633, 2005. 12. 14.).

경제적인 부의 이전이라는 관점에서 접근하는 불공정한 자본거래에 따른 증여이익의 과세문제는 결국 Zero－sum Game으로 볼 수 있다. 합병시 증여이익 계산에 이를 적용하여 예시하면 아래와 같다.

사례 갑법인과 을법인의 합병시 증여된 이익금액

갑법인이 을법인을 흡수합병하면서 을법인 주주에게 을법인 주식 1주당 갑법인 2주를 발행함.

구 분	갑법인	을법인	합병 후
회사의 가치	20,000	30,000	50,000
발행 주식수	200	50	300
1주당 가치	100	600	166

구 분	갑법인	을법인	합병 후
주주의 구성	A(개인) : 100(50%) B(법인) : 100(50%)	C(개인) : 30(60%) D(법인) : 20(40%)	A(개인) : 100(33%) B(법인) : 100(33%) C(개인) : 60(20%) D(법인) : 40(14%)

이익증여가 적용되는가

합병을 통하여 이익을 얻는 갑법인 주주의 입장에서 증여이익이 적용되기 위한 30% rule이 적용되는지 검토하여야 한다.

주식의 평가차익이 30% 이상 차이가 발생[(가－나) / 가 ≧ 30%] ＝ (166－100) / 166 ＝ 39%

가. 합병 후 존속법인의 1주당 평가액 　　　　　　　　　＝ 166

나. 과대평가법인의 1주당 평가액 × (과대평가법인 합병 전 주식수 / 과대평가법인 주
　　주가 합병으로 교부받은 주식수) 　　　　　　　＝ 100 × (200/200) ＝ 100

A(개인)주주 입장에서 증여이익금액은 얼마인가

증여이익금액 ＝ [가－나] × 주가가 과대평가된 합병당사법인의 대주주가 합병으로 교부
　　　　　　받은 주식수

　　　　　　＝ (166－100) × 100 ＝ 6,600

결국, 상기의 예에서 합병 전후의 부의 이전은 아래와 같다.

구 분	합병 전	합병 후	차 액
A(개인)	10,000	16,667	6,667
B(법인)	10,000	16,667	6,667
C(개인)	18,000	9,999	－8,001
D(법인)	12,000	6,667	－5,333

만약 A(개인)와 C(개인)가 동일인이라면 결국 개인(A, C)은 합병을 통하여 부의 감소를 가져온 것으로 생각하여야 한다.

③ 주식평가와 합병비율의 산정

일반적으로 합병당사법인 간에 이견이 가장 많은 것이 합병비율의 문제이다. 이는 합병비율이 합병당사법인 주주의 경제적인 손익과 직접 관련이 있기 때문인데, 실무적으로는 「자본시장과 금융투자업에 관한 법률」 또는 「상속세 및 증여세법」의 평가방법을 사용하여 합병당사법인의 주식가치를 평가한 후 증여이익이 발생하지 않는 범위 내에서 합병비율을 결정한다. 물론 특수관계가 없는 법인 간의 합병으로서 증여이익에 대한 과세문제가 없는 합병이라면 합병비율은 합병당사법인의 치열한 협상의 결과로 결정되어 진다.

증여이익을 계산함에 있어 가장 기초가 되는 것은 주식을 어떻게 평가할 것인가의 문제일 것이다. 실무상 주식의 평가업무는 합병당사법인의 담당자보다는 증권회사, 회계법인 또는 외부평가전문기관 등이 주로 수행하지만, 합병의 전반적인 이해를 위하여 기본적인 주식평가의 개념에 대해서는 이해할 필요가 있다. 비상장주식의 평가방법에 대한 자세한 설명은 '제13장 가치평가'편을 참조하기 바란다.

또한 합병비율은 합병계획 단계에서 이미 결정되어 주주총회의 승인을 얻어야 하므로 합병이 실제 실행되는 합병기일 기준으로 합병 당사법인들의 가치를 정확히 반영하는 것이 불가능하다. 이러한 점을 고려하여 상속세 및 증여세법 시행령 제28에서는 "주식등의 가액의 평가기준일은 「상법」 제522조의2에 따른 대차대조표 공시일 또는 「자본시장과 금융투자업에 관한 법률」 제119조 및 같은 법 시행령 제129조에 따라 합병의 증권신고서를 제출한 날 중 빠른 날(주권상장법인 등에 해당하지 아니하는 법인인 경우에는 「상법」 제522조의2에 따른 대차대조표 공시일)로 한다"라고 하여 합병비율 산정의 기준일을 정하고 있으므로 특별한 사유가 없다면 이에 따르는 것이 권장된다.

 참고 ● 계약일 이후 가치 변동

> 합병계약 이후 피합병법인 자산가치의 중대한 변화에도 불구하고 합병비율을 변경하거나 합병계약을 해제하지 않음에 따라 피합병법인의 주주들에게 이익을 분여한 것으로 보고 과세한 사건에서 조세심판원은 부당행위계산 해당 여부를 그 대금을 확정짓는 거래 당시를 기준으로 판단하도록 하는 원칙과 자산가치의 변화가 합병계약서상 계약해지의 사유에 해당하지 않음을 이유로 합병계약시 계산된 합병비율 적용을 부당행위계산부인으로 보지 않았다(조심 2021서1493, 2022. 9. 6.).

④ 최대주주의 할증평가 적용 여부

불공정합병에 의한 증여의제를 판단하고 증여의제이익을 계산함에 있어서도 최대주주에 대한 할증평가 규정을 적용하여야 하는가에 대한 의문이 있을 수 있는데, 합병을 포함하여 자본거래로 인하여 발생하는 증여이익을 계산함에 있어서는 최대주주에 대한 할증평가 규정을 적용하지 않는다(「상속세 및 증여세법 시행령」 제53조 ⑥ 3호). 이는 합병 등 자본거래에서 증여이익이 최대주주에 한정되지 않는 점과 특정 회사의 가치가 지분율 분포에 따라 달라지는 것은 비합리적이라는 점이 반영된 것으로 이해된다.

(2) 불공정 합병에 따른 부당행위계산의 부인

특수관계법인 간의 합병시 주식을 시가와 다르게 평가하여 불공정한 비율로 합병할 경우에 법인주주(소액주주 제외)에게는 부당행위계산의 부인규정이 적용된다. 단, 특수관계법인 간의 합병일지라도 완전모회사와 완전자회사 간의 합병 또는 완전자회사 간에 합병하는 경우에는 결국 자신이 자신에게 이익을 분여한 경우에 해당하므로 부당행위계산의 부인규정이 적용되지 아니한다.

① 분여한 이익의 계산

불공정 합병시 증여이익에 대한 과세와 부당행위계산 부인규정에 적용되는 조건은 일견 동일하게 보이지만, 부당행위계산 부인규정은 주주 간에 특수관계가 성립되어야 하는 반면, 증여이익에 대한 과세의 경우에는 주주 간에 특수관계의 성립 여부와 관계없이 대주주등이 증여받은 이익 전체가 과세된다는 차이점이 있다.

예를 들어, 갑법인과 을법인의 합병에 있어 갑법인의 주주인 A(법인, 50% 소유)와 B(개인, 50% 소유)가 을법인의 주주인 C(100% 소유, A와 특수관계 성립)에게 불공정 합병을 통하여 100에 해당하는 이익을 분여하였다고 가정할 때, C가 법인인지 아니면 개인인지에 따라서 C에게 과세되는 이익이 달라질 수 있다. C가 법인이라면 전체 분여이익 중 특수관계인 A에게서 분여받은 50에 해당하는 이익만 익금산입되는 것이나(법인세법 시행령 제11조 8호), C가 개인이라면 증여받은 전체 이익 100에 대하여 과세되게 된다.

② 이익분여자와 이익수증자

법인세법 시행령 제88조 ① 8호에서는 법인(소액주주는 제외)이 합병 등 자본거래로 인하여 특수관계인인 다른 주주에게 이익을 분여한 경우를 부당행위계산의 부인대상으로 규정하고 있는 반면, 법인세법 시행령 제11조 8호에서는 법인세법 시행령 제88조 ① 8호 및 8호의2의 자본거래로 인하여 특수관계인으로부터 분여받은 이익을 포괄적 수익으로 규정하고 있으므로 특수관계인인 개인으로부터 분여받은 이익도 법인의 수익에 포함하고 있음을 알 수 있다.

이익분여자	이익수증자	세무처리
법 인 (부당행위 계산 부인)	법 인	• 이익을 분여한 법인 : 특수관계인인 법인 또는 개인에게 분여한 이익 익금산입(기타사외유출)[주1] • 이익을 분여받은 법인 : 특수관계인에게서 분여받은 이익 익금산입(유보)
	개 인	• 이익을 분여받은 개인 : 분여받은 이익 전체에 대하여 증여세 과세
개 인	법 인	• 이익을 분여하는 개인 : 없음. • 이익을 분여받은 법인 : 특수관계인에게서 분여받은 이익 익금산입(유보)[주2]
	개 인	• 이익을 분여받은 개인 : 대주주로서 분여받은 이익 전체에 대하여 증여세 과세

주1) 법인세법상 부당행위계산의 부인에 따른 소득처분은 그 특수관계에 따라 배당, 상여, 기타 또는 기타사외유출로 처분하는 것이 일반적이지만 법인세법 시행령 제88조 ① 8호·8호의2 및 9호(8호 및 8호의2에 준하는 행위 또는 계산에 한정한다)에 따라 익금에 산입한 금액으로서 귀속자에게 「상속세 및 증여세법」에 의하여 증여세가 과세되는 금액에 대해서는 기타사외유출로 처분한다(법인세법 시행령 제106조 ① 3호 자목).

주2) 법인세법 시행령 제11조 8호, 서울고등법원 2010누18934, 2010. 12. 9., 서울고등법원 2011누19828, 2011. 11. 3.

위와 같은 부당행위계산 부인에 따른 대응조정의 문제는 자본거래 전반에 걸쳐 동일하게 적용된다.

 참고 • 증여이익을 받는 자가 외국법인인 경우

통상 거래의 일방 또는 쌍방이 외국법인인 경우 당해 거래가 경제적 합리성(정상가격)을 벗어난 거래라고 한다면 이에 대해서는 특별법 성격인 「국제조세조정에 관한 법률」을 적용하여야 한다. 그러나 자본거래를 통한 부의 이전은 현실적으로 이전가격제도의 적용이 곤란하므로 「국제조세조정에 관한 법률 시행령」 제3조의2에서 이러한 거래에 대해서는 예외적으로 법인세법을 적용하도록 하고 있다.

현행 세법은 국내에 고정사업장이 없는 외국법인이 자본거래를 통하여 이익을 분여하더라도 이익을 분여하는 행위 자체가 그 시점에 과세표준을 감소시키는 것이 아니므로 이에 대해서는 특별히 규제하고 있지 않으나, 외국법인이 이익을 분여받는 경우에 대해서는 법인세법 제93조 10호 자목 및 동법 시행령 제132조 14항에서 '부당행위계산 부인의 대상이 되는 자본거래로 인하여 주주 등인 외국법인이 특수관계에 있는 다른 주주 등으로부터 이익을 분여받아 발생한 소득'을 기타 소득으로 정의하고 있다. 따라서 외국법인이 합병을 통하여 이익을 분여받는 경우라면 주식 또는 출자지분을 발행한 내국법인이 22%(지방소득세 포함)의 세율로 원천징수의무를 이행하고 지급명세서를 제출하여야 한다. 이때 그 소득이 지급된 날은 합병등기일로 본다. 다만, 기타소득의 경우 조세조약별로 과세 여부가 달라질 수 있으므로 원천징수를 함에 있어서 반드시 해당국가와의 조세조약을 확인하여야 한다.

(3) 합병에 따른 상장 등 이익의 증여

최대주주 등의 특수관계인이 최대주주 등으로부터 주식을 증여받거나 취득한 후 증여일 또는 취득일로부터 5년 내에 특수관계에 있는 유가증권시장상장법인 또는 코스닥시장상장법인과 합병함에 따라 당초 증여세 과세가액 또는 취득가액을 초과하여 이익을 얻게 된다면 당해 이익을 증여받은 것으로 보는 규정으로 자본거래에 따른 이익 증여는 아니지만 변칙상속을 방지하기 위해서 마련되었다.

구 분	내 용

요 건	• 증여자는 당해 비상장법인 및 주권상장법인의 최대주주 등이어야 함
	• 수증자는 최대주주 등의 특수관계인이어야 함
	• 수증자는 1) 최대주주 등으로부터 해당 법인의 주식 등을 수증 또는 유상취득, 2) 증여받은 재산으로 최대주주 등이 아닌 자로부터 해당 법인 주식 취득, 3) 증여받은 재산으로 최대주주 등이 주식 등을 보유하고 있는 다른 법인의 주식 등을 최대주주 등이 아닌 자로부터 취득함으로써 다른 법인의 최대주주 등이 되는 경우여야 함
	  * 증여받은 재산으로 주식 등을 취득하는 경우에는 취득한 날부터 소급하여 3년 이내에 최대주주 등으로부터 증여받은 재산에 한함(「상속세 및 증여세법」 제41조의3 ②).
	• 증여일 또는 취득일로부터 5년 내에 당해 법인 또는 다른 법인이 특수관계에 있는 유가증권시장상장법인 또는 코스닥시장상장법인과 합병할 것
	• 당해 주식을 증여받거나 취득한 자가 당초 증여세 과세가액 또는 취득가액을 초과하여 다음의 1 또는 2 이상의 이익을 얻은 경우
	  1＝[①－(②＋③×④)] / ② ≧ 30%
	  2＝[①－(②＋③×④)] × 증여 또는 취득주식수 ≧ 3억원
	  ① 정산기준일 현재 1주당 평가액
	  ② 증여받는 시점 또는 취득일 현재의 1주당 가액
	  ③ 증여일 또는 취득일이 속하는 사업연도 개시일로부터 상장·등록일 전일까지의 1주당 순손익액의 합계액을 당해 기간의 월수로 나눈 금액
	  ④ 증여일 또는 취득일로부터 정산기준일까지의 월수

구 분	내 용
최대주주 등	• 주주 등 1인과 그의 특수관계인의 보유주식 등을 합하여 그 보유주식 등의 합계가 가장 많은 경우의 해당 주주 등 1인과 그의 특수관계인 모두 • 특수관계인의 소유주식을 합하여 25% 이상을 소유한 경우의 해당 주주 등
특수관계인	• 「상속세 및 증여세법 시행령」 제2조의2
정산기준일	• 당해 주식 등의 합병등기일로부터 3월이 되는 날을 기준으로 계산 (최대주주 할증평가 적용)
과세가액 계산	• 상기와 같이 계산한 증여이익을 당초의 증여세 과세가액에 가산하여 증여세 과세표준과 세액을 정산 • 다만, 정산기준일 현재의 주식 등의 가액이 당초의 증여세 과세가액보다 작은 경우로서 그 차액이 '요건 1과 2'에 해당하는 만큼의 차이가 있는 경우에는 그 차액에 상당하는 증여세액을 환급
증여이익	• 증여이익=[①－(②＋③×④)] × 증여 또는 취득주식수
신고·납부	• 정산기준일이 속하는 달의 말일로부터 3개월 이내에 신고·납부
규 정	「상속세 및 증여세법」 제41조의5, 동법 시행령 제31조의5

(주) AAA와 특수관계에 있는 BBB가 소외 회사의 주식 22.12% 내지 24.55%를 가지고 있는 최대주주인 사실이 인정되는 바, 주주 1인인 AAA와 그의 친족인 BBB의 보유주식을 합하여 그 보유주식의 합계가 가장 많은 경우에 해당하므로, AAA는 구 상증세법 시행령(2012. 2. 2. 대통령령 제23591호로 개정되기 전의 것) 제19조 ②에 따른 최대주주에 해당함(서울행정법원 2018구합73539, 2019. 4. 25.).

(4) 과점주주 취득세

합병으로 인하여 합병법인 또는 피합병법인의 주주가 합병법인의 과점주주에 해당될 경우 '2. 합병법인의 세무'에서 설명한 바와 같이 과점주주 취득세 납세의무가 있는 것으로 판단된다.

⑤ 피합병법인 주주의 세무

세 목	규 정
불공정 합병에 따른 이익의 증여	「상속세 및 증여세법」 제38조 동법 시행령 제28조
불공정 합병에 따른 부당행위계산의 부인	법인세법 시행령 제11조 8호, 제88조 ① 8호 및 8호의2, 제89조 ⑥

세 목	규 정
합병에 따른 상장 등 이익의 증여	「상속세 및 증여세법」 제41조의5 동법 시행령 제31조의5
의제배당소득에 대한 법인세 및 소득세	법인세법 제16조, 동법 시행령 제14조 소득세법 제17조, 동법 시행령 제27조

불공정 합병에 따른 이익의 증여, 부당행위계산의 부인 및 합병에 따른 상장 등 이익의 증여는 자본거래의 당사 법인 주주에게 동일하게 적용되는 문제이므로 이에 대해서는 '4. 합병법인 주주의 세무'를 참조하기 바란다.

(1) 의제배당소득에 대한 법인세 및 소득세

피합병법인의 주주가 합병법인으로부터 수령하는 합병대가가 피합병법인의 주식을 취득하기 위하여 소요된 금액을 초과하는 경우 그 초과금액은 배당소득으로 의제되어 법인세(개인주주는 소득세)가 과세된다.

그러나 대부분 합병은 기존에 보유하던 피합병법인의 주식이 합병법인의 신주와 교환될 뿐 기존 주식에 내재된 미실현이익이 가처분소득으로 즉시 실현되지 않는다. 또한 과세당국이 이에 대하여 획일적으로 의제배당으로 과세한다면 피합병법인의 주주는 합병으로 취득하는 주식의 일부를 처분하여 세금을 납부할 처지에 놓이게 되어 지분연속성도 유지할 수 없을 것이다. 따라서 세법은 일정 요건을 충족하는 경우 합병시 교부받는 신주를 종전의 장부가액으로 평가할 수 있도록 함으로써 의제배당으로 인한 세부담을 완화하고 있다.

구 분	내 용
의제배당액	• 합병대가 – 피합병법인 주식 취득가액
합병대가	• 주식 등의 가액 + 금전 + 그 밖의 재산가액
주식의 가액	• 원칙적으로 취득 당시의 시가 • 다음의 요건을 모두 갖추어 합병하는 경우(완전자회사와 합병 또는 완전종속회사 간에 합병하는 경우 포함)에는 종전의 취득가액으로 계산. 다만, 합병대가 중 일부를 금전 등으로 받은 경우로서 취득한 주식 등의 시가가 종전 취득가액보다 작은 경우에는 시가로 계산 <의제배당의 장부가액 평가요건> ① 합병등기일 현재 1년 이상 사업을 계속하던 내국법인 간의 합병 ② 합병대가의 총합계액 중 주식(삼각합병의 경우 완전모회사 주식) 등

구 분	내 용
주식의 가액	의 가액이 80% 이상 ③ 피합병법인의 주요 지배주주 등에게 피합병법인에 대한 지분비율 이상의 주식 등 배정 * 합병등기일이 속하는 사업연도 종료일까지 승계받은 사업의 계속수행 요건과 주요 지배주주 등의 주식보유요건 및 고용의 연속성 요건은 적용되지 않음.
의제배당시기	• 합병등기일
신고·납부	• 주주가 법인일 경우 : 법인세법상 익금(유보)에 산입되어 유가증권의 취득가액을 증가시키므로 별도의 신고·납부 절차 불필요 • 주주가 개인일 경우 : 합병법인이 합병등기일을 지급일로 하여 원천징수
규 정	법인세법 제16조 ① 5호, 동법 시행령 제14조 ① 소득세법 제17조 ② 4호, 동법 시행령 제27조 ①

의제배당액을 계산함에 있어 합병대가에는 개별 주주에게 귀속되는 합병신주와 합병교부금만을 포함한다. 왜냐하면, 의제배당은 주주별로 과세하는 것으로서 소득금액의 산출 역시 개별 주주 단위에서 실제 귀속되는 소득을 기준으로 계산되어야 하기 때문이다. 따라서 합병대가로서 포합주식에 교부된 주식가액과 피합병법인의 법인세액 등은 의제배당액의 계산시 반영되지 아니한다.

또한, 이중과세를 방지하기 위하여 불공정 합병에 따른 증여이익으로 과세된 금액이 있다면 이를 주식의 취득가액에 가산하여 의제배당소득을 산정하여야 하며, 증여이익이나 의제배당으로 과세된 금액은 주식의 취득원가에 산입되어 추후 양도시 필요경비로 공제된다(법인세법 시행령 제72조 ② 5호, 소득세법 시행령 제163조 ① 4호, ⑩).

> **참고** ● 해외자회사와 손자회사간 역합병
>
> 합병으로 취득한 재산이 다음 요건을 모두 갖추어 취득한 주식인 경우에는 시가로 평가하지 않고 종전의 장부가액(합병대가 중 금전으로 받는 경우로서 합병으로 취득한 주식을 시가로 평가한 가액이 종전의 장부가액보다 작은 경우에는 시가)으로 할 수 있다(법인세법 시행령 제14조 ① 1호의2).
> 가. 외국법인이 완전외국자법인에 합병되거나 내국법인이 서로 다른 외국법인의 발행주식총수를 소유하고 있는 경우로서 그 서로 다른 외국법인 간에 합병할 것 (내국법인과 그 내국법인의 완전외국자법인이 각각 보유하고 있는 다른 완전외국자법인 간의 합병 포함)

나. 합병법인과 피합병법인이 우리나라와 조세조약이 체결된 동일 국가의 법인일 것

다. 나목에 따른 해당 국가에서 피합병법인의 주주인 내국법인에 합병에 따른 법인세를 과세하지 아니하거나 과세이연할 것

라. 가목부터 다목까지의 사항을 확인할 수 있는 서류를 납세지 관할 세무서장에게 제출할 것

(2) 피합병법인 주주의 과세체계

피합병법인의 주주가 과세된다는 것은 피합병법인의 주주가 받은 합병대가에 주식 취득일 이후 발생한 미실현이익 또는 불공정하게 증여받은 이익이 포함되어 있음을 의미한다. 대개 자본거래에서 주주에게 귀속되는 이익은 의제배당 또는 증여이익 등으로 과세되기 때문이다.

구체적인 세부담을 계산함에 있어 피합병법인의 주주가 법인인 경우에는 모든 이익에 대하여 법인세율이 적용되지만, 주주가 개인인 경우에는 소득의 종류에 따라 세율이 달라지는 특징이 있다. 이점에 착안하여 개인주주 입장에서 의제배당으로 과세될 것이 예상되고 본인에게 적용되는 한계세율이 높다면, 이를 적절히 주식양도차익으로 전환시키는 방안을 고려해 볼 수 있다. 의제배당에 해당될 경우 6%∼42%의 세율이 적용되지만, 주식의 양도차익에 해당될 경우 10%∼30%의 세율이 적용되기 때문이다. 다만, 의제배당의 경우에는 배당가산(Gross-up) 및 배당세액공제를 고려한 후의 실효세율에 따라 판단하여야 한다.

세 목		세 율
의제배당	소득세	• 1천 400만원 이하 : 6% • 1천 400만원∼5천만원 이하 : 15% • 5천만원∼8천 800만원 이하 : 24% • 8천 800만원∼1억 5천만원 이하 : 35% • 1억 5천만원∼3억원 이하 : 38% • 3억원∼5억원 이하 : 40% • 5억원∼10억원 이하 : 42% • 10억원 초과 : 45%

세 목		세 율	
증여이익	증여세	• 1억원 이하 : 10% • 1억원~5억원 이하 : 20% • 5억원~10억원 이하 : 30% • 10억원~30억원 이하 : 40% • 30억원 초과 : 50%	
주식양도차익	소득세	• 중소기업 법인 : 　대주주 이외의 주주 : 10% 　대주주 : 20%/3억초과분 25% • 중소기업 외의 법인 : 　대주주 이외의 주주 : 20% 　대주주가 1년 이상 보유한 경우 : 20%/3억초과분 25% 　대주주가 1년 미만 보유한 경우 : 30%	• 금융투자소득세　도입 (2025. 1. 1. 이후) : 20%/3억초과분 25%

(주) 1. 의제배당과 주식양도차익에 대해서는 지방소득세가 10% 가산되고, 증여이익을 자진신고·납부할 경우 증여세 산출세액의 3%에 해당하는 신고세액공제가 적용되는데 여기서는 비교의 편의를 위하여 지방소득세와 신고세액공제는 고려하지 않음.
　　2. 중소기업의 대주주에 대한 25%(3억원 초과분)의 양도소득세율은 2020. 1. 1.부터 시행
　　3. 주식양도차익에 대한 소득세의 상세한 설명은 '제5장 주식매수청구권'편을 참조

의제배당소득의 귀속자인 개인주주의 한계세율이 38%인 경우를 가정하여 실효세율을 계산하면 다음과 같다.

> (의제배당소득금액＋의제배당소득금액 × 11%) × 38%－의제배당소득금액 × 11%
> ＝의제배당소득금액 ×（1.11 × 38%－11%）
> ＝의제배당소득금액 × 31.18%

따라서 위의 경우라면 의제배당보다는 주식양도차익을 통하여 미실현이익을 실현시키는 것이 세금부담면에서 유리하다.

부록…2 서식모음

:: 서식 1 합병계약서

합병계약서

서울주식회사(이하 "갑"이라 한다)는 마포주식회사(이하 "을"이라 한다)와의 생산설비, 기술 및 경영자원의 통합을 통한 시너지 효과를 창출하고 비용절감을 통한 경영의 효율성을 달성하기 위하여 다음과 같이 합병하기로 하고 본 계약을 체결한다.

제 1 조【합병의 방법】

    갑은 을을 흡수합병하여 갑은 존속하고 을은 해산한다.

제 2 조【권리의무의 이전】

    을은 _____년 ____월 ____일 현재의 대차대조표와 재산목록을 기초로 하여 제6조에서 정한 합병기일에 그 권리·의무 일체를 갑에게 인계하고, 갑은 이를 승계한다.

제 3 조【발행할 주식의 총수】

    갑의 정관상 발행할 주식의 총수(수권자본을 말한다)는 [   ]주 증가하여 [   ] 주로 한다.

제 4 조【합병으로 인한 신주의 발행 및 교부】

    갑은 합병시 보통주식(1주의 금액 금 5,000원) _____주의 신주와 갑이 보유하고 있는 자기주식 중 보통주식(1주의 금액 금 5,000원) _____주를 제6조에 정한 합병기일에 을의 주주에게 그가 소유하고 있는 주식 _____주에 대하여 전량 교부한다.

제 5 조【증가할 자본금과 준비금 총액】

    갑은 합병에 의하여 자본금 _____원을 증가시켜 그 총액을 금 _____원으로 하고, 준비금은 합병기일에 있어서의 을의 대차대조표상 총자산에서 총부채 및 합병으로 인하여 증가하는 자본금을 차감한 금액으로 한다.

제6조【합병기일】

    합병기일은 _____년 ____월 ____일로 한다. 다만, 합병절차의 진행에 따라 필요한 경우에는 갑과 을의 협의에 의하여 동 합병기일을 변경할 수 있다.

제 7 조【합병승인 결의】

    갑은 _____년 ____월 ____일 주주총회를 소집하여 본 계약을 승인하고 합병에 관하여 필요한 사항을 결의한다.

피합병회사가 간이합병에 의하여 합병을 실시하는 경우

을은 상법 제527조의2(간이합병)의 규정에 의거, 합병계약에 대한 주주총회의 승인을 얻지 아니하고 합병한다. 을은 _____년 ____월 ____일 합병계약에 대한 주주총회 승인을 갈음할 이사회를 개최하여 본 계약의 승인과 합병에 대한 필요사항을 결정한다. 다만, 합병절차 및 진행상 필요한 경우에는 갑과 을의 협의에 의하여 동 기일을 변경할 수 있다.

제 8 조【선량한 관리자의 주의의무】

갑과 을은 본 계약의 체결일부터 합병기일에 이르기까지 각각 선량한 관리자의 주의의무로 업무를 진행하고 모든 재산을 관리·운영하여야 하며, 그 재산 및 권리·의무에 중대한 영향을 주는 행위를 하는 경우에는 사전에 갑과 을의 협의에 의하여 이를 실행하기로 한다.

제 9 조【갑의 총주주 동의 및 주식처분 금지】 - 간이합병의 경우

갑은 을이 발행한 주식 90% 이상을 가진 주주로서 상법 제527조의2에 의한 간이합병절차에 동의하고, 갑이 소유한 을의 주식을 합병기일까지 처분하지 아니한다.

제 10 조【종업원의 승계 등】

갑은 을의 종업원을 합병기일에 갑의 종업원으로서 계속 고용함을 원칙으로 한다. 다만, 이와 관련된 자세한 내용에 대하여는 갑과 을의 별도협의에 의하여 처리하기로 한다.

제11조【조건의 변경 및 계약의 해제】

본 계약의 체결일로부터 합병기일까지의 사이에 예견할 수 없는 천재지변, 영업부문 전부 또는 중요한 일부의 양도 기타의 사유로 인하여 갑 또는 을의 재산 및 경영상태에 중대한 변동이 생기게 될 경우에는 갑과 을의 협의에 의하여 합병조건을 변경하거나 본 계약을 해제할 수 있다.

제12조【계약의 효력】

본 계약은 본 계약 체결과 동시에 효력을 발생한다. 다만, 본 계약은 갑 또는 을이 제7조의 규정에 의한 주주총회의 합병승인 또는 주주총회를 갈음하는 이사회의 승인을 얻지 못하거나(간이합병의 경우), 정부 또는 관련기관으로부터 합병에 필요한 승인을 얻지 못하는 경우 그 효력을 상실한다.

제13조【계약에 정하지 않는 사항】

본 계약에 규정된 내용 이외의 합병에 관한 사항은 본 계약의 취지에 따라 갑과 을이 협의하여 이를 결정하기로 한다.

본 계약의 성립을 증명하기 위하여 본 계약서 2통을 작성하고, 갑과 을의 대표자가 각각 기명날인하여 각각 1통씩 보관한다.

년   월   일

"갑" 서울 주식회사
　　주　　소 : 서울시 서울구 서울동 100번지
　　대표이사 : 나서울
"을" 마포 주식회사
　　주　　소 : 서울시 마포구 마포동 100번지
　　대표이사 : 나마포

서식 2 합병계약 체결승인 및 임시주주총회 소집 이사회 의사록(합병회사)

이사회 의사록(합병회사)

일　　시 :
장　　소 :
출석이사 및 감사 수
이 사 총 수 :　　　　　　　　　출 석 이 사 수 :
감 사 총 수 :　　　　　　　　　출 석 감 사 수 :

의장인 대표이사 나서울은 회의가 적법하게 성립되었음을 선언하고, 다음 안건을 부의하여 심의를 구하다.

제1호 의안 : 합병계약 체결승인의 건

의장은 부의된 마포 주식회사를 흡수합병하는 합병계약 체결승인의 건에 대해 설명하고 출석이사 전원은 심의 끝에 다음과 같이 결의함.

－다　　음－

1. 합병당사회사
　　합 병 회 사 : 서울 주식회사
　　　　　　　서울시 서울구 서울동 100
　　피합병회사 : 마포 주식회사
　　　　　　　서울시 마포구 마포동 100
2. 합병목적
　　서울 주식회사와 마포 주식회사는 생산설비, 기술 및 경영자원의 통합을 통한 시너지 효과를 창출하고 비용절감을 통한 경영의 효율성을 달성하기 위하여 합병하고자 함.
3. 합병방법 : 서울 주식회사가 마포 주식회사를 흡수합병함.
　　간이합병의 경우(단, 마포 주식회사는 상법 제527조의2에 의거 간이합병으로 진행함)
4. 합병계약
　1) 합병비율 및 산출근거
　　　합병비율
　　　서울 주식회사 : 마포 주식회사＝1 : 1
　　　합병비율 산출근거
　　　비상장법인 간의 합병은 별도의 규정이 없으므로 양사 간 합의에 의해 합병비율을 결정할 수 있음. 양사는 합병관련 조세부담을 완화하기 위하여 세무상 평가액을 바탕으로 합병비율을 1 : 1로 산정하기로 함.
　2) 합병회사의 증가될 자본금과 준비금 총계
　　　증가될 자본금 :　　　　　　　원

증가될 준비금 : 합병기일에 피합병회사의 대차대조표상 총자산에서 총부채 및 합병으로 인하여 증가하는 자본금을 차감한 금액으로 함.

3) 합병회사가 합병시 발행하는 신주의 총수 및 종류
서울 주식회사 보통주   주(액면가 5,000원)

4) 피합병회사 주주에 대한 신주배정에 관한 사항
피합병회사의 보통주식 1주당 합병회사의 보통주식 1주를 배정함.

5. 합병일정

1) 합병계약 체결예정일 :   년   월   일
2) 합병승인을 위한 주주총회 결의 예정일 :   년   월   일
3) 채권자 이의절차 예정기간 :   년   월   일 ~   년   월   일
4) 합병예정기일 :   년   월   일

6. 기 타

1) 본 합병계약 및 합병일정은 상법 등 관련법규의 개정 및 기타 관계기관의 승인일정에 따라 변경될 수 있음.

[간이합병의 경우]

2) 서울 주식회사는 마포 주식회사 발행주식총수의 90% 이상 보유주주로서 당사가 소유한 마포 주식회사의 주식을 합병기일까지 처분하지 아니하며 마포 주식회사가 상법 제527조의2 제1항에 의거하여 간이합병을 할 수 있도록 합병계약 체결승인 동의서를 작성하고, 동조 제2항에 의거하여 주주총회의 승인 없이 합병한다는 뜻을 주주에게 통지하는 절차를 생략하는데 동의함.

3) 합병관련 기타 추진사항은 대표이사 사장에게 일임함.

제2호 의안 : 임시주주총회 소집의 건

의장은 마포 주식회사와의 합병결의를 위한 임시주주총회를 소집하고자 한다고 말하고 그 결의를 구함. 즉 만장일치로 다음과 같이 가결하다.

– 다   음 –

1. 임시주주총회 소집 일시 :   년   월   일 오전   시
2. 임시주주총회 소집장소 :
3. 부의안건 : 합병계약 승인의 건

의장은 이상으로서 회의의 목적인 의안의 심의 및 의결을 종료하였으므로 폐회한다고 선언하다. 위 결의내용을 명확히 하기 위하여 의사록을 작성하고 의장과 출석이사가 기명날인한다.

년   월   일

서울 주식회사 이사회 참석이사 기명날인

:: 서식 3 합병계약 체결승인 이사회 의사록(피합병회사)

이사회 의사록(피합병회사)

일   시 :
장   소 :
출석이사 및 감사 수

이 사 총 수 :   출 석 이 사 수 :
감 사 총 수 :   출 석 감 사 수 :

의장은 부의된 서울 주식회사에 흡수합병되는 합병계약 체결 승인의 건에 대해 설명하고 출석이사 전원은 심의 끝에 다음과 같이 결의하다.

부의안건 : 합병계약 체결 승인의 건

- 다   음 -

1. 합병당사회사
　　합 병 회 사 : 서울 주식회사
　　　　　　　서울시 서울구 서울동 100
　　피합병회사 : 마포 주식회사
　　　　　　　서울시 마포구 마포동 100

2. 합병목적
　　서울 주식회사와 마포 주식회사는 생산설비, 기술 및 경영자원의 통합을 통한 시너지 효과를 창출하고 비용절감을 통한 경영의 효율성을 달성하기 위하여 합병하고자 함.

3. 합병방법
　　마포 주식회사가 서울 주식회사에 흡수합병됨.
　　단, 마포 주식회사는 상법 제527조의2의 규정에 의한 간이합병으로서 당사의 경우 주주총회 승인을 이사회의 승인으로 갈음함.

4. 합병계약
　1) 합병비율 및 산출근거
　　　합병비율
　　　서울 주식회사 : 마포 주식회사 = 1 : 1

합병비율 산출근거

비상장법인 간의 합병은 별도의 규정이 없으므로 양사 간 합의에 의해 합병비율을 결정할 수 있음. 양사는 서울 주식회사가 마포 주식회사의 이월결손금을 승계하기 위한 제 요건을 충족하고 합병관련 조세부담을 완화하기 위하여 세무상 평가액을 바탕으로 합병비율을 1 : 1로 산정하기로 함.

2) 합병회사의 증가될 자본금과 준비금 총계

증가될 자본금 :   원

증가될 준비금 : 합병기일에 피합병회사의 대차대조표상 총자산에서 총부채 및 합병으로 인하여 증가하는 자본금을 차감한 금액으로 함.

3) 합병회사가 합병시 발행하는 신주의 총수 및 종류

서울 주식회사 보통주   주(액면가액 5,000원)

4) 피합병회사 주주에 대한 신주배정에 관한 사항

피합병회사(마포 주식회사)의 보통주식 1주당 합병회사(서울 주식회사)의 보통주식 1주를 배정함.

5. 합병일정

1) 합병계약 체결예정일 :   년   월   일

2) 합병승인을 위한 주주총회 갈음 이사회결의 예정일 :   년   월   일

3) 채권자 이의절차 예정기간 :   년   월   일 ～   년   월   일

4) 합병예정기일 :   년   월   일

6. 기 타

1) 본 합병계약 및 합병일정은 상법 등 관련법규의 개정 및 기타 관계기관의 승인일정에 따라 변경될 수 있음.

2) 본 합병은 상법 제527조의2에서 규정하는 간이합병으로 주주총회의 승인을 얻지 아니하고 이사회 승인으로 갈음함.

3) 합병관련 기타 추진사항은 대표이사에게 일임함.

의장은 이상으로서 회의의 목적인 의안의 심의 및 의결을 종료하였으므로 폐회한다고 선언하다. 위 결의내용을 명확히 하기 위하여 의사록을 작성하고 의장과 출석이사가 기명날인한다.

년   월   일

마포 주식회사 이사회 참석이사 기명날인

(주) 피합병회사의 임시주주총회 소집관련 이사회 의사록은 〈서식 2〉 참조

:: 서식 4 임시주주총회 소집통지서(합병회사)

임시주주총회 소집통지

주주님의 건승과 댁내의 평안하심을 기원합니다.
상법 제365조, 제522조 및 당사 정관 제19조에 의거하여 아래와 같이 임시주주총회를 소집하오니 참석하여 주시기 바랍니다.

- 아　래 -

1. 일시 :　　　　년　　월　　일 오전　　시

2. 장소 :

3. 회의목적사항
   제1호 의안 : 마포 주식회사와의 흡수합병 결의의 건
   - 서울 주식회사가 마포 주식회사를 흡수합병함.
   - 합병 후 존속하는 회사 : 서울 주식회사

4. 의결권 행사에 관한 사항
   총회 당일 참석시에는 동봉한 참석장에 신고인감을 날인하시어 접수처에 제출하여 의결권을 행사하시기 바랍니다.

5. 합병관련 주식매수청구권 행사 안내
   상법 제522조의3에 의거하여 상법 제522조의3 제1항의 합병에 반대하는 주주께서는 주식매수청구권을 행사할 수 있사오니, 동봉한 주식매수청구권 행사안내를 참조하여 주시기 바랍니다.

별첨 : 1. 임시주주총회참석장　　　　　　　　　　1부
　　　 2. 합병의 개요　　　　　　　　　　　　　1부
　　　 3. 주식매수청구권 행사안내　　　　　　　1부

서울 주식회사
대표이사 나서울

서울시 서울구 서울동 100

〔별첨 1〕임시주주총회 참석장

서울㈜ 임시주주총회 참석장

□ 주주에 관한 사항
  1. 주 주 번 호 :
  2. 주 주 명 :
  3. 소유주식수 :
  4. 주 소 :

□ 임시주주총회에 관한 사항
  1. 장소 : (우편번호   ) 서울시 서울구 서울동 100번지
  2. 일시 :   년   월   일 오전   시

서울 주식회사
대표이사 나서울

서울시 서울구 서울동 100번지

〔별첨 2〕 합병의 개요

합병의 개요

1. 합병의 목적
당사와 마포 주식회사는 생산설비, 기술 및 경영자원의 통합을 통한 시너지 효과를 창출하고 비용절감을 통한 경영의 효율성을 달성하기 위하여 합병하고자 합니다.

2. 합병의 방법
서울 주식회사가 마포 주식회사를 흡수합병합니다.

3. 합병의 요령
가. 합병 후 서울 주식회사의 변경될 사항

구 분	종 류	합병 전	합병 후
수권주식수	보통주		
	우선주		
발행주식수	보통주		
	우선주		
자본금	–		

나. 합병 후 신주배정에 관한 사항

합병기일(년   월   일) 현재 마포 주식회사의 주주명부에 등재되어 있는 주주에 대하여 그가 소유한 마포 주식회사의 보통주식 1주당 1주의 비율로 서울 주식회사의 보통주식을 배정합니다.

다. 합병교부금에 관한 사항 : 해당사항 없음

라. 합병배당기산일 :   년   월   일

마. 합병일정
① 이사회 결의 및 합병계약일 :   년   월   일
② 합병주주총회를 위한 주주확정일 :   년   월   일
③ 이사회결의 반대의사 표시기간 : 임시주주총회 전일인   년   월   일까지
④ 합병승인을 위한 주주총회일 :   년   월   일
⑤ 주식매수청구권 행사기간 :   년   월   일 ~   년   월   일
⑥ 합병기일 :   년   월   일
⑦ 합병신주권 교부개시일 :   년   월   일 (예정)

4. 합병비율 및 산출근거

　　가. 합병비율 : 마포 주식회사 보통주 1주당 서울 주식회사 보통주 1주를 배정합니다.

　　나. 산출근거 : 비상장법인 간의 합병은 별도의 규정이 없으므로 양사 간 합의에 의해 합병비율을 결정할 수 있습니다. 양사는 서울 주식회사가 마포 주식회사의 이월결손금을 승계하기 위한 제 요건을 충족하기 위하여 세무상 평가액을 바탕으로 합병비율을 1 : 1로 산정하였습니다.

5. 합병신고에 관한 사항(해당사항 있을 경우)

　　당사는 　　년 　　월 　　일 「독점규제 및 공정거래에 관한 법률」 제12조에 의거 공정거래위원회에 합병신고서를 제출하였으며 　　년 　　월 　　일 공정거래위원회로부터 합병승인을 통보받았습니다.

6. 기타 사항

　　동 합병사항은 관계법령의 개정에 의해 변경될 수 있으며 본 합병계약서는 당사의 주주총회결의, 마포 주식회사의 이사회결의(간이합병의 경우)를 득함으로써 그 효력이 발생합니다.

〔별첨 3〕 주식매수청구권 행사안내

주식매수청구권 행사안내

1. 주식매수청구권의 의미

상법 제522조의3 및 자본시장법 제165조의5에 의거하여 상법 제522조의 합병결의에 반대하는 주주는 자기소유 주식의 매수를 청구할 수 있는 권리가 있습니다.

2. 주식매수청구권자의 범위

_____년 ___월 ___일(주주명부폐쇄 기준일) 현재 주주명부에 등재된 주주를 대상으로 하여 주주총회결의일 전일까지 이사회결의 반대의사를 통지하고, 주주명부폐쇄 기준일로부터 매수청구권 행사일까지 주식을 계속 보유하여야 하며, 반대의사를 통지한 주식의 범위 내에서 주식매수청구권을 행사한 주식에 한해 주식매수대금이 지급됩니다. 단, 매각 후 재취득한 주식에 대해서는 매수청구권이 없습니다.

3. 주식매수청구권 행사요령

가. 이사회결의 반대의사 표시

합병에 대한 이사회결의에 반대하는 주주는 이사회결의 반대의사표시 통지서를 기재한 후, 명부주주는 주주총회 1영업일 전(년   월   일)까지 당사 본사에 제출하고, 실질주주는 주주총회 3영업일 전(년   월   일)까지 거래증권회사에 제출하여야 합니다.

(※ 주의사항 : 방문시 신분증 지참, 우편발송시 신분증 사본 동봉)

나. 주식매수청구권 행사

이사회결의 반대의사표시 통지서를 제출한 주주에 한해 주식매수청구서에 주식의 종류와 수를 기재하여 명부주주는 _____년 ____월 ____일로부터 _____년 ____월 ____일까지 주권과 함께 당사 본사에 제출하고, 실질주주는 _____년 ____월 ____일 로부터 _____년 ____월 ____일까지 거래증권회사에 제출하여 매수청구할 수 있습 니다.

(※ 주의사항 : 신분증을 지참하시고, 본인이 아닌 대리인일 경우 위임장 및 본인 인감증명서가 필요합니다)

다. 주식매수 예정가격

ⅰ. 주식매수 가격은 주주와 협의하여 결정합니다.

ⅱ. 협의가 성립되지 않을 경우 :

• 자본시장법 제165조의5 및 동법시행령 제176조의7에 따라 이사회 결의일 전일부터 유가증권시장에서 거래된 과거 2월간, 1월간, 1주간 거래량 가중 평균주가를 산술평균한 가격(이하 평균가격)으로 합니다.

4. 기타 사항

　가. 주식매수청구권자는 주식매수청구기간 종료일 이후 주식매수청구를 취소할 수 없습니다.

　나. 주식매수대금 지급예정일 :　　　년　　　월　　　일

　다. 주식매수대금 지급방법

　　• 명부주주 : 주주 거래은행 계좌로 이체(신분증 및 통장사본 지참)

　　• 실질주주 : 거래증권사 본인계좌로 이체

　라. 주식매수청구권의 내용 및 행사방법 등은 시행과정에서 변경될 수 있습니다.

　마. 명부주주 반대의사 통지서 보내실 주소 : 회사주소 기입

기업금융과 M&A

이사회결의 반대의사표시 통지서

_____귀중

본인은 주식매수청구권을 행사하기 위하여 서울 주식회사와 마포 주식회사와의 합병계약에 대한 이사회결의에 반대함을 본 서면으로 통지합니다.

주주번호		
소유주식수	보통주 :	주
반대의사표시 주식수	보통주 :	주

　　　　　년　　월　　일

　　주　　주　　명 :　　　　　　　　(인)
　　주민등록번호 :
　　주　　　　소 :
　　연　　락　　처 :

주식매수청구서

_____귀중

본인은 서울 주식회사와 마포 주식회사와의 합병계약에 반대하여 아래와 같이 주식매수를 청구합니다.

주주번호		
소유주식수	보통주 :	주
반대의사표시 주식수	보통주 :	주
주식매수청구 주식수	보통주 :	주

주 　 주 　 명 : 　 　 　 　 　 　 (인)
주민등록번호 :
주 　 　 　 소 :
연 　 락 　 처 :

⁙ 서식 5 채권자 이의제출 및 구주권제출 공고

채권자 이의제출 및 구주권제출 공고

서울 주식회사(갑)는 _____년 _____월 _____일, 마포 주식회사(을)는 _____년 _____월 _____일 개최한 각각의 임시주주총회에서 갑은 을을 합병하여 그 권리·의무를 승계하고 을은 해산하기로 결의한바, 이 합병에 이의가 있는 채권자는 본 공고게재일 익일부터 1개월 이내에 이의를 제출하여 주시기 바랍니다. 또한, 을의 주식을 소지하고 있는 분은 공고게재일 익일부터 1개월 이내에 주권을 을에게 제출하시기 바랍니다.

년   월   일

"갑" 서울 주식회사
    서울시 서울구 서울동 100번지

"을" 마포 주식회사
    서울시 마포구 마포동 100번지

:: 서식 6 채권자 최고서(합병회사)

최 고 서

서울 주식회사(갑)는 _____년 ___월 ___일, 마포 주식회사(을)는 _____년 ___월
___일 개최한 각각의 임시주주총회에서 갑은 을을 합병하여 그 권리·의무를 승계하고
을은 해산하기로 결의하였으므로, 본 합병에 이의가 있는 채권자는 _____년 ___월
___일까지 당사 재무팀(담당자 :   과장 / 전화 :   )으로 이의를 제출하시기
바라며 이에 최고합니다.

년   월   일

서울 주식회사
대표이사 나서울
서울시 서울구 서울동 100번지

채권자 ○○○ 귀하
○○시 ○○구 ○○동 ○○번지

※ 마포 주식회사도 동일한 최고서 작성 필요

▪▪ 서식 7 채권변제 영수증 및 진술서

변제 영수증

1. **채권금액 금 ○○○○원**
   귀 회사와 마포 주식회사와의 합병에 대하여 이의를 제출했던 바, 금일 위 채권 전액을
   변제하므로 이에 영수합니다.

년   월   일

채권자 ○○○
○○시 ○○구 ○○동 ○○번지

서울 주식회사
대표이사 나서울 귀하
서울시 서울구 서울동 100번지

"OR"

진 술 서

본 회사는 _____년 ___월 ___일자로 _____신문에 합병에 관한 공고를 하고 채권자에게
개별 최고를 하였으나 _____년 ____월 ___일까지 이의를 제출하는 채권자가 전혀
없었음을 이에 진술합니다.

년   월   일

서울 주식회사
서울시 서울구 서울동 100번지
대표이사 나서울

※ 마포 주식회사도 동일한 영수증 / 진술서 작성 필요

서식 8 간이합병시 합병주총 갈음 이사회 의사록(피합병회사)

이사회 의사록(간이합병시 – 피합병회사)

일　　시 :
장　　소 :
이사회 성원 : 이사 재적　　명, 출석　　명
　　　　　　감사 재적　　명, 출석　　명

개　　　회 : 대표이사 나마포는 의장석에 참석하여 성원을 확인하고 개회를 선언하다.

의안 및 결의사항

의　　　　안 : 합병계약에 대한 주주총회 갈음 이사회승인의 건

의장은 당사와 서울 주식회사와의 합병계약에 대한 주주총회승인을 갈음하는 이사회승인의 건에 대해 설명한 후 이에 대한 승인을 요청하자 출석이사 전원이 신중한 토의 끝에 감사의 진술을 들어 만장일치로 이를 다음과 같이 승인 가결하다.

- 다　　음 -

1. 상법 제522조 규정에 의거, _____년 ___월 ___일 당사와 서울 주식회사 간에 체결된 합병계약에 의하여 서울주식회사가 당사를 흡수합병하여 존속하고, 당사는 해산하는 합병계약을 승인함.
2. _____년 ___월 ___일 체결한 합병계약의 주요내용
   가. 합병당사회사
   　　합 병 회 사 : 서울 주식회사
   　　　　　　　　　(서울시 서울구 서울동 100)
   　　피합병회사 : 마포 주식회사
   　　　　　　　　　(서울시 마포구 마포동 100)
   나. 합병방법
   　　서울 주식회사가 마포 주식회사를 흡수합병하고 마포 주식회사는 해산함.
   다. 합병비율
   　　서울(주) : 마포(주) = 1 : 1
   라. 합병회사의 증가할 자본금과 준비금 총액
   　　① 증가할 자본금 : 합병회사인 서울 주식회사는 합병으로 인하여 _____원의 자본금이 증가함.

② 증가할 준비금 : 합병기일에 피합병회사의 대차대조표상 총자산에서 총부채 및 합병으로 인하여 증가하는 자본금을 차감한 금액으로 함.

　마. 합병회사가 합병시 발행하는 신주의 종류 및 총수

　　합병회사인 서울 주식회사와 피합병회사인 마포 주식회사 간의 합병비율 1 : 1에 따라 서울 주식회사의 보통주식 _____주(액면가 5,000원)가 새로 발행됨.

　바. 합병기일 : _____년 ___월 ___일

상기와 같이 의안 심의를 종료하고 의장은 폐회를 선언하다. 위 결의를 명확히 하기 위하여 이 의사록을 작성하고 의장 및 출석한 이사들과 감사가 기명날인하다.

년　　월　　일

마포주식회사 의장 대표이사 (인)
이　　　사 (인)
이　　　사 (인)
감　　　사 (인)

⬛⬛ 서식 9 합병보고총회 갈음 이사회 의사록

이사회 의사록(합병회사)

일   시 :
장   소 :
이사회 성원 : 이사 재적   명, 출석   명
　　　　　　 감사 재적   명, 출석   명

개   회 : 대표이사 나서울은 의장석에 참석하여 성원을 확인하고 개회를 선언하다.

의안 및 결의사항

의   안 : 합병보고총회 갈음 신문공고의 건

의장은 당사와 마포 주식회사와의 흡수합병에 따른 합병보고주주총회를 갈음하는 신문공고의 건에 대하여 상세한 설명을 한 후 이에 대한 승인을 요청하자 출석이사 전원이 신중한 검토 끝에 감사의 진술을 들어 만장일치로 이를 다음과 같이 승인가결하다.

- 다   음 -

1. 상법 제526조 제3항에 따라 동조 제1항의 합병보고총회를 신문공고로 갈음함.
2. 공고신문 :
3. 공고일자 :

상기와 같이 의안 심의를 종료하고 의장은 폐회를 선언하다.
위 결의를 명확히 하기 위하여 이사회 의사록을 작성하고 의장 및 출석한 이사와 감사들이 기명날인한다.

년   월   일

서울 주식회사
의장 대표이사 나서울

▦ 서식 10 합병보고의 공고(신문공고)

〔주주각위〕

합병보고의 공고

당사는 마포 주식회사를 흡수합병함에 있어 필요한 소정의 절차를 마쳤기에 상법 제526조 제1항 및 제3항에 의거, 합병보고주주총회에 갈음하여 다음과 같이 공고합니다.

– 다 음 –

1. 합병내용
   가. 합병당사회사
      • 존속회사 : 서울 주식회사
      • 해산회사 : 마포 주식회사
   나. 합병비율
      • 존속회사 : 해산회사 = 1 : 1
   다. 증가주식수 및 자본금 : 증가주식수 _____주(액면가 5,000원)
                           증가자본금 _____원

2. 합병진행결과

_____년 ___월 ___일	합병이사회 결의
_____년 ___월 ___일	합병계약서 체결
_____년 ___월 ___일	합병승인 주주총회
_____년 ___월 ___일	채권자 이의제출 공고 및 최고통지
_____년 ___월 ___일	채권자 이의제출기간 만료
_____년 ___월 ___일	합병기일
_____년 ___월 ___일	이사회결의 (합병보고주주총회를 신문공고로 갈음하기로 결의)

년   월   일

서울시 서울구 서울동 100
서울 주식회사
대표이사   나서울

⁙ 서식11 합병등기서류

합병등기서류

1. 변경등기신청서

2. 합병계약서, 주주총회의사록(소멸회사 / 존속회사)

3. 채권자 이의제출 공고 및 최고를 한 증명서

4. 변제 영수증 또는 진술서

5. 소멸회사의 등기부등본

6. 주권제출공고 증명서

7. 존속회사의 합병보고공고 증명서

8. 등록세, 교육세 등의 납부영수필 통지서 및 확인서

9. 별첨 : 합병으로 인한 해산등기서류

변경등기신청서

상 호 : 서울 주식회사
본 점 : 서울시 서울구 서울동 100

1. 등기의 목적 : 합병으로 인한 주식회사 변경등기

2. 등기의 사유 : _____년 ___월 ___일 주주총회에서 서울시 마포구 마포동 100번지
                  마포 주식회사를 흡수합병하기로 결의하고 공고와 최고절차를 밟아
                  _____년 ___월 ___일 합병보고주주총회를 갈음하여 합병보고공고를 종결
                  하였으므로 다음 사항의 등기를 구함.

3. 등기할 사항 : 서울시 마포구 마포동 100번지 마포 주식회사를 합병
                  회사가 발행할 주식의 총수 : 보통주 _____주
                  발행주식의 총수와 종류 및 각각의 수 : 보통주 ____주 / 우선주 ____주
                  자본의 총액 : 금 _____원

4. 과세표준 : 금 _____원

5. 등 록 세 : 금 _____원

첨 부 서 류

1. 합병계약서 1통
2. 주주총회 의사록 1통
3. 채권자 이의제출 및 주권제출 공고증명서 1통
4. 채권자 최고를 한 증명서 1통
5. 채권자 이의제출이 없음을 증명하는 진술서
6. 등기부등본(피합병회사분) 1통
7. 위임장 1통

위와 같이 등기 신청함.

년   월   일

위 신청인 서울 주식회사
서울시 서울구 서울동 100
     대표이사 나서울(인)
위 대리인 법무사 ×××(인)
서울시 서울구 서울동 200번지

제 2 장

분 할

02 분 할

Ⅰ 분할의 정의

주식회사가 독립된 사업부문의 자산과 부채를 포함한 모든 권리와 의무를 포괄적으로 이전하여 1개 이상의 회사를 설립함으로써 1개 회사가 2개 이상의 회사로 나누어지는 것을 분할이라 한다.

이때에 자산과 부채를 포괄적으로 이전하는 회사를 분할회사 또는 분할되는 회사라 하고 자산과 부채를 포괄적으로 이전받는 회사를 분할신설회사 또는 설립되는 회사라 한다.

Ⅱ 분할의 형태

기업분할은 거래의 실질과 형태에 따라 크게 단순분할과 분할합병으로 구분할 수 있고 단순분할은 분할신설회사의 주식 소유주체에 따라 다시 인적분할과 물적분할로 구분할 수 있다. 인적분할은 분할신설회사의 주식을 분할회사의 주주에게 교부하는 방법에 따라 비례적 인적분할과 불비례적 인적분할로 구분할 수 있다.

또한 분할은 분할회사의 존속과 소멸 여부에 따라 존속분할과 소멸분할로 구분할 수 있다.

단순분할	분할신설회사가 다른 회사와 합병하지 않고 독립법인으로 존속하는 형태
분할합병	분할회사의 독립된 사업부문이 분할되면서 다른 회사에 흡수(흡수분할합병)되거나 다른 회사의 독립된 사업부문과 결합하여 새로운 회사를 설립(신설분할합병)하는 형태

혼합분할	분할회사의 독립된 사업부문이 3개 이상으로 분할되는 것으로 단순분할과 분할합병이 혼재하는 형태
인적분할	• 분할회사의 주주가 분할신설회사의 주식을 소유하는 형태로서 분할신설회사의 주식을 분할회사 주주의 지분율에 비례하여 교부하는 비례적 인적분할과 분할회사 주주의 지분율과 상이하게 교부하는 불비례적 인적분할로 구분 • 주주구성은 변하지 않고 회사만 수평적으로 분할되는 형태(수평적 분할)
물적분할	• 분할회사가 존속하면서 분할신설회사의 주식을 100% 소유하는 형태로서 분할회사는 완전모회사, 분할신설회사는 완전자회사로 존속하는 형태 • 분할회사가 분할신설회사를 지배하는 수직적으로 분할되는 형태(수직적 분할)
존속분할	분할회사가 분할 후에도 존속되는 형태
소멸분할	분할회사가 그 자산과 부채를 이전하여 2개 이상의 분할신설회사를 설립하고 자신은 소멸되는 형태로서 물적분할의 경우에는 소멸분할이 불가능함.

III 분할의 제한

① 상법상 제한규정

(1) 분할의 가능성(상법 제603조)

합병의 경우와는 달리 인적회사(합명회사, 합자회사)와 유한회사에 대해서는 분할이 인정되지 않고 주식회사만 분할이 가능하다.

(2) 채권자 보호절차(상법 제530조의9)

기본적으로 기업분할은 분할신설회사와 분할회사가 분할 전의 회사채무에 대하여 연대하여 변제책임을 부담(연대책임)하므로 채권자 보호절차가 불필요하다.

그러나 분할신설회사가 분할회사의 채무 중에서 출자한 재산에 관한 채무만을 부담할 것을 정하는 경우(개별책임)에는 이러한 사실을 분할계획서에 명기하고 주주총회의 특별결의를 거쳐야 하며 개별책임의 경우에는 신문공고 등 채권자 보호절차를 반드시 거쳐야 한다.

(3) 겸업 관련 내용 명시

회사의 분할은 독립된 사업부문이 포괄적으로 이전된다는 측면에서 영업양수·도와 유사하다. 따라서 존속분할의 경우 상법 제41조에 의거 영업양도인의 겸업금지 조항이 분할의 경우에도 동일하게 적용될 수 있으므로 분할을 통하여 분할신설회사를 매각할 경우에는 분할계획서에 겸업의 허용 또는 금지에 대한 구체적인 사항을 명시하는 것이 분쟁의 소지를 방지하는 방안이 될 것이다.

(4) 무의결권 주식의 의결권 인정

합병과 달리 분할의 경우, 상법 제344조의3 ①에 의해 의결권이 제한되는 종류주식의 주주도 의결권을 행사할 수 있다(상법 제530조의3 ③).

② 공정거래법상 제한규정

기업분할은 단순히 하나의 회사가 2개 이상의 회사로 분리되는 것으로서 기업결합으로 인한 경제력이 집중 가능성이 낮다고 볼 수 있다.

따라서 공정거래법 제9조 ① 5호 나목에 의거 상법상 분할에 의한 회사설립의 경우에는 공정거래법상 신고의무를 면제하고 있다.

그러나 분할합병의 경우에는 공정거래법상 신고의무가 면제되지 않으므로 합병에 준하여 신고를 하여야 한다(공정위 고시 제2022-23호 "기업결합의 신고요령" Ⅲ. 제3조 나목).

분할합병 관련 공정거래법상 신고의무는 '제1장 합병'편을 참고하기 바란다.

③ 자본시장법 및 감독규정에 의한 제한규정

(1) 상장법인의 주된 영업부문 분할시 상장폐지

유가증권상장법인과 코스닥상장법인(이하 '상장법인')이 분할(분할합병 포함)을 통하여 주된 영업부문이 신설법인에 이전되는 경우 분할되는 상장법인에 대하여 주된 영업활동의 정지사유가 적용되어 상장폐지가 될 수 있다.

이는 상장법인의 분할시 분할신설법인은 일정한 재상장 규정 및 절차를 거쳐 재상장되는 반면 분할법인은 별도의 제한규정 또는 절차 없이 변경상장만으로 상장을 유지할 수 있기 때문에 상장법인이 이와 같은 제도를 악용하여 변칙적으로 상장법인의 수를 증가시키는 것을 방지하기 위하여 도입된 제도라고 할 수 있다.

구 분	유가증권	코스닥	규 정
주된 영업	영업이 2개 이상인 경우 매출액 비중이 가장 큰 것	좌 동	• 유가상장 제42조 ② 1호 • 코스닥상장 제56조 ① 3호 라목 • 동 시행세칙 제61조 ① 4호
상장폐지	주된 영업 정지에 해당하는 경우로 기업계속성, 경영투명성, 공익실현 및 투자자보호 등을 종합적으로 고려하여 상장폐지가 필요하다고 인정되는 경우	주된 영업 정지에 해당하는 경우로 기업계속성, 경영투명성 및 코스닥 시장건전성 등을 종합적으로 고려하여 상장폐지가 필요하다고 인정되는 경우	• 유가상장 제48조 ② 6호 라목 • 동 시행세칙 제50조 ① • 코스닥상장 제56조 ① 3호 라목 • 동 시행세칙 제61조 ①
기업심사위원회의 심의	거래소는 기업심사위원회의 상장적격성 실질심사를 거쳐 상장폐지 여부 결정	좌 동	• 유가상장 제49조 • 코스닥상장 제50조의2, 제51조
이의신청 및 개선계획 제출	기업심사위원회 심의 대상의 결정관련 해당 거래소에 개선계획서 제출 가능	상장폐지 통보를 받은 법인은 이의신청이 가능하며, 상장위원회의 심의를 거쳐 상장폐지 또는 개선기간 부여	• 유가상장 제49조, 제25조 • 동 시행세칙 제50조, 제51조, 제19조 • 코스닥상장 제55조 • 동 시행세칙 제60조

(주) 유가증권시장상장규정(유가상장), 코스닥시장상장규정(코스닥상장)

(2) 상장폐지 회피를 위한 분할시 상장폐지

상장법인의 분할 등(증자 등을 포함)을 통한 재무구조개선 행위가 상장폐지 기준에 해당되는 것을 회피하기 위한 것으로 인정되는 경우 기업의 계속성, 기타 투자자 보호 및 시장건전성 등을 종합적으로 고려하여 해당 법인의 주식을 상장폐지할 수 있다(유가증권시장상장규정 제48조 ② 6호 가목, 코스닥시장상장규정 제56조 ① 3호 가목). 이때 기업심사위원회 심의 등은 위 '(1)'의 사항과 동일하다.

(3) 비상장법인이 상장법인과 합병 후 단기 분할시 제한 규정

비상장법인이 상장법인과 합병하여 상장법인이 된 후 비상장법인의 사업부문을 분할재상장(인적분할 및 인적분할합병을 말함. 물적분할 및 물적분할합병은 제외. 유가증권시장상장규정 제38조 ①, 코스닥시장상장규정 제39조 1호)을 하게 되면 비상장법인은 신규상장요건 및 절차를 거치지 않고 상장(우회상장)되는 효과가 발생된다.

따라서 감독당국은 비상장법인이 상장법인과 합병을 한 후 단기간 내에 분할재상장을 통하여 비상장법인이 우회상장되는 것을 방지하기 위하여 다음과 같은 제한 규정을 두고 있다.

여기서 유의할 사항은 분할시 재상장제한 규정은 i) 합병 후 3년 내에 ii) 분할신설법인의 영업부문이 합병당시 비상장법인의 영업에 속하는 경우에만 적용된다는 점이며, 만약 과거 합병 당시 유가증권상장법인이 유가증권 상장규정에 의거 우회상장예비심사를 통과했거나(유가증권시장상장규정 제34조), 코스닥상장법인에 한해서 과거의 합병이 소규모합병인 경우에는 제외된다(코스닥시장상장규정 제43조 ③).

① 유가증권상장법인

부실한 비상장법인이 유가증권상장법인과 합병을 한 후 단기간 내에 분할재상장을 통하여 우회상장되는 것을 방지하기 위하여, ⅰ) 비상장법인이 유가증권상장법인과 합병을 한 후 합병등기일로부터 3년 이내에 분할이사회 결의를 하면서, ⅱ) 분할신설법인의 주된 영업부문이 합병 당시 피합병된 비상장법인의 영업부문에 속하는 경우에는 다음의 요건을 충족하여야 분할신설법인의 재상장이 가능하도록 규정하고 있다.

단 합병 당시 유가증권상장법인이 유가증권시장상장규정 제34조에 따라 우회상장예비심사신청서를 거래소에 제출하여 그 심사를 받고 합병이 이루어진 경우에는 제외된다(유가증권시장상장규정 제42조 ④).

❖ 합병 후 단기분할시 재상장 요건 ❖

요 건	내 용
주된 영업의 계속연수	기준일 현재 분할 이전된 주된 영업부문이 3년 이상 사업 영위
기업규모	• 기준일 현재 자기자본 300억원 이상 • 기준일 현재 재상장 예정주식총수(최대주주 등 주식수 제외) 100만주 이상
주식분산	• 주식분산 요건 : 유가증권시장상장규정 제29조 ① 3호 참고
경영성과	• 다음 중 하나의 경영성과 요건을 충족할 것 (1) 매출과 수익성 모두 아래 충족 - 기준일 현재 분할로 이전된 영업부문의 3년 평균 매출액 700억원 이상 & 최근 사업연도 1000억원 이상 - 다음 중 하나 충족 　a. 세전이익 : 최근 사업연도 30억원 이상 & 최근 3사업연도 합계 60억원 이상 　b. 자기자본이익률(이익/자기자본) : 최근 사업연도 5% 이상 & 최근 3사업연도 이익률 합계 10% 이상(단 1년이라도 이익률 마이너스일 시, 미충족으로 간주) 　c. 예비심사신청일 현재 자기자본 1천억원 이상 법인(대형법인)의 경우 　 - 최근연도 세전이익 50억원 이상 or 자기자본이익률 3% 이상 　 - 최근연도 영업현금흐름이 양(+)일 것 (2) 최근사업연도 매출 1천억원 이상 & 신청일 현재 기준시 총 2천억원 이상 (3) 최근사업연도 세전이익 50억원 이상 & 신청일 현재 기준시 총 2천억원 이상 (4) 재상장신청일 현재 기준시총 5천억원 이상 & 자기자본 1,500억원 이상 (5) 재상장신청일 현재 기준시총 1조원 이상 ※ 자기자본 : 기준일 현재 최근 사업연도 말 현재의 자기자본
감사의견	상장예비심사신청서 및 재상장신청서에 대한 감사보고서 감사의견 적정
사외이사 선임 및 감사위원회 설치	• 사외이사 선임(유가증권시장상장규정 제77조) • 감사위원회 설치(유가증권시장상장규정 제78조)
기타 요건	• 주식의 양도제한이 없을 것(유가증권시장상장규정 제29조 ① 7호)

요 건	내 용
질적 요건 충족	• 질적 요건 :유가증권시장상장규정 제30조(단 3호 경영안정성 요건 제외)
규 정	유가증권시장상장규정 제42조 ④, ⑤

(주) 기준일 : 재상장예비심사신청일

② 코스닥상장법인

코스닥상장법인이 비상장법인과 합병을 한 후 합병기일로부터 3년 내에 분할하여 재상장하는 경우 분할신설법인은 다음의 요건을 충족하여야 재상장이 가능하다. 특히 분할기일이 속한 사업연도말 기준으로 충족해야 하는 요건들이 다수 있으므로 분할기일 직전부터 재상장/변경상장일까지 거래가 중지되는 바, 일반적인 경우에서 코스닥 시장에서의 합병후 단기분할은 크게 제한을 받는다고 볼수 있다.

단, 비상장법인과의 합병이 소규모합병이었을 경우에는 제외된다(코스닥시장상장규정 제43조 ③).

요 건	내 용
결산재무제표	• 분할기일이 속하는 사업연도 결산재무제표 확정 • 분할기일부터 사업연도 말까지의 기간이 3개월 미만인 경우, 다음 사업연도 결산재무제표 확정
자기자본	재상장 신청일 현재 자기자본 30억원 이상
자본상태	분할기일 및 재상장신청일 현재 자본잠식이 없을 것
유통주식수	상장신청일 현재 재상장 예정 보통주식총수 100만주 이상(최대주주 등 소유주식수 제외)

경영성과	• 분할기일이 속한 사업연도 법인세비용차감전계속사업이익 존재
	• 분할기일 속한 사업연도의 경영성과가 다음 중 하나 충족
	  a. 자기자본이익률(이익/자기자본) : 10% 이상
	  b. 당기순이익 : 20억 이상
	  c. 매출액 : 100억 이상

감사의견	분할기일이 속한 사업연도 말의 감사의견 적정(연결포함)

요 건	내 용
기타요건	• 주식양도제한 규정이 없을 것 • 액면가액이 100, 200, 500, 1,000, 2,500, 5,000원일 것 • 상근감사 요건(상법 제542조의10) 충족 • 사외이사 요건(상법 제542조의8) 충족
질적요건 충족	질적 요건 : 코스닥시장상장규정 제29조
규 정	코스닥시장상장규정 제43조 ③

(4) 상장법인의 물적분할 규제

일부 상장기업이 고성장 사업부문을 물적분할하고 단기간내 상장을 하고, 해당 자회사가 신주를 발행하여 분할 전 회사의 주주들이 주주권 상실 및 주가하락으로 피해를 보는 경우가 다수 발생하면서, 일반주주의 권익 제고를 위하여 물적분할과 관련한 제도개선의 필요성이 지속되어 왔다. 이에 금융당국은 2022년 10월~12월 규정 개정 및 공시서식 개정등을 통하여 다음과 같은 일반주주 보호방안을 도입하였다.

❖ 물적분할 자회사 상장 관련 일반주주 권익제고 방안[주] ❖

추진과제	조치사항	소관
1. 물적분할시 공시 강화	기업공시서식 개정	금융감독원
2. 주식매수청구권 도입	자본시장법 시행령 개정	금융위
3. 자회사 상장심사 강화	• 유가증권/코스닥상장규정 세칙개정 • 상장 가이드북 개정	한국거래소

주) 금융위원회, 금융감독원, 한국거래소 합동 발표(2022.9.5.)

먼저 공시서식 관련 주요사항보고서(회사분할결정<별지 제38-45호>) 서식을 개정하여, 아래의 내용을 추가하였다.

추가 항목	기재 내용
물적분할 추진에 대한 검토내용	물적분할의 목적, 기대효과, 분할 및 이후 신설회사의 상장 등 구조개편계획이 회사 및 주주에게 미치는 직간접적인 영향 등에 대한 구체적 검토내용

추가 항목	기재 내용
주주보호방안	물적분할 및 이후 신설회사의 상장 등 구조개편계획이 주주에게 미치는 영향과 관련하여 주주보호를 위한 회사의 방안을 구체적으로 기재하고, 이와 같은 방안이 없는 경우 그 사유 및 향후계획 등에 관해 설명

아울러 한국거래소의 규정개정을 통하여 추후 물적분할 신설된 회사의 추후 5년 내 신규상장 예비심사를 신청하는 경우에 한해, 물적분할 추진 과정에서 신청인의 모회사(분할전 회사)가 주주 의견수렴, 주주와의 소통 등 주주보호노력을 충실히 이행하였는지를 질적심사 가이드에 반영하도록 하였다(유가증권상장규정 시행세칙 별표 2의2, 코스닥시장상장규정 시행세칙 별표 6).

또한 다음과 같이 거래소 상장가이드북 개정을 통해 실제 실질심사시 고려할 주주보호방안에 대해 보다 더 구체화할 예정이다.

❖ 상장 가이드북 기재예시 ❖

추가 항목	기재 내용
주주보호방안 (예시)	• 모회사 주주에게 모회사가 보유한 자회사 주식을 현물배당하거나, 모회사 주식과 신설 자회사 주식을 교환하는 기회를 부여 • 배당확대·자사주 취득 등을 통해 자회사 성장의 이익을 모회사 일반주주에 환원 ※ 이 외에도 주주와의 소통을 통해 다양한 주주보호방안을 검토할 수 있음
주주보호 미흡 사례 (예시)	• 물적분할 또는 상장과 관련하여 기업지배구조보고서 등 공시를 통해 향후 계획, 추진 사유 및 주주보호정책 등을 제시하지 않은 경우 • 물적분할 또는 상장과 관련하여 기업지배구조보고서 등 공시를 통해 제시한 주주보호에 관한 정책을 이행하지 않은 경우 • 일반주주와 소통 과정에서 제기된 문제를 합리적인 이유 없이 검토하지 않은 경우

(주) "물적분할 자회사 상장관련 일반주주권익제고 방안" 中(금융위, 금감원, 거래소 2022.9.5.)

그리고 상장법인의 물적분할시 일반주주에 대한 최소한의 권익보호를 위하여 도입된 주식매수청구권은 아래 (5)를 참조하기 바란다.

(5) 상장법인의 주식매수청구권 부여

앞에서 살펴본 바와 같이 상법상 분할의 경우에는 합병 및 분할합병에서 주어지는 주식매수청구권이 인정되지 아니한다. 그러나 비상장사에 비해 통상 주식의 소유가 많이 분산되어 있는 상장사의 경우에는 지배주주의 이익이 특적으로 의심되는 분할로 인해 소액주주들의 권리가 침해된다는 문제제기가 지속적으로 있어왔다. 이에 금융당국은 자본시장법 및 시행령 개정을 통하여 다음과 같이 상법과 구별되는 상장사의 인적분할 및 물적분할에 관련한 주식매수청구권을 도입하게 되었다.

❖ 상장법인의 분할시 주식매수청구권 ❖

구 분	인적분할	물적분할
주식매수청구	인적분할 신설법인이 증권시장에 상장되지 않을 경우 적용	적용
규정	자본시장법 제165조의5 ① 시행령 제176조의7 ① 1호	자본시장법 제165조의5 ① 시행령 제176조의7 ① 2호
도입시기	2013. 5	2022. 12

Ⅳ 인적분할과 물적분할의 비교

앞에서 살펴본 바와 같이 분할은 그 형태에 따라 다양하게 구분할 수 있으나 상법, 자본시장통합법, 세법 등에서는 분할을 크게 인적분할, 물적분할, 분할합병으로 구분하고 있다.

따라서 본 교재에서는 인적분할과 물적분할을 비교 분석하여 그 차이점을 이해하고 별도의 장을 할애하여 분할합병에 대하여 자세히 살펴보고자 한다.

인적분할과 물적분할은 그 절차와 내용면에서 기본적으로 유사하나 다음과 같은 차이점들이 존재한다.

인적분할과 물적분할의 차이점	• 인적분할은 분할신설회사 주식을 분할회사 주주에게 배정하고, 물적분할은 분할신설회사 주식을 분할회사에게 배정함. • 인적분할은 분할회사와 분할신설회사의 주주가 동일한 수평적 분할의 형태이고, 물적분할은 분할회사가 분할신설회사를 지배하는 수직적 분할의 형태임. • 인적분할시 분할회사는 자본감소의 과정을 거쳐 분할회사의 자산과 부채가 이전되므로 구주권 제출절차가 필요하고 상장법인의 경우 매매거래가 정지되나(구주권 제출기간 만료 전일~변경상장 전일), 물적분할시 분할회사는 자산과 부채의 이전대가로 분할신설회사 주식을 교부받게 되어 분할회사의 실질순자산 변동이 없으므로 자본감소 절차, 구주권 제출절차, 매매거래 정지절차가 불필요 • 인적분할시 분할회사는 감자차손으로 인하여 분할기일이 포함된 회계연도의 배당가능이익이 영향을 받게 되나, 물적분할의 경우에는 감자차손·익이 발생하지 않음. • 대부분의 인적분할은 분할신설회사의 재상장을 위한 주식분산요건을 자연스럽게 충족하게 되나, 물적분할은 분할회사가 분할신설회사지분 100%를 소유하므로 분할신설회사의 상장을 위한 지분분산절차를 포함한 신규상장 필요(물적분할의 경우 재상장 불가) • 상장법인의 인적분할시 신설법인의 재상장 불가시, 주식매수청구권 필요(자본시장법 제165조의5 ①, 영 제176조의7 ① 1호) • 상장법인의 물적분할시 주식매수청구권 인정[주](자본시장법 제165조의5 ①, 영 제176조의7 ① 2호) • 인적분할은 존속 또는 소멸분할이 가능하나, 물적분할은 존속분할만 가능 • 인적분할시 분할회사는 자본변경(감자)등기 및 분할신설회사 설립등기 필요, 물적분할시 분할회사는 분할등기 및 분할신설회사 설립등기 필요

주) 2022년 12월 27일 자본시장법 시행령 개정 시행

❖ 인적분할과 물적분할의 비교 ❖

구 분	인적분할	물적분할
분할신설회사의 주주	분할회사 주주	분할회사
분할회사 및 분할 신설회사 지분관계	없음	분할회사가 분할신설회사의 주 식 100% 소유
자산이전 및 승계	장부가액	장부가액
자산평가 절차	불필요	불필요
자본감소 절차	감자절차 발생	감자절차 없음
구주권 제출절차	필요(상장법인의 경우, 주식병 합일 2주간 전에 공고로 갈음)	불필요
상장법인 매매거래 정지	주식병합일 전 2영업일~변경 상장 전일	정지기간 없음
배당정책	감자차손에 따라 배당가능이익 변동	영향받지 않음
재상장 요건	지분분산절차 불필요	재상장 불가(지분분산을 포함한 신규상장 필요)
주식매수청구	비상장법인 불필요 (상장법인의 인적분할 신설법인 재상장 불가시 필요)	비상장법인 불필요 상장법인의 경우 필요[주)
검사인의 조사·보고	분할회사 재산만으로 설립시 면 제	분할회사 재산만으로 설립시 면 제
분할의 형태	존속 및 소멸분할 가능	존속분할만 가능
등기 형태	분할회사 – 자본변경등기 분할신설회사 – 설립등기	분할회사 – 분할등기 분할신설회사 – 설립등기

주) 2022년 12월 27일 자본시장법 시행령 개정 시행

V 인적분할의 절차

인적분할은 분할회사의 재산이 자본감소 절차를 거쳐 분할신설회사로 이전되나 기본적으로 분할회사와 분할신설회사가 분할 전 회사 채권자에 대하여 연대책임을 부담하므로 채권자 보호절차가 필요하지 않다.

다만, 분할계획서에 의하여 분할신설회사가 분할회사의 채무 중에서 출자한 재산에 관한 채무만을 부담하기로 정할 수 있는데, 이 경우에는 채권자가 피해를 볼 수 있으므로 반드시 채권자 보호절차를 거쳐야 한다.

① 비상장법인의 절차

절 차	일 정	설 명	관련규정
사전준비절차	–	• 분할대상 사업부문(자산 및 부채 등) 확정 • 법률, 회계, 조세문제 검토 • 분할일정 및 절차, 분할계획서 확정 • 분할회사의 정관변경사항 확정 • 분할신설회사 정관, 임원 등 확정	–
분할이사회결의	D－32	이사회에서 분할계획서 승인	–
주총소집 이사회결의	D－32	주총소집을 위한 이사회결의	상법 제362조
주주명부 폐쇄 및 기준일 공고	D－31	주주명부확정 기준일 2주 전 공고	상법 제354조
주주명부확정 기준일	D－16	주총을 위한 권리주주 확정일	상법 제354조
주총소집 공고 및 통지	D－15	분할계획의 요령 기재	상법 제363조, 제530조의3 ④
분할대차대조표 등 공시	D－15	주총 2주 전～분할등기 후 6개월	상법 제530조의7
분할승인 주주총회 개최	D	주총특별결의	상법 제530조의3

절 차	일 정	설 명	관련규정
채권자 이의제출 공고 및 최고	D+1	주총일로부터 2주 이내 공고	상법 제530조의11
주식 병합 및 구주권 세출 공고			
채권자 이의제출기간 종료	D+32	공고기간 1개월 이상	
주식병합 및 구주권 제출기간 종료			
분할기일	D+33	실질적인 분할일	－
분할보고주주총회 갈음 이사회결의	D+34	이사회결의로 분할보고주총 대체	상법 제530조의11, 제289조 동법 시행령 제6조
이사회결의 공고	D+35	분할보고총회 및 창립총회는 이사회결의에 의한 공고로 갈음함	
분할등기	D+36	• 본점 : 공고일로부터 2주 내 • 지점 : 공고일로부터 3주 내	상법 제530조의11 상업등기법 제70조~제72조 상업등기규칙 제150조, 제151조

(주) : 1. 위 일정 중 공고의 경우, 정관에서 정한 일간신문 외에도 정관에서 정한 전자적 방법(홈페이지)에 의한 공고도 가능함(상법 제289조 및 동법 시행령 제6조).
2. 주주수가 많거나 명의개서대리인 제도를 도입하는 경우 기준일로부터 주주명부가 확정되는 기간이 수일이 소요됨.
3. 총주주로부터 기간단축동의서를 징구하는 경우 분할이사회결의 익일에 분할주총개최 가능
4. 비상장법인 중 사업보고서 제출 대상법인은 주요사항보고서를 제출해야 함.
5. 비상장법인 중 사업보고서 제출 대상법인은 분할시 존속법인의 주주 50인 이상에게 신설법인의 주식을 신규로 배정하면 간주모집에 해당되므로 증권신고서, 투자설명서, 증권발행실적보고서를 제출해야 함. 다만 해당주주가 50인 미만이라 하더라도, 분할로 인한 배정주식을 교부받는 시점에서 지체없이 한국예탁결제원에 예탁하고 그 예탁일부터 1년간 해당 증권을 인출하거나 매각하지 않기로 하는 내용의 예탁계약을 체결하는 등의 전매제한 조치가 없는 경우, 「증권의 발행 및 공시 등에 관한 규정」 제2-2조 제1항에 기술된 전매기준에 해당되게 되어 증권신고서를 제출하여야 함.

(1) 분할계획서의 작성

분할계획서는 분할의 원칙이 되는 서류로서 분할회사가 작성하여 이사회 및 주주총회의 승인을 거쳐 그 효력이 발생된다.

분할계획서는 분할되는 회사("분할회사")와 분할로 설립되는 회사("단순분할신설회사")로 구분하여 분할대상 재산의 범위, 분할 절차, 신설회사 설립, 분할대가 등의 내용이 기재된다.

기업분할은 분할계획서에 기재된 내용에 따라 이행되어져야 하며, 절차나 내용이 분할계획서와 다르게 진행될 경우 분할무효의 원인이 될 수 있다.

분할계획서의 내용을 요약하면 다음과 같다.

단순분할신설회사에 관한 사항	• 단순분할신설회사의 상호, 목적, 본점 소재지 및 공고의 방법 • 단순분할신설회사가 발행할 주식의 총수 및 액면·무액면주식의 구분 • 단순분할신설회사가 분할 당시 발행하는 주식의 총수, 종류 및 종류주식의 수, 액면·무액면주식의 구분 • 분할회사의 주주에 대한 단순분할신설회사의 주식의 배정에 관한 사항/배정에 따른 주식 병합 또는 분할이 있는 경우 그에 관한 사항 • 분할회사의 주주에게 신설회사 주식 외 금전이나 그 밖의 재산 지급 시 그 내용 및 배정 사항 • 단순분할신설회사의 자본금과 준비금에 관한 사항 • 단순분할신설회사에 이전될 재산과 그 가액 • 단순분할신설회사가 분할회사의 채무 중에서 출자한 재산에 관한 채무만을 부담할 것을 정한 경우 그 내용(연대보증 아닌 경우) • 단순분할신설회사의 이사와 감사를 정한 경우 그 성명과 주민등록번호 • 단순분할신설회사의 정관에 기재할 사항
분할회사에 관한 사항	• 감소할 자본금과 준비금의 액 • 자본감소의 방법 • 분할로 인하여 이전할 재산과 그 가액 • 분할 후의 발행주식총수 • 발행주식총수의 감소시 감소할 주식의 총수, 종류 및 종류별 주식수 • 정관변경을 가져오게 하는 사항
규 정	• 상법 제530조의5

(2) 분할이사회결의 및 주총소집에 대한 이사회결의

회사분할은 이사회의 결의를 통하여 분할계획서가 승인되어야 하며, 분할주총소집을 위한 이사회결의는 통상 절차 및 기간의 단축을 위하여 분할에 대한 이사회결의와 함께 이루어진다.

(3) 주주명부 폐쇄 및 기준일 공고

분할주총에서 의결권을 행사할 권리주주를 확정하기 위하여 이사회에서 정한 기준일을 공고하고 기준일 익일부터 일정기간 동안 주주명부를 폐쇄한다는 내용을 기준일의 2주 전에 정관에서 정한 신문 또는 전자적 방법(홈페이지 게재, 상법 제289조 및 동법 시행령 제6조)으로 공고하여야 한다. 따라서 전자적 방법의 경우 이사회 익일이 아닌 당일 즉시 공고가 가능하다.

주주수가 많지 않거나 총주주에 대한 통제가 가능한 경우 총주주로부터 기간단축 동의서를 징구함으로써 공고절차를 생략하여 분할기간을 단축할 수 있다.

(4) 주주명부확정 기준일

기준일자의 주주명부에 기재된 주주가 분할주총에서 분할계획서 승인에 대한 의결권을 행사할 주주로 확정된다.

주주명부확정기간은 주주수가 적고 개별적으로 통제가 가능한 비상상장법인의 경우에는 특별한 시간이 필요하지 않으나 상장법인 또는 주주수가 많아 명의개서대리인 제도를 도입하고 있는 비상장법인의 경우에는 수일이 소요된다.

또한, 기준일은 그 주주의 권리행사일(주주총회)의 앞선 3개월의 날 이내로 하여야 한다. 이에 주주총회가 기준일로부터 3개월 이상이 되는 시점으로 연기가 된다면, 명부폐쇄공고를 다시 실시하여 기준일을 재설정하여야 한다.

(5) 주주총회소집 공고 및 통지

주주명부가 확정되면 회사는 주총일 2주 전에 분할계획서 승인을 위한 주총소집 공고 및 통지를 하여야 하며 공고와 통지에는 분할에 관한 의안과 요령을 반드시 기재하여야 한다. 또한 공고의 경우 정관에 정한 일간신문 또는 전자적 방법(홈페이지 게재, 상법 제289조 및 동법 시행령 제6조)으로 공고가 가능하다.

(6) 분할대차대조표 등의 비치 공시

분할주총일 2주 전부터 분할계획서, 분할되는 부분의 대차대조표, 분할되는 회사의 주주에게 발행할 주식의 배정에 관한 내용을 기재한 서류를 분할등기일 이후 6개월간 본점에 비치하여 언제든지 주주 및 채권자가 열람 및 등사할 수 있도록 하여야 한다.

(7) 분할주주총회

분할은 회사의 조직 및 영업에 중대한 영향을 미칠 수 있는 사항으로 주주총회의 특별결의를 통하여 분할계획서를 승인하여야 한다.

분할주주총회에서는 의결권 없는 주식을 보유한 주주도 의결권이 인정되며 분할로 인하여 특정종류의 주주가 손해를 입게 될 경우에는 종류주주총회의 결의를 득해야 한다.

주주총회 특별결의 요건은 출석한 주주의 의결권의 2/3 이상을 득하여야 하며 그 비율이 발행주식총수의 1/3 이상이어야 한다(상법 제530조의3, 제436조).

(8) 채권자 이의제출 공고 및 최고

인적분할시 분할 전 채무에 대하여 분할회사와 단순분할신설회사가 연대책임을 지는 경우에는 분할로 인하여 채권자의 지위 및 담보재산이 변하지 않으므로 채권자 보호절차가 불필요하다.

그러나 분할 전 채무에 대하여 분할회사와 단순분할신설회사가 책임을 분담(단순분할신설회사는 신설회사로 이전되는 사업부문에 대한 채무만을 부담하며, 분할회사는 단순분할신설회사가 부담하지 아니하는 채무만을 부담)하기로 한 경우에는 채권자의 지위와 담보된 재산의 내역이 달라지므로 당연히 채권자 보호절차를 이행하여야 한다.

한편 채권자 보호절차는 구주권 제출절차와 그 기간이 겹치므로 이의를 제출하는 채권자가 없는 한 채권자 보호절차를 거치는 경우와 그렇지 않은 경우 인적분할 일정상의 차이는 없다. 기타 회사의 공고와 마찬가지로 정관에 정한 일간신문 또는 전자적 방법(홈페이지 게재, 상법 제289조 및 동법 시행령 제6조)으로 공고가 가능하다.

연대책임 부담	분할회사와 단순분할신설회사가 분할 전의 회사채무에 대하여 연대책임을 부담하는 경우 채권자의 지위 및 담보재산에 변동이 없으므로 채권자 보호절차 불필요
개별책임 부담	• 분할계획서 및 분할주총결의로 분할신설회사가 분할 전 채무 중 출자된 재산에 관한 채무만을 부담하기로 결의한 경우 채권자가 피해를 볼 수 있으므로 채권자 보호절차 필요 • 상법은 채권자 보호를 위하여 분할 주총일로부터 2주간 내에 회사채권자(금융, 상거래 등 모든 채권자 포함)에 대하여 분할에 이의가 있으면 1월 이상의 일정한 기간 내에 이의를 제출할 것을 공고하고, 알고 있는 채권자에 대해서는 각별로 최고하도록 규정

(9) 주식병합 및 구주권 제출 공고

인적분할의 경우 분할회사의 자본감소가 수반되므로 분할회사는 감소된 자본만큼 주식의 병합 및 구주권 제출절차가 필요하다.

주식병합 및 구주권 제출 공고는 주총 결의일 1개월 이상의 기간을 정하여 그 뜻과 그 기간 내에 주권을 회사에 제출할 것을 공고하고, 주주명부에 기재된 주주와 질권자에 대하여는 각별로 통지를 하여야 한다. 기타 회사의 공고와 마찬가지로 정관에서 정한 일간신문 또는 전자적 방법(홈페이지 게재, 상법 제289조 및 동법 시행령 제6조)으로 공고가 가능하다.

(10) 채권자 이의제출기간 종료

채권자가 이의신청기간 내에 이의를 제출하지 아니한 때에는 분할을 승인한 것으로 간주하고 이의를 제출한 채권자가 있는 때에는 회사는 그 채권자에 대하여 변제, 담보제공, 재산신탁 등의 별도의 보호절차를 취해야 한다.

(11) 주식병합 및 구주권 제출기간 종료

자본감소를 수반하는 인적분할은 주권 제출기간이 만료한 때에 그 효력이 발생되나 채권자 보호절차가 종료되지 아니한 경우에는 그 종료시에 효력이 발생된다.

(12) 분할기일

분할기일은 분할회사가 이전하는 사업부문에 대한 자산 및 부채, 권리 및 의무 등 사실관계 일체가 단순분할신설회사로 이전되는 날을 의미하며 분할신설법인의 주식이 분할회사의 주주에게 배정되는 날을 의미한다.

분할기일은 분할보고주주총회(이사회결의에 의한 공고로 대체 가능)에서 분할회사의 자산과 부채이전 여부, 단순분할신설회사의 신주발행 여부를 보고해야 하므로 구 주권 및 채권자 이의제출기간의 종료일과 분할보고총회일 사이에 도래하도록 설계하여야 한다.

(13) 검사인 선임 및 법원의 조사·보고절차 불필요(상법 제530조의4)

상법은 현물출자로 회사가 설립되는 경우 검사인(감정인으로 대체 가능)을 선임하여 현물출자의 이행을 법원에 조사·보고하도록 규정하고 있다(상법 제299조).

그러나, 분할신설회사가 분할회사의 재산만으로 설립되는 경우에는 현물출자시 수반되는 검사인 선임 및 법원의 조사·보고절차를 면제하고 있다.

(14) 분할신설회사 자산 및 부채 확정

분할회사는 단순분할신설회사의 사업부문에 속하는 일체의 자산 및 부채, 기타의 권리·의무를 분할신설회사에 이전해야 한다.

인적분할시 이전대상 재산 및 부채는 분할기일에 확정되나 분할계획서에 분할대차대조표와 승계대상 재산목록을 첨부해야 하므로 분할계획서에 첨부되는 분할대차대조표와 재산목록은 분할계약서를 작성하는 가장 최근시점의 분기 또는 반기 자료를 첨부하되, 분할기일 전까지 발생한 재산의 증감사항을 분할대차대조표와 승계대상재산목록에서 가감하여 단순분할신설회사의 자산과 부채를 확정한다.

(15) 분할보고주주총회 개최(분할보고 주주총회 갈음 이사회결의)

분할기일 이후 회사는 주총을 소집하여 분할에 관한 사항을 보고하여야 한다. 통상 기간단축을 위하여 분할기일 이전에 분할보고주주총회의 소집절차를 미리 밟는 것이 관행이며 분할보고주주총회에서 대표이사는 합병에 관한 사항을 보고하여야 하나, 보고사항에 대하여 주주들의 승인을 득할 필요는 없다. 따라서 실무에서는 특별한 목적사항 없이 분할경과보고만이 목적인 경우 이사회결의에 의한 공고로써 분할보고주주총회를 대체하는 것이 일반적이다.

(16) 이사회결의 공고

분할보고주주총회를 대체하는 이사회결의가 이루어진 경우 정관에 정한 일간신문 또는 전자적 방법(홈페이지 게재, 상법 제289조 및 동법 시행령 제6조)으로 공고한다.

(17) 분할등기

분할의 실질적인 효력은 분할기일에 발생하지만 법률적인 효력은 분할회사의 분할등기(자본 및 목적사항변경 등) 및 분할신설회사의 설립등기가 완료되어야 발생한다. 분할등기는 본점소재지에서는 분할보고총회일(분할보고주주총회 갈음 이사회결의 공고일)로부터 2주간 내, 지점소재지에서는 3주간 내에 완료하여야 한다. 이때 존속법인의 변경등 및 신설법인의 설립등기는 동시에 하여야 한다.

❖ 분할등기시 필요서류 ❖

(주식회사) 분할의 변경/설립등기시 필요서류 (상업등기법 제70조~제72조, 상업등기규칙 제150조~제151조)	• 변경등기 또는 설립등기신청서 • 분할계획서 • 정관 • 공증받은 보통주 및 종류주총 의사록 • 공증받은 창립총회의 의사록, 이사회 의사록 • 이사 · 대표이사와 감사 또는 감사위원회 위원의 취임승낙을 증명하는 서면 • 채권자 이의제출 공고 및 최고 증명서, 변제영수증 및 이의없다는 진술서 • 주권제출 공고증명서 • 명의개서대리인과의 계약서(해당시) (기타 상업등기신청서의 양식에 관한 예규 참조)

(18) 신주권 교부 및 단주대금 지급

분할회사는 회수된 구주권에 대하여 실효절차를 취하고 분할회사의 주주에게 단순분할신설회사의 신주권을 교부하며 성주를 형성하지 못하는 단주에 대해서는 그 단주대금을 지급한다.

비상장법인의 주식 등 예탁원에 예탁이 불가능한 주식은 주주에게 신주권을 실물로 직접 교부하며, 단주대금도 경매 또는 법원의 허가를 얻어 경매 이외의 방법으로 매각하여 현금으로 직접 지급한다.

② 상장법인의 절차

상장법인은 전술한 비상장법인의 절차에 분할신고서 제출절차, 법정 공시 및 신고절차, 분할종료보고서 제출절차, 분할회사 변경상장절차, 분할신설회사의 재상장절차가 추가로 요구된다.

절 차	일 정	설 명	관련규정
사전준비절차	-	• 분할대상 자산 및 부채 확정 • 분할관련 법률, 회계, 조세문제 검토 • 분할신설법인 재상장요건 검토 • 분할일정 및 절차, 분할계획서, 주요사항보고서 작성 • 분할회사의 정관변경사항 확정 • 분할신설회사의 정관, 임원 등 확정 • 관계기관(금감원, 거래소, 명의개서 대행기관 등) 사전협의	-
분할이사회결의		이사회에서 분할계획서 승인	상법 제530조의3
주요사항보고서 제출	D-105	금융위, 거래소에 제출	• 자본시장법 제161조 ① 6호 • 유가공시 제7조 ① 3호 • 코스닥공시 제6조 ① 3호
공시관련 매매거래 정지		주요내용 공시관련 매매거래 정지	• 유가공시 제40조 ① • 동시행세칙 제16조 ① • 코스닥공시 제37조 ① • 동시행세칙 제18조 ①
거래소 승인	D-45	거래소 45영업일 내 승인결과 통지	• 유가상장 제22조 ① • 코스닥상장 제6조 ④

절 차	일 정	설 명	관련규정
증권신고서 제출	D-41	금융위 제출, 효력발생기간 7영업일	자본시장법 제119조
주총소집 이사회 결의	D-41	임시주총소집을 위한 이사회결의	상법 제362조
주총소집이사회 결의 신고 및 공시	D-41	거래소 신고 및 공시	• 유가공시 제7조 ① 3호 • 코스닥공시 제6조 ① 3호
기준일 공고	D-41	명부확정 기준일 2주 전 공고	• 상법 제354조 • 전자증권법 제66조
투자설명서 제출	D-30	신고서 효력발생시(7영업일 이상) 금융위 제출	자본시장법 제123조
주주명부확정 기준일	D-25	주총을 위한 권리주주 확정일	• 상법 제354조 • 전자증권법 제66조
주총소집 공고 및 통지	D-15	소집의 뜻과 회의의 목적사항 통지	상법 제542조의4
주총소집 통지 및 공고 비치	D-15	사외이사 관련사항 등을 회사의 인터넷 홈페이지에 게재하고 금융위 등에 비치	• 상법 제542조의4 • 동법 시행령 제31조
분할대차대조표 등 공시	D-15	주총 2주 전~분할등기 후 6개월	상법 제530조의7
분할승인 주주총회 개최	D	주총 특별결의	상법 제530조의3
분할주총 결과 보고	D	거래소	• 유가공시 제7조 ① 3호 • 코스닥공시 제6조 ① 3호
채권자 이의제출 공고 및 최고	D+1	주총일로부터 2주 이내 공고	상법 제530조의11
주식병합 공고	D+15	주식병합일(분할기일)의 2주간 전에 공고	• 상법 제530조의11 • 전자증권법 제65조, 제37조
매매거래 정지	D+31	주식병합일 전 2영업일~변경상장 전일	• 유가상장 제153조 ① 4호 • 코스닥업무 제25조 ① 3호 • 동시행세칙 제30조 ① 2호

절 차	일 정	설 명	관련규정
채권자 이의제출 종료	D+32	공고기간 1개월 이상	상법 제530조의11
분할기일	D+33	실질적인 분할일	–
분할보고주주총회 갈음 이사회결의	D+34	분할보고주주총회 대체	상법 제530조의11
이사회결의 공고	D+35	분할보고총회 및 창립총회는 이사회결의에 의한 공고로 대체	
분할등기 및 신설등기	D+36	• 본점 : 공고일로부터 2주 내 • 지점 : 공고일로부터 3주 내	• 상법 제530조의11 • 상업등기법 제70조~ 제72조 • 상업등기규칙 제150조, 제151조
분할종료 보고 또는 증권발행실적보고서 제출		분할등기 후 지체없이 제출	발행·공시규정 제2-19조 및 제5-15조
최대주주등 소유주식 변동신고	D+37	분할등기 확인 후 지체없이 신고	유가상장 제83조 (코스닥은 해당사항 없음)
계열회사 변경 신고 (자율공시)		분할등기 확인한 직후	• 유가공시 제28조 • 코스닥공시 제26조
임원 등의 특정증권 등 소유상황보고 (10% 보고)	–	주식병합일의 전영업일을 기준일로 5영업일 이내(감자에 준용)	• 자본시장법 제173조 • 동법 시행령 제200조
사후절차		변경상장 및 재상장 신청	–
		변경상장 및 재상장 매매개시	

(주) : 1. 유가증권시장공시규정(유가공시), 코스닥시장공시규정(코스닥공시), 「증권의 발행 및 공시 등에 관한 규정」(발행·공시규정), 유가증권시장상장규정(유가상장), 코스닥시장업무규정(코스닥업무), 주식·사채 등의 전자등록에 관한 법률(전자증권법)
2. 상장법인의 인적분할시에는 50인 이상의 존속법인의 주주들에게 신설법인의 주식을 교부하면 간주모집에 해당되므로 증권신고서, 투자설명서, 증권발행실적보고서를 제출해야 함. 다만 합병회사의 주식을 교부받을 주주가 50인 미만이라 하더라도, 주식을 교부받는 시점에서 지체없이 한국예탁결제원에 예탁하고 그 예탁일부터 1년간 해당 증권을 인출하거나 매각하지 않기로 하는 내용의 예탁계약을 체결하는 등의 전매제한 조치가 없는 경우, 「증권의 발행 및 공시 등에 관한 규정」 제2-2조 제1항에 기술된 전매기준에 해당되게 되어 증권신고서를 제출하여야 함.

(1) 상장법인 이사회결의 및 주요사항보고서 제출

사업보고서 제출대상법인은 합병 이사회 3일내 해당 내역을 주요사항보고서로 금융위에 제출하여야 한다. 단, 상장법인이 분할에 대한 이사회결의를 한 경우에는 각 시장의 공시규정에 의거하여, 그 결의내용을 지체없이 거래소에 신고 및 공시하여야 한다.

구 분	유가증권상장법인	코스닥상장법인
시 기	이사회 결의일 당일	좌동
장 소	금융위/거래소	좌동
제출서식	기업공시서식 작성기준 제38－45호	좌동
규 정	유가증권시장공시규정 제7조 ① 3호 가목 (5)	코스닥시장공시규정 제6조 ① 3호 가목 (8)

(2) 상장법인 주권의 공시관련 매매거래 정지

상장법인이 인적분할을 공시한 경우 거래소는 주가에 대한 충격을 완화하고 소액주주를 보호하기 위하여 시장조치를 통하여 당해 공시시점부터 일정기간 동안 주권의 매매거래를 정지하고 있다. 또한 신설법인의 재상장 여부에 따라 재상장예비심사신청서 제출일까지 상장규정상의 매매정지가 주어질 수도 있다(유가증권시장).

① 유가증권상장법인
　　가. 유가증권시장공시규정

공시시점	매매거래 정지기간
매매거래 정지기준	분할에 대한 신고·공시시점
장개시 이전	장개시 이후 30분 동안
장개시 이후~장종료 60분 이전	공시시점으로부터 30분 동안
장종료 60분 전 이후	그 다음 날부터 매매거래 재개 (단, 장개시 전 시간외거래는 불가)
규 정	• 유가증권시장공시규정 제40조 ① 2호 • 동 시행세칙 제16조 ① 1호, ③ 2호 • 유가증권시장업무규정 시행세칙 제54조

나. 유가증권시장상장규정

구 분	내 용
거래정지 사유	투자자보호(재상장 여부 및 예비심사신청서 확인) (분할신설법인을 재상장하지 않을 경우 해당사항 없음)
거래정지 기간	분할공시 ~ 재상장예비심사신청서 및 첨부서류 제출일까지 (단, 예비심사신청서 제출전 취소결정이 있을 시에는 당해 취소결정 일까지)
규 정	유가증권시장상장규정 제153조 ① 6호, ② 5호

(주) 분할이사회결의 공시일에 맞추어 예비심사신청서등을 제출시, 상장규정에 의한 매매정지 없음.

② 코스닥상장법인

코스닥시장의 경우 분할재상장과 관련하여 상장규정상의 매매정지 조항은 두고 있지 않다.

공시시점	매매거래 정지기간
매매거래 정지 기준	분할에 대한 신고·공시시점
장개시 이전	장개시 이후 30분 동안
장개시 이후~장종료 60분 이전	공시시점으로부터 30분 동안
장종료 60분 전 이후	그 다음 날부터 매매거래 재개 (단, 장개시 전 시간외거래는 불가)
규 정	• 코스닥시장공시규정 제37조 ① 2호, ③ • 동 시행세칙 제18조 ① 7호, ② 2호 • 코스닥시장업무규정 시행세칙 제26조 2호, 3호

(3) 재상장예비심사 신청

상장법인이 인적분할과 함께 신설법인에 대한 재상장을 추진할 시에는 다음과 같이 재상장예비심사신청 일정을 거쳐야 하며, 이에 대한 승인결정이 나온 이후에야 증권신고서 제출 및 주총일정의 진행이 가능하다.

인적분할시 상장법인으로부터 분할신설된 법인은 일정한 상장요건을 충족하여야 재상장이 가능하다.

상장법인의 인적분할로 신설된 법인이 재상장이 되지 않을 경우에는 상장주권의 일부분이 유동성을 상실하여 소액주주가 피해를 보게 되므로 실무에서는 감독기관의 권고 또는 자율에 의하여 분할회사 또는 분할회사의 대주주가 공개매수 등을 통하여 분할신설법인의 주식을 매입함으로써 소액주주를 보호하여 왔다. 특히 이와 관련 2013년 8월 자본시장법 개정을 통해 상장법인의 인적분할시 신설법인이 비상장법인이 되는 경우(재상장예비심사에서 미승인 이후에도 인적분할 진행하는 경우 포함)에 한해 주식매수청구권 제도를 강제화하는 법안이 시행중에 있다(이와 관련 보다 자세한 사항은 본서 '제5장 주식매수청구권' 편을 참조하기 바람).

상장법인의 인적분할로 설립된 분할신설법인의 재상장과 관련하여 유가증권상장법인과 코스닥상장법인 모두 상장주선인(증권회사)을 반드시 선임하고 상장주선인을 통하여 재상장을 신청하여야 한다(유가증권시장상장규정 제12조 ①, 코스닥시장상장규정 제40조 ①).

유가증권의 경우 상장신청인은 상장예비심사나 상장심사 신청 전 상장 절차, 시기 등에 대해 거래소와 협의를 하여야 하며(유가증권시장상장규정 제20조), 코스닥의 경우 투자자 보호 및 코스닥시장의 건전성을 위하여 거래소는 상장예비심사청구 전에 재상장신청인과 상장절차 등에 관하여 협의를 할 수 있다(코스닥시장상장규정 제40조 ②).

① 유가증권상장법인으로부터 분할신설된 법인의 재상장 예비심사 신청

유가증권시장상장규정에서는 유가증권상장법인으로부터 분할신설된 법인의 재상장 규정을 일반분할과 합병 후 단기분할(상장법인과 비상장법인이 합병 후 3년 이내에 분할하는 경우로서 분할신설법인의 주된 영업부문이 합병 당시 비상장법인의 영업부문에 속하는 경우)로 구분하여 규정하고 있다.

가. 분할 재상장 예비심사 신청 절차

절 차	내 용	규 정
상장주선인 선임	재상장신청인의 상장주선인 선임	유가상장 제12조
재상장 사전협의	재상장예비심사 신청전 절차 및 시기 등에 대하여 거래소와 사전 협의	유가상장 제20조
분할 이사회 결의 및 주요사항보고서 제출	주요사항보고서 제출 이사회 결의 및 관련 서류 첨부	자본시장법 제161조 ① 6호 유가공시 제7조 ① 3호
분할결정 매매거래 정지	분할재상장 공시일 ~ 예비심사신청서 제출일까지 공시규정상 매매거래정지	유가상장 제153조 ① 6호, ② 5호 유가공시 제40조 ① 동 시행세칙 제16조 ①, ③

절 차	내 용	규 정
재상장 예비심사서류 제출	분할이사회결의 후 지체없이 신청서 및 첨부서류 제출	유가상장 제39조, 동 시행세칙 제33조, 별표 1
재상장 예비심사	상장·공시위원회 심의를 거쳐 상장예비심사결과를 확정	유가상장 제22조 ④
재상장 예비심사결과 통지	예비심사신청서 접수일로부터 45일(영업일 기준) 이내 통지. 단, 신청서 등의 정정·보완 등의 사유발생시 연기 가능	유가상장 제22조 ①
이후 분할 일정 이행	이후 증권신고서 및 주총일정 진행	–

(주) : 1. 유가상장 : 유가증권시장상장규정
     2. 유가공시 : 유가증권시장공시규정
     3. 재상장 대상법인이 상장규정 제30조 ②의 패스트트랙 요건을 갖출시 20영업일로 단축

나. 일반분할시 재상장 예비심사 신청 규정

구 분	내 용	관련규정
기 한	분할 이사회 결의 후 지체없이	유가증권시장상장규정 제39조 ②
제출서류	• 재상장예비심사신청서 • 상법 제530조의7 ① 각호의 서류 (분할계획서, 분할 대차대조표, 분할되는 회사 주주에게 주식배정에 관해 이유기재한 서면 등)	유가증권시장상장규정 제41조, 동 시행세칙 제33조, 별표 1
	• 분할 이전 영업부문의 최근 3년 개별재무상태표/개별손익계산서와 그에 대한 감사인의 검토보고서(해당 연도 반기경과시 반기검토보고서 포함) • 종속회사가 있고 최근 3년 중 K-IFRS 적용한 경우, 해당 연도의 연결재무제표 및 당해 연결재무제표에 대한 감사인 검토보고서(지주회사의 경우 감사보고서) • 자회사 최근 3년 재무제표 및 감사보고서(지주회사의 경우) • 분할 이사회의사록 사본 • 분할 전 법인등기부등본 • 기타 거래소가 심사상 필요로 하는 서류	유가증권시장상장규정 제21조, 제41조 동 시행세칙 제33조, 별표 1

구 분	내 용	관련규정
심 사	• 유가증권시장 상장공시위원회 심의를 거쳐 상장예비심사결과를 확정 • 거래소는 신청서 접수일 45일주)(영업일 기준) 이내에 그 결과를 당해 예비심사신청인과 금융위원회에 문서로 통지. 다만, 신청서 및 첨부서류의 정정·보완 또는 추가심사가 필요한 경우 연기 가능	유가증권시장상장규정 제22조
요 건	• 재상장예비심사신청일 현재 분할이전된 영업부문 3년 이상 계속하여 영업 영위(이전부문이 2개 이상일 때에는 매출비중이 가장 큰 주된 영업부문. 지주회사의 경우 주요 자회사 중 매출액 비율이 가장 큰 자회사의 주된 영업부문) • 재상장예비심사신청일 현재 자기자본 100억원 이상 • 재상장 예정 주식총수(최대주주 등 소유주식수는 제외) 100만주 이상 • 분할이전될 영업부문의 최근연도 매출액 300억원 이상 • 분할이전될 영업부문 최근연도 세전이익 25억원 이상 -종속회사가 있는 경우, 연결재무제표상 금액기준 • 예비심사신청서 및 재상장신청서에 대한 감사 검토보고서 및 감사보고서 의견 적정 • 유가증권시장상장규정 제77조와 제78조에 의한 사외이사 선임 및 감사위원회 설치 • 주식양도의 제한이 없을 것 • 질적 요건(유가증권시장상장규정 제30조) 충족	유가증권시장상장규정 제42조 ②, ⑤

주) 재상장 대상법인이 상장규정 제30조 제2항의 패스트트랙 요건을 갖출시 20영업일로 단축 가능(유가
증권시장상장규정 제22조 및 제30조 제2항, 동 규정 시행세칙 제16조)
 - 상장예비심사신청일 현재 자기자본 4,000억원 이상
 - 매출액 : 최근 사업연도 7천억원 이상 & 최근 3년 평균 5,000억원 이상
 - 세전이익 : 최근 사업연도 300억원 이상 & 최근 3년 합계 600억원 이상& 매년 이익액 존재

다. 합병 후 단기분할시 재상장 예비심사 신청 규정

합병 후 단기분할은 상장법인과 비상장법인이 합병(합병등기일 기준) 후 3년

이내에 분할(분할이사회결의일 기준)하는 경우로서 분할신설법인의 주된 영
업부문이 합병 당시 비상장법인의 영업부문에 속하는 경우를 의미한다.
단 합병 당시 유가증권상장법인이 유가증권시장상장규정 제34조에 따라
우회상장예비심사신청서를 거래소에 제출하여 그 심사를 받고 합병이 이
루어진 경우에는 제외된다.

❖ 합병 후 단기분할시 재상장 요건 ❖

요 건	내 용
주된 영업의 계속연수	기준일 현재 분할 이전된 주된 영업부문이 3년 이상 사업 영위
기업규모	• 기준일 현재 자기자본 300억원 이상 • 기준일 현재 재상장 예정주식총수(최대주주 등 주식수 제외) 100만주 이상
주식분산	주식분산 요건 : 유가증권시장상장규정 제29조 ① 3호 참고
경영성과	• 다음 중 하나의 경영성과 요건을 충족할 것 (1) 매출과 수익성 모두 아래 충족 - 기준일 현재 분할로 이전된 영업부문의 3년 평균 매출액 700억원 이상 & 최근 사업연도 1000억원 이상 - 다음 중 하나 충족 　a. 세전이익액 : 최근 사업연도 30억원 이상 & 최근 3사업연도 합계 60억원 이상 　b. 자기자본이익률(이익/자기자본) : 최근 사업연도 5% 이상 & 최근 3사업연도 이익률 합계 10% 이상(단 1년이라도 이익률 마이너스일시 미충족으로 간주) 　c. 예비심사신청일 현재 자기자본 1천억원 이상인 법인(대형법인)의 경우 　　- 최근연도 세전이익 50억원 이상 또는 자기자본이익률 3% 이상 　　- 최근연도 영업현금흐름이 양(+)일 것 (2) 최근 사업연도 매출 1천억원 이상 α 신청일 현재 기준시 총 2천억원 이상 (3) 최근 사업연도 세전이익 50억원 이상 α 신청일 현재 기준시 총 2천억원 이상 (4) 재상장신청일 현재 기준시총 5천억원 이상 α 자기자본 1,500억원 이상 (5) 재상장신청일 현재 기준시총 1조원 이상 ※ 자기자본 : 기준일 현재 최근 사업연도 말 현재의 자기자본

요 건	내 용
감사의견	상장예비심사신청서 및 재상장신청서에 대한 감사보고서 감사의견 적정
사외이사 선임 및 감사위원회 설치	• 사외이사 선임(유가증권시장상장규정 제77조) • 감사위원회 설치(유가증권시장상장규정 제78조)
기타 요건	주식의 양도제한이 없을 것(유가증권시장상장규정 제29조 ① 7호)
질적 요건 충족	질적 요건 : 유가증권시장상장규정 제30조(단, 3호 경영안정성 요건 제외)
규 정	유가증권시장상장규정 제42조 ④, ⑤

라. 재상장 예비심사신청서 제출 후 재상장 전일까지의 추가제출서류

분할재상장을 위해 상장예비심사를 신청한 법인(상장예비심사신청인)은 재상장 예비심사신청 후 재상장일 전까지 다음의 중요사항이 발생한 경우 그에 관한 서류를 추가로 제출하여야 한다.

구 분	내 용	관련규정
제출서류	• 증권에 관한 이사회나 주주총회의 결의가 있었을 경우 그 의사록 사본 • 경영상 중대한 사실(수표 또는 어음 부도, 영업활동 정지, 재해 또는 과대한 손실의 발생, 다액의 고정자산의 매각, 소송제기, 최대주주 및 임원변경, 합병, 분할·분할합병, 영업 양도·양수, 주요자산의 임대 또는 경영위임의 결의 등)이 발생하였을 경우에는 그 관련 서류(지주회사의 경우에는 자회사에 관한 사항을 포함) • 모집 또는 매출의 신고를 한 경우 투자설명서(예비투자설명서 및 간이투자설명서 포함) 및 이의 정정사항 • 당해 사업연도 반기종료 후 45일이 경과한 경우 반기재무제표 및 반기재무제표에 대한 감사인의 검토보고서 • 최근 사업연도 결산승인을 위한 주총 개최 시 최근 사업연도 재무제표 및 감사보고서	유가증권시장상장규정 제21조

② 코스닥상장법인으로부터 분할신설된 법인의 재상장 예비심사 청구

가. 분할 재상장 예비심사 청구 절차

절 차	내 용	규 정
상장주선인 선임	재상장신청인의 상장주선인 선임	코스닥상장 제12조
재상장 사전협의	재상장예비심사 청구전, 상장절차 등에 대하여 거래소와 사전 협의	코스닥상장 제40조 ①
분할 이사회 결의 및 주요사항보고서 제출	주요사항보고서 제출 이사회 결의 및 관련 서류첨부	자본시장법 제161조 ① 6호 코스닥공시 제6조 ① 3호
분할결정 매매거래정지	공시규정상 매매거래 정지	코스닥공시 제37조 ①, ③ 동 시행세칙 제18조 ① 7호, ② 2호
재상장 심사서류 제출	분할이사회결의 후 지체없이 청구서 및 첨부서류 제출	코스닥상장 제40조
재상장 심사	코스닥시장 상장위원회 심의를 거쳐 상장예비심사 결과를 확정	코스닥상장 제6조 ①
재상장 예비심사결과 통지	예비심사청구서 접수일로부터 45일 이내 통지. 단, 청구서 등의 정정 · 보완 등의 사유발생시 연기 가능	코스닥상장 제6조 ④ 동 시행세칙 제10조
이후 분할 일정 이행	이후 증권신고서 및 주총일정 진행	

(주) : 1. 코스닥상장 : 코스닥시장상장규정
    2. 코스닥공시 : 코스닥시장공시규정

나. 일반분할시 재상장 예비심사 청구 규정

구 분	내 용	관련규정
기 한	분할 이사회 결의 후 지체없이	코스닥상장 제40조 ①
제출서류	• 상장예비심사신청서 • 상법 제530조의7 ① 각호의 서류(분할계획서, 분할 대차대조표, 분할되는 회사주주에게 주식배정에 관해 이유기재한 서면 등)	코스닥상장 제40조 ① 동 시행세칙 제36조 별표 1

구 분	내 용	관련규정
제출서류	• 분할 이전 영업부문의 최근연도 매출액 및 이익현황과 이에 따른 감사인의 검토보고서(해당 연도 반기경과시 반기검토보고서 포함/종속회사있는 법인은 연결감사검토보고서 제출) • 기타 거래소가 심사상 필요로 하는 서류	
심 사	• 코스닥시장 상장위원회 심의를 거쳐 상장예비심사 결과를 확정 • 거래소는 청구서접수일 45일 내에 그 결과를 당해 금융위, 당해 법인 및 상장주선인에게 문서로 통지. 다만, 청구서 및 첨부서류의 정정·보완이 필요하거나 전문평가기관에 의뢰한 경우 및 상장위원회 위원에 대한 기피신청이 있는 경우 등에는 연기 가능	코스닥상장 제6조 ① 동 시행세칙 제10조
요 건	• 재상장신청일 현재 자기자본 30억원 이상이고, 분할기일 현재 자본잠식이 없을 것 • 분할이사회결의일 기준 분할이전될 영업부문 최근연도 법인세비용차감전계속사업이익 있고 다음 중 하나를 충족 － 최근연도 자기자본이익율 10% 이상 － 최근연도 당기순이익이 20억원 이상 － 최근연도 매출액이 100억원 이상 • 분할기일 현재 감사의견이 적정의견일 것 • 정관 등에 주식의 양도제한이 없을 것 • 액면가액이 100, 200, 500, 1,000, 2,500, 5,000원 • 상법 제542조의10의 상근감사 요건 충족 • 상법 제542조의8의 사외이사 요건 충족 • 질적 요건(코스닥시장상장규정 제29조) 충족 • 재상장신청일 현재 재상장 예정 보통주식총수(최대주주 등 소유주식수 제외) 100만주 이상 • 분할이전될 영업부문 최근사업연도 매출액 및 이익현황에 대한 감사인의 검토보고서 의견 적정(당해 반기 경과시 반기검토의견 적정 포함)	코스닥상장 제40조 ①

다. 합병 후 단기분할시 재상장 예비심사청구 규정

　　합병 후 단기분할은 상장법인과 비상장법인이 합병 후(합병기일 기준) 3년 이내에 분할 후 재상장을 하는 경우에 해당된다. 코스닥의 경우 유가증권시장과 달리 분할신설법인의 주된 영업부문이 과거 합병 당시 비상장법인의 영업부문에 속하는지 여부는 관련이 없다. 다만 과거 합병이 소규모합병이었을 경우에는 제외된다.

　　한편 합병 후 단기분할에 해당할 경우 존속법인은 상장적격성 실질심사를 거쳐 상장이 폐지될 수 있으므로 유의하여야 한다. 다만 합병당시 코스닥 상장법인이 우회상장심사를 받은 경우에는 그러하지 아니한다(코스닥시장 상장규정 제56조 ① 3호 아목 2)).

요 건	내 용
결산재무제표	• 분할기일이 속하는 사업연도 결산재무제표 확정 • 분할기일부터 사업연도 말까지의 기간이 3개월 미만인 경우, 다음 사업연도 결산재무제표 확정
자기자본	재상장 신청일 현재 자기자본 30억원 이상
자본상태	분할기일 및 재상장신청일 현재 자본잠식이 없을 것
유통주식수	상장신청일 현재 재상장 예정 보통주식총수 100만주 이상(최대주주 등 소유주식수 제외)
경영성과	• 분할기일이 속한 사업연도 법인세비용차감전계속사업이익 존재 • 분할기일 속한 사업연도의 경영성과가 다음 중 하나 충족 　a. 자기자본이익률(이익/자기자본) : 10% 이상 　b. 당기순이익 : 20억 이상 　c. 매출액 : 100억 이상
감사의견	분할기일이 속한 사업연도 말의 감사의견 적정(연결포함)
기타요건	• 주식양도제한 규정이 없을 것 • 액면가액이 100, 200, 500, 1,000, 2,500, 5,000원일 것 • 상근감사 요건(상법 제542조의10) 충족 • 사외이사 요건(상법 제542조의8) 충족
질적요건 충족	질적 요건 : 코스닥시장상장규정 제29조
규 정	코스닥시장상장규정 제43조 ③

라. 재상장예비심사청구서 제출 후 재상장일까지의 추가제출서류

구 분	내 용	관련규정
제출서류	• 증권에 관한 이사회나 주주총회의 결의가 있었을 경우 그 의사록 사본 • 경영상 중대한 사실(어음/수표 부도, 합병, 영업활동 정지, 주요자산의 변동 등) • 모집 또는 매출의 신고를 한 경우 투자설명서(예비투자설명서 및 간이투자설명서 포함) 및 이의 정정사항 • 당해 사업연도 반기종료 후 45일이 경과한 경우 반기재무제표 및 반기재무제표에 대한 감사인의 검토보고서 • 최근 사업연도 결산승인을 위한 주총 개최시 최근 사업연도 재무제표 및 감사보고서	코스닥시장 상장규정 제5조

(주) 위 중요사항에 대한 거래소 신고는 반드시 상장주선인을 통하여 행하여야 한다(코스닥시장상장규정 제5조).

(4) 주요 신고사항

기업분할은 다수결의 원칙(주총 특별결의)에 의하여 대주주의 이해관계에 따라 결정되는 것이 일반적이므로 공정성이 확보되지 않을 경우 소액주주가 피해를 볼수 있다.

주요사항보고서는 위와 같은 불공정한 분할로 인한 소액주주를 보호하기 위하여 규정된 특수공시서류로서 분할의 목적, 방법 및 일정, 요령 등 분할에 관한 사항과 분할당사회사에 관한 내용을 포함하고 있다.

또한 분할로 인하여 증권을 모집 또는 매출하는 경우에는 증권신고서를 금융위에 제출하여야 하며, 증권신고서 수리일로부터 일정한 기간이 경과되면 투자설명서를 금융위에 제출하여야 한다. 또한, 증권신고서를 제출한 분할회사는 분할기일 이후 지체없이 증권발행실적보고서를 금융위에 제출하여야 하며, 증권발행실적보고서 제출시 분할종료보고서의 제출은 면제된다.

❖ 주요 신고사항 요약 ❖

구 분	비상장법인		상장법인
	사업보고서 대상제외	사업보고서 대상[주1]	사업보고서 제출대상
주요사항보고서	미제출	제출	제출

구 분	비상장법인		상장법인
	사업보고서 대상제외	사업보고서 대상^{주1)}	사업보고서 제출대상
분할종료보고서	미제출	미제출	제출(단, 증권발행 실적보고서 제출시 미제출)
증권신고서	• 모집매출^{주2)} 해당시 제출 • 모집매출 미해당시 미제출	좌동	좌동
투자설명서	증권신고서 제출시 제출	좌동	좌동
증권발행실적보고서	증권신고서 제출시 제출	좌동	좌동

주1) 사업보고서 제출대상법인 : 주권 및 증권 등을 상장한 법인, 주권 및 증권 등을 모집매출한 법인(상 장폐지 법인 포함), 주권 및 증권 등별로 소유자 수가 500인 이상인 외감대상법인(자본시장법 시행 령 제167조 ①)

주2) 모집 또는 매출 : 50명 이상의 자에게 증권의 취득권유 또는 매도권유를 하는 행위(이전 6개월 이내 에 권유대상자 합산), 기존 상장법인 및 모집매출 실적이 있는 법인의 자기주식 교부 및 신주발행은 간주모집으로 의제. 다만 권유대상자가 50인 미만이라 하더라도, 주식을 교부받는 시점에서 지체없 이 한국예탁결제원에 예탁하고 그 예탁일부터 1년간 해당 증권을 인출하거나 매각하지 않기로 하는 내용의 예탁계약을 체결하는 등의 전매제한 조치가 없는 경우, 「증권의 발행 및 공시 등에 관한 규 정」 제2-2조 제1항에 기술된 전매기준에 해당되게 되어 간주모집으로 의제

① 주요사항보고서

상장법인은 다음의 주요사항보고서를 제출하여 분할관련 주요사항을 공시하 여야 한다.

구 분	내 용
제출의무자	• 분할을 하고자 하는 사업보고서 제출대상 법인
제출시기	• 규정상 이사회 결의일 3영업일까지 제출 (단, 해당 사업보고서 제출대상법인이 유가증권상장법인 또는 코스닥 상장법인 경우, 공시규정에 의거 **이사회결의일 당일 제출**)
제출장소	금융위 및 거래소
제출서식	• 「기업공시서식 작성기준」 <별지 제38-45호 서식>의 주요사항보고서 (회사분할결정) 참고
첨부서류	• 분할이사회 의사록 사본 • 분할계획서 사본 등
규정	자본시장법 제161조 ①, ② 동법 시행령 제171조 ④, 「증권의 발행 및 공 시 등에 관한 규정」 제4-5조 ② 유가공시 제7조 ① 3호 가목 (5), 코스닥공시 제6조 ① 3호 가목 (8)

② 증권신고서

자본시장법에 따라 분할로 인하여 증권을 모집 또는 매출하는 경우에는 증권
신고서를 금융위에 제출하여야 한다.

인적분할의 경우 상장법인(또는 사업보고서제출대상법인)을 존속으로 하여 인적
분할시, 존속회사의 기존 주주들이 새로이 단순분할신설회사의 주식을 배정받
는 것이므로 간주모집으로 본다. 단, 물적분할은 증권신고서 제출의무가 없다.

구 분	내 용
제출의무자	• 분할로 인하여 증권의 모집 또는 매출을 하는 발행인 (인적분할시 분할전 회사)
제출시기	• 주주총회 소집통지 및 공고일 7영업일 전까지 제출(증권신고서의 효 력발생기간 고려)
제출장소	금융위
기재사항	• 분할의 개요(기본사항, 가액 및 산출근거, 분할의 요령, 영업 및 자산 내용, 신주의 주요권리 내용, 투자위험요소, 주식매수청구권 사항, 당 사회사간 이해관계, 기타 투자자보호 사항 등) • 당사회사에 관한 사항 • 기업공시서식 작성기준 중 <별지 제9호 서식> 증권신고서 참조
작성 기준일	• 증권신고서 제출일 전일 (단, 재무관련 사항 및 감사의견 등은 최근사업연도(또는 분/반기) 말 기준으로 함)
첨부서류	• 분할회사의 정관(조직운영 및 투자자의 권리의무를 정한 것) • 분할회사의 주주총회 소집을 위한 이사회 의사록 사본 • 분할회사의 법인등기부등본 • 행정관청의 인·허가 또는 승인에 대한 서류(해당시) • 분할계획서 사본 • 분할회사의 최근 3사업연도 감사보고서 및 연결감사보고서 • 분할회사의 반기검토보고서 또는 분기검토보고서(반기 또는 분기보 고서 제출대상이 아닌 경우 : 회사제시 반기재무제표, 분기재무제표) • 분할회사가 비상장법인인 경우 주주명부 • 예비(간이)투자설명서
규정	자본시장법 제119조, 「증권의 발행 및 공시 등에 관한 규정」 제2-10조

③ 정정신고서

증권신고서의 형식상의 불비, 중요사항에 관한 거짓 기재 또는 불분명함등으
로 투자자의 합리적 투자판단을 저해하거나 중대한 오해를 일으킬 수 있는 경

우 증금융위는 이에 대한 정정신고서의 제출을 요구할 수 있다. 정정 요구에 의한 증권신고서는 정정신고서를 제출하면서 다시 효력발생기간을 산정하여야 한다(법 제122조 ①, ②). 아울러 증권신고서를 제출한 자는 정정요구가 아니라도 자진하여 정정신고서를 제출할 수 있으며, 다음의 경우에는 반드시 정정신고서를 제출하여야 한다(법 제122조, 시행령 제130조, 발행·공시규정 제2-13조).

증권발행 관련 사항의 변경	기재 불충분
• 모집·매출가액(분할비율 등)의 변경 • 기준일, 청약기간(주총일), 기일(중요한 분할일정)의 변경 • 발행증권 수(분할신주 수)의 변경	• 최근 사업연도 재무제표 확정(주주총회), 분반기보고서 제출[주)] • 영업양수도 계약, 합병 계약등의 체결 • 중대한 영향 미치는 소송의 발생

주) 증권신고서 제출 후, 청약권유일(주총소집통보일) 및 청약일(주주총회일)이 도래하기 전, 해당 분반기보고서 제출 또는 정기주총의 재무제표 확정이 도래하지 않도록, 분할일정 설정에 특히 주의하여야 함(법 제122조 ③, ⑤, 시행령 제130조 ② 3호 가목).

정정요구가 아닌 자진정정의 경우라 하더라도, 원칙적으로는 효력발생기간을 정정신고서 제출일로부터 재기산하는 바, 감독당국과의 긴민한 협의가 있어야 할 것이다. 또한 제출인이 증권신고서를 철회하는 경우, 기재된 청약일 전까지 철회신고서를 금융위에 제출하여야 하며(법 제120조 ④), 정정요구를 받은 후 3개월 이내 정정신고서를 제출하지 아니하는 경우, 해당 증권신고서는 철회한 것으로 간주한다(법 제122조 ⑥, 영 제130조 ⑤).

④ 투자설명서

증권신고서를 제출한 분할존속회사는 증권신고의 효력이 발생하는 날에 투자설명서를 금융위에 제출하고, 분할존속법인의 본점, 금융위, 거래소, 청약사무 취급처에 비치하여 일반인이 열람할 수 있도록 하여야 한다. 또한 분할존속회사는 주주총회일 이전까지 주주에게 투자설명서를 교부하여야 한다.

구 분	내 용
제출의무자	증권신고서를 제출한 발행인
제출시기	증권신고서 효력이 발생하는 날
제출장소	금융위
기재사항	공시서식 중 <별지 제20호 서식> 투자설명서 참조
규정	자본시장법 제123조 및 제124조, 영 제131조, 시행규칙 제12조 및 제13조 「증권의 발행 및 공시 등에 관한 규정」 제2-14조

⑤ 증권발행실적보고서

증권신고서를 제출한 분할존속회사는 분할이 종료된 때 지체없이 증권발행실적보고서를 금융위에 제출하여야 하며, 증권발행실적보고서 제출시 분할종료보고서의 제출은 면제된다.

구 분	내 용
제출의무자	증권신고서를 제출한 발행인
제출시기	분할종료(분할기일) 이후 지체없이 제출
제출장소	금융위
기재사항	• 분할 등의 일정 • 최대주주 및 주요주주 지분변동 상황 • 채권자보호에 관한 사항 • 분할 관련 소송의 현황 • 신주 배정 등에 관한 사항 • 분할 전후의 요약재무정보 • 기업공시서식 작성기준 중 <별지 제25호 서식> 증권발행실적보고서 　(합병 등) 참조
규정	자본시장법 제128조, 「증권의 발행 및 공시 등에 관한 규정」 제2-19조, 제5-15조

한편, 분할주총에서 분할결의안이 부결되거나 채권자 이의 미해소 등으로 분할계획서의 승인 및 이행이 불가할 경우 정정 주요사항보고서 및 철회신고서(증권신고서 기제출시)에 그 이유를 상세히 기재하여 제출함으로써 증권발행절차를 종결해야 한다(자본시장법 제120조 ④).

⑥ 합병등종료보고서

분할이 종료된 주권상장법인은 분할등기를 한 때 지체없이 합병등 종료보고서를 금융위에 제출하여야 한다. 단, 증권발행실적보고서 제출시 합병등 종료보고서의 제출은 면제된다.

구 분	내 용
제출의무자	분할 관련 주요사항보고서를 제출한 주권상장법인
제출시기	분할등기 후 지체없이 제출
제출장소	금융위

구 분	내 용
기재사항	• 분할 등의 일정 • 대주주등 지분변동 상황 • 주식매수청구권 행사 • 채권자보호에 관한 사항 • 관련 소송의 현황 • 신주 배정 등에 관한 사항 • 분할 전후의 요약재무정보 • 기업공시서식 작성기준 중 <별지 제55호 서식> 합병등 종료보고서 참조
규정	「증권의 발행 및 공시 등에 관한 규정」제5-15조, 제2-19조

(5) 주요 신고사항에 대한 벌칙

주요사항보고서 및 증권신고서(투자설명서 및 정정신고서 포함)의 중요사항에 관하여 거짓의 기재 또는 표시가 있거나 중요사항이 기재 또는 표시되지 아니함으로써 증권의 취득자가 손해를 입은 경우 주요사항보고서 및 증권신고서(투자설명서 및 정정신고서 포함) 작성인의 책임을 엄격히 하기 위하여 자본시장법에서는 손해배상책임 및 형사적 책임에 대하여 명시하고 있다.

손해배상책임 (자본시장법 제125조 내지 제127조 및 제162조)	• 주요사항보고서 및 증권신고서의 중요사항의 거짓기재 등(거짓기재 또는 미기재)로 인하여 증권의 취득자 등이 손해를 입은 경우 손해배상책임 발생. 단, 손해배상책임자가 상당한 주의를 하였음에도 알 수 없었음을 증명하거나, 취득자(처분자)가 취득(처분)시 그 사실을 안 경우는 제외 • 청구권자가 당해 사실을 안 날로부터 1년 내 또는 해당서류 제출일로부터 3년 내에 청구권 미행사시 권리소멸 • 손해배상책임자 　-제출인(신고인)과 제출(신고) 당시의 당해 법인의 이사 　-명예회장, 회장, 사장, 부사장, 전무, 상무, 이사 등의 업무집행 지시자(상법 제401조의2 ①) 　-서명한 공인회계사, 감정인, 신용평가회사, 변호사, 변리사, 세무사 등 　-자기의 평가, 분석, 확인 의견 기재에 동의하고 확인한 자 등

금융위 조사 및 조치 (자본시장법 제131조, 제132조 및 제164조)	• 투자자 보호를 위하여 필요한 경우 참고자료 제출 요구 및 장부서류 등의 조사 가능 • 중요사항의 거짓기재 등의 정정을 명령 및 모집매출 및 거래의 정지, 증권발행제한, 해임권고, 거래 정지 또는 수사기관에 통보 등의 소지 가능

형사적 책임
(자본시장법
제444조 및 제446조)
	• 5년 이하 징역 또는 2억원 이하 벌금(법 제444조)
	  – 주요사항보고서 및 증권신고서의 중요사항에 관한 거짓기재 등을 한 자
	  – 거짓기재 등을 알고도 서명한 대표이사 및 담당이사
	  – 거짓기재 등을 알고도 서명한 공인회계사, 감정인, 신용평가회사
	• 1년 이하 징역 또는 3천만원 이하 벌금(법 제446조)
	  – 주요사항보고서를 제출하지 아니한 자
	  – 증권신고서(투자설명서 및 정정신고서 포함) 관련 규정을 위반한 자

과징금
(자본시장법
제429조)
	• 증권신고서상의 모집(매출)가액의 3%(20억원 한도)에서 과징금 부과
	  – 증권신고서, 투자설명서 등 미제출 및 거짓기재 등을 한 자
	• 상장사의 경우 직전 사업연도 중 일일평균거래금액의 10%(20억원 한도), 비상장사의 경우 20억원 한도에서 과징금 부과
	  – 주요사항보고서 미제출 및 거짓기재 등을 한 자
	• 각 위반행위 발생 이후 5년 경과시 과징금 부가 불가

(6) 주주총회 소집절차

상장법인의 분할결의를 위한 주총소집과 관련하여 기준일 공고, 주총소집 통지절차를 정리하면 다음과 같다.

절 차	일 정	내 용
주총소집 이사회결의	D－16	
기준일 공고	D－15	기준일 2주 전 공고
기준일	D	
주총참석장 등 작성	D＋9~D＋10	
주총소집통지 발송	D＋10~D＋11	주총일 2주 전 통지
주주총회일	D＋25	

비상장법인의 경우, 상법에 의거 1) 기준일 2주간 전에 기준일공고를 하고, 2) 기준일부터 주주명부를 뽑기위해 실무적으로 3~5영업일 간의 주주명부폐쇄기관이 필요하다. 그러나 2019년 9월 도입된 주식ㆍ사채 등의 전자등록에 관한 법률("전자증권법")에 의거 모든 상장사들은 명부폐쇄와 관련된 업무가 생략되었다. 이에 향후 실무는 기준일 이후 즉각적으로 소유자명세가 나오고, 그 직후 참석장 작성 및 소집통지 발송의 실무적 절차를 진행하면 될 것으로 판단된다(전자증권법 제66조 및 제37조). 단, 본 상장법인의 기준일 및 주총 일정과 관련해서는 증권신고서의 효력발생이 주총소집발송 이전에 이루어져야 하므로 전자증권법 도입에 의한 기준일~주총소집통지 발송의 과정을 축소하지 않은 점을 유의하기 바란다.

(7) 주총소집 통지ㆍ공고 및 비치공시

상장법인의 경우 의결권 있는 발행주식총수의 1% 이하의 주식을 보유한 주주(소액주주)에 대해서는 주총일 2주 전에 2 이상의 일간신문에 주총소집의 뜻과 주총의 목적사항을 각각 2회 이상 공고하거나 전자공시시스템에 공고함으로써 소집통지에 갈음할 수 있으며, 다음의 사항을 회사의 인터넷 홈페이지에 게재하고 금융위 등에 비치하여 일반인이 열람할 수 있도록 하여야 한다.

회사의 인터넷 홈페이지에 게재할 내용	Ⅰ. 사외이사 등의 활동내역과 보수에 관한 사항 　1. 사외이사 등의 활동내역 　2. 사외이사 등의 보수현황 Ⅱ. 최대주주 등과의 거래내역에 관한 사항 　1. 단일거래규모가 일정규모 이상인 거래 　2. 해당 사업연도 중에 특정인과 해당 거래를 포함한 거래 　　총액이 일정규모 이상인 거래 Ⅲ. 경영참고사항 　1. 사업의 개요 　2. 주주총회 목적사항별 기재사항
비치장소	• 상장회사의 본점 및 지점 • 명의개서 대행회사 • 금융위, 거래소
규 정	• 상법 제542조의4 • 상법 시행령 제31조

(주) 금융감독원 기업공시제도실 '기업공시서식 작성기준'의 별지 제58호 '주주총회 소집공고' 참조

(8) 매매거래 정지

상장법인이 인적분할을 위하여 주권의 제출을 공고한 때에는 거래소에서 시장안
내를 통하여 다음과 같이 주권의 매매거래를 정지한다.

구 분	유가증권상장법인	코스닥상장법인
기 간	주식병합일(분할기일)의 전영업일~변경상장 전일	좌 동
규 정	유가증권시장상장규정 제153조 ① 4호, ② 2호	• 코스닥시장업무규정 제25조 ① 3호 • 동 시행세칙 제30조 ① 2호

(9) 변경상장

분할회사가 상장법인인 경우 인적분할로 인하여 자본금이 감소되어 상장주식의
수량이 변경되므로 변경상장을 신청해야 한다.

구 분	유가증권상장법인	코스닥상장법인
신청시기	규정상 명기된 기간은 없으나 변경상장일을 고려하여 분할등기 이후 거래소와 협의하여 제출. 단, 변경상장 예정일의 5영업일 전까지 제출 의무	사유발생일(분할등기일)로부터 1월 이내에 변경상장 신청. 단, 변경상장 예정일의 5영업일 전까지 제출 의무
제출서류	• 변경상장신청서(<별지 제33호> 참조) • 분할 및 신주발행 일정표 • 법인등기부등본 • 발행등록사실확인서 2부 • 그 밖에 거래소가 상장심사상 필요하다고 인정하는 서류	• 변경상장신청서(<별지 제25호> 참조) • 이사회 또는 주총 의사록사본 • 법인등기부등본 • 발행등록사실확인서 • 의무보유확약서(별지 제14호 상장서식 33) 및 예탁원의 보유증명서(해당시) • 유통주식현황표(<별지 제2호> 참조) • 그 밖에 분할을 증빙하는 서류 각 2부
변경상장 수수료	• 건당 200만원	• 건당 200만원

구 분	유가증권상장법인	코스닥상장법인
규 정	• 유가증권시장상장규정 제46조, 제158조 • 동 시행세칙 제40조, 제128조 및 별표 6, 별표 10	• 코스닥시장상장규정 제44조, 제88조 • 동 시행세칙 제39조, 제84조 및 별표 5

(주) 변경상장 신청절차 및 첨부서류에 대해서는 사전에 거래소 담당자와 협의할 것

(10) 분할종료보고서 또는 증권발행실적보고서 제출(「증권의 발행 및 공시 등에 관한 규정」 제2-19조 및 제5-15조)

분할등기가 완료되면 분할회사는 분할종료보고서와 첨부서류를 금융위에 제출하여야 한다.

한편, 증권신고서를 제출한 분할존속회사는 분할등기를 한 때 증권발행실적보고서를 금융위에 제출하여야 하며, 증권발행실적보고서 제출시 분할종료보고서의 제출은 면제된다.

(11) 재상장 신청

인적분할 신설법인은 재상장예비심사에서 적격의 결과를 통보받은 경우에 한하여 거래소에 재상장을 신청할 수 있다(유가증권시장상장규정 제41조, 코스닥시장상장규정 제42조).

앞서 재상장예비심사청구에서 설명한 바와 같이 거래소는 재상장 제도를 보다 강화하는 차원에서 재상장예비심사를 통과한 법인이라 할지라도 재상장신청시 공익과 투자자보호 차원에서 심사를 받게 함으로써 이중의 안전장치를 갖추게 하였다. 따라서 재상장예비심사를 통과한 법인이라 할지라도 재상장신청 요건충족 여부에 각별히 유의하여야 하며, 신청 전에 거래소 담당자와 요건, 절차, 첨부서류 등에 대하여 충분히 협의하여야 한다.

① 유가증권상장법인으로부터 분할신설된 법인의 재상장 신청

유가증권시장상장규정에서는 유가증권상장법인으로부터 분할신설된 법인의 재상장 규정을 일반분할과 합병 후 단기분할(상장법인과 비상장법인이 합병 후 3년 이내에 분할하는 경우로서 분할신설법인의 주된 영업부문이 합병 당시 비상장법인의 영업부문에 속하는 경우)로 구분하여 규정하고 있다.

가. 일반분할시 재상장 규정

구 분	내 용	관련규정
제출시기	거래소 상장예비심사 결과 통지일로부터 6개월 이내(6개월 경과시에는 승인효력 미인정)	• 유가증권시장상장규정 제41조 ①
제출서류	• 재상장신청서(<별표 제4호> 참조) • 발행등록사실확인서 • 법인등기부등본 • 정 관 • 최근사업연도 말 현재 주주명부 및 실질주주명부 • 명의개서 대행계약서 • 거래소가 상장심사상 필요하다고 인정하는 서류	• 유가증권시장상장규정 제41조 • 동 시행세칙 제35조, 별표 4

(주) 재상장 요건, 절차 및 첨부서류에 대해서는 신고서 제출 전 거래소 담당자와 협의할 것

나. 합병 후 단기분할시 재상장 규정(유가증권시장상장규정 제42조 ④)

합병 후 단기분할은 상장법인과 비상장법인이 합병(합병등기일 기준) 후 3년 이내에 분할(분할이사회결의일 기준)하는 경우로서 분할신설법인의 주된 영업부문이 합병 당시 비상장법인의 영업부문에 속하는 경우를 의미하며, 합병 당시 보통주권 상장법인이 우회상장예비심사신청서를 거래소에 제출하여 그 심사를 받은 경우는 제외한다. 이 경우 재상장의 신청시에는 위 일반적인 분할재상장 신청의 서류 중 개시재무상태표 및 재무내용 변동 입증서류에 대하여 검토보고서가 아닌 감사보고서를 제출해야 하며, 주주명부 및 실질주주명부는 주식분포상황표로 대체하여야 한다(유가증권시장상장규정 제41조, 시행세칙 제35조 및 별표 4).

다. 재상장일 전까지의 추가제출서류

앞서 (3)재상장예비심사 신청에서 설명하였듯이, 분할재상장을 위해 상장예비심사를 신청한 법인(상장예비심사신청인)은 재상장 예비심사 신청 후 재상장일 전까지 다음의 중요사항이 발생한 경우 그에 관한 서류를 추가로 제출하여야 한다.

구 분	내 용	관련규정
제출서류	• 증권에 관한 이사회나 주주총회의 결의가 있었을 경우 그 의사록 사본 • 경영상 중대한 사실(수표 또는 어음 부도, 영업활동 정지, 재해 또는 과대한 손실의 발생, 다액의 고정자산의 매각, 소송제기, 최대주주 및 임원변경, 합병, 분할·분할합병, 영업 양도·양수, 주요자산의 임대 또는 경영위임의 결의 등)이 발생하였을 경우에는 그 관련 서류(지주회사의 경우에는 자회사에 관한 사항을 포함) • 모집 또는 매출의 신고를 한 경우 투자설명서(예비투자설명서 및 간이투자설명서 포함) 및 이의 정정사항 • 당해 사업연도 반기종료 후 45일이 경과한 경우 반기재무제표 및 반기재무제표에 대한 감사인의 검토보고서 • 최근 사업연도 결산승인을 위한 주총 개최 시 최근 사업연도 재무제표 및 감사보고서	유가증권시장상장규정 제21조

❖ 주권 재상장 수수료(유가증권시장상장규정 시행세칙 제128조 및 별표 10) ❖

상장금액		요 율
	30억원 이하	10억원당 50만원 (단, 1억원 이하는 25만원, 1억원~10억원 이하는 50만원 정액으로 한다)
30억원 초과	200억원 이하	150만원 + 30억원 초과금액의 0.021%
200억원 초과	500억원 이하	507만원 + 200억원 초과금액의 0.018%
500억원 초과	1,000억원 이하	1,047만원 + 500억원 초과금액의 0.015%
1,000억원 초과	2,000억원 이하	1,797만원 + 1,000억원 초과금액의 0.012%
2,000억원 초과	5,000억원 이하	2,997만원 + 2,000억원 초과금액의 0.008%
5,000억원 초과		5,397만원 + 5,000억원 초과금액의 0.003%
최대 한도액		8천만원

(주) : 1. 상장금액 : 재상장주식수 × 평가가격(유가증권시장업무규정 시행세칙 별표 1에 따른 가격)
2. 유가증권시장 분할재상장의 경우, 위 상장수수료와 별도로 자기자본 규모에 따라 건당 아래의 상장심사수수료가 부과됨.

자기자본	심사수수료
1천억원 이하	500만원
1천억원 초과~5천억원 이하	1,000만원
5천억원 초과~1조원 이하	1,500만원
1조원 초과	2,000만원

② 코스닥상장법인으로부터 분할신설된 법인의 재상장 신청

코스닥시장상장규정에서는 코스닥상장법인으로부터 분할신설된 법인의 재상장 신청시 일반분할과 합병 후 단기분할(상장법인과 비상장법인이 합병 후 3년 이내에 분할하여 재상장하는 경우)로 구분하여 규정하고 있다.

가. 일반분할시 재상장 규정

구 분	내 용	관련규정
기 한	• 설립등기일로부터 1월 이내에 신청 • 상장주선인(증권회사)을 선임하고 상장주선인을 통하여 신청	코스닥시장상장규정 제42조 ①, ②
제출서류	• 재상장신청서(<별지 제3호> 참조) • 최근 사업연도 말 현재의 주주명부 • 설립등기일 현재 재무상태표(연결재무제표 작성대상법인의 경우 연결재무상태표 포함) 및 감사보고서 • 정관 • 법인등기부등본 • 명의개서대행 계약서 • 발행등록사실확인서 • 기타 거래소가 필요하다고 인정하는 서류 2부 등	• 코스닥시장상장규정 제42조 ① • 동 시행세칙 제38조 ② 및 별표 4

나. 합병 후 단기분할시 재상장 규정

합병 후 단기분할은 상장법인과 비상장법인이 합병(합병기일 기준) 후 3년 이내에 분할 후 재상장하는 경우에 해당된다. 다만 과거 합병이 소규모합병이었을 경우에는 제외된다. 한편 합병 후 단기분할에 해당할 경우 존속법인은 상장폐지실질심사위원회의 심사를 거쳐 상장이 폐지될 수 있으므로 상장예비심사 신청준비 작업 기간중 이에 유의하여야 한다. 다만 합병당시 코스닥상장법인이 합병에 따른 우회상장심사를 받은 경우에는 그러하지 아니한다(코스닥시장상장규정 제56조 ① 3호 아목 2)).

합병후 단기분할에 해당된 경우, 재상장의 신청시에는 위 일반적인 코스닥

분할재상장 신청의 서류 중 설립등기일 현재 재무상태표(연결재무제표 작성
대상법인의 경우에는 연결재무상태표를 포함)에 대신하여, 재상장신청일이 속
한 사업연도의 직전사업연도의 재무제표 및 이에 대한 감사보고서도 제출
하여야 한다(분할기일이 속한 사업연도 결산재무제표 확정) (코스닥시장상장규정
제42조 ⑤, 시행세칙 제38조 별표 4).

다. 재상장신청서 제출 후 재상장일 전까지의 추가제출서류

코스닥상장법인으로부터 분할신설된 법인이 재상장신청서 제출 후 재상장
일 전까지 다음의 중요사항이 발생한 경우 그에 관한 서류를 추가로 제출
하여야 한다.

구 분	내 용	관련규정
재상장 신청 후 추가제출서류	• 증권에 관한 이사회나 주주총회의 결의가 있었을 경우에는 그 의사록사본 • 경영상 중대한 사실(부도, 합병 등, 소송제기, 영업활동 중지, 주요자산 변동 등) • 모집 또는 매출(투자설명서 및 정정내역) • 당해 사업연도 반기종료 후 45일이 경과한 경우 반기재무제표 및 반기재무제표에 대한 감사인의 검토보고서 • 최근사업연도의 결산주총이 개최된 경우 최근 사업연도의 재무제표 및 감사보고서	코스닥시장상장규정 제42조 ③, 제5조

(주) 위 중요 사항에 대한 거래소 신고는 반드시 상장 주선인을 통해서 행하여야 한다(코스닥시장상장규정 시행세칙 제3조 ③).

✤ 재상장(추가) 상장수수료(코스닥시장상장규정 제88조, 시행세칙 제84조 및 별표 14) ✤

시가총액[주]		요 율
	100억원 이하	10억원당 25만원 (최저한도액 25만원)
100억원 초과	300억원 이하	250만원 + 100억원 초과금액의 0.009%
300억원 초과	500억원 이하	430만원 + 300억원 초과금액의 0.008%
500억원 초과	700억원 이하	590만원 + 500억원 초과금액의 0.007%
700억원 초과	1,000억원 이하	730만원 + 700억원 초과금액의 0.006%
1,000억원 초과	2,000억원 이하	910만원 + 1,000억원 초과금액의 0.005%
2,000억원 초과	5,000억원 이하	1,410만원 + 2,000억원 초과금액의 0.004%
5,000억원 초과		2,610만원 + 5,000억원 초과금액의 0.002% (최고한도 5천만원)

주) : 1. 상장금액 :재상장주식수 × 평가가격 (코스닥업무규정 시행세칙 제17조 ① 3호(별표 1)에 따른 가격)

2. 코스닥 분할재상장(상장규정 제39조 ①)의 경우, 위 상장수수료와 별도로 자기자본 규모에 따라 건당 아래의 상장심사수수료가 부과됨.

자기자본(예비심사 신청일 현재 기준)	심사수수료
1천억원 이하	500만원
1천억원 초과~5천억원 이하	1,000만원
5천억원 초과	1,500만원

(12) 변경상장 또는 재상장시 최초매매개시 기준가격 산정방법

2018년 12월말 이전까지의 거래소 시장업무규정 시행세칙에 의하면, 유가증권 및 코스닥 모두 변경상장 및 재상장시의 각 종목 평가가격이 정해지는 규정상 산식은 동일했다. 상장법인으로서 분할 또는 분할합병에 따라 설립된 법인의 재상장 및 존속하는 법인의 변경상장시 기준가격 결정방식은 유가증권 및 코스닥상장법인에 동일하게 적용되었다.

> 평가가격 = 분할전 회사의 최종매매거래일의 시가총액 × (분할기일 연결BS기준)
> 순자산분할비율 ÷ 분할후 주식수

그러나, 분할후 주식의 수는 최초 분할계획서 및 주주총회에서 정해진 분할비율에 의해 산정됨에도 불구하고, 재상장 및 변경상장의 평가가격을 구하기 위한 순자산분할비율은 거래소 규정에 의거, 분할기일의 연결기준 분할 재무상태표에 의해 새로이 산정되어야 했다.

이는 분할기일 이후, 존속 및 신설회사에 대해 새로이 결산을 요하게 되는 바 시장참여자들로 하여금 지나친 시간을 소요하게 한다는 비판이 제기되었다. 특히 존속 또는 신설 하에 종속회사가 많은 경우, 연결재무상태표를 만드는데 더욱 많은 시간이 소요되는 바, 분할기일 이후 재상장 및 변경상장이 되는 시점이 1개월을 초과하는 경우가 많았다. 이는 분할기일 직전부터 상장회사의 매매가 정지가 되는 것을 감안하면 상당기간 투자자들로 하여금 존속 및 신설 2개사 종목에 대한 매매가 제한되는 불편함을 끼쳐왔다. 이에 2018년 12월 27일 유가증권시장 시행세칙 업무규정 별표 1의 개정을 통해 분할기일 최근의 재무상태표를 기준으로 비율을 재산정하지 않고, 기존에 주주총회에서 발표된 비율을 적용하도록 하였다.

그러나 2020년 1월 현재, 코스닥시장 업무규정 시행세칙 별표 1에서는 이러한 규정 변경이 반영되지 아니한 상태이므로 아래 유가증권 및 코스닥의 평가가격 산정의 차이점에 유의하고, 추후 코스닥 시장업무규정 세칙의 개정과 관련 세심한 주의를 기울여야 할 것이다.

구 분	유가증권	코스닥
변경상장/재상장 시점의 1주당 평가가격	평가가격 = ① × ② / ③ ① 분할 전 최종매매거래일의 시가 총액 ② 주총결의 분할비율 ③ 분할 후 분할회사의 발행주식 총수	평가가격 = ① × ② / ③ ① 분할 전 최종매매거래일의 시가총액 ② 순자산분할비율 ③ 분할 후 분할신설회사의 발행 주식총수
순자산분할비율	주총결의 분할비율 = 최초 이사회에 사용한 분할계획 서상의 분할비율	분할기일 기준 연결재무상태표상의 순자산가액을 기준으로 산출한 분할비율
평가가격	통상 매매정지일의 최종거래종가 = 변경상장/재상장 1주당 평가가격	통상 매매정지일의 최종거래종가를 기준으로 변경상장/재상장 주당 평가가격 서로 상이함
거래재개 시점	주총에 사용했던 분할비율을 사용하므로 별도 기간 소요 적음	분할기일 기준으로 연결BS를 작성해야 하므로, 일정기간 소요
규정	• 유가증권시장업무규정 제37조 ① • 동 시행세칙 제55조 [별표 1]	• 코스닥시장업무규정 제22조 • 동 시행세칙 제27조 [별표 1]

① 유가증권상장법인

구 분	변경상장	재상장
1주당 평가가격	평가가격 = ① × ② / ③ ① 분할 전 최종매매거래일의 시가총액 ② 주총결의 분할비율(분할회사 비율) ③ 분할 후 분할회사의 발행주식 총수	평가가격 = ① × ② / ③ ① 분할 전 최종매매거래일의 시가총액 ② 주총결의 분할비율(분할신설회사 비율) ③ 분할 후 분할신설회사의 발행 주식총수
순자산가액	자산총액 − 부채총액 + 자기주식가액 − 비지배지분 (주) : 1. BS상 자본조정항목의 출자전환채무를 부채에 가산 　　　　2. 그 외 BS기준일부터 상장신청시까지의 증자 및 감자를 반영	

구 분	변경상장	재상장
순자산분할비율	분할결정시 순자산가액을 기준으로 산출한 분할비율 (분할 주주총회 당시 결의된 분할비율의 산출근거가 되는 재무상태표를 기준으로 위 1주당 평가가격 산출 계산식에 따라 산출한 값. 즉, 최초 분할계획서에 기재된 분할비율을 말함)	
최저호가가격	1주당 평가가격 × 50%	
최고호가가격	1주당 평가가격 × 200%	
기준가격 결정	최저호가가격 및 최고호가가격의 범위 내에서 8시30분~9시 사이에 매도 및 매수호가를 접수하여 기준가격 결정	
기준가격 이후의 매매방법	결정된 기준가격을 기준으로 가격제한폭(상하 30%) 내에서 일반종목과 동일한 방법으로 매매	
규 정	• 유가증권시장업무규정 제37조 ① • 동 시행세칙 제55조 [별표 1]	

② 코스닥상장법인

구 분	변경상장	재상장
1주당 평가가격	평가가격 = ① × ② / ③ ① 분할 전 최종매매거래일의 시가총액 ② 순자산 분할비율(분할회사 비율) ③ 분할 후 분할회사의 발행주식 총수	평가가격 = ① × ② / ③ ① 분할 전 최종매매거래일의 시가총액 ② 순자산 분할비율(분할신설회사 비율) ③ 분할 후 분할신설회사의 발행 주식총수
순자산가액	자본총계(비지배지분 제외) + 자기주식가액 (주) : 1. 상장신청일 현재 거래소에 제출된 최근의 재무상태표의 작성 기준일 이후부터 신규상장 신청일까지 자본의 증감이 있는 경우에는 이를 가감 2. 변경상장종목의 경우 최근에 발표된 재무상태표상의 순자산가액으로 할 수 있으며, 재상장종목과 변경상장종목 중 먼저 상장되는 종목에 적용되는 대차대조표는 후에 상장되는 종목에도 적용	
순자산분할비율	분할과 관련된 합병등종료보고서 또는 증권발행실적보고서상 분할 전 회사의 순자산가액의 분할비율 (주) : 1. 상장신청일 현재 재상장 및 변경상장 종목의 순자산가액이 분할종료보고서상의 각각 종목의 순자산가액과 다르다고 외부감사인의 감사보고서(검토보고서 포함)상 BS에 의하여 확인되는 경우에는 달리 산출 가능 2. 인적분할의 경우, 증권발행실적보고서를 제출하면서 분할종료보고서 생략가능. 이때, BS는 거래소에 제출하는 분할기일의 개시 재무상태표를 반영하면 됨.	

구 분	변경상장	재상장
최저호가가격	1주당 평가가격 × 50%	
최고호가가격	1주당 평가가격 × 200%	
기준가격 결정	최저호가가격 및 최고호가가격의 범위 내에서 8시30분~9시 사이에 매도 및 매수호가를 접수하여 기준가격 결정	
기준가격 이후의 매매방법	결정된 기준가격을 기준으로 가격제한폭(상하 30%) 내에서 일반종목과 동일한 방법으로 매매	
규 정	• 코스닥시장업무규정 제22조 • 동 시행세칙 제27조 [별표 1]	

 사례1 분할 후 기준가격 산정방법(유가증권)

- 분할비율 0.7 : 0.3(분할 이사회결의시점에서의 (별도)재무상태표상 순자산가액비율로 산정)
- 분할 전 주식수 : 1,000만주
- 거래정지 전 주가 : 10,000원(시가총액 1,000억원)
- 평가가격

구 분	변경상장	재상장
평가가격계산식	① × ② / ③	
① 분할 전 최종거래일 시가총액	1,000억원	
② 주총 분할비율	0.7	0.3
③ 분할 후 주식수	70만주	30만주
평가가격	10,000	10,000
실제 평가가격[주)]	10,000	10,000

주) 호가 단위 절상(유가증권시장업무규정 제21조, 동 시행세칙 제32조, 코스닥시장업무규정 제15조, 동 시행세칙 제18조

 사례2 분할 후 기준가격 산정방법(코스닥)

- 분할비율 0.7 : 0.3(분할 이사회결의시점에서의 (별도)재무상태표상 순자산가액비율로 산정)
- 분할 전 주식수 : 1,000만주
- 거래정지 전 주가 : 10,000원(시가총액 1,000억원)
- 분할종료BS(거래소 최종제출본)상 순자산분할비율
  [존속 : 신설 = 0.734:0.266 가정]

주1) 최초 분할계획서 및 주총에서 사용된 분할비율은 최초 이사회시점의 가장 최근 개별BS를 바탕으로 산정한 순자산분할비율인데 반해, 분할종료BS를 바탕으로 거래소 시장업무팀에 제출하는 BS는 연결기준이므로 이는 기존 최초 분할비율에서 달라질 수밖에 없음.

- 평가가격

구 분	변경상장	재상장
평가가격계산식	① × ② / ③	
① 분할 전 최종거래일 시가총액	1,000억원	
② 순자산분할비율	0.734	0.266
③ 분할 후 주식수	70만주	30만주
평가가격	10,488	8,861
실제 평가가격[주)	10,500	8,870

주) 호가 단위 절상(유가증권시장업무규정 제21조, 동 시행세칙 제32조, 코스닥시장업무규정 제15조, 동 시행세칙 제18조)

(13) 신주권 교부 및 단주대금 지급

존속회사의 주식은 분할비율에 맞게 병합되고, 신설회사의 주식은 분할비율에 맞게 발행된다. 이때 감자절차를 준용하는 존속회사의 경우 당연히 기존 주주들의 계좌로 그 병합된 주식이 입고되고, 분할신설법인의 주식 역시 기존 분할전 회사의 주식이 입고되어 있던 계좌로 자동입고된다. 이때 변경상장, 재상장되는 주식과 관련한 단주대금은 상장 초일의 종가로 환산하여 현금으로 계좌에 입금된다. 명의개서 대행기관과 예탁원의 업무이므로 발행회사 측이 반드시 사전협의를 하여야 한다.

물적분할의 절차

① 비상장법인의 절차

비상장법인의 물적분할 절차는 앞서 검토한 비상장법인의 인적분할 절차에 구주권 제출절차가 생략된다는 점에서 차이가 있다.

절 차	일 정	설 명	관련규정
사전준비절차		• 분할대상 자산 및 부채 확정 • 분할관련 법률, 회계, 조세문제 검토 • 분할일정 및 절차, 분할계획서 확정 • 분할회사의 정관변경사항 확정 • 분할신설회사의 정관, 임원 등 확정	
분할이사회결의	D-32	이사회에서 분할계획서 승인	
주총소집 이사회결의		주총소집을 위한 이사회 결의	상법 제362조
주주명부 폐쇄 및 기준일 공고	D-31	주주명부확정 기준일 2주 전 공고	상법 제354조
주주명부확정 기준일	D-16	주총을 위한 권리주주 확정일	상법 제354조
주총소집 공고 및 통지	D-15	분할계획의 요령 기재	상법 제530조의3 ④
분할대차대조표 등 공시		주총 2주 전~분할등기 후 6월	상법 제530조의7
분할승인 주주총회 개최	D	주총 특별결의	상법 제530조의3
채권자 이의제출 공고 및 최고	D+1	주총일로부터 2주 이내 공고	상법 제527조의5
채권자 이의제출 종료	D+32	공고기간 1월 이상	상법 제527조의5
분할기일	D+33	실질적인 분할일	

절 차	일 정	설 명	관련규정
분할보고주주총회 갈음 이사회결의	D+34	이사회결의 및 공고로 분할보고 총회 및 창립총회 대체	상법 제530조의11 • 상업등기법 제70조~제72조 • 상업능기규직 제150조, 제151조
이사회결의 공고	D+35	공고게재 신문공고	
분할등기	D+36 이내	• 본점 : 공고일로부터 2주 내 • 지점 : 공고일로부터 3주 내	

(주) : 1. 주주수가 많거나 명의개서대리인 제도를 도입하는 경우 기준일로부터 주주명부가 확정되는 기간이 수일이 소요됨.
2. 총주주로부터 기간단축동의서를 징구하는 경우 분할이사회결의 익일에 분할주총개최 가능
3. 비상장법인 중 사업보고서 제출대상 법인은 주요사항보고서를 제출해야 함.

앞에서 살펴본 비상장법인의 인적분할의 절차와 차이가 있는 비상장법인의 물적분할의 절차에 대하여 살펴보면 다음과 같다.

(1) 분할로 이전되는 자산평가

물적분할은 분할회사의 자산과 부채가 장부가액으로 평가되어 분할신설법인으로 이전되므로 별도의 공인된 감정인의 선임을 통한 자산과 부채의 평가절차가 불필요하다.

(2) 검사인의 조사·보고

과거, 상법은 분할신설회사가 분할회사의 재산만으로 설립되고 분할회사의 주주에게 지분율에 비례하여 분할신설회사의 주식을 교부(비례적 인적분할)하는 경우에는 현물출자에서 수반되는 검사인의 조사·보고(상법 제299조)를 생략할 수 있도록 규정(상법 제530조의4 ②)하고 있으나 물적분할의 경우에는 검사인의 조사·보고절차에 대하여 별도로 규정에는 없었지만 등기선례(등기선례 6-670)에 의거 물적분할로 설립되는 분할신설회사에 대해 검사인의 조사·보고절차(상법 제299조)가 적용되지 않는다고 보아왔다.

> ▶ 등기선례 6 - 670
>
> [질의] 물적분할로 신설되는 주식회사의 설립등기신청서에 검사인이나 공증인의
> 조사보고서와 그 부속서류 또는 감정인의 감정서와 그 부속서류를 첨부하
> 여야 하는지 여부
> [답변] 상법 제530조의12의 규정에 의한 물적분할의 경우, 분할로 인하여 신설되는
> 주식회사의 설립등기신청서에 검사인이나 공증인의 조사보고서와 그 부속
> 서류 또는 감정인의 감정서와 그 부속서류를 첨부할 필요는 없을 것이다
> (1999. 5. 27. 등기 3402 - 553 질의회답).

2016년 3월 2일 시행된 개정 상법에서는 분할회사의 출자 이외의 출자가 있는 경우에는 현물출자 검사절차를 거칠 것을 규정하고, 단서에서 분할회사 출자만으로 신설되는 경우 주주에 대한 비례적 주식배정 여부와 관계없이 검사절차를 생략하는 것으로 하였다. 현물출자의 조사제도가 자본금충실 원칙상 현물출자의 과대평가를 규제하는 취지로 도입된 것이므로, 주주에 대한 비례배정과 현물출자 조사를 연계시키지 않는 취지의 개정으로 해석된다.

(3) 자본감소절차(불필요)

물적분할은 분할회사의 자산과 부채가 분할신설법인으로 이전되는 대신에 그에 상응하는 분할신설법인 주식이 분할회사로 유입되므로 회사의 실질자본총액은 변화가 없고 자산과 부채의 구성내역만 변경되게 된다.

따라서 물적분할의 경우에는 인적분할의 경우처럼 자본감소 절차가 이루어지지 않으므로 구주권 제출절차가 불필요하다.

(4) 채권자 보호절차

물적분할시 채권자 보호절차는 인적분할과 마찬가지로 분할회사와 분할신설회사가 분할 전 채무에 대하여 연대책임을 부담하는 경우에는 불필요하나, 분할계획서에 의하여 분할신설회사가 분할회사의 채무 중에서 출자한 재산에 관한 채무만을 부담(개별책임)하기로 정할 수 있는데 이 경우에는 채권자가 피해를 볼 수 있으므로 반드시 채권자 보호절차를 거쳐야 한다. 아울러, 연대보증을 하는 경우 채권자 보호절차를 거칠 필요가 없으므로 주총 직후에 분할기일 설정이 가능하여 인적분

할 대비 절차를 1개월 가량 앞당기는 것이 가능하다.

(5) 분할신설회사 자산 및 부채 확정

분할회사는 분할신설회사의 사업부문에 속하는 일체의 자산 및 부채, 기타의 권리·의무를 장부가액으로 분할신설회사에 이전하여야 한다.

물적분할시 이전대상 재산은 분할기일에 확정되나 분할계획서에 분할대차대조표와 승계대상 재산목록을 첨부해야 하므로 분할계획서에 첨부되는 분할대차대조표와 재산목록은 분할계약서를 작성하는 가장 최근시점의 장부가액 기준 분기 또는 반기자료를 첨부하되, 분할기일 전까지 발생한 재산의 증감사항을 분할대차대조표와 승계대상재산목록에서 가감하여 분할신설회사의 장부가액기준 자산과 부채를 확정한다.

 ## 상장법인의 절차

상장법인의 물적분할 절차도 앞에서 살펴본 상장법인의 인적분할 절차와 유사하므로 차이가 있는 부분에 대해서만 살펴보도록 하겠다.

절 차	일 정	설 명	관련규정
사전준비절차		• 분할대상 자산 및 부채 확정 • 분할관련 법률, 회계, 조세문제 검토 • 분할신설법인 재상장 요건 검토 • 분할일정 및 절차, 분할계획서, 주요사항보고서 확정 • 분할법인의 정관변경사항 확정 • 분할신설법인의 정관, 임원 등 확정 • 관계기관(금감원, 거래소, 명의개서 대행기관 등) 사전협의	
분할이사회결의		이사회에서 분할계획서 승인	상법 제530조의3
분할이사회결의 신고 및 공시	D-41	거래소 신고 및 공시	• 유가공시 제7조 ① 3호 • 코스닥공시 제6조 ① 3호

절 차	일 정	설 명	관련규정
주요사항보고서 제출	D-41	사유발생 익일까지 금융위 제출	자본시장법 제161조 ① 6호
주총소집 이사회 결의		주총소집을 위한 이사회결의	상법 제362조
주총소집이사회 신고 및 공시		거래소 신고 및 공시	• 유가공시 제7조 ① 3호 • 코스닥공시 제6조 ① 3호
기준일 공고	D-40	주주명부확정 기준일 2주 전 공고	상법 제354조
주주명부확정 기준일	D-25	주총을 위한 권리주주 확정일	상법 제354조
주총 소집공고 및 통지	D-15	소집의 뜻과 회의의 목적사항 기재	상법 제542조의4
주총소집 통지 및 공고 비치		사외이사 관련사항 등을 회사의 인터넷 홈페이지에 게재하고 금융위 등에 비치	• 상법 제542조의4 • 동법 시행령 제31조
분할대차대조표 등 공시		주총 2주 전~등기 후 6월	상법 제530조의7
반대의사 서면통지 접수마감	D-1	주총소집통지일~주총 전일	• 자본시장법 제165조의5 • 동법 시행령 제176조의7 ①
분할승인 주주총회 개최	D	주총 특별결의	상법 제530조의3
분할주총 결과 보고		거래소	• 유가공시 제7조 ① 3호 • 코스닥공시 제6조 ① 3호
채권자 이의제출 공고 및 최고	D+1	주총일로부터 2주 이내 공고	상법 제527조의5
주식매수청구권 행사기간 만료	D+20	주총일로부터 20일 이내	자본시장법 제165조의5
채권자 이의제출 기간 종료	D+32	공고기간 1월 이상	상법 제527조의5
분할기일	D+33	실질적인 분할일	

절 차	일 정	설 명	관련규정
분할보고 주주총회 갈음 이사회결의	D+34	분할보고주주총회 대체	상법 제530조의11
이사회결의 공고	D+35	분할보고주주총회 및 창립총회는 이사회결의에 의한 공고로 갈음	상법 제530조의11
분할등기	D+36	보고총회 갈음 이사회 공고일로부터 • 본점 : 공고일로부터 2주 내 • 지점 : 공고일로부터 3주 내	• 상법 제530조의11 • 상업등기법 제70조~제72조 • 상업등기규칙 제150조, 제151조
분할종료보고서 제출		분할등기 후 지체없이 종료보고서 제출	발행·공시규정 제5-15조
계열회사 변경 신고 (자율공시)		분할등기 확인 직후	• 유가공시 제28조 • 코스닥공시 제26조
주식매수청구 대금 지급	D+50 內	매수청구종료일로부터 1월 이내 지급	자본시장법 제165조의5

(주) 「증권의 발행 및 공시 등에 관한 규정」(발행·공시규정), 유가증권시장공시규정(유가공시), 코스닥시장공시규정(코스닥공시)

(1) 변경상장 및 매매거래 정지(불필요)

물적분할은 자본감소가 이루어지지 않고 분할회사의 자본금 또는 발행주식총수의 변화가 없으므로 분할회사의 구주권 제출관련 매매거래 정지 및 변경상장절차가 불필요하다.

(2) 재상장(불가)

물적분할의 경우 분할회사가 단순분할신설회사의 지분을 100% 보유하게 되므로 분할신설회사가 상장을 하기 위해서는 추가적인 지분분산절차를 거쳐야 한다. 기존에 코스닥을 제외하고 유가증권시장에 한하여 물적분할 법인에 대한 재상장을 인정하여 분사요건 충족을 위한 공모절차를 받기만 하면 일반적인 신규상장보다 완화된 심사요건 및 절차를 적용하여 왔다. 그러나 물적분할 신설법인에 대한 재상장제도 시행 후 실제 활용사례는 극소수에 불과하고 또한 완화된 상장심사를 활용하여 부실기업이 재상장되거나 존속법인에 대한 심사가 미미한 점을 악용하여 부실사업을 존속법인에 존치하는 사례가 발생하여 왔다.

이에 거래소는 유가증권시장에서도 물적분할 신설법인에 신규상장 대비한 특례가 주어지는 재상장제도를 없애고 신규상장과 동등한 절차와 요건을 적용하고 있다. 그리고 분할로 인해 존속법인이 부실화되는 경우, 이는 실질심사를 통해 퇴출되도록 조정되었다.

(3) 주요 공시사항

물적분할의 경우 분할전 회사의 주주를 대상으로 모집 또는 매출이 없기 때문에 증권신고서 제출의 의무가 없다. 이에 따라 투자설명서 및 증권발행실적보고서 등 수반되는 공시의 의무도 없다. 다만, 자본시장법 제161조에 따라 사업보고서 제출 대상회사로서 주요사항보고서를 제출하여야 한다.

구 분	내 용
제출의무자	• 분할을 하고자 하는 사업보고서 제출대상 법인
제출시기	• 규정상 이사회 결의일 3영업일까지 제출 (단, 해당 사업보고서 제출대상법인이 유가증권상장법인 또는 코스닥 상장법인 경우, 공시규정에 의거 **이사회결의일 당일 제출**)
제출장소	금융위 및 거래소
제출서식	• 「기업공시서식 작성기준」<별지 제38-45호 서식>의 주요사항보고서 (회사분할결정) 참고
첨부서류	• 분할이사회 의사록 사본 • 분할계획서 사본 등
규정	자본시장법 제161조 ①, ②, 동법 시행령 제171조 ④, 「증권의 발행 및 공시 등에 관한 규정」 제4-5조 ② 유가공시 제7조 ① 3호 가목 (5), 코스닥공시 제6조 ① 3호 가목 (8)

그리고 2022년 10월 금융감독원의 공시서식 개정(별지 제38-45호 서식, 주요사항보고서(회사분할결정))을 통해, 물적분할에 있어서는 아래의 두 가지 사항을 추가적으로 기재하게 하여 주주들에게 더욱 충분한 정보를 공개하도록 하였다.

❖ 공시서식 상장 가이드북 기재예시 ❖

추가 항목	기재 내용
물적분할 추진에 대한 검토내용	물적분할의 목적, 기대효과, 분할 및 이후 신설회사의 상장 등 구조개편계획이 회사 및 주주에게 미치는 직간접적인 영향 등에 대한 구체적 검토내용
주주보호방안	물적분할 및 이후 신설회사의 상장 등 구조개편계획이 주주에게 미치는 영향과 관련하여 주주보호를 위한 회사의 방안을 구체적으로 기재하고, 이와 같은 방안이 없는 경우 그 사유 및 향후계획 등에 관해 설명

(4) 주주총회 소집절차

상장법인의 물적분할 결의를 위한 주총소집과 관련하여 기준일 공고, 기준일, 주총소집 통지절차를 정리하면 다음과 같다.

절 차	일 정	내 용
주총소집 이사회결의	D－16	
기준일 공고	D－15	기준일 2주 전 공고
기준일	D	
주총참석장 등 작성	D＋9～D＋10	
주총소집통지 발송	D＋10～D＋11	주총일 2주 전 통지
주주총회일	D＋25	

비상장법인의 경우, 상법에 의거 1) 기준일 2주간 전에 기준일 공고를 하고, 2) 기준일부터 주주명부를 뽑기위해 실무적으로 3~5영업일 간의 주주명부폐쇄기관이 필요하다. 그러나 2019년 9월 도입된 주식·사채 등의 전자등록에 관한 법률("전자증권법")에 의거 모든 상장사들은 명부폐쇄와 관련된 업무가 생략되었다. 이에 향후 실무는 기준일 이후 즉각적으로 소유자명세가 나오고, 그 직후 참석장 작성 및 소집통지 발송의 실무적 절차를 진행하면 될 것으로 판단된다(전자증권법 제66조 및 제37조). 이에 실무적으로 증권신고서 효력발생등을 감안할 필요가 없는 상장법인의 물적분할의 경우에는 주주확정 기준일 이후 곧바로 주총소집통지가 가능할 것으로 보인다.

(5) 물적분할 반대의사 접수 및 주식매수청구권

물적분할과 관련하여 상장법인은 비상장법인과 달리 자본시장법에 의거 주식매수 청구권이 주어진다(2022년 12월 자본시장법 시행령 개정). 이에 합병의 경우와 마찬 가지로 상장법인의 물적분할주총일 전일까지 주식매수청구권 행사를 위한 분할승 인 반대주주의 반대의사를 서면접수 받게 된다.

그리고 앞서 반대의사를 표했던 주주들은 주주총회결의일로부터 20일 동안 주식 매수청구권의 행사가 가능하다. 주식매수청구권에 대한 구체적인 내용은 '제5장 주식매수청구권'편을 참조하기 바란다.

(6) 합병등 종료보고서 제출(「증권의 발행 및 공시 등에 관한 규정」 제5-15조)

분할등기가 완료되면 상장법인은 금융위에 즉시 합병등 종료보고서를 제출하여야 한다. 합병 및 인적분할과는 달리 물적분할의 경우 증권신고서를 제출하지 아니하 므로, 발행·공시규정 제2-19조에 따른 증권발행실적보고서를 통한 합병등 종료 보고서의 제출 면제는 적용되지 아니한다.

Ⅶ 분할합병

 정 의

분할합병은 주식회사가 독립된 사업부문의 자산 및 부채를 포함한 모든 권리와 의무를 포괄적으로 분할하여 다른 존립 중인 회사와 합병(흡수분할합병)하거나 다 른 회사의 독립된 사업부문과 합체시켜 새로운 회사를 설립(신설분할합병)하는 제 도이다.

분할합병시 자산 및 부채를 이전하는 회사를 분할회사 또는 분할되는 회사라 하 고 자산과 부채를 이전받는 회사를 분할합병의 상대방회사 또는 분할승계회사라 하며 분할합병으로 신설된 회사를 분할합병신설회사라고 한다.

분할합병은 분할회사 측면에서는 저효율 및 정리대상 사업부문의 분리를 통하여 사업의 재정비 및 구조조정을 가능하게 하고, 분할승계회사 측면에서는 다른 회사의 전체 사업부문 중에서 필요한 부문만을 통합하여 규모의 경제 및 효율성을 제고할 수 있는 제도로서, 회사의 분할과 분할된 사업부문의 합병이라는 2중 거래가 동시에 이루어지므로 분할과 합병을 각각 진행하는 경우보다 절차가 간편하고 시간이 절약된다.

② 형 태

분할합병은 분할회사의 존속·소멸 여부에 따라 존속분할합병과 소멸분할합병으로 구분되고 분할사업부문의 출자 상대방에 따라 흡수분할합병과 신설분할합병으로 구분된다.
또한 분할합병의 상대방회사("분할승계회사") 또는 분할합병으로 설립되는 회사("분할합병신설회사")가 발행하는 신주의 소유 여부에 따라 인적분할합병과 물적분할합병으로 구분되며 분할합병 절차의 간소화 정도에 따라 일반분할합병, 소규모분할합병, 간이분할합병으로 구분된다.

존속분할합병	분할회사가 여러 사업부문 중에서 독립된 일부 사업부문을 분할하여 타회사에 합병시키거나 타회사의 사업부문과 합체되어 신설회사를 설립하고 나머지 사업부문으로 존속하는 형태
소멸분할합병	분할회사가 모든 사업부문을 독립된 사업부문의 형태로 분할하여 2개 이상의 회사와 분할합병하고 자신은 소멸되는 형태
흡수분할합병	• 분할회사가 독립된 일부 사업부문을 분할하여 다른 기존회사에 출자함으로써 피합병되는 형태 • 흡수분할합병시 분할합병당사회사는 '분할회사'와 '분할승계회사'를 의미함.
신설분할합병	• 분할회사의 독립된 일부 사업부문이 다른 회사의 독립된 사업부문과 합체되어 새로운 회사를 설립하는 형태 • 신설분할합병시 분할합병당사회사는 '분할회사', '분할합병의 상대방 회사', '분할합병에 의하여 설립된 회사'를 의미함. 예를 들면, A사의 투자사업부문과 B사의 투자사업부문을 분할하여 지주회사인 C사를 설립할 경우, A사 입장에서는 B사는 분할합병의 상대방회사라 하고 C사는 분할합병에 의하여 설립된 회사라 함.

인적분할합병	분할합병의 상대방회사 또는 분할합병으로 인한 신설회사가 발행하는 주식을 분할회사의 주주가 소유하는 형태
물적분할합병	분할합병의 상대방회사 또는 분할합병으로 인한 신설회사가 발행하는 주식을 분할회사가 소유하는 형태
일반분할합병	분할합병계약서에 대한 승인을 위하여 반드시 주주총회의 특별결의를 거쳐야 하고 반대주주의 주식매수청구권을 인정하는 형태
소규모분할합병	• 규모가 큰 회사가 소규모의 사업부문을 흡수분할합병하는 경우 규모가 큰 회사의 입장에서는 소규모분할합병 자체가 경상적인 경영활동에 불과하기 때문에 주주총회와 같은 복잡한 절차와 반대주주의 주식매수청구권으로 인한 자금부담 없이 신속하고 자유롭게 의사결정을 할 수 있도록 기업을 지원하기 위하여 도입된 제도임. • 흡수분할합병시 분할합병의 상대방회사에 인정되는 제도 • 분할합병의 상대방회사가 분할합병시 발행하는 신주 또는 이전하는 자기주식의 비율이 발행주식총수의 10%를 초과하지 않고 분할합병교부금이 순자산의 5%를 초과하지 아니하는 경우에 인정 • 분할합병의 상대방회사는 분할합병에 대한 주주총회결의를 이사회결의로 대체하고 반대주주의 주식매수청구권은 불인정 • 분할합병의 상대방회사의 발행주식총수의 20% 이상의 주주가 분할합병공고 또는 통지일로부터 2주 내에 서면으로 합병반대의사를 통지할 경우에는 소규모분할합병 불인정 • 소규모분할합병은 분할합병의 상대방회사에만 인정되는 제도이므로 분할회사는 간이분할합병이 아닌 한 일반분할합병의 경우와 동일하게 분할합병계약서에 대한 승인은 주총 특별결의를 득해야 되며, 반대주주의 주식매수청구권을 인정해야 함.
간이분할합병	• 흡수분할합병시 분할회사에 인정되는 제도 • 분할회사 총주주의 동의가 있거나 분할합병의 상대방회사가 분할회사 주식의 90% 이상을 소유한 경우 분할회사는 주주총회의 승인을 거치지 않고 이사회 승인만으로 분할합병이 가능한 형태 • 분할회사 총주주의 동의에 의하여 분할합병이 이루어지는 경우 반대주주가 존재하지 않으므로 주식매수청구권이 발생되지 않지만 분할합병의 상대방회사가 분할회사 주식의 90% 이상을 소유한 경우에는 반대주주가 존재할 수 있으므로 주식매수청구권이 인정됨. • 간이분할합병은 분할회사에 인정되는 제도이므로, 분할합병의 상대방회사가 소규모분할합병 대상이 아닌 한 분할합병의 상대방회사는 일반분할합병의 경우와 동일하게 분할합병계약서에 대하여 주총 특별결의를 득해야 하며, 반대주주의 주식매수청구권을 인정해야 함.

③ 분할합병의 제한

분할합병은 분할합병의 상대방회사로서 존속하는 회사("분할승계회사") 또는 분할합병으로 설립되는 회사("분할합병신설회사") 측면에서는 합병과 동일하므로 이들은 합병과 동일한 제한을 받게 된다.

분할합병시 상법, 공정거래법, 자본시장법 등 제한규정에 대해서는 '제1장 합병' 편을 참고하기 바란다.

④ 분할합병과 단순분할의 비교

분할합병은 기업분할과 합병이라는 2개의 거래가 단일거래로 합쳐진 것으로 단순분할과 비교하면 다음과 같은 차이점이 존재한다.

분할합병과 단순분할의 차이점	• 단순분할의 경우 분할회사의 주총으로 분할이 성립하나, 분할합병의 경우 분할회사 및 분할승계회사의 주총승인을 득해야 분할합병이 성립됨. • 단순분할의 경우 단순분할신설회사는 분할회사만의 출자에 의하여 설립되고 분할계획서에 의하여 절차가 진행되나, 분할합병은 분할회사와 분할승계회사 간 체결된 분할합병계약에 의하여 절차가 진행됨. • 단순분할의 경우 분할 전 회사의 채무에 대하여 분할당사회사가 연대책임을 지는 경우 채권자 보호절차가 불필요하고 분할계획서 및 분할주총에 의하여 연대책임을 지지 않는 경우(개별책임)에만 채권자 보호절차가 필요하나, 분할합병의 경우 분할합병당사회사의 연대책임 부담과 관계없이 항상 채권자 보호절차를 거쳐야 함. • 단순분할의 경우에는 대부분 주식매수청구권이 인정되지 않으나, 분할합병의 경우에는 주식매수청구권이 인정됨. • 단순분할의 경우에는 소규모 또는 간이분할이 인정되지 않으나, 분할합병의 경우에는 소규모 또는 간이분할합병이 인정됨. • 단순분할의 경우에는 공정거래법상 신고의무가 면제되나, 분할합병의 경우에는 합병의 경우와 동일하게 공정거래법상 신고의무를 부담함. • 단순분할(인적분할)의 경우에는 상장회사 등의 경우 신설법인 주식교부와 관련 증권신고서 제출의무가 있으나, 분할합병의 경우 신설분할합병을 제외하고 흡수분할합병의 경우 신고서제출의 의무가 면제됨('6. 절차 (2) 상장법인의 분할합병절차 ④ 증권신고서 및 투자설명서 제출 여부' 참조).

❖ 분할합병과 단순분할의 비교 ❖

구 분	분할합병	단순분할
기본이 되는 서류	분할합병계약서	분할계획서
분할당사회사	• 분할회사 • 분할합병의 상대방회사 • 분할합병으로 설립되는 회사	• 분할회사 • 분할신설회사
채권자 보호절차	분할합병당사회사의 연대책임 여부와 관계없이 반드시 필요	• 연대책임시 불필요 • 연대책임이 아닌 경우 필요
주식매수청구권	인정	비상장사 : 불인정 상장사 : 인적분할 대부분 불인 정[주1], 물적분할 인정
소규모 또는 간이제도	인정	불인정
공정거래법상 신고의무	신고의무 부담(합병과 동일)	면제
증권신고서 제출의무[주2]	신설분할합병 : 제출의무 흡수분할합병 : 면제(상대방회사 제출의무)	인적분할 : 제출의무 물적분할 : 면제

주1) 상장법인의 인적분할 신설법인의 재상장 불가시, 주식매수청구권 필요
주2) 사업보고서 제출대상법인에 한함.

⑤ 분할합병과 합병의 비교

분할합병은 분할회사 측면에서는 독립된 사업부문의 단순분할이지만, 분할합병의 상대방회사 측면에서는 합병과 동일하다.

따라서 분할합병은 분할과 합병의 성질을 모두 포함하는 것으로 합병과 비교하면 다음과 같은 차이점이 존재한다.

❖ 분할합병과 합병의 비교 ❖

분할합병과 합병의 차이점	• 분할합병은 주식회사만이 가능하나, 합병은 합병자유의 원칙에 의거하여 인적 또는 물적회사와 관계없이 상법상의 모든 회사가 가능함. • 분할합병은 분할합병계약서에 의하여 모든 사항을 규제받으나, 합병은 모든 사항을 합병계약서를 통하여 규제를 받음. • 분할합병의 상대방회사 측면에서 분할합병은 분할회사의 사업부문 중 불필요한 부문을 배제하고 필요한 부문만 합병할 수 있으므로

분할합병과 합병의 차이점	합병부담이 상대적으로 줄어들고 시너지 창출효과가 높으나, 합병은 피합병회사의 전체 사업부문을 포괄적으로 승계하므로 불필요한 사업부문까지 승계하여야 함.

- 분할합병은 분할회사의 주주(인적분할합병) 또는 분할회사(물적분할합병)가 분할합병의 상대방회사(흡수분할합병) 또는 분할합병으로 신설되는 회사(신설분할합병)의 주식을 교부받게 되나, 합병의 경우 피합병회사의 주주가 합병대가로 합병회사의 주식을 교부받음.
- 분할합병의 경우 분할회사는 존속 또는 소멸이 가능하지만, 합병의 경우 피합병회사는 반드시 소멸됨.
- 분할합병은 분할회사의 분할 전 채무에 대하여 분할회사와 분할합병의 상대방 회사 또는 분할합병으로 신설되는 회사가 연대책임 또는 개별책임이 가능하나, 합병의 경우 합병회사는 피합병회사의 모든 채무에 대하여 포괄적으로 승계함.
- 분할합병시 분할합병의 상대방회사 또는 분할합병으로 신설되는 회사는 주총결의에 의하여 분할이전되는 사업부문에 포함된 채무만 승계가 가능하므로 부외부채에 대한 위험 없이 합병하는 것이 가능하나 합병은 피합병법인의 모든 권리와 의무를 포괄적으로 승계하므로 피합병회사의 채무뿐 아니라 부외부채에 대해서도 승계를 해야 함.

구 분	분할합병	합 병
대 상	주식회사만 가능	인적·물적회사 모두 가능
기본이 되는 서류	분할합병계약서	합병계약서
사업부문 승계	일부 사업부문 승계 가능	회사 전체(모든 사업부문) 승계
대가의 수취자	분할회사의 주주(인적분할합병) 분할회사(물적분할합병)	피합병회사의 주주
자산 및 부채의 승계	특정사업부문에 속한 자산, 부채만 승계 가능	회사의 모든 자산, 부채 승계
합병 또는 분할합병회사의 책임	분할회사의 분할 전 채무 및 부외부채에 대하여 연대책임 및 개별책임 가능	피합병회사의 모든 채무 및 부외부채에 대하여 책임 부담
대상회사의 소멸	분할회사는 존속 또는 소멸 가능	피합병회사는 무조건 소멸
주총	특별결의 소규모 / 간이 이사회 갈음	특별결의 소규모 / 간이 이사회 갈음

⑥ 절 차

실무에서 이루어지는 대부분의 분할합병은 동일계열집단 내에서 계열사 간의 구조조정(A사의 사업부문을 동일계열집단인 B사로 흡수합병시키는 형태) 또는 지주회사를 설립(A사의 투자사업부문과 동일계열집단인 B사의 투자사업부문이 분할하여 지주회사인 C사를 설립하는 형태)하기 위한 목적으로 이루어진다.

아울러 분할회사가 독립된 일부 사업부문을 분할하여 다른 회사에 출자(피흡수합병)하고 그 자신은 존속하는 존속분할합병이 일반적인 형태로서 본 교재에서는 분할회사의 입장에서 존속인적흡수분할합병에 기초를 두고 절차를 살펴보기로 하겠다.

또한 분할합병은 분할회사 측면에서는 기업분할이지만 분할합병의 상대방회사 측면에서는 합병이므로 기업분할은 앞에서 검토한 인적분할 또는 물적분할의 내용을 참고하고 분할합병의 상대방회사 측면에서의 '제1장 합병'편을 참고하기 바란다.

(1) 비상장법인 간의 분할합병절차

비상장법인 간의 분할합병절차는 상법의 규정에 따라 분할합병비율 산정, 분할합병계약서 작성, 이사회결의, 분할합병 승인을 위한 주총개최, 주식매수청구권 행사, 구주권 제출 및 채권자 보호절차, 분할합병기일 및 등기를 거쳐 그 절차가 진행된다.

절 차	일 정	설 명	관련규정
사전준비절차		• 분할합병대상 자산 및 부채 확정 • 분할합병비율 산정 • 분할합병관련 법률, 회계, 조세 검토 • 분할합병 절차 및 일정 확정	
이사회결의 및 분할합병계약 체결	D-32	• 분할합병계약서 작성 • 이사회결의 후 분할합병계약 체결	
주총 소집 이사회 결의		주총소집을 위한 권리주주 확정 이사회결의	상법 제362조
주주명부 폐쇄 및 기준일 공고	D-31	명부확정 기준일 2주 전 공고	상법 제354조
주주명부확정 기준일	D-16	주총을 위한 권리주주 확정일	상법 제354조

절 차	일 정	설 명	관련규정
주주총회소집 공고 및 통지	D－15	분할합병계약 요령 기재	상법 제530조의3 ④
분할합병계약서 및 대차대조표 비치 공시		주총 2주 전~등기 후 6월	상법 제530조의7
분할합병반대 서면통지 접수마감	D－1	통지일~주총 전일	상법 제530조의11
분할합병승인 주주총회 개최	D	주총 특별결의	상법 제530조의3
반대주주 주식매수청구 시작		주총일로부터 20일 내 청구	상법 제530조의11
채권자 이의제출 공고 및 최고	D＋1	주총일로부터 2주 이내 공고	상법 제530조의11
구주권제출 공고			
주식매수청구권 행사기간 만료	D＋20	주총일로부터 20일 이내	상법 제530조의11
채권자 이의제출기간 만료	D＋32	공고기간 1월 이상	상법 제530조의11
구주권 제출기간 만료			
분할합병기일	D＋33	실질적인 분할합병일	
보고총회 갈음 이사회결의	D＋34	분할합병보고총회 및 창립총회는 이사회결의 및 공고로 갈음	상법 제530조의11
이사회결의 공고	D＋35	이사회결의 공고게재. 정관상 신문공고 또는 전자적 방법(홈페이지) 게재	상법 제530조의11, 제289조 동법 시행령 제6조
분할합병등기	D＋36	• 본점 : 공고일로부터 2주 내 • 지점 : 공고일로부터 3주 내	• 상법 제530조의 11 • 상업등기법 제70조～제72조 • 상업등기규칙 제150조, 제151조
기업결합 신고	D＋66 이내	분할합병등기일로부터 30일 내	• 공정거래법 제11조 • 기업결합신고요령 Ⅲ.3.나목

(주) : 1. 일정 중 공고의 경우, 정관에서 정한 일간신문 외에도 정관에서 정한 전자적 방법(홈페이지)에 의한 공고도 가능함(상법 제289조 및 동법 시행령 제6조).

2. 주주수가 많거나 명의개서대리인 제도를 도입하는 경우 기준일로부터 주주명부가 확정되는 기간이 수일이 소요됨.

3. 총주주로부터 기간단축동의서를 징구하는 경우 이사회결의 익일에 주총개최 가능
4. 비상장법인 중 사업보고서 제출대상 법인은 주요사항보고서를 제출해야 함.
5. 신설분할합병시에는 50인 이상 여부 및 전매제한 조치 여부에 따라 증권신고서 및 투자설명서 등 제출의무(아래 '6 절차 (2) 상장법인의 분할합병절차 중 ④ 증권신고서 및 투자설명서 제출 여부' 참조)

① 분할합병에 대한 이사회결의, 분할합병계약 체결, 분할합병주총소집 이사회결의
흡수분할합병의 경우 분할회사와 분할합병의 상대방회사는 분할합병계약서를 작성하여 이사회의 승인을 득해야 하며 당사회사의 대표이사들이 분할합병계약을 체결해야 한다.

한편, 신설분할합병의 경우 통상 분할회사가 2개사이거나, 분할회사의 일부가 다른회사와 분할합병을 하여 설립되는 경우에 해당하며 분할합병으로 인하여 신설된 회사에 대한 수권주식수, 자본금, 정관, 이전재산 및 이사 및 감사 등을 분할합병계약서를 통하여 확정하여야 한다.

통상 분할합병승인 주총소집을 위한 이사회결의는 기간단축을 위하여 분할합병계약 승인을 위한 이사회결의와 함께 이루어진다.

존속인적흡수 분할합병계약서 기재사항 (상법 제530조의6 ①)	• 분할합병 상대방회사로서 존속하는 회사("분할승계회사")의 수권주식수가 증가할 경우 그 증가할 주식의 총수, 종류 및 종류별 주식의 수 • 분할승계회사가 분할합병으로 발행할 신주 또는 이전하는 자기주식의 총수, 종류 및 종류별 주식수 • 분할회사의 주주에 대한 분할승계회사의 신주 또는 자기주식 배정에 관한 사항 및 주식의 병합 또는 분할을 하는 경우 그에 관한 사항 • 분할회사의 주주에 대하여 분할승계회사가 지급할 금액을 정한 경우 그 규정 • 분할승계회사의 증가할 자본금의 총액과 준비금에 관한 사항 • 분할회사가 분할승계회사에 이전할 재산과 그 가액 • 분할회사의 주총결의를 통해 분할합병에 따른 출자를 받는 분할승계회사가 분할회사의 채무 중에서 분할합병계약서에 승계하기로 정한 채무만을 부담할 것을 정한 경우 그 내용 • 분할합병계약서 승인을 위한 주총일 • 분할합병기일 • 분할승계회사의 이사와 감사를 정한 때에는 그 성명과 주민등록번호 • 분할승계회사의 정관변경을 가져오게 하는 사항

② 주주명부 폐쇄 및 기준일 공고

분할합병주총에서 의결권을 행사할 권리주주를 확정하기 위하여 이사회에서 정한 기준일을 공고하고 기준일 익일부터 일정기간 동안 주주명부를 폐쇄한다는 내용을 기준일의 2주 전에 정관에서 정한 신문 또는 전자적 방법(홈페이지 게재, 상법 제289조 및 동법 시행령 제6조)으로 공고하여야 한다. 따라서 전자적 방법의 경우 이사회 익일이 아닌 당일 즉시 공고가 가능하다.

주주수가 많지 않거나 총주주에 대한 통제가 가능한 경우 총주주로부터 기간 단축동의서를 징구함으로써 공고절차를 생략하여 분할합병기간을 단축할 수 있다.

③ 주주명부확정 기준일

기준일자의 주주명부에 기재된 주주가 주총에서 분할합병승인에 대한 의결권을 행사할 주주로 확정된다.

주주명부확정기간은 주주수가 적고 개별적인 통제가 가능한 비상장법인의 경우 특별한 시간이 필요하지 않으나 상장법인 또는 주주수가 많아 명의개서대리인 제도를 도입하고 있는 비상장법인의 경우에는 수일이 소요된다.

또한, 기준일은 그 주주의 권리행사일(주주총회)의 앞선 3개월의 날로 하여야 한다. 이에 주주총회가 기준일로부터 3개월 이상이 되는 시점으로 연기가 된다면, 명부폐쇄공고를 다시 실시하여 기준일을 재설정하여야 한다.

④ 분할합병주총 소집공고 및 통지 발송

주주명부가 확정되면 회사는 주총일 2주 전에 분할합병계약서 승인을 위한 주총소집통지를 하여야 하며 소집통지에는 분할합병의 목적 및 요령, 주식매수청구권 내용 및 행사방법을 명시하여야 한다. 또한 공고의 경우 정관에 정한 일간신문 또는 전자적 방법(홈페이지 게재, 상법 제289조 및 동법 시행령 제6조)으로 공고가 가능하다.

⑤ 분할합병계약서, 분할합병 대차대조표 등 비치 공시

분할회사와 분할합병승계회사는 다음의 서류를 주총일의 2주 전부터 분할합병을 한 날 이후 6개월 동안 본점에 비치하여야 하고, 영업시간 내에는 언제든지 주주 및 채권자가 열람 및 등사할 수 있도록 하여야 한다.

분할합병의 주체	비치 및 공시 서류
분할회사	• 분할합병계약서 • 분할되는 부분의 대차대조표 • 분할합병 상대방회사의 대차대조표 • 분할회사의 주주에게 발행할 주식의 배정에 관하여 그 이유를 기재한 서면
분할합병의 상대방회사 (분할승계회사)	• 분할합병계약서 • 분할되는 부분의 대차대조표 • 분할회사의 주주에게 발행할 주식의 배정에 관하여 그 이유를 기재한 서면

⑥ 분할합병반대의사 서면통지 접수마감

분할의 경우 상장회사의 인적분할 신설법인이 재상장되지 않는 경우를 제외하고는 주식매수청구권이 인정되지 않지만, 분할합병의 경우 그 본질이 합병과 동일하므로 주식매수청구권이 인정된다.

주식매수청구권에 대한 구체적인 내용은 '제5장 주식매수청구권'편을 참조하기 바란다.

구 분	인적분할	물적분할	분할합병	합 병
주식매수청구권	• 비상장사 불인정 • 상장사 인적분할시 신설법인 재상장 불가할 경우 적용	• 비상장사 불인정 • 상장사 인정	인정됨.	인정

주) 상장회사의 인적분할시 신설법인을 거래소에 재상장하지 않을 경우에만 적용(자본시장법 제165조의5 ①, 동법 시행령 제176조의7 ①)

⑦ 분할합병승인 주주총회

흡수분할합병의 경우 분할회사와 분할합병의 상대방회사는 분할합병계약서에 대하여 주총승인(특별결의)을 득해야 한다.

한편, 신설분할합병의 경우 분할회사가 2개사 이상이므로 각각의 분할회사는 분할합병계약서에 대하여 주총승인(특별결의)을 득하고 분할합병으로 신설되는 회사에 대한 자본, 정관, 임원 등을 확정하여야 한다.

분할합병주총에서는 의결권이 없는 주식을 보유한 주주도 의결권이 인정되고 분할합병으로 인하여 어느 종류의 주주에게 손해를 미치게 되는 경우에는 그 종류주주총회의 승인을 추가로 득하여야 한다.

주총 특별결의 요건은 출석주주 의결권의 2/3 이상의 승인을 득하여야 하며, 그 비율이 발행주식총수의 1/3 이상이어야 한다.

⑧ 반내주주 주식매수청구

분할합병의 경우 분할회사 및 분할회사의 상대방회사에 대하여 주식매수청구권이 인정된다. 주식매수청구권에 대한 구체적인 내용은 '제5장 주식매수청구권'편을 참조하기 바란다.

⑨ 채권자 이의제출 공고 및 최고

분할은 분할 전 채무에 대하여 분할회사와 분할신설회사가 연대책임을 지는 경우 분할에 따른 채권자의 지위와 담보력이 변하지 않으므로 채권자 보호절차가 불필요하다.

그러나 분할 전 채무에 대하여 분할회사와 분할신설회사가 연대책임을 지지 않기로 한 경우(개별책임)에는 채권자의 지위와 담보된 재산의 내역이 달라지므로 당연히 채권자 보호절차를 이행하여야 한다.

한편, 분할합병의 경우에는 분할회사와 분할합병의 상대방회사의 채권자의 지위와 담보력이 분할합병으로 인하여 변하게 되므로 분할의 방법(물적분할 또는 인적분할)과 책임의 범위(연대책임 또는 개별책임)와 관계없이 반드시 채권자 보호절차를 거쳐야 한다.

즉, 분할합병시 분할합병의 당사회사가 분할 전 분할회사의 채무에 대하여 연대책임을 지더라도 채권자 보호절차가 필요하다는 점을 유의하여야 할 것이다. 상법은 분할합병으로 인한 채권자 보호를 위하여 회사가 분할합병을 결의한 때에는 그 결의가 있는 날로부터 2주간 내에 회사채권자(금융, 상거래 등 모든 채권자 포함)에 대하여 분할합병에 이의가 있으면 1개월 이상의 일정한 기간 내에 이의를 제출할 것을 공고하고, 알고 있는 채권자에 대해서는 각별로 최고하도록 규정하고 있다. 기타 회사의 공고와 마찬가지로 정관에 정한 일간신문 또는 전자적 방법(홈페이지 게재, 상법 제289조 및 시행령 제6조)으로 공고가 가능하다.

구 분	인적분할	물적분할	분할합병	합 병
채권자 보호절차	연대책임시에는 불필요하나, 연대책임을 지지 않을 경우(개별책임)에는 필요함.	좌 동	연대책임 여부, 분할 방법과 관계없이 항상 필요함.	항상 필요함.

⑩ 주식의 병합 및 구주권 제출 공고(분할회사만 적용)

인적분할합병의 경우 분할회사의 자본감소가 수반되므로 분할회사는 감소된 자본만큼 주식의 병합 및 구주권 제출절차가 필요하다.

주식을 병합하는 경우 분할회사는 1개월 이상의 기간을 정하고 그 기간 내에 주권을 분할회사에 제출할 것을 공고하고 주주명부에 기재된 주주와 질권자에 대해서는 개별적으로 통지하여야 한다. 기타 회사의 공고와 마찬가지로 정관에 정한 일간신문 또는 전자적 방법(홈페이지 게재, 상법 제289조 및 시행령 제6조)으로 공고가 가능하다.

구 분	인적분할	물적분할	분할합병
주식의 병합 및 구주권 제출 공고	필요	불필요	인적분할합병시 필요

⑪ 채권자 이의제출 및 구주권(분할회사) 제출기간 만료

채권자가 이의신청기간 내에 이의를 제출하지 아니한 때에는 분할합병을 승인한 것으로 간주하고, 이의를 제출한 채권자가 있는 때에는 회사는 그 채권자에 대하여 변제, 담보제공, 재산신탁 등의 별도의 보호절차를 취해야 한다.

주식의 병합은 주권 제출기간이 만료한 때에 그 효력이 발생하나, 채권자 보호절차가 종료되지 아니한 경우 그 종료시에 효력이 발생된다.

⑫ 분할합병기일

분할합병기일은 분할되는 사업부문의 자산과 부채가 분할합병의 상대방회사로 이전되고 분할합병의 상대방회사의 주식이 분할회사 주주(인적분할합병) 또는 분할회사(물적분할합병)로 배정되어 분할합병이 실질적으로 이루어지는 날을 의미한다.

분할합병기일은 분할합병보고 또는 창립총회(보고총회 갈음 이사회결의 및 그 공고로 대체 가능)에서 분할합병사업부문의 자산 및 부채 승계내용, 신주발행내용을 보고해야 하므로 구주권 제출기간과 채권자 이의제출기간의 종료일로부터 분할합병보고총회일 사이에 도래하도록 일정을 설계하여야 한다.

⑬ 분할합병보고총회 개최 또는 분할합병보고총회 갈음 이사회결의

흡수분할합병의 경우 분할합병보고총회가 필요하고 신설분할합병의 경우 창립총회가 필요하다.

분할합병보고 또는 창립총회는 통상 기간의 단축을 위하여 분할합병기일 이전에 소집절차를 밟는 것이 일반적이고, 분할합병보고 또는 창립총회에서 분할

합병의 상대방회사 대표이사는 분할합병에 관한 사항을 보고하여야 하나 보고사항에 대하여 총회의 승인을 득할 필요는 없다.

상법은 분할합병기간의 단축과 절차의 원활화를 위하여 분할합병보고 또는 창립총회를 이사회의 결의에 의한 공고로써 갈음할 수 있도록 규정하고 있다. 따라서 실무에서는 특별한 목적사항 없이 분할합병 경과보고만이 목적인 경우 이사회의 결의에 의한 공고로써 분할합병보고총회 또는 창립총회를 대체하는 것이 일반적이다.

⑭ 이사회결의 공고

분할합병보고총회 또는 창립총회를 대체하는 이사회결의가 이루어진 경우 분할합병의 상대방회사는 통상 이사회결의 익일에 정관에 정한 일간신문 또는 전자적 방법(홈페이지 게재, 상법 제289조 및 동법 시행령 제6조)으로 분할합병 경과를 공고한다.

⑮ 분할합병등기

본점소재지의 경우 분할합병보고총회(보고총회 갈음 이사회결의 공고)일로부터 2주간 내, 지점소재지에서는 3주간 내에 각각 분할합병등기를 완료해야 한다. 과거, 상법은 분할신설회사가 분할회사의 재산만으로 설립되고 분할회사의 주주에게 지분율에 비례하여 분할신설회사의 주식을 교부(비례적 인적분할)하는 경우에는 현물출자에서 수반되는 검사인의 조사·보고(상법 제299조)절차를 생략할 수 있도록 규정하고(구 상법 제530조의4 ②), 물적분할의 경우 분할회사의 재산만으로 설립되는 경우 등기선례(등기선례 6-670)에 의하여 현물출자에서 수반되는 검사인의 조사·보고절차가 생략되었다.

2016년 3월 2일 시행된 개정 상법에서는 분할회사의 출자 이외의 출자가 있는 경우에는 현물출자 검사절차를 거칠 것을 규정하고, 단서에서 분할회사 출자만으로 신설되는 경우 주주에 대한 비례적 주식배정 여부와 관계없이 검사절차를 생략하는 것으로 하였다. 현물출자의 조사제도가 자본금충실 원칙상 현물출자의 과대평가를 규제하는 취지로 도입된 것이므로, 주주에 대한 비례배정과 현물출자 조사를 연계시키지 않는 취지의 개정으로 해석된다.

구 분	인적분할	물적분할	분할합병	합 병
검사인 조사·보고	분할회사의 재산만으로 설립시 면제	좌동	좌동	면제

(2) 상장법인의 분할합병절차

인적분할합병시 분할회사가 상장법인인 경우 분할합병의 상대방회사(흡수분할합병) 또는 분할합병으로 신설된 회사(신설분할합병)는 상장법인이어야 할 것이다. 만약, 분할합병의 상대방회사 또는 분할합병으로 신설된 회사가 비상장법인이라면(분할합병신설법인이 재상장예비심사에서 미승인이 나는 경우 포함) 상장법인의 일부 주권이 상장폐지되는 효과가 발생되어 일반주주가 피해를 볼 수 있으므로 일반주주 보호절차를 별도로 준비하지 않는 한 분할합병의 주총승인(주총특별결의)을 득하기 어렵고 주총승인이 이루어진다 하더라도 주식매수청구권의 규모가 크거나 일반주주 보호를 위하여 많은 자금이 소요되기 때문이다.

따라서 분할합병의 상대방회사(흡수분할합병)가 비상장법인이거나 또는 분할합병으로 신설되는 회사(신설분할합병)의 재상장이 어려운 경우에는 상장에 대한 부담이 낮은 물적분할합병이 자금부담을 최소화할 수 있는 방법이다.

① 상장법인의 분할합병절차

상장법인의 분할합병절차는 그 과정이 합병절차와 유사하고 분할합병시 분할회사의 변경상장과 분할합병의 상대방회사 또는 분할합병으로 신설된 회사의 재상장에 관한 내용은 앞에서 검토한 합병 및 분할의 경우와 유사하므로 '제1장 합병'편과 앞에서 검토한 '분할'편을 참고하기 바란다.

절 차	일 정	설 명	관련규정
사전준비절차	–	• 분할합병관련 법률, 회계, 조세문제 검토 • 외부평가기관과 평가계약 체결 • 분할합병가액 산정 및 비율 결정 • 분할합병절차 및 일정 확정 • 분할합병계약서 및 주요사항보고서 등 작성 • 관계기관 (금감원, 거래소, 명의개서 대행회사 등) 사전협의	–

절 차	일 정	설 명	관련규정
분할합병계약서 이사회 승인, 분할합병계약 체결	D-41	이사회결의 후 분할합병계약 체결	상법 제530조의3
주요사항보고서 제출		금융위, 거래소에 제출	• 자본시장법 제161조 ① 6호 • 유가공시 제7조 ① 3호 • 코스닥공시 제6조 ① 3호
공시관련 매매거래 정지		주요내용 공시관련 매매거래 정지	• 유가공시 제40조 ① • 동 시행세칙 제16조 ① • 코스닥공시 제37조 ① • 동 시행세칙 제18조 ①
주총소집 이사회결의		임시주총소집을 위한 이사회 결의	상법 제362조
주총소집이사회 결의 신고 및 공시		거래소 신고 및 공시	• 유가공시 제7조 ① 3호 • 코스닥공시 제6조 ① 3호
기준일 공고	D-40	주주명부확정 기준일 2주 전 공고	상법 제354조
주주명부확정 기준일	D-25	주총을 위한 권리주주 확정일	상법 제354조
주총소집 공고 및 통지	D-15	소집의 뜻과 회의의 목적사항 기재	상법 제542조의4
주총소집 통지 및 공고 비치	D-15	사외이사 관련사항 등을 회사의 인터넷 홈페이지에 게재하고 금융위 등에 비치	• 상법 제542조의4 • 동법 시행령 제31조
분할합병계약서, 대차대조표 비치 공시		주총 2주 전~등기 후 6개월	상법 제530조의7
반대의사 서면통지 접수마감	D-1	주총소집 통지일~주총 전일	상법 제530조의11
분할합병승인 주총개최	D	주총 특별결의	상법 제530조의3
반대주주 주식매수청구 시작		주총일로부터 20일 내 청구	상법 제530조의11
분할합병주총 결과보고		주총결의 공시 및 결과보고	• 유가공시 제7조 ① 3호 • 코스닥공시 제6조 ① 3호

절 차	일 정	설 명	관련규정
채권자 이의제출 공고 및 최고	D+1	주총일로부터 2주 이내 공고	• 상법 제530조의11
주식병합공고 (분할회사)	D+16	주식병합일(분할합병일)로부터 2주전 공고	• 상법 제530조의11 • 전자증권법 제65조
주식매수청구권 행사기간 만료	D+20	주총일로부터 20일 이내	상법 제530조의11
매매거래 정지 (인적분할합병시 분할회사)	D+31	주식병합일 전 2영업일~변경상장 전일	• 유가상장 제153조 ① 4호 • 코스닥업무규정 제25조 ① 3호 • 동 시행세칙 제30조 ① 2호
채권자 이의제출기간 만료	D+32	공고기간 1개월 이상	상법 제530조의11
분할합병기일	D+33	실질적인 분할합병일	
보고총회 갈음 이사회결의	D+34	분할합병보고총회 및 창립총회는 이사회결의에 의한 공고로 갈음	상법 제530조의11
이사회결의 공고	D+35	정관에 의한 신문 및 전자적 방법(홈페이지 게재)으로 공고	
분할합병등기 (변경 및 설립등기)	D+36	• 본점 : 공고일로부터 2주 내 • 지점 : 공고일로부터 3주 내	• 상법 제530조의11 • 상업등기법 제70조~제72조 • 상업등기규칙 제150조, 제151조
분할합병종료보고서 또는 증권발행실적보고서 제출		등기 후 지체없이 제출	발행·공시규정 제2-19조 및 제5-15조 4호
주식 등의 대량보유상황 보고(5% 보고)	D+41	분할합병등기일 익일로부터 5영업일 내에 보고	• 자본시장법 제147조 • 동법 시행령 제153조

절 차	일 정	설 명	관련규정
임원 등의 특정증권 등 소유상황 보고 (10% 보고)	–	• 임원 또는 주요주주가 된 경우 5영업일 내 보고 • 임원 또는 주요주주의 주식 수 변동이 있는 경우 5영업일 내 보고	• 자본시장법 제173조 • 동법 시행령 제200조
주식매수청구대금 지급	D+50 内	매수청구종료일로부터 1월 이내 지급	자본시장법 제165조의5
기업결합 신고	D+66 内	분할합병등기일로부터 30일 이내	• 공정거래법 제11조 • 기업결합신고요령 III.3.나목

(주) : 1. 「주식·사채 등의 전자등록에 관한 법률」(전자증권법), 「증권의 발행 및 공시 등에 관한 규정」(발행·공시규정), 유가증권시장공시규정(유가공시), 코스닥시장공시규정(코스닥공시), 유가증권시장상장규정(유가상장), 코스닥시장업무규정시행세칙(코스닥업무시행세칙)
2. 신설분할합병시에는 50인 이상 여부 및 전매제한 조치 여부에 따라 증권신고서 및 투자설명서 등 제출의무 있음(아래 '④ 증권신고서 및 투자설명서 제출 여부' 참조).

② 상장법인 이사회결의사항 신고 및 공시

사업보고서 제출대상법인은 합병 이사회 3일내 해당 내역을 주요사항보고서로 금융위에 제출하여야 한다. 단, 상장법인이 분할합병에 대한 이사회결의를 한 경우에는 각 시장의 공시규정에 의거하여 그 결의내용을 지체없이 거래소에 신고 및 공시하여야 한다.

구 분	유가증권상장법인	코스닥상장법인
시 기	이사회 결의일 당일	좌동
장 소	금융위/거래소	좌동
제출서식	기업공시서식 작성기준 제38-46호	좌동
규 정	유가증권시장공시규정 제7조 ① 3호 가목 (5)	코스닥시장공시규정 제6조 ① 3호 가목 (8)

③ 상장법인 주권의 공시관련 매매거래 정지

상장법인이 분할합병을 공시한 경우 주가에 대한 충격을 완화하고 소액주주를 보호하기 위하여 거래소는 시장안내를 통하여 당해 공시시점부터 일정기간 주권의 매매거래를 정지하고 있다. 또한 신설법인의 재상장 여부에 따라 상장규정상의 매매정지가 주어질 수도 있다(유가증권시장).

가. 유가증권상장법인

㉠ 유가증권공시규정

공시시점	매매거래 정지기간
매매거래 정지기준	분할합병에 대한 신고·공시시점
장개시 이전	장개시 이후 30분 동안
장개시 이후~장종료 60분 이전	공시시점으로부터 30분 동안
장종료 60분 전 이후	그 다음 날부터 매매거래 재개 (단, 장개시 전 시간외거래는 불가)
규 정	• 유가증권시장공시규정 제40조 ① 2호 • 동 시행세칙 제16조 ① 1호, ③ 2호 • 유가증권시장 업무규정 시행세칙 제54조

㉡ 유가증권상장규정

구분	내용
거래정지 대상	거래소 재상장예정인 분할합병 신설법인 (분할합병 신설법인을 재상장하지 않을 경우 해당사항 없음)
거래정지 사유	투자자보호(재상장 여부 및 예비심사신청서 확인)
거래정지 기간	합병공시~재상장예비심사신청서 및 첨부서류 제출일까지 (단, 예비심사청구서 제출 전 취소결정이 있을 시에는 당해 취소 결정일까지)
규정	유가증권시장상장규정 제153조 ① 6호, ② 5호

나. 코스닥상장법인

코스닥시장의 경우, 분할합병재상장과 관련하여 상장규정상의 매매정지 조항은 두고 있지 않다.

공시시점	매매거래 정지기간
매매거래 정지기준	합병에 대한 신고·공시시점
장개시 이전	장개시 이후 30분 동안
장개시 이후~장종료 60분 이전	공시시점으로부터 30분 동안
장종료 60분 전 이후	그 다음 날부터 매매거래 재개 (단, 장개시 전 시간외거래는 불가)

공시시점	매매거래 정지기간
규 정	• 코스닥시장공시규정 제37조 ① 2호, ③ • 동 시행세칙 제18조 ① 7호, ② 2호 • 코스닥시장 업무규정 시행세칙 제26조 2호, 3호

④ 증권신고서 및 투자설명서 제출 여부

분할합병은 앞서의 인적분할(물적분할 제외)과는 달리 증권신고서 제출 여부에 있어 차이가 있다.

앞서 살펴보았듯이 분할합병은 분할사업부문의 출자 상대방에 따라서 분할되는 회사의 일부가 다른 회사에 피흡수합병 당하는 경우(상법 제530조의6 ①)는 흡수분할합병, 다른 회사와 합병하여 신설되는 경우(상법 제530조의6 ②)는 신설분할합병으로 나뉜다.

본서에서 중점적으로 다루기로 한 인적분할합병의 경우 분할합병의 대가로 분할회사 주주에게 주식을 교부하는 주체는 합병에 있어서 존속회사가 되는 분할승계회사가 되므로, 증권신고서 제출의무는 그 상대방회사가 지게 된다(자본시장법 제9조 ⑦⑧⑨, 동법 시행령 제11조 ③, 발행·공시규정 제2-2조 ①).

구 분	인적분할	물적분할	존속인적흡수 분할합병
분할되는 회사의 증권신고서 제출여부	제출	면제	면제 (단 분할승계회사 제출)

⑤ 주총소집 통지·공고 및 비치공시

상장법인의 경우 의결권 있는 발행주식총수의 1% 이하의 주식을 보유한 주주(소액주주)에 대해서는 주총일 2주 전에 2 이상의 일간신문에 주총소집의 뜻과 주총의 목적사항을 각각 2회 이상 공고하거나 전자공시시스템에 공고함으로써 소집통지에 갈음할 수 있으며, 다음의 사항을 회사의 인터넷 홈페이지에 게재하고 금융위 등에 비치하여 일반인이 열람할 수 있도록 하여야 한다.

회사의 인터넷 홈페이지에 게재할 내용	Ⅰ. 사외이사 등의 활동내역과 보수에 관한 사항 　1. 사외이사 등의 활동내역 　2. 사외이사 등의 보수현황 Ⅱ. 최대주주 등과의 거래내역에 관한 사항 　1. 단일거래규모가 일정규모 이상인 거래 　2. 해당 사업연도 중에 특정인과 해당 거래를 포함한 거래총액이 일정규모 이상인 거래 Ⅲ. 경영참고사항 　1. 사업의 개요 　2. 주주총회의 목적사항별 기재사항
비치장소	• 상장회사의 본점 및 지점 • 명의개서 대행회사 • 금융위, 거래소
규 정	• 상법 제542조의4 • 상법 시행령 제31조

(주) 금융감독원 기업공시제도실 '기업공시서식 작성기준'의 별지 제58호 '주주총회 소집공고' 공시서식 참조

⑥ 주총소집 절차

상장법인의 분할합병결의를 위한 주총소집과 관련하여 기준일 공고, 기준일, 주총소집 통지절차를 정리하면 다음과 같다.

절　차	일　정	내　용
주총소집 이사회결의	D-16	-
기준일 공고	D-15	기준일 2주 전 공고
기준일	D	-
주총참석장 등 작성	D+9~D+10	-
주총소집통지 발송	D+10~D+11	주총일 2주 전 통지
주주총회일	D+25	-

비상장법인의 경우, 상법에 의거 1) 기준일 2주간 전에 기준일 공고를 하고, 2) 기준일부터 주주명부를 뽑기위해 실무적으로 3~5영업일 간의 주주명부폐쇄 기관이 필요하다. 그러나 2019년 9월 도입된 주식·사채 등의 전자등록에 관한 법률("전자증권법")에 의거 모든 상장사들은 명부폐쇄와 관련된 업무가 생략되었다. 이에 향후 실무는 기준일 이후 즉각적으로 소유자명세가 나오고, 그

직후 참석장 작성 및 소집통지 발송의 실무적 절차를 진행하면 될 것으로 판단된다(전자증권법 제66조 및 제37조). 단, 본 상장법인의 기준일 및 주총 일정과 관련해서는 증권신고서의 효력발생이 주총소집발송 이전에 이루어져야 하므로 전자증권법 도입에 의한 기준일~주총소집통지 발송의 과정을 축소하지 않은 점을 유의하기 바란다.

⑦ 분할합병종료보고 또는 증권발행실적보고

분할합병등기가 완료되면 상장법인은 금융위와 거래소에 분할합병종료보고서를 제출하여야 한다.

한편, 증권신고서를 제출한 회사는 분할합병등기를 한 때 증권발행실적보고서를 금융위에 제출하여야 하며, 증권발행실적보고서 제출시 분할합병종료보고서의 제출은 면제된다.

⑧ 매매거래 정지

상장법인이 인적분할합병을 위하여 주권의 제출을 요구한 때에는 거래소에서 시장안내를 통하여 다음과 같이 매매거래를 정지한다. 단, 물적분할합병의 경우에는 자본감소절차가 수반되지 않으므로 매매거래가 정지되지 않는다.

구 분	유가증권상장법인	코스닥상장법인
기 간	주식병합일(분할합병기일) 전 2영업일~변경상장 전일	좌동
규 정	유가증권시장상장규정 제153조 ① 4호	• 코스닥시장업무규정 제25조 ① 3호 • 동 시행세칙 제30조 ① 2호

⑨ 변경상장

인적분할합병시 분할회사가 상장법인일 경우 분할회사는 자본금이 감소되어 상장주식의 수량이 변경되므로 변경상장을 신청해야 한다.

분할합병시 분할회사의 변경상장 신청에 대해서는 앞에서 살펴본 인적분할시 변경상장에 관한 내용과 동일하므로 그 내용을 참조하기 바란다. 단, 물적분할합병의 경우에는 자본금 및 발행주식총수의 변화가 없으므로 변경상장절차가 필요하지 않다.

⑩ 신주상장 또는 재상장

흡수분할합병회사의 경우 분할합병의 상대방회사가 상장법인인 경우 분할합병으로 인하여 합병신주를 분할회사 주주(인적분할합병) 또는 분할회사(물적분할합병)에게 발행해야 하므로 신주상장을 신청해야 하며, 인적분할합병을 통하여 법인이 신설되는 경우 신설법인은 재상장을 신청해야 한다.

흡수분할합병시 분할합병의 상대방회사의 신주상장 절차에 대해서는 '제1장 합병'편의 신주상장에 관한 내용을 참고하고, 신설분할합병시 신설되는 회사의 재상장에 대해서는 앞의 분할에서 검토한 재상장에 관한 내용을 참고하기 바란다.

 지분변동

분할합병으로 인하여 상장법인의 지배권에 변동이 발생한 경우에는 당해 주주는 자본시장법에 따라 공시 및 신고를 해야 한다.

기업지배권 변동과 관련된 공시로는 주식 등의 대량보유상황 보고(5% 보고)와 임원 등의 특정증권 등 소유상황 보고(10% 보고)가 있다.

(1) 주식 등의 대량보유상황 보고(5% 보고)

분할합병으로 상장법인이 발행한 주식 등을 5% 이상 보유하게 되는 경우 또는 5% 이상 보유한 후 그 보유주식비율이 1% 이상 변동되는 경우, 5영업일(토요일, 공휴일, 근로자의 날 제외) 이내에 보유 또는 변동내역을 금융위와 거래소에 보고하여야 한다.

분할합병시 주식의 대량보유 보고기준일에 대해서는 명문화된 규정은 없으나 상장법인 입장에서는 분할합병이 합병과 성격이 동일하므로 합병의 경우를 준용하여 보고기준일을 적용한다.

따라서 흡수합병의 경우 보고기준일이 합병등기일이므로 분할합병의 상대방회사가 상장법인인 흡수분할합병의 경우에도 분할합병등기일의 다음 날(보고기준일 제외)부터 5영업일 이내에 흡수분할합병으로 인하여 신규로 5% 이상의 주주가 되거나 기존 5% 이상의 주주가 1% 이상 변동된 경우 금융위와 거래소에 신고하여야 한다.

한편, 2사 이상의 상장법인이 분할합병하여 신규법인을 설립하는 신설분할합병의 경우 보고기준일은 신설회사 주식의 재상장일(분할합병신주 재상장일)이다.

(2) 임원 등의 특정증권 등 소유상황 보고(10% 보고)

분할합병으로 상장법인의 임원 또는 주요주주가 된 경우에는 임원 또는 주요주주가 된 다음날(보고기준일 제외)부터 5영업일 이내에 특정증권 등의 소유상황을 증선위와 거래소에 보고(최초보고)하여야 하며, 그 특정증권 등이 소유상황에 변동이 있을 때에는 그 변동이 있는 다음 날(보고기준일 제외)로부터 5영업일 이내에 증선위와 거래소에 보고(변동보고)하여야 한다. 기존의 증권거래법 하에서는 최초 보고의 경우 해당사유 발생일로부터 10일(달력 기준) 이내에 보고하고, 그 소유주식수에 변동이 있는 경우는 그 변동이 있는 달의 다음 달 10일까지 보고를 하면 되었으나, 자본시장법이 시행되면서 그 보고의 기한이 앞당겨져서 5% 공시와 동일하게 되었다.

여기서 주요주주란 누구의 명의든 자기의 계산(차명주식 포함)으로 상장법인의 의결권 있는 주식의 10% 이상을 보유하거나 의결권 있는 주식의 10% 이상을 보유하고 있지 아니한 주주라도 임원의 임면 등 당해 법인의 주요경영사항에 대하여 사실상 영향력을 행사하고 있는 주주를 의미한다.

| 주요주주(금융회사의 지배구조에 관한 법률 제2조 6호) |

- 누구의 명의로 하든지 자기의 계산으로 의결권 있는 발행주식총수의 10% 이상을 소유한 자(그 주식과 관련된 증권예탁증권 포함)
  ⇨ 주요주주는 특수관계인 또는 공동보유자를 합산하지 않고 개별적으로 적용함.
- 의결권 있는 발행주식총수의 10% 이상을 보유하고 있지 아니한 주주라도 임원의 임면 등 당해 법인의 중요한 경영사항에 대하여 사실상 영향력을 행사하고 있는 주주
  ⇨ 실질적인 지배주주를 의미함.

흡수분할합병으로 상장법인의 임원 또는 주요주주가 특정증권 등의 소유상황을 보고하여야 하는 경우(최초보고) 그 보고기간의 기준일은 흡수합병의 경우를 준용하여 분할합병신주 상장일이고, 상장법인의 임원 또는 주요주주가 그 특정증권 소유상황의 변동을 보고(변동보고)하여야 하는 경우 그 변동보고 기준일은 분할합병 등기일이다.

한편, 신설분할합병(재상장을 신청한 경우)으로 상장법인의 임원 또는 주요주주가 주식소유상황을 보고하여야 하는 경우(최초보고) 그 보고기간의 기준일은 분할합

병으로 설립되는 회사주식의 재상장일이고, 상장법인의 임원 또는 주요주주가 그 소유주식수의 변동을 보고(변동보고)하여야 하는 경우 그 변동보고 기준일도 역시 분할합병으로 설립되는 회사주식의 재상장일이다.

구 분	최초보고	변동보고
흡수분할합병	분할합병신주 상장일	분할합병등기일
신설분할합병	신설회사 주식의 재상장일	신설회사 주식의 재상장일

(3) 주식 등의 대량보유상황 보고와 주요주주 및 임원 등의 특정증권 등 소유상황 등의 보고의 차이

흡수분할합병시 지배권 변동보고와 관련하여 주식 등의 대량보유상황 보고(5% 보고)와 임원 등의 특정증권 등 소유상황보고(10% 보고)가 다음과 같은 차이가 있으므로 혼동하지 않도록 주의하여야 한다.

구 분	주식 등의 대량보유상황 보고 (5% 보고)	임원 등의 특정증권 등 소유상황 보고 (10% 보고)
보고 접수처	금융위, 거래소	증선위, 거래소
보고기준	• 신규보고 : 5% 이상 보유시 • 변동보고 : 5% 이상 보유 후 1% 이상 변동시	• 최초보고 : 임원 또는 주요주주가 된 경우 • 변동보고 : 1천주 이상 또는 1천만원 이상 변동시
보고 기준일	분할합병등기일	• 최초보고 : 분할합병신주 상장일 • 변동보고 : 분할합병등기일
보고기간	5영업일(토요일, 공휴일, 근로자의 날 제외) 이내	• 5영업일(토요일, 공휴일, 근로자의 날 제외) 이내
보고대상 유가증권	주식 등(주권, 신주인수권, 전환사채, 신주인수권부사채, 파생결합증권, 교환사채 포함)	특정증권 등(해당 법인 발행증권 및 관련 증권예탁증권, 이와 관련한 교환사채 및 금융투자상품)
서 식	• <별지 제44호 서식> : 주식등의 대량보유상황보고서(일반) • <별지 제45호 서식> : 주식등의 대량보유상황보고서(약식)	<별지 제46호 서식> : 임원·주요주주 특정증권등 소유상황보고서

구 분	주식 등의 대량보유상황 보고 (5% 보고)	임원 등의 특정증권 등 소유상황 보고 (10% 보고)
규 정	자본시장법 제147조 동법 시행령 제153조	자본시장법 제173조 동법 시행령 제200조

(주) : 1. 신설분할합병시 보고기준일 : 분할합병으로 설립되는 회사주식의 재상장일
      2. 보고기간 산정 : 보고기준일을 제외하고 그 다음 날부터 보고기간 계산(초일 불산입)

⑧ 삼각분할합병

2016. 3. 2.부터 시행되는 개정 상법에서는 기업의 M&A 활성화를 위하여 몇몇 제도들이 보완되었다. 특히 2012. 4. 15. 개정 상법에서 도입된 삼각합병에 이어 삼각분할합병 및 삼각주식교환이 새로이 도입되었다. 이에 여기에서는 삼각분할합병에 대해 알아보고자 한다.

(1) 개 요

회사A가 회사B의 B부문을 흡수하여 분할합병하고자 할 때, 분할승계회사인 A사는 분할합병을 통해 분할회사 B의 주주에게 기존에는 자신의 신주 또는 자기주식만 교부할 수 있었으나, 2016년 3월 상법개정으로 분할합병대가로서 분할승계회사 A사의 모회사 주식을 교부할 수 있도록 한 제도이다. 이는 분할합병대가를 유연화하여 분할합병 계약서에 기재할 사항으로 분할승계회사의 주식 외에 그 대가의 전부 또는 일부로서 "금전"이나 "그 밖의 재산"(즉, A사의 모회사 주식)을 제공하는 경우를 신설하고(상법 제530조의6 ① 4호), 분할회사 B사의 주주에게 제공하는 재산이 A사의 모회사 주식을 포함하는 경우에 A사가 그 지급을 위하여 원래는 취득할 수 없는(상법 제342조의2) 모회사의 주식을 취득할 수 있도록 함으로써 가능해진 것이다(상법 제530조의6 ④). 단, 해당 모회사 주식을 삼각분할합병 이후에도 계속 보유하고 있는 경우, 분할합병의 효력 발생일로부터 6개월 내에 이를 처분하여야 한다(상법 제530조의6 ⑤).

참고 • 삼각분할합병

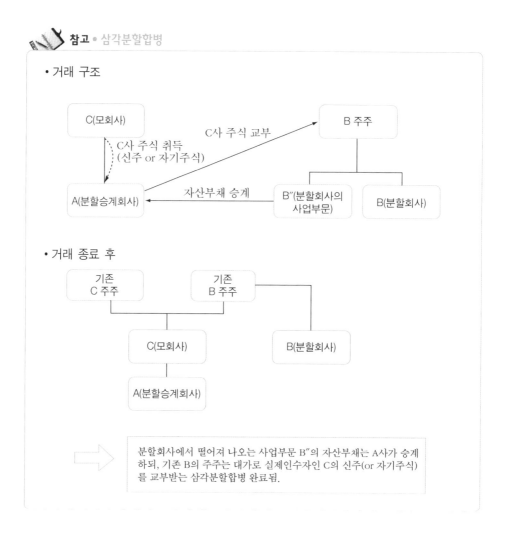

• 거래 구조

• 거래 종료 후

분할회사에서 떨어져 나오는 사업부문 B″의 자산부채는 A사가 승계
하되, 기존 B의 주주는 대가로 실제인수자인 C의 신주(or 자기주식)
를 교부받는 삼각분할합병 완료됨.

(2) 부채승계의 회피

기존 일반적인 분할합병시 분할승계회사에게 흡수되는 분할회사의 다른 부문
(B″)에 부채 등이 많은 경우, 분할승계회사로 그 책임등이 승계되어 추후 문제가
야기되는데 삼각분할합병을 통할 경우, 해당 부문의 부채는 실질적인 인수회사의
자회사 A가 자동 승계하게 하고 실질적 인수효과를 누리는 모회사 C는 그 책임을
면탈할 수 있게 되었다. 따라서 모회사가 자회사를 통하여 부채 및 부실 등이 많은
고위험회사를 인수하고자 할 때 더욱 유리하게 되었다.

(3) 주주총회 및 주식매수청구권

분할합병 당사회사인 자회사(분할승계회사)와 분할회사의 주주총회 및 주식매수청구권 행사 여부는 일반적인 분할합병의 경우와 동일하다. 그러나 앞서 설명하였듯이 분할승계회사의 모회사는 분할합병의 효익을 누리면서 이에 수빈되는 주주총회 및 주식매수청구권 등 상법상의 의무는 회피할 수 있게 되었다. 기존 모회사에 필요한 절차는 증자(신주교부의 경우) 또는 자기주식 처분(자기주식 교부의 경우) 등 이사회 결의사항에 국한된다.

또한 분할합병의 상대방회사(분할승계회사)인 자회사가 모회사를 거래상대방으로 하여 모회사 주식을 취득하는 경우 자회사는 자기거래로서 이사회 승인을 받아야 한다(상법 제398조).

구분	주주총회	주식매수청구권
모회사	없음.	없음.
자회사 (분할승계회사)	특별결의 필요 (소규모분할합병의 경우 면제)	있음. (소규모분할합병의 경우 면제)
분할회사 (소멸회사)	특별결의 필요 (간이분할합병의 경우 면제)	있음. (100% 동의 간이분할합병의 경우 면제)

(4) 기타 효과

삼각분할합병의 경우 위 그림에서 C사가 분할회사 B의 떨어져나오는 사업부문 B″와 합병할 만한 자회사가 없다고 하더라도 100% 자회사를 설립한 후 이를 통하여 삼각분할합병을 시도할 수 있다. 또한 모회사가 외국법인인 경우에도 분할회사의 주주들에게 주식을 교부하여 줄 수 있으므로 외국회사와 국내회사 간 직접적인 합병등이 불허되는 법적 환경 속에서 국제적 인수합병에 도움이 될 것으로 보인다. 아울러 기존 삼각합병의 장점에 더하여 인수자측이 원하는 사업부문만 선택하여 인수하는 것이 가능해지면서 다양한 전략적 구조에 따른 인수합병이 활발해질 것으로 보인다.

⑨ 분할합병비율 산정방법

분할합병의 당사회사에 상장법인이 포함된 경우 분할합병가액 산정방법은 합병의 경우를 준용하여 평가하도록 규정(자본시장법 시행령 제176조의6 ③, ④)하고 있다. 따라서 외부평가인에 의한 평가, 평가기준일 적용, 분할합병가액 산정방법, 외부평가기관의 평가보고서 제출 등에 대해서는 합병의 경우와 동일하므로 '제1장 합병'편을 참조하기 바란다.

다만, 분할합병은 분할회사 측면에서는 영업의 전체가 아닌 일부분이 분할되어 합병되는 것이므로 1주당 분할합병가액 산정시 발행주식총수를 산정하는 데 어려움이 발생할 수 있다.

이와 관련하여 인적분할합병의 경우 분할법인의 1주당 분할합병가액의 산정시 적용하는 발행주식총수는 분할법인의 감소되는 주식수를 적용할 수 있고, 물적분할합병의 경우 분할합병신주의 배정대상이 되는 분할회사에게 배정되는 주식수를 적용할 수 있을 것으로 판단된다.

또한, 분할회사의 분할합병가액 산정과 관련하여 분할회사가 상장법인이라 하더라도 분할되는 사업부문 그 자체만이 상장된 것은 아니므로 분할되는 사업부문의 가치가 회사 전체의 가치와 괴리가 많아(특히, 지주회사를 설립하기 위한 투자사업부문 분할시) 분할회사의 분할합병가액 산정시 주가를 기준으로 한 기준주가방식을 적용하기에는 비합리적인 면이 있다.

이와 같은 경우 상장법인의 분할합병시 분할되는 사업부문의 분할합병가액을 반드시 주가를 기준으로 한 기준주가를 적용해야 하는 것은 아니므로 본질가치, 현금흐름할인법 등 기준주가 이외의 합리적인 방법을 적용하는 것이 가능할 것으로 판단된다.

부록 ··· 1 회계 및 세무

I 분할의 회계

회사분할의 본질에 대한 연구에 따르면 분할은 인격분리설과 현물출자설로 구분할 수 있다. 인격분리설에 따르면 당초 하나의 인격을 가지고 운영되던 회사가 분할에 의하여 두 개의 인격을 가지게 된다는 것이며, 현물출자설에 따르면 분할회사가 분할대상 자산·부채를 현물출자함으로써 회사를 설립하는 절차로 보는 것이다.

① 단순분할의 회계

일반기업회계기준이 인적분할과 물적분할 모두 동일지배거래에 해당되는지에 따라 판단하도록 개정되었다는 것은 인격분리설이 일반적인 분할을 더 잘 설명한다는 것으로 해석할 수 있다. 즉, 제3자 개입이 없는 동일지배거래로서 장부금액으로 자산과 부채가 이전된 것으로 분할을 회계처리하는 것이다.

이에 대해서 회계기준위원회는 경제적 실체의 변화가 없는 거래인 물적분할과 불비례적 인적분할을 과거와 같이 공정가치로 회계처리하도록 요구하면, 동일하게 경제적 실체의 변화가 없는 거래인 비례적 인적분할의 회계처리 규정과 일관되지 않는다고 보았다. 또한 이러한 공정가치 회계처리가 K-IFRS를 적용하는 기업들의 대부분이 적용하는 장부금액법과 상이하여 일반기업회계기준을 적용하는 기업의 실무상 부담을 가중시킬 수 있다고 보아 분할의 법적 형식(물적분할, 인적분할)에 따라 회계처리를 달리 하지 않고 장부금액법에 따르도록 하였다(일반기업회계기준 '동일지배거래' 결32.22).

한편, 인적분할이나 물적분할이 중단사업의 처분을 위한 것으로 그 인식조건을 모두 충족시키는 경우에는 '중단사업'의 회계처리를 적용하여야 한다(일반기업회계기준 '중단사업' 28.2).

(1) 물적분할의 회계

개념적으로 분할회사는 물적분할을 통하여 특정 사업부문을 종속기업투자주식으로 전환시키게 된다. 이 때 분할신설회사는 분할회사의 완전종속회사가 되므로 예외적인 경우를 제외하고 물적분할은 기본적으로 동일지배거래에 해당된다.

따라서 분할회사는 자산·부채의 처분손익을 인식하지 않고, 분할신설회사는 분할회사의 자산·부채의 장부금액을 그대로 승계한다. 해석상 동일지배거래로 볼 수 없는 예외적인 경우가 있을 수 있는가에 대해서 상법 제530조의12에서 분할회사가 분할신설회사의 주식의 총수를 취득하는 경우에만 물적분할을 허용하고 있으므로 예외적인 경우는 찾기 어렵다.

① 분할회사의 회계

분할회사는 이전하는 자산·부채의 장부금액을 제거하고 자산과 부채의 차액을 종속기업투자주식으로 계상한다.

차 변	대 변
부채(장부금액) 종속기업투자주식(차액)	자산(장부금액)

구 분	내 용
이전하는 자산·부채	장부금액으로 감소
분할대가	교부받은 주식 : 이전한 자산의 장부금액 - 부채의 장부금액 (= 이전한 순자산의 장부금액)
규 정	일반기업회계기준 '동일지배거래' 32.15

분할회사의 입장에서는 물적분할을 한 경우와 물적분할을 하지 않은 경우에 있어 재무제표에 나타나는 당기손익에는 차이가 없다. 특히, 분할신설회사가 연결재무제표 작성대상(2019. 11. 1. 이후 최초로 시작되는 회계연도부터는 일반기업회계기준에서도 종속기업의 규모에 상관없이 모두 연결범위에 포함)에 해당된다면 연결자회사의 자본과 분할회사의 종속기업투자주식을 상계하는 분개를 통하여 분할회사가 계상하는 순자산은 분할 이전 장부금액이 되어 연결재무상태표 역시 분할하지 않았을 경우와 차이가 없다.

② 분할신설회사의 회계

분할신설회사는 이전받는 자산·부채를 분할회사의 장부금액으로 계상하고,

이전받는 순자산가액이 발행하는 신주의 액면가액을 초과하는 금액은 주식발행초과금으로, 신주의 액면가액에 미달하는 금액은 주식할인발행차금으로 회계처리하여야 한다.

한편, 분할회사의 자본항목 중 승계가 허용된 이익준비금 또는 기타법정준비금을 분할회사로부터 승계하는 경우, 동 준비금 해당액을 주식발행초과금에서 차감하거나 주식할인발행차금에 가산한다.

차 변	대 변
자산(장부금액)	부채(장부금액) 자본금(액면가액) 주식발행초과금(주식할인발행차금)

구 분	내 용
이전받는 자산·부채	• 장부금액으로 승계
분할대가	• 분할신주 : 액면가액으로 평가
분할차액	• 인수하는 순자산의 장부가액 〉분할대가 : 주식발행초과금 • 인수하는 순자산의 장부가액 〈 분할대가 : 주식할인발행차금
규 정	일반기업회계기준 '동일지배거래' 32.15

사례 1 물적분할 회계사례 개념

P사는 순자산의 장부금액이 100원이고, 공정가치가 110원인 b사업을 신설기업인 S사에게 이전하고 그 대가로 액면금액이 80원인 S사 주식을 받아 보유하고 있다.

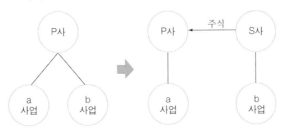

1) 지배기업 P사의 회계처리

  (차) S주식   100   (대) 순자산   100

2) 종속기업 S사의 회계처리

  (차) 순자산   100   (대) 자본금   80
                              자본잉여금   20

(2) 인적분할의 회계

인적분할은 분할회사의 주주가 분할신설회사의 주식을 소유하는 구조로서, 분할신설회사의 주식을 분할회사 주주의 지분율에 비례하여 교부하는 비례적 인적분할과 분할회사 주주의 지분율과 상이하게 교부하는 불비례적 인적분할로 구분할 수 있다.

① 비례적 인적분할

비례적 인적분할의 경우 분할회사의 주주는 지분율에 따라 분할신설회사의 주식을 배분받고 보유 중인 분할회사 주식의 일부를 반납하여 소각시키는 절차가 취해진다. 결과적으로 주주는 분할회사 및 분할신설회사 양사의 주주가 되며 분할회사에 존재하던 위험과 효익을 분할 후에도 동일하게 부담하게 된다. 따라서 비례적 인적분할의 경우 1개의 회사가 2개 이상의 회사로 분리되어 그 형태만 변했다고 간주되므로 동일지배거래로 인식되며 분할로 인한 기업가치의 변화를 인식하지 않는다.

일반기업회계기준에서 비례적 인적분할의 경우 자산·부채를 장부금액으로 회계처리하고 분할회사는 처분손익을 인식하지 않는다.

가. 분할회사의 회계

구 분	내 용
이전하는 자산·부채	• 장부금액으로 감소 • 이전하는 자산·부채와 직접 관련된 매도가능증권평가손익 이전 가능 • 자본항목 중 법령에 따라 승계가 허용된 이익준비금 또는 기타법정준비금을 분할신설법인에 이전 가능, 이 경우 동일 유형별로 즉, 자본잉여금을 이전한 경우에는 기타자본잉여금으로, 이익준비금을 이전한 경우에는 이익잉여금으로 대체
분할대가	• 분할신설회사의 주식을 기존주주의 주식과 비례적으로 교환하여 주는 경우 반환받은 주식은 자기주식으로 처리하고, 이를 소각할 경우 자본감소에 준하여 회계처리
규 정	일반기업회계기준 '동일지배거래' 32.15, 32.16 일반기업회계기준 '자본' 15.13

분할대가로 수령한 분할신설회사의 주식을 주주에게 배분함에 있어 통상 기존 주식을 반환받아 이를 소각하는 것이 일반적이나, 기존 주식을 반환받지 않고 분할신설회사의 주식을 무상으로 교부한다면 이는 이익배당으로 처리하여야 하므로 분할회사의 이익잉여금을 감소시키게 된다.

나. 분할신설회사의 회계

구 분	내 용
이전받는 자산·부채	• 장부금액으로 승계 • 이전받는 자산·부채와 직접 관련된 매도가능증권평가손익 승계 가능 • 분할회사의 자본항목 중 법령에 따라 승계가 허용된 이익준비금 또는 기타법정준비금은 승계 가능
분할대가	• 분할신주 : 액면가액으로 평가
분할차액	• 인수하는 순자산의 장부가액 〉 분할대가 : 주식발행초과금 • 인수하는 순자산의 장부가액 〈 분할대가 : 주식할인발행차금
규 정	일반기업회계기준 '동일지배거래' 32.15, 32.16

사례 2 인적분할 회계사례

甲사업부와 乙사업부를 운영하는 A법인이 乙사업부를 분할하여 회사를 설립하고 설립된 B법인의 주식을 전액 A법인의 주주에게 A법인 주식과 교환하여 교부하는 경우

A법인

차 변		대 변	
유동자산(甲사업부)	70억원	부채(甲사업부)	50억원
유동자산(乙사업부)	50억원	부채(乙사업부)	80억원
비유동자산(甲사업부)	120억원	자 본 금	150억원
비유동자산(乙사업부)	100억원	자 본 잉 여 금	30억원
		이 익 잉 여 금	30억원
	340억원		340억원

※ 乙사업부의 유동자산과 부채의 공정가치는 장부금액과 동일하며, 비유동자산의 공정가치는 140억원임.
※ B법인은 신주 500,000주(액면가 10,000원)를 발행하여 A법인에게 교부하고, A법인은 취득한 B법인 주식을 A법인 주식(액면가 10,000원) 1주와 1 : 1의 비율로 주주에게 교환하여 교부한 후 취득한 자기주식은 즉시 소각함.

• A법인의 회계처리

차 변		대 변	
부채(乙사업부)	80억원	유동자산(乙사업부)	50억원
자 본 금	50억원	비유동자산(乙사업부)	100억원
감 자 차 손	20억원		

※ 자산에 대한 처분손익을 인식하지 아니함.

상기와 같은 분개는 아래에서 보는 분개들을 통합한 것이라 볼 수 있다.

[단계 1] 자산과 부채를 분할신설회사에 이전하고 분할신설회사의 주식을 수령

차 변		대 변	
부채(乙사업부)	80억원	유동자산(乙사업부)	50억원
매도가능증권	70억원	비유동자산(乙사업부)	100억원

[단계 2] 분할신설회사의 주식과 기존 주식을 교환

차 변		대 변	
자기주식	70억원	매도가능증권	70억원

[단계 3] 자기주식을 소각하는 절차

차 변		대 변	
자 본 금	50억원	자기주식	70억원
감자차손	20억원		

• B법인의 회계처리

차 변		대 변	
유동자산(乙사업부)	50억원	부채(乙사업부)	80억원
비유동자산(乙사업부)	100억원	자 본 금	50억원
		주식발행초과금	20억원

※ 자산을 장부금액으로 승계함.

② 불비례적 인적분할

불비례적 인적분할의 경우에는 일단 동일지배거래에 해당되는지의 여부를 판단하여야 한다. 동일지배거래에 해당될 경우에는 앞의 비례적 인적분할의 회계처리와 다르지 않다.

동일지배거래에 해당되지 않는다면 분할회사와 분할신설회사 모두 자산·부채를 공정가치로 평가하고 자산·부채의 처분손익을 인식하는 공정가치법에 따라 회계처리하여야 한다.

상기 사례2에서 동일지배거래에 해당되지 않는다면 분할회사는 비유동자산의

공정가치와 장부금액의 차이에 해당하는 자산처분손익을 인식하게 되고, 교부받는 매도가능증권의 가액이 자산처분손익 만큼 조정될 것이며, 이는 감자차손익의 변동으로 이어질 것이다. 결국 자산·부채의 처분에서 이익이 발생하면 이는 감자차손이 증가하는 형태로 반영되는 것이므로 자본항목 내에서 자본잉여금과 이익잉여금의 금액만 조정된다. 반면 분할신설회사의 입장에서는 동액 만큼 자산·부채의 증가와 주식발행초과금의 증가를 가져오게 된다.

③ 이연법인세자산·부채의 인식

분할이 동일지배거래에 해당될 경우에는 장부금액법을 따르므로 이연법인세를 인식할 필요가 없다. 동일지배거래에 해당되지 않는 분할에 있어서 이연법인세의 인식이 문제될 수 있다.

일반기업회계기준에서는 분할과 관련하여 발생하는 이연법인세 회계처리에 대하여 명시적으로 규정된 바가 없다. 일반적으로 회계상 장부가액과 세무기준액에 차이가 있다면 이연법인세자산·부채를 인식하는 것이 원칙이지만, 한편으로 당해 기간 또는 다른 기간에 자본에 직접적으로 인식되는 사건과 관련된 이연법인세는 인식의 예외로 하고 있기 때문에(일반기업회계기준 '법인세회계' 22.46) 분할의 경우에 이연법인세를 인식하여야 하는가에 대한 의문이 있다. 감독당국에서는 합리적인 방안을 선택할 수 있도록 하고 있으나 실무적으로는 회계상 장부가액과 세무기준액에 차이가 있다면 그 차이에 대하여 이연법인세를 인식하는 것이 일반적이다.

② 분할합병의 회계

분할회사의 측면에서 분할합병은 이론적으로 단순분할이 이루어진 후 합병이 성사되는 것으로 분리하여 파악할 수 있다. 따라서 그 대가로 수령하는 주식이 단순분할에 의하여 발행되는 것인지 분할합병에 의하여 발행되는 것인지 구분할 필요가 없으므로 단순분할인지 아니면 분할합병인지에 따라 분할회사의 회계처리가 달라지지 않아야 한다. 그러나, 기업회계기준에 따르면 비록 인적분할이 이루어진 분할합병이라도 합병의 성격이 취득기업결합인 경우에 분할회사는 공정가치법에 따라 회계처리하도록 하고 있다(GKQA02 - 200, 2002. 11. 27.).

분할합병의 상대방회사 측에서 보면 분할합병은 그 본질이 자산과 부채를 포괄적

으로 이전받고 신주를 발행하는 합병거래와 유사하므로 취득법으로 회계처리하여
야 한다.

지배·종속회사 간 또는 종속회사 간의 분할합병에 있어서는 이전되는 자산·부
채를 연결재무제표상의 장부가액으로 인식하여야 한다(일반기업회계기준 '동일지배
거래' 32.9, 32.10).

한편, 2016. 3. 2.부터 시행된 개정 상법에 도입된 삼각분할합병을 하기 위해서는
자회사가 합병 전에 모회사의 주식을 보유하고 있어야 한다. 만일, 자회사가 모회
사의 주식을 보유하고 있지 않다면 모회사는 신주를 발행(또는 자기주식처분)하여
자회사에 이전하고, 자회사는 증자 등의 대가로 수령한 모회사의 주식을 피합병회
사의 주주에게 합병대가로 지급하게 될 것이다. 합병 이전에 또는 합병과 동시에
모회사 및 자회사가 신주발행 또는 자기주식처분의 방식으로 모회사의 주식을 이
전하고자 한다면 이에 대해서는 증자 또는 주식매매의 회계처리를 준용하면 될
것이다.

③ 분할 이후 사업연도에 대한 회계

합병과 달리 분할은 특정 사업을 이전한 이후에도 분할회사가 계속하여 존속하게
된다는 특징을 가지고 있다. 따라서 분할의 회계를 검토하기 위해서는 분할 이후
분할회사와 분할신설회사(또는 분할합병의 상대방회사)의 회계처리에 대해서 이해
할 필요가 있다.

(1) 물적분할

앞서 살펴본 바와 같이 물적분할의 경우 분할회사는 분할 이후 개별재무제표에
종속기업투자주식을 계상하게 되지만 분할로 인한 손익의 변동은 없다.

(2) 인적분할

인적분할의 경우 분할로 인하여 분할회사와 분할신설회사는 재무적으로 별개의
회사가 된다. 따라서 분할 이후 양사는 독립적인 회계시스템을 통하여 산출되는
재무제표를 가지게 된다. 다만, 분할회사의 주주가 법인으로서 분할회사와 분할신

설회사에 상당한 영향력을 행사한다면 지분법 적용을 위해 기존 종속기업투자주식의 가액을 어떻게 안분할 것인가를 결정하여야 하며, 분할 이후 각각 별도의 주식으로 보아 투자제거차액 등을 계산하여 잔존기간 동안 상각 또는 환입하여야 한다.

(3) 분할합병

분할합병을 단순분할이 이루어진 후 합병이 성사되는 것으로 분리하여 접근하여야 하는지, 아니면 하나의 경제적인 사건으로 접근하여야 하는지에 따라 회계처리 방법이 달라질 수 있을 것이다. 기업회계기준에서는 분할합병을 하나의 사건으로 보는 견해를 가지고 있는 것으로 보인다. 분할합병을 하나의 경제적 사건으로 접근한다면 해당 거래가 동일지배거래에 해당하는지의 판단에 따라 회계처리가 공정가액법 또는 장부금액법으로 달라지게 될 것이다.

Ⅱ 분할의 세무

분할은 분할의 유형, 분할대가의 지급형태 및 승계자산의 평가에 따라 분할당사법인과 분할당사법인의 주주에게 복합적인 세무문제를 유발한다. 특히 단순분할은 하나의 법인에서 출발하여 둘 이상의 법인이 생겨나는 것으로서, 분할의 모든 조건이 분할법인 내부자에 의해 결정되고, 분할에서 발생하는 모든 거래는 그 자체로서 특수관계인 간의 거래가 된다. 이러한 특징에도 불구하고 현행 세법에서는 원활한 구조조정을 지원하기 위하여 일정한 요건을 충족하는 적격분할에 대하여는 다양한 조세 혜택을 부여하고 있다.

한편, 분할 또는 분할합병시 많은 거래 당사자가 있는데 거래당사자의 명칭으로 인한 혼란이 있을 수 있다. 단순분할은 분할법인(양도자)이 분할신설법인(양수자)으로 나누어지는 형태이며, 흡수분할합병은 분할법인(양도자)의 일부 사업부문을 분할하여 분할합병의 상대방법인(양수자)에 합병시키는 형태이다. 한편, 신설분할합병은 분할법인(양도자)의 일부 사업부분과 분할합병의 상대방법인(양도자, 합병 후 소멸)이 합병을 통하여 분할신설법인(양수자)을 설립하는 형태이다. 분할 및 분할합병에 있어 분할형태별로 나타나는 거래당사자를 요약하면 다음과 같다.

구 분		당사자	내 용
분할법인 등 (양도자)	• 분할 및 분할합병	• 분할법인	• 분할대가 수령 • 자산·부채의 양도
	• 신설분할합병	• 소멸한 분할합병의 상대방법인	
분할신설 법인 등 (양수자)	• 분할 및 신설분할합병	• 분할신설법인	• 분할대가 지급 • 자산·부채의 양수
	• 흡수분할합병	• 분할합병의 상대방법인	

법인세법 집행기준 46-0-1의 내용을 참조하기 바란다.

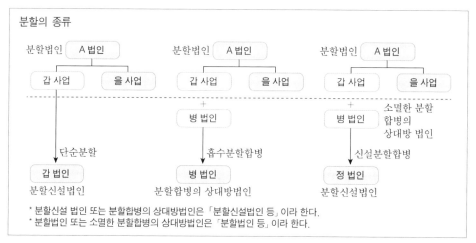

분할의 종류

* 분할신설 법인 또는 분할합병의 상대방법인은 「분할신설법인 등」이라 한다.
* 분할법인 또는 소멸한 분할합병의 상대방법인은 「분할법인 등」이라 한다.

(주) : 1. 분할 및 분할합병 : 단순분할(물적분할, 인적분할), 신설분할합병, 흡수분할합병
　　　 2. 개정상법에서는 분할당사자 중 소멸한 분할합병의 상대방법인을 분할법인으로, 분할신설법인을 단순분할신설법인 및 분할합병신설법인으로 용어를 변경하였으나 세법에서는 개정상법에 맞추어 용어가 변경되지 않았으므로 여기서는 세법상 용어를 따르기로 한다.

① 적격분할의 요건

분할을 포함한 모든 구조조정에서 가장 큰 세금문제는 양도되는 자산에 내재된 미실현이익이 일시에 과세되는지 여부로 귀결될 수 있다. 적격분할의 요건을 검토하는 것은 이러한 세금문제로 인해서 당초 의도한 분할의 효익에 비하여 비용이 크지 않은지 검토하기 위함이다.

구 분		인적분할	물적분할
비적격분할		• 분할법인의 자산 양도시 양도차익에 대해서 과세	
적격분할	분할법인	• 양도손익을 없는 것으로 처리(양도대가＝장부가액)	• 양도차익에 상당하는 금액을 압축기장충당금 손금산입
	분할신설법인	• 사후관리 위배시 분할신설법인의 자산조정계정의 환입으로 양도소득 과세 효과	• 사후관리(적격합병유지 여부를 분할법인에 통보하여 분할법인이 압축기장충당금을 환입할 수 있도록 통보의무)

세법은 적격분할요건으로 사업목적 분할, 지분의 연속성, 사업의 계속성, 고용의 연속성의 4가지 요건을 규정하고 있다. 아래의 적격분할요건은 분할의 전반에 걸쳐 인용되는 것으로 실제 분할을 시행할 경우 각 요건을 충족하는지에 대하여 세밀한 검토를 요한다.

구 분	인적분할	물적분할
사업목적 분할	• 분할등기일 현재 5년 이상 사업을 계속하던 내국법인이 다음 요건을 모두 갖추어 분할(분할합병의 경우 분할법인 등[주1] 및 분할합병의 상대방법인이 분할등기일 현재 1년 이상 사업을 계속하던 내국법인일 것) ① 분리하여 사업이 가능한 독립된 사업부문을 분할 ② 분할사업부문의 자산·부채를 포괄적으로 승계 ③ 분할법인 등만의 출자에 의하여 분할	• 좌동
지분의 연속성	• 분할대가의 전액이 주식(분할합병의 경우 분할신설법인 등[주1]의 주식 80%[주2] 이상, 삼각분할합병의 경우에는 분할합병의 상대방법인의 완전모회사 주식 80% 이상) • 분할법인 등의 주주가 소유하던 주식비율에 따라 배정(분할합병의 경우 분할법인 등의 주요 지배주주 등에게 분할법인 등의 지분비율 이상의 주식 배정) • 분할법인 등의 주요 지배주주 등이 분할등기일이 속하는 사업연도 종료일까지 그 주식을 보유	• 분할대가의 전액이 주식 • 분할법인이 분할등기일이 속하는 사업연도 종료일까지 그 주식을 보유

구 분	인적분할	물적분할
사업의 계속성	• 분할신설법인 등이 분할등기일이 속하는 사업 연도 종료일까지 승계받은 사업을 계속 영위	• 좌동
고용의 연속성	• 분할등기일 1개월 전 당시 분할하는 사업부 문에 종사하는 분할승계대상근로자 중 분할 신설법인 등이 승계한 근로자의 비율이 80% 이상이고, 분할등기일이 속하는 사업연도의 종료일까지 그 비율을 유지할 것	• 좌동
규 정	법인세법 제46조 ②, 제47조 ①, 법인세법 시행령 제82조의2	

주1) 분할법인 등 : 분할법인 또는 소멸한 분할합병의 상대방법인
　　 분할신설법인 등 : 분할신설법인 또는 분할합병의 상대방법인(법인세법 제46조 ①)
주2) 「기업활력제고를 위한 특별조치법」 제10조에 따라 주무부처의 장이 승인한 사업재편계획에 따라 내
　　 국법인 간에 2021. 12. 31.까지 분할합병하는 경우에는 70% 적용(조세특례제한법 제121조의32).

(1) 사업목적 분할

> 분할등기일 현재 5년 이상 사업을 계속하던 내국법인이 다음 요건을 모두 갖추어 분할
> (분할합병의 경우 분할법인 등 및 분할합병의 상대방법인이 분할등기일 현재 1년 이상
> 사업을 계속하던 내국법인일 것)
> ① 분리하여 사업이 가능한 독립된 사업부문을 분할
> ② 분할사업부문의 자산·부채를 포괄적으로 승계
> ③ 분할법인 등만의 출자에 의하여 분할

분할이 태생적으로 특수관계자간 거래의 성격이 있음에도 불구하고 과세 특례를
용인하고 있으며, 이러한 취지를 살려 건전한 사업 구조조정 목적으로 간주될 수
있는 분할만 적격합병으로 본다.

사업목적 요건을 충족하기 위해서는 분할등기일 현재 5년 이상 사업을 계속하던
내국법인이 분할하여야 한다. 이때 5년 이상의 기간 판정시 매출액의 발생 또는
정상적인 생산 및 영업활동 등의 수행을 종합적으로 고려하여 판단하게 되는데,
통상 휴업 및 폐업이 없는 법인인 경우 법인의 존속기간이 5년 이상이면 요건을
충족하는 것으로 보며, 분할하는 사업을 반드시 5년 이상 영위하였을 필요는 없다
(대법원 2019두47186, 2019. 11. 14.).

분할사업부문의 자산·부채를 포괄적으로 승계하여야 한다는 조건은 실무적으로
법인이 수 개의 사업을 영위한다고 하여 보유한 자산을 모두 특정 사업별로 구분

할 수 있는 것은 아니다라는 한계점에 직면하게 된다. 예를 들어, 여러 사업부가 공동으로 사용하는 사무실용 건물이라면 이는 원천적으로 분리가 불가능하며, 법인이 보유한 투자유가증권이나 차입금 등은 특정사업부로의 귀속 여부를 판단하기 어렵다. 법인세법은 분리하여 이전하기 곤란한 자산·부채 등을 나열하여 이를 포괄승계의 대상에서 제외할 수 있도록 하고 있다(법인세법 시행령 제82조의2 ④). 또한 특정 사업이라도 각기 다른 사업장에서 독립적으로 영위하였다면 해당 사업장만 분할하는 경우에도 요건을 만족한 것으로 본 판례도 있다(대법원 2016두40986, 2018. 6. 28., 대법원 2016두40986, 2018. 6. 28.).

한편 주식과 부동산 등 거액의 미실현이익이 있을 수 있는 재산에 대해서는 분할을 통한 조세회피를 방지하기 위하여 승계를 제한하고 있으므로 주식과 부동산 등이 이전되는 경우에는 각별히 주의하여야 한다(법인세법 시행령 제82조의2 ⑤).

(2) 지분의 연속성

> **인적분할**
> - 분할대가의 전액이 주식(분할합병의 경우 분할신설법인 등의 주식 80% 이상, 삼각분할합병의 경우에는 분할합병의 상대방법인의 완전모회사 주식 80% 이상)
> - 분할법인 등의 주주가 소유하던 주식비율에 따라 배정(분할합병의 경우 분할법인 등의 주요 지배주주 등에게 분할법인 등의 지분비율 이상의 주식 배정)
> - 분할법인 등의 주요 지배주주 등이 분할등기일이 속하는 사업연도 종료일까지 그 주식을 보유(실제로는 1/2 이상을 보유)
>
> **물적분할**
> - 분할대가의 전액이 주식
> - 분할법인이 분할등기일이 속하는 사업연도 종료일까지 그 주식을 보유

일반적인 분할의 경우 분할대가로 교부금(현금 등)이 개입되지 않고 주식이 교부되며, 인적분할의 경우에도 특별한 사정이 없는 이상 지분비율 대로 분할신설법인의 주식이 배정되기 때문에 지분 연속성 요건을 만족하는 것이 어렵지 않다. 하지만 대가의 일부가 현금으로 지급된다거나 또는 복잡한 지분 구조로 얽힌 경우 주의가 요구된다.

인적분할의 경우 주요 지배주주가 아닌 자는 보유 의무가 없고 주요 지배주주에 대해서만 분할등기일이 속하는 사업연도의 종료일까지 분할신설법인의 주식 등을 보유하여야 하는 의무가 있다. 다만, 다음의 부득이한 사유가 있는 경우에는 예외

로 한다(법인세법 시행령 제82조의2 ① 1호).

> • 분할법인 등의 주요 지배주주 등이 분할로 교부받은 주식 등의 2분의 1 미만을 처분한 경우(해당 주주 등이 분할로 교부받은 주식 등을 서로 간에 처분하는 것은 해당 주주 등이 그 주식 등을 처분한 것으로 보지 않고, 해당 주주 등이 분할신설법인 주식 등을 처분하는 경우에는 분할신설법인이 선택한 주식 등을 처분하는 것으로 본다)
> • 분할법인 등의 주요 지배주주 등이 사망하거나 파산하여 주식 등을 처분한 경우
> • 분할법인 등의 주요 지배주주 등이 적격합병, 적격분할, 적격물적분할, 적격현물출자에 따라 주식 등을 처분한 경우
> • 분할법인 등의 주요 지배주주 등이 「조세특례제한법」 제38조·제38조의2·제121조의30에 따라 주식 등을 현물출자 또는 교환·이전하고 과세를 이연받으면서 주식 등을 처분한 경우
> • 분할법인 등의 주요 지배주주 등이 「채무자 회생 및 파산에 관한 법률」에 따른 회생절차에 따라 법원의 허가를 받아 주식 등을 처분한 경우
> • 분할법인 등의 주요 지배주주 등이 「조세특례제한법 시행령」 제34조 ⑥ 1호에 따른 기업개선계획의 이행을 위한 약정 또는 같은 항 2호에 따른 기업개선계획의 이행을 위한 특별약정에 따라 주식 등을 처분한 경우
> • 분할법인 등의 주요 지배주주 등이 법령상 의무를 이행하기 위하여 주식 등을 처분한 경우

(3) 사업의 계속성

> 분할신설법인 등이 분할등기일이 속하는 사업연도 종료일까지 승계받은 사업을 계속 영위

분할신설법인 등이 분할등기일이 속하는 사업연도 종료일 이전에 분할법인 등으로부터 승계한 자산가액(유형자산, 무형자산 및 투자자산의 가액을 말한다)의 50% 이상을 처분하거나 사업에 사용하지 아니하는 경우에는 승계받은 사업을 폐지한 것으로 본다.

다만, 다음의 부득이한 사유가 있는 경우에는 분할등기일이 속하는 사업연도 종료일까지 승계받은 사업을 계속하여야 하는 요건의 예외로 한다(법인세법 시행령 제82조의2 ① 2호).

- 분할신설법인 등이 파산함에 따라 승계받은 자산을 처분한 경우
- 분할신설법인 등이 적격합병, 적격분할, 적격물적분할, 적격현물출자에 따라 사업을 폐지한 경우
- 분할신설법인 등이 「조세특례제한법 시행령」 제34조 ⑥ 1호에 따른 기업개선계획의 이행을 위한 약정 또는 같은 항 2호에 따른 기업개선계획의 이행을 위한 특별약정에 따라 승계받은 자산을 처분한 경우
- 분할신설법인 등이 「채무자 회생 및 파산에 관한 법률」에 따른 회생절차에 따라 법원의 허가를 받아 승계받은 자산을 처분한 경우

(4) 고용의 연속성

분할등기일 1개월 전 당시 분할하는 사업부문에 종사하는 분할승계대상근로자 중 분할신설법인 등이 승계한 근로자의 비율이 80% 이상이고, 분할등기일이 속하는 사업연도의 종료일까지 그 비율을 유지할 것

합병과 달리 분할의 경우 종업원의 일부가 분할로 인해 분할신설법인에 승계되므로 특정 사업부문에 속하지 않는 종업원 등은 제외될 수 있다는 특징이 있다. 즉, 분할 후 존속하는 사업부문과 분할하는 사업부분에 모두 종사하는 근로자와 인사, 재무, 회계, 경영관리 등의 업무에 종사하는 근로자는 분할하는 사업부문에 종사하는 근로자로 보지 않을 수 있다.

그 외 고용의 연속성과 관련된 내용은 합병과 유사하며, 다음의 부득이한 사유가 있는 경우에는 고용승계 요건의 예외로 한다(법인세법 시행령 제82조의2 ① 3호).

- 분할신설법인 등이 「채무자 회생 및 파산에 관한 법률」 제193조에 따른 회생계획을 이행 중인 경우
- 분할신설법인 등이 파산함에 따라 근로자의 비율을 유지하지 못한 경우
- 분할신설법인 등이 적격합병, 적격분할, 적격물적분할 또는 적격현물출자에 따라 근로자의 비율을 유지하지 못한 경우
- 분할등기일 1개월 전 당시 분할하는 사업부문에 종사하는 내국인 근로자가 5명 미만인 경우

(5) 적격분할 사후관리

① 승계받은 사업의 폐지

분할신설법인이 분할등기일이 속하는 사업연도 종료일 이전에 분할법인으로부터 승계한 자산가액(유형자산, 무형자산 및 투자자산의 가액을 말한다)의 50% 이상을 처분하거나 사업에 사용하지 아니하는 경우에는 승계받은 사업을 폐지한 것으로 본다(법인세법 시행령 제84조 ⑭).

② 승계받은 사업폐지, 주식처분, 고용유지비율의 예외

다음의 부득이한 사유가 있는 경우에는 물적분할의 과세특례요건 충족 여부 및 사후관리 사유(분할등기일이 속하는 사업연도의 다음 사업연도 개시일로부터 2년 이내에 사업폐지, 주식처분 또는 3년 이내에 분할신설법인에 종사하는 근로자 수가 분할등기일 1개월 전 당시 분할하는 사업부분에 종사하는 근로자 수의 80% 미만으로 하락) 발생시에도 사후관리 적용대상의 예외로 한다(법인세법 시행령 제84조 ⑨).

ㄱ. 2년 이내 사업폐지의 예외

- 분할신설법인이 파산함에 따라 승계받은 자산을 처분한 경우
- 분할신설법인이 적격합병, 적격분할, 적격물적분할, 적격현물출자에 따라 사업을 폐지한 경우
- 분할신설법인이 「조세특례제한법 시행령」 제34조 ⑥ 1호에 따른 기업개선계획의 이행을 위한 약정 또는 같은 항 2호에 따른 기업개선계획의 이행을 위한 특별약정에 따라 승계받은 자산을 처분한 경우
- 분할신설법인이 「채무자 회생 및 파산에 관한 법률」에 따른 회생절차에 따라 법원의 허가를 받아 승계받은 자산을 처분한 경우

ㄴ. 2년 이내 주식처분의 예외

- 분할법인이 분할로 교부받은 주식 등의 2분의 1 미만을 처분한 경우
- 분할법인이 파산하여 주식 등을 처분한 경우
- 분할법인이 적격합병, 적격분할, 적격물적분할, 적격현물출자에 따라 주식 등을 처분한 경우
- 분할법인이 「조세특례제한법」 제38조·제38조의2·제121조의30에 따라 주식 등을 현물출자 또는 교환·이전하고 과세를 이연받으면서 주식 등을 처분한 경우
- 분할법인이 「채무자 회생 및 파산에 관한 법률」에 따른 회생절차에 따라 법원의 허가를 받아 주식 등을 처분한 경우

- 분할법인이 「조세특례제한법 시행령」 제34조 ⑥ 1호에 따른 기업개선계획의 이행을 위한 약정 또는 같은 항 2호에 따른 기업개선계획의 이행을 위한 특별약정에 따라 주식 등을 처분한 경우
- 분할법인이 법령상 의무를 이행하기 위하여 주식 등을 처분하는 경우

ㄷ. 3년 이내 고용유지비율의 80% 미만 하락의 예외

- 분할신설법인이 「채무자 회생 및 파산에 관한 법률」 제193조에 따른 회생계획을 이행 중인 경우
- 분할신설법인이 파산함에 따라 근로자의 비율을 유지하지 못한 경우
- 분할신설법인이 적격합병, 적격분할, 적격물적분할 또는 적격현물출자에 따라 근로자의 비율을 유지하지 못한 경우

② 분할관계자별 세무

분할에 있어 분할관계자별로 적용될 수 있는 세법항목을 물적분할과 인적분할로 구분하여 요약하면 다음과 같다.

분할관계자	세 목	물적분할	인적분할
분할법인	물적분할로 인한 자산양도차익의 과세이연	○	×
	양도손익에 대한 부당행위계산의 부인	○	×
	인적분할로 인한 자산양도손익	×	○
	부가가치세	○	○
	과점주주 취득세	○	○
	증권거래세	○	○
분할 신설법인	물적분할 신설법인에 대한 과세	○	×
	인적분할 신설법인 등에 대한 과세	×	○
	이월결손금 등 공제 제한	×	×
	세무조정사항의 승계 및 안분	×	○
	최초사업연도의 중간예납	○	○
	취득세 및 등록면허세	○	○
	연대납세의무	○	○

분할관계자	세 목	물적분할	인적분할
분할법인 주주	불공정 분할합병에 따른 이익의 증여	×	○
	불공정 분할합병에 따른 부당행위계산의 부인	×	○
	의제배당소득에 대한 과세	×	○

물적분할은 분할법인이 자산 등을 양도하고 분할신설법인의 주주가 되는 구조로서 현물출자 등과 유사한 세무적인 이슈가 발생하며, 인적분할은 분할회사의 주주가 개입되어 합병과 유사한 과세체계를 가지고 있다.

③ 분할법인의 세무

분할을 통하여 분할법인에는 다음과 같은 절차가 이루어진다.

① 자산과 부채가 동시에 감소, ② 그 대가로 주식을 수령, ③ 주주에게 수령한 주식을 배분(인적분할의 경우)

물적분할의 경우 ①과 ②에서 분할절차가 종료되므로 자산매각/현물출자라는 개념의 접근이 필요하며, 인적분할의 경우 ①부터 ③까지의 절차를 통하여 자산매각에 이은 현물배당으로 이해하면 될 것이다. 결국 자산매각에 따른 양도손익의 발생이 물적분할과 인적분할에서 공히 중요한 항목이며 이를 포함하여 분할법인에 적용되는 주요 세법항목은 다음과 같다.

세 목		규 정
물적분할	물적분할로 인한 자산양도차익의 과세이연	법인세법 제47조, 동법 시행령 제84조
	양도손익에 대한 부당행위계산의 부인	법인세법 제52조 동법 시행령 제88조 ① 3호의2 및 8호의2
인적분할	인적분할로 인한 자산양도손익	법인세법 제46조, 제46조의5 동법 시행령 제82조, 제83조의2
	부가가치세	부가가치세법 제10조, 동법 시행령 제23조
	과점주주 취득세	지방세법 제7조
	증권거래세	조세특례제한법 제117조 ① 농어촌특별세법 제4조 7호의2

(1) 물적분할로 인한 자산양도차익의 과세이연

분할법인이 물적분할에 의하여 자산·부채를 이전하고 분할신설법인의 발행주식을 취득하는 물적분할의 경우 자산의 양도차익에 대한 과세문제가 발생한다. 그러나 세법에서는 기업의 원활한 구조조정을 위하여 적격분할요건을 모두 갖추어 분할하는 경우에는 당해 주식의 가액 중 물적분할로 인하여 발생한 자산의 양도차익 상당액을 분할등기일이 속하는 사업연도의 소득금액 계산시 손금에 산입할 수 있도록 하고 있다. 손금에 산입하는 방법은 취득한 주식에 대해 압축기장충당금을 손금으로 계상하는 방법이며 추후 주식 매각 등의 사유가 발생시 다시 익금으로 산입한다.

 사례 1　양도차익과 압축기장충당금

- A사(분할법인)는 순자산의 장부가액이 25억원인 사업부를 분할하여 B사(분할신설법인)를 설립하고 B사 주식을 수령하였다.
- 분할대상 사업부 순자산의 시가는 45억원이다.
- 회계처리는 장부가액법으로 처리하였다.

구 분		비적격분할	적격분할
회계 처리	분할법인	B사 주식 25억 / 순자산 25억	
	분할신설법인	순자산 25억 / 자본 25억	
세무 조정	분할법인	양도차익 20억 익금 기타	양도차익 20억 익금 기타 압축기장충당금 20억 손금 유보
	분할신설법인	시가조정 20억 익금 유보 잉여금 20억 손금 기타	시가조정 20억 익금 유보 자산조정계정 20억 손금 유보* (*감가상각대상 자산의 상각범위액 관리)

위 사례에서 분할법인이 장부가액법을 사용하여 양도차익이 없는 것으로 회계처리한 경우인데 먼저 세무상 자산 양도차익을 인식한 이후 압축기장충당금을 통해 다시 손금에 산입하는 구조이다.

한편 분할신설법인은 어느 경우에나 자산의 취득가액을 시가로 양수받는 것이 원칙이다. 다만, 적격분할의 경우 감가상각범위액 계산시 분할법인의 장부가액을 승계하는 것으로 처리하므로 자산조정계정을 계상한다. 하지만 이는 어디까지나 감가상각범위액 관리를 위한 것이므로 해당 자산 처분시 분할법인의 양도차익에 대해 이중과세가 발생하지 않도록 주의가 필요하다.

구 분	내 용
과세이연 요 건	• 적격분할요건 충족(부득이한 사유 해당시 예외 인정) • 분할법인이 분할로 인하여 설립되는 회사 주식 총수를 취득하는 경우에 한정
과세이연 방법	• 분할신설법인 주식에 대하여 압축기장충당금 설정
과세이연 금액	• 분할신설법인으로부터 취득한 주식가액 중 물적분할로 인하여 발생한 자산의 양도차익 상당액 • MIN[교부받은 주식가액, 물적분할로 인한 자산의 양도차익]

압축기장충당금
의 관리
	• 다음의 사유가 발생하는 사업연도에 처분비율에 따라 압축기장충당금 익금산입. 부득이한 사유 해당시 예외 인정
	  －분할법인이 분할신설법인으로부터 받은 주식을 처분하는 경우
	  －분할신설법인이 분할법인으로부터 승계받은 감가상각자산(비사업용 포함, 유휴설비 제외), 토지 및 주식 등을 처분하는 경우
	• 압축기장충당금 익금산입할 금액
	전기말 압축기장충당금 잔액 × [당기 주식처분비율(A)＋당기 자산처분비율(B)]－A×B)
	  －당기 주식처분비율(A) : 분할법인이 당기에 처분한 주식 등의 장부가액 / 전기말 주식 등의 장부가액
	  －당기 자산처분비율(B) : 분할신설법인이 당기에 처분한 승계자산의 양도차익 / 전기말 승계자산의 양도차익

물적분할의 사후관리	• 분할등기일이 속하는 사업연도의 다음 사업연도 개시일로부터 2년(고용유지비율의 경우 3년) 이내에 다음 중 하나의 사유 발생시 압축기장충당금 잔액 일시환입 ① 분할신설법인이 분할법인으로부터 승계받은 사업을 폐지 ② 분할법인이 분할신설법인의 주식을 50% 미만으로 보유 ③ 분할신설법인에 종사하는 근로자 수가 분할등기일 1개월 전 당시 분할하는 사업부분에 종사하는 근로자 수의 80% 미만으로 하락
규 정	법인세법 제47조, 동법 시행령 제84조

① 적격분할요건의 제한

단순물적분할의 경우에는 분할대가가 전액 주식이어야 적격분할요건을 충족하게 된다. 물적분할합병(신설 또는 흡수)도 적격분할이 이론적으로는 가능할 것이나 세법상 과세특례적용을 받는 물적분할은 분할법인이 분할신설법인의 주식의 총수를 취득하는 경우에 한정하고 있다. 따라서 분할법인이 분할을 통하여 100% 지분을 확보하기 어려운 분할합병은 과세특례의 적용대상이 아니므로 유의하여야 한다(법인세과-964, 2009. 8. 31.).

② 취득한 주식의 가액

법인세법에서는 물적분할에 따라 분할법인이 취득하는 주식의 취득가액을 '물적분할한 순자산의 시가'로 하도록 하고 있다(법인세법 시행령 제72조 ② 3호의2). 따라서 기업회계기준에 따라 장부에 계상한 금액과 차이가 있다면 세무조정을 통해 조정되어야 한다.

③ 양도차익 및 영업권

압축기장충당금을 설정할 수 있는 자산의 양도차익 상당액이라 함은 분할법인이 승계하는 전체자산을 기준으로 계산한다(법인세과-3394, 2008. 11. 14.).

한편, 분할사업부문에 속하는 무형의 가치인 영업권에 대한 평가가 이루어져야 하는지에 대한 의문이 있는데, 물적분할시 승계하는 자산·부채를 공정가액으로 평가하여 승계한 경우에는 영업권에 대한 대가를 받지 아니한 경우에도 부당행위계산의 부인규정을 적용하지 아니하며(서면2팀-1926, 2006. 9. 27.), 분할신설법인은 영업권을 인식할 수 없는 것으로 해석하고 있다(서면-2016-법인-4034, 2016. 9. 12.). 즉 물적분할을 통한 자가창설영업권을 인정하지 않는 것이다.

④ 손금산입 한도

예외적인 경우이긴 하지만 분할되는 사업부문의 자산보다 부채가 더 큰 경우가 있을 수 있다. 그러한 경우라면 분할을 통한 자산의 양도차익이 취득한 주식의 가액보다 더 크게 되는데, 이때 자산양도차익의 손금산입 한도는 주식의 장부가액을 한도로 한다.

차 변		대 변	
부 채	70억원	자 산	50억원
종속기업투자주식	20억원	자 산 양 도 차 익	40억원

(주) 압축기장충당금을 투자주식의 장부가액인 20억원만 설정

또 다른 예외적인 경우로서 분할신설법인에게 승계하는 순자산의 시가가 세무상 장부가액보다 낮아 양도차손이 발생한다면 비적격물적분할에 해당하는 것으

로 해석하는 예규가 있으므로 유의하여야 한다(법규법인 2012 − 458, 2013. 1. 28.).

(2) 인적분할로 인한 자산양도손익

인적분할(분할합병 포함)도 법인의 자산을 분할신설법인 등에 양도하는 것까지는 물적분할과 동일하므로 양도손익이 발생한다. 다만, 인적분할은 좀 더 자본거래적 성격이 강하므로 적격분할의 요건을 갖춘 경우 양도차익 뿐만 아니라 양도차손이 발생한 경우에도 소득금액 계산시 이를 없는 것으로 할 수 있다.

 사례2 인적분할 양도차익

- A사(분할법인)는 순자산의 장부가액이 25억원인 사업부를 분할하여 B사(분할신설법인)를 설립하고 B사 주식을 수령하였다.
- 승계한 순자산의 시가는 45억원이며, 이는 신설된 B사 주식 가치와 동일하다.
- 수령한 주식은 A사 주주들에게 지분율에 비례하여 분배하였다.
- 회계처리는 장부가액법으로 처리하였다.

구 분		비적격분할	적격분할
회계 처리	분할법인	B사 주식 25억 / 순자산 25억 자본 25억 / B사 주식 25억	
	분할신설법인	순자산 25억 / 자본 25억	
세무 조정	분할법인	양도차익 20억 익금 기타	
	분할신설법인	시가조정 20억 익금 유보 잉여금 20억 손금 기타	시가조정 20억 익금 유보 자산조정계정 20억 손금 유보

① 비적격분할

구 분	내 용
양도손익	• 양도손익＝분할법인 등이 받은 양도가액－분할법인 등의 분할등기일 현재 순자산장부가액
양도가액	• 분할신설법인 등의 주식가액＋금전＋그 밖의 재산가액＋분할법인의 법인세 등 • 분할합병의 경우 분할합병포합주식 가산
규 정	법인세법 제46조 ①(소멸분할), 제46조의5 ①(존속분할) 동법 시행령 제82조, 제83조의2

② 적격분할

적격분할의 요건을 갖춘 경우 양도차익 또는 양도차손은 없는 것으로 할 수 있다.

구 분	내 용
요 건	• 적격분학요건 충족
양도손익	• 양도손익＝분할법인 등이 받은 양도가액 – 분할법인 등의 분할등기일 현재 순자산장부가액＝0
양도가액	• 분할법인 등이 받은 양도가액＝분할법인 등의 분할등기일 현재 순자산장부가액
규 정	법인세법 제46조 ②(소멸분할), 제46조의5 ②(존속분할) 동법 시행령 제82조, 제83조의2

(3) 양도손익에 대한 부당행위계산의 부인

① 물적분할

법인세법에서는 앞서 '(1) 물적분할로 인한 자산양도차익의 과세이연'에서 설명한 바와 같이 분할법인의 물적분할로 인한 자산양도차익은 법인세 과세대상이 되는 것이 원칙이며, 따라서 분할법인이 분할하는 사업부문에 속하는 자산·부채를 시가보다 낮은 가액으로 승계함으로써 양도손익을 부당하게 감소시킨 경우에는 부당행위계산의 부인규정이 적용된다. 실무상 일반기업회계기준에서 물적분할을 동일지배거래로 보아 장부금액으로 처리되므로 법인세법 목적으로 시가 평가 및 장부가액과 시가의 차이금액에 대한 세무조정이 필요하다.

② 인적분할

인적분할이나 인적분할합병의 경우에는 분할법인의 주주에게 분할신설법인 또는 분할합병의 상대방법인의 주식이 배분되기 때문에 분할법인에는 아무런 분여이익이 발생하지 않는다. 이것은 인적분할에 있어 분할법인의 주주는 분할법인에 존재하던 위험과 효익을 분할 후에도 계속적으로 동일하게 부담하는 것이므로 하나의 법인이 다수의 법인으로 분리되어 형태만 변하였다고 보아 기업가치의 변화를 인식하는 것은 타당하지 않다고 보기 때문으로 해석된다. 분할합병에 있어서 분할법인과 분할합병의 상대방법인 주주 간의 불공정한 부의 이전이 있는 경우에는 부당행위계산 부인규정이 적용될 수 있는데, 이에 대해서는 본 장 '5. 분할당사법인 주주의 세무'에서 '불공정 분할합병에 따른 부당행위계산의 부인'을 참조하기 바란다.

(4) 부가가치세

부가가치세법 제10조 ⑨ 및 동법 시행령 제23조에서 포괄적 사업양수·도는 재화의 공급으로 보지 않도록 규정하고 있다. 또한 사업양수·도의 범위를 규정하면서 상법에 따라 분할 또는 분할합병하는 경우에는 같은 사업장 안에서 사업부문별로 구분하는 경우를 포괄적 사업양수·도의 범위에 포함하고 있다.

부언하면 부가가치세 과세여부는 분할되는 사업부문이 포괄적으로 이전되었는지에 따라 판단되어야 하는데(적격분할인지 비적격분할인지 여부가 포괄적 사업양수·도에 해당하는지의 여부와 직접적인 관련성은 없다), 분할의 경우에는 사업부문별로 인적·물적설비의 구분이 모호할 수 있다. 포괄적 사업양수·도에 대한 상세한 설명은 '제4장 영업양수·도 및 자산양수·도'편을 참조하기 바란다.

만약 포괄적 사업양수·도에 해당하는지가 불분명하다면 부가가치세법 제52조 ④에 따라 사업의 양수인이 대가를 지급하는 때에 양도인으로부터 부가가치세를 징수하여 납부하는 대리납부제도를 이용할 필요가 있다. 부가가치세법 제10조 ⑨에서 사업을 양수받는 자가 대가를 지급하는 때에 양도자로부터 부가가치세를 징수하여 대리납부한 경우에는 재화의 공급으로 보도록 하고 있기 때문에 세금계산서 발행에 대한 위험부담을 피할 수 있다.

(5) 과점주주 취득세

① 분할법인 또는 분할법인의 주주

법인의 주식 또는 지분을 취득함으로써 법인의 과점주주가 되었을 때에는 그 과점주주가 해당 법인의 취득세 과세대상 물건을 취득한 것으로 보아 주식취득비율에 따라 취득세를 부담하여야 한다. 다만, 법인 설립시에 발행하는 주식을 취득함으로써 과점주주가 된 경우에는 취득으로 보지 아니한다(지방세법 제7조 ⑤).

물적분할의 경우 분할법인이 분할신설법인의 완전모회사가 되므로 분할법인이 분할신설법인의 과점주주가 되지만 법인 설립시에 과점주주가 되는 것이므로 과점주주 취득세의 납부의무는 없다. 인적분할의 경우에도 분할법인의 주주는 분할신설법인의 설립시 과점주주가 되는 것이므로 취득세 납부의무가 없다.

② 분할신설법인

물적분할 또는 인적분할에서 분할로 인하여 신설되는 법인이 분할되기 전의 법인이 소유하고 있던 비상장법인의 주식을 취득하는 경우, 앞서 살펴본 적격분할의 요건을 만족하였는지 검토와 더불어 과점주주취득세 문제도 검토되어야 한다. 이 점에 대해서 지방세특례제한법 제57조의2 ⑤에서 분할로 인하여 과점주주가 되는 경우 취득세를 면제하는 규정을 별도로 두고 있지 않으므로 분할신설법인에 과점주주 취득세 납부의무가 있는 것으로 보는 견해(지주회사가 취득하는 주식에 대한 과점주주취득세를 감면하는 별도 규정이 있는 것으로 유추해석)와 분할법인과 분할신설법인이 특수관계자라는 점에서 내부주식이동(해당 재산을 임의처분하거나 관리운용할 수 있는 지위를 새롭게 취득하지 않음)이라는 점에서 납부의무가 없다고 보는 상반된 견해가 있다. 실무적으로는 과거 지방세 해석에 따라 적격분할의 경우 과점주주취득세 의무가 없는 것으로 보고 있다(세정-1548, 2005. 7. 8.).

(6) 증권거래세

분할법인의 주주(인적분할) 또는 분할법인(물적분할)에 분할신설법인의 주식을 이전하는 것은 증권거래세법상 양도의 개념인 '계약상 또는 법률상의 원인에 의하여 유상으로 소유권이 이전되는 것'으로 볼 수 없으므로 증권거래세의 과세대상이 되지 않는다. 분할시 분할신설법인은 통상 신주를 발행하는데 이는 증권의 원시적인 발행이지 양·수도를 통한 이차적인 취득이 아니기 때문이다.

그러나 분할법인이 소유하고 있던 투자유가증권이나 자기주식 등이 분할에 의하여 분할신설법인 또는 분할합병의 상대방법인에 이전되는 경우(유가증권이 출자의 목적물로서 양도되는 경우라 할 수 있음)에는 증권거래세법상 양도에 해당되어 원칙적으로 증권거래세 과세대상이 된다. 하지만 적격분할의 경우에는 증권거래세가 면제되고(조세특례제한법 제117조 ① 14호), 면제된 증권거래세에 대한 농어촌특별세도 비과세된다(농어촌특별세법 제4조 7호의2). 증권거래세를 면제받기 위해서는 과세표준 신고와 함께 세액면제신청을 하여야 한다(조세특례제한법 시행령 제115조 ⑮).

④ 분할신설법인 또는 분할합병의 상대방법인의 세무

분할신설법인 또는 분할합병의 상대방법인에 적용되는 주요 세법항목은 다음과
같다.

세 목	규 정
물적분할 신설법인에 대한 과세	법인세법 제47조, 동법 시행령 제84조
인적분할 신설법인 등에 대한 과세	법인세법 제46조의2, 제46조의3 동법 시행령 제82조의3, 제82조의4
이월결손금 등 공제 제한	법인세법 제46조의4, 동법 시행령 제83조
세무조정사항의 승계 및 안분	법인세법 제46조의5, 동법 시행령 제85조
최초사업연도의 중간예납	법인세법 제63조
취득세 및 등록면허세	지방세특례제한법 제57조의2, 농어촌특별세법 시행령 제4조
연대납세의무	국세기본법 제25조, 지방세기본법 제44조

(1) 물적분할 신설법인에 대한 과세

분할법인에게 귀속되는 양도차익 상당액에 대한 과세 여부에 불문하고 법인세법
상 분할신설법인은 자산을 시가로 승계하므로 적격분할의 사후관리 여부만 확인
하여 통보할 의무가 있을 뿐 별도의 세무적인 문제는 발생하지 않는다. 즉 분할신
설법인은 사업을 폐지하거나 주요 승계자산을 처분하거나 또는 고용을 유지못하
는 등의 사유가 발생한 경우 1개월 이내에 분할법인에 처분 사실을 고지하여야
한다(법인세법 제47조 ② 2호).

 사례 3   물적분할 신설법인 감가상각비

- A사(분할법인)는 순자산의 장부가액이 25억원인 사업부를 분할하여 B사(분할신설
  법인)를 설립하고 B사 주식을 수령하였다.
- 분할대상 사업부 순자산의 시가는 45억원이다.
- 회계처리는 장부가액법으로 처리하였다.

구 분		비적격분할	적격분할
회계 처리	분할법인	B사 주식 25억 / 순자산 25억	
	분할신설법인	순자산 25억 / 자본 25억	
세무 조정	분할법인	양도차익 20억 익금 기타	양도차익 20억 익금 기타 압축기장충당금 20억 손금 유보
	분할신설법인	시가조정 20억 익금 유보 잉여금 20억 손금 기타	시가조정 20억 익금 유보 자산조정계정 20억 손금 유보* (*감가상각대상 자산의 상각범위액 관리)

• 분할신설법인은 인수한 자산을 5년에 걸쳐 매년 감가상각하였다.

구 분	비적격분할	적격분할
회계처리	감가상각비 5억 / 감가상각누계액 5억	
세무조정	시가조정 4억 손금 유보	자산조정계정 4억 익금 유보 시가조정 4억 손금 유보
	결과적으로 감가상각비 9억 손금으로 처리	세무조정의 효과는 상쇄되어 감가상각비 5억 손금 처리

(2) 인적분할 신설법인 등에 대한 과세

인적분할의 경우에는 적격분할 여부에 따라 분할신설법인 등이 승계하는 자산의 세무상 장부가액이 달라진다는 점을 이해하여야 한다.

먼저 비적격분할의 경우 분할법인에 양도손익으로 과세하므로 분할신설법인 등은 분할로 인하여 분할법인 등의 자산 승계시 분할등기일 현재 시가로 양도받은 것으로 한다.

적격분할의 경우 분할법인의 양도손익이 없는 것으로 하는 반면, 분할신설법인 등은 분할법인 등의 자산을 장부가액으로 양도받은 것으로 하면서 승계자산의 시가와 장부가액의 차이에 대하여 자산조정계정을 설정하여 과세를 이연하도록 한다. 이는 적격합병의 경우 합병법인이 승계자산의 시가와 장부가액의 차이에 대하여 자산조정계정을 설정하여 과세를 이연하는 것과 같은 방식이다.

① 비적격분할

구 분	내 용
승계자산의 양수가액	• 분할신설법인 등은 분할법인 등의 자산을 분할등기일 현재 시가로 양도받은 것으로 함.
양도가액과 순자산시가와의 차액 처리	• 분할법인 등에 지급한 양도가액〈 분할법인 등의 순자산시가 : 차액(분할매수차익)을 분할등기일부터 5년간 균등하게 월할계산하여 익금산입 • 분할법인 등에 지급한 양도가액 〉분할법인 등의 순자산시가 : 차액(분할매수차손)을 분할등기일부터 5년간 균등하게 월할계산하여 손금산입 * 단, 분할매수차손은 분할법인 등의 상호·거래관계, 영업상 비밀 등에 대하여 사업상 가치가 있다고 보아 대가를 지급한 경우에만 인정
규 정	법인세법 제46조의2, 동법 시행령 제82조의3

② 적격분할

구 분	내 용
승계자산의 양수가액	• 적격분할요건의 충족으로 분할법인 등의 양도손익이 없는 것으로 한 경우 분할신설법인 등은 분할법인 등의 자산을 장부가액으로 양도받은 것으로 함. • 자산의 장부가액과 분할등기일 현재 시가와의 차액은 자산조정계정으로 관리
자산조정계정	• 분할등기일 현재 양도받은 자산·부채의 시가 − 분할법인 등의 장부가액 − 차액이 0보다 큰 경우에는 차액을 익금산입(기타)하고 이에 상당하는 금액을 자산조정계정으로 손금산입(유보) − 차액이 0보다 작은 경우에는 차액을 손금산입(기타)하고 이에 상당하는 금액을 자산조정계정으로 익금산입(유보) − 분할법인 등의 장부가액 계산시 세무조정사항 중 해당 자산에 대한 익금불산입액은 가산, 손금불산입액은 차감
자산조정계정의 사후관리	• 다음과 같이 익금 또는 손금산입 − 감가상각자산의 자산조정계정은 0보다 큰 경우 감가상각비와 상계, 0보다 작은 경우 감가상각비에 가산. 해당 자산 처분 사업연도에 잔액을 익금 또는 손금산입

구 분	내 용
자산조정계정 의 사후관리	– 감가상각자산 외의 자산조정계정은 해당 자산 처분 사업연도에 전 액 익금 또는 손금산입 * 단, 자기주식을 소각하는 경우에는 익금 또는 손금에 산입하지 아 니하고 소멸
규 정	법인세법 제46조의3, 동법 시행령 제82조의4

적격인적분할 이후 사후관리의 구체적인 방법은 합병과 유사하므로 '제1장 합병'편의 '적격합병 사후관리'를 참조하기 바란다.

(3) 이월결손금 등 공제 제한

합병과 달리 분할은 분할법인이 분할 후에도 존속하므로 이월결손금이 분할신설법인 등에 승계되지 않는 특징이 있다. 그 외 감면·세액공제 등은 적격분할의 경우에 한해 분할신설법인 등이 승계할 수 있다(법인세법 제46조의3 ② 및 제46조의4, 동법 시행령 제82조의 4).

구 분	물적분할		인적분할	
	적격	비적격	적격	비적격
이월결손금 승계	×	×	× (분할법인 소멸시 가능)	×
감면·세액공제	○	×	○	×

예외적으로 이월결손금이 승계될 수 있는 경우는 분할법인이 소멸하는 적격인적분할에 국한된다고 해석되며, 이는 법인세법 제46조의5 ③의 후단 및 법인세법 집행기준 46의4-0-1(인적 소멸분할 후 이월결손금 공제 제한)에서 확인할 수 있다. 기타 이월결손금의 공제 제한, 구분경리 및 자산처분손실 공제 제한 등은 합병에서 살펴본 바와 유사하다.

이월결손금 등을 승계하여 공제하는 것도 과세특례의 일종이므로 분할신설법인 등이 분할의 사후관리 사유(분할등기일이 속하는 사업연도의 다음 사업연도 개시일로부터 2년 이내에 승계받은 사업의 폐지, 주요 지배주주 등의 주식처분 또는 3년 이내에 고용유지비율이 80% 미만으로 하락) 발생시 공제받은 이월결손금은 익금산입하여야 하며, 공제받은 감면·세액공제액은 해당 사업연도의 법인세에 더하여 납부한 후 해당 사업연도부터 감면 또는 세액공제를 적용하지 아니한다(법인세법 시행령 제82조의4 ④, ⑤).

(4) 세무조정사항의 승계 및 안분

존속인적분할시 분할신설법인은 분할법인의 이월결손금은 승계할 수 없으나, 분할법인의 각 사업연도의 소득금액을 계산할 때 익금 또는 손금에 산입하지 아니한 자산·부채에 대한 유보사항은 승계할 수 있다(법인세법 제46조의5 ③). 나머지 경우에는 퇴직급여충당금과 대손충당금과 관련된 세무조정사항만 승계할 수 있다.

구 분	물적분할		인적분할	
	적격	비적격	적격	비적격
세무조정사항 승계	△	△	○	△

관련 유권해석을 보면 "승계되는 분할법인의 자산·부채에 대한 세무조정사항은 분할등기일이 속하는 사업연도의 소득금액 및 과세표준 계산시 세무조정된 것으로 하는 것임"이라고 해석하고 있다(법인 46012-424, 2001. 2. 23.). 따라서 유보사항의 승계금액을 결정하기 위하여 분할법인의 사업연도 종료일까지 기다려야 하는 것이 아닌가라는 의구심을 품게 된다. 그러나 존속인적분할의 경우 분할법인은 분할되는 사업부문과 관련하여 분할소득금액을 결정하기 위하여 분할등기일 현재의 분할되는 사업부문과 관련된 유보금액을 가감하여야 하는 바, 분할등기일 현재 시점에서 세무조정을 수행하여 소득금액 계산시 반영될 유보금액을 확정하는 작업을 수행하고 이를 근거로 승계대상 유보금액 또한 확정짓는 것이 타당하다.

예를 들어, 전기 말 현재 유가증권(단기매매증권)을 보유하지 않은 분할법인이 분할일인 7월 31일 현재 분할대상 사업부문과 관련된 자산으로서 재무상태표상 유가증권 900만원(취득가액 1,000만원)을 가지고 있으며, 이와 관련하여 평가손실 100만원이 손익계산서에 계상되어 있고, 분할일 이후 분할신설법인의 사업연도 종료일 현재 동 유가증권의 시가가 700만원으로 하락한 경우 어떻게 세무조정할 수 있는지 살펴보도록 하자.

구 분	분할법인	분할신설법인
회계처리	재무상태표 : 없음. 손익계산서 : 평가손실 100만원	재무상태표 : 유가증권 700만원 손익계산서 : 평가손실 200만원
세무상	재무상태표 : 없음. 손익계산서 : 없음.	재무상태표 : 유가증권 1,000만원 손익계산서 : 없음.
방안 1	<손금불산입> 평가손실 100만원(유보) <차기이월 유보금액에서만 차감> 평가손실 100만원(△유보)	<승계 유보> 평가손실 100만원(유보) <손금불산입> 평가손실 200만원(유보)
방안 2	<손금불산입> 평가손실 100만원(기타)	상 동

분할법인 입장에서 방안 1과 방안 2 모두 사업연도 종료일 현재 세무조정사항이 소멸되므로 차이는 없다. 다만, 분할법인의 소득금액계산에 있어 유보금액의 계산을 보여주는 차이가 있을 뿐이다.

한편, 분할법인의 유보금액은 분할법인 전체의 유보금액이므로 특정 사업부문을 분할하는 경우 유보금액 또한 특정 사업부문에 해당하는 부분만 승계되어야 한다. 즉, 직접 대응되는 유보금액은 승계하고 구분이 불가능한 유보금액에 대해서는 합리적으로 배분하는 절차가 취해져야 할 것이나, 현재 법인세법에는 분할법인의 유보사항 승계시 적용할 만한 구체적인 안분방법이 마련되어 있지 않다.

참고로 분할신설법인 등이 적격분할의 사후관리 사유 발생시, 분할신설법인 등의 소득금액 및 과세표준을 계산할 때 승계한 세무조정 사항 중 익금불산입액은 가산하고 손금불산입액은 차감하여야 한다.

(5) 최초사업연도의 중간예납

원칙적으로 신설법인은 중간예납의무가 없으나, 분할신설법인은 중간예납의무가 있다. 분할신설법인 및 분할합병의 상대방법인의 최초사업연도의 기간이 6개월을 초과하는 때에는 6개월간을 중간예납기간으로 하여 가결산 방식으로 중간예납기간에 대한 법인세를 신고·납부하여야 한다(법인세법 제63조 ①).

(6) 취득세 및 등록면허세

① 취득세

적격분할이라고 하더라도 취득세는 100% 감면이 되지 않으므로 분할을 실행함에 있어 취득세 부담만은 회피할 수 없다. 원칙적으로 분할신설법인 등이 분할법인으로부터 승계한 자산에 대하여 법인의 현물출자와 유무상의 모든 취득을 취득으로 정의하는 현행 지방세법에 따라 취득세가 부과된다.

개념적으로 물적분할은 현물출자에 가깝게 보아 유상취득으로 보고 인적분할은 형식적인 이전으로 보아 무상취득으로 보는 견해, 기본적으로 유상취득으로 보되 적격분할의 요건을 만족하는 경우에만 무상취득으로 보는 견해, 또는 모든 분할은 명시적인 대가가 지급되지 않으므로 무상취득으로 보는 견해 등이 혼재하고 있으나 최근에는 예판에 따라 무상취득으로 보는 견해가 우세하다.

구 분	내용
지방세특례제도과-1803, 2016. 7. 27.	인적·물적분할 구분 없이 분할에 의하여 설립되는 회사가 분할을 원인으로 분할되는 회사의 부동산을 취득하고 분할회사의 주주에게 새로운 주식을 교부하는 등 절차적 행위에 해당되기 때문에 회사는 무상으로 부동산을 취득하는 것
조심2016지855, 2017. 5. 11.	분할계획에 따라 분할신설법인의 주식을 분할법인 또는 분할법인의 주주가 인수한다고 하더라도 이를 상대방에게 대가를 받고 물건등을 이전하는 특정승계인 매각과 동일하다고 보기 어렵다.
2019구합15283 2021. 1. 26.	불비례적 인적분할이라도 인적분할로 인한 자산의 취득이 지방세법에서 정한 유상취득의 실질을 갖는다고 보기 어렵다.

유상·무상이 중요한 이유는 그에 따라 취득세율과 과세표준이 모두 달라지기 때문이다.

구 분	유상취득		무상취득	
유상취득	취득세 2%	구 등록세 2%	취득세 2%	구 등록세 1.5%
	농어촌특별세 0.2% (취득세의 10%)	지방교육세 0.4% (등록세의 20%)	농어촌특별세 0.2% (취득세의 10%)	지방교육세 0.3% (등록세의 20%)
기본 세율	4.6%		4.0%	
과세표준	장부상 취득가액		시가표준액	

기업의 구조조정을 지원하기 위해서 2024. 12. 31.까지 적격분할로 인하여 분할신설법인 등이 취득하는 재산에 대해서는 취득세의 75%를 경감한다.

구 분	경감후 적용세율(이해를 돕기 위해 구분)		
유상취득	취득세 0.5%	구 등록세 0.5%	합산 1.15%
	농어촌특별세 0.05%	지방교육세 0.1%	
무상취득	취득세 0.5%	구 등록세 0.375%	합산 1%
	농어촌특별세 0.05%	지방교육세 0.075%	

단, 분할등기일부터 3년 이내에 적격분할 사후관리 위반 사유가 발생할 경우에는 경감받은 취득세를 추징하므로 유의하여야 한다(지방세특례제한법 제57조의2 ③ 2호 및 제177조의2 ①).

또한 대도시 내에서의 부동산 취득(대도시 내에서의 본점 또는 주사무소의 사업용 부동산, 대도시 내에서의 공장의 신설 또는 증설용 부동산)에 해당될 경우에는 취득세를 중과하도록 하고 있는데, 분할등기일 현재 5년 이상 계속하여 사업을 영위한 대도시의 내국법인이 적격분할요건을 모두 갖추어 법인을 설립하는 경우에는 중과세 대상으로 보지 아니한다(지방세법 시행령 제27조 ④).

② 농어촌특별세

취득세 경감분에 대한 농어촌특별세는 적격분할요건을 충족하는 분할에 한하여 비과세된다(농어촌특별세법 제4조 12호, 동법 시행령 제4조 ⑦ 5호).

③ 등록면허세

지방세법 개편으로 2011. 1. 1. 이후 취득을 원인으로 이루어지는 자산의 등기 또는 등록에 대한 등록세는 취득세로 통합하여 부과되며(광업권 및 어업권의 취득에 따른 등록은 제외) 등록면허세는 별도로 부과되지 아니한다(지방세법 제23조 1호). 한편, 분할신설법인의 자본금 등기에 대해서는 0.4%(대도시에서 법인 설립 후 5년 이내의 자본증가는 1.2%)의 등록면허세와 등록면허세의 20%에 해당하는 지방교육세를 부담하여야 한다(지방세법 제28조 ① 6호 가목, ② 1호, 제151조 ① 2호).

(7) 연대납세의무

법인이 분할 또는 분할합병되는 경우 분할법인에 대한 국세 등(가산금 및 체납처분비 포함)과 지방세에 대해서는 다음과 같이 분할 관련 법인이 연대하여 책임을 부담한다(국세기본법 제25조 ② 및 ③).

⑤ 분할당사법인 주주의 세무

물적분할은 그 구조상 분할법인의 주주가 개입되지 않으며 분할법인이 분할신설법인의 주주가 되는 구조이므로 분할당사법인의 주주에 대한 세무문제가 발생하지 않는다.

인적분할시 분할법인의 주주에게 적용되는 주요 세법항목으로는 의제배당과 증여이익 및 부당행위계산부인이다. 그런데, 주주간 또는 제3자간 부의 이전이 발생할 수 있는 경우는 실무상 불공정한 비율로 분할합병하는 경우로 제한된다(분할신설법인의 주식을 불비례적으로 배분하는 단순인적분할은 그 절차상 주주 전원의 동의가 필요하고 세무상 명백한 부당행위로 간주될 수 있어 거의 발생하지 않는다).

세 목	규 정
불공정 분할합병에 따른 이익의 증여	「상속세 및 증여세법」 제38조 동법 시행령 제28조
불공정 분할합병에 따른 부당행위계산의 부인	법인세법 시행령 제88조 ① 8호, 제89조 ⑥
의제배당소득에 대한 과세	법인세법 제16조, 동법 시행령 제14조 소득세법 제17조, 동법 시행령 제27조

(1) 불공정 분할합병에 따른 이익의 증여

「상속세 및 증여세법」은 분할에 대해서 별도로 이익 증여 규정을 두지 않고 제38조에서 분할합병을 규제 대상이 되는 합병에 포함하는 것으로 간단히 규정하고 있다. 따라서 분할주주에게 적용되는 증여 이익의 계산 및 과세구조는 합병과 동일하다.

좀 더 구체적으로 특수관계법인간에 불공정한 비율로 분할합병을 하는 경우에는 분할당사법인 등이 당해 법인의 주식가치를 부적절하게 평가하여 주주 간에 부가 이전될 개연성이 있으며 세법은 이를 규제하기 위하여 불공정 분할합병에 따른 이익의 증여규정 및 부당행위계산의 부인규정을 두고 있는 것이다. 다만, 특수관계법인 간의 분할합병이라 하여도 상장법인이 「자본시장과 금융투자업에 관한 법률」 제165조의4에 따라 분할합병하는 경우에는 특수관계법인 간의 분할합병으로 보지 않는 것이며(「상속세 및 증여세법 시행령」 제28조 ①, 법인세법 시행령 제88조 ① 8호 가목), 비상장법인 간의 분할합병일 경우에도 합병비율을 세무상 평가방법에 따라 정할 경우에는 이익의 증여의제 및 부당행위계산 부인의 문제가 발생하지 않는다.

불공정 분할합병에 따른 이익의 증여규정과 부당행위계산의 부인규정은 불공정한 비율로 분할합병할 경우에 적용되는 규정이므로 분할법인 등의 주주와 분할신설법인 등의 주주 모두에게 적용된다.

(2) 불공정 분할합병에 따른 부당행위계산 부인

앞서 설명한 바와 같이 불공정한 비율로 분할합병하는 경우 이외에 실무상 분할에 대해 부당행위계산부인이 직접 적용되는 경우는 발견하기 어렵다. 참고로 불비례적 인적분할로 인하여 분할법인의 주주 간에 부가 이전되는 경우에 이익을 분여받은 주주의 입장에서 이러한 분여이익은 의제배당에 포함되어 과세될 수 있으며, 이익을 분여한 법인주주 입장에서는 부당행위계산의 부인규정이 적용될 수 있다(법인세법 시행령 제88조 ① 8호의2).

(3) 의제배당소득에 대한 과세

인적분할시 주주는 기존 분할법인의 주식 중 일부를 반환하고 분할신설법인의 주식을 교부받는다. 이때 분할신설법인의 주식 가치(분할대가)가 반환한 분할법인의 주식을 취득하기 위하여 소요된 금액을 초과하는 금액은 의제배당소득으로 과세된다. 의제배당소득이 발생할 경우 원천징수의무자는 원칙적으로 분할신설법인이 되는 것이며, 감소된 주식의 취득에 소요된 금액은 분할법인의 자기자본 감소 비율을 감안하여 산정한다(법인세법 기본통칙 16-0…1). 이때 자기자본 감소 비율이 주주총회에서 분할계획의 일부로 승인된다는 점에서 의제배당 금액을 주주 등이 직접 결정한다고 볼 수 있다.

세법은 분할을 통한 기업구조조정을 지원하기 위해 일정 요건을 충족하는 경우 분할시 교부받는 주식의 가치를 종전의 장부가액(취득가액)으로 평가할 수 있도록 함으로써 의제배당으로 인한 세부담을 완화하고 있다. 한편, 이중과세를 방지하기 위하여 불공정한 분할로 인하여 특수관계인으로부터 분여받은 이익으로 과세된 금액이 있는 경우에는 동 금액을 차감한 금액을 주식 등의 시가로 한다(법인세법 시행령 제14조 ① 1호 라목).

① 주주가 법인일 경우

구 분	내 용
의제배당액	• 분할대가 - 분할법인 등의 주식 취득가액(존속분할의 경우 소각 등에 의한 감소 주식만 해당)
분할대가	• 주식 등의 가액 + 금전 + 그 밖의 재산가액
주식의 가액	• 원칙적으로 취득 당시의 시가 • 다음의 요건을 모두 갖추어 분할하는 경우에는 종전의 장부가액(감소하는 분할법인의 주식의 세무상 장부가액)으로 계산. 다만, 분할대가 중 일부를 금전 등으로 받은 경우로서 취득한 주식 등의 시가가 종전 장부가액보다 작은 경우에는 시가로 계산 <의제배당의 장부가액 평가요건> ① 분할등기일 현재 5년 이상 사업을 계속하던 내국법인이 다음 요건을 모두 갖추어 분할(분할합병의 경우에는 소멸한 분할합병의 상대방법인 및 분할합병의 상대방법인이 분할등기일 현재 1년 이상 사업을 계속하던 내국법인일 것) - 분리하여 사업이 가능한 독립된 사업부문을 분할 - 분할하는 사업부문의 자산·부채가 포괄적으로 승계될 것 - 분할법인 등만의 출자에 의하여 분할 ② 분할대가의 전액이 주식(분할합병의 경우에는 분할신설법인 등의 주식 80% 이상, 삼각분할합병의 경우에는 분할합병의 상대방법인의 완전모회사 주식이 80% 이상) ③ 분할법인 등의 주주가 소유하던 주식의 비율에 따라 배정(분할합병의 경우 분할법인 등의 주요 지배주주 등에게 분할법인 등의 지분비율 이상의 주식 등 배정) *** <u>분할등기일이 속하는 사업연도 종료일까지 승계받은 사업의 계속수행 요건과 주요 지배주주 등의 주식보유요건 및 고용의 연속성 요건은 적용되지 않음.</u>**
의제배당시기	• 분할등기일
신고·납부	• 법인세법상 익금에 산입되므로 별도의 신고·납부 절차 불필요
규 정	법인세법 제16조 ① 6호, 동법 시행령 제14조 ①

② 주주가 개인일 경우

분할법인의 주주가 개인일 경우에도 분할로 인하여 주주가 수취하는 분할대가가 감소하는 주식의 취득가액을 초과하는 금액에 대해서는 의제배당소득으로 소득세가 과세된다. 다만, 의제배당의 계산에 있어 장부가액 평가요건 충족시에는 분할대가로 받은 주식 등을 기존에 소유하던 분할법인 주식의 취득가액으로 평가하여 의제배당이 없도록 한다(소득세법 제17조 ② 6호, 동법 시행령 제27조 ①).

또한, 소액주주(발행주식총수의 1%에 해당하는 금액과 액면가액 3억원 중 적은 금액 미만의 지분을 소유한 주주)로서 당해 주식의 취득가액 산정을 주주가 입증하지 못하여 불분명한 경우에는 감소하는 주식의 액면가액을 동 주식의 취득가액으로 본다(소득세법 시행령 제27조 ⑦).

부록···2 서식모음

:: 서식 1 분할계획서(인적분할)

분할계획서

서울 주식회사(이하 '분할회사')는 상법 제530조의2 내지 제530조의12의 규정이 정하는 바에 따라 아래와 같이 인적분할 방식으로 분할하여 새로운 회사(이하 '단순분할신설회사')를 설립하기로 하였다.

1. 분할의 목적
2. 분할의 방법
3. 분할(기대) 효과
4. 분할 일정

구 분	일 자
이사회결의일	
주주명부 폐쇄 및 기준일 공고	
분할주주총회를 위한 주주확정 기준일	
주식명의개서 정지기간	
주주총회 소집통지서 발송 및 소집공고	
분할계획서 승인을 위한 주주총회일	
구주권 제출, 채권자 이의제출, 주주명부폐쇄 공고(예정일)	
구주권 제출기간(채권자 이의제출기간 포함)	
분할신주 배정기준일	
주식명의개서 정지기간(예정)	
분할기일	
이사회의 분할보고 및 공고(예정일)	
분할(변경·설립)등기(예정일)	
분할종료보고(예정일)	
변경상장(예정일)	
재상장(예정일)	

5. 분할회사에 관한 사항

    ① 감소할 자본과 준비금의 액

    ② 자본감소의 방법

    ③ 분할로 인하여 이전할 재산과 그 가액

    ④ 분할 후의 발행주식의 총수

    ⑤ 회사가 발행할 주식의 총수를 감소하는 경우에는 그 감소할 주식의 총수, 종류 및 종류별 주식의 수

    ⑥ 정관변경을 가져오게 하는 그 밖의 사항

6. 단순분할신설회사에 관한 사항

    ① 상호, 목적, 본점소재지, 공고방법 등

    ② 발행할 주식의 총수 및 액면·무액면의 구분

    ③ 분할 당시에 발행하는 주식의 총수, 종류, 종류별 주식의 수 및 액면·무액면의 구분

    ④ 분할회사 주주에 대한 주식배정에 관한 사항 및 배정주식을 병합 또는 분할하는 경우 그 사항

    ⑤ 분할회사의 주주에게 지급할 금전이나 그 밖의 재산

    ⑥ 단순분할신설회사의 자본금과 준비금

    ⑦ 단순분할신설회사에 이전될 분할회사의 재산과 그 가액

    ⑧ 단순분할신설회사가 분할되는 회사의 채무 중에서 출자한 재산에 관한 채무만을 부담할 것을 정한 경우 그에 관한 사항

    ⑨ 분할기일

    ⑩ 단순분할신설회사의 이사와 감사의 성명 및 주민등록번호와 최초사업연도 이사와 감사의 보수한도 등에 관한 사항

    ⑪ 종업원 등 승계와 퇴직금 지급에 관한 사항

    ⑫ 단순분할신설회사의 정관

7. 기 타

년   월   일

서울 주식회사 대표이사 나서울

별첨서류 : 1. 분할대차대조표

        2. 승계대상재산목록

        3. 단순분할신설법인의 정관

::: 서식 2 분할계획서 승인 및 임시주주총회 소집 이사회 의사록

이사회 의사록

일   시 :
장   소 :

출석이사 및 감사 수
이 사 총 수 :   출 석 이 사 수 :
감 사 총 수 :   출 석 감 사 수 :

의장인 대표이사 나서울은 이사회가 적법하게 개최되었음을 선언하고, 위와 같이 법정수에 달하는 이사가 참석하여 성원되었음을 확인한 후 개회를 선언하고 다음의 의안을 상정 심의에 들어가다.

제1호 의안 : 분할계획서 승인의 건

의장은 분할계획서 승인의 취지에 대한 제안설명을 한 후 출석이사의 의견을 들은 뒤, 출석이사 전원이 이를 신중히 검토한 후 만장일치로 다음 의결사항을 찬성 가결하다.

-다   음-

1. 분할의 목적

2. 분할의 방법

3. 분할 일정
    ① 분할승인 이사회결의일 :
    ② 분할주주총회를 위한 주주확정일 :
    ③ 명의개서 정지기간 :
    ④ 주총소집공고 및 소집통지서 발송예정일 :
    ⑤ 분할계획서 승인을 위한 주주총회일 :
    ⑥ 분할보고총회일 :
    ⑦ 분할기일 :
    ⑧ 분할등기일 :

4. 분할회사에 관한 사항
    ① 상호변경 :
    ② 감소할 자본금과 준비금의 총액 :
    ③ 자본감소의 방법 :
    ④ 분할로 인하여 이전할 재산과 그 가액 :

5. 분할에 의하여 신설되는 회사("단순분할신설회사")에 관한 사항
　① 상호 :
　② 주요사업 :
　③ 발행할 주식의 총수 :
　④ 설립시 발행주식총수 :
　⑤ 설립시 납입자본금 :
　⑥ 상장에 관한 사항 :
　⑦ 분할회사(존속법인) 주주에 대한 주식배정에 관한 사항 및 지급금액 등 :
　⑧ 단순분할신설회사로 이전될 재산과 그 가액 :

제2호 의안 : 임시주주총회 소집의 건

의장은 상기의 안건을 상정하고 의견을 구한바, 임시주주총회를 다음과 같이 개최하기로 결의하다.

- 다　　음 -

1. 일 시 :

2. 장 소 :

3. 부의 안건
- 제1호 의안 : 분할계획서 승인의 건

의장은 이상으로서 회의의 목적인 의안의 심의 및 의결을 종료하였으므로 폐회한다고 선언하다. 위 결의내용을 명확히 하기 위하여 의사록을 작성하고 의장과 출석이사가 기명날인한다.

년　　　월　　　일

서울 주식회사 이사회 참석이사 기명날인

⊞ 서식 3 채권자 이의제출 및 구주권제출 공고(비상장)

채권자 이의제출 및 구주권제출 공고

서울 주식회사(갑)는 _____년 _____월 _____일, 마포 주식회사(을)는 _____년 _____월 ____일 개최한 각각의 임시주주총회에서 갑은 을을 합병하여 그 권리·의무를 승계하고 을은 해산하기로 결의한바, 이 합병에 이의가 있는 채권자는 본 공고게재일 익일부터 1개월 이내에 이의를 제출하여 주시기 바랍니다. 또한, 을의 주식을 소지하고 있는 분은 공고게재일 익일부터 1개월 이내에 주권을 을에게 제출하시기 바랍니다.

년   월   일

"갑" 서울 주식회사
　　　서울시 서울구 서울동 100번지

"을" 마포 주식회사
　　　서울시 마포구 마포동 100번지

제 3 장

주식 교환 및 이전

03 주식 교환 및 이전

I 개요

회사 간에 주식의 교환 또는 이전을 통하여 한 회사가 다른 회사의 발행주식총수를 소유한 모회사가 되고 다른 회사는 자회사가 되는 제도를 주식의 포괄적 교환 또는 주식의 포괄적 이전이라 한다.

여기서 다른 회사의 발행주식총수를 소유한 회사를 완전모회사라 하고, 발행주식총수를 소유당한 회사를 완전자회사라 한다.

II 개념

기존회사가 계약에 의하여 다른 회사의 주식 100%를 출자받고 이의 대가로 다른 회사의 주주에게 기존회사의 주식(신주 또는 자기주식)을 교부하는 형태의 거래를 주식의 포괄적 교환(이하 주식교환)이라 하고, 기존회사가 신규회사를 설립하면서 기존회사의 주식 100%를 출자하고 기존회사의 주주는 신규회사의 주식을 교부받는 형태의 거래를 주식의 포괄적 이전(이하 주식이전)이라 한다.

주식의 포괄적 교환	기존회사가 신주 발행 또는 자기주식 교부를 통하여 다른 회사의 주주가 가진 주식(구주) 전부와 교환함으로써 기존회사는 다른 회사의 완전모회사가 되고, 다른 회사는 기존회사의 완전자회사가 되는 형태
주식의 포괄적 이전	기존회사의 주주가 가진 주식 전부(구주)를 신규로 설립되는 회사에 출자하고 기존회사의 주주는 그 대가로 신규회사의 주식(신주)을 교부받음으로써 기존회사가 신규회사의 완전자회사가 되는 형태

주식교환은 기존회사의 신주가 다른 회사의 구주 전부와 교환되는지 혹은 다른 회사의 구주 일부와 교환되는지에 따라 포괄적 주식교환과 부분적 주식교환으로 구분할 수 있다.

자본시장법 및 감독규정에서는 부분적 주식교환을 자산양수·도(주식스왑)로 규정하고 있다.

주식의 포괄적 교환	• 기존회사의 신주(또는 자기주식)가 다른 회사의 구주 100%와 교환되는 형태로서 기존회사는 완전모회사가 되고, 다른 회사는 완전자회사가 되는 형태 • 소규모 주식교환 및 간이주식교환을 제외하고, 양사 모두 주주총회 특별결의 및 주식매수청구권이 있음.
주식의 부분적 교환 (주식스왑)	• 기존회사의 신주가 다른 회사의 구주 일부와 교환되는 형태로서 기존회사와 다른 회사는 완전모회사와 완전자회사의 관계를 형성하지 못함. • 상장법인이 비상장법인의 최대주주 등으로부터 당해 비상장법인의 주식을 취득한 후 일정기간 이내에 당해 비상장법인의 최대주주 등에게 제3자 배정증자 또는 주식관련 사채(전환사채 또는 신주인수권부사채 등)를 발행하여 결과적으로 비상장법인 최대주주 등의 주식이 상장법인의 주식으로 교환되는 효과를 발생시키는 거래로서 상장법인의 지배권이 비상장법인 최대주주 등으로 변동되는 우회상장 거래에 많이 이용되는 형태 • 상법상 포괄적주식교환에 해당하지 않으므로, 양사모두 주주총회 및 주식매수청구권이 없음

한편, 주식교환의 경우 절차의 간소화 정도에 따라 일반주식교환, 소규모 및 간이주식교환으로 구분할 수 있다. 그러나 신설합병에서 소규모 또는 간이합병이 인정되지 않는 것처럼 회사가 신규로 설립되는 주식의 포괄적 이전의 경우에도 소규모 또는 간이주식이전이 인정되지 않는다.

일반주식교환	주식교환계약서에 대한 승인을 반드시 주주총회의 특별결의를 거쳐야 하며 반대주주의 주식매수청구권을 인정함.
소규모주식교환	• 규모가 큰 회사가 소규모의 회사와 주식교환을 하는 경우에는 규모가 큰 회사의 입장에서는 소규모주식교환 자체가 경상적인 경영활동에 불과하기 때문에 주주총회와 같은 복잡한 절차와 반대주주의 주식매수청구권으로 인한 자금부담 없이 신속하고 자유롭게 의사결정을 할 수 있도록 기업을 지원하기 위하여 도입된 제도 • 주식의 포괄적 교환시 완전모회사에 대해서만 인정됨. • 소규모합병과 내용이 동일하며 소규모주식이전은 인정되지 아니함. • 교환되는 신주 또는 자기주식의 비율이 완전모회사 발행주식총수의 10%를 초과하지 아니하고 교부금이 완전모회사 순자산의 5%를 초과하지 아니하는 경우에만 인정됨. • 완전모회사는 주식교환에 대한 주주총회결의를 이사회결의로 대체하고 반대주주의 주식매수청구권을 인정하지 아니함. • 완전자회사의 절차는 완전모회사의 소규모합병 절차에 영향을 받지 않으므로 완전자회사가 간이주식교환이 아닌 한 주식교환계약서에 대한 승인은 주주총회 특별결의를 득해야 하며, 반대주주의 주식매수청구권을 인정해야 됨.
간이주식교환	• 주식의 포괄적 교환시 완전자회사에 대해서만 인정됨. • 간이합병과 내용이 동일하며 간이주식이전은 인정되지 아니함. • 완전자회사 총주주의 동의가 있거나 완전모회사가 완전자회사 주식의 90% 이상을 소유한 경우에만 인정됨. • 완전자회사는 주주총회의 승인을 거치지 않고 이사회 승인만으로 주식교환이 가능하나, 완전자회사 총주주의 동의를 득하지 못한 경우에는 반대주주의 주식매수청구권이 인정됨. • 소규모주식교환이 아닌 한 완전모회사는 완전자회사의 간이주식교환 절차와 관계없이 주식교환계약서에 대한 승인을 득하기 위해 반드시 주주총회의 특별결의를 거쳐야 하며, 반대주주의 주식매수청구권을 인정해야 됨.

참고 ● 주식의 포괄적 교환

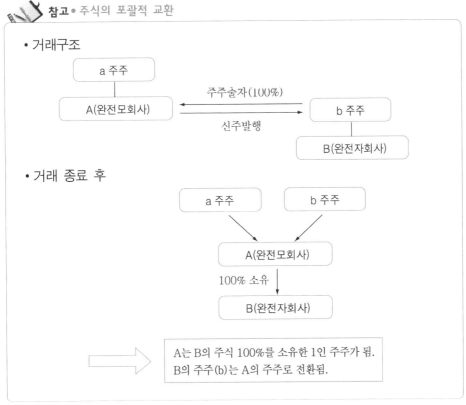

• 거래구조

a 주주

A(완전모회사) → 주주출자(100%) → b 주주

신주발행

B(완전자회사)

• 거래 종료 후

a 주주   b 주주

A(완전모회사)

100% 소유

B(완전자회사)

⇨ A는 B의 주식 100%를 소유한 1인 주주가 됨.
B의 주주(b)는 A의 주주로 전환됨.

참고 ● 주식의 포괄적 이전

• 거래구조

B(완전자회사) → 회사설립 → A(신설회사)

구주출자(100%)

신주발행

b 주주

• 거래 종료 후

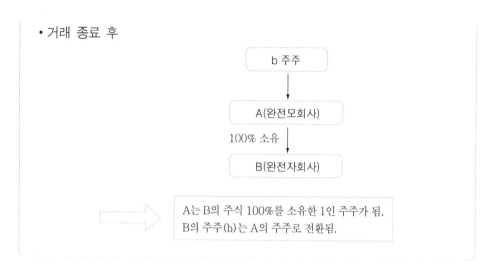

III 주식의 포괄적 교환과 주식의 포괄적 이전의 비교

주식교환과 주식이전은 ① 주주총회 특별결의절차를 거쳐야 하고, ② 반대주주에 대한 주식매수청구권이 인정되며, ③ 채권자 보호절차가 불필요하다는 공통점이 있으나 다음과 같은 차이점이 존재한다.

주식교환과 주식이전의 차이점	• 주식교환은 기존에 설립된 회사 간의 계약에 의하여 완전모회사 및 완전자회사 관계가 형성되지만, 주식이전은 별도로 회사를 설립하여 기존회사의 주주가 신규로 설립된 회사에 주식을 이전하여 완전모회사 및 완전자회사 관계가 형성된다. • 주식교환의 기본서류는 주식교환계약서이나, 주식이전의 기본서류는 주식이전계획서이다. • 주식교환은 소규모 또는 간이주식교환이 인정되나, 주식이전은 소규모 또는 간이주식이전이 인정되지 않는다. • 주식교환은 완전자회사 주주에게 신주뿐 아니라 구주(자기주식)의 교부가 가능하나, 주식이전은 신주교부만 가능하다. • 주식교환은 등기와 무관하게 주식교환기일에 법률적 효력이 발생하지만, 주식이전은 신설회사(완전모회사) 설립등기시 그 효력이 발생한다. • 주식교환은 완전모회사의 자본증자등기가 이루어지나, 주식이전은 신설회사(완전모회사)의 설립등기가 이루어진다.

❖ 주식교환과 주식이전의 비교 ❖

구 분	주식교환	주식이전
완전모회사의 형태	기 설립된 회사	신규로 설립될 회사
기본서류	주식교환계약서	주식이전계획서
간이 또는 소규모 제도	인정	불인정
완전자회사 주주에게 교부하는 주식의 내용	신주 또는 구주(자기주식) 가능	신주만 가능
효력발생시기	등기와 무관하게 교환기일에 효력발생	완전모회사 설립등기시 효력발생
등 기	완전모회사 자본변경등기 (증자등기) * 신주교부없이 자기주식만 교부될 경우 등기사항 없음.	완전모회사 법인설립등기

IV 주식의 포괄적 교환과 주식의 부분적 교환(주식스왑)의 비교

앞에서 살펴 본 바와 같이 주식교환은 모회사의 자회사 주식 100% 소유 여부에 따라 모회사가 자회사의 주식을 100% 소유하면 주식의 포괄적 교환이라 하고, 모회사가 자회사의 주식을 100% 미만 소유하면 주식의 부분적 교환(주식스왑)이라고 하였다.

상법에서 규정하고 있는 주식교환제도는 지주회사의 설립 또는 전환을 원활하게 하기 위하여 모회사가 자회사의 지분 100%를 소유하는 형태를 가정하고 신설된 규정이므로 완전모회사의 주식대금이 완전자회사의 주식으로 납입됨에도 불구하고 검사인의 선임 및 법원의 조사·보고(상법 제299조)를 면제하고 있다.

그러나 모회사가 자회사의 주식을 부분적으로 소유하는 주식의 부분적 교환의 경우에는 주식교환 과정이 자회사의 주주가 자회사 주식을 모회사에 유상으로 매각하고 그 매각대금으로 모회사 유상증자에 참여하거나 모회사의 구주를 취득하는 이중거래로 구성되므로 자회사의 주주가 모회사의 주식을 교환받기 위하여 자회사의 구주 매각 및 모회사의 신규증자 참여 또는 모회사 구주 취득의 두 가지 절차를 거쳐야 한다.

따라서 주식의 부분적 교환절차는 교환 당사회사의 이사회결의 및 내부규정에 의하여 주식을 매매하고 증자절차를 진행하면 되므로 주식의 포괄적 교환과 같은 주총 특별결의 및 반대주주의 주식매수청구권 행사절차가 불필요하다.

구 분	주식의 포괄적 교환	주식의 부분적 교환
형 태	모회사가 자회사의 지분을 100% 소유하는 형태	모회사가 자회사의 지분을 100% 미만으로 소유하는 형태
거래구조	모회사의 신주(또는 자기주식)와 자회사의 발행주식총수(구주)와의 교환	• 자회사의 주주는 보유주식(구주)을 모회사에게 유상으로 매각하고, 매각대금으로서 모회사의 증자에 참여하거나 모회사 구주를 취득하는 형태 • 증자참여의 경우, 모회사는 자회사주식 일부를 현물출자 받는 형식이 됨. • 결과적으로 일부 자회사 주주에 대하여 주식교환의 효과가 발생됨.
주총결의	주총 특별결의 필요	주총결의 불필요
주식매수청구권	반대주주에 대하여 인정	발생되지 아니함.
주금 납입 방법	모회사의 증자대금이 자회사 구주로 납입	• 증자참여의 경우, 현물출자로서 자회사의 구주로 납입 • 구주취득의 경우, 자회사 구주를 주는 대신 모회사의 구주를 취득
검사인 선임 및 법원의 조사 · 보고	면제됨.	• 모회사 증자 참여에 의한 현물출자의 경우 필요[주)] • 모회사 구주 취득의 경우, 해당사항 없음

주) 현물출자대상의 가액이 증자하는 회사의 자본금의 20% 이하 & 5천만원 이하이거나, 현물출자대상이 거래소에서 시세가 있는 상장종목으로 상법 시행령에 정한 가격 이하로 평가시 본 절차 생략 가능 (상법 제299조, 동법 시행령 제7조)

V 주식교환이 회사에 미치는 영향

합병 또는 분할은 회사의 합체, 사업부문 분리, 신규법인설립 등 회사의 사업구조 및 주주구성에 전반적이고 대폭적인 변화를 초래하지만, 주식교환(이전)은 완전모회사의 자산에 완전자회사의 주식 100%가 지분법적용투자주식으로 편입되고 그에 해당하는 자본금 및 자본잉여금의 증가가 이루어진다.

따라서 완전모회사의 경우 자산이 증가하고 그에 해당하여 자본이 증가하나 완전자회사의 경우에는 자산 및 부채의 변동이 일어나지 않고 오직 주주구성만 변동되게 된다.

또한 주식교환(이전)으로 교환당사회사는 법률적으로는 완전모회사와 완전자회사로서 독립적으로 존속하나, 경제적으로는 완전자회사와 완전모회사가 지분법(연결재무제표 작성대상)으로 연결되어 동일한 경제적 결합체를 형성하게 된다.

구 분	완전모회사	완전자회사
법률적 실체	독립법인으로 존속	독립법인으로 존속
경제적 실체	지분법으로 완전자회사의 경제적 성과가 완전모회사에 100% 반영되어 실제적으로는 동일한 경제적 결합체를 형성함.	좌 동
주주변동	• (신주) 완전자회사의 주주가 완전모회사의 주식을 교부받아 신규주주로 편입되므로 자본금과 주주수가 증가하게 됨. • (구주-주식교환에만 해당) 완전자회사의 주주가 완전모회사의 자기주식을 교부받으므로 기존 주주들의 희석화 효과 없음	완전모회사가 100% 지분을 보유함.
자산변동	완전자회사 주식이 지분법적용투자주식으로 편입되어 자산이 증가하게 됨.	변화 없음.
부채변동	변화 없음.	변화 없음.
자본변동	• (신주) 신주발행으로 자본금과 자본잉여금이 증가 • (구주-주식교환에만 해당) 모회사의 자기주식 교부로 인한 자본 증대	변화 없음.
손익변동	주식교환 후 자회사의 실적이 지분법으로 연결됨.	변화 없음.

Ⅵ 주식교환(이전)의 제한 규정

① 상법 및 공정거래법상 제한 규정

(1) 완전모회사의 자본증가 한도

주식의 포괄적 교환 또는 이전시 부실한 자회사를 인수함으로써 모회사 자산의 질이 악화되는 것을 방지하기 위하여 상법은 다음과 같은 제한을 두고 있다.

 | 주식의 포괄적 교환(상법 제360조의7) |

- 일반적인 경우
  완전모회사의 자본금 증가 한도액 ≤ 완전자회사 순자산 - (①+②)
  ① 완전자회사 주주에게 지급할 금전이나 그 밖의 재산가액
  ② 신주발행에 갈음하여 완전모회사의 자기주식을 지급하는 경우 그 자기주식의 장부가액

- 완전모회사가 주식교환일 이전에 완전자회사 주식을 이미 소유(ex. 30%)하고 있는 경우
  완전모회사의 자본금 증가 한도액 ≤ 완전자회사 순자산 × 완전모회사에 이전하는 주식수의 비율(ex. 70%) - (①+②)
  ① 완전자회사 주주에게 지급할 금전이나 그 밖의 재산가액
  ② 신주발행에 갈음하여 완전모회사의 자기주식을 지급하는 경우 그 자기주식의 장부가액

(주) 위 완전자회사의 순자산가액의 기준일 : 주식교환일

 | 주식의 포괄적 이전(상법 제360조의18) |

설립하는 완전모회사의 자본금 한도액 ≤ 완전자회사의 순자산 - 완전자회사 주주에게 지급할 금전이나 그 밖의 재산의 가액

(2) 상호주 보유 제한

포괄적 주식교환 전 완전자회사가 완전모회사의 주식을 보유할 경우 주식교환 후
에는 상호 주식을 보유한 결과가 되므로 완전자회사가 보유한 완전모회사 주식은
취득일(주식교환일)로부터 6월 이내에 처분하여야 한다(상법 제342조의2).

구 분	내 용	규 정
의결권 제한	어떤 회사('A')가 다른 회사('B')의 주식을 10% 이상 취득하는 경우 'A'는 'B'에 지체없이 통지하여야 하며 'B'가 보유하는 'A' 주식에 대해서는 의결권이 인정되지 않는다.	상법 제369조, 제342조의3
상호 주식	• 어떤 회사('A')가 다른 회사('B')의 주식을 50% 초과하여 보유하는 경우 'A'는 모회사, 'B'는 자회사라 칭하며 회사 간에 모·자회사 관계가 형성될 경우 자회사는 다음의 경우를 제외하고는 모회사의 주식을 취득할 수 없다. －주식의 포괄적 교환 또는 이전 －회사의 합병 또는 다른 회사의 영업 전부의 양수로 인한 때 －회사의 권리를 실행함에 있어 그 목적을 달성하기 위하여 필요한 때 • 위의 경우, 자회사는 6개월 이내에 모회사의 주식을 매각하여야 한다. • 다른 회사의 주식을 50%초과하는 주식을 모회사 및 자회사 또는 자회사가 보유하는 경우, 그 다른 회사는 이 법의 적용에 있어 그 모회사의 자회사로 본다. [예시－자회사에 의한 모회사주식의 취득] 일반적 모자회사 모회사 및 자회사가 50%초과보유 자회사가 50%초과 보유 A → (51%) → C 모회사 A → (50% 초과) → 자회사 B → (21%) → C, 모회사 A → (30%) → C 모회사 A → (50% 초과) → 자회사 B → (51%) → C 위 3가지 경우 모두 C사 입장에서 A사는 모회사에 해당되므로, 위 예외 경우를 제외하고 C사는 A사의 주식을 보유할 수 없음. 예외 경우에도 이를 6개월 내에 처분하여야 함.	상법 제342조의2

(3) 공정거래법상 신고의무

공정거래법상 기업결합신고대상회사가 상대회사의 주식을 일정 수준 소유하게 되는 등의 경우에는 기업결합신고를 진행하여야 한다. 다만, 합병의 경우에는 행위자체로 인한 기업결합신고 대상에 해당되지만, 포괄적주식교환의 경우 그러하지아니하고, 포괄적주식교환으로 인해 아래 설명하는 지분율 이상이 되거나, 해당지분율 이상인 상태에서 포괄적주식교환으로 100%모자관계가 되며 최다출자자가되는 경우에만 기업결합신고를 진행하게 된다.

| 기업결합신고(공정거래법 제11조) |

- 사후신고제도(제11조 ①, ⑥) : 특수관계인을 포함하여 자산총액 또는 매출총액이 3천억원 이상인 회사(기업결합신고대상회사)가 타법인의 주식(상대회사)의 20%(상장법인 주식의 15%, 의결권 없는 주식 제외) 이상을 소유하게 되거나, 해당 지분율 이상으로 소유한 자가 그 회사의 주식을 추가로 취득하여 최다출자자가 되는 경우 그 주식을 소유하게 된 날(구주 − 교부일, 신주 − 납입일)로부터 30일 내에 기업결합신고를 하여야 한다.

- 사전신고제도(제12조 ⑥, ⑦) : 위 기업결합시 기업결합신고대상회사 또는 상대회사 중 일방이 특수관계인을 포함하여 자산총액 또는 매출총액이 2조원 이상인 대규모회사인 경우 계약체결일부터 기업결합일 이전까지 기업결합신고를하여야 하고, 신고 후 공정위 심사결과를 통지받기 전까지(30일 소요. 90일 추가연장 가능) 실제 기업결합을 하여서는 아니된다.[주)]

주) 공정거래법상 기업결합신고에 있어 합병 당사회사 중 타일방의(특수관계인 포함) 자산 또는 매출총액이 300억원 미만일 경우에는 신고면제(공정거래법 시행령 제18조 ②)

| 지주회사의 설립 · 전환의 신고(공정거래법 제17조, 시행령 제26조) |

- 주식의 포괄적 교환으로 당해 사업연도 결산을 실시한 결과 회사의 자산총액이 5천억원 이상이고 자회사의 주식가액의 합계액이 당해 회사 자산총액의 50%이상인 경우에는 사업연도 종료일로부터 4월 이내에 지주회사의 전환의 신고를하여야 함.
- 주식의 포괄적 이전으로 회사의 자산총액이 5천억원 이상이고 자회사 주식가액의 합계액이 당해 회사 자산총액의 50%이상인 경우에는 해당 설립일로부터 1개월 내에 지주회사 설립신고를 하여야 함.

(주) 공정거래법상 특수관계인의 개념은 '공정거래법 시행령 제14조' 참조

② 자본시장법 및 감독규정에 의한 제한

주식교환 당사법인에 상장법인이 포함된 경우 당해 상장법인은 다음의 규정을 준수하여야 한다.

본장에서는 주식의 포괄적 교환에 대하여 살펴보고 주식의 부분적 교환(주식스왑)에 대한 제한규정은 '제4장 영업양수·도 및 자산 양수·도'편을 참고하기 바란다.

제 한	유가증권상장법인	코스닥상장법인
주요 신고사항	주요사항보고서, 증권신고서 등 제출	좌 동
주요 신고사항에 대한 벌칙	• 손해배상책임 • 금융위의 조사 및 조치 • 형사적 책임	좌 동
교환비율 외부기관 평가	상장법인과 비상장법인 간 주식교환시 주식교환비율에 대한 외부기관의 평가	좌 동
우회상장 제한규정	• 우회상장 기준 위반시 상장폐지 • 우회상장시 비상장법인 최대주주 등의 교환신주 매각 제한	좌 동

(1) 주요 신고사항

포괄적 주식교환 및 주식이전은 다수결의 원칙(주총 특별결의)에 의하여 회사 대주주의 이해관계에 따라 결정되는 것이 일반적이어서 공정성이 확보되지 않을 경우 소액주주가 피해를 볼 수 있다.

주요사항보고서 및 증권신고서는 위와 같은 불공정한 합병으로 인한 소액주주의 피해를 방지하기 위하여 마련된 것으로서, 합병의 목적, 방법, 요령, 합병비율, 반대주주 및 채권자의 권리행사방법, 합병당사회사에 관한 사항 등을 포함하고 있다. 또한 주식교환(이전)으로 인하여 증권을 모집 또는 매출하는 경우에는 증권신고서를 금융위에 제출하여야 하며, 증권신고서 수리일로부터 일정한 기간이 경과되면 투자설명서를 금융위에 제출하고 주주총회일 이전까지 투자설명서를 교부하여야 한다. 또한, 증권신고서를 제출한 회사는 주식교환(이전)등기를 한 때 지체없이 증권발행실적보고서를 금융위에 제출하여야 하며, 증권발행실적보고서 제출시 주식교환(이전)종료보고서의 제출은 면제된다.

❖ 주요 신고사항 요약 ❖

구분	비상장법인		상장법인
	사업보고서 대상 제외	사업보고서 대상[주1]	사업보고서 제출대상
주요사항보고서	미제출	제출	제출
주식교환(이전) 종료보고서	미제출	미제출	제출 (단, 증권발행실적보고서 제출시 미제출)
증권신고서	• 모집매출[주2] 해당시 제출 • 모집매출 미해당시 미제출	좌동	좌동
투자설명서	증권신고서 제출시 제출	좌동	좌동
증권발행실적 보고서	증권신고서 제출시 제출	좌동	좌동

주1) 사업보고서 제출대상법인 : 주권 및 증권 등을 상장한 법인, 주권 및 증권 등을 모집매출한 법인(상장폐지법인 포함), 주권 및 증권 등별로 소유자 수가 500인 이상인 외감대상법인(자본시장법 시행령 제167조 ①)

주2) 모집 또는 매출 : 50명 이상의 자에게 증권의 취득권유 또는 매도권유를 하는 행위(이전 6개월 이내에 권유대상자 합산), 기존 상장법인 및 모집매출 실적이 있는 법인의 신주발행은 간주모집으로 의제. 다만, 권유대상자가 50인 미만이라 하더라도, 주식을 교부받는 시점에서 지체없이 한국예탁결제원에 예탁하고 그 예탁일부터 1년간 해당 증권을 인출하거나 매각하지 않기로 하는 내용의 예탁계약을 체결하는 등의 전매제한 조치가 없는 경우, 「증권의 발행 및 공시 등에 관한 규정」 제2-2조 제1항에 기술된 전매기준에 해당되게 되어 간주모집으로 의제

① 주요사항보고서

사업보고서 제출대상법인은 다음의 주요사항보고서를 제출하여 주식교환(이전)관련 주요사항을 공시하여야 한다.

구 분	내 용
제출의무자	주식의 포괄적 교환(이전)을 하고자 하는 사업보고서 제출대상법인
제출시기	규정상 이사회 결의일 익일까지 제출
제출장소	금융위원회 및 거래소
제출서식	• 기업공시서식 작성기준 중 <별지 제38-47호 서식> 주요사항보고서(주식교환·이전결정) 참고
첨부서류	• 주식교환(이전)이사회 의사록 사본(완전모회사, 완전자회사) • 주식교환계약서(이전계획서) 사본 • 주식교환(이전)비율에 대한 외부평가기관의 평가의견서

구　분	내　용
규정	자본시장법 제161조 ①, ②, 동법 시행령 제171조 ④, 「증권의 발행 및 공시 등에 관한 규정」 제4-5조 ② 유가공시 제7조 ① 3호 가목(4), 코스닥공시 제6조 ① 3호 가목(7)

② 증권신고서

자본시장법에 따라 주식교환(이전)으로 인하여 증권을 모집 또는 매출하는 경우에는 증권신고서를 금융위에 제출하여야 한다. 증권신고서 작성시 주요사항보고서에 기재된 동일 내용은 주요사항보고서를 참조하라는 뜻을 기재한 후 생략할 수 있다.

구　분	내　용
제출의무자	주식교환(이전)으로 인하여 증권의 모집 또는 매출을 하는 발행인
제출시기	주주총회 소집통지 및 공고일 7영업일 전까지 제출(증권신고서의 효력 발생기간 고려)
제출장소	금융위
기재사항	• 주식교환(이전)의 개요(기본사항, 가액 및 산출근거, 교환(이전)의 요령, 영업 및 자산내용, 신주의 주요권리 내용, 투자위험요소, 주식매수청구권 사항, 당사회사간 이해관계, 기타 투자자보호 사항 등) • 당사회사에 관한 사항 • 공시서식 중 <별지 제9호 서식> 증권신고서 참조
첨부서류	• 주식교환(이전)당사회사의 정관(조직운영 및 투자자의 권리의무를 정한 것) • 주식교환(이전)당사회사의 주주총회 소집을 위한 이사회 의사록 사본 • 주식교환(이전)당사회사의 법인등기부등본 • 행정관청의 인·허가 또는 승인에 대한 서류(해당시) • 주식교환계약서(주식이전계획서) 사본 • 주식교환(이전)당사회사의 최근 3사업연도 감사보고서 및 연결감사보고서 • 주식교환(이전)당사회사의 반기검토보고서 또는 분기검토보고서(반기 또는 분기보고서 제출대상이 아닌 경우 : 회사제시 반기재무제표, 분기재무제표) • 주식교환(이전)당사회사 중 비상장법인의 주주명부 • 외부평가기관의 평가의견서 • 예비(간이) 투자설명서
규정	자본시장법 제119조, 「증권의 발행 및 공시 등에 관한 규정」 제2-10조

③ 투자설명서

증권신고서를 제출한 주식교환(이전)회사는 증권신고의 효력이 발생하는 날에 투자설명서를 금융위에 제출하고 발행회사의 본점, 금융위, 거래소, 청약사무 취급처에 비치하여 일반인이 열람할 수 있도록 하여야 한다. 또한 발행회사는 주주총회일 이전까지 주식교환(이전) 대상 주주에게 투자설명서를 교부하여야 한다.

구 분	내 용
제출의무자	증권신고서를 제출한 발행인
제출시기(효력발생일)	증권신고서 효력이 발생하는 날
제출장소	금융위
기재사항	공시서식 중 <별지 제20호 서식> 투자설명서 참조
규정	자본시장법 제123조, 시행령 제131조, 시행규칙 제12조, 제13조

④ 증권발행실적보고서

증권신고서를 제출한 주식교환(이전)회사는 주식교환(이전)을 한 때 지체없이 증권발행실적보고서를 금융위에 제출하여야 하며, 증권발행실적보고서 제출 시 주식교환(이전)종료보고서의 제출은 면제된다.

구 분	내 용
제출의무자	증권신고서를 제출한 발행인
제출시기	주식교환을 한 날 또는 주식이전등기를 한 때 지체없이 제출
제출장소	금융위
기재사항	• 주식교환(이전)의 일정 • 최대주주 및 주요주주 지분변동 상황 • 주식매수청구권 행사 • 채권자보호에 관한 사항 • 주식교환(이전) 관련 소송의 현황 • 신주 배정 등에 관한 사항 • 주식교환(이전) 전후의 요약재무정보 • 공시서식 중 <별지 제25호 서식> 증권발행실적보고서 참조
규정	자본시장법 제128조, 「증권의 발행 및 공시 등에 관한 규정」 제2 - 19조, 제5 - 15조

한편, 주총에서 결의안이 부결되거나 매수청구 과다 등으로 주식교환계약(주식
이전계획)이 해지되는 경우 정정 주요사항보고서 및 철회신고서(증권신고서 기
제출시)에 그 이유를 상세히 기재하여 제출함으로써 증권발행절차를 종결해야
한다(자본시장법 제120조 ④).

(2) 주요 신고사항에 대한 벌칙

주요사항보고서 및 증권신고서(투자설명서 및 정정신고서 포함)의 중요사항에 관하
여 거짓의 기재 또는 표시가 있거나 중요사항이 기재 또는 표시되지 아니함으로
써 증권의 취득자가 손해를 입은 경우 주요사항보고서 및 증권신고서(투자설명서
및 정정신고서 포함) 작성인의 책임을 엄격히 하기 위하여 자본시장법에서는 손해
배상책임 및 형사적 책임에 대하여 명시하고 있다.

구 분	내 용

손해배상책임
(자본시장법
제125조 내지
제127조 및 제162조)
	• 주요사항보고서 및 증권신고서의 중요사항의 거짓기재 등(거짓 기재 또는 미기재)로 인하여 증권의 취득자 등이 손해를 입은 경우 손해배상책임 발생. 단, 손해배상책임자가 상당한 주의를 하였음에도 알 수 없었음을 증명하거나, 취득자(처분자)가 취득(처분)시 그 사실을 안 경우는 제외
	• 청구권자가 당해 사실을 안 날로부터 1년 내 또는 해당서류 제출일로부터 3년 내에 청구권 미행사시 권리소멸
	• 손해배상책임자
	  – 제출인(신고인)과 제출(신고) 당시의 당해 법인의 이사
	  – 명예회장, 회장, 사장, 부사장, 전무, 상무, 이사 등의 업무집행 지시자(상법 제401조의2 ①)
	  – 서명한 공인회계사, 감정인, 신용평가회사, 변호사, 변리사, 세무사 등
	  – 자기의 평가, 분석, 확인 의견 기재에 동의하고 확인한 자 등

금융위 조사 및 조치 (자본시장법 제131조, 제132조 및 제164조)	• 투자자 보호를 위하여 필요한 경우 참고자료 제출 요구 및 장부 서류 등의 조사 가능 • 중요사항의 거짓기재 등의 정정명령 및 모집매출 및 거래의 정지, 증권발행제한, 해임권고, 거래 정지 또는 수사기관에 통보 등의 조치 가능

구 분	내 용
형사적 책임 (자본시장법 제444조 및 제446조)	• 5년 이하 징역 또는 2억원 이하 벌금(자본시장법 제444조) - 주요사항보고서 및 증권신고서의 중요사항에 관한 거짓기재 등을 한 자 - 거짓기재 등을 알고도 서명한 대표이사 및 담당이사 - 거짓기재 등을 알고도 서명한 공인회계사, 감정인, 신용평가 회사 • 1년 이하 징역 또는 3천만원 이하 벌금(자본시장법 제446조) - 주요사항보고서를 제출하지 아니한 자 - 증권신고서(투자설명서 및 정정신고서 포함) 관련 규정을 위반한 자
과징금 (자본시장법 제429조)	• 증권신고서상의 모집(매출)가액의 3%(20억원 한도)에서 과징금 부과 - 증권신고서, 투자설명서 등 미제출 및 거짓기재 등을 한 자 • 상장사의 경우 직전 사업연도 중 일일평균거래금액의 10%(20억원 한도), 비상장사의 경우 20억원 한도에서 과징금 부과 - 주요사항보고서 미제출 및 거짓기재 등을 한 자 • 각 위반행위 발생 이후 5년 경과시 과징금 부과 불가

(3) 교환비율 외부평가기관 평가(자본시장법 시행령 제176조의6 ②, 제176조의5)

주식교환시 당사회사 주주의 주식교환비율은 주식교환가액 평가에 따라 결정되므로 당사회사 주주의 이해관계에 가장 중요한 영향을 미치는 것은 주식교환가액의 평가라 할 수 있다.

비상장법인 간 주식교환시 교환가액 산정에 대하여는 특별한 규정이 없으므로 당사회사는 조세문제 등을 고려하여 세무상 평가방법 또는 순자산가치 평가방법 등을 준용하며 자유롭게 교환가액을 산정한다.

그러나 상장법인이 비상장법인과 주식교환을 하는 경우 불공정한 주식교환비율의 산정으로 인한 소액주주의 피해를 방지하기 위하여 감독당국은 주식교환가액 평가기관에 대한 자격요건 및 주식교환비율 산정방법을 합병의 경우(자본시장법 시행령 제176조의5)를 준용하도록 법제화하고 있다. 단, 포괄적 주식이전으로서 상장법인이 단독으로 완전자회사가 되는 경우에는 그러하지 아니한다.

 | 주식교환가액 평가기관(자본시장법 시행령 제176조의5 ⑧) |

- 인수업무 및 모집·사모·매출 주선업무를 인가받은 자(증권회사)
- 신용평가회사
- 공인회계사법에 따른 회계법인

단, 위의 평가기관이 다음에 해당되는 경우에는 그 기간 동안 평가업무가 제한된다.

 | 평가기관 평가업무 제한기간(자본시장법 시행령 제176조의5 ⑨) |

- 인수 및 모집·사모·매출 주선업무를 인가받은 자가 금융위로부터 주식의 인수업무 참여제한의 조치를 받은 경우 그 제한기간
- 신용평가회사가 금융위로부터 신용평가의 정지처분을 받은 경우 그 정지기간
- 회계법인이 「주식회사 등의 외부감사에 관한 법률」의 규정에 의하여 업무정지 조치를 받은 경우 그 정지기간
- 회계법인이 「주식회사 등의 외부감사에 관한 법률」의 규정에 의하여 특정회사에 대한 감사업무의 제한조치를 받은 경우 그 제한기간(그 특정회사에 대해서만 제한)

또한 외부평가기관과 평가당사회사가 다음에 해당되는 경우(특수관계에 있는 경우)에는 평가의 공정성을 제고하기 위하여 평가를 제한하고 있다.

 | 특수관계에 있는 경우(자본시장법 시행령 제176조의5 ⑩, 발행·공시규정 제5-14조) |

- 외부평가기관이 교환당사회사에 그 자본금의 3% 이상 출자하거나 교환당사회사가 외부평가기관에 3% 이상 출자하고 있는 경우
- 외부평가기관에 그 자본금의 5% 이상 출자주주와 교환당사회사에 그 자본금의 5% 이상 출자주주가 동일인이거나 특수관계인인 경우(그 동일인이 기관투자자로서 주요경영사항에 영향력을 행사하지 않는 경우 제외)
- 외부평가기관의 임원이 교환당사회사에 1% 이상 출자하거나 교환당사회사의 임원이 외부평가기관에 1% 이상 출자하고 있는 경우
- 외부평가기관 또는 교환당사회사의 임원이 교환당사회사 또는 외부평가기관의 주요주주의 특수관계인인 경우
- 동일인이 외부평가기관 및 교환당사회사의 주요경영사항에 대하여 사실상 영향력을 행사하는 경우

- 외부평가기관이 교환당사회사의 회계감사인(평가대상 재무제표에 대한 회계감사인 포함)인 경우

(주) 특수관계인 : 자본시장법 시행령 제2조, 금융회사의 지배구조에 관한 법률 시행령 제3조

(4) 우회상장 제한규정

비상장법인이 상장법인과 주식교환을 할 경우 비상장법인의 주주가 보유하는 비상장법인의 주식이 상장법인의 주식으로 교환됨으로써 비상장법인의 주식은 신규상장심사 및 절차를 거치지 않고 상장법인의 주식으로 교환되는 효과(우회상장)가 발생된다.

따라서 감독당국은 신규상장하는 비상장법인과의 형평성 및 자본시장의 건전성을 유지하기 위하여 상장법인과 주식교환하는 비상장법인에 대하여 일정한 상장요건을 충족하여야 주식교환이 가능하도록 규정하고 있고 비상장법인의 최대주주 등이 보유하는 상장주식에 대하여 일정기간 매각을 제한하고 있다.

자세한 사항은 '제6장 우회상장'편을 참조하기 바란다.

구 분	내 용
우회상장 요건 미충족시 상장폐지	상장법인이 비상장법인과의 포괄적 주식교환으로 상장법인의 경영권이 변동(상장법인의 최대주주 변경)되는 경우 비상장법인이 우회상장요건을 충족하지 못하면 당해 우회상장법인(상장법인)은 상장폐지됨.
비상장법인의 최대출자자 등의 지분매각 제한	상장법인이 비상장법인과의 포괄적 주식교환으로 상장법인의 경영권이 변동(상장법인의 최대주주 변경)되는 경우 비상장법인의 최대출자자 등이 보유한 상장법인의 주식 등에 대한 매각 제한

VII 주식교환(이전)의 특징

주식교환(이전)은 ① 완전모회사의 증자 또는 출자의 대가로 완전자회사의 주식이 인정된다는 점, ② 완전자회사의 주주구성이 완전모회사 1인 주주로 구성된다는 점, ③ 현물출자를 수반하면서도 검사인의 조사·보고절차가 면제된다는 점, ④ 주식교환(이전)으로 완전모회사는 자산과 자본이 증가하고 완전자회사는 재무구조에 변동이 없어 채권자 피해가 없으므로 채권자 보호절차가 불필요하다는 점이 주요특징이다.

이를 요약해서 정리하면 다음의 표로 나타낼 수 있다.

특 징	내 용
주금납입 방법	일반적으로 회사의 증자 또는 설립시 주금납입은 현금으로 납입하여야 하나 주식교환(이전)시 자회사 주식으로 납입함.
주주구성	주식교환(이전)으로 완전모회사가 완전자회사의 지분 100%를 소유하므로 완전자회사는 주주가 1인인 회사로 존속됨(주식의 포괄적 교환(이전)이 아닐 경우 100% 미만 보유).
검사인 선임 불필요	주금납입이 현물(주식)로 이루어지나 현물출자시 요구되는 검사인의 조사·보고절차가 면제됨.
채권자 보호절차 불필요	완전자회사의 경우 재무구조에 변동이 없고 완전모회사의 경우 자산과 자본은 증가하나 부채는 변동이 없어 채권자가 피해를 보지 않으므로 채권자 보호절차 불필요함.

VIII 기타 구조조정 방안과의 비교

① 주식교환(이전) VS 합병

주식교환제도를 합병과 비교하면 당사회사 주주의 측면에서 완전자회사(합병시 피합병회사)의 주주가 주식교환(합병)을 통하여 완전모회사(합병시 합병회사)의 주주가 된다는 측면에서는 합병과 동일하나, 법률적으로 주식교환은 완전자회사가 소멸하지 않고 주식교환 당사회사 모두 독립적으로 존속한다는 점에서 합병과 차이가 있다.

구 분	흡수합병	주식교환(이전)
기본서류	합병계약서	• 주식교환 : 주식교환계약서 • 주식이전 : 주식이전계획서
주주의 지위	피합병회사 주주는 합병회사 주주로 전환	• 모회사가 자회사 주식 100% 소유 • 자회사 주주는 모회사 주주로 전환
회사의 결합	두 개 이상의 회사가 경제적 및 법률적으로 합체	• 완전모회사 및 완전자회사가 독립적으로 존속함. • 경제적으로는 지분법(연결재무제표 작성 대상)으로 연결되어 경제적 단일체 형성
회사의 소멸	피합병회사는 소멸함.	완전자회사는 소멸되지 않고 독립적으로 존속함.
교환(이전) 범위	피합병회사의 모든 자산과 부채	자회사 주식 100%
소규모 및 간이 제도	• 소규모 및 간이합병 인정 • 소규모합병 요건 　- 합병신주 또는 자기주식 　　: 발행주식 대비 10% 이하 　- 교부금 : 자본총계 대비 5% 이하 • 간이합병 요건 　: 소멸회사의 총주주 동의 또는 존속회사가 90% 이상 보유	• 소규모 및 간이주식교환 인정 • 소규모 및 간이주식이전 불인정 • 소규모합병 요건 　- 교환신주 또는 자기주식 　　: 발행주식 대비 10% 이하 　- 교부금 : 자본총계 대비 5% 이하 • 간이주식교환 요건 　: 완전자회사의 총주주 동의 또는 완전모회사가 되는 회사가 완전자회사의 주식을 90% 이상 보유

구 분	흡수합병	주식교환(이전)
주주총회 승인	• 주총 특별결의 필요 • 소규모 및 간이합병시 이사회 결의로 대체 가능	• 주총 특별결의 필요 • 소규모 및 간이주식교환시 이사회결의로 대체 가능
주식매수청구권	인정(소규모합병시 제외)	인정(소규모주식교환시 제외)
채권자 보호절차	필요	불필요
구주권 제출절차	• 피합병회사 필요 (피합병회사가 상장사의 경우, 주식병합일(합병기일) 2주간 전 주식병합공고 필요)	완전자회사 주권실효통지 및 공고 필요
등 기	• 합병회사 – 자본변경등기 • 피합병회사 – 소멸등기	• 완전모회사 – 자본변경등기(이전시 설립등기)[주] • 완전자회사 – 등기 불필요
우회상장	직접적 우회상장(피합병회사 및 피합병회사 주주 모두에게 상장효과 발생)	간접적 우회상장(완전자회사 주주에게만 상장효과 발생)

주) 주식교환시 완전모회사가 신주발행없이 자기주식만을 교부하는 경우, 모회사 자본변경등기 불필요

② 주식교환(이전) VS 분할

주식교환(이전)과 분할은 주식회사가 지주회사로 전환시 또는 구조조정시 많이 이용하는 제도로서 다음과 같은 차이점이 있다.

구 분	분 할	주식교환(이전)
기본서류	분할계획서	• 주식교환 : 주식교환계약서 • 주식이전 : 주식이전계획서
주주의 지위	• 인적분할 : 분할회사 주주가 분할신설회사의 주주가 됨. • 물적분할 : 분할회사가 분할신설회사의 주주가 됨.	• 모회사가 자회사 주식을 100% 소유함. • 자회사 주주가 모회사 주주로 전환됨.
회사의 설립	분할신설회사가 설립됨.	주식이전시 완전모회사가 설립됨.

구 분	분 할	주식교환(이전)
주주의 구성	분할신설회사는 분할회사의 출자만으로 설립되며, 물적분할의 경우 분할회사 1인 주주로 설립됨.	• 완전모회사는 완전자회사의 1인 주주로 존속함. • 완전자회사의 주주가 완전모회사의 주주로 전환됨.
소규모 및 간이제도	인정되지 않음.	주식교환의 경우 인정됨.
주주총회 승인	주총 특별결의 필요	• 주총 특별결의 절차 필요 • 소규모 및 간이주식교환시 이사회결의로 주총 대체
주식매수청구권	• 비상장사 : 불필요 • 상장사 : 물적분할시 필요 (인적분할 신설법인 재상장 불가시 필요)	인정(소규모주식교환시 불인정)
채권자 보호절차	• 연대책임시 : 불필요 • 연대책임을 지지 않을 경우 : 필요	불필요
구주권 제출절차	• 인적분할 : 필요 • 물적분할 : 불필요	완전자회사 주권실효 통지 및 공고 필요

Ⅸ 주식교환의 절차

주식이전은 모회사의 설립절차라는 복잡한 절차가 수반되고 당사회사에 상장법인이 포함될 경우 재상장 신청 및 상장요건 유지의 어려움으로 인하여 현실적으로 발생빈도가 매우 낮다.

따라서 본 장에서는 주식교환 위주로 그 절차를 설명하고 간이 또는 소규모주식교환절차는 합병의 경우와 그 절차가 유사하므로 본 장에서는 생략하고 '제1장 합병'편을 참조하기 바란다.

대가 요건	소규모합병	소규모주식교환
대가로 지급되는 신주 또는 자기주식이 발행주식총수의	10% 이내	좌동
대가로 지급되는 금액이 최종 대차대조표상 순자산가액의	5% 이내	좌동

① 비상장법인 간의 절차

비상장법인 간의 주식교환절차는 상법이 정한 절차에 따라 주식교환계약서 이사회 승인, 주식교환계약서에 대한 주총승인, 완전자회사 주권실효 통지·공고, 반대주주에 대한 주식매수청구, 주식교환일, 주식교환등기(해당시)의 과정을 거쳐 진행된다.

절 차	일 정	설 명	관련규정
사전준비절차	-	• 법률, 회계, 조세문제 검토 • 주식교환비율 결정 • 주식교환 절차 및 일정 확정 • 주식교환계약서 등 작성	-
주식교환 이사회결의 주식교환계약 체결	D - 32	이사회 승인 후 당사회사 대표이사가 주식교환계약 체결	상법 제360조의3
주총소집 이사회결의		주총소집은 이사회결의사항	상법 제362조
주주명부 폐쇄 및 기준일 공고	D - 31	명부확정 기준일 2주 전 공고	상법 제354조
주주명부확정 기준일	D - 16	주총소집을 위한 권리주주 확정일	상법 제354조
주주총회 소집공고 및 통지 발송	D - 15	계약서 내용, 주식매수청구권 행사방법 명기	상법 제363조, 제360조의5
주식교환계약서 등의 공시		주총 2주 전~주식교환일 후 6월	상법 제360조의4
주식교환 반대의사 접수마감	D - 1	주총소집 통지일~주총 전일	상법 제360조의5

절 차	일 정	설 명	관련규정
주식교환승인 주주총회 개최	D	주총 특별결의	상법 제360조의3
반대주주 매수청구 시작		주총일로부터 20일 내 청구	상법 제360조의5
완전자회사 주권실효 통지 및 공고(구주권 제출)	D+1	주총 후~주식교환일 1월 전	상법 제360조의8
주식매수청구권 행사완료	D+20	주총일로부터 20일 이내	상법 제360조의5
구주권 제출기간 만료	D+31	주식교환일 전일	상법 제360조의8
주식교환일 및 구주권 실효	D+32	주식교환 효력발생일	상법 제360조의2
주식교환등기 (해당시)	D+33	신주발행시 자본금변경 등기	상업등기규칙 제146조
주권교부 및 단주대금 지급	–	완전자회사 주주에게 완전모회사 주식교부 및 단주대금 지급	–
주식매수청구대금 지급	D+61 이내	매수청구일로부터 2월 이내	상법 제360조의5

(주) : 1. 위 일정 중 공고의 경우, 정관에서 정한 일간신문 외에도 정관에서 정한 전자적 방법(홈페이지)에 의한 공고도 가능함(상법 제289조 및 동법 시행령 제6조).
2. 주주수가 많거나 명의개서대리인 제도를 도입하는 경우 기준일로부터 주주명부가 확정되는 기간이 수일 소요됨.
3. 총주주로부터 기간단축동의서를 징구하는 경우 합병이사회결의 익일에 합병주총개최 가능
4. 비상장법인 중 사업보고서 제출대상 법인은 주요사항보고서를 제출해야 함.
5. 비상장법인 중 사업보고서 제출대상 법인의 50인 이상에 대해 신주 발행 또는 자기주식교부를 한다면 간주모집에 해당되며, 증권신고서, 투자설명서, 증권발행실적보고서를 제출해야 함. 다만, 해당주주가 50인 미만이라 하더라도, 합병으로 인한 배정주식을 교부받는 시점에서 지체없이 한국예탁결제원에 예탁하고 그 예탁일부터 1년간 해당 증권을 인출하거나 매각하지 않기로 하는 내용의 예탁계약을 체결하는 등의 전매제한 조치가 없는 경우, 「증권의 발행 및 공시 등에 관한 규정」 제2-2조 제1항에 기술된 전매기준에 해당되게 되어 증권신고서를 제출하여야 함.

(1) 주식교환 승인 이사회결의 및 주식교환계약 체결, 주총소집 이사회결의

회사가 주식교환을 하기 위해서는 반드시 법정된 사항이 기재된 주식교환계약서를 작성하여 이사회결의를 득해야 한다. 또한 주총소집을 위한 이사회결의는 절차 및 기간단축을 위하여 주식교환 이사회결의시 함께 이루어진다.

단, 주식교환으로 인하여 관련된 각 회사 주주의 부담이 가중되는 경우 주주총회 및 종류주주총회 승인 외에 그 주주 전원의 동의가 필요하다(상법 제360조의3 ⑤).

| 주식교환계약서 기재사항 |

- 완전모회사가 주식교환으로 정관을 변경하는 경우 그 규정
- 완전모회사가 주식교환을 위하여 신주를 발행하거나 자기주식을 이전하는 경우에는 발행하는 신주 또는 이전하는 자기주식의 총수, 종류와 종류별 주식수 및 완전자회사 주주에 대한 신주배정 또는 자기주식의 이전에 관한 사항
- 완전모회사의 증가할 자본금액과 자본준비금에 관한 사항
- 완전자회사의 주주에게 완전모회사의 신주 또는 자기주식 외에 그 대가의 전부 또는 일부로서 금전이나 그 밖에 재산을 제공하는 경우 그 내용 및 배정에 관한 사항
- 주주총회의 기일
- 주식교환일
- 주식교환일까지 이익배당을 할 때는 그 한도액
- 완전모회사가 되는 회사에 취임할 이사와 감사 또는 감사위원회의 위원을 정한 때에는 그 성명 및 주민등록번호

(2) 주주명부 폐쇄 및 기준일 공고

주식교환 주총에서 의결권을 행사할 권리주주를 확정하기 위하여 이사회에서 정한 기준일을 공고하고 기준일 익일부터 일정기간 동안 주주명부를 폐쇄한다는 내용을 기준일의 2주 전에 정관에서 정한 신문 또는 전자적 방법(홈페이지 게재, 상법 제289조 및 동법 시행령 제6조)으로 공고하여야 한다. 따라서 전자적 방법의 경우 이사회 익일이 아닌 당일 즉시 공고가 가능하다.

주주수가 많지 않거나 총주주에 대한 통제가 가능한 경우 총주주로부터 기간단축 동의서를 징구함으로써 공고를 생략할 수 있다.

(3) 주주명부확정 기준일

기준일자의 주주명부에 기재된 주주가 주식교환 주총에서 의결권을 행사할 주주로 확정된다.

주주명부 폐쇄기간은 주주수가 적고 개별적으로 통제가 가능한 비상장법인의 경우에는 특별한 시간이 필요하지 않으나, 상장법인 또는 주주수가 많아 명의개서대리인 제도를 도입하고 있는 비상장법인의 경우에는 수일이 소요된다.

또한, 기준일은 그 주주의 권리행사일(주주총회)의 앞선 3개월의 날로 하여야 한다. 이에 주주총회가 기준일로부터 3개월 이상이 되는 시점으로 연기가 된다면, 명부폐쇄공고를 다시 실시하여 기준일을 재설정하여야 한다.

(4) 주주총회소집 공고 및 통지

주주명부가 확정되면 회사는 주총일 2주 전에 주식교환계약서 승인을 위한 주총 소집 통지를 하여야 하며 소집통지에는 주식교환계약서의 주요내용, 주식매수청구권 내용 및 행사방법, 당사회사들의 정관에 주식의 양도제한이 있는 경우 그 뜻을 기재하여야 한다. 또한 공고의 경우 정관에 정한 일간신문 또는 전자적 방법(홈페이지 게재, 상법 제289조 및 동법 시행령 제6조)으로 공고가 가능하다.

또한 원칙적으로 의결권이 없는 주주에게 일반적인 주총 안건에 대한 소집통지의 의무가 적용되지 않으나, 반대주주에게 주식매수청구권이 인정되는 합병, 분할합병, 포괄적 주식교환(이전) 및 중요한 영업양수도등의 경우에는 그러하지 아니하다 (상법 제363조 ⑦).

(5) 주식교환계약서 등의 공시

주식교환 당사회사의 이사는 주식교환 주총일 2주 전부터 주식교환일 이후 6월이 경과하는 날까지 다음의 서류를 본점에 비치하여 언제든지 영업시간 내에 주주가 열람 및 등사할 수 있도록 하여야 한다.

| 비치서류 |

- 주식교환계약서
- 완전모회사가 되는 회사가 주식교환을 위하여 신주를 발행하거나 자기주식을 이 전하는 경우 완전자회사의 주주에 대한 신주의 배정 또는 자기주식의 이전에 관 하여 그 이유를 기재한 서면
- 주주총회의 회일 6월 이내의 기간에 작성된 주식교환 당사회사의 대차대조표 및 손익계산서

(6) 주식교환 반대의사 서면통지 접수마감

주식교환 승인을 위한 주총 전까지 주식매수청구권 행사를 위한 반대주주의 반대 의사 서면접수를 마감한다.

주식매수청구권에 대한 구체적인 내용은 '제5장 주식매수청구권'편을 참조하기 바란다.

(7) 주식교환 승인 주주총회

주식교환을 위해서는 주식교환계약서에 대하여 주총 특별결의를 득해야 한다. 수종의 주식을 발행한 경우 주식교환으로 인하여 어느 종류의 주주에게 손해를 미치게 될 경우에는 주총결의 외에 그 종류주주의 총회결의가 있어야 한다. 주총결의 요건은 출석주주 의결권의 2/3 이상의 승인을 득하여야 하며, 그 비율이 발행주식총수의 1/3 이상이어야 한다.

(8) 완전자회사 주권실효 통지 및 공고(완전자회사만 해당)

주식교환으로 완전자회사의 주식은 그 효력이 상실되므로 완전자회사의 주주는 보유하고 있는 완전자회사 주식을 제출하고 완전모회사의 주식을 교부받아야 한다. 완전자회사가 되는 회사는 주식교환일 1월 전에 주식교환 주총이 승인되었음과 그 기간내에 완전자회사의 주권을 제출할 것, 그리고 주식교환일에 해당 주권이 무효가 된다는 뜻을 공고하고, 주주명부에 기재된 주주와 질권자에 대해서 개별적으로 통지하여야 한다.

기타 회사의 공고와 마찬가지로 정관에 정한 일간신문 또는 전자적 방법(홈페이지 게재, 상법 제289조 및 동법 시행령 제6조)으로 공고가 가능하다.

(9) 주식매수청구권 행사완료 및 매수대금 지급

주총결의일로부터 20일이 경과하면 반대주주의 주식매수청구권 행사기간이 만료되고 주식매수청구권 행사기간 만료일로부터 2월 이내에 주식매수청구대금을 지급하여야 한다. 주식매수청구권에 대한 구체적인 내용은 '제5장 주식매수청구권' 편을 참조하기 바란다.

(10) 주식교환일

주식교환일은 완전자회사의 주식이 완전모회사로 이전되고 완전모회사의 주식이 완전자회사의 주주에게 배정되어 완전자회사의 주주가 완전모회사의 주주로 전환되는 날을 의미한다.

주식교환일은 완전자회사 주권실효 통지 및 공고 종료일 익일에 도래한다.

(11) 주식교환등기(자본변경등기)

주식교환일 이후 모든 절차가 완료되면 완전모회사는 자본변경등기를 하여야 한다(상업등기규칙 제146조).

한편, 상법 제360조의3 ③ 2호에 의거, 완전모회사가 완전자회사의 주주에게 신주발행에 갈음하여 자기주식을 이전할 경우에는 완전모회사의 자본증가가 수반되지 아니하므로 자본변경등기절차가 불필요하다. 단, 포괄적 주식이전의 경우에는 새로이 완전모회사가 설립되는 것이므로 등기가 필수적이다(상법 제360조의20, 제360조의21, 상업등기규칙 제147조).

② 상장법인과 비상장법인 간의 절차

상장법인과 비상장법인 간의 주식교환절차는 앞서 검토한 비상장법인 간의 절차에 다수의 이해관계자를 보호하기 위한 외부평가기관의 주식교환비율 평가절차, 주요사항보고서 제출절차, 상장법인의 공시 및 신고절차, 주식교환·이전종료보고서 제출절차, 신주권 상장절차 등이 추가된다.

절 차	일 정	설 명	관련규정
사전준비절차	–	• 법률, 회계, 조세문제 검토 • 교환비율 산정을 위한 평가계약 체결 • 주식교환비율 결정 • 주식교환 절차 및 일정 확정 • 주식교환계약서 등 작성 • 관계기관(금감원, 거래소, 명의개서 대행회사 등) 사전협의	–

절 차	일 정	설 명	관련규정
주식교환 이사회결의 및 주식교환계약 체결	D-41	이사회 승인 후 주식교환계약 체결	상법 제360조의3
주식교환관련 확인서 제출		우회상장요건 확인서류 거래소 제출([유가 : 별지 제7호 서식], [코스닥 : 별지 제16호 서식])	• 유가상장 제33조 ① • 유가상장 시행세칙 제29조 • 코스닥상장 제34조 • 코스닥상장 시행세칙 제32조 ②
주요사항보고서 제출		금융위, 거래소에 제출 공시	• 자본시장법 제161조 ① 6호 • 유가공시 제7조 ① 3호 • 코스닥공시 제6조 ① 3호
증권신고서 제출		금융위 제출, 효력발생일 7영업일	자본시장법 제119조
주총소집 이사회결의		주총소집은 이사회결의사항	상법 제362조
주총소집 이사회결의 신고 및 공시		거래소 신고 및 공시	• 유가공시 제7조 ① 3호 • 코스닥공시 제6조 ① 3호
공시관련 매매거래 정지	D-41	• 주요내용 공시관련 매매거래 정지 • 우회상장요건 확인을 위한 매 매거래 정지	• 유가공시 제40조 ① • 코스닥공시 제37조 ① • 유가상장 제153조 ① • 코스닥상장 제29조 ①
기준일 공고	D-40	명부확정 기준일 2주 전 공고	상법 제354조
투자설명서 제출	D-34	금융위 제출, 증권신고서 효력 발생일에 제출	자본시장법 제123조
주주명부확정 기준일	D-25	주총소집을 위한 권리주주 확정일	상법 제354조
주총소집 공고 및 통지	D-15	소집의 뜻과 회의의 목적사항 통지	상법 제542조의4
주식교환계약서 등의 공시		주총 2주 전~주식교환일 후 6월	상법 제360조의4
주총소집 통지 및 공고 비치		사외이사 관련사항 등을 회사의 인터넷 홈페이지에 게재하고 금 융위 등에 비치	• 상법 제542조의4 • 동법 시행령 제10조

절 차	일 정	설 명	관련규정
주식교환반대의사 접수마감	D-1	주총소집 통지일~주총 전일	상법 제360조의5
주식교환 승인 주총 개최	D	주총 특별결의	상법 제360조의3
주식교환 주총 결과 보고		거래소	• 유가공시 제7조 ① 3호 • 코스닥공시 제7조 ① 3호
완전자회사 주권실효 통지 및 공고 (구주권 제출)	D+1	주총 후~주식교환일 1월 전	상법 제360조의8
주식매수청구권 행사완료	D+20	주총일로부터 20일 이내	상법 제360조의5
주식매수청구 서류제출		매수청구관련 서류 거래소 제출	유가상장 제56조 ①
구주권 제출기간 만료	D+32	주식교환일 전일	상법 제360조의8
주식교환일 및 구주권 실효	D+33	주식교환 효력발생일	상법 제360조의2
주식교환등기 (해당시)	D+34	신주발행시 자본금변경 등기	상업등기규칙 제146조
주식교환·이전 종료보고서 또는 증권발행실적보고서 제출		주식교환일(이전의 경우 등기일) 당일 제출	발행·공시규정 제2-19조 및 제5-15조
주식 등의 대량보유 상황 보고(5% 보고)	D+39	주식교환일 익일로부터 5일(영업일) 내	• 자본시장법 제147조 • 동법 시행령 제153조
임원 등의 특정증권 등 소유상황 보고 (10% 보고)	D+39	• 최초보고 : 교환신주 상장일 익일로부터 5일(영업일) 내 • 변동보고 : 주식교환등기일 익일로부터 5일(영업일) 내	• 자본시장법 제173조 • 동법 시행령 제200조
신주상장 신청 및 신주상장	-	교환신주상장 신청	-
주식매수청구대금 지급	D+51 내	매수청구 행사완료일로부터 1월 이내	자본시장법 제165조의5

(주) : 1. 「증권의 발행 및 공시 등에 관한 규정」(발행·공시규정), 유가증권시장공시규정(유가공시), 코스
닥시장공시규정(코스닥공시), 코스닥시장상장규정(코스닥상장), 유가증권시장상장규정(유가상장)
2. 상장법인의 포괄적 주식교환 관련 50인 이상에게 완전모회사의 주식을 교부하면 간주모집에 해
당되므로, 증권신고서, 투자설명서, 증권발행실적보고서를 제출해야 함. 다만, 합병회사의 주식
을 교부받을 주주가 50인 미만이라 하더라도, 주식을 교부받는 시점에서 지체없이 한국예탁결제
원에 예탁하고 그 예탁일부터 1년간 해당 증권을 인출하거나 매각하지 않기로 하는 내용의 예
탁계약을 체결하는 등의 선매제한 조치가 없는 경우, 「증권의 발행 및 공시 등에 관한 규정」 제
2-2조 제1항에 기술된 전매기준에 해당되게 되어 증권신고서를 제출하여야 함.

(1) 상장법인 이사회결의 및 주요사항보고서 제출

사업보고서 제출대상법인은 합병 이사회 3일내 해당 내역을 주요사항보고서로 금
융위에 제출하여야 한다. 단, 상장법인이 주식교환(이전)에 대한 이사회결의를 한
경우에는 각 시장의 공시규정에 의거하여, 그 결의내용을 지체 없이 거래소에 신
고 및 공시하여야 한다.

구 분	유가증권상장법인	코스닥상장법인
시 기	이사회결의일 당일	좌동
장 소	금융위/거래소	좌동
제출서식	기업공시서식 작성기준 제38-47호	좌동
규 정	유가증권시장공시규정 제7조 ① 3호 가목 (4)	코스닥시장공시규정 제6조 ① 3호 가목 (7)

(2) 상장법인 주권의 공시관련 매매거래 정지

상장법인이 주식교환(이전)을 공시한 경우 거래소는 주가에 대한 충격을 완화하고
소액주주를 보호하기 위하여 시장조치를 통하여 당해 공시시점부터 일정기간 동
안 상장법인 주권의 매매거래를 정지하고 있다. 참고로 위 일정표는 우회상장이
아닌 일반적 주식교환에 대한 것임에 유의하고, 우회상장의 경우 '제6장 우회상
장' 및 앞서의 우회상장 관련 설명을 참조하기 바란다.

① 유가증권상장법인

　가. 유가증권시장공시규정

공시시점	매매거래 정지기간
매매거래 정지기준	주식교환에 대한 신고·공시시점
장개시 이전	장개시 이후 30분 동안
장개시 이후~장종료 60분 이전	공시시점으로부터 30분 동안
장종료 60분 전 이후	그 다음 날부터 매매거래 재개 (단, 장개시 전 시간외거래는 불가)
규 정	• 유가증권시장공시규정 제40조 ① 2호 • 동 시행세칙 제16조 ① 6호, ③ 2호 • 유가증권시장업무규정 시행세칙 제54조

(주) 소규모주식교환 및 간이주식교환의 경우 적용 제외

　나. 유가증권시장상장규정

구 분	내 용
거래정지사유	투자자 보호(우회상장 여부 확인)
거래정지기간	주식교환 공시일~포괄적 주식교환 관련확인서(별지 제7호 서식) 및 첨부서류 제출일(단, 우회상장 해당시에는 우회상장 예비심사청구서 제출일까지)
규 정	유가증권시장상장규정 제153조 ① 7호, ② 6호

② 코스닥상장법인

　가. 코스닥시장공시규정

공시시점	매매거래 정지기간
매매거래 정지기준	주식교환에 대한 신고·공시 시점
장개시 이전	장개시 이후 30분 동안
장개시 이후~장종료 60분 이전	공시시점으로부터 30분 동안
장종료 60분 전 이후	그 다음날부터 매매거래 재개 (단, 장개시 전 시간외거래는 불가)
규 정	• 코스닥시장공시규정 제37조 ① 2호, ③ • 동 시행세칙 제18조 ① 6호, ② 2호 • 코스닥시장업무규정 시행세칙 제26조 2호, 3호

(주) 코스닥시장상장규정상의 매매정지가 적용되는 코스닥상장법인과 비상장법인 간 주식교환의 경우에도 적용 제외됨.

나. 코스닥시장상장규정

구 분	내 용
거래정지사유	투자자 보호(우회상장 여부 확인)
거래정지기간	주식교환 공시일~ 우회상장 여부 확인 통지일까지
규 정	• 코스닥시장상장규정 제18조 ① 3호 • 동 시행세칙 제19조 ① 3호

(주) 주권비상장법인이 완전자회사가 되는 경우에 한함.

(3) 주주총회 소집절차

상장법인의 주식교환 결의를 위한 주총소집과 관련하여 기준일 공고, 기준일, 주총소집 통지절차를 정리하면 다음과 같다.

절 차	일 정	내 용
주총소집 이사회결의	D－16	
기준일 공고	D－15	기준일 2주 전 공고
기준일	D	
주총참석장 등 작성	D＋9~D＋10	
주총소집통지 발송	D＋10~D＋11	주총일 2주 전 통지
주주총회일	D＋25	

비상장법인의 경우, 상법에 의거 1) 기준일 2주간 전에 기준일 공고를 하고, 2) 기준일부터 주주명부를 뽑기위해 실무적으로 3~5영업일 간의 주주명부폐쇄기관이 필요하다. 그러나 2019년 9월 도입된 주식·사채 등의 전자등록에 관한 법률("전자증권법")에 의거 모든 상장사들은 명부폐쇄와 관련된 업무가 생략되었다. 이에 향후 실무는 기준일 이후 즉각적으로 소유자명세가 나오고, 그 직후 참석장 작성 및 소집통지 발송의 실무적 절차를 진행하면 될 것으로 판단된다(전자증권법 제66조 및 제37조). 단, 본 상장법인의 기준일 및 주총 일정과 관련해서는 증권신고서의 효력발생이 주총소집발송 이전에 이루어져야 하므로 전자증권법 도입에 의한 기준일~주총소집통지 발송의 과정을 축소하지 않은 점을 유의하기 바란다.

(4) 주총소집 통지·공고 비치공시

상장법인의 경우 의결권 있는 발행주식총수의 1% 이하의 주식을 보유한 주주(소액주주)에 대해서는 주총일 2주 전에 2 이상의 일간신문에 주총소집의 뜻과 주총의 목적사항을 각각 2회 이상 공고하거나 전자공시 시스템에 공고하는 방법으로 소집통지에 갈음할 수 있으며, 다음의 사항을 회사의 인터넷 홈페이지에 게재하고 금융위 등에 비치하여 일반인이 열람할 수 있도록 하여야 한다.

회사의 인터넷 홈페이지에 게재할 내용	Ⅰ. 사외이사 등의 활동내역과 보수에 관한 사항 　1. 사외이사 등의 활동내역 　2. 사외이사 등의 보수현황 Ⅱ. 최대주주 등과의 거래내역에 관한 사항 　1. 단일거래규모가 일정규모 이상인 거래 　2. 해당 사업연도 중에 특정인과 해당 거래를 포함한 거래총액이 일정규모 이상인 거래 Ⅲ. 경영참고사항 　1. 사업의 개요 　2. 주주총회의 목적사항별 기재사항
비치장소	• 상장회사의 본점 및 지점 • 명의개서 대행회사 • 금융위, 거래소
규 정	• 상법 제542조의4 • 상법 시행령 제31조

(주) 금융감독원 기업공시제도실 [기업공시서식 작성기준] 중 별지 서식 제58호 '주주총회 소집공고' 공시서식 참조

(5) 주식교환·이전종료보고서 또는 증권발행실적보고서 제출(「증권의 발행 및 공시 등에 관한 규정」 제2-19조 및 제5-15조)

주식교환·이전신고서를 제출한 상장법인은 주식교환일 및 주식이전 등기를 완료한 때에는 지체없이 주식교환·이전종료보고서를 금융위에 제출하여야 한다. 한편, 증권신고서를 제출한 회사는 주식교환(이전)을 한 때 증권발행실적보고서를 금융위에 제출하여야 하며, 증권발행실적보고서 제출시 주식교환(이전)종료보고서의 제출은 면제된다.

(6) 지분변동 공시

주식교환으로 인하여 상장법인의 지배권에 변동이 발생한 경우에는 당해 주주는 자본시장법에 따라 공시를 하여야 한다.

기업지배권 변동과 관련된 공시로는 주식 등의 대량보유상황 보고(5% 보고)와 임원 등의 특정증권 등 소유상황 보고(10% 보고)가 있다.

① 주식 등의 대량보유상황 보고(5% 보고)

주식교환으로 상장법인의 의결권 있는 주식 등(신주인수권증서, 전환사채권, 신주인수권부사채권, 파생결합증권, 교환사채권 포함)을 5% 이상 보유하게 되는 경우 또는 5% 이상 보유한 후 그 보유주식비율이 1% 이상 변동되는 경우, 5영업일(토요일, 공휴일, 근로자의 날 제외) 이내에 보유 또는 변동내역을 금융위와 거래소에 보고하여야 한다.

주식교환시 주식의 대량보유 보고기준일은 상법에 의하여 효력이 발생하는 날(주식교환일)이므로 주식교환일의 다음 날(보고기준일을 제외)부터 5영업일 이내에 주식교환으로 인하여 신규로 5% 이상의 주주가 되거나 기존 5% 이상의 주주가 1% 이상 변동된 경우 금융위와 거래소에 신고하여야 한다.

② 임원 등의 특정증권 등 소유상황 보고(10% 보고)

주식교환으로 상장법인의 임원 또는 주요주주가 된 경우에는 임원 또는 주요주주가 된 다음 날(보고기준일 제외)부터 5영업일 이내에 특정증권 등의 소유상황을 증선위와 거래소에 보고하여야 하며, 그 특정증권 등의 소유상황에 변동이 있을 때에는 그 변동이 있는 다음 날(보고기준일 제외)부터 5영업일 이내에 증선위와 거래소에 보고하여야 한다.

여기서 주요주주란 누구의 명의든 자기의 계산(차명주식 포함)으로 의결권 있는 주식의 10% 이상을 보유하거나 의결권 있는 주식의 10% 이상을 보유하고 있지 아니한 주주라도 임원의 임면 등 당해 법인이 주요경영사항에 대하여 사실상 영향력을 행사하고 있는 주주를 의미한다.

| 주요주주(금융회사의 지배구조에 관한 법률 제2조 6호) |

- 누구의 명의로 하든지 자기의 계산으로 의결권 있는 발행주식총수의 10% 이상을 소유한 자(그 주식과 관련된 증권예탁증권 포함)
  → 주요주주는 특수관계인 또는 공동보유자를 합산하지 않고 개별적으로 적용함.
- 의결권 있는 발행주식총수의 10% 이상을 보유하고 있지 아니한 주주라도 임원의 임면 등 당해 법인의 중요한 경영사항에 대하여 사실상 영향력을 행사하고 있는 주주
  → 실질적인 지배주주를 의미함.

주식교환(이전)으로 상장법인의 임원 또는 주요주주가 특정증권 등의 소유상황을 보고하여야 하는 경우(최초보고) 그 보고기간의 기준일은 교환(이전)신주 상장일이고, 상장법인의 임원 또는 주요주주가 그 특정증권 소유상황의 변동을 보고(변동보고)하여야 하는 경우 그 변동보고 기준일은 주식교환일이다.

구 분	최초보고	변동보고
보고기준일	교환(이전)신주 상장일	주식교환일
규 정	자본시장법 시행령 제200조 ③	자본시장법 시행령 제200조 ④

(주) 보고기간 마지막 날이 공휴일인 경우 그 다음 날까지 보고, 보고기간 마지막 날이 토요일인 경우 그 전날인 금요일까지 보고

③ 주식 등의 대량보유상황 보고와 임원 등의 특정증권 등 소유상황 보고의 차이

주식교환시 지배권 변동보고와 관련하여 '주식 등의 대량보유상황 보고(5% 보고)'와 '임원 등의 특정증권 등 소유상황 보고(10% 보고)'가 다음과 같은 차이가 있으므로 혼동하지 않도록 주의하여야 한다.

구 분	주식 등의 대량보유상황 보고 (5% 보고)	임원 등의 특정증권 등 소유상황 보고 (10% 보고)
보고접수처	금융위, 거래소	증선위, 거래소
보고기준	• 신규보고 : 5% 이상 보유시 • 변동보고 : 5% 이상 보유 후 1% 이상 변동시	• 최초보고 : 임원 또는 주요주주가 된 경우 • 변동보고 : 1천주 이상 또는 1천만원 이상 변동시

구 분	주식 등의 대량보유상황 보고 (5% 보고)	임원 등의 특정증권 등 소유상황 보고 (10% 보고)
보고기준일	주식교환일	• 최초보고 : 교환신주 상장일 • 변동보고 : 주식교환일
보고기간	5영업일(토요일, 공휴일, 근로자의 날 제외) 이내	5영업일(토요일, 공휴일, 근로자의 날 제외) 이내
보고대상 유가증권	주식 등(주권, 신주인수권, 전환사채, 신주인수권부사채, 파생결합증권, 교환사채 포함)	특정증권 등(해당 법인 발행증권 및 관련 증권예탁증권, 이와 관련한 교환사채 및 금융투자상품)
서 식	• <별지 제44호 서식> : 주식 등의 대량보유상황보고서(일반) • <별지 제45호 서식> : 주식 등의 대량보유상황보고서(약식)	<별지 제46호 서식> : 임원·주요주주 특정증권 등 소유상황보고서
규 정	자본시장법 제147조 동법 시행령 제153조	자본시장법 제173조 동법 시행령 제200조

(주) 보고기간 산정 : 보고기준일을 제외하고 그 다음 날부터 보고기간 계산(초일 불산입)

(7) 교환신주의 추가상장 신청

상장법인이 비상장법인과의 주식교환으로 인하여 교환신주를 발행할 경우 상장법인 주식의 수량이 증가하므로 추가상장을 신청하여야 한다.

① 유가증권상장법인의 경우

구 분	내 용
신청시기	효력발생일(주식교환일) 후 지체없이
첨부서류	• [별지 제32호] 추가상장신청서 • 신주발행일정표 • 법인등기부등본 • 발행등록사실확인서 • 주금납입증명서 • 거래소가 상장심사상 필요하다고 인정하는 서류 등
규 정	• 유가증권시장상장규정 제43조 • 유가증권시장상장규정 시행세칙 제37조, 별표 5

(주) 추가상장 신청절차 및 첨부서류에 대해서는 사전에 거래소 담당자와 협의할 것

❖ 주권 추가상장 수수료(유가증권시장상장규정 시행세칙 제128조, 별표 10) ❖

상장할 금액		요 율
	30억원 이하	10억원당 50만원 (단, 1억원 이하는 25만원, 1억원~10억원 이하는 50만원 정액으로 한다)
30억원 초과	200억원 이하	150만원+ 30억원 초과금액의 0.021%
200억원 초과	500억원 이하	507만원+ 200억원 초과금액의 0.018%
500억원 초과	1,000억원 이하	1,047만원+ 500억원 초과금액의 0.015%
1,000억원 초과	2,000억원 이하	1,797만원+1,000억원 초과금액의 0.012%
2,000억원 초과	5,000억원 이하	2,997만원+2,000억원 초과금액의 0.008%
5,000억원 초과		5,397만원+5,000억원 초과금액의 0.003%
최대 한도액		8천만원

주) 추가상장할 시가총액 = 추가상장 주식수 × 상장신청일 직전일의 종가

② 코스닥상장법인의 경우

구 분	내 용
신청시기	사유발생일로부터 1월 이내에 변경(추가)상장 신청
첨부서류	• 변경(추가)상장신청서(별지 제25호 서식) • 이사회 또는 주주총회 의사록 사본 • 법인등기부등본 • 발행등록사실확인서 • 매각제한관련 의무보유대상자의 의무보유확약서(별지 제14호 서식) 및 예탁원의 보유증명서 각각 2부(해당시) • 최근 사업연도 말 현재의 주주명부 • 기타 거래소가 필요하다고 인정하는 서류
규 정	• 코스닥시장상장규정 제44조 ① • 코스닥시장상장규정 시행세칙 제39조 ①, 별표 5

(주) 변경(추가)상장 신청절차 및 첨부서류에 대해서는 사전에 거래소 담당자와 협의할 것

❖ 변경(추가)상장 수수료(코스닥시장상장규정 제88조, 시행세칙 제84조, 별표 14) ❖

시가총액[주]		요 율			
	100억원 이하	10억원당 25만원(최저한도액 25만원)			
100억원 초과	300억원 이하	250만원 +	100억원 초과금액의		0.009%
300억원 초과	500억원 이하	430만원 +	300억원 초과금액의		0.008%
500억원 초과	700억원 이하	590만원 +	500억원 초과금액의		0.007%
700억원 초과	1,000억원 이하	730만원 +	700억원 초과금액의		0.006%
1,000억원 초과	2,000억원 이하	910만원 +	1,000억원 초과금액의		0.005%
2,000억원 초과	5,000억원 이하	1,410만원 +	2,000억원 초과금액의		0.004%
5,000억원 초과		2,610만원 +	5,000억원 초과금액의		0.002%
최대 한도액		5,000만원			

주) 추가상장할 시가총액 = 추가상장 주식수 × 상장신청일 직전일의 종가

X 삼각주식교환

2016. 3. 2.부터 시행되는 개정 상법에서는 기업의 M&A 활성화를 위하여 몇몇 제도들이 보완되었다. 특히 2012. 4. 15. 개정 상법에서 도입된 삼각합병에 이어 삼각분할합병 및 삼각주식교환이 새로이 도입되었다. 이에 여기에서는 삼각주식교환에 대해 알아보고자 한다.

① 개 요

회사 A가 다른 회사 B를 완전자회사로 만들고자 포괄적주식교환을 하는 경우, 완전자회사가 되는 B의 주주에게 주식교환의 대가로서 완전모회사 A의 주식을 교부하는 것이 아니라 A의 모회사 C의 주식을 교부할 수 있도록 한 제도이다. 이는 포괄적주식교환 대가를 유연화하여 포괄적주식교환계약서에 기재할 사항으로 완전모회사의 주식 외에 그 대가의 전부 또는 일부로서 "금전"이나 "그 밖의 재산"(즉, 모회사 주식)을 제공하는 경우를 신설하고(상법 제360조의3 ③ 4호), 완전자회사의 기존 주주에게 제공하는 재산이 완전모회사의 모회사 주식을 포함하는 경우에 완전모회사가 원래는 취득할 수 없는(상법 제342조의2) 자신의 모회사 주식을 취득할 수 있도록 함으로써 가능해진 것이다(상법 제360조의3 ⑥).단, 완전모회사가 해당 자신의 모회사 주식을 삼각주식교환 이후에도 계속 보유하고 있는 경우, 주식교환의 효력 발생일로부터 6개월 내에 이를 처분하여야 한다(상법 제360조의3 ⑦).

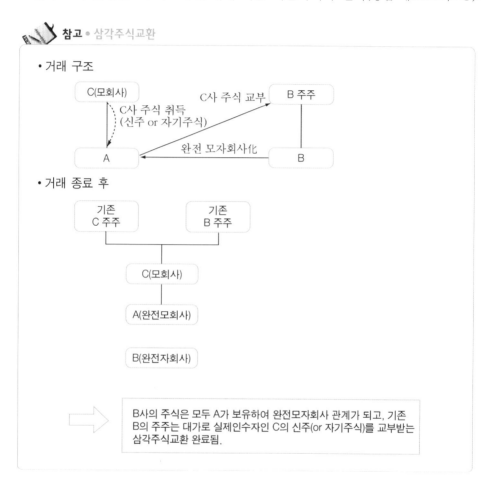

참고 ● 삼각주식교환

• 거래 구조

• 거래 종료 후

B사의 주식은 모두 A가 보유하여 완전모자회사 관계가 되고, 기존 B의 주주는 대가로 실제인수자인 C의 신주(or 자기주식)를 교부받는 삼각주식교환 완료됨.

② 주주총회 및 주식매수청구권

포괄적주식교환의 당사회사인 자회사(완전모회사)와 대상회사(완전자회사)의 주주총회 및 주식매수청구권 행사 여부는 일반적인 포괄적주식교환의 경우와 동일하다. 그러나 앞서 설명하였듯이 모회사는 대상회사를 인수하는 효익을 누리면서 이에 수반되는 주주총회 및 주식매수청구권 등 상법상의 의무는 회피할 수 있게 되었다. 기존 모회사에 필요한 절차는 증자(신주교부의 경우) 또는 자기주식 처분(자기주식 교부의 경우) 등 이사회 결의사항에 국한된다.

또한 주식교환으로 완전모회사가 되는 자회사가 모회사를 거래상대방으로 하여 모회사 주식을 취득하는 경우 자회사는 자기거래로서 이사회 승인을 받아야 한다 (상법 제398조).

구 분	주주총회	주식매수청구권
모회사	없음.	없음.
자회사(완전모회사)	특별결의 필요 (소규모주식교환의 경우 면제)	있음. (소규모주식교환의 경우 면제)
대상회사(완전자회사)	특별결의 필요 (간이주식교환의 경우 면제)	있음. (100% 동의 간이주식교환의 경우 면제)

③ 기타 효과

삼각주식교환은 자회사가 없다고 하더라도 100% 자회사를 설립한 후 이를 통하여 삼각주식교환을 시도할 수 있다. 또한 모회사가 외국법인인 경우에도 완전자회사가 되는 회사의 주주들에게 주식을 교부하여 줄 수 있으므로 외국회사와 국내회사 간 직접적인 합병등이 불허되는 법적 환경 속에서 국제적 인수합병에 도움이 될 것으로 보인다. 아울러 합병과 달리 완전자회사가 되는 회사가 존속하게 되므로, 기존에 회사에 속한 특허권등 지적재산권 및 상호권, 전속계약권등을 그대로 활용할 수 있게 되었다.

부록···1 회계 및 세무

I 주식의 포괄적 교환·이전의 회계

합병 또는 분할은 회사의 신설, 합체, 소멸 등 회사의 전반적이고 대폭적인 구조의 변화를 초래하지만 포괄적 주식교환 또는 이전 그 자체는 회사의 조직에 직접적인 영향을 미치지 않고 주주의 구성(소유구조)만 변화시킨다. 또한, 회사의 재무구조 측면에서 완전자회사는 전혀 변화가 없지만, 완전모회사는 자회사 주식이 자산에 편입되고 그에 해당하는 자본증가가 이루어지므로 자산과 자본이 동시에 증가하게 된다.

① 완전모회사의 회계

주식의 포괄적 교환 또는 이전은 자회사의 기존 주주가 소유하는 주식을 완전모회사에 이전하고 대신 완전모회사(삼각주식교환의 경우 완전모회사의 모회사)의 주식을 취득하여 완전모회사의 주주가 되는 것이다. 이때 완전모회사는 증자로 처리하되 취득하는 완전자회사 주식의 취득원가는 교부하는 완전모회사 주식의 공정가액으로 평가하여야 한다(질의회신 05-034, 2005. 10. 10.). 이는 이종자산 교환시 취득하는 자산을 교환을 위해 제공하는 자산의 공정가치로 측정하는 개념이다. 주식을 이종자산으로 취급하는 이유는 주식이라는 형식은 유사하나 실제 부담하는 효익과 리스크는 회사별로 전혀 상이하기 때문인 것으로 보인다.

구 분	내 용
완전자회사 주식 취득원가	• 교부하는 완전모회사 주식의 공정가액으로 평가
주식교환 대가	• 자회사 주식의 취득원가 〉 발행신주의 액면가액 : 주식발행초과금 • 자회사 주식의 취득원가 〈 발행신주의 액면가액 : 주식할인발행차금
규 정	질의회신 05-034

일반기업회계기준에 의할 경우 완전모회사는 취득일 이후부터 완전자회사 주식에 대하여 지분법을 적용하여 회계처리하고, 완전자회사를 기업집단에 포함하여 연결재무제표를 작성하여야 한다.

한편, 2016. 3. 2.부터 시행되는 개정상법에 새로 도입된 삼각주식교환을 하기 위해서는 완전모회사가 주식의 교환 전에 완전모회사의 모회사(이하 '조모회사'라 함) 주식을 보유하고 있어야 한다. 만일, 완전모회사가 조모회사 주식을 보유하고 있지 않다면 조모회사는 신주를 발행(또는 자기주식 처분)하여 완전모회사에 이전하고, 완전모회사는 증자 등의 대가로 수령한 조모회사의 주식을 완전자회사 주주에게 교환대가로 지급하게 될 것이다. 따라서 주식의 포괄적 교환·이전에 조모회사 및 완전모회사가 신주발행 또는 자기주식 처분의 방식으로 조모회사의 주식을 이전하고자 한다면 이에 대해서는 증자 또는 주식매매의 회계처리를 준용하면 될 것이다.

② 완전자회사 주주의 회계

완전자회사의 주주는 완전자회사의 주식을 제출하고 완전모회사의 주주을 교부받게 된다. 따라서 투자주식의 종류가 바뀌면서 투자주식처분손익을 인식하게 된다.

③ 완전자회사의 회계

주식의 포괄적 교환·이전은 완전자회사의 조직, 자산·부채에 변동이 없는 주주 간의 주식이동이므로 자회사 입장에서는 별도의 회계처리를 요하지 않는다.

II 주식의 포괄적 교환·이전의 세무

주식의 포괄적 교환·이전은 회사의 조직에 직접적인 영향을 미치지 않고, 단지 주주의 구성(소유구조)만 변화시키므로 합병 또는 분할과 같이 복잡한 세무문제는 발생하지 않는다.

다만, 완전자회사의 주식이 완전모회사의 주식과 교환·이전되므로 완전자회사의 기존 주주에게 주식양도차익에 대한 과세가 적용되며, 완전모회사의 입장에서는 완전자회사 주식을 소유하게 되므로 타법인 주식 취득 및 보유에 따른 과점주주 취득세 및 수입배당금의 익금불산입과 자본이 증가하는 점에서 증자의 일반적인 세무 문제가 수반된다. 그 외 완전모회사와 완전자회사의 주주에게 이익의 증여 문제가 발생할 수 있다.

주식교환·이전 주체	세 목	규 정
완전모회사	과세특례 사후관리	조세특례제한법 제38조
	과점주주 취득세	지방세특례제한법 제57조의2 농어촌특별세법 제3조
	일반법인의 수입배당금액의 익금불산입	법인세법 제18조의2
완전자회사 주주	완전자회사 주주의 과세이연	조세특례제한법 제38조
	조직변경 등에 따른 이익의 증여 및 부당행위계산부인	상속세 및 증여세법 제42조의2 법인세법 시행령 제88조 ① 8호의2
	증권거래세	조세특례제한법 제117조 ① 농어촌특별세법 제4조 7호의2

① 완전모회사의 세무

완전모회사에 적용되는 주요 세법항목은 다음과 같다.

세 목	규 정
과세특례 사후관리	조세특례제한법 제38조, 동법 시행령 제35조의2

세 목	규 정
과점주주 취득세	지방세특례제한법 제57조의2, 농어촌특별세법 제3조
일반법인의 수입배당금액의 익금불산입	법인세법 제18조의2, 동법 시행령 제17조의2

(1) 과세특례 사후관리

완전모회사 입장에서는 증자를 통해 신주를 발행하고 완전자회사의 주식을 취득하는 것이므로 별다른 세무 문제는 발생하지 않는다. 다만, 완전자회사의 기존주주가 과세특례를 적용받은 경우에 사후관리 고지의무는 발생한다.

또한, 기업회계에서는 제공한 자산의 공정가치로 취득원가를 인식하지만 법인세법은 취득한 자산의 시가를 취득원가로 하는 차이가 있음을 유념하여야 하며, 만약 이러한 차이가 발생하였다면 세무조정을 통해서 적절하게 조정하여야 한다.

① 과세특례 사후관리 통지

구 분	내 용
완전자회사 주식가액	• 취득한 완전자회사 주식을 시가로 계상
사후관리	• 교환 · 이전일이 속하는 사업연도의 다음 사업연도 개시일로부터 2년 이내에 다음 중 하나의 사유 발생시 완전모회사는 해당 사유의 발생 사실을 발생일로부터 1개월 이내에 완전자회사의 기존 주주에게 고지. 완전모회사는 주식을 시가로 계상하였으므로 주식 처분시에는 별도의 세무조정을 요하지 않음. ① 완전자회사가 사업을 폐지 ② 완전모회사 또는 완전자회사의 주요 지배주주 등이 교환 · 이전으로 취득한 주식을 처분
규 정	조세특례제한법 제38조 ②, 동법 시행령 제35조의2 ⑪

가. 사업폐지 또는 주식처분의 예외

합병과 분할과 마찬가지로 다음의 부득이한 사유가 있는 경우에는 과세특례요건 충족 여부, 2년 이내 사업폐지 또는 주식처분 여부 판단시 사업폐지 또는 주식처분의 예외로 한다(조세특례제한법 시행령 제35조의2 ⑬).

ㄱ. 사업폐지의 예외

- 완전자회사가 파산함에 따라 승계받은 자산을 처분한 경우
- 완전자회사가 적격합병, 적격분할, 적격물적분할, 적격현물출자에 따라 사업을 폐지한 경우
- 완전자회사가 「조세특례제한법 시행령」 제34조 ⑥ 1호에 따른 기업개선계획의 이행을 위한 약정 또는 같은 항 2호에 따른 기업개선계획의 이행을 위한 특별약정에 따라 승계받은 자산을 처분한 경우
- 완전자회사가 「채무자 회생 및 파산에 관한 법률」에 따른 회생절차에 따라 법원의 허가를 받아 승계받은 자산을 처분한 경우

ㄴ. 주식처분의 예외

- 완전모회사가 또는 완전자회사의 주요 지배주주 등이 교환·이전으로 교부받은 주식 등의 2분의 1 미만을 처분한 경우(해당 주주 등이 교환·이전으로 교부받은 주식 등을 서로 간에 처분하는 것은 해당 주주 등이 그 주식 등을 처분한 것으로 보지 않는다)
- 완전모회사가 또는 완전자회사의 주요 지배주주 등이 사망하거나 파산하여 주식 등을 처분한 경우
- 완전모회사가 또는 완전자회사의 주요 지배주주 등이 적격합병, 적격분할, 적격물적분할, 적격현물출자에 따라 주식 등을 처분한 경우
- 완전모회사가 또는 완전자회사의 주요 지배주주 등이 「조세특례제한법」 제38조·제38조의2·제121조의30에 따라 주식 등을 현물출자 또는 교환·이전하고 과세를 이연받으면서 주식 등을 처분한 경우
- 완전모회사가 또는 완전자회사의 주요 지배주주 등이 「채무자 회생 및 파산에 관한 법률」에 따른 회생절차에 따라 법원의 허가를 받아 주식 등을 처분한 경우
- 완전모회사가 또는 완전자회사의 주요 지배주주 등이 「조세특례제한법 시행령」 제34조 ⑥ 1호에 따른 기업개선계획의 이행을 위한 약정 또는 같은 항 2호에 따른 기업개선계획의 이행을 위한 특별약정에 따라 주식 등을 처분한 경우
- 완전모회사가 또는 완전자회사의 주요 지배주주 등이 법령상 의무를 이행하기 위하여 주식 등을 처분한 경우

(2) 과점주주 취득세

지방세법 제7조 ⑤에 따르면 법인의 주식 또는 지분을 취득함으로써 법인의 과점주주가 되었을 때에는 그 과점주주가 해당 법인의 취득세 과세대상 물건을 취득한 것으로 보아 주식취득비율에 따라 취득세를 부담하도록 하고 있다.

다만, 2024. 12. 31.까지 과세특례요건을 모두 갖춘 주식의 포괄적 교환·이전으로 완전자회사의 주식을 취득하는 경우에는 과점주주 취득세의 85%를 면제하되, 주식의 포괄적 교환·이전일이 속하는 사업연도의 다음 사업연도 개시일로부터 2년 이내에 과세특례 사후관리의 사유가 발생할 경우에는 감면받은 취득세를 추징한다(지방세특례제한법 제57조의2 ⑤ 7호 및 제177조의2 ①).

한편, 면제받은 취득세에 대한 농어촌특별세에 대해서는 별도의 비과세 규정이 없으므로 납부의무가 있다.

(3) 일반법인의 수입배당금액의 익금불산입

법인세법은 일반법인이 다른 내국법인으로부터 받은 배당금에 대해서도 일정금액을 익금불산입하도록 함으로써 배당소득에 대한 이중과세를 조정하고 있다.

구 분	내 용
익금불산입액	• 익금불산입 대상금액 − 지급이자 중 익금불산입 차감대상 • 익금불산입액이 0보다 작은 경우에는 없는 것으로 봄.
익금불산입 대상금액	• 내국법인으로부터 받은 수입배당금액 × 익금불산입비율
수입배당금액의 범위	• 내국법인으로부터 받은 수입배당금액과 의제배당소득을 포함하되 다음의 배당금액은 제외함. ① 배당기준일 전 3개월 이내에 취득한 주식 등을 보유함으로써 발생하는 수입배당금액 ② 배당소득에 대하여 소득공제를 적용받는 유동화전문회사 등으로부터 받은 수입배당금액 ③ 동업기업과세특례를 적용받는 법인으로부터 받은 수입배당금액 ④ 법인세법과 조세특례제한법에 따라 법인세를 비과세·면제·감면받는 법인으로부터 받은 수입배당금액으로서 지방이전에 대한 세액감면, 제주첨단과학기술단지 입주기업에 대한 감면, 제주투자진흥지구 및 자유무역지역 입주기업에 대한 감면을 적용받는 기업으로부터 받은 수입배당금액(다만, 감면율이 100%인 경우에만 적용)

구 분	내 용		
익금불산입비율	2023년 1월 1일 이후에 받는 수입배당금		
	회사 종류	출자비율	익금불산입비율
	모든 법인	50% 이상	100%
		20% 이상 50% 미만	80%
		20% 미만	30%
	2023년 1월 1일 전에 받는 수입배당금		
	회사 종류	출자비율	익금불산입비율
	상장법인	100%	100%
		30% 이상	50%
		30% 미만	30%
	비상장법인	100%	100%
		50% 이상	50%
		50% 미만	30%
지급이자 중 익금불산입 차감액	• 차입금으로 주식을 취득하여 배당을 받은 경우 지급이자 중 자산총액에서 출자주식 등의 세무상 장부가액이 차지하는 비율 상당액 만큼 익금불산입 대상금액에서 제외 • 지급이자 × [(출자주식의 장부가액적수 × 익금불산입비율) / 사업연도종료일 현재 재무상태표상 자산총액의 적수]		
규 정	법인세법 제18조의2, 동법 시행령 제17조의2		

한편, 배당기준일 현재 3월 이상 계속하여 보유하고 있는 주식의 판정시 보유주식수를 계산함에 있어서 동일 종목의 주식 일부를 양도한 경우에는 먼저 취득한 주식을 먼저 양도한 것으로 본다(법인세법 시행령 제17조의2 ①).

또한, 지급이자에는 현재가치할인차금 상각액, 연지급수입이자, 지급이자 손금불산입 규정에 의하여 이미 손금불산입된 금액은 포함되지 않는다(법인세법 시행령 제72조 ⑥, 제17조의2 ②).

사례 익금불산입액 조정

회사는 자산총액적수가 500억원, 차입금적수가 200억원, 자본금적수가 300억원, 지급이자는 10억원이며, 자회사로부터 아래와 같이 배당금을 수취하였다.

자회사	지분율	출자적수	회사에 대한 배당금액
A(상장)	60%	100억원	5억원
B(비상장)	40%	100억원	3억원

① 총 익금불산입 대상금액은? (수취한 배당금×익금불산입비율)＝7.4억원
   • A법인 : 5억원×100%＝5.0억원
   • B법인 : 3억원×80%＝2.4억원
② 차입금이자에 대한 익금불산입 배제금액은?
   지급이자 × [(출자주식의 장부가액적수 × 익금불산입비율) / 자산총액적수] ＝ 3.6억원
   • 10억원 × [100억원(A법인출자) × 100%＋100억원(B법인출자) × 80%] / 500억원
     ＝ 3.6억원
③ 수입배당금액의 익금불산입액
   ＝ ① − ② ＝ 7.4 − 3.6 ＝ 3.8억원

② 완전자회사 주주의 세무

완전자회사의 주주에게 적용되는 주요 세법항목은 다음과 같다.

세 목	규 정
완전자회사 주주의 과세이연	조세특례제한법 제38조, 동법 시행령 제35조의2
조직변경 등에 따른 이익의 증여	상속세 및 증여세법 제42조의2
조직변경 등에 따른 부당행위계산의 부인	법인세법 시행령 제88조 ① 8호의2
증권거래세	조세특례제한법 제117조 ①, 농어촌특별세법 제4조 7호의2

(1) 완전자회사 주주의 과세이연

양도는 자산에 대한 등기 또는 등록에 관계없이 매도, 교환, 현물출자 등으로 인하

여 그 자산이 유상으로 사실상 이전되는 것을 말한다. 따라서 주식의 포괄적 교환·이전시 완전자회사 주식을 보유하고 있던 기존 주주에게는 법인세 또는 양도소득세가 부과된다.

하지만 세법에서는 내국법인이 과세특례요건을 모두 갖춘 주식의 포괄적 교환·이전의 경우 완전자회사 주주의 주식양도차익에 대한 양도소득세 또는 법인세를 새로 받은 완전모회사 주식을 처분할 때까지 과세를 이연받을 수 있도록 하고 있다.

① 완전자회사 법인주주의 과세이연

구 분	내 용
과세이연 방법	• 완전모회사 주식에 대한 압축기장충당금으로 손금산입
과세이연 금액	• 과세이연 금액은 양도차익 전액으로 하되, 만약 교환·이전대가 중 금전 및 그 밖의 재산가액이 있다면 이를 차감함. • 양도차익＝교환·이전대가－완전자회사 주식의 취득가액 • 교환·이전대가＝취득한 완전모회사 주식가액＋금전＋그 밖의 재산가액
압축기장충당금의 관리	• 법인주주가 완전모회사 주식을 처분하는 사업연도에 다음의 처분비율에 따른 금액을 익금산입 －익금산입액＝압축기장충당금 × 처분한 주식수 / 포괄적 교환·이전으로 취득한 주식수 －주식의 포괄적 교환·이전 외의 방법으로 취득한 완전모회사의 주식이 있으면 주식의 포괄적 교환·이전으로 취득한 주식을 먼저 양도한 것으로 계산
규 정	조세특례제한법 제38조, 동법 시행령 제35조의2

② 완전자회사 주주인 거주자 등의 과세이연

구 분	내 용
과세이연 방법	• 교환·이전시에 대가로 받은 금전 및 그 밖의 재산가액에 대해서는 양도소득이 실현된 것으로 보아 과세하고 나머지 양도소득은 과세이연 • 완전모회사 주식 처분시 과세이연된 양도소득은 과세하고 취득가액을 주식의 교환·이전일 현재 시가로 계산

구 분	내 용
교환(이전)시 과세대상 양도소득	• 양도소득＝Min[① 양도차익, ② 교환(이전)대가 중 금전 및 그 밖의 재산가액] • 양도차익＝교환 · 이전대가 − 완전자회사 주식의 취득가액 • 교환 · 이전대가＝취득한 완전모회사 주식가액 + 금전 + 그 밖의 재산가액
완전모회사 주식 처분시 양도소득세 과세	• 완전모회사 주식 처분시 양도가액에서 다음 취득가액을 차감하여 양도소득세 과세 • 취득가액＝(완전자회사 주식 취득가액 + 양도소득 − 교환 · 이전대가 중 금전 및 그 밖의 재산가액) × 처분한 주식수 / 포괄적 교환 · 이전으로 취득한 주식수 　− 주식의 포괄적 교환 · 이전 외의 방법으로 취득한 완전모회사의 주식이 있으면 주식의 포괄적 교환 · 이전으로 취득한 주식을 먼저 양도한 것으로 계산 • 주주는 양도일이 속하는 반기의 말일부터 2개월 이내에 이연받은 양도소득세(이연받은 세액 중 이미 납부한 세액은 제외)를 납부
규 정	조세특례제한법 제38조, 동법 시행령 제35조의2

원칙적으로 상장주식을 증권시장에서의 거래에 의하지 아니하고 양도할 경우 양도소득세 과세대상이나, 2018. 1. 1.부터 주권상장법인의 대주주 이외의 주주가 주식의 포괄적인 교환 · 이전 또는 주식의 포괄적인 교환 · 이전에 대한 주식매수청구권 행사로 양도하는 주식 등으로서 증권시장에서의 거래에 의하지 않더라도 양도소득세 과세대상에서 제외된다(소득세법 제94조 ① 3호 가목 단서).

 사례 1　법인 양도차익 과세이연

• A사는 150억원에 취득한 B사의 주식을 주식의 포괄적 교환 방식을 통해 C사에 양도하였다.
• 양도대가로 A사는 C사 주식 160억원과 현금 40억원을 총 200억원을 수령하였다.
• 포괄적 교환은 과세특례요건을 만족한다.

구 분	내 용
회계처리	C사 주식 160억 / B사 주식 150억 현금　　40억 / 처분이익　50억
세무조정	처분이익 중 현금수령액을 제외한 부분에 대해서 압축기장충당금 10억 손금 유보(40억은 과세)

사례 2 개인 양도소득 과세이연

- A씨는 150억원에 취득한 B사의 주식을 주식의 포괄적 교환 방식을 통해 C사에 양도하였다.
- 양도대가로 A씨는 C사 주식 160억원과 현금 40억원을 총 200억원을 수령하였다.
- 포괄적 교환은 과세특례요건을 만족한다.

구 분	내 용
양도소득 과세	양도차익과 현금수령액을 비교하여 작은 금액인 40억에 대한 양도소득 신고 및 납부

- A씨는 이후 C사 주식 100%를 200억원에 현금 매각하였다.

구 분	내 용
규정	취득가액 = (완전자회사 주식 취득가액 + 양도소득 - 교환·이전대가 중 금전 및 그 밖의 재산가액) × 처분한 주식수 / 포괄적 교환·이전으로 취득한 주식수
양도차익 계산	양도가액 = 200억 취득가액 = (150억 + 40억 - 40억) × 100% = 150억 양도차익 50억 발생

- A씨는 일련의 거래를 통해 150억원에 취득한 B사 주식으로 240억원의 현금을 회수하였고, 이 과정에서 90억원의 양도소득이 발생하였다.

③ 과세특례요건

과세특례의 요건은 합병편에서 설명한 바와 유사하다.

구 분	내 용
사업목적 교환(이전)	• 주식의 포괄적 교환·이전일 현재 1년 이상 계속하여 사업을 하던 내국법인 간의 주식의 포괄적 교환·이전(다만, 포괄적 이전으로 신설되는 완전모회사의 경우 1년 이상 계속사업요건 적용이 불가능하므로 동 요건 배제)
지분의 연속성	• 완전자회사의 주주가 완전모회사로부터 받은 교환·이전 대가의 총합계액 중 완전모회사(삼각주식교환의 경우 완전모회사의 완전모회사)의 주식의 가액이 80% 이상일 것 • 완전자회사의 주요 지배주주 등에게 완전자회사의 지분비율 이상의 완전모회사 주식 배정

구 분	내 용
지분의 연속성	* 주식배정금액 = 완전모회사가 지급한 주식의 총합계액 × 해당 주주의 완전자회사에 대한 지분비율 • 완전모회사 및 완전자회사의 주요 지배주주 등이 교환·이전으로 취득한 주식을 교환·이전일이 속하는 사업연도 종료일까지 보유할 것
사업의 계속성	• 완전자회사가 교환·이전일이 속하는 사업연도 종료일까지 사업을 계속할 것
규 정	조세특례제한법 제38조, 동법 시행령 제35조의2

가. 교환·이전대가의 총합계액

교환·이전대가의 총합계액 중 주식의 가액이 80% 이상인지를 판정함에 있어 완전모회사가 교환·이전일 전 2년 이내에 취득한 완전자회사의 주식이 있는 경우에는 다음 금액을 금전으로 교부한 것으로 보아 교환·이전대가의 총합계액에 가산한다(조세특례제한법 시행령 제35조의2 ⑤).

• 완전모회사가 교환·이전일 현재 완전자회사의 지배주주가 아닌 경우
 - 완전모회사가 교환·이전일 전 2년 이내에 취득한 완전자회사의 주식이 완전자회사 지분율의 20%를 초과하는 경우 그 초과하는 주식의 취득가액
• 완전모회사가 교환·이전일 현재 완전자회사의 지배주주인 경우
 - 완전모회사가 교환·이전일 전 2년 이내에 취득한 주식의 취득가액

나. 주요 지배주주 등

지배주주 등이란 완전자회사의 발행주식총수(또는 출자총액)의 1% 이상의 주식(또는 출자지분)을 소유한 주주(출자자)로서 그와 특수관계에 있는 자와의 소유 주식(출자지분)의 합계가 해당 법인의 주주(출자자) 중 가장 많은 경우의 해당 주주(출자자)를 말한다(법인세법 시행령 제43조 ⑦).

주요 지배주주 등이란 지배주주 등 중 친족으로서 4촌인 혈족과 주식의 포괄적 교환·이전일 현재 완전자회사에 대한 지분율이 1% 미만이면서 보유 주식의 시가평가액이 10억원 미만인 자를 제외한 주주 및 특수관계인을 말한다(조세특례제한법 시행령 제35조의2 ⑥).

다. 사업의 계속성

과세특례요건 판정시 교환·이전일이 속하는 사업연도 종료일까지, 사후

관리 사유 판정시 교환·이전일이 속하는 사업연도의 다음 사업연도 개시
일로부터 2년 이내에 완전자회사가 교환·이전일 현재 보유하는 자산가액
(유형자산, 무형자산 및 투자자산의 가액을 말한다)의 50% 이상을 처분하거나
사업에 사용하지 아니하는 경우에는 승계받은 사업을 폐지한 것으로 본다
(조세특례제한법 시행령 제35조의2 ⑧).

(2) 조직변경 등에 따른 이익의 증여 및 부당행위계산부인

주식의 포괄적 교환·이전을 통해 소유지분의 변동이나 그 평가액이 변동되는
경우 만약 그 과정에서 이익을 얻은 자가 있다면 이를 이익의 증여로 보아 증여
세를 과세하도록 하고 있다. 이때 이익을 얻은 자를 특정하지 않았으므로 완전자
회사의 주주뿐만 아니라 완전모회사의 주주도 포함되는 것으로 해석되며, 특수
관계인이 아닌 자간의 거래인 경우에도 과세된다. 다만, 특수관계인이 아닌 자
간의 거래에서 납세자가 관행상 정당한 사유가 있다고 입증하는 경우에는 과세
되지 아니한다.

구 분	내 용
과세대상	• 주식의 포괄적 교환·이전을 통해 소유지분의 변동이나 그 평가액 이 변동되는 경우
증여이익	• 변동 후 가액 − 변동 전 가액 (정확한 공식이 아닌 개념으로 정의됨)
기준금액	• 기준금액 미만인 경우 과세 제외 기준금액 = Min(변동전 해당재산가액 × 30%, 3억원)
규 정	상속세 및 증여세법 제42조의2, 동법 시행령 제32조의2

주식의 포괄적 교환·이전 과정에서 얻은 증여성 이익을 과세하기 위한 것이므로
만약 포괄적 교환·이전이 실행되는 시점까지 이미 발생되어 누적된 미실현이익
(이연가능한 양도차익)과 구분하여야 한다.

주식의 포괄적 교환·이전에서 완전모회사나 완전자회사의 법인 주주에게는 법인
세법상 부당행위계산의 부인규정이 적용될 수 있고, 이때 분여한 이익의 계산은
앞서 살펴본 증여 이익과 유사하다. 다만, 특수관계인과의 거래로 인하여 조세의
부담을 부당하게 감소시킨 경우에 한해 적용되는 것이 특징이다(법인세법 시행령
제88조 제1항 8호의2).

（4） 증권거래세

주식의 포괄적 교환·이전은 증권거래세법상 주식의 양도에 해당하므로 증권거래세 과세대상에 해당되나, 과세특례요건을 모두 갖춘 주식의 포괄적 교환·이전을 위하여 수식을 양도하는 경우에는 증권거래세가 면세된다(소세특례세한법 세117조 ① 14호). 증권거래세를 면제받기 위해서는 과세표준 신고와 함께 세액면제신청을 하여야 하며(조세특례제한법 시행령 제115조 ⑮), 면제된 증권거래세에 대한 농어촌특별세는 비과세된다(농어촌특별세법 제4조 7호의2).

 참고 ● 전략적 제휴를 위한 비상장 주식교환 등에 대한 과세특례(조세특례제한법 제46조의7)

주권상장법인(코넥스상장기업 제외)을 제외한 벤처기업(주식교환 또는 현물출자일이 속하는 사업연도의 직전 사업연도의 매출액 대비 연구·인력개발비 투자 비중이 5퍼센트 이상인 중소기업을 포함하며, 이하 "벤처기업 등"이라 한다)의 주주(그 법인의 발행주식 총수의 10% 이상을 보유한 주주를 말한다)가 소유하는 벤처기업 등의 주식을 다음 각 호의 요건을 갖추어 2024. 12. 31. 이전에 주식회사인 법인(이하 "제휴법인"이라 한다)이 보유한 자기주식 또는 제휴법인의 주주(발행주식 총수의 10% 이상을 보유한 주주를 말한다)의 주식과 교환하거나 제휴법인에 현물출자하고 그 제휴법인으로부터 출자가액에 상당하는 주식을 새로 받음으로써 발생하는 양도차익에 대해서는 그 주주가 주식교환 또는 현물출자로 인하여 취득한 제휴법인의 주식을 처분할 때까지 양도소득세의 과세를 이연받을 수 있다.
- 벤처기업 등과 제휴법인 간의 전략적 제휴계획을 추진하고 그 계획에 따라 주식교환 등이 이루어질 것
- 벤처기업 등의 주주 1인과 특수관계인이 제휴법인의 최대주주와 특수관계에 있지 않을 것
- 벤처기업 등의 주주가 주식교환 또는 현물출자로 인하여 취득한 주식과 제휴법인 또는 제휴법인의 주주가 주식교환 또는 현물출자로 취득한 주식을 각각 1년 이상 보유하도록 하는 계약을 벤처기업 등과 제휴법인 간에 체결할 것

부록 … 2 서식모음

서식 1 포괄적 주식교환승인 및 임시주주총회 소집 이사회 의사록

이사회 의사록

일 시 :
장 소 :

출석이사 및 감사 수
이 사 총 수 :   출 석 이 사 수 :
감 사 총 수 :   출 석 감 사 수 :

의장인 대표이사 나서울은 이사회가 적법하게 개최되었음을 선언하고, 위와 같이 법정수에 달하는 이사가 참석하여 성원되었음을 확인한 후 개회를 선언하고 다음의 의안을 상정 심의에 들어가다.

제1호 의안 : 포괄적 주식교환의 건

의장은 상기 의안을 상정하고 주식교환의 목적과 교환비율, 교환방법 및 기타 사항 등을 설명한 후 그 결의를 구하다. 이어서 참석이사들은 신중한 토의 끝에 다음과 같이 승인 가결하다.

－다　　음－

1. 교환대상법인
2. 교환비율 및 산출근거
　① 교환비율 :
　② 산출근거 :
3. 주식교환의 목적 :
4. 주식교환의 방법 :
5. 신주의 종류와 수
　① 기명식 보통주 :
　② 기명식 우선주 :
6. 교환기준일 :
7. 완전자회사의 주주에 대한 신주의 배정에 관한 사항 :

8. 신주의 배당기산일

9. 주식교환 당사회사의 자기주식 등 소유현황 및 처리방침

10. 완전자회사의 주주에게 지급할 주식교환 교부금에 관한 사항

11. 주식교환 일정

    ① 주식교환 승인 주주총회를 위한 주주확정일 :

    ② 명의개서 정지기간 :

    ③ 주식교환 반대의사 서면접수 :

    ④ 주식교환 승인 주주총회 :

    ⑤ 구주권 제출기간 :

    ⑥ 주식교환일(예정) :

12. 주식매수청구권에 관한 사항

    ① 매수예정가격 :

        • 보통주 :   원

        • 우선주 :   원

    ② 청구기간 :

    ③ 매수청구 주식가액 지급예정일 :

13. 주식교환 신주 교부예정일 :

14. 재상장 예정일(매매거래 개시예정일) :

15. 기타 사항

제2호 의안 : 임시주주총회 소집의 건

의장은 상기의 안건을 상정하고 의견을 구한 바 임시주주총회를 다음과 같이 개최하기로 결의하다.

-다　음-

1. 일 시 :

2. 장 소 :

3. 부의 안건

   제1호 의안 : 포괄적 주식교환 승인의 건

의장은 이상으로서 회의의 목적인 의안의 심의 및 의결을 종료하였으므로 폐회한다고 선언하다. 위 결의내용을 명확히 하기 위하여 의사록을 작성하고 의장과 출석이사가 기명날인한다.

년　　월　　일

서울 주식회사 이사회 참석이사 기명날인

:: 서식 2 주식교환계약서

주식교환계약서

서울 주식회사(이하 "갑"이라 한다)와 마포 주식회사(이하 "을"이라 한다)는 상법 제360조의2 내지 제360조의14의 조항이 정하는 바에 따라 아래와 같이 포괄적 주식교환(이하 "주식교환"이라 한다)에 관한 계약을 체결하고 이를 성실히 이행할 것을 약정한다.

제1조 【목적】

"갑"과 "을"은 제7조의 규정에 의한 주식교환일에 본 계약에 의한 주식교환을 함으로써 "갑"이 "을"의 발행주식총수를 취득하여 "을"의 완전모회사가 되고, "을"은 "갑"의 완전자회사가 된다.

제2조 【정관의 변경 및 신설】

주식교환과 관련하여 갑의 정관 일부를 아래 각호와 같이 변경 혹은 신설한다.

1. (변경) 제＿＿조(발행예정 주식의 총수) 이 회사가 발행할 주식의 총수는 ＿＿＿＿주로 한다.
2. (변경) 제＿＿조(우선주식의 수와 내용)
   ② 삭제 ③ 삭제 ⑤ 삭제
3. (신설) 제＿＿조(우선주식)
   ① 우선주식은 이익배당에 있어서 보통주식에 우선하는 주식으로서, 이에 대하여는 이익배당시 액면금액의 ＿＿＿＿%를 보통주식에 우선하여 배당한다.
   ② 우선주식에 대하여 제1항의 배당을 한 후 잔여이익이 있을 때에는 보통주식과 동일한 비율로 즉시 참가시켜 배당한다.

제3조 【주식교환 비율】

본 주식교환에 따라 "갑"이 발행하는 신주의 주당 발행가액은 주식교환 이사회결의일 전일을 기산일로 하여 자본시장법 시행령 제176조의5 제1항 제2호 가목 및 자본시장법 시행령 제176조의5 제1항 제1호에서 정한 가격산정방법에 따라 산정한 금 ＿＿＿＿원으로 하고, "을" 주식의 주당 가격은 외부평가기관인 ＿＿＿＿회계법인이 자본시장법 시행령 제176조의5 제1항 제2호 나목에서 정한 가격산정방법에 따라 산정한 금 ＿＿＿＿원으로 한다.

이에 따라 "갑"과 "을"의 주식교환비율은 ＿＿＿＿ : ＿＿＿＿로 한다.

제4조 【신주의 배정 및 발행 등】

1. 제3조 주식교환 비율에 따라 "갑"은 "을"의 기명식 주식에 대하여 아래와 같이 "갑"의 기명식 주식을 배정한다.

① "을"의 기명식 보통주식 1주(액면가 5,000원)당 "갑"의 기명식 보통주식 _____주(액면가 5,000원)

② "을"의 기명식 우선주식 1주(액면가 5,000원)당 "갑"의 기명식 우선주식 _____주 (액면가 5,000원)

2. 제1항에 따라 "갑"은 주식교환일에 "을"이 각 발행한 기명식 보통주식 _____주에 대하여 "갑"의 기명식 보통주식 _____주, 기명식 우선주식 _____주에 대하여 "갑"의 기명식 우선주식 _____주를 각 발행하며, 주식교환일 전일의 "을"의 주주들에게 그 보유주식 비율에 따라 배정한다.

3. 제1항의 경우에 주식교환일 전일 현재 "을"이 자기주식(주식교환에 반대하는 주주들이 주식매수청구권을 행사하여 "을"이 취득하는 주식을 포함한다)을 보유한 경우에는 "을"에 대하여도 "갑"의 주식을 배정 및 발행하기로 한다. 다만, "갑"이 갖고 있는 "을"의 주식(기명식 보통주식 _____주, 기명식 우선주식 _____주, 합계 _주)에 대하여는 "갑"의 주식을 배정하지 아니한다.

4. 제1항에 따른 주식교환비율의 계산과정에서 1주 미만의 단주가 발생하는 때에는 주식교환 후 "갑"의 신주가 재상장되는 초일의 종가로 계산된 금액을 현금으로 해당주주에게 지급한다.

제5조【증가할 자본금과 자본준비금】

1. "갑"이 주식교환으로 인해 증가할 자본금의 총액은 제4조에서 정한 발행할 주식의 총수인 _____주에 주식 액면금액인 5,000원을 곱한 금 _____원으로 한다. 이에 따라 "갑"의 총발행주식은 _____주, 자본금의 총액은 금 _____원이 된다.

2. "갑"이 주식교환으로 인해 증가할 자본준비금은 본 주식교환으로 인하여 발행되는 "갑"의 신주발행가액 총액 금 _____원에서 증가되는 자본의 액 금 _____원을 공제한 금액으로 한다.

제6조【주식교환의 절차】

"갑"과 "을"은 상법 제360조의2 내지 제360조의14의 조항이 정하는 바에 의거, 아래의 일정에 따라 주식교환을 실시하며, 주식교환계약서의 승인을 위한 주주총회 기일은 _____년 ___월 ___일로 한다.

일 자	내 용
	이사회결의 및 주식교환계약 체결
	기준일 및 명부폐쇄 공고
	주주명부확정 기준일
	주총소집 통지
	주식교환 반대의사 접수
	주주총회

일 자	내 용
	주식매수청구 행사기간
	구주권 실효, 공고, 통지
	주식교환일
	주식교환등기일
	신주상장 신청(예정)
	신주 주권 교부
	주식매수청구대금 지급일

제7조 【주식교환일】
  본 계약에 따라 실시할 주식교환일은 _____년 ___월 ___일로 한다.

제8조 【주식교환으로 발행할 신주의 배당기산일】
  본 계약에 의한 주식교환으로 "갑"이 "을"의 주주에게 배정하는 신주의 이익배당에 관하여는 신주를 발행하는 때가 속하는 영업연도의 직전 영업연도 말에 발행된 것으로 본다.

제9조 【이사 및 감사위원의 임기】
  본 주식교환 이전에 취임한 "갑"과 "을"의 이사 및 감사위원의 임기는 종전의 임기를 그대로 적용한다.

본 계약의 성립을 증명하기 위하여 본 계약서 2통을 작성하고, "갑"과 "을"의 대표자가 각각 기명날인하여 각각 1통씩 보관한다.

                          년   월   일

                          "갑" 서울 주식회사
                          주   소 : 서울시 서울구 서울동 100번지
                          대표이사 : 나서울 (인)

                          "을" 마포 주식회사
                          주   소 : 서울시 마포구 마포동 100번지
                          대표이사 : 나마포 (인)

제 4 장

영업양수·도 및 자산양수·도

04 영업양수·도 및 자산양수·도

I 정의

1 영업양수·도

영업양수·도는 그 범위가 광범위하고 다양한 형태로 이루어지므로 그 개념을 명확히 정의하기는 어렵지만, 공정거래법 및 판례 등에 의할 경우 독립된 특정사업부문의 자산 및 부채, 권리 및 의무, 인력 및 조직 등 사업부문의 일체를 그 동일성을 유지하면서 포괄적으로 이전하는 것으로 정의할 수 있다.

> ▶ 공정거래법 : 영업의 정의
> • 영업이라 함은 회사의 사업목적을 위하여 조직화되고 유기적 일체로서 기능하는 재산권의 집합을 말함. 여기에는 판매권(판매에 관련된 조직·인력·대리점 계약관계 등 포함), 특허권·상표권 등 무체재산권, 기타 인·허가와 관련되어 재산상의 가치가 있는 것 포함
> • 규정 : 공정거래위원회[기업결합신고요령, Ⅲ. 기업결합의 신고요령, 4. 회사의 영업양수 신고, 나호]

> ▶ 판례 : 영업양수·도의 정의
> • 영업목적을 위하여 조직화된 유기적 일체로서의 기능재산의 동일성이 유지된 일괄 이전을 의미하는 것으로서, 이에는 양도회사의 영업적 활동의 전부 또는 중요한 일부의 승계가 수반되어야 하는 것(대법원 1997. 4. 8. 선고, 96다 54256)
> • 일정한 영업목적에 의하여 조직화된 총체, 즉 인적·물적 조직을 그 동일성을 유지하면서 일체로서 이전하는 것(대법원 1997. 6. 24. 선고, 96다 2644)

이때 독립된 특정사업부문의 자산과 부채 등을 포괄적으로 이전하는 자를 영업양도자라 하고, 포괄적으로 이전받는 자를 영업양수자라 한다.

② 자산양수·도

자산양수·도는 상법 등 법률에서 그 개념을 정의하고 있지 않지만, 실무에서는 유가증권 또는 부동산과 같은 개별적인 자산이 매매를 통하여 소유권이 변경되는 거래로 정의하고 있다.

Ⅱ 형 태

① 영업양수·도

영업양수·도는 거래주체에 제한이 없으므로 개인 또는 법인 구분 없이 행할 수 있으나 이 장에서는 주식회사에 한정하여 논의하기로 하겠다.
주식회사의 경영활동 과정에서 다양하게 영업양수·도가 발생하지만 영업양수·도는 그 중요성의 관점에서 경상적인 영업양수·도와 중요한 영업양수·도로 구분할 수 있다.

② 경상적인 양수·도 / 중요한 양수·도의 비교

(1) 영업양수·도

경상적인 영업양수·도는 회사의 경영활동 과정에서 일상적으로 발생되므로 지나치게 규제하는 것은 절차만 복잡해지므로 회사의 경영활동에 악영향을 미칠 수 있다.
따라서 법률상 특별한 제한 없이 이사회 결의 등 회사내부 규정 및 절차에 따라 자유롭게 이루어진다.

그러나 중요한 영업양수·도는 그 행위가 주주의 이해관계에 중요한 영향을 미치는 사항이다. 따라서 주주의 권리보호를 위하여 반드시 주주총회의 특별결의를 거쳐야 하고 반대주주에 대하여 주식매수청구권을 부여하도록 규정하고 있다.

구 분	경상적인 영업양수·도	중요한 영업양수·도
형 태	특별한 규정 없음.	• 영업의 전부 또는 중요한 일부의 양도 • 영업전부의 임대 또는 경영위임 • 타인과 영업손익의 전부를 같이 하는 계약
주주총회 승인	주총결의 불필요	주총 특별결의 필요
주식매수청구권	인정되지 않음.	인정됨.
근거 규정	–	상법 제374조

(2) 자산양수·도

상법상 경상적인 자산양수·도에 대해서는 특별한 규정을 두지 아니하며, 중요한 자산양수·도에 대해서도 이사회의 결의(상법 제393조) 정도의 제한을 두고 있다. 통상 특정 영업과 관련된 자산을 양수도 하는 과정에서 i) 부채나 계약관계를 양도대상에서 제외하고, ii) 근로관계가 수반되지 않는 자산양수·도의 경우에는 단순한 자산양수도로 인정될 가능성이 높다. 그러나 법원은 자산양수도의 형식을 취하고 있는 경우라 하더라도 당사자의 의도, 근로자 보호 필요성등을 고려하여 영업양수도라고 판단할 가능성도 있으므로(대법원 2002. 3. 29. 선고 2000두8455 판결), 이러한 경우에는 주총특별결의 및 주식매수청구가 수반되는 형식을 취하여야 할 것이다.

③ 중요성 기준

(1) 영업양수·도

상법상 중요한 영업양수·도에 대해서는 법률에 따라 엄격한 절차를 규정하고 있으나 그 중요성의 기준에 대해서는 특별한 규정을 두고 있지 않아 실무에서 경상적인 영업양수·도와 중요한 영업양수·도를 구분하는 데 많은 자의성이 개입된다.

그러나, 자본시장법에서는 중요한 영업양수·도에 대하여 상법상 절차 이외에 주요사항보고서 제출, 영업양수·도 가액의 외부기관 평가, 영업양수·도 종료보고 등을 통하여 그 절차를 통제하고 있으며, 그 중요성의 기준에 대해서도 명확하게 규정하고 있다.

또한, 공정거래법에서는 기업결합의 신고요령을 통하여 신고대상 영업양수·도에 대하여 구체적으로 기준을 제시하고 있다.

따라서 실무에서는 자본시장법, 공정거래법 등을 준용하여 경상적인 영업양수·도와 중요한 영업양수·도를 구분하고 있으며 통상 그 규모가 영업양도자 또는 영업양수자 각각의 최근사업연도 말 자산, 부채, 매출의 10% 이상일 경우에는 중요한 영업양수·도로 간주하며 보수적인 관점에서는 대상 영업부문의 규모가 자산, 부채, 매출의 10% 이하일 경우에도 대규모 차입 및 투자가 필요하는 등 대상 영업부문이 회사존속에 중요한 영향을 미칠 경우에도 중요한 영업양수·도로 간주하고 있다.

❖ 중요한 영업양수·도의 기준 ❖

구 분	상 법	공정거래법	자본시장법
기 준	규정없음.	• 대상 부문이 독립된 사업단위로서 영위되거나 양수됨으로써 양도회사 매출의 상당한 감소를 초래하는 경우로서 양수금액이 양도회사의 직전연도 말 자산총액의 10% 이상이거나 50억원 이상인 경우(부채인수시 부채금액 포함)	• 대상 영업부문의 자산액[주1]이 최근사업연도 말 자산총액[주2]의 10% 이상인 경우 • 대상 영업부문의 매출액이 최근사업연도 말 매출액[주2]의 10% 이상인 경우 • 영업의 양수로 인수할 부채액이 최근사업연도 말 부채총액[주2]의 10% 이상인 경우
대상법인	비상장법인	기업결합신고대상 법인	상장법인
규 정	–	기업결합의 신고요령 Ⅲ. 4. 다호	자본시장법 시행령 제171조 ② 1호~3호

주1) 자본시장법상 중요한 영업양수·도 기준 판단시 대상 영업부문(양수·도하려는 영업부문) 자산액은 장부가액과 거래금액 중 큰 금액 적용

주2) 중요한 영업 판단시 적용되는 자산총액, 매출액, 부채총액은 연결재무제표 작성대상법인인 경우 연결재무제표상 금액을 적용하고 연결대상이 아닌 경우 개별재무제표상 금액을 적용

| 공정거래법상 중요한 영업양수·도 기준 |

- 주요부분이라 함은 양수 또는 임차부분이 독립된 사업단위로서 영위될 수 있는 형태를 갖추고 있거나 양수 또는 임차됨으로써 양도회사의 매출의 상당한 감소를 초래하는 경우로서, 영업양수금액이 양도회사의 직전연도 말 대차대조표상의 자산총액의 10% 이상이거나 50억원 이상인 경우를 말함. 다만, 영업양수금액에는 양수목적물인 영업부문에 대한 양수대금 이외에 관련 부채의 인수시 그 부채금액을 포함하며, 영업의 전부 또는 주요부분을 임차하거나 경영수임의 경우에는 임차료 또는 수임료의 연간 총금액을 위 영업양수금액에 준하여 적용
- 규정 : 공정거래위원회[기업결합신고요령, Ⅲ. 기업결합의 신고요령, 4. 회사의 영업양수 신고, 다호]

(2) 자산양수·도

상법상 경상적인 자산양수·도와 중요한 자산양수·도를 구분하는 기준은 없으나 자본시장법에서는 대상 자산액(장부가액과 거래금액 중 큰 금액)이 최근 사업연도 말 현재 자산총액의 10% 이상인 경우를 중요한 자산양수·도로 정의(자본시장법 시행령 제171조 ② 5호)하고 있으며 중요한 자산양수·도에 대해서는 주요사항보고서 제출, 자산양수·도 가액의 적정성에 대한 외부기관의 평가, 자산양수·도 종료보고 등을 통하여 그 절차를 규제하고 있다.

한편, 자산양수·도의 중요성 판단시 기준이 되는 "최근 사업연도 말 현재 자산총액"은 연결재무제표 작성대상법인인 경우 연결재무제표상 금액을 적용하고 연결대상이 아닌 경우 개별재무제표상 자산총액을 적용하고 "양수·도하고자 하는 자산액"은 실제거래금액과 장부가액 중 큰 금액을 적용하여 판단한다. 다만, 양수·도하고자 하는 자산액이 자산총액의 10% 이상이더라도 일상적인 영업활동으로서 상품·제품·원재료를 매매하는 행위 등 다음과 같은 경우에는 중요한 자산의 양수·도로 보지 않는다.

중요한 자산의 양수·도 예외사항
– 상품·원재료·저장품 또는 그 밖에 재고자산의 매입·매출 등 일상적인 영업활동으로 인한 자산의 양수·양도
– 영업활동에 사용되는 기계, 설비, 장치 등의 주기적 교체를 위한 자산의 취득 또는 처분 (단, 그 교체주기가 1년 미만인 경우)
– 「자본시장법」 및 「상법」에 따른 자기주식의 취득 또는 처분
– 「금융위원회의 설치 등에 관한 법률」 제38조에 따른 검사대상기관과의 거래로서 약관에 따른 정형화된 거래
– 「자산유동화에 관한 법률」에 따른 자산유동화
– 공개매수에 의한 주식 등의 취득, 공개매수청약에 의한 주식 등의 처분
– 「자본시장법」 제4조 제3항에서 정한 국채증권·지방채증권·특수채증권 또는 법률에 의하여 직접 설립된 법인이 발행한 출자증권의 양수·양도
– 기타 투자자 보호의 필요성이 낮은 자산의 양수 또는 양도

자본시장법 시행령 제171조 ② 5호, 증권의 발행 및 공시 등에 관한 규정 제4-4조

> **▶ 판례 : 이사회 판단을 요하는 중요한 자산의 처분 및 양도**
>
> 어떠한 거래행위가 상법 제393조 제1항에서 정한 '중요한 자산의 처분 및 양도, 대규모 재산의 차입 등'에 해당하는지는 재산의 가액과 총자산에서 차지하는 비중, 회사의 규모, 회사의 영업이나 재산 상황, 경영상태, 자산의 보유 목적 또는 차입 목적과 사용처, 회사의 일상적 업무와 관련성, 종래의 업무 처리 등에 비추어 대표이사의 결정에 맡기는 것이 적당한지 여부에 따라 판단하여야 한다(대법원 2005. 7. 28. 선고 2005다3649 판결, 대법원 2008. 5. 15. 선고 2007다23807 판결 참조).

 중요한 영업양수·도 / 중요한 자산양수·도

상법에서는 중요한 영업양수·도에 대해서는 주총 특별결의를 거치고 반대주주에 대하여 주식매수청구권을 부여하고 있으나, 자산양수·도에 대해서는 특별한 이행규정을 두고 있지 않다.

따라서 자산양수·도에 대해서는 상법상 이행규정이 없으므로 자산양수·도가 중요하다 할지라도 주총결의가 불필요하고 반대주주에 대하여 주식매수청구권도 부여할 필요가 없다.

한편, 자본시장법에서는 영업양수·도와 자산양수·도가 중요한 경우에는 다음의 절차를 거치도록 규정하고 있다.

구 분	중요한 자산양수·도	중요한 영업양수·도
내 용	양수·양도하려는 자산액(장부가액과 거래금액 중 큰 금액)이 최근사업연도 말 자산총액[주1]의 10% 이상인 경우	• 양수·도 영업부문의 자산액[주1](장부가액과 거래금액 중 큰 금액)이 최근사업연도 말 자산총액의 10% 이상인 경우 • 양수·도 영업부문의 매출액[주1]이 최근사업연도 말 매출액의 10% 이상인 경우 • 영업의 양수로 인수할 부채액[주1]이 최근사업연도 말 부채총액의 10% 이상인 경우
주주총회 승인	통상적으로 불필요[주2]	주총 특별결의
주식매수청구권	통상적으로 불인정[주3]	인정
주요사항보고서 제출	제출	좌동
외부 평가기관의 평가 의견서	필요	좌동
종료 보고	종료보고서 금융위 제출	좌동
근거 규정	자본시장법 시행령 제171조 ② 5호	자본시장법 시행령 제171조 ② 1호~3호

주1) 중요한 영업 판단시 적용되는 자산총액, 매출액, 부채총액은 연결재무제표 작성대상법인인 경우 연결재무제표상 금액을 적용하고 연결대상이 아닌 경우 개별재무제표상 금액을 적용
주2) 양도인 입장에서 영업에 중요부분 폐지를 초래하는 양도 또는 양수인 입장에서 영업에 중대한 영향을 미치는 경우 필요
주3) 주총 특별결의가 필요한 경우 인정됨.

III 영업양수·도의 종류

영업양수·도는 상법상 절차의 간소화의 정도에 따라 일반영업양수·도, 간이영업양수·도로 구분된다.

일반영업양수·도 (상법 제374조, 제374조의2)	중요한 영업양수·도계약서에 대한 승인은 반드시 주총 특별결의를 거쳐야 하며 반대주주의 주식매수청구권을 인정함.

간이영업양수·도 (상법 제374조의3)	• 주주총회의 특별결의가 필요한 영업양도, 양수, 임대등의 경우에 해당 회사의 총주주의 동의가 있거나 그 상대방 회사가 해당 회사 발행주식총수의 90퍼센트 이상을 소유하고 있는 때에는 주주총회의 승인을 이사회의 결의로 갈음할 수 있도록 한 제도 • 계약일로부터 2주 이내에 주총승인을 득하지 않고 영업양수·도를 진행한다는 내용을 공고하거나 통지하여야 함. 단, 총주주의 동의가 있는 경우 공고 또는 통지 불필요 • 대상회사 총주주의 동의가 있는 경우 반대주주가 존재하지 않으므로 주식매수청구권 발생 가능성은 없으나, 대상회사 발행주식총수의 90% 이상을 소유한 경우 반대주주가 존재할 수 있으므로 이 경우에는 주식매수청구권이 인정됨.

IV 자산 또는 영업양수·도의 제한 규정

① 상법상 제한 규정

(1) 영업양도인의 겸업 금지(상법 제41조)

영업양도시 다른 약정이 없으면 영업양도인은 10년간 동일한 특별시·광역시·시·군에서 동종영업을 영위하지 못하도록 규정하고 있고 영업양도인이 동종영업을 하지 아니할 것을 약정한 때에는 동일한 특별시·광역시·시·군에서 20년을 초과하지 아니한 범위 내에서 그 효력이 있다.

(2) 영업양수인의 책임(상법 제42조, 제45조)

영업양수인이 영업양도인의 상호를 계속 사용하는 경우에는 영업양도인의 영업으로 인한 제3자에 대한 채무에 대하여 영업양수인도 영업양도 후 2년간 변제할 책임이 있다. 그러나 영업양수인이 영업양수 후 지체없이 영업양도인의 채무에 대한 책임이 없음을 등기하거나 영업양도인과 영업양수인이 지체없이 제3자에 대하여 그 뜻을 통지한 경우에는 영업양수인은 영업양도인의 채무에 대하여 책임을 지지 않는다.

② 자본시장법상 제한 규정

영업 또는 자산양수·도 거래자가 상장법인인 경우 당해 상장법인은 다음의 규정을 준수하여야 한다.

구 분	내 용	규 정
주요사항보고서 제출	사업보고서 제출 대상법인이 중요한 영업양수·도 또는 자산양수·도를 결의한 경우 주요사항보고서 금융위 제출	자본시장법 제161조 ① 7호, 동법 시행령 제171조 ②
외부평가기관 평가의무	상장회사의 중요한 영업 또는 자산양수·도시 양수·도가액의 적정성에 대하여 외부평가기관의 평가의견서 제출	자본시장법 시행령 제176조의6 ③
합병 등 종료보고서 제출	상장법인이 중요한 영업 또는 자산양수·도 관련 주요사항보고서를 제출한 경우 영업 또는 자산양수·도를 사실상 종료한 때 금융위에 합병 등 종료보고서 제출	증권의 발행 및 공시 등에 관한 규정 제5-15조
우회상장 제한규정	• 우회상장으로 인한 경영권 변경(상장법인의 최대주주 변경)시 지분매각 제한	• 유가상장 제35조 • 코스닥상장 제36조
	• 우회상장요건 위반시 상장폐지	• 유가상장 제48조 ① 14호 • 코스닥상장 제54조 ① 10호
주된 영업부문 양도시 상장폐지	상장법인이 영업양도에 의하여 주된 영업이 매각되는 경우 주된 영업활동의 정지사유가 적용되어 상장이 폐지됨.	• 유가상장 제48조 ② 6호 라목 • 코스닥상장 제56조 ① 3호 라목

(주) 유가증권시장상장규정(유가상장), 코스닥시장상장규정(코스닥상장)

(1) 주요사항보고서

사업보고서 제출대상법인이 중요한 자산 또는 영업 양수도 관련 이사회결의 또는 계약을 체결한 경우 금융위원회에 주요사항보고서를 제출하여야 한다.

제출의무자	타법인과 중요한 자산 또는 영업을 양수도하고자 하는 사업보고서 제출대상 법인
제출시기	해당 사실이 발생한 날(계약체결일 또는 이사회결의일 중 빠른 날)의 다음 날까지 제출(실무상 당일날 제출)
제출장소	금융위원회 및 거래소
제출서식	• 영업양수도 : 기업공시서식 작성기준 중 <별지 제38-36호 영업양수> or <별지 제38-37호 영업양도> : 주요사항보고서 참조 • 자산양수도 : 별지 제38-38~39호 유형자산 양수/도, 별지 제38-40~41호 타법인주식 및 출자증권 양수/도, 별지 제38-42~43호 주권관련 사채권 양수/도 • 별지 제38호 중요한 자산양수도결정(기타) : 별지 제39-38호~제39-43호에 해당되지 않는 양수도
첨부서류	• 이사회 의사록 사본 • 자산 또는 영업양수도 계약서 사본 • 외부평가기관의 평가의견서
규 정[주]	• 자본시장법 제161조 ① 7호, 동법 시행령 제171조 ② • 「증권의 발행 및 공시 등에 관한 규정」 제4-5조 • 영업양수도 : 유가공시 제7조 ① 3호 가목(5), 코스닥공시 제6조 ① 3호 가목(8) • 자산양수도 : 유가공시 제7조 ① 2호, 코스닥공시 제6조 ① 2호

주) 영업 또는 자산양수도와 관련, 주요사항보고서 외에 거래소 공시규정상에 부수적 공시사항이 있을 수 있다.
  해당 거래소 공시규정은 수시로 변경되므로, 유가증권공시규정 제7조 주요경영사항 및 제28조 자율공시, 코스닥공시규정 제6조 공시신고사항 및 제26조 자율공시와 관련하여 세부적인 검토와 함께 거래소 담당자와의 협의가 필요함.

(2) 외부평가기관의 평가(자본시장법 시행령 제176조의6 ③)

상장법인의 중요한 영업 또는 자산의 양수·도시 거래가액이 공정하지 않은 경우 상장법인의 재무구조 악화 및 일반주주들의 피해가 발생할 수 있어 자본시장법에서는 거래가액의 적정성에 대하여 외부평가기관의 평가를 받도록 규정하고 있다. 그러나 상장법인의 영업 또는 자산양수·도가액에 대한 외부평가제도는 가액의 산정방법이 법제화 된 합병과 달리 양수·도가액의 평가방법이 법제화되어 있지 않고 단지 외부평가기관의 평가의견서를 주요사항보고서에 첨부하도록 규정하고 있으므로 영업양수·도가액에 대한 결정이 합병가액 산정방법보다 자유롭다고 할 수 있다.

① 외부평가기관(자본시장법 시행령 제176조의5 ⑧)

자본시장법에서는 평가의 객관성 및 공정성 확보를 위하여 평가기관을 증권회사, 신용평가회사, 회계법인으로 제한하고 있으며 외부평가기관이 금융위 또는 주식회사의 외부감사에 관한 법률에 의한 업무정지 또는 업무제한을 받은 경우(자본시장법 시행령 제176조의5 ⑨) 그 정지 및 제한기간과 외부평가기관이 평가대상 회사와 특수관계(증권의 발행 및 공시 등에 관한 규정 제5 - 14조)에 있는 경우 평가를 할 수 없도록 규정하고 있다(자본시장법 시행령 제176조의5 ⑩).

② 외부평가 면제(자본시장법 시행령 제176조의6 ③)

중요한 자산의 양수·도 중 증권시장을 통한 증권의 매매, 자산의 경매 등 외부평가기관의 평가 필요성이 적은 다음의 경우 외부평가기관의 평가를 생략할 수 있다.

 | 외부평가 면제(증권의 발행 및 공시 등에 관한 규정 제5-14조의2) |

- 증권시장을 통한 증권의 양수·양도
- 경매를 통한 자산의 양수·양도
- 위에 준하는 것으로서 평가기관의 평가필요성이 적은 자산의 양수·양도

③ 외부평가업무 가이드라인

금융감독원은 거래가격 및 자산평가시 부실평가로 인한 상장법인의 재무구조 악화 및 일반주주의 피해를 방지하기 위하여 외부평가기관이 평가업무를 수행함에 있어 준수해야 할 평가원칙, 평가방법, 평가사례를 규정한 외부평가업무 가이드라인을 제정(2009년 6월)하였는 바, 영업 또는 자산의 평가가 필요한 상장법인 및 외부평가기관은 반드시 본 가이드라인을 준수하여 평가하여야 한다.

(3) 합병 등 종료보고서

제출의무자	자산 또는 영업양수·도의 주요사항보고서를 제출한 상장법인
제출시기	• 등기 등 사실상 영업양수·양도를 종료한 때 • 관련 자산의 등기 등 사실상 자산양수·양도를 종료한 때
제출장소	금융위원회

공시서식	• <별지 제55호 서식> : 합병등 종료보고서 • 이 서식은 합병, 영업양수, 자산양수, 주식의 포괄적 교환·이전, 분할로 인한 주요사항보고서 제출 이후 사실상 합병 등을 종료한 때 종료보고 목적으로 사용
기재사항	• 일정 • 대주주 등 지분변동 상황 • 주식매수청구권 행사 • 채권자보호에 관한 사항 • 관련 소송의 현황 • 신주배정 등에 관한 사항
규 정	증권의 발행 및 공시 등에 관한 규정 제5 - 15조

(주) 사실상 영업(자산)양수·양도를 종료한 때: 실제로 영업(자산)의 양수·도를 위한 자산 및 부채, 영업(자산)과 관련된 권리 등이 이전되는 날로서 통상 계약에서 정한 양수·양도일을 의미함.

(4) 우회상장 제한규정

건전하지 못한 비상장법인이 상장법인과 영업 또는 자산양수·도를 통하여 우회상장한 후 단기간에 주식을 매각함으로써 발생되는 자본시장 교란 및 일반주주 피해를 방지하기 위하여 상장법인이 비상장법인과 영업 또는 자산양수·도로 인하여 경영권이 변동되는 경우, 비상장법인의 최대출자자 등이 보유하는 상장법인의 주식 및 주식관련 사채에 대하여 일정기간 매각을 제한하고 있으며, 당해 우회상장 대상 비상장법인(영업양수의 경우 양수대상 비상장법인의 영업부문)이 우회상장요건을 충족하지 못할 경우 당해 우회상장법인(상장법인)은 상장이 폐지된다.

❖ 규제대상 우회상장 거래 ❖

구 분	규제대상 우회상장 거래
영업양수·도	• 상장법인과 비상장법인 간 영업양수·도시 상장법인의 경영권이 변경되고 • 양수대상 영업부문 자산액 또는 매출액이 비상장법인의 최근사업연도 말 자산총액 또는 매출액의 30% 이상인 경우

구 분	규제대상 우회상장 거래
자산양수·도	• 상장법인과 비상장법인 간 자산양수·도시 상장법인의 경영권이 변경되고 • 상장법인이 비상장법인 주요출자자로부터 해당 비상장법인이 발행한 주식을 취득하고 • 자산양수 결과 상장법인이 비상장법인 주식의 50% 이상을 소유하거나 30% 초과 소유하면서 최대주주인 경우
현물출자	• 상장법인과 비상장법인 간 현물출자시 상장법인의 경영권이 변경되고 • 현물출자 가액이 상장법인 최근연도 말 자산총액의 10% 이상이고 (코스닥상장법인만 해당) • 현물출자 결과 상장법인이 비상장법인 주식의 50% 이상을 소유하거나 30% 초과 소유하면서 최대주주인 경우
규 정	• 유가증권시장상장규정 제32조 및 동 시행세칙 제28조 • 코스닥시장상장규정 제33조

우회상장에 대한 구체적인 내용은 '제6장 우회상장'편을 참조하기 바람.

③ 공정거래법상 신고의무

공정거래법은 기업집중 또는 경쟁제한을 방지하기 위하여 일정규모 이상의 영업양수·도에 대해서는 기업결합신고(사전신고 및 사후신고)제도를 두고 있다.

공정거래법	기업결합의 제한 (제9조)	영업양수도등을 통해 일정한 거래분야에서 경쟁을 실질적으로 제한하여서는 아니됨. 단, 효율성 증대효과가 경쟁제한의 폐해보다 큰 경우 등은 예외
	사후신고제도 (제11조 ①, ⑥)	• 특수관계인을 포함하여 자산 또는 매출총액이 3천억원 이상인 회사가 영업양수도 당사회사에 포함된 경우 기업결합일로부터 30일 내에 기업결합신고를 하여야 함.[주1)] • 기업결합일 : 영업양수대금 지불완료일(단, 계약체결일로부터 90일을 경과하여 대금지급을 완료하는 경우 90일이 경과한 날)

공정거래법	사전신고제도 (제11조 ⑥, ⑦)	대규모회사[주2)]가 합병 당사회사에 포함된 경우 영업양수 계약체결일부터 기업결합일 이전까지 기업결합신고를 하여야 하며, 신고 후 공정위 심사결과를 통지받기 전까지(30일 소요, 공정위 필요시 90일 추가연장 가능) 양수계약의 이행행위를 하여서는 아니됨.

주1) 공정거래법상 기업결합신고에 있어 합병 당사회사 중 타 일방의(특수관계인 포함) 자산 또는 매출총액이 300억원 미만일 경우에는 신고면제(공정거래법 시행령 제18조 ②)
주2) 특수관계인을 포함하여 자산 또는 매출총액이 2조원 이상인 회사(공정거래법 제9조 ①, 시행령 제15조)

 주의사항

(1) 거래가격 분할에 대한 주의

자산총액의 10% 이상인 영업양수・도의 경우 중요한 영업양수・도로 규정되므로 상법상 주총특별결의 및 주식매수청구권 인정, 자본시장법상 주요사항보고서 제출 및 외부기관평가 절차 등을 이행하여야 한다. 그러나 이러한 부담을 회피하기 위하여 영업양수・도 거래를 자산총액의 10% 미만으로 분할하여 수회에 거쳐 진행하는 경우가 발생할 수 있다.

이러한 경우 거래의 실질상 동일거래일 경우에는 합산하여 판단할 수 있으므로 주의하여야 한다.

특히, 상장회사의 경우 자산총액 대비 10% 이상에 해당되는 자산양수・도의 경우 중요한 자산양수・도에 해당되어 감독기관의 감독이 강화된다. 그러나 이러한 감독을 회피하기 위하여 거래의 실질상 동일거래임에도 불구하고 거래를 분할하는 경우가 발생될 수 있으나 감독기관에서는 거래의 실질을 고려하여 거래의 동일성이 인정될 경우 합산하여 단일거래로 규정하고 있으므로 이를 주의하여야 한다.

[거래가격분할 예시]
비상장사 주식취득 금액이 상장회사 자산총액 대비 14%이나 감독을 회피하기 위하여 7%씩 시간의 간격을 두고 2차례에 거쳐 거래를 실행하는 경우

(2) 대주주의 지분매각 수단

영업양수·도는 채권자 보호절차가 불필요하고 비상장법인의 경우 주식매수청구
가격의 산정방법에 대하여 명확한 법률적 규정이 없으므로 이를 악용하여 영업양
수·도를 대주주의 지분매각수단으로 악용할 수 있다.

특히 비상장법인의 경우 대주주가 영업양수·도와 관련하여 주식매수청구권을 행
사하고 회사는 주식매수청구가격을 높게 산정하여 대금을 지급한다면 대주주는
손쉽게 보유주식을 고가로 현금화 할 수 있다.

특히 우리나라의 경우 주식에 대한 양도소득세(주식매수청구권을 통한 매각은 매매
거래로 간주)가 배당소득세보다 낮으므로 영업양수·도가 세금을 절감할 수 있는
대주주의 지분매각수단으로 악용될 수 있으므로 이를 주의하여야 한다.

Ⅴ   영업양수·도와 단순분할의 비교

영업양수·도는 독립된 사업부문이 영업의 동질성을 유지하면서 영업에 관련된
자산과 부채 및 권리와 의무의 일체가 포괄적으로 이전된다는 측면에서는 기업분
할과 그 개념이 유사하다. 또한, 과거 고성장시대에 사업확장에 의하여 비대해진
기업이 핵심역량을 강화하고 한계사업부문을 정리하는 구조조정수단으로 주로 활
용된다는 점에서도 유사점이 있다.

그러나 기업분할은 사업의 소유주체가 바뀌지 않고 사업부문만 분리되지만 영업
양수·도는 사업부문이 매각되어 소유 및 경영주체가 바뀐다는 점에서 차이가 있
다. 또한, 영업양수·도는 매각거래로서 반드시 매각 상대방이 필요하고 매매대금
이 현금 등으로 이루어지지만, 기업분할은 분할되는 회사의 사업부문만으로 신규
회사가 설립되므로 거래상대방이 불필요하고 대가를 주식으로 받기 때문에 현금
거래가 필요하지 않다.

특히, 기업분할은 기업구조조정 과정에서 영업양수·도를 활용할 경우에 발생할
수 있는 문제점(주식매수청구권, 자산양도차익에 대한 과세문제 등)을 보완하기 위하
여 1998년 상법 개정에 의하여 도입된 제도로서 영업양수·도보다 한 단계 발전
된 제도라고 할 수 있다(기업분할에 대한 자세한 내용은 '제2장 분할'편 참조).

영업양수·도와 기업분할의 차이점	• 영업양수·도는 당사자의 자격에 대하여 제한이 없으므로 개인, 법인에 관계없이 누구나 당사자가 될 수 있으나, 기업분할은 상법상 주식회사만이 그 당사자가 될 수 있다. • 영업양수·도의 경우 사업부문의 이전이 출자의 형태가 아닌 매각의 형태를 취하므로 사업부문을 양수받기 위하여 거래상대방이 필요하나, 기업분할은 분할회사 사업부문이 출자에 의하여 신규법인의 자본을 구성하므로 분할로 인하여 새로운 법인이 설립된다. • 영업양수·도에 관한 모든 사항은 영업양수·도계약서를 통하여 규제를 받지만, 기업분할은 분할계획서에 의하여 모든 사항을 규제받는다. • 중요한 영업양수·도는 주총 특별결의를 득해야 하고 반대주주의 주식매수청구권이 인정되므로 기업의 자금부담이 가중되나, 기업분할은 주총 특별결의를 득해야 하는 점에서는 영업양수·도와 차이가 없으나 반대주주의 주식매수청구권이 인정되지 않으므로 자금부담 없이 구조조정을 실행할 수 있다. • 영업양수·도는 양도대가를 양도법인이 금전 등으로 수취하나, 기업분할은 사업부문 이전의 대가로 분할신설법인의 주식을 분할회사(물적분할) 또는 분할회사의 주주(인적분할)가 수취한다. • 영업양수·도는 사업부문의 양도대가로 금전 등을 수취하므로 순자산이 변동되지 않아 채권자 보호절차가 불필요하나, 기업분할의 경우 분할 전 채무에 대하여 분할회사와 분할신설회사가 연대책임을 지는 경우에는 채권자 보호절차가 불필요하나 연대책임을 지지 않는 경우에는 채권자 보호절차가 필요하다. • 영업양수·도는 감자절차가 수반되지 않으므로 영업양도자의 구주권 제출절차가 불필요하나, 인적분할의 경우 감자절차가 수반되므로 구주권 제출절차가 필요하다(물적분할은 감자절차 불필요). • 영업양수·도의 경우 자산은 공정가액으로 이전되나, 기업분할의 경우 인적분할은 장부가액으로, 물적분할은 공정가액으로 이전된다. • 영업양수·도의 경우 자본의 변동이 없어 자본변경등기가 불필요하나, 기업분할의 경우 분할회사는 분할등기, 분할신설회사는 설립등기가 이행된다.

❖ 영업양수 · 도와 기업분할의 비교 ❖

구 분	영업양수 · 도	기업분할
당사자 요건	개인, 법인 등 제한 없음.	주식회사만 가능
기본이 되는 서류	영업양수 · 도계약서	분할계획서
거래의 성격	매각거래	출자거래
자산의 이전	공정가액	장부가액
주주총회 특별결의	• 양도인(대상 회사) : 중요한 영업인 경우 필요 • 양수인 : 양수도가 양수인의 영업에 중대한 영향을 미치는 경우 필요	필요
주식매수청구권	인정됨.	• 비상장법인 : 인정되지 않음. • 상장법인 : 물적분할시 인정, 인적분할 재상장 불가시 인정[주1]
채권자 보호절차	불필요	• 연대책임 : 불필요 • 개별책임 : 필요
자본감소절차	불필요	인적분할의 경우 필요
구주권 제출절차[주2]	불필요	인적분할의 경우 필요
사업부문 이전의 대가	금전 등 재산	분할신설법인의 주식
대가의 귀속	영업양도인	• 인적분할 : 분할회사의 주주 • 물적분할 : 분할회사
거래상대방	필요	불필요
등기형태	개별자산에 대한 소유권변경등기 이외의 등기절차 불필요	• 분할회사 : 분할등기 • 분할신설회사 : 법인설립등기

주1) 단, 상장법인이 인적분할을 하면서 신설법인이 거래소에 재상장되지 아니하는 경우에는 자본시장법 상의 주식매수청구권이 주어짐.
주2) 상장회사의 경우, 상법상 1개월의 구주권제출 기간 대신 주식병합일(분할기일) 2주간 전의 주식병합 공고로 대체됨

VI 자산 또는 영업양수 · 도의 절차

(1) 중요한 영업양수 · 도와 중요한 자산양수 · 도 비교

경상적인 자산 또는 영업양수 · 도는 개별 자산의 매매와 같이 이사회결의 등 회사내부의 규정 및 절차에 따라 자유롭게 실시하면 된다. 그러나 중요한 자산 또는 영업양수 · 도는 그 절차를 상법 및 자본시장법 등에서 규정하고 있으므로 그 규정에 따라 절차가 진행되어야 한다.

중요한 자산 또는 영업양수 · 도의 절차와 관련하여 주의할 점은 중요한 영업양수 · 도는 주총 특별결의 및 주식매수청구권 등의 상법상 절차와 주요사항보고서 제출, 양수 · 도가액의 적정성에 대한 외부기관평가, 종료보고 등 자본시장법상의 절차를 모두 이행해야 하는 반면, 중요한 자산양수 · 도는 해당 양수도가 중대한 영향을 끼치지 아니하는 이상 자본시장법상의 절차만 이행하면 된다는 점이다.

구 분	중요한 영업양수 · 도	중요한 자산양수 · 도
이사회결의	○	○
외부평가기관의 평가	○	○
계약 체결	○	○
주요사항보고서 제출	○	○
주총 특별결의	○	×[주1]
주식매수청구권	○	×[주2]
채권자 보호절차	×	×
중요성 규정	자본시장법 시행령 제171조 ② 1호~3호	자본시장법 시행령 제171조 ② 5호

주1) 양도인 입장에서 영업에 중요부분 폐지를 초래하는 양도 또는 양수인 입장에서 영업에 중대한 영향을 미치는 경우 필요
주2) 주총 특별결의가 필요한 경우 인정됨.

(2) 일반영업양수 · 도와 간이영업양수 · 도 비교

일반영업양수 · 도는 주총 특별결의를 거쳐야 되고 반대주주의 주식매수청구권을 인정하여야 하나 간이영업양수 · 도는 주총 승인을 거치지 않고 이사회 승인만으로 절차가 진행되므로 영업양수 · 도 계약일로부터 2주 이내에 주총승인을 득하지

않고 절차가 진행된다는 내용을 공고하거나 통지하여야 하며(단, 총주주의 동의가 있는 경우 공고 또는 통지 불필요) 대상회사 총주주의 동의가 있는 경우 반대주주가 존재하지 않으므로 주식매수청구권 발생 가능성은 없으나 상대방이 대상회사 주식의 90% 이상을 소유한 간이영업양수ㆍ도의 경우 반대주주가 존재할 수 있으므로 이 경우에는 주식매수청구권을 인정하여야 한다. 유사한 개념으로 간이합병을 들 수 있는데, 상법상 간이합병은 합병시 소멸회사에 한하여 존속회사가 90% 이상 주식을 보유하거나 총주주의 동의가 있는 경우 그 소멸회사 측이 주주총회를 생략할 수 있는 것을 말하는데 반해, 간이영업양수도의 경우 양수도 양 당사회사 모두에게 적용될 수 있다는 차이가 있다(상법 제374조의3).

① 비상장법인의 절차

통상적으로 비상장법인의 중요한 자산양수ㆍ도 절차는 상법상 이행규정이 없고 자본시장법을 준수할 필요가 없으므로, 자산양수ㆍ도 가액의 평가(필요시 외부평가기관의 평가), 이사회 결의, 자산양수ㆍ도 계약 체결, 기준일 설정, 대금결제 등의 절차에 의하여 그 거래가 종료된다.

그러나 비상장법인의 중요한 영업양수ㆍ도 절차는 상법상 규정된 주총 절차, 주식매수권 청구절차 등 법정절차를 준수하여야 하나 자본의 변동을 수반하지 않으므로 등기절차가 불필요하고 독립된 사업부문의 자산과 부채 등을 이전하는 대가로 금전 등을 수취하게 되어 실질순자산이 변동되지 않으므로 채권자 보호절차도 불필요하다.

(1) 중요한 자산양수ㆍ도 절차

절 차	설 명
자산평가	• 매매가격 산정을 위한 공정가격 평가 • 필요시 외부평가기관 평가계약 체결 및 평가
이사회결의 및 계약체결	이사회 승인 후 자산양수ㆍ도 계약 체결
자산양수ㆍ도 기준일	• 실질적인 자산양수ㆍ도일 • 관련 자산과 관련된 권리 등이 이전되는 날
대금지급	기준일 또는 계약이행 이후 지급

(주) 단, 양도인 입장에서 영업에 중요부분 폐지를 초래하는 양도 또는 양수인 입장에서 영업에 중대한 영향을 미치는 경우에는 중요한 영업양수도에 준하여 주총 특별결의가 필요하고, 주식매수청구 절차가 주어진다.

(2) 중요한 영업양수 · 도 절차

절 차	일 정	설 명	관련규정
사전준비절차	-	• 관련법률, 회계, 조세문제 검토 • 절차 및 일정 확정 • 외부평가기관 평가 완료 • 계약서 등 관련서류 작성	-
이사회결의 및 계약 체결	D - 32	이사회승인 후 영업양수 · 도 계약 체결	-
주총소집 이사회결의		주총소집은 이사회결의사항	상법 제362조
주주명부 폐쇄 및 기준일 공고	D - 31	주주명부확정 기준일 2주 전 공고	상법 제354조
주주명부확정 기준일	D - 16	주총소집을 위한 권리주주 확정일	상법 제354조
주총소집 공고 및 통지	D - 15	주식매수청구권 내용과 행사방법 명기	상법 제363조, 제374조 ②
반대의사 접수마감	D - 1	주총소집 통지일 ~ 주총 전일	상법 제374조의2
주주총회 개최	D	주총 특별결의	상법 제374조
매수청구권행사 시작		매수청구 주총일로부터 시작	상법 제374조의2
주식매수청구권 행사완료	D + 20	주총일로부터 20일 이내	상법 제374조의2
영업양수 · 도 기일	계약서상 기준일	실질적인 영업양수 · 도 효력 발생일	
계약이행		대상자산 등에 대한 소유권 변경 등 권리이전절차 이행	
대금지급	계약서상 지급일	기준일 이후 계약서상 지급하기로 한 날 지급	
주식매수청구권 대금지급	D + 61	매수청구기간 종료일로부터 2개월 이내 대금지급	상법 제374조의2

(주) 1. 총주주로부터 기간단축동의서를 징구하는 경우 이사회결의 익일에 주총개최 가능
2. 비상장법인 중 사업보고서 제출 대상법인은 자본시장법상 절차인 주요사항보고서를 제출해야 함.

가. 영업양수·도 및 주총소집에 대한 이사회결의

회사조직 또는 영업의 중요한 변경사항은 이사회결의를 거쳐야 하며, 주총소집을 위한 이사회결의는 절차 및 기간단축을 위하여 영업양수·도에 대한 이사회 결의시 함께 이루어진다.

나. 영업양수·도 계약 체결

영업양수·도 계약서는 영업양수·도에 대한 전체 사항을 규정하는 가장 중요한 서류로서 이사회 및 주주총회의 승인을 거쳐 그 효력이 발생된다. 영업양수·도 계약서는 법률상 특별한 형식과 내용을 규정하고 있지 않지만 기본적으로 다음의 사항을 포함하여야 한다.

영업양수·도 계약서 주요내용	• 영업양수·도의 목적 및 목적물 • 영업양수·도 일정 및 기준일 • 영업양수·도 가액 및 그 산출근거 • 영업양수·도 대금 및 그 지급방법 • 목적물의 인도 • 종업원 승계 • 양수인과 양도인의 의무 • 영업양수·도의 효과 • 필요시) 양도인과 양수인의 계약해지 조항 　예) 양도인의 매수청구권 신청 금액 또는 양수인의 매수청구권 신청 　　　금액이 일정금액 이상인 경우 서면합의에 의한 계약해지

다. 주주명부 폐쇄 및 기준일 공고

주총에서 의결권을 행사할 권리주주를 확정하기 위하여 이사회에서 정한 기준일을 공고하고 기준일 익일부터 일정기간 동안 주주명부를 폐쇄한다는 내용을 기준일의 2주 전에 정관에서 정한 신문 또는 전자적 방법(홈페이지 게재, 상법 제289조 및 동법 시행령 제6조)으로 공고하여야 한다. 따라서 전자적 방법의 경우 이사회 익일이 아닌 당일 즉시 공고가 가능하다.

비상장법인의 경우 주주수가 많지 않거나 총주주에 대한 통제가 가능한 경우에는 총주주로부터 기간단축동의서를 징구받음으로써 공고를 생략할 수 있다.

라. 주주명부확정 기준일

기준일자의 주주명부에 기재된 주주가 주주총회에서 영업양수·도 승인에 대한 의결권을 행사할 권리주주로 확정된다.

마. 주주총회소집 공고 및 통지

주주명부 폐쇄기간은 주주수가 적고 개별적으로 통제가 가능한 비상장법 인의 경우에는 특별한 시간이 필요하지 않으나 상장법인 또는 주주수가 많 아 명의개서 대리인 제도를 도입하고 있는 비상장법인의 경우에는 약 5영 업일 이상의 기간이 소요된다.

상법 제363조에 의거 주주명부가 확정되면 회사는 주총일 2주 전에 영업양 수·도 승인을 위한 주총소집 공고 및 통지를 하여야 하며 상법 제374조 ②에 의거, 공고와 통지에는 반대주주의 주식매수청구권에 대한 내용과 행 사방법을 명기하여야 한다.

비상장법인의 경우 총주주로부터 기간단축동의서를 징구받음으로써 공고 및 통지를 생략할 수 있다.

바. 반대의사 서면통지 접수마감

영업양수·도 승인을 위한 주총 전일까지 주식매수청구권 행사를 위한 반 대주주의 반대의사를 서면으로 접수해야 한다(주식매수청구권은 '제5장 주식 매수청구권'편 참조).

사. 주주총회 개최

영업양수·도는 회사의 조직 및 영업, 주주의 권익에 중대한 영향을 미치 는 사항인 바, 주주총회의 특별결의를 거쳐야 한다.

주주총회 특별결의 요건은 출석한 주주의결권의 2/3 이상을 득하여야 하 며, 그 비율이 발행주식총수의 1/3 이상이어야 한다.

아. 주식매수청구 행사 및 주식매수청구대금 지급

주총결의일로부터 20일이 경과하면 반대주주의 주식매수청구권 행사기간 이 만료되고 주식매수청구행사기간 만료일로부터 2개월 이내에 주식매수 청구대금을 지급하여야 한다(주식매수청구권은 '제5장 주식매수청구권'편 참 조).

자. 계약의 이행

합병의 경우 피합병회사의 자산 및 부채, 권리 및 의무, 인원 및 조직 등이 포괄적으로 합병회사에 이전되므로 계약의 이행과 관련하여 합병 당사자 간 분쟁의 발생 가능성이 많지 않다.

그러나 영업양수·도의 경우 대상 자산 및 부채, 권리 및 의무, 조직 및 인 원 등이 계약서에 의하여 개별적으로 이전되므로 이전의 범위 및 방법에 대하여 계약서에 구체적으로 명기하지 않을 경우 당사자 간 분쟁이 발생될 수 있다.

일반적으로 계약의 이행은 동산의 경우에는 인도 또는 교부, 부동산의 경우에는 등기, 상표 등의 경우에는 등록을 통하여 이행하여야 하나 종업원 승계, 거래처 등에 대해서는 계약서에 그 이전방법 및 승계범위를 명확히 하지 않을 경우에는 거래종결 이후에 당사자 간 소송으로 발전될 수 있으므로 계약체결 및 계약의 이행시 이러한 사항에 대하여 주의하여야 한다.

차. 영업양수·도 기준일(기일)

기준일은 양도되는 영업부문의 자산 및 부채, 권리 및 의무, 인원 및 조직 등이 양수인에게 실질적으로 이전되는 날로서 관련 자산 등의 이전절차 등을 고려하여 설계하여야 한다.

기준일은 대금지급과 관련없이 실제로 영업과 관련된 권리 등이 이전되는 날로서 계약서에서 정한 양수·양도일을 의미한다.

통상 기준일은 계약체결시 계약서에 명기해야 하며 관련 자산 등에 따라 계약의 이행기간이 길어질 수 있으므로 영업양수·도 계약서 체결시 계약서상 기준일과 대금지급일은 상호 협의에 의하여 연장이 가능할 수 있도록 탄력적으로 설계하여야 한다.

② 상장법인의 절차

자본시장법상 중요한 자산 또는 영업양수·도의 경우 상장법인은 전술한 비상장법인의 절차에 법정공시 및 신고절차, 외부평가기관의 평가, 주요사항보고서 제출 및 종료보고서 제출절차가 추가된다.

(1) 중요한 자산양수·도 절차

절 차	일 정	설 명	관련규정
외부 평가계약 체결 및 평가	사전 절차	자산양수·도 가액의 적정성에 대한 외부평가기관의 평가 계약 체결 및 평가 완료	자본시장법 시행령 제176조의6 ③

절 차	일 정	설 명	관련규정
이사회결의 및 계약 체결	D	이사회승인 후 자산양수·도 계약 체결	–
이사회결의사항 신고 및 공시		이사회결의 거래소 신고	• 유가공시 제7조 ① 2호 나목 • 코스닥공시 제6조 ① 2호 나목
주요사항보고서 제출		• 금융위원회 제출 • <별지 제38호> 이내 관련 서식 검토	자본시장법 제161조 ① 7호
자산양수·도 기준일	계약서상 기준일	실질적으로 자산양수·도가 이루어지는 시기	
계약이행		대상자산 등에 대한 소유권 변경 등 권리이전절차 이행	–
합병 등 종료보고서 제출		• 사실상 자산양수·도 종료시(자산양수·도 기준일) 금융위원회 제출 • <별지 제55호 서식> 참조	발행·공시규정 제5-15조
대금지급	계약서상 지급일	기준일 이후 계약서상 지급하기로 한 날 지급	

(주) 유가증권시장공시규정(유가공시), 코스닥시장공시규정(코스닥공시), 유가증권시장상장규정(유가상장)
코스닥시장상장규정(코스닥상장), 「증권의 발행 및 공시 등에 관한 규정」(발행·공시규정)

중요한 자산 양수도 관련 공시서식
제38-38호 : 유형자산 양수 결정
제38-39호 : 유형자산 양도 결정
제38-40호 : 타법인 주식 및 출자증권 양수결정
제38-41호 : 타법인 주식 및 출자증권 양도결정
제38-42호 : 주권 관련 사채권 양수 결정
제38-43호 : 주권 관련 사채권 양도 결정

(2) 중요한 영업양수·도 절차

상법에서는 다른 회사의 영업전부를 양수하는 경우에도 중요할 경우에만 주식매
수청구권 인정 및 주총 특별결의절차를 거치고 중요하지 않을 경우에는 주식매수
청구권과 주총특별결의를 면제하고 있다(상법 제374조 ① 3호). 이는 자본시장법에
서도 동일하게 적용된다(자본시장법 시행령 제171조 ②, 제176조의6 ①).

절 차	일 정	설 명	관련규정
사전준비절차	–	• 관련법률, 회계, 조세문제 검토 • 절차 및 일정 확정 • 계약서 등 관련서류 작성 • 외부평가기관 평가 완료 • 관계기관(거래소, 감독원, 명의 개서 대행회사 등) 사전협의	–
이사회결의 및 계약 체결	D – 41	이사회승인 후 영업양수·도 계약 체결	–
주요사항보고서 제출		금융위 및 거래소 제출	• 자본시장법 제161조 ① 7호 • 유가공시 제7조 ① 3호 가목 (5) • 코스닥공시 제6조 ① 3호 가목 (8)
주총소집 이사회결의		주총소집은 이사회결의사항	상법 제362조
공시관련 매매거래 정지		• 주요사항공시관련 매매거래정지 • 우회상장 여부 확인서류 거래 소 제출	• 유가공시 제40조 ① • 코스닥공시 제37조 ① • 유가상장 제153조 ① • 코스닥상장 제18조 ①
기준일 공고	D – 40	주주명부확정 기준일 2주 전 공고	상법 제354조
주주명부확정 기준일	D – 25	주총소집을 위한 권리주주확정일	상법 제354조
주총소집 공고 및 통지	D – 15	주식매수청구권 내용과 행사방법 명기	상법 제363조, 제374조 ②
주총소집 통지 및 공고 비치		소액주주에 대해서는 주총일 2주 전 전자공시시스템에 공고함으로 써 소집통지 갈음 (상장법인의 경우)	• 상법 제542조의4 ③ • 동법 시행령 제31조
반대의사 접수마감	D – 1	주총소집 통지일~주총 전일	자본시장법 제165조의5
주주총회 개최	D	주총 특별결의	상법 제374조
주총 결과보고		금융위 및 거래소	–
주식매수청구권 행사완료	D + 20	주총일로부터 20일 이내	자본시장법 제165조의5

절 차	일 정	설 명	관련규정
영업양수·도 기일	계약서상 기일	실질적인 영업양수·도 효력 발생일	
계약이행		대상자산 등에 대한 소유권 변경 등 권리이전절차 이행	
합병 등 종료보고서 제출	계약서상 기일	• 사실상 영업양수·도 종료시(영업양수·도 기준일) 금융위 제출 • <별지 제55호 서식> 참조	발행·공시규정 제5-15조
대금지급	계약서상 지급일	기준일 이후 계약서상 지급하기로 한 날 지급	
주식매수청구권 대금 지급	D+51	매수청구 기간 종료일로부터 1개월 이내 대금지급	자본시장법 제165조의5

(주) 「증권의 발행 및 공시 등에 관한 규정」(발행·공시규정), 유가증권시장공시규정(유가공시), 코스닥시장공시규정(코스닥공시), 코스닥시장상장규정(코스닥상장), 유가증권시장상장규정(유가상장)

① 상장법인 이사회결의사항 신고 및 공시

사업보고서 제출대상법인은 이사회 3일내 해당 내역을 주요사항보고서로 금융위에 제출하여야 한다. 단, 상장법인의 경우 각 시장의 공시규정에 의거하여, 그 결의 내용을 지체없이 거래소에 신고 및 공시하여야 한다.

구 분	유가증권상장법인	코스닥상장법인
시 기	이사회결의일 당일	좌동
장 소	금융위/거래소	좌동
제출서식	기업공시서식 작성기준 제38-36호 영업양수 or 제38-37호 영업양도	좌동
규 정	• 자본시장법 제161조 ① 6호 • 유가증권시장공시규정 제7조 ① 3호 가목 (5)	• 좌동 • 코스닥시장공시규정 제6조 ① 3호 가목 (8)

② 공시관련 매매거래 정지

상장법인이 영업양수·도를 공시한 경우 거래소는 주가에 대한 충격을 완화하고 소액주주를 보호하기 위하여 시장조치를 통하여 당해 공시시점부터 일정기간 동안 주권의 매매거래를 정지하고 있다.

가. 유가증권상장법인

㉠ 유가증권시장공시규정

공시시점	매매거래정지기간
매매거래 정지기준	영업양수·도에 대한 신고·공시시점
장개시 이전	장개시 이후 30분 동안
장개시 이후~장종료 60분 이전	공시시점으로부터 30분 동안
장종료 60분 전 이후	그 다음 날부터 매매거래 재개 (단, 장개시 전 시간외거래는 불가)
규 정	• 유가증권시장공시규정 제40조 ① 2호 • 동 시행세칙 제16조 ① 1호 • 유가증권시장업무규정 시행세칙 제54조

㉡ 유가증권시장상장규정

구 분	내 용
거래정지사유	투자자보호(우회상장 여부 확인)
거래정지기간	영업양수·도 공시시점~확인서(별지 제8호, 제9호 서식) 및 첨부서류 제출일 (단, 우회상장 해당시에는 우회상장예비심사청구서 제출일까지)
규 정	유가증권시장상장규정 제153조 ①, 동 시행세칙 제29조

나. 코스닥상장법인

㉠ 코스닥시장공시규정

공시시점	매매거래 정지기간
매매거래 정지기준	영업양수·도에 대한 신고·공시 시점
장개시 이전	장개시 이후 30분 동안
장개시 이후~장종료 60분 이전	공시시점으로부터 30분 동안
장종료 60분 전 이후	그 다음 날부터 매매거래 재개 (단, 장개시 전 시간외거래는 불가)
규 정	• 코스닥시장공시규정 제37조 ① 2호, ③ • 동 시행세칙 제18조 ① 7호 및 ② 2호 • 코스닥시장업무규정 시행세칙 제26조 2호, 3호

ⓛ 코스닥시장상장규정

구 분	내 용
거래정지사유	투자자 보호(우회상장 여부 확인)
거래정지기간	영업양수·도 공시 – 우회상장 여부 확인통지일까지
규 정	• 코스닥시장상장규정 제18조 ① 3호 • 동 시행세칙 제19조 ① 3호

③ 주주총회 소집절차

상장법인의 중요한 영업양수·도 결의를 위한 주총소집과 관련하여 기준일 공고, 기준일, 주총소집 통지절차를 정리하면 다음과 같다.

절 차	일 정	내 용
주총소집 이사회결의	D－16	
기준일 공고	D－15	기준일 2주 전 공고
기준일	D	
주총참석장 등 작성	D＋9～D＋10	
주총소집통지서 발송	D＋10～D＋11	주총일 2주 전 통지
주주총회일	D＋25	

비상장법인의 경우, 상법에 의거 1) 기준일 2주간 전에 기준일 공고를 하고, 2) 기준일부터 주주명부를 뽑기위해 실무적으로 3～5영업일 간의 주주명부폐쇄기관이 필요하다. 그러나 2019년 9월 도입된 주식·사채 등의 전자등록에 관한 법률("전자증권법")에 의거 모든 상장사들은 명부폐쇄와 관련된 업무가 생략되었다. 이에 향후 실무는 기준일 이후 즉각적으로 소유자명세가 나오고, 그 직후 참석장 작성 및 소집통지 발송의 실무적 절차를 진행하면 될 것으로 판단된다(전자증권법 제66조 및 제37조). 단, 본 상장법인의 기준일 및 주총 일정과 관련해서는 증권신고서의 효력발생이 주총소집발송 이전에 이루어져야 하므로 전자증권법 도입에 의한 기준일～주총소집통지 발송의 과정을 축소하지 않은 점을 유의하기 바란다.

영업양수·도 결의를 위한 주총소집 통지 및 공고시 영업양수·도 당사회사는 투자자 보호를 위하여 다음의 내용을 통지 및 공고하여야 한다.

공고 및 통지를 해야 할 사항	• 영업양수·도의 목적 • 영업양수·도하고자 하는 영업의 내용 및 범위 • 영업양수·도하고자 하는 부문의 자산액, 매출액 또는 영업양수로 인하여 인수할 부채액 • 영업양수·도 가액 및 산출근거 • 영업양수·도의 일정 및 방법 • 영업양수·도 당사회사의 출자·채무보증 기타 거래 • 주식매수청구권의 내용 및 행사에 관한 사항 • 기타 투자자 보호를 위하여 필요한 사항

④ 주총소집 통지·공고 및 비치공시

상장법인의 경우 의결권 있는 발행주식총수의 1% 이하의 주식을 보유한 주주(소액주주)에 대해서는 주총일 2주 전에 2 이상의 일간신문에 주총소집의 뜻과 주총의 목적사항을 각각 2회 이상 공고하거나 전자공시시스템에 공고함으로써 소집통지에 갈음할 수 있으며, 다음의 사항을 회사의 인터넷 홈페이지에 게재하고 금융위원회 등에 비치하여 일반인이 열람할 수 있도록 하여야 한다.

회사의 인터넷 홈페이지에 게재할 내용	I. 사외이사 등의 활동내역과 보수에 관한 사항 1. 사외이사 등의 활동내역 2. 사외이사 등의 보수현황 II. 최대주주 등과의 거래내역에 관한 사항 1. 단일거래규모가 일정규모 이상인 거래 2. 당해 사업연도 중에 특정인과 당해 거래를 포함한 거래총액이 일정규모 이상인 거래 III. 경영참고사항 1. 사업의 개요 2. 주주총회의 목적사항별 기재사항
비치장소	• 상장회사의 본점 및 지점 • 명의개서 대행회사 • 금융위원회, 거래소
규 정	• 상법 제542조의4 • 상법 시행령 제31조

(주) 금융감독원 기업공시제도실 '기업공시서식 작성기준' 중 제58호 '주주총회 소집공고' 공시서식 참조

Ⅶ 간이영업양수 · 도 절차

간이영업양수·도는 상법 제374조 제1항의 영업양수·도를 진행함에 있어서, 어느 일방이 총주주 동의가 가능하거나 타 일방의 발행주식총수의 90% 이상을 타법인이 보유할 경우 영업양도자는 주총특별결의 없이 이사회 결의만으로 영업양수·도를 가능하게 한 제도이다.

아울러, 유가증권상장법인의 경우 일반주주(유가증권시장상장규정 제2조 ① 12호) 지분율이 10% 미만이거나 그 수가 200명 미만인 경우(단, 일반주주 소유주식수가 200만주 이상인 경우 제외) 관리종목으로 지정(유가증권시장상장규정 제47조 ① 4호)되고 최근연도 사업보고서상 관리종목 지정사유를 해소하지 못하면 상장이 폐지(유가증권시장상장규정 제48조 ① 4호)되게 된다.

또한 코스닥상장법인의 경우 소액주주(코스닥시장상장규정 제2조 ① 16호)의 수가 200인 미만이거나 소액주주가 보유한 주식이 유동주식수(코스닥시장상장규정 제2조 ① 35호)의 20% 미만인 경우(단, i) 소액주주의 수가 300명 이상이고, 소액주주 소유주식이 100만주 이상이면서 유동주식수의 10% 이상인 경우. 또는 ii) 해외 상장된 경우에는 제외) 관리종목으로 지정(코스닥시장상장규정 제53조 ① 9호)되고 1년 이내에 지정사유를 해소하지 못하면 상장이 폐지(코스닥시장상장규정 제54조 ① 5호)되게 되므로 상법 제374조의3의 간이영업양수·도에 해당이 되는 법인은 대부분 비상장법인일 것으로 판단된다.

절 차	일 정	내 용	관련규정
외부평가기관 평가계약 체결	–	영업양수·도가액 평가를 위한 외부평가기관 선정	–
이사회 결의	D – 31	이사회승인 후 영업양수·도 계약 체결	상법 제374조의3
주주명부 폐쇄 및 기준일 공고	D – 30	반대주주확정을 위한 기준일 2주 전 공고	상법 제354조
계약 체결	D – 28	간이영업양수·도 공고일 2주 이내 계약 체결	

절 차	일 정	내 용	관련규정
주주명부확정 기준일	D-15	간이영업양수·도를 반대할 수 있는 주주확정일	상법 제354조
간이영업양수·도 공고		계약 체결일로부터 2주 이내 공고,	상법 제374조의3
반대주주 반대의사 통지 시작	D-15	공고일로부터 반대의사 통지 시작	상법 제374조의3
주주명부 폐쇄	D-14	주주수가 많은 경우 주주명부 폐쇄 필요	상법 제354조
반대주주 반대의사 통지 완료	D-1	공고일로부터 2주 내 서면통지	상법 제374조의3
주총갈음 이사회 승인	D	간이영업양수·도는 이사회승인이 주총 갈음함	
주식매수청구권 행사시작		공고일로부터 2주이내 서면 신청	
주식매수청구권 행사기간 만료	D+20	주식매수청구기간 20일	
영업양수·도기일	계약서상 기준일	실질적인 영업양수·도효력발생일	
계약이행		대상자산 등에 대한 소유권 변경 등 권리이전 절차 수행	
대금지급	계약서상 지급일	기준일 이후 계약서상 지급하기로 한 날 지급	
주식매수청구권 대금지급	D+80	매수청구행사기간 만료일로부터 2개월이내 대금지급	상법 제374조의2

부록··· 회계 및 세무

I 영업양수·도의 회계

일반적으로 회사의 영업양수·도는 기업구조조정방안 중 사업조정의 한 형태로 인식되고 있다. 영업양수·도의 내용을 보면 영업양도회사는 영업양도계약에 따라 독립된 사업부문의 자산과 부채를 포괄적으로 이전하고 그 대가로 금전 등을 수취하게 되고, 양업양수회사는 독립된 사업부문의 자산과 부채를 포괄적으로 이전받고 그 대가로 금전 등을 지급하게 된다. 영업양수·도는 자산과 부채가 이전되는 점에서 자산·부채인수(P&A)와 유사하며, 사업의 물적 설비뿐만 아니라 인적 설비 및 거래관계 등이 포괄적으로 이전되는 점에서 합병, 분할 및 법인전환과 유사하다.

① 영업양도회사의 회계

영업을 양도하는 회사는 자산과 부채의 포괄적인 매각으로 회계처리한다. 따라서 양도하는 자산과 부채의 장부금액과 수취하는 양도대가와의 차액을 양도차손익으로 인식하여야 한다. 대개 물적분할은 그 대가를 주식 등으로 수취하고 장부가액법을 사용하여 손익을 인식하지 않는 반면, 영업양수·도는 손익을 인식한다.

차 변	대 변
부채(장부금액)	자산(장부금액)
양수·도 대가(공정가치)	처분이익(또는 처분손실)

② 영업양수회사의 회계

영업을 양수하는 회사는 양수하는 개별 자산·부채의 공정가치로 인식하는 것이 원칙이다. 그러나 개별자산의 양수·도와 달리 영업양수·도시 지급한 양수·도 대가가 양수하는 사업부문의 가치를 포괄적으로 고려하여 결정되었다면 경우에 따라 개별 자산·부채의 공정가치를 파악하기 힘든 경우가 발생한다. 이러한 경우 일반적으로 양도회사의 재무제표를 기초로 공정가치와 차이가 발생할 수 있는 자산·부채를 파악한 후 개별적인 평가 및 조정을 거쳐 공정가치를 결정하고 공정가치와 양수·도 대가의 차액을 영업권 또는 염가매수차익으로 조정하는 것이 일반적이다.

영업권 가액이 클 경우 매 결산기에 손상차손의 평가와 상각으로 인하여 영업양수법인의 손익에 중요한 영향을 미칠 수 있으므로 영업양수·도시 이에 대한 신중한 검토가 필요하다.

차 변	대 변
자산(공정가치)	부채(공정가치)
영업권(또는 염가매수차익)	양수·도 대가(공정가치)

③ 지배·종속회사 간 영업양수·도

지배회사와 종속회사 간 또는 종속회사 간의 영업양수·도의 경우 개별 자산·부채의 공정가치 대신 연결재무제표상 장부금액을 승계하여 회계처리하여야 하며, 연결재무제표상 순자산장부가액과 영업양수·도 대가와의 차이는 영업권(또는 염가매수차익)이 아닌 투자주식 또는 자본잉여금의 증감으로 처리하여야 한다.

거래 참여자	내 용
지배회사	• 연결장부금액과 영업양수·도 대가의 차이를 종속회사에 대한 투자주식에 가감 • 거래 상대방이 부분 종속회사일 경우 지배지분에 해당하는 금액은 투자주식에 가감하며, 잔여 금액은 자본잉여금에 반영
종속회사	• 연결장부금액과 영업양수·도 대가의 차이를 자본잉여금에 반영
규 정	일반기업회계기준 '동일지배거래' 32.12

II 영업양수·도의 세무

세무상 영업양수·도는 기본적으로 개별자산의 매각을 준용하여 처리하지만 영업권의 승계가 가능하다는 점과 자산·부채가 포괄적으로 이전된다는 점에서 합병, 분할과 유사한 점이 있다. 따라서 일단 개별자산의 매각을 준용한 세무검토가 이루어진 후 포괄적 승계에 따른 세무검토가 필요하다.

주 체	세 목	규 정
영업양도 법인	사업양도법인의 법인세	법인세법 제4조
	부가가치세 납세의무	부가가치세법 제10조
	저가양도에 따른 부당행위계산의 부인	법인세법 제52조
영업양수 법인	사업양수인의 제2차 납세의무	국세기본법 제41조 지방세기본법 제48조
	취득세 및 농어촌특별세	지방세법 제7조 농어촌특별세법 제3조
	자산·부채의 승계	법인세법 제41조
	고가양수에 따른 부당행위계산의 부인	법인세법 제52조
당사법인의 주주	법인의 조직변경 등에 따른 이익의 증여	상속세 및 증여세법 제42조의2

(주) 「자본시장과 금융투자업에 관한 법률」에서는 영업양수·도로 표현하는 반면 세법에서는 사업양수· 도로 표현하고 있는데 본서에서는 이를 혼용하여 같은 의미로 사용하고자 한다.

① 영업양도법인의 세무

영업양도법인에 적용되는 주요 세법항목은 다음과 같다.

세 목	규 정
사업양도법인의 법인세	법인세법 제4조
부가가치세 납세의무	부가가치세법 제10조 ⑨ 2호, 동법 시행령 제23조
저가양도에 따른 부당행위계산의 부인	법인세법 제52조, 동법 시행령 제88조

(1) 사업양도법인의 법인세

법인이 독립된 사업부문의 일부 또는 전부를 양도하는 경우 사업부문에 포함된 자산·부채를 매각하는 효과가 발생한다. 따라서 사업부문에 포함된 자산·부채의 장부가액과 사업양도로 수령하는 대가의 차이에 해당하는 양도차손익은 각 사업연도소득을 구성하게 된다(법인세법 제4조 ①).

한편, 각 사업연도소득에 대한 법인세 계산시 일반세율로 부과되는 법인세 외에 비사업용 토지 등의 양도소득에 대하여 10%의 세율을 적용하여 산출한 세액을 법인세에 추가하여 납부하여야 함에 유의하여야 한다(법인세법 제55조의2). 비사업용 토지의 범위 등에 대하여는 법인세법 시행령 제92조의2 내지 제92조의11에 규정하고 있는 바, 그 내용이 지나치게 복잡하고 본서의 취지에 부합하지 않으므로 그에 대한 설명은 생략한다.

(2) 부가가치세 납세의무

통상 부가가치세는 재화의 공급에 대하여 부과되는데 사업양도가 포괄적으로 이루어진 경우에는 재화의 공급으로 보지 않기 때문에 부가가치세 과세대상이 아니다. 이는 사업의 양도가 특정 재화의 개별적 공급을 과세요건으로 하는 부가가치세 과세거래의 본질적 성격에 맞지 않는다는 점과 사업양수·도시 부가가치세가 과세될 경우 원활한 기업구조조정을 저해할 수 있다는 점 때문인데, 현행 부가가치세법에서는 '사업장별로 그 사업에 관한 모든 권리와 의무를 포괄적으로 이전할 것'을 요건으로 사업양수·도를 재화의 공급으로 보지 않는다.

만약 부가가치세법에서 규정하는 포괄적 사업양수·도에 해당함에도 불구하고 세금계산서를 발행할 경우 사업양수법인은 부가가치세 매입세액을 공제받지 못하고, 반대로 포괄적 사업양수·도에 해당하지 않음에도 불구하고 이를 포괄적 사업양수·도로 판단하여 세금계산서를 발행하지 않을 경우 사업양도법인은 부가가치세 뿐만 아니라 가산세까지 추징당할 위험이 있다. 사업양수·도의 경우 거래금액이 크기 때문에 관련 부가가치세액이 중요하므로 사업양수·도를 실행할 경우에는 이에 대하여 신중한 판단을 요한다.

만약 포괄적 사업양수·도에 해당하는지가 불분명하다면 부가가치세법 제52조 ④에 따라 사업의 양수인이 대가를 지급하는 때에 양도인으로부터 부가가치세를 징수하여 납부하는 대리납부제도를 이용할 필요가 있다. 부가가치세법 제10조 ⑨에서 사업을 양수받는 자가 대가를 지급하는 때에 양도자로부터 부가가치세를 징수하여 대리납부한 경우에는 재화의 공급으로 보도록 하고 있기 때문에 세금계산서 발행에 대한 위험부담을 피할 수 있다.

구 분	내 용
요 건	• 사업장별로 그 사업에 관한 모든 권리와 의무를 포괄적으로 이전할 것
사업양수·도 신고서 제출	• 사업을 양도하는 경우에는 사업의 양도일이 속하는 과세기간에 대한 부가가치세 확정 신고시 사업양도신고서를 제출
규 정	부가가치세법 제10조 ⑨ 2호, 동법 시행령 제23조, 제91조 ②

'포괄적 사업의 양도' 요건은 합병이나 분할시에도 동일하게 적용되므로 부가가치세법상 포괄적 사업양도의 해당 여부는 전체적인 구조조정의 세무를 이해하는 데 매우 중요한 사항이다. 따라서 이에 대하여 좀 더 세밀히 살펴보기로 한다.

가. 사업장별 사업의 이전이어야 한다

사업장별로 그 경영주체만 변경되고 사업 자체는 변동이 없이 이전 사업자의 사업이 그대로 계속 운영되어야 한다. 따라서 사업장이라는 물적 설비에 대한 소유권 내지 사용권이 이전되어야 하며, 사업양수자는 해당 사업장에서 사업양도자가 영위하던 사업을 영위하여야 한다. 이와 같이 사업장이라는 개념이 중요한 이유는 부가가치세법상 사업장이 부가가치세의 성립과 확정 및 세액납부의 기본단위이기 때문이다.

따라서 1개의 사업장에서 영위되고 있던 2개 이상의 사업 중 하나를 양수·도하는 경우에는 분할의 경우를 제외하고 사업의 양도에 해당하지 아니하며(부가가치세과－700, 2012. 6. 20.), 부동산임대사업을 영위하는 자로부터 양수받은 부동산을 사업양수자가 양수 후 이를 직접 제조용 공장으로 사용하는 경우에도 사업의 동일성이 유지되었다고 할 수 없으므로 부가가치세가 부과되지 않는 사업의 양도에 해당되지 않는 것으로 해석되어져 왔다. 그러나 사업양도 시점에는 사업의 종류가 동일하였으나, 사업양도 이후에 사업양수인이 사업의 종류를 추가하거나 사업의 종류를 변경한 경우 사업양수인의 일방적 행위에 따라 사업양도시 부가가치세 과세 여부가 결정되게 되므로 거래의 법적 안정성을 해하게 된다는 지적이 있어 왔다. 이에 수차의 개정을 통하여 2013. 7. 1.부터는 적격인적분할, 적격물적분할 및 양수자가 승계받은 사업 외에 새로운 사

업의 종류를 추가하거나 사업의 종류를 변경한 경우에도 포괄적 사업양수·도
의 범위에 포함하도록 하고 있다.

나. 사업에 관한 모든 권리와 의무의 이전이어야 한다

사업장별로 당해 사업장의 사업에 관한 모든 자산의 소유권, 부채의 변제의무
기타 사업상의 인적·물적 설비 및 권리와 의무가 모두 이전되어야 한다. 이
경우 인적 설비(종업원)도 사업에 관한 권리와 의무에 포함되는지 여부에 대하
여 논란이 있어 왔다. 대법원의 판단은 종전의 종업원이 그대로 인수인계되지
아니하였다고 하여도 사업의 양도로 인정하는 데에 장애가 될 수 없다는 입장
이다. 이에 대한 대법원의 견해는 다음과 같다.

〔판결요지〕 부가가치세가 부과되는 재화의 공급에 해당하지 아니하는 것으로
정하여진 "사업의 양도"라 함은 사업장별로 사업용 재산을 비롯한 물적·인적
시설 및 권리의무 등을 포괄적으로 양도하여 사업의 동일성을 유지하면서 경영
주체만을 교체시키는 것을 말하고, 여기에 해당하는 경우라면 종전의 종업원이
그대로 인수인계되지 아니하였다고 하여도 사업의 양도로 인정하는 데에 장애
가 될 수 없다(대법원 2006두17895, 2008. 12. 24., 대법원 2006두446, 2008. 2. 29.).

다. 권리와 의무의 포괄적인 이전이어야 한다

사업장별로 미수금, 미지급금, 당해 사업과 직접 관련이 없는 토지·건물을 제
외하고 기타 사업에 관한 모든 권리와 의무가 전체적으로 이전되어야 한다. 과
세관청은 포괄적 사업양수·도시 제외될 수 있는 자산·부채에 대하여 상당히
제한적으로 해석하고 있으므로 유의하여야 한다.

(3) 저가양도 및 고가양수에 따른 부당행위계산의 부인

사업양수·도가 특수관계법인 간에 이루어진다면 법인세법 제52조의 규정에 따라
부당행위계산의 부인규정을 적용받게 된다. 따라서 양도법인 입장에서 자산의 저
가양도, 양수법인 입장에서 자산의 고가양수에 따른 세무문제가 발생할 수 있다.
부당행위의 한 유형으로 자산의 저가양도 또는 고가양수가 있는데 이 경우 시가
와 거래가액의 차액이 3억원 이상이거나 시가의 5%에 상당하는 금액 이상인 경우
에 한하여 부당행위계산의 부인규정이 적용된다(법인세법 시행령 제88조 ③).
특히, 저가양도 및 고가양수의 적용을 받는 자산의 범위에는 영업권이 포함된다는

점에 유의하여야 한다. 따라서 사업양수・도에 있어서 기본적으로 「상속세 및 증여세법」의 규정 또는 감정평가법인에 의한 평가를 통하여 자산의 이전가액 및 영업권의 가액을 산정하는 절차가 실무상 요구된다.

특수관계인 외의 자와의 거래에 있어서도 정당한 사유 없이 자산을 정상가액(시가에 시가의 30%를 가산하거나 차감한 가액)보다 낮은 가액으로 양도하거나 높은 가액으로 양수함으로써 그 차액 중 실질적으로 증여한 것으로 인정되는 금액은 손금에 산입할 수 없는 비지정기부금으로 간주되므로(법인세법 제24조 ① 및 동법 시행령 제35조) 정상가액보다 저가로 양도하거나 고가로 양수하는 법인에 세무상 불이익이 있을 수 있다. 그런데 사업양수・도의 경우 전체 양도대가를 기준으로 30% 기준을 적용할 것인지, 아니면 개별자산별로 동 기준을 적용할 것인지에 대하여 명확한 해석이 없어 실무상 어려움이 있을 수 있다.

② 영업양수법인의 세무

영업양수법인에 적용되는 주요 세법항목은 다음과 같다.

세 목	규 정
사업양수인의 제2차 납세의무	국세기본법 제41조, 지방세기본법 제48조
취득세 및 농어촌특별세	지방세법 제7조, 농어촌특별세법 제3조
자산・부채의 승계	법인세법 제41조
고가양수에 따른 부당행위계산의 부인	법인세법 제52조, 법인세법 시행령 제88조

(1) 사업양수인의 제2차 납세의무

국세기본법 제41조와 지방세기본법 제48조에 따라 사업양수・도시 양도일 이전에 양도인의 납세의무가 확정된 당해 사업에 관한 국세, 지방세, 강제징수비(2020. 1. 1. 이전에 납세의무가 성립된 분에 대해서는 가산금 포함)를 양도인의 재산으로 충당하여도 부족할 때에는 양수인은 그 부족액에 대하여 양수한 재산의 가액을 한도로 제2차 납세의무를 부담한다.

① 양도일 이전에 확정된 조세채무

　세무조사 등을 통하여 양도일 이후에 확정된 조세채무나 당해 사업의 정상적인

영업활동과 상관없이 발생한 양도인의 조세채무 등은 제2차 납세의무의 대상
이 되지 않는다. 예를 들어 양도법인의 양도일이 속하는 사업연도에 대한 법인
세의 경우 법인세의 확정시기는 과세표준 신고일로서 납세의무가 영업양도일
이후에 확정되므로 양수인은 이에 대하여 제2차 납세의무를 부담하지 않는다.

② 양수한 재산의 가액 한도

양수한 재산의 가액이란 사업양수인이 양도인에게 지급하였거나 지급하여야
할 금액이 있는 경우에는 그 금액을 뜻하며, 양수·도 대가가 없거나 불분명한
경우 또는 시가에 비하여 현저히 낮은 경우에는 양수한 자산·부채를 「상속세
및 증여세법」 규정을 준용하여 평가한 후 그 자산총액에서 부채총액을 공제한
가액을 말한다(국세기본법 시행령 제23조 ②).

국세기본법상 사업양수인의 제2차 납세의무는 사업양수·도 계약서에 의하여
회피되거나 그 범위가 감소되지 아니하므로 사업을 양수하는 자는 사업양수·
도 과정에서 양도법인에 귀속되거나 귀속될 국세 및 지방세 등으로서 누락된
금액이 없는지 사전에 면밀하게 검토하여야 한다.

(2) 취득세 및 농어촌특별세

사업양수로 취득하는 재산에 대해서 특별히 감면이나 비과세 혜택이 없다. 따라서
부동산 등의 유상취득(취득을 원인으로 이루어지는 등기 또는 등록 포함)에 따른 취득
세 및 등록에 따른 등록면허세를 부담하여야 한다(지방세법 제7조, 제24조).

(3) 자산·부채의 승계

사업양수로 인하여 취득하는 자산·부채에 대하여 중고자산의 취득원가 산정 및
감가상각을 위한 내용연수의 확정, 퇴직급여충당금의 인수, 영업권 가액의 평가
등을 살펴볼 필요가 있다.

① 감가상각비

경제학적인 개념에서 사업양수·도의 경우 자산이 개별적으로 평가되지 아니
하고 전체적인 사업의 일부분으로 평가될 수 있으나, 세무상 자산의 취득가액
은 개별적으로 확정되어야 한다.

사업양수에 의하여 취득하는 고정자산의 취득원가는 사업양수·도 계약에 따

른 매입가액에 의하며, 기준내용연수의 50% 이상이 경과된 자산을 승계할 경우에 사업양수인은 기준내용연수의 50%에 상당하는 연수와 기준내용연수의 범위에서 선택하여 납세지 관할세무서장에게 신고한 연수를 잔존내용연수로 할 수 있다. 이 경우 사업양수인은 양수일이 속하는 사업연도의 법인세 과세표준 신고기한까지 적용하고자 하는 내용연수를 신고하여야 한다(법인세법 시행령 제29조의2).

② 퇴직급여충당금

합병이나 분할의 경우와 마찬가지로 사업을 포괄적으로 양도하는 경우에는 사업양수인이 퇴직급여충당금을 승계할 수 있다(법인세법 제33조 ④). 따라서 사업양수인의 종업원을 인수하면서 양수일까지 지급하여야 할 퇴직급여상당액 전액을 사업양수인이 인수하고 양도법인에서 근무한 기간을 통산하여 지급하기로 약정한 경우에는 당해 종업원에 대한 퇴직급여와 퇴직급여추계액은 양도법인에서 근무한 기간을 통산하여 계산할 수 있다. 그러나 퇴직급여충당금 손금부인액이나 퇴직보험의 손금산입액에 대해서는 과거에 그 승계 여부에 대하여 논란이 있었으나 현행 법인세법상 포괄적 사업양수·도에 있어서도 승계되는 것으로 해석된다(법인세법 시행령 제85조, 법령해석법인-3250, 2021. 11. 27.).

③ 영업권

기본적으로 사업양수·도와 관련하여 인수하는 순자산을 초과하여 양수·도 대가를 지급하는 경우 영업권을 계상할 수 있으나, 아래와 같은 세무상 문제점이 있으므로 유의하여야 한다. 특히, 특수관계인 간의 사업양수·도시에는 영업권에 대하여 세밀한 검토가 필요하다.

가. 금액의 적정성

법인세법은 영업권에 대하여 '양도·양수자산과 별도로 허가·인가 등 법률상의 지위, 사업상 편리한 지리적 여건, 영업상의 비법, 신용·명성·거래처 등 영업상의 이점 등을 고려하여 적절한 평가방법에 따라 유상으로 취득한 금액'을 포함하는 것으로 규정하고 있다(법인세법 시행규칙 제12조 ① 1호). 따라서 영업권을 양수하기 위해서는 해당 영업권이 재산적 가치가 있어야 하며, 아울러 적절히 평가되어야 한다.

실무적으로 특수관계인 외의 자와의 거래에 있어서 사업양수를 위해 지급한 대가와 인수한 순자산가액의 차액을 영업권으로 처리한 경우 과세당국이 세무조사 과정에서 이를 문제삼지 않는 경우가 많지만, 특수관계인 간의 사업양수·도에 있어서는 영업권의 금액은 필수적 검증 대상이 되므로 적절한 증빙을 갖출 필요가 있다.

나. 기업회계기준과의 차이

연결재무제표 작성 대상이 되는 지배회사와 종속회사 간의 사업양수·도시 영업권에 해당하는 금액을 자본잉여금에서 조정하는 것으로 회계처리하여야 한다. 물론, 연결재무제표상 양도사업부문에 대한 영업권이 있다면 이는 세무상 승계되는 영업권으로 처리할 수 있다.

그러나 세법은 이러한 경우에도 적절히 평가하여 산출된 가치를 영업권으로 계상하도록 하고 있다. 법인세법은 물적분할과 현물출자를 통하여 완전자회사를 설립할 경우에는 영업권을 계상하지 않아도 부당행위계산 부인 규정을 적용하지 않지만, 사업양수도의 경우에는 지배회사와 완전자회사 간의 거래라 하더라도 부당행위계산 부인규정의 적용대상으로 하고 있다 (법인세과-3244, 2008.11.4.). 세법상 물적분할과 현물출자도 자산의 양도로 인한 처분손익을 인식하는 거래이지만 세법은 완전자회사의 설립으로 100%의 지분을 확보하는 거래는 자본거래로 보는 반면, 설립 이후의 사업양수·도 거래는 손익거래로 보는 것으로 판단된다.

③ 당사법인 주주의 세무

사업양수·도를 통해 소유지분의 변동이나 그 평가액이 변동되는 경우 만약 그 과정에서 이익을 얻은 자가 있다면 이를 이익의 증여로 보아 증여세를 과세하도록 하고 있다. 이때 이익을 얻은 자를 특정하지 않았으므로 사업양도법인과 사업양수법인 주주가 모두 증여이익의 대상이 될 수 있는 것으로 해석되며, 특수관계인이 아닌 자간의 거래인 경우에도 과세된다. 다만, 특수관계인이 아닌 자간의 거래에서 납세자가 관행상 정당한 사유가 있다고 입증하는 경우에는 과세되지 아니한다.

구 분	내 용
과세대상	• 사업양수·도를 통해 소유지분의 변동이나 그 평가액이 변동되는 경우

구 분	내 용
증여이익	• 사업양수・도의 경우 평가액이 변동된 경우를 준용하여 이익을 계산 　변동 후 가액 - 변동 전 가액
기준금액	• 기준금액 미만인 경우 과세 제외 　기준금액 = Min(변동전 해당재산가액 × 30%, 3억원)
규 정	상속세 및 증여세법 제42조의2, 동법 시행령 제32조의2

사업양수・도 과정에서 주주가 타인으로부터 받은 증여성 이익을 과세하기 위한 것이므로 만약 양수도가 실행되는 시점까지 이미 발생되어 누적된 미실현이익에 대한 과세와 구분하여야 한다.

 사례　　개인주주 증여이익

- A법인은 갑사업부와 을사업부를 운영 중 을사업부를 150억원에 B사에 양도하였다.
- 양도 당시 을사업부의 순자산의 장부가액은 100억원이며, 시가는 130억원이다.
- 사업양수도 대가는 현금으로 지급되었다.
- A법인은 개인주주 1인이 주식의 100%를 소유하고 있다.

구 분	내 용
A법인 회계처리	현금 150억　/ 순자산　100억 양도차익 50억
개인주주의 증여이익	양도후 평가액 150억 - 양도전 평가액 130억 = 20억

위 사례에서 A법인의 주주가 개인이 아닌 법인이고 B법인의 주주와 특수관계인 경우에 부당행위계산 부인 규정을 적용하여 과세할 수 있는지 여부에 대해서는 아직까지 명확한 규정은 없으나, 사업양수・도는 합병이나 분할 등과 달리 자본거래가 아니라는 점이 고려되어야 한다.

사업의 현물출자시 과세특례

법인의 현물출자는 사업구조 조정이나 사업양수도의 일환으로 사용되며 사업양도의 대가가 주식으로 교부된다는 점에서 물적분할과 유사한 점이 있으나 동일지배거래가 아니므로 영업권 개입의 여지가 있다는 점에서 사업양수도와 유사한 면도 찾아볼 수 있다.

사업을 현물출자하는 법인 입장에서 가장 큰 세무상 부담은 미실현된 평가차익이 일시에 양도차익으로 과세된다는 점이다. 이에 기업구조조정을 촉진하고자 법인세법에서는 내국법인(이하 "출자법인"이라 함)이 과세특례요건을 모두 갖추어 현물출자하는 경우 그 현물출자로 인하여 취득한 현물출자받은 내국법인(이하 "피출자법인"이라 함)의 주식가액 중 현물출자로 발생한 자산의 양도차익에 상당하는 금액을 손금산입할 수 있도록 하여 기업구조조정을 지원하고 있는데, 물적분할의 과세특례 조건 및 과세이연 방법과 유사하다.

(1) 과세특례요건

구 분	내 용
사업목적 출자	• 출자법인이 현물출자일 현재 5년 이상 사업을 계속한 법인일 것
사업의 계속성	• 피출자법인이 현물출자일이 속하는 사업연도 종료일까지 출자법인이 현물출자한 자산으로 영위하던 사업을 계속할 것
공동출자자와의 특수관계	• 다른 내국인 또는 외국인과 공동 출자하는 경우 공동출자자가 출자법인의 특수관계인이 아닐 것
지분의 연속성	• 출자법인 및 공동출자자가 현물출자일 다음날 현재 피출자법인 지분의 80% 이상을 보유하고, 현물출자일이 속하는 사업연도 종료일까지 그 주식 등을 보유할 것
규 정	법인세법 제47조의2, 동법 시행령 제84조의2

(주) 2018. 1. 1.부터 과세특례요건 중 출자법인이 분리하여 사업이 가능한 독립된 사업부문을 현물출자하여야 한다는 요건이 삭제됨으로써 독립된 사업부분이 아니더라도 현물출자에 따른 과세특례를 적용받을 수 있게 되었다.

(2) 출자법인에 대한 과세

① 양도차익의 과세이연

구 분	내 용
요 건	• 내국법인이 과세특례요건을 모두 갖추어 다른 내국법인에 현물출자
과세이연 방법	• 해당 주식의 압축기장충당금으로 계상
과세이연 금액	• 현물출자 대가로 수령한 피출자법인의 주식가액 중 자산의 양도차익 상당액을 손금산입 • Min[피출자법인 주식가액, 현물출자로 인한 자산의 양도차익]
압축기장충당금의 관리	• 다음의 사유가 발생하는 사업연도에 처분비율에 따라 압축기장충당금을 익금산입. 단, 부득이한 사유가 있는 경우 예외 인정 ① 출자법인이 피출자법인으로부터 받은 주식 등을 처분하는 경우 ② 피출자법인이 승계받은 감가상각자산(비사업용 포함, 유휴설비 제외), 토지 및 주식 등을 처분한 경우 • 압축기장충당금 익금산입할 금액 전기말 압축기장충당금 잔액 × ([당기 주식처분비율(A)+당기 자산처분비율(B)] − A × B) −당기 주식처분비율(A) : 출자법인이 당기에 처분한 주식 등의 장부가액 / 전기말 주식 등의 장부가액 −당기 자산처분비율(B) : 피출자법인이 당기에 처분한 자산의 양도차익 / 전기말 자산의 양도차익
현물출자의 사후관리	• 출자법인은 출자일이 속하는 사업연도 종료일로부터 2년 이내에 다음의 사유가 발생하는 경우 압축기장충당금 잔액을 일시환입 ① 피출자법인이 출자법인이 출자한 자산으로 영위하던 사업을 폐지하는 경우 ② 출자법인 등이 피출자법인의 주식을 50% 미만으로 보유하게 되는 경우
규 정	법인세법 제47조의2, 동법 시행령 제84조의2

② 과점주주 취득세

현물출자로 인해 출자법인이 피출자법인의 과점주주가 되는 경우 과점주주 취득세를 부담하여야 한다. 다만, 출자법인이 출자한 재산에 대해서는 소유 형태의 변동만 있을 뿐 실질적인 소유권에는 변동이 없다. 따라서 출자한 재산을 제외하고 피출자법인이 기존에 소유하던 과세대상 재산에 대해만 과점주주취득세 납부의무가 있다.

(3) 피출자법인에 대한 과세

기업회계기준에 따라 피출자법인이 승계자산을 시가로 승계하였다면 해당 자산의 처분시에는 별도의 세무조정을 요하지 않는다. 다만, 적격현물출자시 출자법인이 압축기장충당금을 설정하여 양도차익을 손금산입한 경우 피출자법인은 승계받은 감가상각자산(비사업용 포함, 유휴설비 제외), 토지 및 주식 등을 처분하는 경우 그 자산의 처분 사실을 처분일로부터 1개월 이내에 출자법인에 알려야 한다(법인세법 제47조의2 ② 2호).

① 영업권

다른 법인에게 특정 사업부문을 현물출자하면서 당해 사업부문의 초과수익력 (영업권)에 대하여 적정한 대가를 받지 아니하는 경우 법인세법 제52조의 규정에 의한 부당행위계산의 부인규정이 적용될 수 있다고 해석하고 있다.

다만, 국세청은 해당 법인이 단독으로 현물출자를 통하여 100% 지분을 소유하게 되는 경우에는 영업권을 계상하지 않아도 부당행위계산의 부인규정이 적용되지 아니한다는 예외를 두어, 원칙적으로 영업권을 인정하면서도 분할과의 형평성을 위하여 자가창설 영업권을 배제하는 입장을 취하고 있다(서면2팀 - 883, 2005. 6. 21.).

② 취득세 감면

피출자법인은 원칙적으로 출자받은 재산을 유상취득한 것이므로 취득세를 부담하여야 한다. 하지만 2024. 12. 31.까지 법인의 현물출자시 과세특례(법인세법 제47조의2)에 따라 출자자가 과세특례요건을 모두 갖추어 현물출자하는 경우에는 현물출자에 따라 피출자법인이 취득하는 재산에 대한 취득세의 75%를 경감하되, 취득일로부터 3년 이내에 피출자법인이 출자법인으로부터 승계받은 사업을 폐지하거나, 출자법인 등이 피출자법인의 지분을 50% 미만으로 보유하게 되는 경우에는 경감받은 취득세를 추징한다(지방세특례제한법 제57조의2 ③ 3호). 한편, 경감받은 취득세에 대한 농어촌특별세에 대해서는 별도의 비과세규정이 없다.

구분	경감후 적용세율(이해를 돕기 위해 구분)		
일반 (유상취득)	취득세 2.0%	취득세(구 등록세) 2.0%	합산 4.6%
	농어촌특별세 0.25%	지방교육세 0.4%	

구분	경감후 적용세율(이해를 돕기 위해 구분)		
75% 감면	취득세 0.5%	취득세(구 등록세) 0.5%	합산 1.75%
	감면분 3% × 20% = 0.6%		
	농어촌특별세 비감면분 0.05%	지방교육세 0.10%	

적격분할시 감면과 유사하나 무상취득과 유상취득의 차이로 인해 세율 및 과세표준이 상이하다.

③ 등록면허세

법인은 증자시 증가된 자본금의 0.4%에 해당하는 등록면허세와 등록면허세의 20%에 해당하는 지방교육세를 부담하여야 한다(지방세법 제28조 ① 6호, 제151조 ① 2호). 이때 대도시 내에서의 법인의 설립이나 법인 설립 후 5년 이내의 증자의 경우에는 3배로 중과된다(지방세법 제28조 ②).

이때 대도시는 수도권정비계획법 제6조의 구분에 의한 과밀억제권역을 의미하며 대도시 안에 설치가 불가피하다고 인정되는 지방세법 시행령 제26조에 해당하는 업종인 경우에는 중과대상에서 제외된다.

제 5 장

주식매수청구권

05 주식매수청구권

I 주식매수청구권의 정의

주식회사의 중요한 의사결정은 대부분 주주총회의 결의에 의하여 결정된다. 따라서 주식을 많이 소유한 주주는 다수결의 원칙에 따라 자신의 의사를 관철시키는 결의를 할 수 있고, 주식수가 작은 주주는 자신의 반대 여부와 관계없이 다수주주가 결정한 사항에 대하여 따라야 한다.

이와 같이 주주총회에서 주주에게 중대한 영향을 미칠 수 있는 사항이 다수결의 원칙에 의하여 결의된 경우 이 결의에 반대한 주주가 회사에게 자신이 소유한 주식 매수를 청구할 수 있는 권리가 바로 주식매수청구권이다.

주식매수청구권 제도는 주주총회의 다수결주의로부터 소액주주를 보호하기 위한 제도라는 성격을 가지고 있다.

II 주식매수청구권의 인정

① 주식매수청구권이 인정되는 경우

현행 상법상 주식매수청구권의 행사가 가능한 경우는 합병, 분할합병, 포괄적 주식교환(이전), 중요한 영업양수·도를 위한 주주총회 특별결의시이다. 그리고 위 상법규정과는 별도로 자본시장법에서 주권상장법인의 물적분할 및 인적분할과 관련 신설법인이 비상장법인이 되는 경우(재상장예비 심사 미승인 포함)에 한하여 별도의 주식매수청구권을 부여하고 있다.

구 분	주식매수청구권이 인정되는 경우	규 정
합병	• 일반합병 • 간이합병 • 소규모합병의 경우에는 인정되지 않음.	상법 제522조의3
분할합병	합병의 경우와 동일	상법 제530조의11 ②

분할	• 비상장법인 : 인정되지 않음
	• 상장법인
	  – 물적분할 : 인정
	  – 인적분할 : 분할신설법인이 거래소에 재상장되지 않고 비상장법인이 되는 경우
		자본시장법 제165조의5
		동법 시행령 제176조의7 ①, ②

포괄적 주식교환 또는 이전	• 포괄적 주식교환의 경우에는 합병과 동일 • 포괄적 주식이전의 경우에는 소규모 및 간이주식이전 제도가 없음.	• 주식교환 : 상법 제360조의5 • 주식이전 : 상법 제360조의22
영업양수·도	• 영업의 전부 또는 중요한 일부의 양도 • 영업 전부의 임대 또는 경영위임 • 타인과 영업손익의 전부를 같이하는 계약 • 회사의 영업에 중대한 영향을 미치는 다른 회사의 영업 전부 또는 일부의 양수	상법 제374조의2, 제374조

❖ 주식매수청구권이 인정되지 않는 경우 ❖

주식매수청구권이 인정되지 않는 경우	규 정
소규모 합병	상법 제527조의3 ⑤
간이합병(100%주주가 동의하면서, 매수청구도 없는 것으로 합의하는 경우)	–
소규모 주식교환	상법 제360조의10 ⑦
간이주식교환(100%주주가 동의하면서, 매수청구도 없는 것으로 합의하는 경우)	–
중요하지 않은 영업전부의 양수 또는 중요하지 않은 영업일부의 양수	상법 제374조 ① 3호, ②
자본 감소(감자)	–
(비상장법인) 기업분할	–
(상장법인) 대다수 인적분할[주1]	자본시장법 제165조의5 ① 동법 시행령 제176조의7 ①, ②

주식매수청구권이 인정되지 않는 경우	규 정
자산양수·도[주2)]	–

주1) 신설법인이 거래소 재상장을 하지 않는 경우에만 주식매수청구권 부여
주2) 통상적인 자산양수도의 경우, 매수청구가 주어지지 아니하나 해당 자산의 양도가 양도인의 중요부분
을 폐지를 초래하는 경우 또는 양수인의 영업에 중대한 영향을 미치는 경우 해당 주체의 주총 특별
결의 및 주식매수청구가 인정될 수 있음.

이때 중요한 영업양수·도에 대해서는 그 중요성의 기준에 대해서는 특별한 규정
을 두고 있지 않아 실무에서 경상적인 영업양수·도와 중요한 영업양수·도를 구
분하는 데 많은 자의성이 개입된다. 이에 실무에서는 자본시장법(자본시장법 시행
령 제171조 ② 1호~3호), 공정거래법(기업결합의 신고요령 Ⅲ. 4. 다호) 등을 준용하여
경상적인 영업양수·도와 중요한 영업양수·도를 구분하고 있으며 통상 그 규모
가 영업양도자 또는 영업양수자 각각의 자산, 부채, 매출의 10% 이상일 경우에는
중요한 영업양수·도로 간주하며 보수적인 관점에서는 대상 영업부문의 규모가
자산, 부채, 매출의 10% 이하일 경우에도 대상 영업부문이 회사존속에 중요한 영
향을 미칠 경우에도 중요한 영업양수·도로 간주하고 있다. 이와 관련 보다 자세
한 사항은 본서 '제4장 영업양수·도 및 자산양수·도' 편을 참조하기 바란다.
앞에서 살펴본 바와 같이 상법상 분할의 경우에는 합병 및 분할합병에서 주어지
는 주식매수청구권이 인정되지 아니한다. 그러나 비상장사에 비해 통상 주식의 소
유가 많이 분산되어 있는 비상장사의 경우에는 지배주주의 이익이 목적으로 의심
되는 분할로 인해 소액주주들의 권리가 침해된다는 문제제기가 지속적으로 있어
왔다. 이어 자본시장법 및 시행령 개정을 통하여 다음의 경우에는 상장사의 인적
분할 및 물적분할의 경우 주식매수청구권이 도입되게 되었다.

❖ 상장법인의 분할시 주식매수청구권 ❖

구 분	인적분할	물적분할
주식매수청구	인적분할 신설법인이 증권시장에 상장되지 않을 경우 적용	적용
규정	자본시장법 제165조의5 ① 동법 시행령 제176조의7 ① 1호	자본시장법 제165조의5 ① 동법 시행령 제176조의7 ① 2호
도입시기	2013.5	2022.12

그리고 기존 상법규정과는 별도로 2013년 8월 개정된 자본시장법에 의거, 새로이

주권상장법인의 일부 인적분할에 대해 주식매수청구 규정이 만들어졌다. 이는 상장법인이 거래소의 재상장예비심사에서 미승인이 된 이후에도 인적분할을 진행하거나, 애초부터 신설법인에 대한 재상장 계획이 없는 경우에 대해 투자자 보호차원에서 자본시장법의 상장법인특례규정에 반영된 것이다. 그러나 과거의 사례에서도 상장법인이 인적분할할 시 신설법인을 재상장하지 않는 경우가 극히 드물었다 하더라도 거래소 권고 등에 의해 신설법인의 주식에 대한 장외매수를 실시한 경우가 있었다. 그런데 자본시장법 개정 이후에는 분할전 회사의 전 주주를 대상으로 주식매수청구를 받아야 하는 부담이 발행회사에 있는 것이므로 실제 사례는 극히 드물 것으로 예상된다.

② 주식매수청구권이 인정되는 주주

주식매수청구권을 행사할 수 있는 주주는 다음의 요건을 모두 충족한 주주이다. 참고로 의결권이 없는 주식을 소유한 주주에 대해서도 주식매수청구의 권리가 인정된다.

| 주식매수청구권 행사요건 |

- 주주명부확정 기준일 현재 주주명부에 등재(의결권 없는 종류주 포함)
- 주총결의일 전일까지 서면으로 반대의사 통지(간이합병 등의 경우 공고 또는 통지일로부터 2주 내에 서면으로 반대의사 통지)
- 주총일로부터 20일 내에 주식의 종류와 수를 기재한 서면으로 매수청구(간이합병 등은 반대의사 통지기간 경과일로부터 20일 내에 주식의 종류와 수를 기재한 서면으로 매수청구)
- 주주명부확정 기준일로부터 주식매수청구권 행사일까지 주식을 계속 보유해야 하며 동 기간 내 매각 후 재취득한 주식에 대해서는 매수청구권 상실
- 매수청구권을 행사한 이후에는 취소할 수 없음
- 특히, 상장법인의 경우 이사회 결의 공시 전에 취득하였음을 증명한 주식과 이사회 결의 공시일 이후에 취득한 경우 이사회 결의 공시일의 다음 영업일까지 매매계약 체결 또는 소비대차계약이 해지된 주식만이 매수청구권 행사가능 주식임.

(주) 간이합병 등 : 간이합병, 간이주식교환, 간이분할합병

상기 요건을 모두 충족한 주주만이 주주총회일(간이합병의 경우 반대의사 서면통지

기간 경과일)로부터 주식매수청구권을 행사할 수 있다.

주식매수청구권을 행사하기 위하여 반대의사를 통지한 주주가 반드시 주주총회에 참석하여 반대의사를 표시할 필요는 없으나, 주주총회에 참석하여 찬성의사를 표시한 경우에는 주식매수청구권을 행사할 수 없게 된다.

특히, 상장법인의 주식매수청구와 관련하여 권리를 행사하고자 하는 주주는 이사회 결의 공시 전에 당해 주식을 취득하였음을 증명할 수 있는 서류를 제출하거나 이사회 결의 공시일 이후에 주식을 취득한 경우 이사회 결의 공시일의 다음 영업일까지 매매계약 체결 또는 소비대차계약이 해지가 되었음을 증명할 수 있는 서류 등을 제출하여야 주식매수청구가 가능하다. 이는 상장법인의 주가변동으로 인하여 주식매수 청구가격 대비 시가가 낮은 경우, 그 차익을 노린 투자자들의 참여로 주식매수청구금액이 과다하게 되어 실제 합병 등이 취소되는 등 기업경영활동에 지장을 초래하는 사례가 다수 발생하였기 때문에 2009년 2월 자본시장법이 시행되면서 생긴 조치이다.

III 주식매수청구 절차 및 방법

비상장법인과 상장법인에 적용되는 주식매수청구권 행사절차는 대부분 동일하나 매수청구주식의 매수시기와 기산일, 주식매수청구 행사로 매수한 자기주식의 처분기간에 있어서는 차이가 존재한다.

절 차	비상장법인	상장법인
반대의사통지	• 주총 전까지 서면으로 반대의사 통지 • 간이합병 등[주1]은 공고 또는 통지일로부터 2주 내에 서면으로 반대의사 통지	좌 동
주식매수청구	• 주총일로부터 20일 내에 주식의 종류와 수를 기재한 서면으로 매수청구 • 간이합병 등은 반대의사 통지기간 경과일부터 20일 내에 주식의 종류와 수를 기재한 서면으로 매수청구	좌 동
주식의 매수	주식매수청구기간 종료일로부터 2개월 내에 주식 매수	주식매수청구기간 종료일로부터 1개월 내에 주식 매수
매수한 주식처분	— [주2]	매수일로부터 5년 내 처분
규 정	상법 제360조의5, 제360조의22, 제374조의2, 제522조의3, 제530조의11	자본시장법 제165조의5 동법 시행령 제176조의7

주1) 간이합병 등 : 간이합병, 간이주식교환, 간이분할합병
주2) 과거 상법은 주식매수청구권으로 취득한 자기주식을 상당한 시기에 처분하도록 규정하였으나, 2012. 4. 15. 개정 상법에서는 자기주식의 처분시기를 삭제하여 회사가 자율적으로 결정하도록 규정을 변경하였다.

(1) 반대의사 통지

이사회결의에 대한 반대의사표시를 통지함에 있어 명부주주(주식실물 보유 주주)는 당해 통지서를 회사로 발송하고 실질주주(증권회사 위탁 주주)는 주주총회일 3영업일 전일까지 거래증권회사로 반대의사를 통지하면 증권회사에서는 실질주주의 반대의사 표시를 취합하여 주주총회일 2영업일 전까지 예탁기관에 통보하고 예탁기관에서는 주주총회일 전에 실질주주를 대신하여 회사에 반대 의사를 통지한다.

주식매수청구의 경우에도 명부주주는 서면으로 회사에 청구하고 실질주주는 거래 증권회사로 청구하여야 한다. 단, 명부주주는 주식매수청구시 주권도 함께 제출하여 야 한다.

(2) 주식매수청구권 인정범위 및 청구방법

2016년 3월 2일 시행되는 개정 상법으로 기존에 명문화된 규정이 없었던 의결권 이 없는 주식을 소유한 주주에 대해서도 주식매수청구의 권리가 있음을 분명히 하였고(상법 제360조의5 ①, 제374조의2 ①, 제522조의3 ①), 이를 주주총회 소집통지 대상에도 반영하였다(상법 제363조 ⑦). 이는 자본시장법상으로 주어진 상장법인의 물적분할 및 인적분할(분할신설법인이 거래소 재상장이 되지 않는 경우)에도 동일하게 적용된다(자본시장법 제165조의5 ①, ⑤).

주식매수청구권은 소유주식 중 일부에 대해서도 주식매수청구권을 행사하는 것이 인정된다.

간이합병, 간이주식교환, 간이분할합병 및 간이영업양수도 시에는 주총이 생략되 므로 주총일 대신 공고일 또는 통지일로부터 2주 내에 반대의사를 통지하고 공고 일 또는 통지일로부터 2주가 경과한 날로부터 20일 내에 그 소유주식을 매수할 것을 서면으로 청구하여야 한다.

IV 주식매수가격의 결정

① 주식매수가격의 결정절차

주식매수가격의 결정방법은 비상장법인과 상장법인에 따라 그 절차에 차이가 있다.

(1) 비상장법인(상법 제374조의2)

비상장법인의 주식매수가격은 원칙적으로 회사와 주주 간의 협의에 의하여 결정되어야 하나, 일반적으로 실무에서는 회사와 주주 간의 협의가격으로 합병가액을 적용하고 있으며, 매수청구기간 종료일로부터 30일 내에 협의가 성립되지 않을 경우 회사 또는 주식매수를 청구한 주주가 법원에 매수가액 결정을 청구할 수 있다. 상법에서는 법원이 매수가액을 결정하는 경우 회사의 재산상태 또는 그 밖의 사정을 참작하여 공정한 가액으로 산정하도록 규정하고 있으며, 현실적으로 법원은 비상장사 가치평가에 보편적으로 인정되는 상대가치, 자산가치, 수익가치, 상속증여세법상의 가치 등 다양한 방법을 활용하되, 해당 회사의 상황이나 산업의 특성을 종합적으로 고려하여 공정가액을 산정하도록 하고 있는 것으로 파악된다(대법원 2006. 11. 24. 선고 2004마1022 결정, 대법원 2006. 11. 23. 선고 2005마958 결정 등).

(2) 상장법인(자본시장법 시행령 제176조의7 ③)

상장법인의 경우 원칙적으로 주주와 당해 법인 간의 협의에 의하여 주식매수가격을 결정하도록 규정하고 있으나, 통상적으로 상장법인은 주주와의 협의가격으로 이사회 결의일 전일을 기산일로 한 시장에서 거래된 다음의 기준매수가격(가칭)을 제시하고 있다. 한편, 해당 법인이나 매수청구주주가 위의 매수가격에 반대할 경우 법원에 매수가격 결정을 청구할 수 있다.

> 기준매수가격 = (2개월간 거래량 가중산술평균종가+1개월간 거래량 가중산술평균
> 종가+1주일간 거래량 가중산술평균종가)/3, 기산일 : 이사회 결의
> 일 전일
>
> 해당 종목이 이사회 결의일 현재, 증권시장에서 거래가 형성되지 않는 주식인 경우
> 상장사와 비상장사 간의 합병시 비상장사의 합병가액 산정방식(자본시장법 시행령
> 제176조의5 ① 2호 나목. 수익가치 × 0.6+자산가치 × 0.4)을 준용

(3) 상장법인과 비상장법인의 매수가격 결정 절차 비교

일반적으로 실무에서는 비상장법인의 경우 회사와 주주 간의 협의가격으로 합병
가액을 적용하고, 상장법인의 경우에는 기준매수가액(가칭)을 적용한다.

절 차	비상장법인	상장법인
제1단계	• 주주와 회사 간 협의 • 협의가격으로 합병가액, 순자산 가액 및 상증법상 가액등 다양한 방식 적용	• 주주와 회사 간 협의 • 협의가격으로 통상 기준매수가격 적용
제2단계	제1단계가 성립되지 않을 경우 법원에 매수가액 결정을 청구	좌 동
규 정	상법 제374조의2	• 자본시장법 제165조의5 • 동법 시행령 제176조의7

② 주식매수가격의 조정

주주가 회사에서 제시한 주식매수청구가격에 반대하는 경우 가격조정을 신청할
수 있다.

아울러 주식매수청구 행사기간 종료일로부터 30일까지 매수청구를 한 주주는 법
원에 매수가격 결정을 청구할 수 있다(상법 제374조의2 ④).

이 경우 법원은 해당 회사의 상황이나 산업의 특성 등을 고려한 다양한 가치평가
방법을 활용하여 공정한 가액을 산정한다(상법 제374조의2 ⑤).

법원에 매수가액 조정 신청을 통하여 주식매수청구가격이 결정된 경우, 당해 결과
는 법원에 매수가격 조정을 신청한 주주에게만 적용된다.

따라서, 이미 주식매수청구대금을 수령한 주주, 가격조정을 신청했으나 법원에 매수가격 조정을 신청하지 않는 주주(미합의 주주)에게는 법원의 결정이 영향을 미치지 아니한다.

그러나, 실무에서는 회사 입장에서 매수가격결정 청구기한에 제한이 없고, 매수가격 확정이 되지 않은 상태에서 이자발생 등 금전적 부담이 발생할 수 있으므로 미합의 주주에게도 법원에서 결정된 가격을 적용하는 경우도 있다.

Ⅴ 주식매수청구권 관련 유의사항

- 일반적으로 주식매수청구권자는 주식매수청구기간의 종료일 이후 주식매수청구권을 취소할 수 없다.
- 합병 등의 절차와 주식매수가격 결정 및 주식매수대금 지급절차는 상호 무관하므로 주식매수청구 행사를 염두에 두고, 사전 반대의사를 접수한다 하더라도 특별결의를 요하는 주주총회 안건에 반대를 행사하게 되는 것은 아니다. 아울러 주식매수청구가격에 대하여 주주와 회사 간의 협의가 이루어지지 않아 가격결정이 늦어지거나 또는 매수청구대금 지급이 지체된다고 하더라도 합병 등의 절차진행에는 영향을 미치지 않고 등기 및 효력발생에도 영향을 미치지 않는다.
- 주식매수청구대금 지급이 지연될 경우 이는 합병 등의 절차 및 효력에 영향을 미치지 않고 지연기간에 대한 지연이자를 지급하는 방법 등으로 해결할 수 있으며 일반적으로 상법 제54조에 따라 연 6%의 이자를 지급한다.
- 주식매수청구금액이 과다하게 청구될 경우 발생될 수 있는 기업경영의 위축을 피하기 위하여 합병 등의 행위를 취소할 수 있다. 그러나, 불성실공시 등(유가증권공시규정 제30조, 코스닥공시규정 제28조)의 책임소재를 명확히 하기 위하여 이사회 결의 당시 일정규모 이상의 주식매수청구가 있을 경우에 그 행위자체를 취소할 수 있음을 명확히 하여야 한다.

(예를 들어 "주식매수청구 금액이 일정금액 이상인 경우 합병을 취소할 수 있다"는 내용 결의)

부록 ··· 회계 및 세무

I. 주식매수청구권의 세무

주식매수청구권의 행사는 주주와 회사 간에 이루어지는 집단적인 주식양수·도 행위로서 주권상장법인의 경우에도 주식매수청구권의 행사로 인한 주식의 매매행 위는 장외거래로 간주된다.

따라서 주식매수청구권 행사의 주체가 개인주주일 경우 양도차익에 대하여 양도 소득세를 부담하게 되고, 법인주주일 경우에는 법인세를 부담하게 된다. 증권거래 세는 주식매수청구권이 행사된 주식이 금융투자업자에게 예탁된 경우에는 예탁된 회사가 증권거래세를 원천징수하고 그렇지 않은 경우 양도한 주주가 직접 신고 및 납부하여야 한다.

일반적으로 비상장주식의 증권거래세 납세의무자는 주권 등의 양도자이나 국내사 업장을 가지고 있지 아니한 비거주자 또는 국내사업장을 가지고 있지 아니한 외 국법인이 주권 등을 금융투자업자를 통하지 아니하고 양도하는 경우에는 당해 주 권 등의 양수인이 증권거래세의 납세의무자가 되므로 유의하여야 한다(증권거래세 법 제3조 3호).

① 매수회사의 세무

주식매수청구권 행사에 응하여 주식을 매수하는 법인은 일반적인 부당행위계산의 부인 규정이 적용된다. 따라서 법인의 특수관계자로부터 주식을 매수하는 경우 정 당한 사유없이 시가보다 높은 가격에 매수하지 않도록 주의하여야 한다.

② 개인주주의 세무

주식매수청구권을 행사하여 주식을 양도하는 주주에게 양도소득이 발생한 경우 소득세 또는 법인세 신고·납부 의무가 발생한다.

특히 주권상장법인의 대주주가 아닌 개인주주의 경우 주식매수청구권 행사가 장외거래로 간주되어 과세대상이 되는 점을 주의할 필요가 있다. 다만, 2018. 1. 1.부터 주권상장법인의 대주주 외의 주주가 주식의 포괄적인 교환·이전 또는 이에 대한 주식매수청구권 행사로 양도하는 주식은 양도소득세 과세대상에서 제외되는 특례 규정이 있다(소득세법 제94조 ① 3호 가목 단서).

현재 계획된 바에 따르면 개인주주의 주식의 양도소득은 2025년 1월 1일부터 금융투자소득으로 분류되어 과세될 예정이므로 이하 설명하는 내용은 2024년 12월 31일까지만 적용된다.

(1) 개인주주의 과세대상 양도소득

개인주주의 양도소득세 규정은 연이은 세법 개정과 금융투자소득세 도입으로 법조문으로 이해하기 몹시 어려우므로 이하에서는 전반적인 내용을 설명하고자 한다.

세 목	비상장법인 주주 (일반, K-OTC)	상장법인 주주 (유가증권시장, 코스닥시장, 코넥스시장)	규 정
양도소득세[주1]	세율 : 11~33%(지방소득세 포함)		소득세법 제104조 ① 11호
증권거래세[주2]	세율 0.35%	세율 0.35%(장외거래)	증권거래세법 제8조

주1) 양도인은 양도일이 속하는 반기의 말일부터 2개월 이내에 주식에 대한 양도소득세를 신고·납부하여야 함.
주2) 증권거래세를 주식 양도자가 직접 납부할 경우에는 양도일이 속하는 반기의 말일부터 2개월 이내에 신고·납부하여야 함. 증권거래세율은 2022. 12. 31.까지는 0.43%가 적용되고, 이후에는 0.35%가 적용됨.

먼저 양도소득세의 과세대상이 되는 주식과 주주의 범위 및 적용 세율은 아래와 같다.

회사 구분	대주주		소액주주
	1년 이상 보유	1년 미만 보유	
상장법인 (장내거래)주1)	양도소득 3억원까지 22% / 3억원 초과분 27.5%	33%	비과세
상장법인 (장외거래)/ 비상장법인주2)		33% (중소기업 27.5%)	22% (중소기업 11%)

주1) K-OCT시장내 중소기업 및 중견기업 주식 포함
주2) 벤처기업 투자 활성화를 위해서 한국장외시장(K-OTC, Korea Over-The-Counter)에서 거래되는 벤처기업의 양도소득세 계산시 세율 적용에 한해 대주주 시가총액기준을 40억원으로 상향 적용한다.

양도소득세의 세율 적용에 있어 중소기업 여부는 대주주 이외의 자의 실효 세율에 직접적인 영향을 미치는 것으로 중요하다. 그런데 소액주주 입장에서 본인이 투자한 회사가 중소기업에 해당하는지 여부를 판단할 수 없는 경우가 많으므로 매수회사에서 주식매수청구권 안내문에 포함하여 주주에게 안내할 필요가 있다. 중소기업이란 양도일 현재 중소기업기본법 제2조에 따른 중소기업을 말하며(소득세법 시행령 제157조의2 ①), 비록 규모기준(통상 직전평균매출액)에 따라 중소기업에 해당한다 할지라도 아래 조건 중 하나에 해당하는 경우에는 중소기업의 범위에 포함되지 않는다.

① 자산총액(직전 사업연도 말 현재)이 5천억원 이상인 기업
② 「독점규제 및 공정거래에 관한 법률」 제14조 ①의 규정에 의한 상호출자제한 기업집단에 속하는 회사
③ 자산총액이 5천억원 이상인 법인이 발행주식총수의 30% 이상을 직접적 또는 간접적으로 소유한 경우로서 최대주주인 기업
④ 지배종속관계가 있는 기업인 경우(관계기업)에는 중소기업기본법 시행령 제7조의4에 따라 지배기업의 소유비율을 고려하여 산정한 평균매출액이 규모기준에 맞지 않는 기업(지배종속관계에 있는 기업의 매출액을 합산하여 중소기업 여부를 판단한다는 의미)

참고로 규모기준을 초과하여 3년간 유예 중인 경우에도 중소기업으로 보도록 한

다(서면－2002－자본거래－4577, 2022. 11. 16.).

(2) 대주주의 범위

대주주는 양도일이 속하는 사업연도의 직전 사업연도 종료일 현재 주주 1인과 그 특수관계인을 포함하여 지분율기준과 시가총액기준 중 하나에 해당하는 주주를 말한다.

회사 구분		지분율	시가총액
상장법인	유가증권시장	1% 이상	10억원 이상
	코스닥시장	2% 이상	
	코넥스시장	4% 이상	
비상장법인		4% 이상	10억원 이상
판단기준일		직전 사업연도 종료일 또는 기준지분율 이상 취득일	직전 사업연도 종료일
규 정		소득세법 시행령 제157조	

주주 1인으로서는 상기 기준에 해당하지 않으나 특수관계인과 합산하여 상기 기준을 초과한다면 대주주 해당 여부를 재검토할 필요가 있다. 특히 상장법인의 경우 2022년 말 소득세법 개정으로 특수관계인의 범위 여부가 상장법인과 비상장법인에 따라 그리고 최대주주 여부에 따라 달리 적용된다.

 사례　　상장법인 개인대주주(최대주주 아님)

- A씨는 유가증권시장에 상장된 갑법인 주식 8억원을 보유하고 있으며, A씨의 부인도 별도로 5억원을 보유하고 있다.
- A씨의 어머니는 갑법인 주식 3억원을 보유하고 있다.
- A씨 가족의 전체 주식 보유액은 갑법인 발행주식의 0.03%이며 갑법인의 최대주주는 B씨 일가이다. A씨 가족과 B씨 일가는 특수관계가 아니다.
- A씨의 어머니는 최근 지방 이주를 위해서 보유주식을 4억원에 장내에서 처분하였다.

구 분	내 용
양도소득 과세제외	특수관계인 합산하여 최대주주가 아니므로 장내 매각인 경우 합산 배제하고 인별 기준 적용(2023년 1월 1일부터)

위 사례에서 장외거래이거나 갑법인이 비상장법인이라면 가족들과 합산하여 대주주 여부를 판단하므로 주의가 필요하다. 이하에서 좀 더 기술적인 면에서 지분율기준과 시가총액기준을 살펴본다.

① 지분율기준

지분율기준에 따라 판단시 직전 사업연도 종료일에는 기준지분율 미만이었으나 그 후 주식을 취득함으로써 기준지분율 이상 소유하게 되는 때에는 그 취득일 이후의 주주 1인 및 특수관계인을 포함한다.

지분율의 계산시 주식수는 우선주, 신주인수권 및 증권예탁증권을 포함하여 계산한다. 또한, 대주주와 대주주가 주식을 보유하고 있는 법인이 특수관계인에 해당될 경우 해당 법인이 보유하고 있는 자기주식을 총발행주식수 및 대주주 보유주식수에 포함하여 계산한다(서면-2015-법령해석재산-2137, 2017. 6. 14.).

② 시가총액기준

시가총액기준은 양도일이 속하는 사업연도의 직전 사업연도 종료일 현재의 시가총액을 기준으로 판단한다. 상장법인주식의 경우 시가는 양도일이 속하는 사업연도의 직전사업연도 종료일 현재 최종시세가액으로 계산한다. 그런데 비상장법인주식의 경우에는 소득세법상 평가방법을 사용하여 계산하여야 하므로 비상장법인의 개인주주는 대주주 해당 여부를 판단하기에 상당한 불편함이 있다(소득세법 시행령 제165조 ④).

또한 대주주는 양도하는 주식에 대하여 종목별로 구분하여 기장하여야 하며, 소득세법에 따라 기장하지 않을 경우 무기장 소득금액에 대한 산출세액의 10%(산출세액이 없는 경우에는 거래금액의 7/10,000)에 해당하는 가산세를 부담하여야 한다(소득세법 제115조).

 참고● 금융투자소득세

2023. 1. 1. 시행을 앞 두었던 금융투자소득세는 2022년 말 국회에서 도입이 2년 연기되어 현재 2025. 1. 1. 이후부터 시행될 계획이다. 금융투자소득세의 가장 중요한 특징은 주식, 채권, 펀드, 파생상품 등의 손실 위험있는 상품의 거래 및 양도에서 발생하는 모든 소득을 통합하여 과세한다는 점과 대주주와 소액주주를 구별하지 않고 2단계의 세율구조(3억원 미만 22%, 3억원 초과 27.5%)를 갖는다는 점이다.

아직 시행되지 않았지만 상장법인의 소액주주와 비상장 중소기업의 소액주주의 세금 부담이 크게 증가할 수 있다.

구 분	현행 소액주주 과세	금융투자소득세 소액주주 과세
상장법인 장내거래	비과세	5,000만원 공제 후 과세
비상장 중소기업	250만원 공제 후 11%	250만원 공제 후 과세

③ 법인주주의 세무

세 목	비상장법인 주주	상장법인 주주 (유가증권시장, 코스닥시장, 코넥스시장)	규 정
법인세	세율 : 9.9~26.4%[주1](지방소득세 10% 포함)		법인세법 제55조
증권거래세[주2]	세율 0.35%	세율 0.35%(장외거래)	증권거래세법 제8조

주1) 2023. 1. 1.부터 종전보다 1% 낮아진 법인세율 적용
주2) 증권거래세를 주식양도자가 직접 납부할 경우에는 양도일이 속하는 반기의 말일부터 2개월 이내에 신고·납부하여야 함. 증권거래세율은 2022. 12. 31.까지는 0.43%가 적용되고, 이후에는 0.35%가 적용됨.

④ 증권거래세

주식매수청구권을 행사하여 주식을 매각할 경우에는 장외거래로 분류되어 0.35%의 증권거래세를 부담하여야 한다(증권거래세법 제8조). 만약 주식매수청구권의 행사를 대행하는 증권사가 있다면 증권사가 증권거래세를 원천징수하여 익월 10일까지 세무서에 납부하게 된다.

참고로 주식시장 등의 활성화를 위해서 아래 주식을 거래소 내에서 매각할 경우 상대적으로 낮은 증권거래세가 적용되며 이 또한 점차 감소시킬 계획이다.

회사 구분	세목 구분	2023년	2024년	2025년
유가증권시장	증권거래세	0.05%	0.03%	–
	농어촌특별세	0.15%	0.15%	0.15%
코스닥시장 (K-OTC 포함)	증권거래세	0.20%	0.18%	0.15%

회사 구분	세목 구분	2023년	2024년	2025년
코넥스시장	증권거래세	0.10%	0.10%	0.10%
규　정	증권거래세법 시행령 제5조			

제 6 장

우회상장

06 우회상장

I 우회상장의 정의

우회상장이란 비상장법인이 상장법인과 우회상장거래(합병, 주식의 포괄적 교환, 영업양수·도, 자산양수·도(부분적 주식교환), 현물출자)를 통하여 신규상장절차 및 심사를 거치지 않고 상장법인으로 전환되는 것을 의미한다.

2011년 1월 예비심사제도 도입을 골자로 한 유가증권 및 코스닥상장규정의 개정을 통해 아래와 같이 우회상장의 정의가 명문화 되었다.

❖ 규정상 우회상장의 정의 ❖

정 의	우회상장이란 상장법인이 비상장법인을 대상으로 합병, 포괄적 주식교환, 영업·자산양수, 현물출자 등의 기업결합을 하는 경우로서 상장법인의 경영권의 변경이 있고 비상장법인의 주식이 자본시장에 상장되는 효과가 있는 거래
규 정	유가증권시장상장규정 제2조 ① 1호 다목 코스닥시장상장규정 제2조 ① 1호 나목

참고로 상장법인과 비상장법인 간 합병시 주요사항보고서 제출일이 속하는 직전 사업연도 재무제표 기준 비상장법인이 자산총계, 자본금, 매출액 중 두 가지 이상이 상장법인보다 더 큰 경우 그 비상장법인(비상장대법인)은 일정 요건을 충족하여야 합병이 가능한데(자본시장법 시행령 제176조의5 ④ 2호), 이때 경영권의 변동없이 단순히 비상장대법인과 합병하는 상장법인의 경우, 유가증권에서는 거래소심사를 요하는 우회상장에는 해당하지 않고 형식적 요건(유가상장규정 제37조)만 충족하면 되는데 반해, 코스닥시장에서는 경영권변동과 동일하게 간주 거래소 실질심사에 해당이 된다는 차이가 있다.

구분	유가증권		코스닥	
	거래소 실질심사	매각제한	거래소 실질심사	매각제한
비상장대법인과의 합병	×	×	○주)	○
경영권변동	○	○	○	○
해당 규정	유가상장 제32조 1호, 제35조, 제37조 동 시행세칙 제27조, 제28조, 제31조		코스닥상장 제33조 ②, 제35조 ①, 제36조 ① 동 시행세칙 제30조, 제35조, 제36조	

주) 코스닥 우회상장 중 합병에 한함.

Ⅱ 우회상장의 목적

우회상장의 목적은 재무구조가 우량하고 성장잠재력이 높은 비상장법인이 성장성이 제한되거나 재무 또는 사업의 어려움에 직면한 상장법인을 인수하여 개발함으로써 구조조정을 통한 기업가치 상승, 합병 등 우회상장 거래를 통한 시너지 효과 창출, 상장절차와 기간단축, 자본시장에서의 원활한 자본조달을 목적으로 이루어지는 경제적 목적과 상장심사 과정에서 보류 또는 기각판정을 받거나 상장요건을 충족하지 못한 비상장법인이 상장요건에 대한 심사 및 절차를 생략하고 자본시장에 진입하여 자본조달 및 주가부양을 통한 시세차익을 목적으로 이루어지는 금융적 목적으로 구분할 수 있다.

Ⅲ 우회상장의 영향

우회상장의 영향을 비상장법인과 상장법인, 비상장법인 주주와 상장법인 주주로
구분하여 살펴보면 다음과 같다.

구 분	비상장법인	상장법인
회 사	• 상장에 따른 비용절감 및 기간단축 • 상장요건 심사 및 절차 생략 • 상장법인과 사업연계성이 높은 경우 시너지 효과 창출로 기업가치 상승 • 상장법인과 사업연계성이 낮은 경우 신규사업 진출로 인한 위험분산 및 신규성장동력 마련 • 자본시장을 활용한 자금조달 가능 • 상장법인으로서의 효익 향유(홍보효과, 조세 등)	• 주가부양 및 주식의 유동성 증대 • 인수 후 개발로 인한 사업구조 개선 (A&D 효과) • 비상장법인과 사업연계성이 높은 경우 시너지 효과 창출로 기업가치 상승 • 비상장법인과 사업연계성이 낮은 경우 신규사업 진출로 인한 위험분산 및 신규성장동력 마련 • 관리종목 또는 상장폐지 요건 탈피
주 주	• 주식이 상장되어 주식의 유동성 확보 • 상장법인주주로서 주식의 매각, 상속·증여시 각종 조세비용 절감	• 경제적 목적일 경우 실적개선으로 인한 장기적인 주가상승 • 금융적 목적일 경우 재료에 의한 단기적 주가상승 • 지배주주는 경영권 프리미엄이 부가된 가격으로 지분매각 가능 • 구조조정 및 자본확충으로 기업의 안정성 증대 및 주식가치 상승

IV 우회상장의 효익

비상장법인 또는 그 주주가 우회상장을 통하여 상장법인 또는 상장법인의 주주가 될 경우 얻을 수 있는 효익은 다음과 같다.

① 자본시장의 활용

효 익	내 용	관련규정
자기주식 취득방법 완화	비상장법인은 정관에 정함이 없는 한, 이사회가 아닌 주주총회에 의하여서만 자기주식 취득이 가능(상법 제341조)하나, 상장법인은 이사회결의만으로 취득이 가능. 또한 비상장법인의 자기주식 취득방법(상법 제341조)외에 신탁을 통한 간접취득 가능	자본시장법 제165조의3
일반공모증자	상장법인은 정관규정에 따라 이사회결의로써 일반공모증자가 가능하므로 자본시장을 통한 자본조달 가능	자본시장법 제165조의6 ① 3호
주주통지/공고 생략	비상장법인은 3자배정 증자시 납입일 2주전까지 주주에 내역을 통지 또는 공고해야하나(상법 제418조 ④), 상장법인은 주요사항보고서를 납입기일의 1주일 전까지 제출하는 경우 이를 생략할 수 있음	자본시장법 제165조의9
조건부자본 증권 발행	상장법인은 정관에 따라 이사회결의로서 상법상의 이익참가부사채, 상환사채, EB, CB, BW와는 다른 종류의 조건부자본증권 발행이 가능	자본시장법 제165조의11
무의결권 주식 발행한도 확대	비상장법인은 의결권 없는 주식의 총수가 발행주식 총수의 1/4을 초과할 수 없으나(상법 제344조의3 ②), 상장법인은 발행주식총수의 1/2까지 발행 가능	자본시장법 제165조의15 ②
주식배당 한도 확대	비상장법인은 이익배당총액의 1/2까지 주식배당이 가능(상법 제462조의2 ①)하나, 상장법인은 시가가 액면가액 이상일 경우 이익배당총액까지 주식배당 가능	자본시장법 제165조의13
주식의 액면 미달발행	비상장법인은 주총 특별결의와 법원의 인가에 의하여 액면미달발행(상법 제417조)이 가능하나, 상장법인은 법원의 인가 없이 주총 특별결의만으로 액면미달발행이 가능	자본시장법 제165조의8

효 익	내 용	관련규정
분기배당 가능	비상장법인은 결산배당 이외에 정관규정에 의한 이사회 결의로 연 1회에 한하여 중간배당(상법 제462조의3)이 가능하나, 상장법인은 결산배당 이외에 정관규정에 의한 이사회결의로 연 3회에 걸쳐 분기배당 가능	자본시장법 제165조의12

 조세 혜택

(1) 개인주주의 경우 과세 비교

세 목	비상장법인 주주	유가증권상장법인 주주	코스닥·코넥스상장 법인 주주	관련규정
양도소득세	• 모든 주주 과세 • 세율 11%~33%	• 대주주 : 장내외거래 모두 과세 • 대주주이외의 주주 : 장외거래만 과세 • 세율 11%~33%		소득세법 제104조 ① 11호
증권거래세 (농특세)	• 세율 0.35%	• 장내거래 0.20% (농특세 0.15% 포함) • 장외거래 0.35%	• 코넥스 0.1% • 코스닥 0.20% • 장외거래 0.35%	증권거래세법 제8조
배당소득세	• 원천징수 (15.4%) • 금융소득 2천만원 이하 : 분리과세 • 금융소득 2천만원 초과 : 종합과세(6.6%~49.5%)			소득세법 제14조 ③ 6호, 제129조 ①
상속· 증여세 과세표준	보충적평가(비상장주식의 평가 방법)	거래시세로 평가 (코넥스상장법인의 경우 보충적평가가 필요할 수 있음)		「상속세 및 증여세법」 제63조
과점주주 취득세	대주주 및 특수관계자가 50% 초과 주식소유시	비과세	• 코스닥시장 : 2024. 12. 31.까지 면제 • 코넥스시장 : 비상장법인과 동일	지방세기본법 제46조, 지방세특례제한법 제57조의2 ⑤ 8호

(주) 주식의 장외거래로 주식양도자가 증권거래세를 직접 납부할 경우에는 양도일이 속한 반기의 말일부터 2개월 이내에 신고·납부하여야 함.

(2) 법인주주의 경우 과세 비교

세 목	비상장법인 주주	유가증권상장법인 주주	코스닥·코넥스 상장법인 주주	관련규정
법인세	• 배당금 수입, 매각차익에 대한 법인세 • 세율 9.9%~26.4%(지방소득세 10% 포함)			법인세법 제55조
증권거래세 (농특세)	• 세율 0.35%	• 장내거래 0.20% (농특세 0.15% 포함) • 장외거래 0.35%	• 코넥스 0.1% • 코스닥 0.20% • 장외거래 0.35%	증권거래세법 제8조
과점주주 취득세	• 대주주 및 특수관계인이 50% 초과 주식소유시	• 비과세	• 코스닥시장 : 2024. 12. 31.까지 면제 • 코넥스시장 : 비상장법인과 동일	지방세기본법 제46조, 지방세특례제한법 제57조의2 ⑤ 8호

(주) 주식의 장외거래로 증권거래세를 주식양도자가 직접 납부할 경우에는 양도일이 속한 반기의 말일부터 2개월 이내에 신고·납부하여야 함.

V 거래유형

우회상장의 유형은 상장법인과 비상장법인 간의 합병, 포괄적 주식교환, 영업양수·도, 자산양수·도(부분적 주식교환), 현물출자 등의 형태로 이루어지며 우회상장 결과 비상장법인 또는 비상장법인의 사업부문이 상장법인으로 전환되거나 비상장법인의 주주가 상장법인의 주주로 전환되는 효과를 창출한다.

우회상장 거래	우회상장의 유형
합 병	상장법인과 비상장법인 간의 합병으로 비상장법인이 상장법인에 흡수되고 비상장법인의 주주가 상장법인의 주주로 전환되는 형태

우회상장 거래	우회상장의 유형
포괄적 주식 교환	상장법인이 비상장법인의 총주로부터 당해 주식을 이전받고 그 대가로 비상장법인의 주주에게 상장법인의 주식을 교부하는 형태로써 거래종료시 상장법인은 비상장법인의 발행주식총수를 소유하는 완전모회사가 되고 비상장법인의 주주는 비상장법인 주식을 반납한 대가로 상장법인(모회사) 주식을 교부받아 상장법인의 주주로 전환되는 형태
영업양수·도	상장법인이 비상장법인의 영업부문을 양수하고 비상장법인은 영업부문 양도대금으로 상장법인의 지배주주의 주식을 취득하거나 상장법인의 유상증자에 참여하여 상장법인의 지배주주가 되는 형태
자산양수·도 (부분적 주식교환)	상장법인이 비상장법인의 지배주주로부터 비상장법인의 주식을 취득하여 자회사로 편입하고 비상장법인의 지배주주는 그 대가로 상장법인의 지배주주로부터 상장주식을 취득하거나 상장법인의 유상증자에 참여함으로써 상장법인이 비상장법인의 모회사가 되고 비상장법인의 지배주주가 상장법인의 지배주주가 되는 형태
현물출자	상장법인이 비상장법인의 지배주주로부터 비상장법인의 주식을 취득하여 비상장법인을 자회사로 편입하고 비상장법인의 지배주주는 그 대가로 상장법인의 주식을 교부받음으로써 비상장법인의 지배주주가 상장법인의 지배주주가 되는 형태

VI 거래구조

이론적인 우회상장의 구조는 ① 비상장법인 또는 그 지배주주(이하 인수자)가 상장법인의 지배주주로부터 주식 등(주식관련사채 포함)을 프리미엄이 부가된 가격으로 매입하여 소유권을 확보한 다음, ② 주주총회를 개최하여 상장법인의 이사회 및 경영진 교체를 통하여 경영권을 확보하고, ③ 당해 상장법인에 대한 감자 및 인수자 대상 증자 등을 통하여 인수자의 지분율 증대 및 상장법인의 재무구조를 개선시킨 후, ④ 비상장법인과 상장법인 간의 우회상장 거래(합병, 포괄적 주식교환, 영업양수·도, 자산양수·도(부분적 주식교환), 현물출자)를 통하여 경제적 통합을 실현하고, ⑤ 구조조정 및 사업구조 개선을 통한 기업가치 제고를 통하여, ⑥ 주가상승시 증자 또는 주식관련사채의 발행을 통한 자본시장에서 외부자금 조달, ⑦ 장기적으로 우회상장 거래가 성공적이고 우회상장 후 구조조정 및 사업구조 개선을 통하여 주식가치가 상승하게 되면 인수자는 일부 주식 매각 또는 경영권 매각을 통하여 투입된 자본을 회수하는 단계로 거래구조가 설계된다. 단, 이는 통상적인 계열회사 편입등의 작업 (1단계~3단계) 이후에 실질적인 우회상장 거래(4단계)의 거래를 하는 것으로서, 경우에 따라서는 사전 경영권거래 없이 곧바로 우회상장 거래(4단계)를 진행하고 이후 재무구조개선 작업등을 하는 경우도 있다.

절 차		내 용
제1단계	소유권 확보 (소유구조 개선)	인수자가 상장법인의 지배주주로부터 당해 상장법인의 주식 등을 프리미엄이 부가된 가격으로 매입
제2단계	경영권 확보 (지배구조 개선)	주주총회를 통하여 상장법인의 이사회 구성원 및 경영진 교체
제3단계	감자 및 증자 (재무구조 개선)	상장법인에 대한 감자 및 인수자 대상 증자 등을 통한 상장법인의 재무구조 개선 및 인수자의 지분율 증대
제4단계	우회상장거래 (우회상장)	비상장법인과 상장법인 간의 우회상장 거래를 통한 경제적 통합
제5단계	기업가치 제고 (사업구조 개선)	구조조정 및 사업구조 개선을 통한 기업가치 제고
제6단계	자본시장에서 자금조달	기업가치가 제고된 경우 증자 또는 주식관련사채의 발행을 통한 자본시장에서 자금 조달
제7단계	투자자본 회수	장기적으로 일부 주식 매각, 경영권 매각을 통하여 투자자본 회수

(주) 곧바로 4단계에서 시작하면서, 사후에 2단계, 3단계 절차를 거치는 경우도 있음.

VII 우회상장의 형태

우회상장의 형태는 상장법인과 비상장법인이 법률적 및 경제적으로 통합되면서 비상장법인의 주식도 상장되는 효과를 창출하는 직접적 우회상장과 상장법인과 비상장법인이 법률적으로는 통합되지 않으나 경제적 단일체가 되면서 비상장법인의 주식도 상장되는 효과를 창출하는 간접적 우회상장으로 구분할 수 있다.

형 태	방 법	효 과	
		비상장법인 (또는 영업부문)	비상장법인의 주식
직접적 우회상장	합병, 영업양수·도	상장법인에 흡수	비상장법인 주식이 상장법인 주식으로 전환되는 효과 발생
간접적 우회상장	포괄적 주식교환, 자산양수·도, 현물출자	상장법인과 경제적 단일체를 구성하지만 독립회사로 존속	비상장법인 주식이 상장법인 주식으로 전환되는 효과 발생

VIII 우회상장의 절차 및 특징

① 직접적인 우회상장(합병, 영업양수·도)

직접적인 우회상장은 비상장법인이 상장법인과 합병 또는 영업양수·도를 통하여 비상장법인 또는 비상장법인의 영업부문이 상장법인에 흡수되고 비상장법인의 주식이 상장되는 효과를 창출하는 우회상장방법이다. 단, 앞서 설명하였듯이 통상적인 계열회사 편입등의 작업 (1단계~ 3단계) 이후에 실질적인 우회상장 거래(4단계)의 거래를 하지 않고, 곧바로 우회상장 거래(4단계)를 진행하고 이후 재무구조개선 작업등을 하는 경우도 있다.

(1) 합병을 통한 우회상장

절 차	내 용
제1단계 (소유권 확보)	인수자가 상장법인의 지배주주로부터 당해 상장법인 주식 등을 프리미엄이 부가된 가격으로 매입
제2단계 (경영권 확보)	주주총회 개최를 통한 상장법인 이사회 구성원 및 경영진 교체
제3단계 (재무구조 개선 및 지분율 증대)	상장법인의 감자 및 인수자 대상 증자 등을 통한 재무구조 개선 및 인수자의 지분율 증대
제4단계 (합병)	합병을 통한 상장법인과 비상장법인의 법률적 및 경제적 통합
제5단계 (상장법인 영업부문 분할·매각)	• 필요시, 기존 상장법인의 영업부문 분할 및 매각 • 일반적으로 기존 상장법인의 지배주주가 상장법인의 영업부문 인수
제6단계 (기업가치 제고)	구조조정 및 사업구조 개선을 통한 기업가치 상승
제7단계 (자본시장에서 자본 조달)	증자 또는 주식관련사채 발행을 통한 자본시장에서 자금 조달
제8단계 (투자자본 회수)	장기적으로 일부 주식매각 또는 경영권 매각을 통하여 투입된 자본 회수

① 제1단계(소유권 확보)~제2단계(경영권 확보)

상장법인의 지배주주는 비상장법인 또는 그 지배주주(이하 인수자)에게 보유주식을 프리미엄이 부가된 가격으로 매각하고, 인수자는 상장법인의 소유권을 확보한 후 주주총회를 개최하여 이사 및 경영진 교체를 통하여 경영권을 확보한다.

이때 인수자는 상장법인의 인수자금을 조달하기 위하여 금융기관 등을 대상으로 증자 등을 실시하거나 비상장법인의 자산 및 미래에 인수할 상장법인의 주식을 담보로 인수자금을 차입(인수금융)한다.

위의 인수금융은 상장법인과 비상장법인 간의 합병 이후 비상장법인의 주식 등이 상장법인의 주식 등으로 전환되므로 시장매각 또는 인수자에게 매각(Buy Back)을 통하여 회수하고 차입금은 합병 후에 상장법인의 보유자금 또는 자본시장조달 등을 통하여 합병법인(상장법인)으로부터 상환받는다.

여기서 주의해야 할 사항은 인수금융시 상장법인과 비상장법인 간의 합병 이전에 상장법인의 자산이 인수자의 인수자금으로 사용되거나 상장법인의 자산이 인수금융의 담보로 제공(LBO - 피인수회사 자산담보 차입인수)될 경우 이는 법률상 배임에 해당될 수 있으므로 각별히 주의하여야 한다.

② 제3단계(재무구조 개선)

일반적으로 비상장법인의 우회상장 대상이 되는 상장법인은 성장잠재력이 정체되고 재무구조가 취약한 경우가 많다.

이럴 경우 재무구조 개선을 위한 증자 등 자금조달이 필요한데, 자금조달을 원활하게 하고 기존주주를 축출하기 위하여 자금조달 전에 감자를 실시하는 경우가 많다.

특히 감자를 실시하여 유통주식수를 감소시킨 후 인수자를 대상으로 증자 등을 실시하면 기존 주주 축출뿐 아니라 인수자의 지분율을 증대시킬 수 있어 합병절차 진행 및 합병결의가 용이할 수 있다.

③ 제4단계(합병)

비상장법인은 상장법인과의 합병을 통하여 법률적 및 경제적으로 통합된다.

이 과정에서 인수자의 합병비율의 극대화를 위하여 비상장법인의 가치를 공정가액보다 높게 평가하는 불공정 거래가 발생될 수 있다.

따라서 법령에서는 이와 같은 불공정 거래를 방지하기 위하여 상장법인과 비상장법인 간 합병시 합병비율 산정방식을 법령에 규정하고 있으며 합병비율 산정의 공정성을 확보하기 위하여 외부평가기관에 의한 합병비율 평가를 의무화하고 있다(자본시장법 시행령 제176조의5 ⑦).

④ 제5단계(상장법인의 영업부문 분할 · 매각)

우회상장의 대상이 되는 상장법인의 영업부문은 대부분 한계에 직면한 경우가 일반적이다.

따라서 인수자는 경영에 부담이 되는 상장법인의 영업부문을 제외하고 상장License만 인수하기 위하여 합병 후 기존 상장법인의 영업부문을 분할하여 기존 상장법인의 지배주주 등에게 매각한다.

이와 같은 절차를 통하여 인수자는 상장License만 인수하고 기존 상장법인의 지배주주는 기존 상장법인의 영업부문을 그대로 승계하면서 상장License만을 매각함으로써 이익을 얻게 된다.

이 과정에서 분할된 상장법인 영업부문의 양도금액이 우회상장의 프리미엄 형태로 공정가치보다 낮은 가격으로 평가되어 기존 상장법인의 지배주주에게 낮은 가격으로 매각되는 불공정 거래가 발생될 수 있다.

한편, 상장법인이 분할 또는 영업양도에 의하여 주된 영업부문이 없어지는 경우 당해 상장법인은 주된 영업활동의 정지사유가 적용되어 상장이 폐지될 수 있으므로 이를 주의하여야 한다.

구 분	유가증권상장법인	코스닥상장법인	규 정
주된 영업	영업이 2개 이상인 경우 매출액 비중이 가장 큰 것	좌 동	• 유가상장 제42조 ② 1호 • 코스닥상장 제56조 ① 3호 라목 • 동 세칙 제61조 ① 4호
상장폐지	주된 영업이 양도되거나 분할 또는 분할합병 등에 따라 이전되는 경우 잔여사업부문의 연간 또는 분기 매출액 등을 고려하여 판단	주된 영업이 양도되거나 분할 또는 분할합병 등에 따라 이전되는 경우 기업계속성, 경영투명성 및 기타 시장건전성 등을 종합적으로 고려하여 상장폐지가 필요하다 인정되는 경우(지주회사 제외)	• 유가상장 제48조 ② 6호 라목 • 동 세칙 제50조 ① 4호 다목 • 코스닥상장 제56조 ① 3호 라목 • 동 세칙 제61조 ①

(주) 유가증권시장상장규정(유가상장), 코스닥시장상장규정(코스닥상장)

⑤ 제6단계(기업가치 제고)~제7단계(자본시장에서 자본 조달)

인수자는 합병 후 구조조정 및 사업구조 개선을 통하여 우회상장법인의 수익성을 개선하고 이 과정에서 주가가 상승하면 증자 또는 주식관련사채 발행을 통하여 자본시장에서 자금을 조달하여 우회상장법인의 유동성 및 재무구조를 개선시킨다.

⑥ 제8단계(투자자본 회수)

장기적으로 우회상장 거래가 성공적이고 우회상장 후 구조조정 및 사업구조 개선을 통하여 주식가치가 상승하게 되면 인수자는 일부 주식 매각 또는 경영권 매각을 통하여 투입된 자본을 회수한다.

(2) 영업양수 · 도를 통한 우회상장

영업양수 · 도를 통한 우회상장 방법은 우회상장방법의 대부분 차지하던 합병방식을 통한 우회상장 방법에 대하여 규제가 도입되고 심사가 강화됨에 따라 이를 회피하기 위하여 활용되었으나 법률개정을 통하여 영업양수 · 도를 통한 우회상장의 경우에도 엄격한 규제가 도입되고 합병의 경우와 동일하게 심사 · 감독이 이루어짐에 따라 그 실효성이 낮아져 발생빈도가 낮은 것으로 파악된다.

절 차	내 용
제1단계 (소유권 확보)	인수자가 상장법인의 지배주주로부터 당해 상장법인 주식을 프리미엄이 부가된 가격으로 매입
제2단계 (경영권 확보)	주총 개최를 통한 상장법인 이사회 구성원 및 경영진 교체
제3단계 (양수자금 마련 및 재무구조 개선)	상장법인의 감자 및 인수자 대상 증자 등을 통한 재무구조 개선, 인수자의 지분율 증대, 상장법인의 영업양수자금 마련
제4단계 (영업양수 · 도)	• 상장법인이 비상장법인의 영업부문을 포괄적으로 양수 • 영업양도를 통한 비상장법인의 투자자본 회수
제5단계 (상장영업부문 분할 · 매각)	• 필요시, 기존 상장법인의 영업부문 분할 및 매각 • 일반적으로 기존 상장법인의 지배주주가 상장법인의 영업부문 매수
제6단계 (기업가치 제고)	구조조정 및 사업구조 개선을 통한 기업가치 상승
제7단계 (자본시장에서 외부자금 조달)	증자 또는 주식관련사채 발행을 통한 자본시장에서 자금 조달
제8단계 (투자자금 회수)	장기적으로 일부 주식 매각 또는 경영권 매각을 통하여 투입된 자본 회수

영업양수 · 도를 통한 우회상장 방법도 합병을 통한 우회상장 방법과 그 절차 및 내용이 유사하나 합병을 통한 우회상장 방법과 비교하여 영업양수시 평가방법 등 다음과 같은 차이가 있다.

① 영업양수 · 도 부문 평가

상장법인은 제3단계에서 확보한 자금 등으로 제4단계의 비상장법인의 영업부문을 포괄적으로 양수하여 두 회사의 사업을 하나로 합체시킨다.

이 과정에서 비상장법인의 영업양도대금을 극대화하기 위하여 양수하는 비상장법인의 영업부문의 가치를 공정가액보다 높게 평가하여 양수하는 불공정 거래가 발생될 수 있다.

따라서 법령에서는 이와 같은 불공정 거래를 방지하기 위하여 상장법인과 비상장법인 간 중요한 영업양수·도시 양수도가액의 공정성을 확보하기 위하여 외부평가기관에 의한 평가를 의무화하고 있고(자본시장법 시행령 제176조의6 ③), 외부평가업무 가이드라인을 제정(2009년 6월)하여 이를 준수하도록 규정하고 있다.

상장법인의 영업양수가액에 대한 외부평가제도는 가액의 산정방법이 법제화된 합병과 달리 양수가액의 평가방법이 법제화되어 있지 않고 단지 외부평가기관의 평가의견을 주요사항보고서에 첨부하도록 규정하고 있으므로 영업양수 가액에 대한 결정이 합병가액 산정방법보다 자유롭다고 할 수 있다.

② 제5단계(기존 상장영업부문 분할 및 매각)

상장법인이 분할 또는 영업양도에 의하여 주된 영업부문이 없어지는 경우 당해 상장법인은 주된 영업활동의 정지사유가 적용되어 상장폐지될 수 있으므로 이를 주의하여야 한다.

구 분	유가증권	코스닥	규 정
주된 영업	영업이 2개 이상인 경우 매출액 비중이 가장 큰 것	좌 동	• 유가상장 제42조 ② 1호 • 코스닥상장 제56조 ① 3호 라목 • 동 세칙 제61조 ① 4호
상장폐지	주된 영업이 양도되거나 분할 또는 분할합병 등에 따라 이전되는 경우 잔여사업부문의 연간 또는 분기 매출액 등을 고려하여 판단(지주회사 제외)	주된 영업이 양도되거나 분할 또는 분할합병 등에 따라 이전되는 경우 기업계속성, 경영투명성 및 기타 시장건전성 등을 종합적으로 고려하여 상장폐지가 필요하다 인정되는 경우(지주회사 제외)	• 유가상장 제48조 ② 6호 라목 • 동 세칙 제50조 ① 4호 다목 • 코스닥상장 제56조 ① 3호 라목 • 동 세칙 제61조 ①

(주) 유가증권시장상장규정(유가상장), 코스닥시장상장규정(코스닥상장)

② 간접적인 우회상장

간접적인 우회상장은 비상장법인이 상장법인과 포괄적 주식교환, 자산양수·도 (부분적 주식교환), 현물출자 등을 통하여 비상장법인 그 자체는 상장되지 않으나 상장법인과 경제적 단일체를 형성하고 비상장법인의 주식이 상장법인 주식으로 전환되는 효과를 창출하는 방법이다. 단, 앞서 설명하였듯이 통상적인 계열회사 편입등의 작업(1단계~3단계) 이후에 실질적인 우회상장 거래(4단계)의 거래를 하지 않고, 곧바로 우회상장 거래(4단계)를 진행하고 이후 재무구조개선 작업등을 하는 경우도 있다.

(1) 포괄적 주식교환을 통한 우회상장

상장법인이 비상장법인의 총 주주로부터 비상장법인의 구주를 이전받고 구주 이전의 대가로 비상장법인의 주주에게 상장법인의 신주를 교부하는 이중거래가 하나의 거래로 압축된 구조로써, 상장법인에 대한 유상증자 대가를 현금이 아닌 비상장법인의 구주로 납입하는 점과 비상장법인의 주주가 상장법인 1인주주로 구성된다는 점이 특징이다.

절 차	내 용
제1단계 (소유권 확보)	인수자가 상장법인의 지배주주로부터 당해 상장법인 주식을 프리미엄이 부가된 가격으로 매입
제2단계 (경영권 확보)	주주총회 개최를 통한 상장법인 이사회 구성원 및 경영진 교체
제3단계 (지분율 증대 및 재무구조 개선)	상장법인의 감자 및 인수자 대상 증자 등을 통하여 인수자의 지분율 증대 및 재무구조 개선
제4단계 (주식의 포괄적 교환)	주식의 포괄적 교환으로 상장법인과 비상장법인은 완전모회사 및 완전자회사 관계 형성
제5단계 (기업가치 제고)	완전모회사 구조조정 및 완전자회사 사업구조 개선을 통한 완전모회사 주가 상승
제6단계 (완전모회사 자금조달 및 완전자회사 투자)	• 완전모회사가 자본시장에서 증자 및 주식관련사채 발행을 통하여 자금 조달 • 완전모회사 완전자회사 자금지원

절 차	내 용
제7단계 (법률적 및 경제적 단일체 형성)	완전모회사의 구조조정 완료, 완전자회사의 사업구조 개선이 완료되면 완전모회사와 완전자회사는 합병을 통하여 법률적으로나 경제적인 단일체를 형성
제8단계 (투자자금 회수)	장기적으로 일부 주식 매각 또는 경영권 매각을 통하여 투입된 자본 회수

포괄적 주식교환을 통한 우회상장 방법도 직접적인 우회상장(합병 또는 영업양수·도) 방법과 그 절차 및 내용이 유사하나 직접적인 우회상장 방법은 상장법인과 비상장법인 또는 비상장법인의 영업부문이 법률적으로나 경제적으로 단일체를 형성하게 되나 포괄적 주식교환의 경우 상장법인과 비상장법인이 독립법인으로 존속하면서 상장법인이 비상장법인의 주식 100%를 보유한 완전모회사가 되고 비상장법인은 주주가 1인인 완전자회사가 된다는 점에서 차이가 있다. 따라서 포괄적 주식교환의 경우 제1단계 상장법인의 인수주체가 비상장법인이 될 경우 제4단계의 포괄적 주식교환 후 자회사가 모회사의 주식을 보유하게 된다는 점, 자회사는 계속 비상장법인으로 존속되어 자금조달 능력이 없으므로 모회사인 상장법인이 자금을 조달하여 지원하여야 되는 점 등에서 차이가 있다.

① 상호주식 보유

제1단계의 상장법인 주식 취득의 주체는 비상장법인 또는 비상장법인의 지배주주가 될 수 있으나 만약 비상장법인이 상장법인의 주식을 매입한다면 포괄적 주식교환 후 완전자회사가 완전모회사 주식(상호주식)을 보유한 결과가 되므로 완전자회사가 보유한 완전모회사 주식은 취득일(주식교환일)로부터 6개월 이내에 처분하여야 하는 결과가 발생될 수 있으므로 인수주체 결정시 이를 주의하여야 한다.

구 분	내 용	관련규정
의결권 제한	어떤 회사("A")가 다른 회사("B")의 주식을 10% 이상 취득하는 경우 "A"는 "B"에 지체없이 통지하여야 하며 "B"가 보유하는 "A" 주식에 대해서는 의결권이 인정되지 않는다.	상법 제369조 ③, 제342조의3

구 분	내 용	관련규정
상호 주식	• 어떤 회사("A")가 다른 회사("B")의 주식을 50% 초과하여 보유하는 경우 "A"를 모회사, "B"를 자회사라 칭하며 회사 간에 모·자회사 관계가 형성될 경우 자회사는 다음의 경우를 제외하고는 모회사의 주식을 취득할 수 없다. －주식의 포괄적 교환 또는 이전 －회사의 합병 또는 다른 회사의 영업 전부의 양수로 인한 때 －회사의 권리를 실행함에 있어 그 목적을 달성하기 위하여 필요한 때 • 위의 경우, 자회사는 6개월 이내에 모회사 주식을 매각하여야 한다. • 다른 회사의 주식을 50%초과하는 주식을 모회사 및 자회사 또는 자회사가 보유하는 경우, 그 다른 회사는 이 법의 적용에 있어 그 모회사의 자회사로 본다. [예시－자회사에 의한 모회사주식의 취득] 일반적 모자회사: A →(51%) C 모회사 및 자회사가 50%초과보유: 모회사 A →(50% 초과) 자회사 B →(21%) C, 30% 자회사가 50%초과 보유: 모회사 A →(50% 초과) 자회사 B →(51%) C 위 3가지 경우 모두 C사 입장에서 A사는 모회사에 해당되므로, 위 예외 경우를 제외하고 C사는 A사의 주식을 보유할 수 없음. 예외 경우에도 이를 6개월 내에 처분하여야 함.	상법 제342조의2

② 교환비율 외부평가기관 평가

포괄적 주식교환으로 상장법인이 비상장법인의 주식 100%를 보유한 완전모회사가 되고, 비상장법인은 완전자회사가 되며 비상장법인의 주주는 상장법인의 주주로 전환된다.

이 과정에서 인수자의 주식교환비율의 극대화를 위하여 비상장법인의 가치를 공정가액보다 높게 평가하는 불공정 거래가 발생될 수 있다. 따라서 법령에서는 이와 같은 불공정 거래를 방지하기 위하여 상장법인과 비상장법인 간 포괄적 주식교환시 교환비율 산정의 공정성을 확보하기 위하여 외부평가기관에 의한 교환비율 평가를 의무화하고 있다(자본시장법 시행령 제176조의6 ③).

③ 완전모회사의 자본조달 및 완전자회사 지원

완전자회사는 비상장법인으로서 자본시장을 통한 자본조달 능력이 없으므로 완전모회사인 상장법인이 증자 등을 통하여 자본을 조달하여 완전자회사에 지원함으로써 완전자회사는 완전모회사를 통하여 자금을 조달한다.

④ 합병을 통한 법률적 및 경제적 단일체 형성

동일한 경제적 단일체를 구성하면서도 모회사 및 자회사로 법인을 이중화하는 포괄적 주식교환은 관리비용 증가 및 의사결정구조의 복잡화 등으로 비효율적이고 영업의 주체가 되는 완전자회사는 비상장법인으로서 자본시장을 통한 자본조달 능력이 없으므로 계속적으로 완전모회사에 의존해야 되므로 장기적으로 완전모회사인 상장법인의 구조조정이 완료되고 완전자회사인 비상장법인의 사업구조가 개선이 되면 완전모회사와 완전자회사는 합병을 통하여 법률적으로나 경제적인 단일체를 형성하게 된다.

(2) 자산양수·도를 통한 우회상장(부분적 주식교환)

상장법인이 비상장법인의 지배주주로부터 비상장법인의 주식을 취득하고 당해 비상장법인의 지배주주를 대상으로 상장법인의 주식을 발행할 경우 비상장법인의 지배주주가 보유한 비상장법인의 주식이 상장법인의 주식으로 전환되는 효과를 창출하게 된다.

이와 같이 비상장법인의 지배주주가 보유한 비상장법인의 주식이 상장법인과 자산양수 및 당해 비상장법인의 지배주주에 대한 증자를 통하여 비상장법인 지배주주의 주식이 상장법인의 주식으로 전환되는 거래를 자본시장에서는 자산양수·도를 통한 우회상장 또는 주식교환의 효과가 비상장법인의 총주주에게 미치는 포괄적 주식교환과 비교할 때 비상장법인의 특정주주만을 대상으로 주식교환의 효과가 발생되므로 부분적 주식교환이라고 한다.

절 차	내 용
제1단계 (소유권 확보)	인수자가 상장법인의 지배주주로부터 당해 상장법인 주식을 프리미엄이 부가된 가격으로 매입
제2단계 (경영권 확보)	주주총회 개최를 통한 상장법인 이사회 구성원 및 경영진 교체

절 차	내 용
제3단계 (지분율 증대 및 비상장법 인주식 인수자금 마련)	상장법인의 감자 및 인수자 대상 증자 등을 통한 재무구조 개선, 인수자의 지분율 증대 및 상장법인의 비상장법인 주식 인수자금 마련
제4단계 (비상장법인 주식매수)	• 상장법인은 비상장법인의 지배주주로부터 비상장법인 주 식매수 • 비상장법인 지배주주 투자자본 회수
제5단계 (기업가치 제고)	모회사 구조조정 및 자회사 사업구조 개선을 통한 기업가치 상승
제6단계 (모회사 자금조달 및 자회사 투자)	모회사가 자본시장에서 증자 및 주식관련사채 발행을 통한 자회사 자금 지원
제7단계 (투자자금 회수)	장기적으로 일부 주식 매각 또는 경영권 매각을 통하여 투입 된 자본 회수

자산양수·도를 통한 우회상장(부분적 주식교환)은 그 내용과 절차가 포괄적 주식
교환 및 영업양수·도를 통한 우회상장의 경우와 유사하나 그 효과 및 절차에 있
어 다음과 같은 차이가 있다.

① 부분적 주식교환을 통한 우회상장과 포괄적 주식교환을 통한 우회상장 비교

부분적 주식교환을 통한 우회상장의 경우 주식교환의 효익이 비상장법인의 지
배주주 등 특정주주에게만 영향을 미치나 포괄적 주식교환을 통한 우회상장의
경우 주식교환의 효익이 비상장법인의 모든 주주에게 영향을 미친다.

또한, 부분적 주식교환의 경우 상장법인의 비상장법인 주식취득과 비상장법인
지배주주 등의 상장법인 주식취득 거래가 이중적으로 발생되나 포괄적 주식교
환의 경우 이러한 이중거래가 상법상 절차에 의하여 한번에 이루어지게 된다.
따라서 부분적 주식교환은 상장법인과 비상장법인의 지배주주 간의 사적계약
에 의하여 절차가 진행되므로 비교적 자유롭게 진행되나 포괄적 주식교환의
경우 상법상의 거래이므로 모든 절차가 상법상의 이행규정(주총 특별결의, 주식
매수청구권)을 준수하여야 한다.

단, 부분적 주식교환이 중요할 경우 자본시장법에서는 포괄적 주식교환의 경
우와 동일하게 가액의 외부평가기관 평가 및 주요사항보고서를 제출하도록 규
정하고 있다.

부분적 주식교환을 통한 우회상장의 경우와 포괄적 주식교환을 통한 우회상장의 차이점을 비교하면 다음과 같다.

구　분	중요한 자산양수·도 (부분적 주식교환)	포괄적 주식교환
주식교환 대상	교환대상 법인의 지배주주 등 특정주주	비상장이 되는 법인(완전자회사)의 모든 주주
이사회 결의	필요	필요
거래대상 외부평가기관 평가	필요[주]	필요
계약체결	필요	필요
주요사항 보고서	제출	제출
주주총회 결의	불필요	특별결의
주식매수청구권	불인정	인정
채권자 보호절차	불필요	불필요

주) 양수·양도하려는 자산액(장부가액과 거래금액 중 큰 금액)이 최근 사업연도말 현재 자산총액의 10% 이상인 경우(연결재무제표 작성대상법인인 경우 연결금액을 적용하고, 연결대상이 아닌 경우 개별재무제표상 금액을 적용)

② 부분적 주식교환을 통한 우회상장과 영업양수·도를 통한 우회상장 비교

부분적 주식교환을 통한 우회상장은 영업양수·도를 통한 우회상장 방법과 거래의 대상(영업양수·도의 경우 비상장법인의 영업부문, 부분적 주식교환의 경우 비상장법인의 주식)에 대한 차이만 있을 뿐 거래의 실질 및 방법에서 유사하다. 그러나 영업양수·도를 통한 우회상장 방법은 상법상 이행규정(주총 특별결의, 주식매수청구권)과 자본시장법상 이행규정(외부평가기관 평가, 주요사항보고서 제출)을 모두 이행해야 하는 반면, 부분적 주식교환을 통한 우회상장 방법은 상법상 이행규정이 불필요하기 때문에 자본시장법상 이행규정만 준수하면 된다. 따라서 부분적 주식교환을 통한 우회상장 방법이 영업양수·도를 통한 우회상장 방법보다 상법상 주총 특별결의 및 주식매수청구권에 대한 부담 없이 절차를 간편하게 진행할 수 있다.

구 분	중요한 영업양수·도	부분적 주식교환 (중요한 자산양수·도)
이사회결의	필요	필요
거래대상 외부평가기관 평가	필요주1)	필요주2)
계약 체결	필요	필요
주요사항보고서	제출	제출
주주총회 결의	특별결의	불필요
주식매수청구권	인정	불인정
채권자 보호절차	불필요	불필요
규 정	자본시장법 시행령 제171조 ② 1호~3호	자본시장법 시행령 제171조 ② 5호

주1) 대상 영업부문의 자산액(장부가액과 거래금액 중 큰 금액)/매출액/부채액이 최근사업연도 말 자산
　　총액*/매출총액*/부채총액* 대비 10% 이상인 경우
　　(* 연결재무제표 작성대상법인인 경우 연결금액을 적용하고, 연결대상이 아닌 경우 개별재무제표상 금액을 적용)
주2) 양수·양도하려는 자산액(장부가액과 거래금액 중 큰 금액)이 최근 사업연도말 현재 자산총액의
　　10% 이상인 경우(연결재무제표 작성대상법인인 경우 연결금액을 적용하고, 연결대상이 아닌 경우
　　개별재무제표상 금액을 적용)

(3) 현물출자를 통한 우회상장

현물출자를 통한 우회상장 방법은 비상장법인의 지배주주가 상장법인의 유상증자
참여시 유상증자의 대가를 현금으로 납입하지 않고 당해 비상장법인의 주식으로
납입한다는 점에서 부분적 주식교환(중요한 자산양수·도)과 동일한 효과를 얻을
수 있는 우회상장 방법이다.

현물출자는 출자자산의 공정성을 확보하기 위하여 법원의 인가를 얻도록 하는 규
정에 따라 절차가 복잡하여 우회상장방안으로 활용되지 않았으나 부분적 주식교
환을 통한 우회상장 방법 등 다른 우회상장 방법에 대한 규제가 강화됨에 따라
동일한 효과를 내면서도 자본시장법상 규제가 없는 현물출자를 통한 우회상장 방
법이 활용되게 되었다.

그러나 감독당국은 현물출자를 통한 우회상장 방법을 규제하기 위하여 2007년 제
도개선으로 규제방안을 도입함에 따라 규제도입 후 현물출자 방법은 그 실효성을
상실하여 우회상장 방법으로 거의 사용되고 있지 않다.

절 차	내 용
제1단계 (소유권 확보)	인수자가 상장법인의 지배주주로부터 당해 상장법인의 주식을 프리미엄이 부가된 가격으로 매입
제2단계 (경영권 확보)	주주총회 개최를 통한 상장법인 이사회 구성원 및 경영진 교체
제3단계 (현물출자 유상증자)	• 상장법인 유상증자 및 비상장법인의 주주 현물출자 • 상장법인의 재무구조가 열악할 경우 먼저 감자를 실시하고 현물출자를 실시함.
제4단계 (기업가치 제고)	모회사 구조조정 및 자회사 사업구조 개선을 통한 기업가치 상승
제5단계 (모회사 자금조달 및 자회사 투자)	모회사가 자본시장에서 증자 및 주식관련사채 발행을 통한 자회사 자금 지원
제6단계 (투자자금 회수)	장기적으로 일부 주식 매각 또는 경영권 매각을 통하여 투입된 자본 회수

① 현물출자 가액의 조사, 보고

상장법인이 비상장법인의 지배주주를 대상으로 증자를 실시하고, 증자에 대한 납입을 당해 비상장법인의 주식으로 함으로써 비상장법인의 지배주주는 상장법인의 주주로 전환된다.

이 과정에서 비상장법인 지배주주의 상장회사 지분취득비율을 극대화하기 위하여 비상장법인의 가치를 공정가액보다 높게 평가하는 불공정 거래가 발생될 수 있다. 따라서 상법(제422조 ①)에서는 이와 같은 불공정 거래를 방지하기 위하여 현물출자가액에 대하여 검사인의 조사 또는 공인된 감정인의 감정을 받도록 규정하고 있고(단, 현물출자 대상이 자본금의 5분의 1을 초과하지 아니하고 5천만원을 초과하지 아니하는 경우, 거래소의 시세 있는 유가증권의 경우 예외), 감독기관은 외부평가업무 가이드라인을 제정(2009년 6월)하여 이를 준수하도록 규정하고 있다.

참고로 유상증자의 대상이 비상장법인의 모든 주식일 경우, 포괄적 주식교환과 동일한 효과를 창출할 수 있으며 유상증자의 대상이 비상장법인의 특정주식(지배주주 등 보유주식)일 경우, 부분적 주식교환(중요한 자산양수·도)과 동일한 효과를 창출한다.

IX 우회상장의 제한 규정

건전하지 못한 비상장법인이 상장법인과 우회상장거래(합병, 포괄적 주식교환, 영업양수·도, 자산양수·도(부분적 주식교환), 현물출자)를 통하여 우회상장한 후 당해 우회상장법인(상장법인)의 주가를 조작하거나 단기간에 주식을 매각함으로써 소액주주의 피해를 야기하고 자본시장을 교란한 사례가 빈번하게 발생하고 있다.

따라서 감독기관은 위와 같은 불건전한 우회상장으로부터 자본시장의 건전성을 확보하고 소액주주를 보호하기 위하여 우회상장에 대하여 다음과 같은 제한규정을 마련하고 있다.

구 분	내 용
우회상장 요건 미충족시 상장폐지	상장법인의 경영권이 변경되는 우회상장의 경우 비상장법인이 우회상장요건을 충족하지 못한 경우 당해 우회상장법인(상장법인)은 상장이 폐지됨.
우회상장으로 인한 경영권 변동시 지분매각 제한	상장법인이 비상장법인과 우회상장으로 상장법인의 경영권이 변경될 경우 비상장법인의 최대주주 등이 보유하는 상장법인의 주식 등에 대하여 일정기간 매각을 제한함.
합병 후 단기분할시 분할신설법인 재상장 제한	비상장법인이 상장법인과 합병한 후 3년 내 분할시 분할신설법인에 대한 재상장 요건 강화
우회상장 절차 강화	상장법인이 비상장법인 또는 그 최대주주 등과 우회상장거래를 하는 경우 상장주선인 선임 및 우회상장예비심사 청구서 등 우회상장 심사서류 제출
우회상장 공시 강화	우회상장법인에 대하여 우회상장종목임을 일정기간 전산시스템에 공표하여 투자자의 주의 환기

(주) 경영권 변경은 상장법인 최대주주의 변경을 의미함.

① 우회상장 요건 미충족시 상장폐지

상장법인과 비상장법인이 상장규정이 정의하는 우회상장을 진행 중 우회상장예비심사에서 미승인이 나는 경우, 해당 우회상장 거래행위를 취소한다는 결의까지 즉시 거래가 정지된다(유가상장 제153조 ①·②, 코스닥상장 제18조 ①). 아울러 우회상장예비심사 승인을 받지 않은 상태에서 해당 우회상장 거래를 완료하는 경우에는

상장이 폐지된다(유가상장 제48조 ① 14호, 코스닥상장 제54조 ① 10호).

① 규제대상 우회상장 거래

구 분	규제대상 우회상장 거래
합 병 (분할합병 포함)	• 상장법인과 비상장법인 간 합병시 상장법인의 경영권이 변동되고 • 상장법인이 존속법인인 합병의 경우 • 단, 비상장법인이 상장법인의 완전자회사인 경우 제외(유가증권) • 단, 코스닥에 한해 존속회사가 소규모합병인 경우 또는 소멸회사가 간이합병인 경우는 우회상장 미해당 • 비상장법인이 상장법인 대비 자산, 매출, 자본금 중 2개 이상 항목이 큰 경우(코스닥)
주식의 포괄적 교환	• 상장법인과 비상장법인 간 주식교환시 상장법인의 경영권이 변동되고, • 상장법인이 비상장법인이 발행한 주식총수를 소유하는 경우
영업양수·도	• 상장법인과 비상장법인 간 영업양수·도시 상장법인의 경영권이 변동되고, • 양수대상 영업부문 자산액 또는 매출액이 비상장법인의 최근사업연도 말 자산총액 또는 매출액의 30% 이상인 경우
자산양수·도	• 상장법인과 비상장법인의 주요출자자(유가)[주1] 또는 최대주주등(코스닥)[주2] 간 자산양수·도시 상장법인의 경영권이 변동되고 • 상장법인이 비상장법인의 주요출자자(유가) 혹은 최대주주등(코스닥)으로부터 해당 비상장법인이 발행한 주식을 취득하고 • 그 자산양수 결과 상장법인이 비상장법인 주식의 50% 이상을 소유하거나 30% 초과 소유하면서 최대주주인 경우
현물출자	• 상장법인과 비상장법인의 주요출자자(유가)[주1] 또는 최대주주등(코스닥)[주2] 간 현물출자시 상장법인의 경영권이 변동되고 • 현물출자 가액이 상장법인 최근연도 말 자산총액의 10% 이상이고 (코스닥상장법인만 해당) • 현물출자 결과 상장법인이 비상장법인 주식의 50% 이상을 소유하거나 30% 초과 소유하면서 최대주주인 경우
규 정	• 유가증권시장상장규정 제32조 및 동 시행세칙 제28조 • 코스닥시장상장규정 제33조 및 동 시행세칙 제31조

주1) 주요출자자자(유가증권시장상장규정 제32조 2호 및 동 시행세칙 제28조 ②): [최대주주(금융회사의 지배구조에 관한 법률 제2조 6호) 및 그 특수관계인(동법 시행령 제3조 ①), 5% 이상 소유자]
주2) 최대주주등(코스닥상장규정 제2조 ① 13호): 최대주주(금융회사의 지배구조에 관한 법률 제2조 6호 가목) 및 그 특수관계인(동법 시행령 제3조 ①)

② 우회상장 요건

　가. 유가증권상장법인(유가증권시장상장규정 제36조)

　　－형식적 심사요건(유가증권시장상장규정 제36조 ①, ②)

구 분	합 병	포괄적 주식교환	영업양수	자산양수	현물출자
대 상	비상장 법인	비상장 법인	양수대상 영업부문	비상장 법인	비상장 법인
영업기간 3년 경과 및 계속적 영업지속	○	○	○	○	○
다음 중 하나 충족 • 자기자본이익률 : 최근연도 5% 이상이고 3년 합계 10% 이상(한 해라도 (-)인 경우, 미충족으로 간주) • 세전이익 : 최근연도 30억원 이상이고 3년 합계 60억원 이상 • 자기자본 1,000억원 이상 법인 : 최근연도 세전이익 50억원 이상 또는 자기자본이익률 3% 이상이고 최근연도 영업 현금흐름(+)	○	○	○ (양도대상 영업부문 최근 3 사업연도 영업이익기준)	○	○
부채가 자산을 초과하지 않을 것	－	－	○	－	－
최근연도 감사의견 적정 및 직전 2년 감사의견 적정 또는 한정(감사범위제한에 따른 한정을 제외)	○	○	○ (비상장법인)	○	○

(주) 기준일 : 우회상장예비심사청구일(현물출자의 경우 제3자배정 증자 결의 신고일)

　　－ 질적 심사요건(유가증권시장상장규정 제36조 ③, 제30조 ①)

• 영업, 재무상황 및 경영환경 등에 비추어 기업의 계속성이 인정될 것
• 기업지배구조, 내부통제제도, 공시체제 및 특수관계인과의 거래 등에 비추어 경영투명성이 인정될 것
• 지분 당사자 간의 관계, 지분구조의 변동 내용·기간 등에 비추어 기업 경영의 안정성이 인정될 것
• 법적 성격과 운영방식 측면에서 상법상 주식회사로 인정될 것
• 공익실현과 투자자보호를 해치지 않는다고 인정될 것

– 비상장대법인과의 합병시 형식적 요건(유가증권시장상장규정 제37조, 시행세칙 제32조)

본 장, 서두에 설명하였듯이 주요사항보고서 제출일이 속하는 직전 사업연도 재무제표 기준 비상장법인이 자산총계, 자본금, 매출액 중 두 가지 이상이 상장법인보다 더 큰 경우 그 비상장법인(비상장대법인)은 일정 요건을 충족하여야 합병이 가능한데(자본시장법 시행령 제176조의5 ④ 2호), 이때 경영권의 변동없이 단순히 비상장대법인과 합병하는 상장법인의 경우, 유가증권에서는 거래소 질적 심사를 요하지 아니하고, 일부 형식적 요건만 충족하면 된다(코스닥의 경우 합병에 한하여 경영권변동의 우회상장과 동일하게 간주).

요 건[주]	내 용
경영성과	최근 다음 중 하나 충족(종속회사가 있는 경우 연결재무제표 기준) • 세전이익 : 최근연도 30억원 이상, 3년 합계 60억원 이상 • 자기자본이익률((당기순이익－비재배지분)/자기자본) : 최근연도 5% 이상, 3년 합계 10% 이상(3개년 중 한 해라도 자기자본이익률 없는 경우 미충족 간주) • 기준일 현재 자기자본 1,000억원 이상인 법인(대형법인)의 경우 아래 두 가지 충족 　－ 최근연도 자기자본이익률 3% 이상 또는 세전이익 50억원 이상 　－ 최근연도 영업현금흐름 양(＋)일 것 　　※ 지주회사는 연결재무제표상 현금흐름 기준 　　※ 자기자본 : 최근연도 말 현재 기준
감사의견	개별 및 연결재무제표에 대한 감사인 의견 － 최근연도 적정 － 직전 2년 적정 또는 한정의견(감사범위 제한에 따른 한정 제외)
부도 및 소송 등	• 부도 : 부도발생 사실이 있었던 경우 주요사항보고서 제출일로부터 1년 이전에 부도사유 해소 • 소송 : 회사경영에 중대한 소송 등의 분쟁사건이 없을 것
최대주주 변경 제한	• 대상주주 : 주요사항보고서 제출일부터 1년 전의 날 현재 최대주주 • 제한내용 : 주요사항보고서 제출일 전 1년 이내에 최대주주 변경이 없을 것 단, 정부 등의 소유주식 매각, 상속 및 유증, 최대주주가 명목회사인 경우로서 그 명목회사의 최대주주로의 변경, 물적분할로 인한 분할전회사로의 최대주주 변경 등 시행세칙에 의한 예외 有
규 정	• 유가증권시장상장규정 제37조, 동 시행세칙 제32조

주) 단, 비상장대법인과의 합병으로 경영권변동이 초래되는 우회상장에 해당할 시에는 본 요건을 적용하지 아니하고, 우회상장심사요건(유가상장 제36조)을 적용함.

나. **코스닥상장법인**(코스닥시장상장규정 제35조)

－**형식적 심사요건**(코스닥시장상장규정 제35조 ①, ②)

구 분	합 병	포괄적 주식교환	영업 양수	자산양수	현물 출자
대 상	비상장 법인	비상장 법인	양수대상 영업부문	비상장 법인	비상장 법인
자기자본 30억원(벤처기업 15억원) 이상	○	○	–	○	○
법인세비용차감전계속사업이익 존재	○	○	○	○	○
부채가 자산을 초과하지 않을 것	–	–	○	–	–
자본잠식이 없을 것	○	○	–	○	○
최근연도 말 자기자본이익률 10% 이상 또는 당기순이익 20억원 이상	○	○	–	○	○
최근연도 감사의견 적정	○	○	○ (비상장사)	○	○

주1) 기준일 : 주요사항보고서 제출일이 속하는 사업연도의 전년도 말(현물출자의 경우 제3자배정 증자 공시일이 속하는 사업연도의 전년도 말)

주2) 연결재무제표 작성대상법인의 경우 연결재무제표 기준. 단, 자기자본, 자기자본이익률 및 당기순이익 계산시 비지배지분 제외

－**질적 심사요건**(코스닥시장상장규정 제35조 ③, 제29조)

거래소가 다음의 사항을 종합적으로 고려하여 당해 법인의 주권을 상장하는 것이 공익과 투자자보호상 부적합한 사유가 없다고 인정할 것

- 영업, 재무상황, 기술력 및 성장성, 그 밖에 경영환경 등에 비추어 계속성이 인정 될 것
- 기업지배구조, 내부통제제도, 공시체제 및 이해관계자와의 거래, 상장전 주식거래 등 에 비추어 경영투명성 및 경영안정성이 인정될 것
- 그 밖에 투자자보호 및 코스닥시장의 건전한 발전을 저해하지 않는다고 인정될 것 (코스닥상장규정 시행세칙 제27조, 별표6 질적심사기준 참조)

③ **경영권 변동**(상장법인의 최대주주 변경) **기준**

상장법인의 경영권 변동이란 비상장법인의 주요출자자가 본 우회상장거래를 통해 교부받을 주식을 포함하여 소유하고 있는 상장법인의 주식 수가 상장법 인의 최대주주 등이 소유하는 주식 수 이상인 경우를 말한다.

가. 유가증권상장법인(유가증권시장상장규정 시행세칙 제27조)

유 형	기준일	경영권 변동기준
합병 및 포괄적 주식교환	주요사항 보고서 제출일	비상장법인의 주요출자자 소유하는 상장법이의 주식 수 ≧ 상장법인의 최대주주 등이 소유하는 상장법인의 주식수
영업·자산양수	다음중 어느 하나의 날 • 중요한 영업·자산양수의 주요사항 보고서 제출일 • 중요한 영업·자산양수의 주요사항 보고서 제출일 이후 6개월 이내에 제3자 배정 방식으로 신주나 주식관련사채 발행을 신고하는 경우 해당 신주나 주식관련사채권의 발행일 • 중요한 영업·자산양수의 주요사항 보고서 제출일 이후 6개월 이내에 최대주주 변경을 신고하는 경우 해당 신고일	비상장법인의 주요출자자자가 소유하는 상장법인 주식 수 ≧ 상장법인의 최대주주 등이 소유하는 상장법인 주식수 단, 중요한 영업·자산양수 관련 주요사항보고서 제출일부터 6개월내 상장법인 경영권 변동이 예정된 사실이 확인된 경우 경영권 변동으로 간주
현물출자	주요사항 보고서 제출일	비상장법인의 주요출자자자가 소유하는 상장법인의 주식 수 ≧ 상장법인의 최대주주 등이 소유하는 상장법인의 주식수
예외사항	경영권 변동 기준일부터 1년 이전 비상장법인의 주요출자자가 상장법인의 최대주주가 된 경우로서 경영권 변동 기준일 현재에도 상장법인의 최대주주인 경우 경영권 변동으로 간주하지 않음.	

(주) : 1. 주요출자자(유가증권시장상장규정 제32조 2호 및 동 시행세칙 제28조 ②): [최대주주(금융회사의 지배구조에 관한 법률 제2조 6호) 및 그 특수관계인(동법 시행령 제3조 ①), 5% 이상 소유자]
   2. 경영권 변동 여부는 의결권 있는 주식 수를 기준으로 판단하되 다음의 주식 포함(유가증권시장 상장규정 시행세칙 제27조 ②)
      - 우회상장 거래에 따라 교부 받을 주식
      - 경영권 변동 기준일 현재 미행사된 주식관련사채의 권리행사에 따라 증가될 주식(경영권 변동 기준일 현재 전환가액 기준)
      - 경영권 변동 기준일 현재 법률의 규정이나 계약에 따라 인도청구권을 갖는 주식이나 주식관련사채(권리행사에 따라 증가할 주식 기준)

나. 코스닥상장법인

유 형	경영권 변동기준	규 정
합병 및 포괄적 주식교환	• 주요사항보고서 제출일 이전 1년 이내에 비상장법인의 최대주주 등이 상장법인의 최대주주가 된 경우 • 합병 또는 주식교환으로 비상장법인의 최대주주 등이 상장법인의 최대주주가 되는 경우(주요사항보고서상 합병 또는 교환비율에 따라 최대주주가 되는 경우) • 비상장법인의 5% 이상 주주가 주요사항보고서 제출일 이전 1년 이내 상장법인의 최대주주가 되거나 합병 또는 주식교환으로 상장법인의 최대주주가 되는 경우(주요사항보고서상 합병 또는 교환비율에 따라 최대주주가 되는 경우)	코스닥시장 상장 규정 시행세칙 제30조 ① 1호
영업·자산양수	• 주요사항보고서 제출일 이전 1년 이내에 상장법인이 비상장법인의 최대주주 등 또는 5% 이상 주주를 대상으로 제3자배정으로 주식 등을 발행하거나 주식이전이 있는 상황에서 해당기간내 비상장법인의 최대주주 등이 상장법인의 최대주주가 되는 경우 • 주요사항보고서 제출일 이후 6월 이내에 상장법인이 비상장법인의 최대주주 등 또는 5% 이상의 주주를 대상으로 제3자배정방식으로 주식 등을 발행하거나 주식이전이 있는 상황에서(예정 포함), 주요사항보고서 제출일로부터 발행일(주식이전일) 이전 비상장법인의 최대주주 등이 상장법인의 최대주주가 되는 경우 • 주요사항보고서 제출일 이전 1년 또는 이후 6개월 이내에 상장법인이 비상장법인의 최대주주 등 및 5% 이상의 주주를 대상으로 제3자배정방식으로 주식 등을 발행하거나 주식이전이 있는 상황에서, 발행된 주식 등의 배정 또는 주식이전으로 비상장법인의 최대주주 등이 상장법인의 최대주주가 되는 경우 • 주요사항보고서 제출일 이전 1년 이내에 상장법인이 비상장법인의 최대주주 등(5% 이상 주주 포함)을 대상으로 제3자배정방식으로 주식 등을 발행하	코스닥시장 상장 규정 시행세칙 제30조 ① 2호

유 형	경영권 변동기준	규 정
영업·자산양수	거나 주식이전이 있는 상황에서, 비상장법인의 5% 이상의 주주가 주요사항보고서 제출일 이전 1년 이내 상장법인의 최대주주가 되거나 주식 등의 배정 또는 주식이전으로 상장법인의 최대주주가 되는 경우 • 주요사항보고서 제출일 이후 6개월 이내에 상장법인이 비상장법인의 최대주주 등을 대상으로 제3자 배정방식으로 주식 등을 발행하거나 주식이전이 있는 상황에서(예정 포함), 비상장법인의 5% 이상 주주가 주요사항보고서 제출일부터 주식 등의 발행일 이전에 상장법인의 최대주주가 되거나 주식 등을 배정하거나 주식이전으로 상장법인의 최대주주가 되는 경우	코스닥시장 상장규정 시행세칙 제30조 ① 2호
현물출자	• 공시규정에 의한 신고일 1년 이전이 되는 날로부터 주식발행일 이전에 비상장법인의 최대주주 등이 상장법인의 최대주주가 되는 경우 • 현물출자로 발행된 주식을 배정받아 비상장법인의 최대주주 등이 상장법인의 최대주주가 되는 경우 • 비상장법인의 5% 이상 주주가 공시규정에 의한 신고일 1년 이전이 되는 날로부터 주식발행일 이전에 상장법인의 최대주주가 되거나 당해 주식의 배정으로 인하여 최대주주가 되는 경우	코스닥시장 상장규정 시행세칙 제30조 ① 3호

(주) : 1. 주식 등 : 주식 및 주식관련사채(코스닥상장규정 제2조 ① 10호)
    2. 최대주주 등 : 최대주주(금융회사의 지배구조에 관한 법률 제2조 ① 13호) 및 그 특수관계인(동 법시행령 제3조 ①)
    3. 주식수 산정 : 주요사항보고서 제출일 또는 주식 등 발행일 현재 미행사된 주식관련 사채, 인도 청구권을 갖는 주식 및 주식관련사채 포함

② 우회상장으로 인한 경영권 변동시 지분매각 제한

건전하지 못한 비상장법인이 상장법인과 우회상장한 후 단기간에 주식을 매각함으로써 발생되는 자본시장 교란 및 일반주주 피해를 방지하기 위하여 상장법인이 우회상장으로 인하여 경영권이 변동되는 경우에는 비상장법인의 최대주주 등이 보유하는 상장법인의 주식 등에 대하여 일정기간 주식매각을 제한하고 있다.

① 유가증권상장법인

우회상장 거래	매각제한 대상	매각제한 기간
합병 또는 포괄적 주식교환	비상장법인의 주요출자자[주2)]가 보유한 상장법인 및 비상장법인의 주식 등	합병 또는 주식교환으로 발행되는 주식 등의 상장일로부터 6개월
	상장예비심사 신청일 전 1년 이내에 제3자배정방식으로 발행한 비상장법인의 주식 등을 취득한 경우	• 합병 또는 주식교환으로 발행되는 주식 등의 발행일로부터 1년 • 그 날이 상장일로부터 6개월 이내인 경우 상장일로부터 6개월
	상장예비심사 신청일 전 1년 이내에 비상장법인의 주요출자자가 소유하는 상장법인 또는 비상장법인의 주식 등을 취득한 경우	합병 또는 주식교환으로 발행되는 주식 등의 상장일로부터 6개월
영업 또는 자산 양수·도	비상장법인의 주요출자자가 보유한 상장법인 및 비상장법인의 주식 등	[영업 또는 자산양수 종료일, 상장예비심사 종료일 익일] 중 늦은 날로부터 6개월
	상장예비심사 신청일 전 1년 이내에 비상장법인의 주요출자자가 소유하는 상장법인의 주식 등을 취득한 경우	
	주요사항보고서 제출일 이후 6개월 이내에 제3자배정방식으로 신주 또는 주식관련사채를 발행하여 경영권이 변동되는 경우	[신주상장일 또는 주식관련사채 발행일, 상장예비심사종료일 익일] 중 늦은 날로부터 6개월
	주요사항보고서 제출일 이후 6개월 이내에 최대주주 변경 신고가 있는 경우(제3자 배정방식의 신주발행으로 최대주주가 변경된 경우 제외)	영업 또는 자산양수 결의시 우회상장 예비심사청구서 제출·심사를 받는 경우 : 최대주주 변경신고일로부터 6개월
		최대주주변경 신고 시점에서 우회상장예비심사청구서 제출·심사를 받은 경우 : 상장예비심사종료일 익일로부터 6개월
현물출자	비상장법인의 주요출자자자가 보유한 상장법인 및 비상장법인의 주식 등	영업 또는 자산양수 결의시 우회상장예비 심사청구서 제출·심사를 받는 경우 : 현물출자에 따른 신주상장일[주1)]로부터 6개월

우회상장 거래	매각제한 대상	매각제한 기간
제출서류	계속보유확약서, 보호예수증명서(예탁결제원 발행)	
규 정	유가증권시장상장규정 제35조, 동 시행세칙 제31조 및 별표2	

주1) 주식 등 : 주권, 신주인수권, CB, BW, 교환 및 상환사채, 주식예탁증서, 전환형 조건부자본증권 등 (유가증권시장상장규정 제2조 ① 9호), 주식 등에는 의무보유기간 이내 주식등에 부여된 권리의 행사, 무상증자(유상증자 동시 실시의 경우 무상증자만 해당) 및 주식배당으로 취득한 주식 포함
주2) 주요출자자(유가증권시장상장규정 제32조 2호 및 동시행세칙 제28조 ②) : [최대주주(금융회사의 지배구조에 관한 법률 제2조 6호) 및 그 특수관계인(동법 시행령 제3조 ①), 5% 이상 소유자]

② 코스닥상장법인

코스닥상장법인이 비상장법인과 우회상장을 하는 경우 비상장법인의 최대주주 등이 보유하는 코스닥상장법인의 주식 등에 대하여 경영권 변경 유무에 따라 다음과 같이 매각이 제한된다.

매각제한과 관련하여 유가증권상장법인의 경우 경영권이 변동되는 경우에만 매각이 제한되나 코스닥상장법인의 경우 경영권 변동이 없는 경우에도 매각이 제한되는 점이 차이가 있다.

가. 우회상장시의 의무보유

우회상장 거래	의무보유 대상	의무보유 기간
합병 또는 포괄적 주식교환	• 의무보유대상 주요출자자[주1]가 보유하는 우회상장대상법인 및 상장법인의 주식등 • 주요사항보고서 제출일 6개월 전~추가상장일 사이에 의무보유 대상 주요출자자[주1]로부터 주식등을 취득하거나[주4] 제3자배정방식으로 우회상장대상법인의 주식등을 취득한 자[주5]	추가상장일[주3]로부터 6개월간

우회상장 거래	의무보유 대상	의무보유 기간
합병 또는 포괄적 주식교환	• 전문투자자 및 벤처금융이 모집/매출이 아닌 방법으로 2년 미만 내 우회상장대상법인의 주식등을 취득한 자[주6] (합병기일/주식교환일 현재 대상법인 자본금 기준 10% 이상에 상당하는 주식으로 한정)	추가상장일[주3]로부터 1개월간
영업자산 양수 및 현물출자	• 영업·자산양수 주요사항보고서 제출일 이전 1년 이내에 우회상장대상법인의 주요출자자[주2]를 대상으로 제3자배정방식으로 주식 등을 발행하거나 주식이전한 경우	영업·자산양수완료일(영업·자산양수계약 이행 완료일)과 우회상장심사종료일(결과 최종 통지일) 중 늦은 날로부터 6개월
	• 영업·자산양수 주요사항보고서 제출일 이후 6개월 이내에 우회상장대상법인의 주요출자자[주2]를 대상으로 제3자배정방식으로 발행하거나 주식이전한 경우	[추가상장일 또는 최대주주변경 신고일]과 우회상장심사종료일 중 늦은 날로부터 6개월
	• 상장법인이 우회상장대상법인의 최대주주 등을 대상으로 제3자배정방식으로 주식을 발행하고 납입이 당해 비상장법인의 발행주식으로 이루어지는 경우(현물출자)	기준일 : 제3자배정으로 발행된 주식의 추가상장일과 우회상장심사종료일 중 늦은 날로부터 6개월
규 정	코스닥시장상장규정 제36조, 동 시행세칙 제34조	

주1) 의무보유 대상 주요출자자(코스닥시장상장규정 시행세칙 제34조 ①)
　　 – 우회상장 대상 법인의 최대주주등
　　 – 아래 주2)의 주요출자자 중 규정 제30조 ①의 경영권변동으로 상장법인의 최대주주가 되는 자
주2) 우회상장 대상법인의 주요출자자(코스닥시장상장규정 시행세칙 제30조 ①)
　　 : 우회상장 대상법인의 최대주주등 및 5% 이상 보유자
주3) 신주상장일. 단, 포괄적주식교환으로 상장법인의 구주와 교환할 경우에는 주식교환일을 의미
주4) 다음의 경우 의무보유대상자에서 제외(코스닥시장상장규정 시행세칙 제23조 ③)
　　 – 우리사주조합에 가입한 종업원이 취득한 경우
　　 – 최대주주등이 해당 의무보유 대상자를 대신하여 최대주주등이 아닌 자로부터 동일한 수량의 주식등을 취득하여 해당 기간 동안 의무보유하는 경우
　　 – 법령상 의무의 이행 또는 법원의 판결 등으로 인한 경우
　　 – 코넥스상장법인으로서 코넥스시장에서 최대주주등으로부터 주식등을 취득했거나, 코넥스상장일

이전에 취득한 주식등을 코넥스시장에서 매각한 경우 등
  – 상장신청인이 유가증권 또는 코스닥상장법인의 물적분할로 설립된 경우로서 분할전 회사주주보
    호방안등에 따라 모회사 주주가 주식등을 취득한 것으로 인정되는 경우
주5) 다음의 경우 의무보유대상자에서 제외(코스닥시장상장규정 시행세칙 제23조 ④)
  – 우리사주조합에 가입한 종업원이 취득한 경우
  – 벤처금융 또는 전문투자자가 제3자배정으로 주식 등을 취득한 경우
  – 외국투자가가 제3자배정으로 주식 등을 취득한 경우로서 당해 취득주식 등의 취득일부터 1년간
    처분하지 아니하는 경우
  – 최대주주등이 해당 의무보유 대상자를 대신하여 최대주주등이 아닌 자로부터 동일한 수량의 주
    식등을 취득하여 해당 기간 동안 의무보유하는 경우
  – 법령상 의무의 이행 또는 법원의 판결 등으로 인한 경우
  – 코넥스상장법인으로서 코넥스시장에서 최대주주등으로부터 주식등을 취득했거나, 코넥스상장일
    이전에 취득한 주식등을 코넥스시장에서 매각한 경우 등
주6) 해당법인이 다음에 해당할 경우 의무보유대상자에서 제외(코스닥시장상장규정 시행세칙 제23조 ⑤)
  – 기술성장기업 중 K-OTC시장 등록법인 또는 지정법인
  – 국내기업인 대형법인
  – 주요사항보고서 제출일 기준으로 코넥스 상장후 1년 이상 경과한 법인
(용어) : 1. 전문투자자 : 자본시장법 시행령 제10조 참조
       2. 벤처금융 : 코스닥시장상장규정 제2조 ① 14호 참조
       3. 주식 등(코스닥시장상장규정 제2조 ① 10호) : 주식 또는 주식관련사채 등(신주인수권, 전환
          사채, 신주인수권부사채, 교환사채, 상환사채)

나. 우회상장에 해당하지 않는 경우

우회상장 미해당 거래	의무보유 대상	의무보유 기간
합병 또는 포괄적 주식교환	비상장법인 또는 코넥스법인이 상장법인에 피합병되거나, 주식의 포괄적 교환으로 상장법인의 완전자회사가 되는 경우 주권비상장법인 또는 코넥스시장 상장법인의 최대주주등	추가상장일로부터 6개월간[주1)] (상장법인의 구주와 주식교환하는 경우 주식교환일로부터 6개월)
	합병 또는 주식의 포괄적 교환에 따른 주요사항보고서 제출일부터 추가상장일까지 주권비상장법인 또는 코넥스법인의 최대주주등이 소유하는 주식등을 취득한 자 (단, 코넥스시장에서 최대주주등이 소유하는 주식등을 취득한 경우는 제외)	
	벤처금융 또는 전문투자자가 모집이나 매출이 아닌 방법으로 취득한 투자기간(주요사항보고서 제출일 기준)이 2년 미만인 주식등 (합병기일/주식교환일 현재 비상장법인/코넥스법인 자본금 기준 10% 이상에 상당하는 주식으로 한정)	1개월[주2)] (일부 예외)

우회상장 미해당 거래	의무보유 대상	의무보유 기간
영업자산 양수 및 현물출자	상장법인이 비상장법인/코넥스법인으로부터 중요한 영업양수를 하고 주요사항보고서 제출일 이후 6월 이내에 비상장법인의 최대주주 등을 대상으로 제3자배정으로 주식 등을 발행하는 경우	추가상장일로부터 6개월간
	상장법인이 비상장법인/코넥스법인의 최대주주 등으로부터 중요한 자산의 양수를 하고, 주요사항보고서 제출일 이후 6개월 이내에 그 비상장법인/코넥스법인의 최대주주 등을 대상으로 제3자배정방식으로 주식 등을 발행하는 경우	
	상장법인이 비상장법인/코넥스법인의 최대주주 등을 대상으로 제3자배정방식으로 주식을 발행하고 당해 납입이 현물출자의 이행을 통해 이루어지는 경우 (현물출자납입액이 상장법인의 최근사업연도말 자산총액 10% 이상일 경우로 한정)	
제3자 배정 유상증자	제3자 배정 방식의 유상증자로 상장법인의 최대주주가 변경되는 경우 해당 유상증자에 참여한 자	발행일부터 추가상장일 이후 6개월
	투자주의 환기종목 또는 시가총액 미달에 따른 관리종목으로 지정된 보통주식 상장법인이 제3자 배정 방식의 유상증자를 하는 경우 해당 유상증자에 참여한 자	
	제3자 배정 방식으로 발행한 신주가 상장되기 전에 그 신주를 취득한 자에 대한 선급금 지급, 금전의 가지급, 금전 대여, 증권의 대여, 출자등에 관한 결정이 있는 경우 해당 유상증자에 참여한 자	추가상장일로부터 6개월간
규 정	코스닥상장규정 제48조~제50조 동 시행세칙 제44조~제46조	

주1) 거래소가 경영투명성, 경영안정성 및 투자자 보호등을 위하여 필요하다고 인정하는 경우에는 의무보유 대상자와 협의하여 해당의무보유 기간 외에 2년 이내의 기간을 연장할 수 있음.
주2) 상장규정 시행세칙 제23조 ⑤ 각호의 경우 제외(기술성장기업 중 코스닥상장규정 제28조 ② 2호를 충족하는 KOTC 상장법인, 국내기업인 대형법인, 주요사항보고서 제출일 기준 코넥스 상장 1년 경과한 코넥스 법인)
(용어) : 1. 전문투자자 : 자본시장법 시행령 제10조 참조
2. 벤처금융 : 코스닥시장상장규정 제2조 ① 14호 참조

3. 주식 등(코스닥시장상장규정 제2조 ① 10호) : 주식 또는 주식관련사채(신주인수권, 전환사채, 신주인수권부사채, 교환사채, 상환사채)

4. 최대주주 등(코스닥상장규정 제2조 ① 13호) : 최대주주(금융회사의 지배구조에 관한 법률 제2조 6호) 및 그 특수관계인(동법 시행령 제3조 ①)

다. 우회상장 심사기간 중 매각제한

우회상장시 코스닥 상장법인 및 비상장법인의 최대주주 등이 보유하고 있는 코스닥 상장법인의 주식 등은 우회상장심사일부터 다음과 같이 매각이 제한된다.

매각제한대상	매각제한기간
해당 의무보유대상자[주] 가 소유한 코스닥상장법인의 주식 등	우회상장심사일로부터 아래의 기간까지 매각이 제한됨. • 합병 : 추가상장일 • 주식교환 : 주식교환일 • 영업·자산양수 　- 영업·자산양수 주요사항보고서 제출일 이전 1년 이내에 비상장법인의 최대주주 등을 대상으로 제3자배정방식으로 주식 등을 발행하거나 주식을 이전하는 경우 : 영업·자산양수완료일(영업·자산양수계약 이행 완료일)과 우회상장심사종료일(우회상장심사 결과 최종 통지일) 중 늦은 날 　- 영업·자산양수 주요사항보고서 제출일 이후 6개월 이내에 비상장법인의 최대주주 등을 대상으로 제3자배정방식으로 주식 등을 발행하는 경우 : 추가상장일(주식이 아닌 경우 발행일, 주식이전의 경우 주식이전일)과 우회상장심사종료일 중 늦은 날 • 현물출자 상장법인이 비상장법인의 주요출자자등을 대상으로 제3자배정방식으로 주식을 발행하고 납입이 당해 비상장법인의 발행 주식으로 이루어지는 경우(현물출자) : 제3자배정으로 발행된 주식의 추가상장일과 우회상장심사종료일 중 늦은 날
규 정	코스닥시장상장규정 제37조, 동 시행세칙 제34조

주) 코스닥상장법인의 최대주주등 및 우회상장대상법인의 의무보유대상 주요출자자

(용어) : 1. 주식 등(코스닥시장상장규정 제2조 ① 10호) : 주식 또는 주식관련사채(신주인수권, 전환사채, 신주인수권부사채, 교환사채, 상환사채)

2. 최대주주 등(코스닥상장규정 제2조 ① 13호) : 최대주주 및 그 특수관계인(금융회사의 지배구조에 관한 법률 제2조 6호)

3. 의무보유 대상 주요출자자(최대주주 등(코스닥상장규정 제2조 ① 13호)) : 최대주주 및 그 특수관계인(금융회사의 지배구조에 관한 법률 제2조 6호)

③ 우회상장 절차

(1) 유가증권 상장법인

절 차	내 용	규 정
상장주선인 선임 (의무사항)	우회상장신청인의 상장주선인 선임	유가상장 제12조 ①
우회상장 사전협의 (의무사항)	상장 절차, 상장 시기, 우회상장 해당 여부 등 거래소와 협의	유가상장 제20조
이사회 결의	• 이사회 결의 및 관련서류 제출 • 신고 및 공시의무 이행	—
우회상장 확인서류 제출	우회상장거래 결의시 우회상장 확인서와 첨부서류 거래소 제출	유가상장 제33조 ①
우회상장 결정 매매거래 정지	• 우회상장 확인서 및 첨부서류 제출시까지 매매거래 정지 • 우회상장 대상으로 확인된 경우 우회상장예비심사신청서 제출일까지 매매거래 정지	• 매매거래정지 사유 유가상장 제153조 ① 7호, 8호, 9호, 10호 • 매매거래정지 기간 유가상장 제153조 ② 6호
상장예비심사 신청서 및 첨부서류 제출	우회상장신청인은 우회상장거래 전 상장예비심사신청서와 첨부서류를 거래소에 제출	유가상장 제34조
상장예비 심사	우회상장 대상 법인 형식적 심사요건 및 질적 심사요건 심사	유가상장 제36조
상장예비심사 결과 통지	상장예비심사신청서 접수일로부터 45일(영업일 기준) 이내 상장예비심사 결과를 상장예비심사신청인과 금융위원회에 서면 통보	유가상장 제22조 ①
우회상장 이행	우회상장신청인이 상장예비심사 결과통지일로부터 6개월 이내에 우회상장에 해당하는 거래를 완료하지 않은 경우 상장예비심사 승인이 무효화 됨.	유가상장 제23조 ① 2호 다목

(주) 유가상장 : 유가증권시장상장규정

가. **상장주선인 선임**(유가증권시장상장규정 제12조 ①)

우회상장신청인(상장법인)은 상장예비심사신청서와 첨부서류 등 상장을 위하여 거래소에 제출하는 서류의 작성과 그 제출에 관한 사항, 주식분산 요건의 충족에 관한 사항, 보호예수에 관한 사항 등을 수행하기 위하여 상장주선인(증권회사)을 선임하여야 한다(의무사항).

나. **우회상장 사전협의**(유가증권시장상장규정 제20조)

우회상장신청인은 상장예비심사나 상장심사를 신청하기 전에 상장 절차, 상장 시기, 우회상장 해당 여부 등을 미리 거래소와 협의하여야 한다(의무사항).

다. **우회상장 확인 서류 제출**(유가증권시장상장규정 제33조)

상장법인(우회상장신청인)이 비상장법인(우회상장대상법인)과 합병을 결의하는 등 우회상장거래와 관련된 이사회 결의를 하는 경우 지체없이 다음의 우회상장 확인서와 첨부서류를 거래소에 제출하여야 한다.

구 분	내 용
확 인 서	별지 제6호부터 제12호까지의 서식
첨부서류	• 비상장법인의 주요출자자가 소유한 상장법인의 주식 소유현황 명세서 • 비상장법인의 주주명부 요약표 • 상장법인의 최대주주 등의 주식 소유현황 명세서 • 경영권 변동 여부의 판단을 위하여 거래소가 필요하다고 인정하는 서류
규 정	유가증권시장상장규정 시행세칙 제29조 ②

라. **우회상장결정 매매거래 정지**(유가증권시장상장규정 제153조 ① 및 제153조 ② 6호)

우회상장신청인(상장법인)의 우회상장 신고시 당해 상장법인의 주식은 우회상장 확인서 및 첨부서류 제출시까지 매매거래가 정지되고 우회상장 대상으로 확인된 경우 우회상장예비심사신청서 제출일까지 매매거래가 정지된다.

마. **우회상장예비심사청구서 제출**(유가증권시장상장규정 제34조)

비상장법인(우회상장대상법인) 또는 그 주요출자자와 우회상장 거래를 하려는 상장법인(우회상장신청인)은 그 거래를 하기 전에 상장예비심사신청서와 첨부서류를 거래소에 제출하여 상장예비심사를 받아야 한다.

�֍ 상장예비심사신청서 및 첨부서류 ✧

1) 상장예비심사신청서
2) 우회상장대상법인(비상장법인)에 대한 재무서류
   가) 최근 3사업연도의 개별·연결재무제표와 감사보고서
   나) 신청사업연도의 개별·연결반기재무제표와 감사인의 검토보고서(신청사업연도 반기 종료 후 45일 경과시)
3) 우회상장대상법인의 법인등기부등본
4) 우회상장대상법인의 정관
5) 우회상장대상법인의 최근 사업연도 말 현재의 주주명부와 소유자명세
6) 합병가액, 영업·자산양수 가액, 주식의 포괄적 교환 비율의 적정성에 대한 외부평가기관의 의견서(시행령 제176조의5 ⑦)
7) 상법 제422조의 현물출자에 대한 검사인의 조사보고서나 감정인의 감정결과 (현물출자에 대한 법원 인가가 있는 경우 이를 확인할 수 있는 서류 포함)
8) 우회상장대상법인의 부도발생사실 등에 대한 주거래은행 확인서
9) 우회상장신청인 또는 우회상장대상법인의 회계감사인이 확인한 다음의 서류
   가) 유가증권시장상장규정 제32조 각 호에 따른 거래가 완료된 직후의 추정 재무상태표
   나) 합병 또는 중요한 영업양수의 거래가 완료된 날의 2년 전의 날이 속하는 사업연도 초일에 해당 거래가 완료된 것으로 가정하고 작성한 최근 2사업연도에 대한 상장법인의 재무상태표 및 손익계산서
   다) 주식의 포괄적 교환, 중요한 자산양수 또는 현물출자의 거래가 완료된 날의 2년 전의 날이 속하는 사업연도 초일에 해당 거래가 완료된 것으로 가정하고 작성한 최근 2사업연도의 상장법인의 연결재무상태표와 연결손익계산서
10) 별지 제16호 서식의 명목회사 확인서
11) 그 밖에 거래소가 상장심사에 필요하다고 인정하는 서류

유가증권시장상장규정 시행세칙 제30조, 별표1

바. **우회상장 심사**(유가증권시장상장규정 제36조, 제48조 ① 14호)

우회상장 대상법인(비상장법인)은 상장예비심사 신청일 현재 우회상장요건 (형식적 심사요건 및 질적 심사요건)을 충족하여야 하며 우회상장요건을 충족하지 못하는 비상장법인을 대상으로 우회상장을 완료한 경우 또는 상장예비심사신청서를 제출하기 전에 우회상장을 완료한 경우에는 우회상장신청인(상장법인)의 상장이 폐지되므로 주의하여야 한다.

사. **상장예비심사 결과의 통지**(유가증권시장상장규정 제22조)

거래소는 상장예비심사신청서 접수일로부터 45일(영업일 기준) 이내에 상장공시위원회의 심의를 거쳐 상장예비심사 결과를 상장예비심사신청인과 금

융위원회에 서면으로 통지한다.

그러나 상장예비심사신청서 또는 첨부서류의 정정·보완이 필요하거나 추가적인 심사가 필요한 경우 통지기한을 연장할 수 있고 이 경우 거래소는 그 사유와 예상처리기한을 명시하여 상장예비심사신청인에게 서면으로 통지한다.

또한 상장예비심사 결과 통지 전 우회상장 대상 법인이 국내회계기준 위반으로 증권선물위원회로부터 검찰 고발, 검찰 통보, 증권발행 제한 또는 과징금 부과 조치를 받은 경우 해당 상장예비심사의 신청을 기각할 수 있다.

아. 상장예비심사 결과의 효력 상실(유가증권시장상장규정 제23조)

상장예비심사 결과 통지 후 우회상장신청인에게 다음에 해당하는 사유가 발생하여 상장예비심사 결과에 중대한 영향을 미친다고 판단되는 경우 상장예비심사 결과의 효력이 상실될 수 있다.

구 분	내 용
우회상장 신청법인	• 투자자 보호에 중요한 사항이 상장예비심사신청서에 거짓으로 적혀 있거나 빠져 있는 사실이 발견된 경우 • 투자설명서, 예비투자설명서, 간이투자설명서의 내용이 상장신청서와 다른 경우
	• 우회상장신청인이 상장예비심사 결과 통지일로부터 6개월 이내에 우회상장에 해당하는 거래를 완료하지 않은 경우

우회상장
대상법인
	• 경영상 중대한 사실이 생긴 경우
	• 재무서류와 관련하여 국내회계기준 위반으로 증권선물위원회로부터 검찰 고발, 검찰 통보, 증권발행 제한 또는 과징금 부과 조치를 받은 경우
	• 상장심사 결과에 중대한 영향을 미친다고 거래소가 인정하여 세칙으로 정하는 경우
	  - 상장예비심사신청일부터 상장일 전일까지 제3자배정방식으로 신주를 발행하는 경우
	  - 공익 실현과 투자자 보호를 위하여 거래소가 필요하다고 인정하는 경우

규 정	유가증권시장상장규정 제23조 ① 2호 및 4호, 동 시행세칙 제17조

상장예비심사 결과 효력 상실 후 상장신청인이 해당 증권의 상장을 다시 신청하려면 다시 상장예비심사신청서를 거래소에 제출하여 상장예비심사를 받아야 한다.

자. 상장의 제한(유가증권시장상장규정 제5조)

우회상장 대상법인이 회계처리기준 위반으로 거래소로부터 상장예비심사의 신청을 기각당하거나 상장예비심사 결과의 효력이 상실된 경우 해당 기각이나 효력 상실이 결정된 날부터 3년 이내에 상장예비심사를 다시 신청할 수 없다.

차. 우회상장기준 위반시 상장폐지(유가증권시장상장규정 제48조 ① 14호)

우회상장예비심사를 통과하지 못한 우회상장대상법인(비상장법인)을 대상으로 우회상장을 완료하거나 우회상장예비심사신청서를 제출하기 전에 우회상장을 완료한 경우(중요한 영업양수 또는 자산양수에 관한 주요사항보고서 제출 후 6개월 이내 최대주주 변경을 신고하고, 해당 신고일부터 1개월 이내에 우회상장예비심사신청서를 제출하여 심사를 받은 경우 제외) 상장이 폐지되므로 주의하여야 한다.

카. 상장예비심사 신청 후 추가서류 제출(유가증권시장상장규정 제21조)

우회상장신청인은 상장예비심사 신청 후 상장일 등(유가증권시장상장규정 시행세칙 제31조 ② 참조) 전까지 다음의 사유 발생시 그에 관한 서류를 거래소에 제출해야 한다.

구 분	제출서류
우회상장 신청법인	모집 또는 매출의 신고를 한 경우 투자설명서(예비투자설명서 및 간이투자설명서 포함 / 정정사항 포함)
우회상장 대상법인	• 증권에 관한 이사회나 주총 결의가 있었을 경우 그 의사록 사본 • 다음의 경영상 중대한 사실 발생하였을 경우 그 보고서 － 발행한 수표 또는 어음의 부도 － 영업활동의 정지 － 재해 또는 과대한 손실의 발생 － 다액의 고정자산의 매각 － 소송의 제기 － 최대주주 및 임원(집행임원 포함)의 변경 － 합병, 분할·분할합병, 영업의 양도·양수 － 주요 자산의 임대 또는 경영위임의 결의 － 상장예비심사신청인의 경영상 중대한 사실에 해당된다고 거래소가 인정하는 경우 • 모집 또는 매출의 신고를 한 경우에는 투자설명서(예비투자설명서 및 간이투자설명서 포함 / 정정사항 포함)

구 분	제출서류
우회상장 대상법인	• 최근 사업연도 결산 승인 주총 또는 이사회 개최시 재무제표 및 감사보고서 • 반기종료 후 45일 경과시 반기재무제표 및 감사인 검토보고서

(2) 코스닥상장법인

절　　차	내　　용	규　　정
상장주선인 등 선임	우회상장신청인의 상장주선인 또는 (거래소)인수합병전문기관 선임	코스닥상장 제12조 ①
우회상장 사전협의	우회상장 해당 여부, 심사요건 및 절차 등에 대하여 거래소와 주요사항보고서 제출이전 협의	코스닥상장 시행세칙 제32조 ①, ②, ⑥
이사회 결의	• 이사회 결의 및 관련서류 제출 • 신고 및 공시의무 이행	－
주요사항보고서 제출	• 주요사항보고서 제출 • 우회상장 관련 확인서 [상장서식 15]~[상장서식 21] 및 첨부서류를 주요사항보고서 제출일에 제출	코스닥상장 제33조, 제34조
우회상장 결정 매매거래 정지	우회상장 신고시 신고일로부터 우회상장 여부 통지일까지 매매거래 정지	코스닥상장 시행세칙 제19조 ① 3호
우회상장 여부 통지	거래소는 우회상장 해당 여부 상장법인에게 통지	코스닥상장 제34조 ③, 제6조 ④, 코스닥상장 시행세칙 제32조 ③
우회상장 심사서류 제출	• 우회상장 심사서류 거래소 제출	코스닥상장 제34조
우회상장 심사	우회상장 심사요건 심사	코스닥상장 제35조
예비심사결과 통지	심사청구일로부터 45일 이내 통지	코스닥상장 제34조 ③, 제6조 ④, 코스닥상장 시행세칙 제32조 ⑦

절 차	내 용	규 정
상장명세서 작성 및 공표	우회상장 심사를 받는 법인이 증권신고서 제출대상이 아닌 경우 우회상장에 따라 발행되는 신주권의 상장신청시까지 상장명세서 작성 및 전자전달매체에 공표	코스닥상장 제34조 ⑤

(주) 코스닥상장 : 코스닥시장상장규정

가. 상장주선인 선임(코스닥시장상장규정 제12조)

비상장법인과 다음의 우회상장 거래를 하고자 하는 코스닥상장법인은 우회상장주선인(증권회사) 또는 아래 조건을 충족하는 경우 인수합병 전문기관을 통하여 우회상장 심사서류를 제출하여야 한다.

❖ 우회상장거래 ❖

우회상장 거래	• 합병 • 포괄적 주식교환 • 중요한 영업의 양수(양수대상 영업부문 자산액 또는 매출액이 비상장법인의 자산총액 또는 매출액의 30% 이상인 경우) • 중요한 자산의 양수(자산양수 결과 상장법인이 비상장법인의 주식을 50% 이상 소유하거나 30% 초과 소유하면서 최대주주인 경우) • 현물출자(비상장법인의 주식을 목적재산으로 그 가액이 상장법인 최근연도 자산총액의 10% 이상으로서 현물출자 결과 상장법인이 비상장법인의 주식을 50% 이상 소유하거나 30% 초과 소유하면서 최대주주인 경우)
규 정	코스닥시장상장규정 제33조, 코스닥시장상장규정 시행세칙 제31조

❖ 우회상장 업무 관련 인수합병 전문기관 ❖

인수합병 전문기관	• 거래소가 중소벤처기업 등의 인수합병의 중개 지원에 관한 업무를 수행하기 위해 개설한 "인수합병중개망"에 인수합병 정보를 등록할 수 있도록 거래소가 선정한 자
대상 비상장회사	• 거래소 등록 인수합병 전문기관을 통한 우회상장 업무 수행이 가능하기 위해선, 대상 주권비상장법인의 법인명이 인수합병중개망에 등록되어 있어야 함
규 정	코스닥시장상장규정 제34조

나. 우회상장 사전협의

코스닥상장법인은 우회상장 해당 여부, 심사요건 및 절차 등에 대하여 불가피한 사유가 없는 한 당해 주요사항보고서(현물출자의 경우 현물출자 신고일) 제출일 이전에 미리 거래소와 협의하여야 한다.

나. 수요사항보고서 및 우회상장관련 확인서 제출(코스닥시장상장규정 시행세칙 제32조 ②)

코스닥상장법인이 비상장법인과 우회상장 거래를 하는 경우에는 최대주주 판단의 기준이 기재된 [별지 제15호~제21호 서식] 확인서 및 첨부서류를 제출하여야 한다. 이 경우 거래소는 우회상장 해당 여부를 결정하여 그 결과를 당해 상장법인에게 통지한다.

❖ 우회상장 관련 확인서 ❖

구 분	내 용
확 인 서	• [별지 제15호 서식] 합병 관련 확인서 • [별지 제16호 서식] 주식의 포괄적교환 관련 확인서 • [별지 제17호 서식] 영업양수 및 제3자배정 증자 등 관련 확인서 • [별지 제18호 서식] 영업양수 및 주식이전 관련 확인서 • [별지 제19호 서식] 자산양수 및 제3자배정 증자 등 관련 확인서 • [별지 제20호 서식] 자산양수 및 주식이전 관련 확인서 • [별지 제21호 서식] 현물출자 및 제3자배정 증자 관련 확인서
규 정	코스닥시장상장규정 시행세칙 제32조

라. 우회상장거래 발생시 매매거래 정지(코스닥시장상장규정 시행세칙 제19조 ① 3호)

우회상장이란 상장법인이 비상장법인을 대상으로 합병, 주식교환, 영업·자산양수, 현물출자 등의 기업결합을 하는 경우로서 경영권의 변동이 있고 비상장법인의 주식이 상장되는 효과가 있는 경우(코스닥시장상장규정 제33조 ①)로서 상장법인의 우회상장 결정신고시 당해 상장법인의 주식은 신고 또는 공시시점부터 우회상장 여부 통지일까지 매매거래가 정지된다.

마. 우회상장 심사자료 제출(코스닥시장상장규정 제34조, 동 시행세칙 제32조)

비상장법인 또는 당해 법인의 최대주주 등과 우회상장 거래를 하고자 하는 상장법인은 상장주선인(증권회사)을 통하여 우회상장 심사서류 및 첨부서류를 제출하여야 한다.

❖ 우회상장 심사서류 및 첨부서류 ❖

- 최근연도 재무제표와 반기재무제표(반기종료 후 45일 경과한 경우) 및 감사보고서와 반기검토보고서
- 직전연도 재무제표와 감사보고서
- 법인등기부등본
- 정관
- 최근 사업연도말 주주명부
- 명의개서대행계약서 사본
- 의무보유대상자의 의무보유확약서
- 예탁원이 발행한 의무보유대상 증명서
- 상장 동의에 관한 이사회 의사록
- 발행등록사실확인서
- 계열등 특수관계 부존재확인서
- 주채권은행 의견서
- 벤처기업에 해당하는 법인의 경우 벤처기업확인서
- 거래소가 개설한 상장지원을 위한 교육과정을 수료하였음을 증명할 수 있는 서류
- 이해관계자의 투자현황 확인서
- 기타 상장예비심사와 관련하여 거래소가 필요하다고 인정하는 서류 각

코스닥시장상장규정 제34조, 동 시행세칙 제32조 ② 및 별표3

바. 우회상장 심사(코스닥상장규정 제35조, 제54조 ① 10호)

우회상장 대상법인은 우회상장요건을 충족하여야 하며 우회상장요건을 충족하지 못하는 비상장법인을 대상으로 우회상장을 완료한 경우 또는 우회상장예비심사청구서를 제출하기 전에 우회상장을 완료한 경우에는 상장법인의 상장이 폐지되므로 주의하여야 한다.

사. 심사서류제출 후 주요사항에 대한 신고

우회상장신청인은 심사서류 제출 후 상장일까지 다음 사항이 발생한 경우 상장주선인을 통하여 거래소에 신고하여야 한다.

- 증권에 관한 이사회 또는 주주총회의 결의
- 경영상 중대한 사실(어음 또는 수표의 부도, 합병 등, 소송제기, 영업활동의 중지, 주요 자산의 변동 등)
- 모집 또는 매출의 신고를 한 때에는 투자설명서(예비투자설명서/ 정정사항 포함)
- 당해 사업연도 반기종료 후 45일이 경과한 경우 반기재무제표 및 감사인의 검토보고서
- 최근연도 결산 주주총회가 개최된 경우 최근연도 재무제표 및 감사보고서

코스닥시장상장규정 제5조

　　아. **상장예비심사 결과 통지**(코스닥시장상장규정 제34조 ③)

　　　우회상장 심사자료가 제출된 경우 코스닥시장상장위원회의 심의를 거쳐 심사결과를 확정하고 심사청구일부터 45일 이내에 금융위원회, 당해 법인 및 상장주선인에게 문서로 통지한다.

　　자. **우회상상 요건 미충족시 상장폐지**(코스닥시장상장규정 제54조 ① 10호)

　　　우회상장 심사결과 요건을 충족하지 못하거나 심사가 진행중인 상태에서 우회상장을 완료한 사실이 확인된 경우 매매거래가 정지되고 상장이 폐지 된다.

　　차. **상장명세서 작성 및 공표**(코스닥시장상장규정 제34조 ⑤)

　　　우회상장 심사를 받는 법인이 증권신고서 제출대상이 아닌 경우 당해 우회 상장에 따라 발행되는 신주권의 상장신청시까지 상장명세서를 작성하여 이를 전자전달매체에 공표하여야 한다.

④ 합병 후 단기분할시 분할신설법인 재상장 제한

비상장법인이 상장법인과 합병하여 상장법인이 된 후 비상장법인의 사업부문을 분할·재상장(인적분할 및 인적분할합병에 한함. 물적분할 및 물적분할합병은 제외. 유가 증권시장상장규정 제38조 ①, 코스닥시장상장규정 제39조 1호)하게 되면 비상장법인은 신규상장요건 및 절차를 거치지 않고 상장(우회상장)되는 효과가 발생된다.

따라서 감독당국은 비상장법인이 상장법인과 합병을 한 후 단기간 내에 분할재상 장을 통하여 비상장법인이 우회상장되는 것을 방지하기 위하여 일반적인 분할재 상장 요건(유가상장규정 제42조 ②, 코스닥상장규정 제43조 ①) 대비 더 까다로운 요건 을 부여하고 있다(유가상장규정 제42조 ④, 코스닥상장규정 제43조 ③).

자세한 사항은 '제2장 분할'편을 참조하기 바란다.

⑤ 상장폐지 절차 및 우회상장 공시 강화

상장법인과 비상장법인이 우회상장을 통하여 상장법인의 경영권이 변동(최대주주 변경)되는 경우 우회상장 대상 비상장법인(영업양수의 경우 양수대상 사업부문)이 우 회상장요건을 충족하지 못할 경우(거래소 예심결과 미승인후 우회상장 완료 or 예비심사 통과 전 우회상장 완료 등) 당해 상장법인은 다음의 절차를 거쳐서 상장이 폐지된다(유가상장 제48조 ① 14호, 코스닥상장 제54조 ① 10호).

절 차	우회상장 요건 충족	우회상장 요건 미충족
우회상장 거래 발생	매매거래 정지	매매거래 정지
⇩	⇩	⇩
우회상장 요건 심사	매매거래 재개	매매거래 정지 지속
⇩	⇩	⇩
우회상장 거래 완료	우회상장 종목임을 전산시스템에 일정기간 공표	상장폐지

❖ 우회상장종목 전산시스템 공표기간 ❖

구분	유가증권상장법인	코스닥상장법인
기 간	거래소는 다음의 기일이 속하는 차기사업연도 사업보고서 법정제출기한까지 증권단말기등의 시세표상에 우회상장 공표할 수 있음 • 합병 또는 포괄적 주식교환에 따라 발행되는 신주권의 상장일 • 영업 또는 자산양수 종료일. 다만, 예비심사종료일이 영업 또는 자산양수 종료일 이후인 경우에는 예비심사종료일 익일 • 영업 또는 자산양수의 주요사항보고서 제출일 이후 6개월 이내에 최대주주 변경 신고가 있는 경우 　- 영업 또는 자산양수의 결의 당시 우회상장예비심사청구서를 제출하여 심사를 받는 경우 : 최대주주 변경 신고일. 다만, 예비심사종료일이 신고일 이후인 경우 예비심사종료일 익일 　- 최대주주변경 신고 시점에서 우회상장예비심사청구서를 제출하여 심사를 받는 경우 : 예비심사종료일 익일	거래소는 다음의 기일부터 차기사업연도 사업보고서 법정제출기한까지 증권단말기등의 시세표상에 우회상장 공표할 수 있음 • 추가상장일(주식관련 사채 발행의 경우 발행일의 익일) • 추가상장이나 주식관련 사채의 발행이 영업·자산양수가 완료되기 이전에 이루어진 경우 영업·자산양수의 완료일의 익일
규 정	• 유가증권시장상장규정 제156조 • 동 시행세칙 제127조, 제31조 ②	• 코스닥시장상장규정 제38조 • 동 시행세칙 제35조

|CHAPTER|

제 7 장

적대적 M&A 방어전략

07 적대적 M&A 방어전략

I 자본시장의 현황

IMF 금융위기 이후 자본시장의 규모가 확대되고 외국인의 주식소유비중이 증가함에 따라 감독당국은 소액주주를 보호하고 시장의 건전성을 제고하기 위하여 공시규정 및 소수주주권 강화, 집단소송제 도입, 지배주주 의결권 제한, 적대적 M&A 규제폐지 등 지배주주를 견제하기 위한 다양한 제도를 도입하였다.

제 도	영 향
공시규정 강화	회사경영정보의 외부 유출
소수주주권 강화	경영견제 및 외부감시기능 강화
집단소송제 도입	경영진 및 지배주주에 대한 책임추궁 가능
지배주주 의결권 제한	감사선임시 3% 초과분의 의결권 제한으로 적대적 M&A에 대한 위험 증대
적대적 M&A 규제완화	• 25% 의무공개매수제도 폐지, 외국인 주식취득한도 폐지 • 공개매수기간 동안 의결권 있는 증권 및 주식관련 사채 발행 금지 조항 폐지

이러한 제도도입으로 시장은 건전화되고 소액주주의 보호장치는 발전하였지만 기업의 지배권(소유권 및 경영권) 위험이 높아져 적대적 M&A 및 Green Mail의 가능성이 증대되고 있다.

적대적 M&A 및 Green Mail 가능성 증대
제도를 악용한 금융전문가의 지배권 위협 증가
소수주주권 악용을 통한 Green Mail 증가
소액주주 간 연대를 통한 경영권 공격 가능성 증가
소액지분으로 경영견제가 가능한 감사선임에 대한 요구 증가

II M&A의 유형

M&A의 유형은 기업의 지배권 획득 과정에서 피인수회사의 지배주주 및 경영진의 협조 여부에 따라 우호적 M&A와 적대적 M&A로 구분할 수 있다.

우호적 M&A	피인수회사의 주식 취득 및 경영권 확보가 피인수회사의 지배주주 및 경영진과 합의에 의하여 우호적으로 이루어지는 형태
적대적 M&A	피인수회사의 주식 취득 및 경영권 확보가 피인수회사의 지배주주 및 경영진의 의사와 관계없이 일방적으로 이루어지는 형태

또한, 적대적 M&A의 유형은 기업의 지배권에 대한 공격목적이 경영권 획득이냐 투자차익의 극대화이냐에 따라 경영권 찬탈과 Green Mail로 구분할 수 있다.

경영권 찬탈	인수자가 피인수회사 지배주주의 의사와 관계없이 일방적으로 주식을 매입하여 소유권을 확보한 후, 주주총회에서 기존 경영진을 교체함으로써 피인수회사의 경영권을 확보하는 M&A의 형태
Green Mail	상장법인의 주식을 대량으로 매입한 뒤 대상회사 지배주주 및 경영진을 위협하여 적대적인 M&A를 포기하는 대가로 자신들이 확보한 주식을 시가보다 높은 값에 되사도록 강요하는 M&A의 형태

III 적대적 M&A의 개념

협의의 적대적 M&A는 경영권 찬탈을 의미하나, 광의의 적대적 M&A는 경영권 찬탈뿐 아니라 Green Mail도 포함한다.

① 경영권

사전적 의미로서 경영권은 기업가가 자신의 기업체를 관리하고 운영하는 권리이다. 통상 경영권은 기업의 의사결정 과정에서 자신이 원하는 바를 관철해 낼 수 있는 지분적지위, 또는 내부 창업자로서의 권리 등을 뜻한다. 좀더 구체적으로는 주식회사의 이사회를 점하고, 이를 통해 최소한의 법적의무이외의 모든 의사결정권을 가지고 있는 대표이사 직을 확보하는 것을 말한다.

통상 대표이사직은 회사의 등기임원들로 이루어진 이사회를 통하여 결정되며, 이러한 등기이사는 주주총회에서 결의를 거쳐서 선임된다.

이에 상법에 의거 주주총회는 보통결의를 거쳐 회사의 이사들을 선임하고, 해당 이사들이 모여서 이사회를 구성하여 주총안건이 아닌 회사의 중요사항들을 각사의 이사회규정에 의해 의결한다. 그리고 이사회에서 선임 또는 해임되는 대표이사가 사내 위임전결규정에 의거 이사회가 위임한 사항들에 대해 업무집행을 하게된다.

구분	주주총회	이사회
내용	보통결의 • 출석한 주주의 의결권의 1/2 이상의 수 찬성 • 발행주식총수의 1/4 이상의 수 찬성 • 주요 안건 　- 이사/감사/청산인의 선임 및 보수 결정 　- 주주총회의 의장의 선임 　- 자기주식의 취득 결의, 지배주주의 매도청구권 　- 재무제표 승인, 이익배당, 주식배당 특별결의 • 출석한 주주의 의결권의 2/3 이상의 수 찬성 • 발행주식총수의 1/3 이상의 수 찬성 • 주요안건 　- 이사 또는 감사의 해임 　- 정관의 변경 　- 포괄적교환, 포괄적이전, 합병, 분할 　- 중요한 영업의 양수도 　- 자본금 감소, 사후설립, 해산	(2022년 12월 현재 주요 상장회사 내부 이사회 규정 中) 법령 또는 정관에 정하여진 사항, 주주총회로부터 위임받은 사항, 회사경영의 기본 방침 및 업무집행에 관한 중요사항을 의결함. 제12조(이사회 결의사항) (1) 주총, 이사회 및 기타 지배구조 사항 심의/의결 　① 대표, 각자대표 또는 공동대표의 선임 및 해임 　② 대표이사에게 그 직무를 수행하지 못할 사정이 있을 경우 주주총회를 주재할 이사의 순위 결정 　③ 정관 변경, 지점 설치/이전/폐지, 이사의 직무 집행 감독 등 (2) 투자 및 기획관리 사항의 심의/의결 　① 회사가 50% 초과 지분을 보유하는 회사로서, 출자액의 규모가 자기자본의 10% 이상인 회사의 설립, 합병, 분할, 해산, 주권상장 및 코스닥상장

구분	주주총회	이사회
내용	- 액면 미달 발행 등	② 자기자본의 1% 이상의 타 법인에 대한 출자 및 출자지분의 처분, 자산의 취득, 시설투자 및 증설, 영업양수도 ③ 회사의 합병/분할 등에 관한 사항 (3) 회계/재무사항심의/의결(재무제표 승인, 중간배당, 증자, 감자, 신주발행, 자기주식 취득/처분, 메자닌 조달 등) (4) 인력/조직관리 심의/의결(stock option, 이사등과 회사간 거래 승인, 임원보수, 이사 해임안 등) (5) 기타 주요경영사항 등
규정	상법, 정관	상법, 정관, 이사회 규정

② Green Mail

자산가치는 높으나 주가가 저평가된 기업, 대주주 지분율이 낮은 기업, 대주주 등과의 내부 불공정한 거래가 많은 기업 등을 대상으로 자본시장에서 주식을 대량으로 매입하여 대상회사의 지배권을 위협한 후 적대적 M&A를 포기하는 대가로 대상회사의 지배주주 등에게 보유주식을 높은 가격에 매각하는 형태의 M&A거래를 Green Mail이라 한다.

만약, 대상회사의 지배주주 등이 Green Mail에 불응하는 경우 경영권 찬탈을 시도하기도 한다.

③ 경영권 찬탈

인수대상회사를 우호적으로 인수할 수 없거나 적대적으로 인수하는 것이 더 경제적이라 판단될 경우 인수자는 피인수회사 지배주주 및 경영진의 의사와 관계없이 일방적으로 주식을 매입한 후 주주총회를 통하여 기존 경영진을 교체함으로써 대상회사의 경영권을 장악하는 형태의 M&A거래를 경영권 찬탈이라 한다.

IV 적대적 M&A의 절차

① Green Mail

Green Mail은 Green Mailer가 자본시장에서 상장법인의 주식을 은밀하게 매입한 후 회사의 약점 또는 지배주주 등과 불공정한 내부거래에 대하여 이의를 제기하고 회계장부열람권 등과 같은 소수주주권 행사를 통하여 증거를 수집한 다음 대표소송권 행사를 통한 경영진 압박, 주주제안권 및 주총소집청구권 행사를 통한 기존 이사·감사의 교체요구(감사선임의 경우 최대주주는 특수관계인을 포함하여 의결권이 3% 이내로 제한되므로 감사교체요구 빈번) 등 점차적으로 경영에 대한 간섭을 강화하는 방법을 통하여 적대적 M&A가 진행되고 있는 것처럼 가장한다.

이 과정에서 주가가 상승하게 되면 Green Mailer는 대상회사의 지배주주 등에게 적대적 M&A를 포기하는 대가로 보유주식을 고가로 되사줄 것을 요구하거나 시장매각을 통하여 매각차익을 추구한다.

절 차		내 용
제1단계	지분매입	Green Mailer가 시장에서 상장법인의 주식을 은밀하게 매입
↓		
제2단계	이의제기	회사의 약점, 지배주주와의 불공정한 내부거래 등에 대하여 문제 제기
↓		
제3단계	소수주주권 행사	• 회계장부열람권을 통한 내부거래 증거 수집 • 우호주주 확보를 위한 주주명부 열람 요구
↓		
제4단계	경영간섭 강화	• 내부거래에 대한 대표소송 제기 • 이사·감사 선임 또는 해임을 위한 주총소집 요구 (감사교체 요구가 빈번함) • 정관변경 또는 임원선임 등에 대한 주주제안권 행사
↓		

제5단계	취득주식 고가 매각	주가 상승시 시장매각 또는 적대적 M&A를 포기하는 대가로 대상회사의 지배주주 등에게 보유주식을 높은 가격에 매각

② 경영권 찬탈

일반적으로 적대적 M&A는 장내매수 또는 공개매수를 통한 지분매입, 적대적 M&A에 대한 명분 및 정당성 여론 홍보, 소수주주권 행사를 통한 방어자 압박, 주주총회 개최를 통한 경영진 교체, 방어자의 설득 및 협조 단계로 절차가 진행된다.

절 차		내 용
제1단계	지분 매입	• 3% 매입을 통한 주총소집청구권 등 소수주주권 확보 • 5% 미만까지 비밀리에 지분 매입 • 5% 이상 지분매입 및 5% 보고 • 10% 이상 지분매입 및 10% 보고 • 공개매수를 통한 단기간에 대량의 지분 매입
제2단계	여론 홍보	여론에 적대적 M&A에 대한 명분 및 정당성을 홍보하여 공격자의 적대적 M&A가 도덕적으로 정당함을 호소
제3단계	소수주주권 행사	• 회계장부열람권을 통하여 대상회사 경영진의 비리 및 지배주주와의 불공정한 내부거래에 대한 증거 수집 • 대표소송권을 통하여 민사 또는 형사상 책임 압박 • 주주명부열람권을 통하여 우호주주 확보
제4단계	주총 개최 (경영진 개편)	• 보유지분 및 의결권 대리행사를 통한 주총 우위 확보 • 주총에서 기존 이사·감사를 공격자가 지명한 자로 변경
제5단계	방어자의 설득 및 협조	• 방어자의 설득 및 화해를 통한 협조 유도 • 적대적 M&A의 종결

(1) 지분매입

경영권 찬탈은 주주총회에서 표대결을 통하여 이사·감사의 교체를 통한 대상회사 경영권 장악이 목표이므로 사전에 많은 지분확보가 성공의 가장 중요한 요소이다.

경영권 찬탈을 위한 지분확보 방법으로는 주로 시장매집과 공개매수 방법이 사용된다.

시장매집 방법은 대상회사 주식을 자본시장에서 은밀하게 매집하는 방법이나, 우리나라의 경우 기업지배권 변경관련 공시제도(5% 보고 및 10% 보고)가 엄격하므로 비밀리에 시장을 통하여 지분을 매집하는 방법에는 한계가 있다.

따라서 적대적 M&A를 추진하는 공격자는 시장에서 일정지분을 확보한 후에는 공개매수를 통하여 단기간에 대규모 지분을 확보하는 전략을 사용한다.

① 제1단계 : 1.5% 지분 확보

적대적 M&A에서 공격자가 방어자를 압박하고 주총소집을 통한 이사·감사 교체를 위해서는 소수주주권 제도를 주로 활용하게 된다.

상장법인의 주주가 소수주주권을 행사하기 위해서는 일정지분을 6월 이상 보유해야 하며, 특히 주총소집청구권은 1.5% 이상의 지분을 6월 이상 보유하는 주주에게 자격이 부여되므로 공격자는 주주명부에 신분이 노출되지 않도록 하기 위하여 특별관계자(특수관계자 및 공동보유자)와 분산하여 사전에 지분을 확보한다.

② 제2단계 : 5% 미만 주식 매입

1.5% 이상의 지분을 확보하여 소수주주권 행사자격을 획득하고 대상회사 공격에 대한 구체적인 전략이 확정되면 공격자는 자본시장에서 비밀리에 최대한의 지분을 확보한다.

공격자가 시장에서 공시를 하지 않고 비밀리에 취득할 수 있는 지분율은 5% 미만(5% 보고)이므로 공격자는 5% 미만까지는 시장에 충격을 주지 않고 방어자가 눈치채지 못하도록 거래량에 유의하고 증권사 거래창구를 다양화하면서 주식을 매입한다.

③ 제3단계 : 5% 이상 주식매입 및 5% 보고

5% 미만까지 지분을 매입한 공격자가 5% 이상의 지분을 장내에서 취득할 경우, 체결일의 다음 날(보고기준일 제외)부터 5영업일(토요일, 공휴일, 근로자의 날

제외) 내에 주식변동보고(5% 보고)를 해야 하므로 공격자는 5% 보고시점까지 최대한 신속하고 공격적으로 대상회사 주식을 매입하여야 한다.

5% 보고와 관련하여 공격자가 보고 전까지 주식을 취득할 수 있는 기간은 5영업일(체결일로부터 보고일까지 5영업일)이다.

공격자는 5% 보고를 통하여 대상회사에게 적대적 M&A에 대한 선전포고를 하게 되고 대상회사는 이때부터 적대적 M&A를 인지하고 방어전략을 수립한다.

❖ 주식 등의 대량보유상황 보고(5% 보고) ❖

보고접수처	금융위원회, 한국거래소
보고기준일	• 장내 매매시 체결일 • 장외 매입시 계약체결일 / 장외 매각시 잔금 수령일과 주식인도일 중 빠른 날
보고기간	5영업일(토요일, 공휴일, 근로자의 날 제외) 이내
규 정	• 자본시장법 제147조 • 동법 시행령 제153조

(주) 보고기간 산정 : 보고기준일을 제외하고 그 다음 날부터 보고기간 계산(초일 불산입)

④ 제4단계 : 10% 이상 주식매입 및 10% 보고

자본시장법에서는 10% 이상의 지분을 보유하는 주주를 주요주주로 분류하며 주요주주에 대해서는 최초 10% 취득시(결제일 기준) 다음 날(보고기준일 제외)부터 5영업일 이내에 주식소유상황을 증선위와 거래소에 보고(최초보고)하여야 하며, 그 소유주식수에 변동이 있을 때에도 그 변동이 있는 다음 날(보고기준일 제외)로부터 5영업일 이내에 증선위와 거래소에 보고(변동보고)하여야 한다. 기존의 증권거래법 하에서는 최초보고의 경우 해당사유 발생일로부터 10일(달력기준) 이내에 보고하고, 그 소유주식수에 변동이 있는 경우는 그 변동이 있는 달의 다음 달 10일까지 보고를 하면 되었으나, 자본시장법이 시행되면서 그 보고의 기한이 앞당겨져서 5% 공시와 동일하게 되었다.

한편, 주요주주가 주식을 매수(매도)한 후 6월 이내에 매도(매수)하여 이익을 얻을 경우 그 이익(단기매매차익)을 회사에 귀속시키도록 규정하고 있다(자본시장법 제172조, 동법 시행령 제194조 내지 제199조. 더 자세한 사항은 〈 단기매매차익 반환 및 불공정거래조사 · 신고등에 관한 규정 〉 참조).

따라서 공격자가 10% 이상의 주식을 취득하여 주요주주가 되는 경우에는 공시의무가 가중되고 적대적 M&A가 실패하거나 주가가 상승할 경우 취득일로부터 6월 이내에 주식을 매각하기 어려우므로 공격자는 장내에서 10% 미만으로 주식을 취득하거나 10% 이상의 주식을 취득할 경우에는 특별관계자(특수관계인 및 공동보유자) 간 지분을 분산하여 특정 1인 주주가 10% 이상을 소유하지 않도록 지분구조를 설계한다.

| 주요주주(금융회사의 지배구조에 관한 법률 제2조 6호) |

- 누구의 명의로 하든지 자기의 계산으로 의결권 있는 발행주식총수의 10% 이상을 소유한 자(그 주식과 관련된 증권예탁증권 포함)
  ⇨ 주요주주는 특수관계인 또는 공동보유자를 합산하지 않고 개별적으로 적용함.
- 의결권 있는 발행주식총수의 10% 이상을 보유하고 있지 아니한 주주라도 임원의 임면 등 당해 법인이 주요경영사항에 대하여 사실상 영향력을 행사하고 있는 주주
  ⇨ 실질적인 지배주주를 의미함.

❖ **임원 등의 특정증권 등 소유상황 보고(10% 보고)** ❖

보고접수처	증권선물위원회, 거래소
보고기준일	• 최초보고 : 주식취득일 • 변동보고 : 결제일(장내매매), 대금지급일과 특정증권 등 인도일 중 빠른 날(장외매매)
보고기간	• 최초보고 : 5영업일(토요일, 공휴일, 근로자의 날 제외) 이내 • 변동보고 : 5영업일(토요일, 공휴일, 근로자의 날 제외) 이내
규 정	• 자본시장법 제173조 • 동법 시행령 제200조

(주) 보고기간 산정 : 보고기준일을 제외하고 그 다음 날부터 보고기간 계산(초일 불산입)

⑤ 제5단계 : 공개매수

공격자가 5% 또는 10% 이상의 지분을 취득하여 공시하는 경우 이미 적대적 M&A에 대한 정보가 노출되므로 공격자는 더 이상 비밀리에 주식을 매입할 필요가 없어진다.

또한, 공격자가 공시를 하게 되면 방어자는 다양한 방어전략을 마련할 것이고

주가상승을 기대하는 일반주주들의 추격매수로 인하여 대상회사의 주식이 단기간에 급등할 수 있다.

따라서 공격자 측면에서는 방어자의 방어시간을 최소화하고 주가가 추가적으로 상승하기 전에 단기간에 목표지분을 확보할 전략이 필요하게 된다.

이와 같이 정보가 노출된 상황에서 단기간에 대량으로 대상회사의 주식을 확보하기 위하여 사용하는 전략이 공개매수 전략이다.

자본시장법상 공개매수는 공격자가 일정기간(20일~60일) 내에 특정한 가격(통상 시가에 프리미엄 가산)으로 상장법인의 주식을 대량으로 취득하는 제도로서 공개매수에 성공할 경우에는 방어자는 방어의지를 상실하게 되므로 공격자는 단기적으로 적대적 M&A를 종료할 수 있게 된다.

또한, 통상 적대적 M&A시 공격자는 공개매수 조건에 목표한 지분이 확보되지 않을 경우 공개매수 대금결제를 하지 않는다는 조건을 부가할 수 있으므로 공개매수가 실패한 경우에는 공개매수대금을 결제할 필요가 없어진다.

따라서 공개매수는 공격자 측면에서 실패시 손실을 최소화하면서 성공시 효과를 극대화할 수 있기 때문에 공격자가 단기간에 대규모 지분을 확보하기 위하여 가장 선호하는 공격방법이라 할 수 있다. 다만, 일정지분 취득에 실패할 경우 매입을 전혀 하지 않는 등의 조건부 공개매수의 경우, 충분한 프리미엄이 주어지지 않는다거나, 비토권을 가진 주요주주의 향배에 따라 실패할 가능성이 높아질 수 있다.

(2) 여론 홍보

공격자가 시장에서 장내매수 또는 공개매수 등을 통하여 대상회사의 지분을 충분히 확보했다고 판단되면 다음 단계로 또는 지분매입과 병행하여 여론에 적대적 M&A에 대한 명분 및 정당성을 적극적으로 홍보하여 공격자의 적대적 M&A가 도덕적으로 정당함을 호소한다.

여론 홍보에 주로 사용되는 명분은 기존 경영진의 비효율적인 경영으로 인한 회사 수익침체 및 주가하락, 지배주주 및 경영진의 비리, 공격자의 향후 경영전략 등이 주요내용이다.

(3) 소수주주권 행사

여론에 대한 홍보가 대상회사 지배주주 또는 경영진의 법적 또는 도덕적 비리와 결합될 경우 그 시너지 효과가 크기 때문에 공격자는 회계장부열람권 등을 통하여 대상회사 경영진의 비리 및 지배주주와의 불공정한 내부거래 등에 대한 증거를 수집하고 대표소송권 등을 통하여 경영진에 대한 민사 또는 형사상 책임을 묻는다.

또한, 주총에서 표대결시 공격자가 확실한 우위를 확보하기 위하여 주주명부열람권을 행사하여 우호주주를 확보하고 주주총회 개최시 공격자는 확보된 우호주주 또는 일반주주로부터 의결권을 위임받아 공격자에게 유리하도록 의결권을 행사(의결권 대리행사 권유 제도)할 수 있다.

 참고 ● 의결권 대리행사 권유 제도

의결권 대리행사 권유 제도는 주주가 주주총회에 참석하지 못할 경우 제3자가 대리인이 되어 의결권을 대리행사하기 위하여 주주로부터 의결권 위임을 권유하는 제도이다. 주로 주주총회의 주주참석률이 낮은 경우 정족수를 채우거나, 지배권 분쟁의 경우 대주주의 지분율이 낮은 기업이 경영권 방어를 위하여 또는 적대적 M&A를 위한 공격자가 다수의 의결권을 확보할 목적으로 활용된다.

의결권 대리행사 권유 제도는 피권유자인 주주들에게 정보가 정확하게 전달되고 제도와 관련된 분쟁을 최소화하기 위하여 자본시장법에서는 그 권유방법과 절차에 대해서 엄격하게 규제하고 있다.

구 분	내 용
적용대상자	• 상장법인이 발행한 주식의 의결권 행사를 자기 또는 제3자에게 대리하도록 권유하는 자 • 회사 경영진이나 주주가 아닌 경우에도 주총 목적사항과 특별한 이해관계가 있는 경우에는 위임장 권유를 할 수 있음.
위임장용지등 교부방법	• 의결권권유자가 피권유자에게 직접 교부 • 우편 또는 Fax • 전자우편(피권유자가 전자우편을 통하여 위임장 용지 및 참고서류를 받는다는 의사표시를 한 경우만 해당) • 주총소집통지와 함께 보내는 방법[의결권권유자가 해당 상장주권의 발행인인 경우만 해당] • 인터넷 홈페이지 게재

구 분	내 용
발행인의 의무	• 발행인과 발행인이 아닌 측이 동시에 의결권 권유를 하는 경우, 발행인이 아닌 측은 다음의 사항을 발행인에게 요구할 수 있으며, 발행인은 2영업일 내에 이에 응하여야 함. – 주주명부의 열람·등사 – 자신의 의결권 위임장 용지 및 참고서류를 발행인으로 하여금 주주에게 송부(실제 의결권 권유자 비용부담)
권유대상 주식	상장주권(관련된 증권예탁증권으로 증권시장에 상장된 것을 포함)
권유방법	• 위임장 용지와 참고서류를 권유 2영업일 전까지 금융위와 거래소에 제출하고 상장법인의 본·지점 및 그 밖의 영업소, 명의개서 대행회사, 금융위, 거래소에 주총 종료일까지 비치·공시 • 권유자는 피권유자에게 주총 목적사항별로 찬부를 표시할 수 있는 위임장 용지와 금융위가 정하는 다음의 참고서류 송부 – 권유자, 그 대리인 등에 관한 사항(성명, 주식의 종류 및 수, 상장법인과의 관계 등) – 주총의 목적사항 등 – 의결권 대리행사를 권유하는 취지
행사방법	• 피권유자(주주)는 대리인을 지정하여 위임장에 서명 • 권유자는 위임장에 기재된 피권유자의 의사에 따라 의결권 행사
자진정정	• 다음의 경우 관련 주총 7영업일 이전까지 자진정정을 하여야 함. • 다음 중요사항이 변경되거나 잘못 기재된 경우 – 위임장 용지 중 의결권 권유자 등 의결권 위임받을 자 – 참고서류 중 의결권 대리행사 권유의 개요(권유자 성명이나 명칭은 제외) – 주총 목적사항 • 기타 투자자보호를 위하여 기재내용이 불분명하여 중대한 오해를 야기할 수 있는 경우, 유불리한 정보를 편집하여 표현한 경우
철회방법	피권유자(주주)는 대리인이 의결권을 행사하기 전까지 철회 가능 (위임장 철회의 의사표시 또는 피권유자 자신이 직접 주총에 참석하여 투표함으로써 철회 가능)
적용 예외	• 발행회사(특수관계인 포함) 또는 임원 외의 자(특수관계인 포함)가 10명 미만 소수에게 권유하는 경우 • 신탁 등 위탁자가 원소유자에게 의결권 대리를 권유하는 경우 • 신문·방송·잡지 등 불특정다수인에 대한 광고를 통해 의결권 대리권유를 하는 경우로서 그 광고내용에 상장회사명, 광고의 이유, 주총목적사항과 위임장 용지, 참고서류의 제공장소만을 표시하는 경우

구 분	내 용
규 정	• 자본시장법 제152조 내지 제158조 • 동법 시행령 제160조 내지 제166조 • 증권의 발행 및 공시등에 관한 규정 제3-15조

금융위는 권유자가 위임장 또는 참고서류에 거짓을 기재하거나 중요사항에 대하여 오해발생소지가 있는 내용에 대하여 정정을 명할 수 있으며(자본시장법 제156조), 필요시 자료제출 명령, 자료조사 및 권유행위의 정지를 명하거나 의결권 권유행사 제한(1년 내), 관련임원의 해임권고, 고발 또는 수사기관 통보 및 경고·주의 등의 조치를 할 수 있다(자본시장법 제158조, 동법 시행령 제166조).

의결권 대리행사 권유의 제한규정을 위반한 자는 허위기재 및 누락의 경우 5년 이하의 징역 또는 2억원 이하의 벌금, 위임장 용지 및 참고서류 미교부의 경우 3년 이하의 징역 또는 1억원 이하의 벌금 등에 처해질 수 있다(자본시장법 제444조, 제445조, 제446조, 제449조).

(4) 주주총회에서 경영진 개편

주주총회에서 표대결을 위한 사전 지분매입이 충분히 이루어졌고 여론 홍보 등으로 분위기가 충분히 고조되었다고 판단될 경우 공격자는 주총소집청구권(소수주주권)을 행사하여 주주총회를 개최하고 주주총회에서 기존 이사 및 감사를 공격자가 지명한 자로 교체함으로써 대상회사의 경영권을 장악하게 된다.

(5) 방어자의 설득 및 협조

적대적 M&A와 관련하여 유의할 사항은 적대적 M&A를 통한 경영권 획득 후에 회사의 조직이 구사주파와 신사주파로 구분되어 조직 간의 갈등이 지속되거나 각종 법적 소송 등으로 회사경영이 원활하지 못할 경우 적대적 M&A를 성공했음에도 불구하고 회사가 부실화되어 공격자가 피해를 보는 사례가 발생될 수 있다. 따라서 적대적 M&A가 궁극적으로 성공하기 위해서는 비록 적대적 M&A로 시작하여 경영권을 획득하였더라도 우호적인 결과를 맺을 수 있도록 방어하는 대상회사의 지배주주 및 경영진을 설득하여 협조와 화해를 이끌어내는 것이 적대적 M&A 성공의 대단원의 막이라 할 수 있다.

③ 소수주주권

소수주주권은 다수주주의 횡포를 막고 회사의 공정한 이익 보호를 위하여 일정 비율의 주식을 보유한 소수주주에게 부여하는 권리이다.

(1) 소수주주권의 내용

상법에서는 기본적으로 아래와 같은 주주의 권리를 보장하고 있다.

단독주주권	내 용	고려사항
정관, 주총의사록, 주주명부등 열람 및 등사	이사는 해당서류등을 본, 지점에 비치하여야 한다. 주주와 회사채권자는 영업시간내 언제든 이의 열람 또는 등사 청구 가능	상법 제396조
이사회의사록 열람 및 등사	이사회의사록(의사의 안건, 경과요령, 결과, 반대자와 그 이유 등을 기재)에 대해 영업시간내 열람 또는 등사 청구 가능. 단, 회사는 위 청구에 대해 이유를 들어 거절할 수 있으며, 이 경우 주주는 법원의 허가를 얻어 열람 또는 등사 가능	상법 제391조의3
재무제표 열람	이사는 정기총회 1주간 전부터 재무제표(외감법상 대상회사는 연결재무제표 포함) 및 감사보고서를 본점에 5년간, 그 등본을 지점에 3년간 비치하여야 함. 주주는 영업시간내 열람 가능하고, 회사가 정한 비용을 지급하고 그 서류의 등본이나 초본의 교부 청구 가능	상법 제448조
결의취소의 소	주총의 소집절차 또는 결의방법이 정관에 위반하거나 현저하게 불공정할 때 주주는 총회일 2개월내에 결의취소의 소 제기 가능	상법 제376조
신주발행의 유지청구권	회사가 법령 또는 정관에 위반하거나 현저하게 불공정한 방법으로 신주발행하여 주주불이익 염려시, 그 주주는 회사에 대하여 그 발행을 유지할 것을 청구가능	상법 제424조

단독주주권	내 용	고려사항
신주발행 무효의 소	주주는 신주를 발행한 날로부터 6개월 내에 소만으로 신주발행의 무효를 주장할 수 있음.	상법 제429조
자본감소 무효의 소	주주는 자본감소로 인한 변경등기일로부터 6개월내에 소만으로 자본금감소의 무효를 주장할 수 있음.	상법 제445조

그 외 일정 비율 이상의 유의미한 주주에 대해서는 좀더 구체적인 소수주주권을 보장하고 있다.

소수주주권	내 용	고려사항
주총소집청구권	주총 목적사항과 소집이유를 기재한 서면을 제출한 경우, 이사회는 즉시 총회소집절차	이사회 거부시 법원허가를 얻어 총회소집 가능
검사인 선임청구권	회사 업무집행관련 부정행위 등이 의심되나 회계장부열람만으로는 충분히 알 수 없는 경우, 법원에 이를 검사할 검사인의 선임을 청구	조사결과 법원에 보고, 법원이 인정하는 경우 주총을 소집하여 조사결과를 보고하게 할 수 있음.
주주제안권	주총에서 의결할 안건을 주주가 직접 주총 6주 전에 서면 또는 전자문서로 제안	회사제시안건과 상충되는 경우, 2개 안건을 동시에 공시하고 상충되는 하나의 안건이 채택되면 다른 안건은 폐기된다는 점 공시
이사· 감사 해임청구권	임원해임이 주총에서 부결되는 경우, 법원에 해당 임원의 해임을 청구	주총 1개월 내에 청구 가능
회계장부 열람권	회사의 회계관련 장부와 서류의 열람 또는 등사 청구	회사는 주주의 청구가 부당함을 증명하지 아니하면 이를 거부하지 못함.
위법행위 유지청구권	이사의 법령 또는 정관에 위반한 행위로 회사에 회복할 수 없는 손해가 생긴 경우, 해당 이사에 대해 그 행위를 유지(금지)할 것을 청구	감사 또는 자격요건 갖춘 주주가 청구가능

소수주주권	내 용	고려사항
대표소송권	소수주주가 회사를 대신하여 이사의 책임을 추궁할 소송 제기를 청구	대표소송 제기 후 법원의 인가 없이는 소 취하, 청구포기, 화해 등을 할 수 없음,
다중대표소송	소수주주가 회사를 대신하여 자회사 이사의 책임을 추궁할 소의 제기를 청구	주주는 자회사가 청구를 받은 날부터 30일 내에 소를 제기하지 아니한 때에는 즉시 자회사를 위하여 소를 제기할 수 있음
집중투표청구권	참고·집중투표제 참조	–

(2) 소수주주권 행사요건

소수주주권	상장법인	비상장법인	관련규정
주총소집 청구권	1.5% 이상	3% 이상	상법 제542조의6 ①, 제366조
검사인선임 청구권	1.5% 이상	3% 이상	상법 제542조의6 ①, 제467조 ①
주주제안권	의결권 있는 주식의 1% 이상(대기업 0.5% 이상)	의결권 있는 주식의 3% 이상	상법 제542조의6 ②, 제363조의2 ①
이사·감사 해임청구권	0.5% 이상 (대기업 0.25% 이상)	3% 이상	상법 제542조의6 ③, 제385조, 제415조
회계장부 열람권	0.1% 이상 (대기업 0.05% 이상)	3% 이상	상법 제542조의6 ④, 제466조, 제542조
위법행위 유지 청구권	0.05% 이상 (대기업 0.025% 이상)	1% 이상	상법 제542조의6 ⑤, 제402조, 제408조의9, 제542조
대표소송권	0.01% 이상	1% 이상	상법 제542조의6 ⑥, 제403조, 제324조, 제408조의9, 제415조, 제424조의2, 제467조의2, 제542조
다중대표소송	0.5% 이상	1% 이상	상법 제542조의6 ⑦, 제406조의2, 제324조, 제408조의9, 제415조, 제542조

소수주주권	상장법인	비상장법인	관련규정
집중투표 청구권	의결권 있는 주식의 3% 이상(자산 2조원 1% 이상)	의결권 있는 주 식의 3% 이상	상법 제542조의7 ②, 제382조의2

(주) : 1. 상장법인의 경우 상기의 지분을 6월 이상 보유해야 소수주주권 행사 가능(집중투표청구권의 경우 제외)
　　 2. 대기업은 최근사업연도 말 자본금 1천억원 이상인 상장회사를 의미함(상법 시행령 제32조).
　　 3. 상장법인은 위 규정보다 단기의 주식보유기간(6개월 이하)을 정하거나 낮은 주식의 보유비율을 정할 수 있다(상법 제542조의6 ⑧).

참고로 소수주주에 의해 소집청구된 주주총회의 의장은 법원이 이해관계인의 청구나 직권으로 선임할 수 있다(상법 제366조). 이는 소수주주권으로 소집된 주총에서 정작 기존 경영진의 이익을 대변하는 의장이 소수주주의 의사에 반하는 의사진행을 하는 것을 견제하기 위한 것이다. 또한 회사 또는 발행주식총수의 1% 이상을 보유한 주주는 총회 소집절차나 결의방법의 적법성을 조사하기 위해 총회 전에 법원에 검사인의 선임을 청구할 수 있다(상법 제367조).

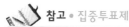 **참고 •** 집중투표제

집중투표는 이사 선임시 모든 주주는 1주 1의결권의 원칙하에 선임하고자 하는 이사의 수만큼 의결을 하게 하는 일반투표에 상응하는 개념으로 2인 이상의 이사를 선임하고자 하는 경우, 각 주주들은 1주당 선임할 이사의 수와 동일한 수의 의결권을 가지며 이를 한 명 또는 몇 명의 이사에게 집중하여 의결권을 행사하도록 하여 소수주주로 하여금 지배주주를 견제할 수 있도록 하는 제도이다.

일반투표의 경우

2명의 이사를 선임하는 주총에 서로 다른 주체에서 3인의 이사를 등록한 경우
• 경영진 측 2명 A, B 등록 / 일반주주 측 1명 C 등록
• 의결권 있는 주식수 100주, 경영진 51주 확보, 일반주주 49주 확보

투표차수	후 보	회사측	일반주주측	결 과
1차 투표	A, B, C 중 1인 선임	A에 51주 투표	C에 49주 투표	A선임
2차 투표	B, C 중 1인 선임	B에 51주 투표	C에 49주 투표	B선임
3차 투표	−	−	−	3차투표 없음.

〔결론〕
일반투표의 경우, 일반주주가 확보한 의결권이 경영진 측이 확보한 의결권에 조금이라도 미달하는 경우 단 1명의 이사선임도 성공시킬 수 없다.

집중투표의 경우

2명의 이사를 선임하는 주총에 서로 다른 주체에서 3인의 이사를 등록한 경우
- 경영진 측 2명 A, B 등록 / 일반주주 측 1명 C 등록
- 의결권 있는 주식수 100주, 현 경영진 66주 확보, 일반주주 34주 확보
- 집중투표 의결권 : 총 200주, 현 경영진 66주×2＝132주, 일반주주 34주×2＝68주

투표차수	후 보	회사측		일반주주측	결과
단 한번의 투표로 1, 2 위 선임	A, B, C 중 2인 선임	－	－	C68주	C 선임, A, B 중 1인 선임
		A69주	B63주		
		A68주	B64주		
		A67주	B65주		
		A66주	B66주		
		A65주	B67주		
		－	－		

〔결론〕
집중투표하에서는 일반주주가 확보한 의결권이 경영진 측의 의결권에 미달한다 하여도 최소수량 이상을 확보한다면 의결권 집중을 통하여 최소 1명의 이사를 선임할 수 있다.

일반주주가 단 1명의 이사를 선임하기 위해서 필요로 하는 최소 지분율은 다음과 같이 정리할 수 있다.
- 필요지분 S ＝ (참석한 의결권 있는 발행주식총수) / (n＋1) ＋ 1주
- n : 선임하는 이사의 수

즉, 이사를 2인 선임하는 경우 참석한 의결권 있는 주식수가 100주라고 한다면 100주/3＝33.3주＋1주에 미달되게 일반주주가 주식을 보유하게 된다면(예 33주), 현 경영진 측은 확보한 67주에 대해 선임이사 수(2인)만큼 생긴 의결권 134주를 가지고 각각 이사 한 명당 67주씩을 행사하게 되면, 일반주주가 자신이 보유한 모든 주식 33주에 대해 선임될 이사수(2인)만큼 생긴 66주를 모두 C에 집중하여 투표를 한다고 하여도 C의 이사선임을 성공시킬 수 없게 된다. 따라서 이 경우 일반주주가 전체 주식 100주 중에서 최소필요지분인 34주 이상을 보유한 경우에는 경영진 측이 어떤 전략적 투표를 한다 하여도 일반주주의 이사 1인 선임을 막을 수 없게 된다.

V 적대적 M&A의 방어전략

앞에서 살펴보았듯이 우리나라 자본시장은 IMF 금융위기 이후 구조조정 및 외국인 자본유치 촉진을 위하여 지배주주의 지배권을 견제하는 방향으로 제도를 변경하여 왔다.

또한, 사전대비시 적은 비용으로 손쉽게 적대적 M&A 방어가 가능하나 대부분의 기업들은 적대적 M&A가 현실화되기 전까지는 사전대비를 하지 않는 경향이 많다.

따라서 우리나라 많은 기업들이 적대적 M&A에 취약한 상황이며 실제로 적대적 M&A가 현실화되었을 경우 방어하는 데 많은 비용과 시간을 낭비하는 바람에 적대적 M&A방어에 성공하더라도 기업의 성장잠재력이 하락하여 그것을 회복하는 데 많은 어려움을 겪기도 한다.

적대적 M&A에 대한 최선의 방어전략은 회사가 적대적 M&A대상에 노출되지 않도록 사전에 위험요소를 제거하는 것이나, 현실적으로 그 가능성을 100% 제거하기는 어려울 수 있다.

따라서 회사는 만일의 상황에 대비하기 위하여 적대적 M&A에 대한 안전장치를 사전에 마련하여야 한다.

적대적 M&A에 대한 방어전략은 적대적 M&A가 현실화되기 전에 예방적 차원에서 방안을 마련하고 그 가능성이 대두되었을 때 그 방안을 실행한다면 적대적 M&A가 현실화되더라도 크게 걱정할 필요가 없을 것이다.

① 위험 분석

적대적 M&A 방어전략을 수립하기 위해서는 회사의 지배권 위험을 평가하여 그 위험에 상응하는 대응방안을 마련하여야 한다.

일반적으로 실무에서는 회사의 지배권 위험을 계량적 요인과 비계량적 요인으로 구분하여 평가하고 있으며 계량적 요인은 이사·감사의 선임 또는 해임관련 의결권과 정관변경관련 의결권으로 구분하여 평가하고 비계량적 위험은 제도변경, 시스템, 정관규정으로 구분하여 평가한다.

(1) 계량적 위험 평가

지배권 위험에 대한 계량적 평가는 회사의 지배주주 등이 보유한 지분율이 이사·감사의 선임 또는 해임과 관련하여 안전한지에 대한 평가와 정관변경을 위한 유효지분을 보유하고 있는지로 구분하여 평가한다.

① 이사에 대한 위험 평가

이사에 대한 위험 평가는 현재 회사의 지배주주, 특수관계인 및 우호주주(이하 '최대주주 등'이라 함)가 보유한 지분율이 적대적 M&A가 현실화되었을 경우에 공격자의 이사의 선임 또는 해임에 대한 요구를 방어하고 방어자측이 추천한 자를 이사로 선임할 수 있는 지분율이 되는가로 평가한다.

예를 들면, 평가시점의 회사의 최대주주 등이 33%의 지분을 보유하고 있다고 가정하고 주총 참석률이 평상시에는 60%이나, 적대적 M&A가 현실화되었을 경우에 80%까지 상승한다고 가정할 경우에 이사의 선임 또는 해임에 관한 위험은 다음과 같이 평가된다.

가. 이사선임에 대한 위험 평가

ⓐ 일반투표

이사의 선임은 주총에서 보통결의로 선임된다. 주총 보통결의 요건은 출석 의결권의 1/2 이상을 득하여야 하며, 그 비율이 발행주식총수의 1/4 이상이어야 한다.

따라서 평상시에 주총에서 이사를 선임하기 위해서는 30% 이상(참석률 60% 가정)의 지분이 필요하나, 적대적 M&A가 현실화되었을 경우에는 40% 이상(참석률 80% 가정)의 지분이 필요하다.

그런데 평가시점에서 대주주 등의 지분율이 33%로 평상시에는 위험이 없으나, 적대적 M&A가 현실화되었을 경우에는 7%의 지분이 부족하므로 7% 지분에 대한 대응전략이 마련되어야 할 것이다.

구 분	평상시	적대적 M&A시
주총 참석률	60%	80%
보유 지분율	33%	33%
필요 지분율	30%(주총 참석지분의 50%)	40%(주총 참석지분의 50%)

구 분	평상시	적대적 M&A시
과(부족) 지분율	+3%	−7%
대응방안	대응책 불필요	7% 부족에 대한 대응전략 마련

(주) 의결권 없는 주식은 0주라 가정. 주총 참석률은 의결권이 있는 주식 중에서 주총에 참석한 비율임.

ⓑ 집중투표

앞서 참고에서 설명하였듯이 2인 이상의 이사를 선임하는 집중투표의 경우 모든 주주는 보유한 주식 1주당 선임되는 이사의 수만큼의 의결권을 행사하게 되며 이를 이사 1인에게 집중하여 행사할 수 있다.

따라서 평상시 일반투표 하에서는 회사는 30% 이상(참석률 60% 가정)만 확보하면 몇 명의 이사선임에도 문제가 없으나, 집중투표 하에서는 최소 40%＋1주(참석률 동일하게 60% 가정)를 확보해야만이 일반주주에게 한 명의 이사선임도 허용하지 않을 수 있다.

구 분	일반투표시	집중투표시
주총 참석률	60%	60%
보유지분율	33%	33%
필요지분율	30% (주총 참석지분의 50%)	40%＋1주 (주총 참석지분－ 1인 선임 최소필요주식수[주])
과(부족)지분율	+3%	−(7%＋1주)
대응방안	대응책 불필요	부족분에 대한 대응전략 마련

주) n명의 이사선임에서 이사 1인 선임 최소필요주식수＝(참석한 의결권 발행주식총수)/(n+1)＋1주
위 산식에서는 60%/3+1=20%＋1주. 즉, 일반주주가 20%＋1주를 보유한다면 최대주주가 40%까지 보유한다고 하여도, 이를 주주 2명에 대해 각각 20%까지 사용하게 되고, 적대세력이 20%＋1주를 자신이 추천한 한 명의 이사에게 집중투표한다면 회사는 적대세력의 이사 1인 선임을 막을 수 없게 됨. 자세한 내역은 앞의 〈참고·집중투표제〉 참조
(주) 의결권 없는 주식은 0주라 가정. 주총 참석률은 의결권이 있는 주식 중에서 주총에 참석한 비율임.

나. 이사해임에 대한 위험 평가

이사의 해임은 주총 특별결의 사항이다.

주총 특별결의 요건은 출석 의결권의 2/3 이상을 득해야 하며, 그 비율이 발행주식총수의 1/3 이상이어야 한다. 따라서 주총 특별결의에 대하여 출석 의결권의 1/3 이상을 확보한다면 비토권(VETO)을 행사할 수 있다.

만약, 적대적 M&A시 공격자가 기존 이사의 해임을 제안했을 경우에 이 제
안을 방어하기 위해서는 26.7% 이상(주총참석률 80%의 1/3)의 지분만 보유
하면 된다.

위의 예시의 경우, 평상시 및 적대적 M&A가 현실화되었을 경우에도 기존
이사해임에 대해서는 현재 최대주주 등의 지분만으로 방어가 가능하므로
이사해임에 대한 방어전략에 대하여는 특별한 대책이 불필요할 것이다.

구 분	평상시	적대적 M&A시
주총 참석률	60%	80%
보유 지분율	33%	33%
필요 지분율	20%(주총 참석지분의 1/3)	26.7%(주총 참석지분의 1/3)
과(부족) 지분율	+13%	+6.3%
대응방안	대응책 불필요	좌 동

② 감사에 대한 위험 평가

우리나라 상법에서는 회사의 업무에 관한 결정을 이사회에 위임하고 있기 때
문에 이사회의 권한을 견제하고 감독하기 위하여 감사를 독립적인 기관으로
인정하고 있으며 상대적으로 많은 권한을 부여하고 있다.

또한, 감사에 대한 독립성을 확보하기 위하여 감사의 선임과 관련하여 주주의
의결권을 3% 이내로 제한(상법 제409조 ②. 의결권없는 주식을 제외한 발행주식총
수 기준)하고 있으며, 상장법인의 경우 상법의 요건을 더욱 엄격하게 적용하여
최대주주에 대하여는 그 특수관계인뿐 아니라 공동보유자까지 포함하여 의결
권을 3% 이내로 제한(상법 제542조의12, 동법 시행령 제38조)하고 있다. 특히, 해
임의 경우 공격자(최대주주등이 아닌 자)는 의결권의 3% 제한이 없는 반면 최대
주주는 특수관계인을 포함하여 3% 제한이 있다.

따라서 상장법인의 경우 감사의 선임과 해임에 대해서는 최대주주의 의결권이
극히 미약할 뿐 아니라 이와 같은 제도를 악용하여 감사의 선임·해임에 관한
사항이 금융전문가 또는 Green Mailer의 주요 공격대상이 되고 있다.

가. 감사선임에 대한 위험 평가

감사는 주총에서 보통결의로 선임되나 상장법인의 경우 최대주주와 특수
관계자 및 공동보유자는 총보유주식 중 3%까지만 의결권이 인정된다.

따라서 공격자 또는 **Green Mailer** 여러 사람이 연합하여 각각 3% 이내로 지분을 취득하여 감사의 선임을 요구할 경우 회사는 이를 방어하기 어려울 수 있고, 우리나라의 경우 감사의 권한이 막강하므로 감사를 빼앗겼을 경우에는 회사의 정상적인 경영이 어려울 수 있다.

앞의 예를 들어 적대적 **M&A**시 감사관련 위험을 평가하면 감사선임관련 최대주주 등의 의결권은 3%(30%는 사표)만 인정되고 주총 참석률은 50%(80%-최대주주 사표 30%)로 하락하므로 공격자 9명이 3% 이하로 지분을 분산하여 총 25% 이상을 취득할 경우 공격자는 다른 주주들의 협조 없이 감사선임이 가능하다.

구 분	평상시	적대적 M&A시
주총 참석률	30%(60%-최대주주 사표 30%)	50%(80%-최대주주 사표 30%)
보유 지분율	3%	3%
필요 지분율	15%(주총 참석지분의 50%)	25%(주총 참석지분의 50%)
과(부족) 지분율	-12%	-22%
대응방안	12% 부족에 대한 대응전략 마련	22% 부족에 대한 대응전략 마련

나. 감사해임에 대한 위험 평가

감사의 해임은 주총 특별결의사항이다.

만약, 적대적 **M&A**시 공격자가 기존 감사의 해임을 제안했을 경우에 이 제안을 방어하기 위해서는 약 16.7% 이상(사표 제외 주총 참석률 50%의 1/3)의 지분이 필요하다.

그러나 최대주주 등의 의결권은 3%까지만 인정되므로 부족한 13.7%에 대해서는 추가적인 대응방안이 필요하며, 공격자는 3% 의결권 제한을 당하지 않으므로 유의하여야 한다.

구 분	평상시	적대적 M&A시
주총 참석률	30%(60%-최대주주 사표 30%)	50%(80%-최대주주 사표 30%)
보유 지분율	3%	3%
필요 지분율	10%(주총 참석률의 1/3)	16.7%(주총 참석률의 1/3)
과(부족) 지분율	-7%	-13.7%
대응방안	7% 부족에 대한 대응전략 마련	13.7% 부족에 대한 대응전략 마련

③ 정관변경에 대한 위험 평가

적대적 M&A가 발생되기 전에 정관을 정비하는 것은 비용을 최소화하면서 효과를 극대화할 수 있는 적대적 M&A 예방전략이다.

특히, 우리나라 대부분의 상장법인은 한국상장사협의회 및 코스닥협회에서 만든 표준정관을 참고하여 상장시에 정관을 정비한다.

그러나 이러한 표준정관은 적대적 M&A 방어를 목적으로 작성된 정관이 아니므로 적대적 M&A가 발생하였을 경우에는 여러 면에서 아쉬운 부분이 있을 수 있다.

따라서 상장 이후 대주주의 지분율이 희석화되기 전에 정관을 정비해야 할 뿐 아니라 아래의 표에서 알 수 있듯이 적대적 M&A가 발생한 때에는 정관변경이 어려우므로 적대적 M&A가 발생하기 전에 미리 정관을 정비하여야 한다. 정관변경은 주총 특별결의사항으로 출석 의결권의 2/3 이상을 득해야 하며, 그 비율이 발행주식총수의 1/3 이상이어야 한다. 따라서 최대주주 등의 지분율이 33%일 경우 평상시에는 7%만 보완하면 정관변경이 가능하나, 적대적 M&A 발생시에는 21% 이상의 지분을 보완해야 정관변경이 가능하다.

구 분	평상시	적대적 M&A시
주총 참석률	60%	80%
보유 지분율	33%	33%
필요 지분율	40%(주총 참석률의 2/3)	53.3%(주총 참석률의 2/3)
과(부족) 지분율	−7%	−20.3%
대응방안	7% 부족에 대한 대응전략 마련	20.3% 부족에 대한 대응전략 마련

(2) 비계량적 위험 평가

계량적 위험평가는 최대주주 등의 지배권 위험이 계량화되어 산출되므로 그 방어전략을 수립하는 데 명확할 수 있지만 비계량적 위험평가는 그 결과가 다분히 주관적이라 그 방어전략도 주관적이라 할 수 있다.

비계량적 위험평가는 제도변경, 시스템, 정관규정으로 구분된다.

① 제도변경에 대한 위험 평가

비계량적 위험 중 제도변경이란 미래에 예상되는 상법, 자본시장법, 공정거래법 등과 같은 규정의 변경 또는 정부정책의 변화 등이 회사 지배권에 미치는 영향을 분석하는 위험이다.

제도변경은 대부분 회사 지배권 위험에 대한 외생적 변수이므로 미래의 규정 또는 정부정책이 회사 지배권에 부정적으로 예상된다면 그 위험을 높게 평가하여 적대적 M&A 방어전략 수립시보다 보수적인 대책을 마련하여야 할 것이다.

② 시스템에 대한 위험 평가

시스템 구축은 회사의 조직 및 내부통제구조가 사전에 적대적 M&A를 적발할 수 있고 적대적 M&A 발생시 효과적으로 대응할 수 있는 시스템과 정보력을 보유하고 있는지를 평가하는 위험이다.

많은 대기업들은 지배권 안정화를 위하여 일정한 조직을 갖추고 있고 장기적인 지배권 안정화 플랜을 마련하여 미래의 위험에 대비하고 있는 것으로 파악된다. 또한, 자본시장의 정보를 최단기간 파악하기 위하여 증권회사 등 외부자문기관을 선임하여 주식 거래량, 거래원 등을 분석하고 자본시장의 루머 또는 회사관련 외부정보를 분석하기도 한다.

그러나 규모가 작은 상장법인의 경우 비용부담으로 인하여 적대적 M&A를 방어하기 위한 시스템이 구축되어 있지 않거나 미진한 경우가 많다.

시스템 구축에 대한 위험은 적대적 M&A에 대응할 수 있는 조직 및 내부통제구조를 평가하여 그 위험을 상·중·하로 구분하고 시스템이 미비할 경우 그 위험을 상으로 평가하여 시스템을 구축 및 보완책을 마련하여야 한다.

③ 정관규정에 대한 위험 평가

앞의 정관변경에 대한 위험 평가에서 살펴보았듯이 적대적 M&A가 발생되기 전에 정관을 정비하는 것은 비용을 최소화하면서 효과를 극대화할 수 있는 적대적 M&A 예방전략이다.

따라서 정관규정에 대한 위험평가는 적대적 M&A를 방어하기 위하여 도입되어야 할 규정이 정관에 반영되었는가에 따라 그 위험을 상·중·하로 구분하고 정관정비가 미비할 경우 그 위험을 높게 평가하여 새롭게 정관을 정비하여야 한다.

2 대응방안

적대적 M&A에 대한 대응방안은 앞서 측정한 위험을 반영하여 위험이 높은 부분을 중심으로 방어전략을 수립하여야 하며 되도록 자금부담을 수반하지 않는 방법에서 자금부담이 높은 순서로 그 범위를 점진적으로 확대해 나가야 한다.

구체적인 적대적 M&A에 대한 대응방안은 주주들의 동의만 있다면 최대주주 등의 자금부담을 최소화하면서 대응방안 마련이 가능한 정관변경, 지금 당장의 비용부담 없이 미래의 위험발생시 활용할 수 있는 HOT LINE 개설 및 우호주주 확보, 비용부담은 수반되지만 적대적 M&A를 사전에 확실히 방지할 수 있는 최대주주 등의 지분증대 방법으로 구분할 수 있다.

(1) 정관정비

적대적 M&A를 방어하기 위한 목적으로 정관을 정비하는 경우 정관변경은 주주들의 동의(주총 특별결의)가 필요하므로 당해 변경내용이 주가에 미치는 영향과 주주들의 이해관계에 미치는 영향을 고려하여 도입방안을 결정하여야 한다.

만약, 최대주주 등의 이해관계만을 고려하여 정관변경을 실시할 경우 주총에서 당해 안건이 부결됨으로써 오히려 주주들의 반감만 야기할 수 있기 때문이다.

① 이사 및 감사 수의 제한

상장법인의 정관 중 과거 상장사협의회 표준정관을 참고하여 정관을 정비한 회사들은 이사와 감사의 수에 한도가 없다(예를 들면, 이사 또는 감사의 수는 ○명 이상으로 한다). 또한 개정 표준정관을 참고하여 정관을 정비한 회사들은 이사와 감사의 수에 한도가 있으나 한도까지 이사와 감사를 선임하지 않는 경우가 많이 있다.

만약, 이사와 감사의 수에 한도가 있고 회사가 사전에 이 한도까지 이사와 감사를 선임한 경우에는 적대적 M&A 발생시 공격자가 이사와 감사를 신규로 선임하고자 한다면 임기 만료된 이사와 감사가 없는 경우 기존 이사와 감사를 해임하여야 신규선임이 가능하다.

이사와 감사의 선임 또는 해임과 관련하여 선임은 주총 보통결의사항이나 해임은 주총 특별결의사항이므로 해임은 선임보다 더 많은 지분을 보유해야 한다. 따라서 이사와 감사의 수에 한도가 없거나 한도가 있어도 한도까지 이사와 감사를 선임하지 않는 회사는 반드시 정관개정을 통하여 이사와 감사 수에 대한 한도를 설정하고 한도까지 이사와 감사를 선임해야 할 것이다.

② 시차임기제 도입

이사의 임기를 분산함으로써 공격자가 발행주식총수의 과반수 이상의 주식을 매수하였다 하더라도 주총에서 이사의 전부를 교체하지 못하게 하여 공격자의 경영권 장악을 일정기간 유예시키는 방법이다.

예를 들어, 이사의 임기가 3년이고 이사 정원이 6명이라면 이사의 임기만료가 1년차에 2명, 2년차에 2명, 3년차에 2명이 도래하도록 설계할 경우 공격자가 발행주식총수의 과반수 이상의 주식을 확보하였다 하더라도 2년이 경과하여야 경영권(이사의 과반수 이상 확보)을 장악할 수 있다.

이사의 시차임기제는 이사해임에 대한 초다수 결의제도와 결합되었을 경우에 그 효과가 극대화될 수 있다.

③ 초다수 결의제도

초다수 결의제도는 적대적 M&A와 관련된 중요한 사항을 상법의 규정보다 정관에 더욱 엄격하게 규정하여 적대적 M&A를 방어하는 전략을 의미한다. 예를 들면, 이사 또는 감사해임을 위해서는 주총 특별결의(출석 의결권의 2/3 이상 및 발행주식총수의 1/3 이상)가 필요하나, 정관규정을 통하여 출석 의결권의 80% 이상 및 발행주식총수의 50% 이상으로 가중함으로써 적대적 M&A로 인한 경영진 교체를 어렵게 할 수 있다.

이사 또는 감사해임에 대한 초다수 결의제도는 앞에서 검토한 시차임기제도와 결합될 경우 그 효과를 더욱 발휘할 수 있다.

적대적 M&A시 공격자는 과반수 이상의 지분을 취득했더라도 정관상 초다수 결의제도로 인하여 경영진 해임이 어려운 반면, 경영진 선임은 기존 경영진의 임기가 만료되어야 가능하므로 공격자의 경영권 장악을 일정기간 유예할 수 있어 방어자는 방어할 수 있는 시간을 확보할 수 있다.

④ 이사·감사의 자격 제한

상법 제542조의8 ②의 사외이사의 자격요건 및 상법 제542조의10 ②의 감사의 자격 요건을 위반하지 않는 범위 내에서 정관규정에 의하여 이사 및 감사의 자격을 제한함으로써 적대적 M&A시 공격자가 이사 및 감사후보를 찾기 어렵게 만들어 경영진 교체를 어렵게 하는 방법이다.

예를 들어, 정관에 이사 및 감사의 자격 요건을 일정기간 회사의 근무경력이 있는 자로 제한할 경우 그 후보자를 찾기는 쉽지 않을 것이다. 그러나 실제 경영권 분쟁시 또는 정관 개정 시도시 이러한 안에 대한 극심한 반대가 우려될 수 있으므로 보다 치밀한 법률적 검토가 필요할 것이다.

⑤ 신주 또는 주식관련 사채의 제3자배정 범위 확대

경영권 분쟁시 가장 확실한 방어전략은 방어하는 회사의 최대주주 등이 지분을 확대하는 것이다. 그러나 최대주주 등의 지분확대가 법적·경제적 여건 등으로 제한이 있거나 감사와 관련된 경영권 분쟁시 최대주주 등의 의결권은 3% 이내로 제한되므로 우호주주의 도움이 필요한 경우가 발생한다.

현행 법률에 의할 경우 제3자(우호주주)에게 주식 또는 주식관련 사채(전환사채 및 신주인수권부사채)를 배정하기 위해서는 정관에 근거조항이 있어야 하므로 정관변경을 통하여 제3자의 범위를 실질적인 도움이 가능한 우리사주조합, 국내·외 금융기관, 매입·매출처, 제휴처 등으로 확대하면 신속하게 우호주주를 확보할 수 있다.

경영권 분쟁시 제3자에게 주식 또는 주식관련 사채를 발행하는 경우, 그 발행조건이 불공정하거나 발행사유가 특정주주의 지배권 방어목적일 경우에는 발행 자체가 금지될 수 있으므로 발행의 적법성에 대한 법률적 검토가 필요할 수 있다.

⑥ 황금낙하산 제도

황금낙하산 제도는 적대적 M&A로 인하여 경영진이 임기 전에 퇴임하게 될 경우 거액의 퇴직금 등을 지급하도록 함으로써 공격자에게 대상회사 경영진 변경을 어렵게 하여 적대적 M&A를 방어하는 전략이다.

황금낙하산 제도는 경영진에게는 적대적 M&A로 인한 중도퇴임을 예방하여 경영에 전념할 수 있도록 하는 순기능을 발휘하기도 한다.

황금낙하산 제도는 우리나라 상장법인이 이미 도입하고 있는 제도로서 그 범위가 과도하면 경영효율이 떨어지고 주가가 하락할 수 있으므로 주총에서 소액주주들의 반발을 야기하여 부결되는 사례가 종종 발생된다.

⑦ 집중투표제도

집중투표제도는 2인 이상의 이사를 선임할 때 1주당 이사의 수와 동일한 의결권을 부여함으로써 주주가 특정이사에 집중적으로 투표하거나 여러 후보에게 분산하여 투표할 수 있도록 하여 소액주주가 지배주주의 지배권을 견제할 목적으로 도입된 제도이다. 만약, 정관에 집중투표제도가 도입될 경우 적대적 M&A시 공격자는 소수의 지분만으로 이사의 선임이 가능해져 중요한 경영권 위험요소가 될 수 있다.

그러나 집중투표제는 2인 이상의 이사를 선임할 때에 의미가 있는 제도이므로 회사가 시차임기제를 통해서 한 번의 주총에서 1인의 이사만을 선임하게 한다면 집중투표제의 실효성은 없어지게 된다.

그리고 회사는 정관에 집중투표제의 도입을 배제하는 조항을 삽입하여 집중투표제의 위험을 근원적으로 차단할 수 있다. 단, 최근 사업연도 말 자본금이 1천억원 이상인 상장회사가 정관으로 집중투표를 배제하거나 그 배제된 정관을 변경하려는 경우에는 의결권 없는 주식을 제외한 발행주식총수의 3%를 초과하는 주주는 그 초과주식에 관해 의결권을 행사하지 못한다. 단, 정관에서 이보다 낮은 주식보유비율을 정할 수 있다(상법 제542조의7).

(본 장 'Ⅳ. 적대적 M&A의 절차' 중 '참고 : 집중투표제' 참조할 것)

⑧ 기 타

기타 적대적 M&A 방어전략 중 적대적 M&A가 발생되면 주식을 시가보다 낮은 가격에 매입할 수 있는 권리를 부여하는 극약처방과 의결권 차별화 주식을 발행하는 방어전략은 현행 우리나라 상법에서 인정하지 않는 방법이므로 도입 여부에 대하여 유의하여야 한다.

(2) 우호주주 확보

적대적 M&A와 관련된 우호주주 확보전략은 감사의 선임 및 해임과 관련해서 최대주주 등(특수관계인 및 공동보유자 포함)의 의결권이 3% 이내로 제한되므로 빈번하게 발생되는 감사에 대한 경영권 위험을 방어하기 위하여 최대주주 등을 제외한 우호주주 확보가 필요하고, 회사는 자금이 풍부하나 상대적으로 지배주주의 자금이 부족한 기업에 대해서는 회사의 자금으로 지배주주의 지배권을 안정화함으로써 지배주주 등의 자금부담을 완화할 수 있다는 점에서 의미 있는 방법이 될 수 있다.

① 최근 주주현황 파악

적대적 M&A가 포착되면, 회사는 즉각적으로 가장 최근의 주주현황에 대한 확인이 필요하다. 상장사의 경우, 지분공시를 통해 일부 주주들의 주식소유현황을 알 수 있지만, 이 경우 최소 특수관계인 포함 5% 이상이 되어야만 공시가 가능하다. 비상장사의 경우, 통상 주주명부 확인을 위하여 주주명부를 폐쇄하고, 주주를 확정하는 데 기본적인 시간이 소요된다. 특히 최대주주의 특수관계인을 제외하고, 주주 분산이 많이 진행된 회사라면 더더욱 시간이 많이 소요된다. 이에 사전에 전자증권법을 도입해놓는다면, 기본적으로 분기별로 소유자명세 확인이 가능하다.

아울러, 상장회사의 경우 공개매수신고서가 제출되는 경우, 그 즉시 전자등록기관(예탁원)에 대해 해당 등록주식의 소유자명세를 요청할 수 있다(전자증권법 제37조).

② Hot Line 개설

사전에 국내·외 금융기관 또는 자금력이 있는 비상장거래처 등과 계약을 체결하여 적대적 M&A 발생이 예상되거나 긴급한 경우 언제라도 주식(자사주 또는 신주)을 인수해 줄 수 있는 Hot Line을 개설하는 방안이다.

Hot Line 개설과 관련하여 회사는 제3자배정 증자 등이 가능하도록 정관을 정비하거나 자사주 취득 등을 통하여 사전에 대상지분을 확보하여야 한다.

③ 잠재적 우호주주 확보

사전에 주식관련 사채(전환사채 또는 신주인수권부사채) 등을 우호주주에게 발행하는 방안은 적대적 M&A 발생시 전환권 또는 신주인수권 행사를 통하여 우호주주를 확보할 수 있을 뿐 아니라 주식관련 사채 등을 통하여 잠재적으로 주식수량이 증가될 수 있다는 사실이 시장에 공시됨으로써 적대적 M&A 발생 가능성을 예방할 수 있는 효과가 있다.

그러나 우리나라의 경우 사모(제3자배정)로 전환사채 또는 신주인수권부사채를 발행하는 경우 그 권리는 발행일로부터 1년이 경과하여야 행사가 가능하므로 적대적 M&A 발생시 즉각적인 도움이 되지 않을 수 있다.

특히, 신주인수권부사채의 경우 지배권 안정화 목적으로 분리형 신주인수권부사채를 발행한 다음 사채부문을 조기에 상환할 경우 인수자는 사채자금은 조기에 상환받고 신주인수권만을 보유함으로써 상대적으로 저렴한 자금으로 우호주주의 역할을 수행할 수 있는 장점이 있다.

④ 주식 등의 교차보유

사전에 우호적인 회사 간에 지분을 교차로 보유하여 각각 상대방회사의 우호주주 역할을 수행함으로써 지배권을 안정화하는 방안이다.

예를 들면, A회사는 B회사의 지분을 보유하고 B회사는 A회사의 지분을 보유함으로써 A회사는 B회사의 주주가 되고 B회사는 A회사의 주주가 되는 방법이다.

주식의 교차보유와 관련하여 주의할 점은 A회사와 B회사 간 지분의 교차보유

범위가 10%를 초과할 경우 상법상 상호주로 분류되어 의결권이 제한될 수 있으므로(상법 제369조) 유의하여야 하며, 주식의 시가총액이 지나치게 높을 경우에는 교차보유 대상을 주식이 아닌 신주인수권으로 함으로써 상호 간 자금부담을 완화할 수 있다.

(3) 최대주주 등의 지분 증대

적대적 M&A를 예방하고 방어할 수 있는 최선의 방안은 최대주주 등의 지분율을 증대시키는 방안이다.
최대주주 등의 지분율 증대방안으로는 시장매입, 제3자배정 증자, 구주주배정 증자로 구분되고 그 내용을 살펴보면 다음과 같다.

① 구주매입

적대적 M&A 발생시 최대주주 등이 지배권을 방어하기 위하여 시장에서 구주를 취득하는 방법은 장점보다 단점이 많을 수 있다.

무엇보다 취득하는 데 시간이 많이 소요되며 지분변동 공시(5% 이상 보유자는 1% 이상 지분변동시 5영업일 이내에 신고) 등을 통하여 매입사실이 알려짐으로써 공격자에게 대응할 수 있는 시간을 부여한다는 단점이 있을 수 있다. 또한, 취득과정에서 주가가 급등할 수 있으므로 최대주주 등의 자금부담이 심화될 수 있고, 특히 공격자가 감사의 선임 또는 해임을 요구할 경우 3% 초과 주식은 사표로서 의결권을 행사할 수 없다는 단점이 있다.

② 제3자배정 증자

최대주주 등을 대상으로 제3자배정 증자를 하는 경우 최대주주 등의 지분율을 증대시킴과 동시에 공격자의 지분율을 희석시킴으로써 그 효과는 극대화될 수 있으나, 공격자가 법률적으로 문제(신주발행금지가처분 신청, 신주발행무효소송 등)를 제기할 경우 발행가능성이 매우 낮다는 단점이 있다.

③ 구주주배정 증자

적대적 M&A와 관련하여 구주주를 대상으로 증자를 하는 경우에는 법적인 문제점을 제3자배정 증자시보다 훨씬 낮출 수 있으면서 동시에 우호주주를 확보할 수 있다.

예를 들어, 적대적 M&A가 발생하여 구주주를 대상으로 발행주식총수의 30% 증자를 실시할 경우 최대주주 등과 공격자가 모두 증자에 참여한다면 최대주주 등과 공격자의 지분율은 우리사주조합의 우선배정으로 약간 희석화된다. 그러나 상장법인은 증자수량의 20%를 우리사주조합에게 우선배정할 수 있어 회사는 우리사주조합의 지분증대[6%＝증자수량(30%)×우리사주조합 배정비율(20%)]로 인한 우호주주를 확보할 수 있으며 실권이 발생할 경우 실권주를 우호주주에게 배정함으로써 추가적인 우호주주를 확보할 수 있다.

또한, 회사는 우리사주조합에게 신주를 배정할 경우 우리사주조합원의 자금부담을 완화하기 위하여 매입자금을 지원할 수 있다.

구주주배정 증자는 증자가액 결정시 할인율을 자율적으로 결정할 수 있으므로 대주주가 낮은 가격으로 증자에 참여할 수 있으며 회사에 증자대금이 유입되므로 재무구조가 개선되고 확보된 자금으로 경영권 안정화를 위한 자사주 취득 등의 전략을 구사할 수 있는 장점이 있다.

④ 주식관련 사채 발행

적대적 M&A와 관련하여 회사측은 사전에 주식관련 사채를 발행하여 우호적인 주주를 확보해 놓을 수 있다. 특히 신주인수권부사채(BW)의 경우 제3자배정으로 발행한 이후 최대주주가 신주인수권만을 따로 취득할 수 있으므로 방어자측 지분을 공고히 하는 데 큰 도움이 된다.

그러나 전환사채 및 신주인수권부사채의 경우 경영권분쟁이 진행 중인 경우 제3자배정 발행을 할 수 없다(발행·공시규정 제5-21조, 제5-24조). 경영권 분쟁 기간 중이라 하더라도 공모의 형식으로는 발행할 수는 있으나 이 경우 발행 후 1월이 경과한 후에 이를 전환할 수 있으므로(발행·공시규정 제5-21조 ②) 본격적인 경영권분쟁이 일어나기 전에 발행해 두어야 함을 유의해야 한다.

| 전환사채의 발행제한 기간(발행·공시규정 제5-21조 ①) |

• 소수주주가 해당 주권상장법인의 임원의 해임을 위하여 주주총회의 소집을 청구하거나 법원에 그 소집의 허가를 청구한 때에는 청구시부터 해당 임원의 해임 여부가 결정될 때까지의 기간
• 소수주주가 법원에 해당 주권상장법인의 임원의 직무집행의 정지를 청구하거나 주주총회결의의 무효·취소 등의 소를 제기하는 등 해당 주권상장법인의 경영과 관련된 분쟁으로 소송이 진행중인 기간
• 그 외 위 사항에 준하는 해당 주권상장법인의 경영권분쟁사실이 신고·공시된 후 그 절차가 진행중인 기간(신주인수권부사채에 있어서도 동일하게 적용됨. (발행·공시규정 제5-24조))

(주) 상장법인의 주식을 장외 대량매집하기 위한 공개매수신고가 위 "상기 사유에 준하는 해당 주권상장
법인의 경영권분쟁사실이 신고·공시"된 경우인지에 대한 문제가 제기될 수 있으나, 공개매수 자체
가 주총소집 청구 또는 법원에 청구 및 소송을 제기 등 경영권분쟁 관련하여 구체적인 사실의 발생
이라고는 보기 어려움(금융감독원 기업공시실무안내, Q&A 2-40, 2022년 2월).

⑤ 종류주식 다양화

그간 주주평등의 원칙상 법에서 정한 주식만 발행하도록 허용하고 있으나, 현행
주식의 종류만으로는 급변하는 시장 환경에 대한 효율적인 자금조달의 애로가
제기되어 왔다. 이에 2012. 4. 15. 시행 개정 상법에서는 주식회사가 특정 사항에
관하여 의결권이 제한되는 주식 등 다양한 주식을 발행할 수 있도록 하였다.
특히 무의결권주 발행한도를 확대하고(발행주식총수의 25% 이내), 시장 상황에
따라 다양한 종류주식을 발행할 수 있도록 함으로써 지분율 희석으로 인한 경영
권 방어와 관련한 비용지출 없이 보다 원활하게 자금조달을 할 수 있게 되었다
(상법 제344조 내지 제344조의3).

(4) 기 타

① 소규모합병 등

지배주주 등의 지분율이 낮은 상장법인은 지배주주 등의 지분율이 높은 비상
장법인과 합병 및 주식교환 등을 통하여 지배주주의 지분을 증대시킬 수 있다.
특히, 계열회사 중에서 지배주주 등에 대한 Stock Option이 많은 비상장법인이
있을 경우 당해 법인과 상장법인이 합병을 할 경우 비상장법인의 Stock Option
이 상장법인의 Stock Option으로 변경됨으로써 지배주주 등의 잠재적 지분율
을 증대시킬 수 있다.

또한, 소규모합병 및 소규모주식교환의 경우 주주총회 특별결의 없이 이사회
결의만으로 실시가 가능하고 반대주주의 주식매수청구권도 인정되지 않으므
로 성공했을 경우에는 지배주주 등의 지분율을 일부 확대할 수 있다(합병존속
회사 또는 완전모회사가 되는 회사의 최대주주가 합병소멸사 및 완전자회사되는 회사
의 지분을 다수 보유시).

소규모 합병 및 주식교환에 있어 존속회사(완전모회사)의 발행주식 대비 교부
주식 비율 기준(10%)이 신주 및 이전되는 자기주식 교부까지 합산하는 것임에
유의하여야 한다.

② 상호주 전략

공격자가 상장법인이고 지분율이 높지 않은 경우 방어측에서 오히려 공격자의 주식을 10% 이상 취득함으로써 공격자가 취득한 방어회사에 대한 의결권을 무력화시키고 상황에 따라서 방어자는 공격자의 지분 확대를 통하여 역 M&A 를 시도할 수 있다.

❖ 상호주식에 대한 제한규정 ❖

구 분	내 용	관련규정
의결권 제한	어떤 회사("A")가 다른 회사("B")의 주식을 10% 이상 취득하는 경우 "A"는 "B"에 지체없이 통지하여야 하며 "B"가 보유하는 "A" 주식에 대해서는 의결권이 인정되지 않는다.	상법 제369조, 제342조의3
상호 주식	• 어떤 회사("A")가 다른 회사("B")의 주식을 50% 초과하여 보유하는 경우 "A"는 모회사, "B"는 자회사라 칭하며, 회사 간에 모·자회사 관계가 형성될 경우 자회사는 다음의 경우를 제외하고는 모회사의 주식을 취득할 수 없다. ㅡ주식의 포괄적 교환 또는 이전 ㅡ회사의 합병 또는 다른 회사의 영업 전부의 양수로 인한 때 ㅡ회사의 권리를 실행함에 있어 그 목적을 달성하기 위하여 필요한 때 • 위의 경우, 자회사는 6개월 이내에 모회사 주식을 매각하여야 한다. • 다른 회사의 주식을 50% 초과하는 주식을 모회사 및 자회사 또는 자회사가 보유하는 경우, 그 다른 회사는 이 법의 적용에 있어 그 모회사의 자회사로 본다. [예시ㅡ자회사에 의한 모회사주식의 취득] 일반적 모자회사 / 모회사 및 자회사가 50%초과보유 / 자회사가 50%초과 보유 A →51%→ C 모회사 A →50% 초과→ 자회사 B →21%→ C, 모회사 A →30%→ C 모회사 A →50% 초과→ 자회사 B →51%→ C 위 3가지 경우 모두 C사 입장에서 A사는 모회사에 해당되므로, 위 예외 경우를 제외하고 C사는 A사의 주식을 보유할 수 없음. 예외 경우에도 이를 6개월 내에 처분하여야 함.	상법 제342조의2

③ 회사분할

공격자가 매력을 느끼는 사업부문을 분할하여 매각함으로써 인수 메리트를 없애는 방법이다.

방어자측에서는 회사분할을 통하여 분할회사와 분할신설회사의 지배구조를 재설계할 수 있으며 분할 주총을 위한 주주명부 폐쇄를 통하여 공격자의 지분변동을 확인함으로써 대응전략을 마련할 수 있는 장점이 있다.

그러나 회사분할을 위해서는 주총 특별결의가 필요하므로 공격자의 반대로 인하여 주총 개최가 어렵거나 주총 통과가 어려울 수 있다.

④ 자사주 취득

적대적 M&A에 대응하기 위하여 사전에 자사주를 취득한 다음 적대적 M&A 발생시 우호주주에게 처분함으로써 적대적 M&A를 방어할 수 있다.

그러나 자사주는 취득 후 6월간 처분이 금지되고 처분 후 3월 내에는 취득할 수 없다(상장회사)는 단점이 있고 자사주를 우호주주에게 처분시 공격자가 이의를 제기할 경우 매각 자체가 어려워지거나 매각을 하더라도 의결권이 인정되지 않을 가능성이 존재한다.

우선 회사는 상법상 이익배당한도 내에서 자기주식을 취득할 수 있고(상법 제341조), 취득을 위해서는 i)취득할 주식의 종류 및 수, ii)취득가액 총액한도, iii)취득기간(1년 내)에 대한 이사회를 거쳐야 하며, 처분의 경우 마찬가지로 i)처분할 주식의 종류와 수, ii)처분가액과 납입기일, iii)처분 상대방 및 처분방법에 대한 이사회를 거쳐야 한다(상법 제341조, 제342조). 특히 사업보고서 제출대상법인은 자기주식 취득 및 처분에 대한 이사회결의일 익일까지 주요사항보고서를 제출하여야 하고(자본시장법 제161조 ①), 상장회사의 경우 공시규정에 의거 당일 제출하여야 한다(유가공시규정 제7조 ① 2호 가목 (3), 코스닥공시규정 제6조 ① 2호 가목 (3)). 다만, 회사는 합병 및 영업양수・도, 단주 처리, 주식매수청구권 행사 및 기타 권리실행에 필요한 경우 위 규정과 별도로 자기주식을 취득할 수 있다(상법 제341조의2). 아울러 주권상장법인의 경우, 위 상법상의 규제와는 별도로 다음과 같은 제한규정을 두고 있다.

❖ 자사주 취득 및 처분에 대한 제한규정 ❖

구 분	내 용	규 정
취득(처분) 금지규정	• 다른 법인과의 합병에 관한 이사회결의일로부터 과거 1월간 • 유상증자의 신주배정 기준일(일반공모증자의 경우에는 청약일) 1월 전부터 청약일까지의 기간 • 준비금의 자본전입에 관한 이사회결의일로부터 신주배정 기준일까지의 기간 • 시장조성 예정기간 • 미공개 중요 정보가 공개되기 전까지의 기간 • 자사주 직접 취득시 처분 후 3월간 취득 금지 또는 취득 후 6월간 처분금지(신탁의 경우를 포함함. 단, 다음의 경우는 제외) − 임직원에 대한 상여금으로 자기주식을 교부하는 경우 − 주식매수선택권의 행사에 따라 자기주식을 교부하는 경우 − 이익배당한도를 초과하는 자기주식을 처분하는 경우 − 임직원에 대한 퇴직금·공로금 또는 장려금 등으로 자기주식을 지급하는 경우 − 「근로자복지기본법」에 따른 우리사주조합에 처분하는 경우 − 법령 또는 채무이행 등에 따라 불가피하게 자기주식을 처분하는 경우 − 공기업의 민영화를 위하여 자기주식 교환사채권을 발행하는 경우 − 국가 또는 「예금자보호법」에 따른 예금보험공사로부터 자기주식을 취득한 기업이 그 주식과 교환을 청구할 수 있는 교환사채권을 발행하는 경우 − 자기주식 취득 후 취득결과보고서 제출일 경과 후 자기주식을 기초로 하는 증권예탁증권을 해외에서 발행하기 위하여 처분하는 경우 − 자기주식 신탁계약을 해지하면서 자기주식을 현물로 취득하는 경우	• 자본시장법 제165조의3 ④ • 동법 시행령 제176조의2 ②
취득기간	• 이전에 이미 자사주 취득을 추진한 경우, 그 취득결과보고서를 제출한 경우에 한하여 자사주 취득관련 새로운 이사회결의 가능 • 이사회결의 공시일 익일부터 3월 이내에 취득	• 자본시장법 시행령 제176 조의2 ③ • 발행·공시규

구 분	내 용	규 정
취득기간	• 취득기간 내 취득을 미완료한 때에는 취득기간 만료일로부터 1월 경과 후 취득신고서 제출 가능(단, 다음의 경우는 제외) – 보통주 취득목적의 이사회결의를 한 이후에 다시 의결권 없거나 제한되는 주식을 취득하고자 하는 경우	정 제5-4조
취득 가능형태	1. 장내매수 2. 공개매수 3. 자사주 신탁 4. 장내거래 중 시간외대량매매는 규정이 정하는 경우에만 가능 – 정부, 한국은행, 예금보험공사, 산업은행, 중소기업은행, 수출입은행 및 정부가 납입자본금의 50% 이상을 출자한 법인으로부터 자기주식 취득시 – 정부가 정책목적달성을 위해 금융위에 요청한 경우로서 금융위가 승인하는 경우	• 자본시장법 제165조의3 ② • 상법 제341조 • 발행·공시규정 제5-5조 ②
취득결과보고	위 절차에 따라 주권상장법인이 자기주식 취득 완료하거나, 기간만료된 때에는 5영업일 내 결과보고서 금융위에 제출	• 발행·공시규정 제5-8조

(주) : 1. 발행·공시규정 : 증권의 발행 및 공시 등에 관한 규정
　　　 2. 자기주식 처분의 경우, 위 취득기간 및 취득결과보고의 내용을 준용함(발행·공시규정 제5-9조).

⑤ 소수주식의 강제매수제도(상법 제360조의24)

그간 특정주주가 주식의 대부분을 보유한 회사들의 경우 단기적 이윤극대화에 대한 주주압력, 주주관계 유지 및 주주총회 운영관련 비용, 각종 소송 수행, 명의개서 관련 비용, 기업공시 의무 등에 따른 법적 부담, 그리고 적대적 M&A로부터의 경영권 보호 등을 이유로 대주주에 의한 소수주주의 주식 매입 권리 보장의 필요성이 제기되어 왔다.

이에 2012년 4월 상법 개정으로 인해 발행주식총수의 95% 이상을 보유하는 지배주주는 소수주주(회사 발행주식의 95% 이상을 보유한 지배주주가 있는 경우, 그 외의 주주)의 주식을 공정한 가격에 매도청구할 수 있도록 하였다(상법 제360조의24). 이때 주총결의가 필요하며 주총 소집통지시에는 매도를 청구하는 지배주주는 필요한 내용(보유현황, 매도청구의 목적, 매매가액의 산정 근거 및 적정성에 대한 감정인의 평가, 매매가액의 지급보증 내역)을 기재하여야 하고, 지배주주는

그 내용을 주총에서 설명해야 한다. 소수주주는 매매가액 수령과 동시에 주권을 지배주주에 교부해야하며, 교부하지 아니한 주식은 매매가액 수령 또는 지배주주가 매매가액을 공탁한 날 무효가 된다.

매매가액은 원칙적으로 소수주주와 지배주주간 합의에 의해 결정되지만, 소수주주가 1~2명이 아닌 이상 현실적으로 적정 평가방법에 의한 가격으로 지배주주에 의해 제시되며, 매도청구를 받은 날부터 30일내 가액 협의가 이뤄지지 않을 경우, 통상적인 주식매수청구의 경우에서와 같이 소수주주 또는 매도청구를 한 지배주주는 법원에 매매가액의 결정을 청구할 수 있다.

반대로 절대적인 지배주주(회사 발행주식의 95% 이상 보유. 상법 제360조의24)의 존재로 인해 정상적인 출자회수가 힘들고 소수주주권을 행사하기 힘든 일반 소수주주들은 지배주주에 대한 매수청구권을 행사할 수 있다(상법 제360조의25).

⑥ 기타 합병전략

– 교부금 합병

2012년 4월 상법 개정 시행 이후 주식회사의 합병시 존속하는 회사가 소멸하는 회사의 주주에게 합병대가로 주식 외에 금전을 제공하는 것이 가능하다(상법 제523조 4호). 이에 회사는 존속회사의 신주 또는 자기주식 교부를 통한 지분율 희석없이 현금지급을 통해 자연스럽게 소수주주를 축출할 수 있게 되었다. 다만, 주주평등의 원칙상 합병존속회사의 신주 또는 자기주식을 교부받아야 하는 모든 소멸회사의 주주에게 동일하게 적용되어야 할 것이다 (ex.소멸회사 대주주에게는 주식교부, 일반주주에게는 현금교부 불가. 단, 모든 주주를 대상으로 일부는 주식, 나머지 일부는 현금으로 교부하는 방법은 가능).

– 교부금 포괄적주식교환

2012년 4월 상법 개정 시행 이후 위 현금교부합병(상법 제523조 4호)과 함께 포괄적주식교환시, 합병대가로 금전을 지급하는 것이 가능하다(상법 제360조의3 ③ 4호). 이에 완전모회사가 되는 회사는 완전자회사가 되는 회사의 기존 주주들에게 신주 또는 자기주식을 교부할 필요없이 현금지급을 통해 자연스럽게 기존 완전자회사가 되는 회사의 소수주주를 축출할 수 있게 되었다. 다만, 주주평등의 원칙상 합병존속회사의 신주 또는 자기주식을 교부받아야 하는 모든 소멸회사의 주주에게 동일하게 적용되어야 할 것이다(ex.완전자회사가 되는 회사의 대주주에게는 주식교부, 일반주주에게는 현금교부 불가. 단, 모든 주주를 대상으로 일부는 주식, 나머지 일부는 현금으로 교부하는 방법은 가능).

－간이합병

소수주주를 축출하고자 하는 회사의 대주주가 회사인 경우, 대주주인 회사는 공개매수 등의 방법을 통해 해당회사의 지분율을 90% 이상 끌어올린 후 합병을 시도할 수 있다. 이 경우 번거로울 수 있는 주주총회를 생략할 수 있을 뿐만 아니라 90%~95%사이 지분보유 상태에서 합병을 진행하게 된다면 위에서 설명한 소수주주의 매수청구권(상법 제360조의25)을 피할 수 있게 된다. 다만, 이 경우에도 총주주의 동의가 있지 않은 이상 상법 제522조의3에 의한 주식매수청구절차는 거쳐야 한다.

⑦ 자진 상장폐지

공격자의 인수 매력을 떨어뜨리거나 소수주주를 축출하기 위하여 자발적으로 주권의 상장을 폐지하는 방법이다. 그러나 방어자 또는 회사 지배주주의 지분이 낮은 경우 소액주주지분을 취득하기 위한 비용부담이 과중할 수 있다. 또한 거래소에서 투자자보호사항의 이행여부를 고려하여 상장공시위원회(유가증권) 또는 기업심사위원회(코스닥)에서 이를 거부할 수도 있다(유가증권시장상장규정 제7조, 코스닥시장상장규정 제22조). 자진상장폐지를 위해서는 통상 공개매수 등을 통하여 상당량의 절대주식 보유(유가 95%이상, 코스닥 명목규정 없음), 주총특별결의 요건, 상장폐지후 일정기간 장외매수 등의 요건이 충족되어야 한다(유가증권시장상장규정 시행세칙 제6조, 코스닥시장상장규정 시행세칙 제21조).

자진 상장폐지	유가증권	코스닥
거래소 제출서류	• 별지 제1호 상장폐지신청서 • 특별결의 주총사본 • (종류주권)특별결의 주총사본 • (종류주권)발행주식 과반 동의서	• 별지 제1호 상장폐지신청서 • 특별결의 주총사본 • 상장주선인의 상장폐지 동의서
투자자 보호조치	• 공개매수(그에 준하는 방법 포함)나 장내매수를 하였을 것 • 최대주주등(자기주식 제외) 95% 이상 보유 • 상폐 후 일정기간 투자자에 매각기회 부여(장외매수) • 그밖에 공익실현 및 투자자보호 필요사항 충족	• 최대주주등(공동보유자 포함, 자기주식 제외)이 해당주권을 매수(공개매수 및 그에 준하는 방법 포함)하거나 상폐 이후 일정기간 매수 확약 • 그밖에 최대주주등 지분율(자기주식 제외) 및 공익실현 및 투자자보호 사항 충족
규정	• 유가상장 제7조 ③ • 동 시행세칙 제6조	• 코스닥상장 제22조 • 동 시행세칙 제21조

제 8 장

공개매수

08 공개매수

I 공개매수의 정의

공개매수란 주식매수자가 불특정 다수인을 상대로 매수조건(매수기간, 매수가격, 매수수량 등)을 신문에 공고하고 거래소가 개설하는 정규적인 증권시장(유가증권시장 및 코스닥시장) 밖에서 주권 등을 대량으로 매수하는 행위이다. 이는 경영권 경쟁의 공정성을 확보하고, 경영권변동 가능성에 대한 정보를 주주들에게 제공하며, 주주 간 평등 원칙하에 동일한 가격을 제공하기 위하여 고안된 제도이다.

공개매수는 매도희망자의 매도청약을 증권회사에서 접수하고 대금결제를 증권회사에 개설된 계좌를 통하여 이루어지기 때문에 장내거래로 오해할 수 있으나 매매의 거래 및 결제의 방법이 유가증권시장 및 코스닥시장의 장내거래와 다르게 이루어지기 때문에 장외거래로 분류된다.

특히 2022년 12월, 금융위원회는 한국에서 경영권 거래 과정에서 일반투자자를 보호하는 제도가 크게 부족하다는 그간의 지적에 따라 2023년 중 입법을 통하여 25% 이상의 주식에 대한 경영권 변동시, 모든 주주를 대상으로 최대 50%+1주 이상의 주식을 취득하게 하는 의무공개매수 제도의 도입 계획을 발표하였다. 이러한 제도개선이 이루어질 경우 주권상장법인의 경영권 거래와 관련하여 공개매수가 보다 활발하게 진행될 것으로 판단된다.

1 적용대상(자본시장법 제133조, 동법 시행령 제140조)

유가증권상장법인 또는 코스닥상장법인의 의결권 있는 주식 등[주권, 신주인수권, 전환사채권, 신주인수권부사채권, 교환사채권 및 상장법인 외의 자가 발행한 그 밖의 증권 등(이상항목과 관련된 증권예탁증권, 교환사채권, 파생결합증권 등)]을 장외에서 6월간 10인(매수자가 아니라 청약권유의 상대방 수) 이상의 자로부터 매수하여 본인과 그 특별관계자(특수관계인 및 공동보유자)가 보유(소유 기타 이에 준하는 경우)

하게 되는 주식 등의 합계가 당해 발행주식총수의 5% 이상이 되는 매수는 반드시 공개매수를 통하여야 한다.

여기서 의무적으로 공개매수를 해야 하는 경우는 '장외', '6월', '10인 이상', '5% 이상'의 4가지 요건 모두를 충족하여야 하므로 위의 4가지 요건 중 하나라도 충족하지 않을 경우에는 공개매수를 통하지 않고 자유롭게 주식을 취득할 수 있다. 특히, 장외매수와 실질적으로 동일한 매도와 매수 쌍방당사자간 계약, 그 밖의 합의에 따라 종목, 가격과 수량 등 사전협의된 장내매수(주로 시간외 매매)도 공개매수 적용대상에 포함된다.

구 분	내용(자본시장법 시행령 제141조, 제2조, 금융회사의 지배구조에 관한 법률 시행령 제3조 ①)
특수관계인	• 본인이 개인인 경우 　－배우자(사실혼 관계 포함) 　－6촌 이내 혈족 및 4촌 이내 인척 　－양자의 생가의 직계존속/ 양자 및 그 배우자 및 그 직계비속 　－혼인외의 출생자의 생모/ 생계를 함께 하는 자 등 　－본인 단독 또는 위 특수관계인과 합하여 30% 이상 출자 또는 사실상 영향력을 행사하는 법인 기타 단체와 그 임원 • 본인이 법인 기타 단체인 경우 　－임 원 　－계열회사(공정거래법 제2조 3호) 및 그 임원 　－본인에게 30% 이상 출자 또는 사실상 영향력을 행사하는 개인·단체·그 임원 　－본인 또는 위 특수관계인과 합하여 30% 이상 출자 또는 사실상 영향력을 행사하는 단체·그 임원 • 특수관계인이라 하더라도 소유주식 등의 수가 1,000주 미만이거나 공동목적 보유자가 아님을 소명하는 경우에는 공개매수 및 주식 등의 대량보유상황보고(5% 공시)에 있어서 특수관계인으로 보지 않음.
공동보유자	본인과 합의·계약 등에 의하여 다음의 행위를 할 것을 합의한 자 • 주식 등을 공동으로 취득하거나 처분 • 주식 등을 공동 또는 단독으로 취득한 후 그 취득주식을 상호 양도·양수 • 의결권을 공동으로 행사

| 소유 기타 이에 준하는 경우(자본시장법 시행령 제142조) |

- 누구의 명의로든지 자기의 계산으로 소유
- 법률의 규정, 매매·계약 등에 의한 인도청구권 보유
- 법률의 규정·신탁계약·담보계약 등에 의한 취득권·처분권·의결권 보유
- 주식 등 매매의 일방예약을 하고 당해 매매완결권을 취득하는 경우로서 당해 권리행사에 의해 매수인으로서의 지위를 갖는 경우
- 주식 등을 기초자산으로 하는 유가증권옵션을 취득하는 경우로서 당해 옵션의 행사에 의하여 매수인으로서의 지위를 갖는 경우
- 주식매수선택권을 부여받은 경우로서, 당해 권리행사에 의하여 매수인으로서의 지위를 갖는 경우

② 공개매수 예외대상(자본시장법 시행령 제143조)

다음의 경우는 감독당국에서 매수의 목적, 유형, 그 밖에 다른 주주의 권익침해 가능성을 고려하여 공개매수 요건을 면제하고 있다.

| 공개매수예외 대상(자본시장법 시행령 제143조) |

- 소각을 목적으로 하는 주식 등의 매수 등
- 주식매수청구에 응한 주식의 매수
- 신주인수권, CB, BW 또는 EB의 권리행사에 의한 주식 등의 매수 등
- 파생결합증권의 권리행사에 의한 주식 등의 매수 등
- 특수관계인으로부터의 주식 등의 매수 등
- 기타 다른 투자자의 이익을 해칠 염려가 없는 것으로서 금융위(「증권의 발행 및 공시 등에 관한 규정」 제3-1조)가 정하는 주식 등의 매수 등

③ 공개매수대상 유가증권(자본시장법 시행령 제139조)

공개매수대상이 되는 유가증권은 유가증권상장법인 또는 코스닥상장법인(코넥스상장법인 포함)이 발행한 유가증권으로서 의결권 있는 주식에 관계되는 다음의 유가증권을 말한다.

(1) 주권상장법인이 발행한 증권

① 주권

② 신주인수권증서

③ 전환사채권(CB)

④ 신주인수권부사채권(BW)

⑤ 교환사채권(EB, ①~④와 교환을 청구할 수 있는 것에 한함)

⑥ 파생결합증권(권리행사로 ①~⑤의 기초자산을 취득할 수 있는 것에 한함)

(2) 주권상장법인 외의 자가 발행한 증권

① 위 (1)의 증권과 관련된 증권예탁증권

② 교환사채권(위 (1)의 증권 또는 ①의 증권과 교환을 청구할 수 있는 것에 한함)

③ 파생결합증권(권리행사로 위 (1)의 증권 또는 ①, ②의 증권의 기초자산을 취득할 수 있는 것에 한함)

참고로 위 증권들은 의결권을 전제하고 있는 바, 의결권이 없는 종류주식등에는 공개매수가 적용되지 아니한다(정관에 의거, 배당 미실시로 인해 차기 배당을 지급하는 주주총회 의결시까지 의결권 부활되는 등의 경우 예외적으로 공개매수 적용 가능). 따라서 의결권이 없는 상장주식에 대해 소액주주 보호 및 상장폐지등을 위하여 공개매수를 실시하고자 하는 경우에는 장외매수의 형태를 활용하고 있으며 일부의 경우, 의결권있는 보통주에 대한 공개매수를 시행하면서 의결권없는 종류주에 대해서 공개매수 규정을 준용하여 신고서를 제출하고 함께 진행하였다.

II 공개매수의 절차

공개매수는 증권장외시장에서 주식을 대량으로 매수하는 방법으로 상장기업의 상장폐지 수단, 지주회사 전환 및 지주회사의 자회사 주식 취득 및 대주주의 경영권 방어나 적대적 M&A의 대표적인 공격수단으로 활용되고 있다.

경영권 이전 등 지배권과 관련한 중요한 변경사안에 대해서는 시장에 관련정보가 올바르게 공시되어야만 매수자와 매수대상회사의 주주 및 경영진 등 관련자들이 합리적인 판단을 내릴 수 있다.

따라서 자본시장법 및 동법 시행령에서는 공개매수에 앞서 공개매수신고서 제출, 신문 공고 등의 엄격한 법정절차를 규정하여 시장에서의 올바른 공시를 유도하고 소액주주의 권익침해를 방지하고 있다.

절 차	일 정	설 명	관련규정
공개매수 사무취급자 선정	–	공개매수 사무취급자(증권회사)를 선정하여 공개매수대리인계약서 작성	자본시장법 제133조, 시행령 제145조
공개매수신고서 및 설명서 작성	–	–	–
공개매수자금 예치	D-1	공개매수가격 *목표주식수 이상의 금원 예치	자본시장법 제134조 ② 시행령 제146조 ④ 4호
공개매수 공고	D	2 이상의 전국 일간지 또는 경제지에 공고	자본시장법 제134조 ① 시행령 제145조
공개매수신고서 제출		금융위 및 거래소 제출(전자공시시스템 공시)	자본시장법 제134조 ②
신고서사본 송부		사본을 발행회사에 송부	자본시장법 제135조
공개매수설명서 제출 및 비치		• 전자공시시스템 공시 • 금융위・거래소・공개매수사무취급자 본・지점에 비치	자본시장법 제137조 시행규칙 제16조
매수대상기업의 의견표시	–	(선택사항) 매수대상기업은 광고, 서신(전자우편 포함) 등으로 의견 표명 가능 ⇨ 금융위 및 거래소 제출(전자공시시스템 공시)	자본시장법 제138조

절 차	일 정	설 명	관련규정
대상기업의 소유자명세 요청	–	(선택사항) 매수대상기업은 그 주식등의 소유자명세를 전자등록기관(예탁원)에 요청 가능	전자증권법 제37조 시행령 제31조
공개매수 실시 및 공개매수설명서 교부	D or D+1	공고일(D)부터 공개매수 시작(청약접수) 가능	자본시장법 제134조 동법 시행령 제146조 ③
공개매수 완료	D+21	최단 20일, 최장 60일간 가능	
매수통지서 발송	D+22	공개매수기간 종료시 매수내용, 매수예정주식 등에 관한 사항 응모자에게 송부	발행·공시규정 제3−7조
주권반환, 매수대금 지급 (결제일)	D+23	매수주식수에 대한 대금을 응모주주에게 지급하고 매수주식수 초과분은 반환	–
공개매수결과보고서 제출		금융위, 거래소에 제출	• 자본시장법 제143조 • 발행·공시규정 제3−8조
외국인 상장증권 장외거래 금감원 신고	D+25	금감원 신고	금융투자업규정 제6−8조 ①, 제6−7조 ①
대량보유상황 보고 (5% 보고)		5% 이상 취득시 공개매수 청약 종료일 익일부터 5영업일 이내 금융위, 거래소 보고	자본시장법 제147조
임원 등의 특정증권 등 소유상황 보고 (10% 보고)	–	10% 이상 취득시 취득일(결제일) 익일부터 5영업일 이내 증선위, 거래소 보고	자본시장법 제173조

(주) 공고일이 토요일, 공휴일, 근로자의 날인 경우 그 다음 날 신고서 제출 가능(자본시장법 제134조 ②)

(1) 공개매수사무취급자 선정

매수·교환·입찰, 그 밖의 유상취득을 할 주식 등의 보관, 공개매수에 필요한 자금 지급 또는 교환대상 유가증권의 지급 및 기타 공개매수관련 사무를 취급하는 자를 공개매수대리인으로 지정하여야 한다. 아울러 공개매수공고를 하거나 공개매수신고서를 제출하는 때에도 미리 공개매수사무취급자를 대리인으로 지정하여 당해 대리인으로 하여금 공고하게 하거나 신고서를 제출하게 하여야 한다. 규정상 사무취급자의 자격을 제한하지는 않으나, 주식보유계좌 및 대금지급계좌에 대한 결제를 원활히 하기 위하여 금융투자사(증권사)가 통상의 사무취급자의 역할을 전담하고 있다.

(2) 공개매수 자금 예치

통상 공개매수는 신고서 제출 직전 주가보다 상향된 매수가격을 제시하게 되므로, 신문공고 및 공개매수신고서 제출 이후 더 높은 주가가 형성되는 경향이 있다. 이에 다수의 투자자가 공개매수 청약에 응할 수 있는데, 추후 공개매수기간이 종료된 이후 공개매수자가 이에 대한 금원을 보장하지 못할 경우 다수 투자자는 다시 하락한 주가로 인하여 큰 피해를 입을 수 있다. 이에 공개매수신고서에 공개매수에 필요한 금액 이상의 금융기관 예금잔액, 그 밖의 자금확보를 증명하는 서류를 제출하여야 한다. 금융감독원은 일반적으로는 내·외국인의 구분없이 공개매수자금 보유증명서류로 국내 금융기관이 발행한 예금잔고증명서 또는 단기금융상품등 기타 자금보유 증명서의 제출을 요하며, 매수자금 현존성을 확인하기 어려운 금융기관의 지급보증서는 증빙으로 인정하지 아니하고 있다(2022. 12. 금융감독원 기업공시실무안내, 431면).

(3) 공개매수 공고

공개매수자는 공개매수사무취급자를 통하여 공개매수에 관한 상세한 내용을 신문 등의 진흥에 관한 법률 제2조의 일반일간신문 또는 경제분야의 특수일간신문 중 전국을 보급지역으로 하는 2개 이상의 신문에 공고하여야 한다.

(4) 공개매수신고서 제출

자본시장법에서는 기업의 경영권 경쟁과정의 공정성을 확보하고 투자자를 보호하기 위하여 주권상장법인(유가증권상장법인, 코스닥상장법인 및 코넥스상장법인 포함)의 주식을 장외에서 공개적으로 매수하고자 하는 경우 등(공개매수 적용대상인 경우)에는 공개매수신고서를 제출한 후 당해 주식을 매수하도록 규정하고 있다.

따라서 공개매수자는 공개매수사무취급자를 통하여 공개매수 공고일에 금융위 및 거래소에 공개매수신고서를 제출하여야 한다. 다만, 공개매수 공고일이 토요일,

공휴일 또는 근로자의 날인 경우에는 그 다음 날에 제출할 수 있다.

한편, 공개매수신고서 제출시에는 다음의 첨부서류를 함께 제출하여야 한다.

| 공개매수신고서의 첨부서류(자본시장법 시행령 제146조 ④) |

- 공개매수자가 개인인 경우에는 주민등록등본(외국인인 경우에는 이에 준하는 서류)
- 공개매수자가 법인 기타 단체인 경우에는 정관 및 법인등기부등본 또는 이에 준하는 서류
- 공개매수관련 사무에 관한 계약서사본
- 공개매수에 필요한 금액 이상의 금융기관 예금잔고 그 밖에 자금의 확보를 증명하는 서류
- 다른 증권과의 교환에 의한 공개매수의 경우에는 공개매수자가 교환의 대가로 인도할 유가증권의 확보를 증명하는 서류. 다만, 「독점규제 및 공정거래에 관한 법률」 제18조 ② 2호의 기준에 해당하지 아니할 목적으로 현물출자를 받기 위하여 공개매수를 하고자 하는 경우에는 신주의 발행을 증명하는 서류
- 다른 증권과의 교환에 의한 공개매수에 관하여 자본시장법 제119조 ① 또는 ②의 규정에 의한 신고(증권신고서 제출)를 하여야 하는 경우에는 그 신고서에 기재할 사항의 내용과 동일한 내용을 기재한 서류
- 주식 등의 매수 등에 정부의 허가·인가 또는 승인이 필요한 경우에는 그 허가·인가 또는 승인이 있었음을 증명하는 서류
- 공개매수 공고안
- 공개매수 공고 전에 해당 주식 등의 매수 등의 계약을 체결한 경우에는 그 계약서 사본
- 그 밖에 공개매수신고서의 기재사항을 확인하는 데 필요한 서류로서 금융위가 정하는 서류(발행·공시규정 제3-3조 참조)

| 금융위가 정하는 서류(발행·공시규정 제3-3조) |

- 위 기술한 공개매수대금 또는 교환대상 증권을 결제일까지 인출 또는 처분하지 아니하는 경우에는 그 내용을 기재한 서류
- 공개매수신고서를 제출한 후 위 공개매수대금 또는 교환대상 증권을 인출 또는 처분하여 결제일까지 운용하고자 하는 경우에는 자금 또는 증권의 운용계획서와 그 내용을 확인할 수 있는 서류

- 공개매수자가 외국인 또는 외국법인 등인 경우에는 국내에 주소 또는 사무소를 가진 자에게 해당 공개매수에 관한 권한을 부여한 것을 증명하는 서면
- 공개매수신고서에 첨부하는 서류가 한글로 기재된 것이 아닌 경우에는 그 한글 번역문

(5) 신고서사본 송부

자본시장법에서는 공개매수자가 공개매수신고서를 제출한 경우 공개매수 사실 및 내용을 공개매수대상회사에 통지함으로써 공개매수대상회사가 공개매수에 대한 내용을 인지하고 경영권 경쟁에 대비할 수 있도록 규정하고 있다.

따라서 공개매수자는 공개매수신고서를 제출한 후 지체없이 그 사본을 공개매수 할 주식 등의 발행인에게 송부하여야 한다.

(6) 매수대상기업의 의견표시

공개매수신고서가 제출된 주식 등의 발행인은 광고, 서신(전자우편 포함) 기타 문서에 의하여 그 공개매수에 관한 의견을 표명할 수 있다. 이 경우에 그 내용은 중요한 사항을 누락하거나 오해를 일으킬 수 있는 것이어서는 안 되며, 의견표명 후 지체없이 그 내용을 기재한 문서를 금융위와 거래소에 제출하여야 한다.

가령 적대적 M&A 시도의 공개매수의 경우, 발행인측은 이의 부당함에 대해 의견을 표명할 수 있으며, 우호적 M&A 및 발행인이 청약을 권장하고자 하는 경우는 규정에 의거한 공시 제출등을 수반하며, 의견을 개재하는 경우가 있다.

(7) 매수대상기업의 소유자명세 신청

갑작스런 적대적 M&A차원에서의 공개매수가 발생할 경우, 대상회사는 위험도 파악 및 우호지분 탐색을 위해서 가장 최신의 주식소유명세가 필요할 수 있다. 과거의 경우, 주주현황(주주명부)을 얻기 위해서는 정관에 의한 연말 명부폐쇄, 또는 편법적으로 정관의 문구를 고치거나 등기임원을 추가시키는 등 임시주주총회 사유를 만들어내는 등 번거로운 절차를 거쳐야 했다. 특히 갑작스런 공개매수를 당한 대상회사의 경우, 그 청약기간이 빠르면 20여일에 지나지 않으므로, 제대로

된 주주현황의 파악이 어려웠다.

2019년 9월부터 시행되는「주식·사채 등의 전자등록에 관한 법률」(이하 "전자증권법")에 의거, 회사는 전자증권법에서 규정하는 사유가 발생할 시, 과거와 같이 주주명부폐쇄를 시킬 필요가 없이 전자등록기관(한국예탁원)으로부터 일정한 날을 기준으로 해당주식등의 소유자의 성명 및 주소, 소유주식의 종류·종목·수량 등이 기록된 명세를 받아볼 수 있다. 특히 적대적 M&A차원에서의 공개매수가 발생할 시, 발행인 측은 즉각적인 주주현황을 파악함으로써 경영권 방어에 더욱 용이하게 되었다.

(8) 공개매수설명서 제출 및 비치

공개매수자는 공개매수를 하고자 하는 경우 공개매수설명서를 작성하여 공개매수공고일에 금융위 및 거래소에 제출하여야 하고, 이를 금융위, 거래소, 공개매수사무취급자의 본·지점에 비치하여 일반인이 공람할 수 있도록 해야 한다.
공개매수설명서는 공개매수신고서와 동일한 내용을 담아야 한다. 다만, 공개매수자가 주권상장법인인 경우, 공개매수자의 재무에 관한 사항은 공개매수설명서에서 기재를 생략할 수 있다.

(9) 공개매수 실시

공개매수자는 공개매수신고서 제출 후 즉시 공개매수를 실시할 수 있다. 과거에는 공개매수 신고 후 3일간의 대기기간이 있었으나(2005년 구 증권거래법 개정 이전) 현재는 이에 구애받지 않고, 공개매수자의 전략적 차원에서 신문공고 및 신고서 제출 후 청약개시일정을 자유로이 설정할 수 있다. 공개매수기간은 20일 이상 60일이내로 하여야 한다. 다만, 공개매수 가격의 인상(금융위의 정정 요구에 의한 정정신고서 제출 3일 전 산술평균종가가 공개매수가의 90% 이상 or 대항공개매수 있을 시), 공개매수공고 후 해당주식등의 총수의 변경 및 대항공개매수가 있는 경우에는 대항공개매수기간의 종료일까지 그 기간을 연장할 수 있다.

(10) 공개매수설명서 교부의무

공개매수자는 공개매수할 주식을 매도하고자 하는 자에게 공개매수설명서를 미리 교부하지 않고서는 그 주식 등을 매수할 수 없다. 이 경우 공개매수설명서가 자본시장법 제436조에 따른 전자문서의 방법에 따라 다음 각호의 요건을 모두 충족한 경우에는 이를 교부한 것으로 본다.

> • 전자문서에 의하여 공개매수설명서를 받는 것에 전자문서수신자가 동의할 것
> • 전자문서수신자가 전자문서를 받을 전자전달매체의 종류와 장소를 지정할 것
> • 전자문서수신자가 그 전자문서를 받은 사실이 확인될 것
> • 전자문서의 내용이 서면에 의한 공개매수설명서의 내용과 동일할 것

이때 증권신고서에 대한 투자설명서의 경우 아래의 자에게 교부의무가 면제되는 것과는 달리 공개매수설명서의 경우 면제대상이 없어 공개매수에 응하여 주식을 매도하고자 하는 자에게 의무적으로 공개매수설명서를 교부하여야 한다.

> 투자설명서 교부의무 면제자(자본시장법 제124조 ①, 동법 시행령 제132조)
> • 전문투자자(자본시장법 제9조 ⑤)
> • 회계법인, 신용평가회사, 발행인에게 용역을 제공 중인 공인된 자격자(회계사, 감정인, 변호사, 변리사, 세무사 등), 창투사 등
> • 최대주주 및 임원 등 자본시장법 시행령 제11조 ① 2호에 따른 발행인의 연고자

(11) 공개매수의 적용과 방법

공개매수자는 공개매수기간 중에는 공개매수방식에 의해서만 주식을 취득해야 하는 것이 원칙이다. 또한 공개매수시에는 균일가격으로 응모주식 전부를 매수하여야 한다. 단, 공고시 게재하고 공개매수신고서에 기재한 경우에는 다음의 예외를 인정한다.

① 응모주식 총수가 매수예정주식 총수 미달시 전부 매수거부
② 응모주식 총수가 매수예정주식 총수 초과시 안분비례 매수(초과분의 전부 또는 일부를 매수하지 않는 조건)

(12) 매수통지서 발송

공개매수기간 종료 후 지체없이 청약주주가 공개매수청약서에 기재한 주소로 매

수통지서를 발송하여야 한다. 매수통지서에는 개별 응모자에게 해당되는 매수예정주식과 반환주식의 수량 및 이에 대한 결제방법을 기재하게 된다.

(13) 주권반환 및 매수대금 지급(결제일)

공개매수통지서의 내용대로 개별 응모주주에게 매수한 주식에 대해서는 매수대금을 지급하고, 응모주식 총수가 매수예정주식 총수에 미달하여 전부를 매수하지 않을 경우 또는 응모주식 총수가 매수예정주식을 초과하여 안분배정할 경우 매수하지 못한 주식에 대해서는 주권을 반환하는 조치를 취해야 한다. 이를 위해 공개매수 청약 당시 응모주주로 하여금 공개매수사무취급자에 응모주주 본인 명의의 계좌를 개설하도록 하는 것이 반드시 필요하다.

(14) 공개매수 결과 보고

공개매수 결과에 따라 결제 및 반환한 주식에 대한 정보를 금융위와 거래소에 보고하여야 한다.

(15) 지분변동 공시

공개매수로 인하여 상장법인의 지배권에 변동이 발생한 경우에는 당해 주주는 자본시장법에 따라 공시 및 신고를 해야 한다. 기업지배권 변동과 관련된 공시로는 주식 등의 대량보유상황 보고(5% 보고)와 임원 등의 특정증권 등 소유상황 보고(10% 보고)가 있다.

① 주식 등의 대량보유상황 보고(5% 보고)
공개매수로 상장법인이 발행한 주식 등을 5% 이상 보유하게 되는 경우 또는 5% 이상 보유한 후 그 보유주식비율이 1% 이상 변동되는 경우, 5영업일(토요일, 공휴일, 근로자의 날 제외) 이내에 보유 또는 변동내역을 금융위와 거래소에 보고하여야 한다.
기존의 증권거래법에서는 주권상장법인의 경우, 의결권 있는 주식 등(신주인수권증서, 전환사채권, 신주인수권부사채, 의결권부활우선주, 교환사채권 포함)의 경우에만 공시의 대상이 되었으나 2009. 2. 4. 자본시장법이 시행되면서, 공시의 대상이 되는 주식 등의 범위가 확대되었다.

ㄱ. 상장법인이 발행한 해당 증권 등

① 주권(보통주, 의결권 있는 우선주, 의결권 부활된 무의결권우선주, 보통주로 전환 가능한 전환우선주)

② 신주인수권

③ 전환사채권

④ 신주인수권부사채(신주인수권이 분리된 이후의 신주인수권부사채는 제외)

⑤ 위 ①부터 ④까지의 증권과 교환을 청구할 수 있는 교환사채권

⑥ 위 ①부터 ⑤까지의 증권을 기초자산으로 하는 파생결합증권(권리행사로 그 기초자산을 취득할 수 있는 것만 해당)

ㄴ. 상장법인 이외의 자가 발행한 다음의 증권

① 위 1)의 증권과 관련된 증권예탁증권(DR)

② 위 1)의 증권이나 ①의 증권과 교환을 청구할 수 있는 교환사채권

③ 위 1)의 증권이나 ① 또는 ②의 증권을 기초자산으로 하는 파생결합증권(권리행사로 그 기초자산을 취득할 수 있는 것만 해당)

공개매수시 주식의 대량보유 보고와 관련하여 유의할 사항은 장내에서 주식 등을 매매한 경우, 보고기준일은 대금결제일이나 공개매수의 경우 대금결제일보다 빠른 공개매수기간 종료일이 보고기준일이라는 점이다.

따라서 공개매수대금 결제 여부와 관련없이 공개매수기간 종료일의 다음 날(보고기준일 제외)부터 5영업일 이내에 공개매수로 인하여 신규로 5% 이상의 주주가 되거나 기존 5% 이상의 주주가 1% 이상 변동된 경우 금융위와 거래소에 신고하여야 한다.

공개매수의 경우에는 공개매수자와 응모주주 간 별도의 계약이 존재하지 않지만 일단 공개매수기간이 종료되면 공개매수자는 공개매수취소를 할 수 없고 응모주주 또한 청약취소가 인정되지 않으므로 공개매수기간 종료가 거래의 완결요건으로 볼 수 있기 때문이다.

② 임원 등의 특정증권 등 소유상황 보고(10% 보고)

공개매수로 상장법인의 주요주주가 된 경우에는 주요주주가 된 날의 다음 날(보고기준일 제외)부터 5영업일 이내에 주식소유상황을 증선위와 거래소에 보고(최초보고)하여야 하며, 그 소유주식수에 변동이 있을 때에도 그 변동이 있는 다음 날(보고기준일 제외)로부터 5영업일 이내에 증선위와 거래소에 보고(변동보

고)하여야 한다. 기존의 증권거래법 하에서는 최초 보고의 경우 해당사유 발생일로부터 10일(달력 기준) 이내에 보고하고, 그 소유주식수에 변동이 있는 경우는 그 변동이 있는 달의 다음 달 10일까지 보고를 하면 되었으나, 자본시장법이 시행되면서 그 보고의 기한이 앞당겨져서 5%공시와 동일하게 되었다.

여기서 주요주주란 누구의 명의든 자기의 계산(차명주식 포함)으로 상장법인의 의결권 있는 주식의 10% 이상을 보유하거나 의결권 있는 주식의 10% 이상을 보유하고 있지 아니한 주주라도 임원의 임면 등 당해 법인의 주요경영사항에 대하여 사실상 영향력을 행사하고 있는 주주를 의미한다.

| 주요주주(금융회사의 지배구조에 관한 법률 제2조 6호) |

- 누구의 명의로 하든지 자기의 계산으로 의결권 있는 발행주식총수의 10% 이상을 소유한 자(그 주식과 관련된 증권예탁증권 포함)
  ⇨ 주요주주는 특수관계인 또는 공동보유자를 합산하지 않고 개별적으로 적용함.
- 의결권 있는 발행주식총수의 10% 이상을 보유하고 있지 아니한 주주라도 임원의 임면 등 당해 법인의 중요한 경영사항에 대하여 사실상 영향력을 행사하고 있는 주주
  ⇨ 실질적인 지배주주를 의미함.

공개매수로 상장법인의 임원 또는 주요주주가 특정증권 등의 소유상황을 보고하여야 하는 경우(최초보고) 그 보고기간의 기준일은 다음과 같다.

상장법인의 임원 또는 주요주주가 주식소유상황을 보고하여야 하는 경우(최초보고) 그 보고기간의 기준일은 주식취득일(결제일)이고(자본시장법 시행령 제200조 ③ 3호), 상장법인의 임원 또는 주요주주가 그 특정증권 소유상황의 변동을 보고(변동보고)하여야 하는 경우 그 변동보고 기준일은 대금지급일과 증권 등의 인수일 중 먼저 도래하는 날(자본시장법 시행령 제200조 ④ 2호)이다.

③ 주식 등의 대량보유상황 보고와 주요주주 및 임원의 주식소유상황 등의 보고의 차이
공개매수시 지배권 변동보고와 관련하여 주식 등의 대량보유상황 보고(5% 보고)와 임원 등의 특정증권 등 소유상황 보고(10% 보고)가 다음과 같은 차이가 있으므로 혼동하지 않도록 주의하여야 한다.

구 분	주식 등의 대량보유상황 보고 (5% 보고)	임원 등의 특정증권 등 소유상황 보고 (10% 보고)
보고접수처	금융위, 거래소	증선위, 거래소
보고기준	• 신규보고 : 5% 이상 보유시 • 변동보고 : 5% 이상 보유 후 1% 이상 변동시	• 최초보고 : 임원 또는 주요주주가 된 경우 • 변동보고 : 1천주 이상 또는 1천만원 이상 변동시
보고기준일	공개매수기간 종료일	• 최초보고 : 주식취득일(결제일) • 변동보고 : 대금지급일과 증권 등의 인수일 중 빠른 날
보고기간	5영업일(토요일, 공휴일, 근로자의 날 제외) 이내	5영업일(토요일, 공휴일, 근로자의 날 제외) 이내
보고대상 유가증권	주식 등(주권, 신주인수권, 전환사채, 신주인수권부사채, 파생결합증권, 교환사채 포함)	특정증권 등(해당법인 발행증권 및 관련 증권예탁증권, 이와 관련한 교환사채 및 금융투자상품)
서 식	• <별지 제44호 서식> : 주식등의 대량보유상황보고서(일반) • <별지 제45호 서식> : 주식등의 대량보유상황보고서(약식)	<별지 제46호 서식> : 임원·주요주주 특정증권 등 소유상황보고서
규 정	자본시장법 제147조 동법 시행령 제153조	자본시장법 제173조 동법 시행령 제200조

(주) 보고기간 산정 : 보고기준일을 제외하고 그 다음 날부터 보고기간 계산(초일 불산입)

(16) 외국인 상장증권 장외거래에 대한 금감원 신고

외국인이 공개매수절차에 따라 장외에서 주식을 취득 또는 처분하는 경우, 외국인은 당해 투자매매업자, 투자중개업자, 예탁결제원 또는 증권금융회사로 하여금 외국인투자관리시스템을 통하여 금융감독원장에게 지체없이 신고하도록 하여야 한다(금융투자업규정 제6-8조 ① 1호, 제6-7조 ① 4호).

(주) 외국인투자관리시스템 : 상장증권에 대한 외국인의 투자현황을 종합적으로 관리하기 위하여 금융감독원장이 (주)코스콤에 위탁하여 운영하는 전산시스템(금융투자업규정 제6-1조 10호)

III 공개매수의 정정 및 철회

① 공개매수의 정정

(1) 정정신고서 제출

공개매수자는 공개매수조건을 변경하고자 하는 경우 공개매수기간의 종료일까지 정정신고서를 제출하여야 한다. 단, 다음과 같이 응모주주에게 불리한 공개매수 조건은 변경할 수 없다.

| 공개매수 조건변경 금지대상(자본시장법 제136조 ③ 및 동법 시행령 제147조) |

- 공개매수가격의 인하
- 매수예정주식수의 감소
- 매수대금 지급기간의 연장
- 공개매수기간의 단축
- 응모주주에게 줄 대가의 종류의 변경(단, 선택 가능한 대가의 종류를 추가하는 경우는 제외)
- 기타 공개매수 대금지급기간의 연장을 초래하는 공개매수조건의 변경(단, 다음의 경우는 제외)
  - 정정신고서 제출일 전 3일의 기간 중 당해 주식 등의 증권시장에서 성립한 가격(종가 기준)의 산술평균가격이 공개매수가격의 90% 이상인 경우 및 대항 공개매수가 있는 경우의 매수가격의 인상
  - 공개매수 공고 후 당해 주식 등의 총수에 변경이 있는 경우 및 대항공개매수가 있는 경우의 매수예정주식 등의 수의 증가
  - 대항공개매수가 있는 경우의 매수기간의 연장(대항공개매수 기간의 종료일 까지로 한정)

정정신고서는 자의에 의해 또는 형식상 및 내용상의 불비를 이유로 금융위원회의 명령에 의해 제출하게 된다. 금융위원회가 정정을 명령한 경우 공개매수신고서는 그 명령을 한 날로부터 수리되지 않은 것으로 본다. 정정신고서가 제출된 때에는 그 정정신고서가 수리된 날에 공개매수신고서가 수리된 것으로 간주된다(자본시장법 제136조).

한편, 정정신고서를 제출한 때에도 지체없이 그 사본을 공개매수할 주식 등의 발행인에게 송부하여야 한다(자본시장법 제136조 ⑥).

(2) 정정공고

정정신고서를 제출한 때에는 지체없이 그 사실과 변경한 내용(공개매수 공고에 포함된 사항에 한함)을 공고하여야 한다(자본시장법 제136조 ⑤).

(3) 정정공개매수 기간

2005년 법 개정으로 공개매수 신고 후 3일간의 대기기간이 폐지됨에 따라 공개매수자는 정정공고일 당일부터 공개매수를 실시할 수 있다.

한편, 공개매수 정정신고시 공개매수 기간을 새롭게 기산하지 않고 기존 공개매수일정보다 최대 10일간만 연장되도록 해 공개매수기간이 장기화되는 것을 방지하였다.

구체적으로 정정공개매수시 공개매수 종료일을 살펴보면 정정공개매수신고서 제출일로부터 잔여 공개매수기간이 10일 이상이면 원래의 공개매수 종료일이 적용되고, 정정공개매수신고서 제출일로부터 잔여 공개매수기간이 10일 이내이면 정정신고서를 제출한 날부터 10일이 경과한 날이 정정공개매수 종료일이 된다(자본시장법 제136조 ④).

② 공개매수의 철회

공개매수 철회는 주가 및 주주들의 이해관계에 중요한 영향을 미치는 행위로서 이를 자유롭게 허용할 경우 자본시장의 혼란을 야기하거나 주주들에게 큰 손해를 끼칠 수 있다.

따라서 자본시장법에서는 공개매수신고서를 제출한 날 이후에는 원칙적으로 철회를 금지하고 있으며, 제한적으로 다음의 경우에만 공개매수기간의 종료일까지 철회가 가능하도록 규정하고 있다.

(1) 공개매수의 철회가 가능한 경우(자본시장법 제139조 ① 및 동법 시행령 제150조)

① 대항공개매수가 있는 경우
② 공개매수자의 사망, 해산, 파산, 부도 및 은행과의 거래정지가 발생한 경우
③ 그 밖에 투자자보호를 해할 우려가 없는 경우로서 공개매수대상회사의 합병, 분할·분할합병, 주식의 포괄적 이전(교환), 중요한 영업양수·도, 해산, 파산, 부도, 은행과의 거래정지, 상장폐지 및 천재지변 등으로 자산총액 100분의 10 이상의 손해가 발생한 경우로, 공개매수를 철회할 수 있다는 조건을 신고서에 기재하고 이를 신문공고시 게재한 경우

(2) 공개매수의 철회(자본시장법 제139조 ②, ③)

공개매수를 철회하고자 하는 경우 철회신고서를 금융위와 거래소에 제출하고 그 내용을 공고하여야 한다. 그리고, 그 철회신고서의 사본을 발행인에게 즉시 송부하여야 한다.

(3) 공개매수청약자의 응모취소(자본시장법 제139조 ④)

공개매수청약자(응모주주)는 공개매수기간 중 언제든지 응모를 취소할 수 있다. 이 경우 공개매수자는 청약자에 대하여 손해배상 또는 위약금의 지급을 청구할 수 없다.

Ⅳ 공개매수 제한규정

① 별도매수의 금지

공개매수자(그 특별관계자 및 공개매수 사무취급자를 포함)는 공개매수 공고일로부터 매수기간 종료일까지 그 주식 등을 공개매수 외의 방법으로 매수 등을 할 수 없다. 다만, 다른 주주의 권익침해가 없는 경우로서 다음의 경우에는 공개매수에 의하지 않고, 매수 등을 할 수 있다(자본시장법 제140조 및 동법 시행령 제151조).

① 공개매수 신고 전 체결한 주식매수계약에 의한 경우(공개매수신고서 및 신문공고에 기재된 경우에 한함)
② 공개매수사무취급자(증권회사)가 공개매수자 및 그 특별관계자 이외의 자로부터 매수위탁을 받은 경우

그러나 별도매수 금지는 공개매수기간 중에만 적용되므로 공개매수기간이 종료되면 공개매수대금 결제 이전이라도 별도매수가 가능하다.
만약, 본 규정을 위반하여 공개매수에 의하지 않고 주식 등의 매수 등을 한 자는 3년 이하의 징역 또는 1억원 이하의 벌금에 처한다(자본시장법 제445조 19호).

② 반복매수의 금지(규정 폐지)

2005년 법 개정으로 6월 내 반복공개매수 금지조항이 삭제되어 자유롭게 반복공개매수를 통한 경영권공격 및 방어가 가능하도록 허용하고 있다. 또한 자진상장폐지등을 목표로 한 공개매수의 청약결과가 부진할 때도 1차 공개매수의 종료 이후, 공개매수자의 판단으로 언제든 다음 공개매수를 시행할 수 있다.

③ 주식수 변동 초래 금지(규정 폐지)

과거에는 경영권 분쟁시 공개매수대상회사의 중립적인 입장을 견지하도록 하기 위하여 공개매수대상 주식 등의 발행인(회사)은 공개매수기간 동안 의결권 있는

주식에 관계되는 유가증권의 발행과 그 발행에 관한 이사회 또는 주주총회의 결의를 할 수 없도록 규정하였다.

그러나 2005년 법 개정을 통하여 동 규정이 삭제됨으로써 공개매수자가 적대적 M&A 목적으로 공개매수를 실시할 경우 방어자가 의결권 있는 유가증권의 발행을 통하여 공개매수자의 지분을 희석화하여 경영권 방어가 가능하도록 제도를 개선하였다.

특히 경영권방어에 도움이 되는 제3자배정 주식전환 사채권의 발행에 있어서도 일반적으로 경영권분쟁 중인 주권상장법인의 경우 분쟁기간 동안 발행방식을 주주배정 및 일반공모로 제한하고 있으나(발행·공시규정 제5-21조, 제5-24조), 주권상장법인의 공개매수 및 사채권발행을 규제하는 금융감독원은 공개매수가 진행 중인 상황만으로는 구체적인 경영권분쟁이 있다고 보지 않는 입장을 취하고 있다.

| 전환사채의 발행제한 및 전환금지기간(발행·공시규정 제5-21조) |

- 소수주주(금융회사의 지배구조에 관한 법률 제33조)가 해당 주권상장법인의 임원의 해임을 위하여 주주총회의 소집을 청구하거나 법원에 그 소집의 허가를 청구한 때에는 청구시부터 해당 임원의 해임 여부가 결정될 때까지의 기간
- 소수주주가 법원에 해당 주권상장법인의 임원의 직무집행의 정지를 청구하거나 주주총회결의의 무효·취소 등의 소를 제기하는 등 해당 주권상장법인의 경영과 관련된 분쟁으로 소송이 진행 중인 기간
- 상기 사유에 준하는 해당 주권상장법인의 경영권분쟁사실이 신고·공시된 후 그 절차가 진행 중인 기간(신주인수권부사채에 있어서도 동일하게 적용됨(발행·공시규정 제5-24조).

(주) 상장법인의 주식을 장외 대량매집하기 위한 공개매수신고가 위 "상기 사유에 준하는 해당 주권상장법인의 경영권분쟁사실이 신고·공시"된 경우인지에 대한 문제가 제기될 수 있으나, 공개매수 자체가 주총소집 청구 또는 법원에 청구 및 소송을 제기 등 경영권분쟁 관련하여 구체적인 사실의 발생이라고는 보기 어려움(금융감독원 기업공시실무안내, Q&A 2-40, 2022년 12월).

그러나 공개매수기간 중 의결권 있는 유가증권 발행을 금지하는 규정이 삭제되었다고 하더라도 적대적 M&A시 실제로 의결권 있는 유가증권 발행이 가능할지에 대해서는 많은 법적 다툼이 있을 것으로 예상된다.

④ 의결권 제한 등

공개매수 적용대상(자본시장법 제133조 ③)의 거래임에도 불구하고 공개매수 규정을 따르지 아니하거나, 공개매수공고 및 공개매수신고서 제출 규정(자본시장법 제134조 ① 및 ②)을 위반하여 매수 등을 한 경우, 그날부터 그 주식 등에 대한 의결권 행사를 금지한다. 또한 금융위원회는 6개월 이내의 기간을 정하여 그 주식 등의 처분을 명할 수 있다(자본시장법 제145조).

⑤ 금융위원회의 조치

금융위원회는 투자자보호를 위하여 위와 같이 의결권 제한 또는 주식 처분을 명할 수 있으며, 공개매수자 등 관계인에게 참고자료의 제출을 명하거나 금융감독원으로 하여금 장부, 서류 등을 조사하게 할 수 있다(자본시장법 제146조 ①).
그리고 금융위원회는 공개매수자에 대해 공개매수의 정정을 명할 수 있고, 공개매수의 정지 또는 금지, 1년의 범위 내에서 공개매수 제한(공개매수자 및 그 특별관계자) 또는 공개매수사무 취급업무의 제한(공개매수사무취급업자) 등의 조치를 할 수 있다(자본시장법 제146조 ②).

⑥ 과징금

금융위원회는 공개매수 신고서 등에 거짓의 기재 또는 표시가 있거나 중요사항을 기재 또는 표시하지 아니한 경우, 또는 신고서, 설명서, 그 밖의 제출서류 등을 제출하지 않거나 공고사항을 공고하지 않는 경우 공개매수 예정총액의 100분의 3(20억원을 초과하는 경우에는 20억원)을 초과하지 아니하는 범위에서 과징금을 부과할 수 있다. 이 경우 공개매수예정총액은 공개매수할 주식 등의 수량을 공개매수가격으로 곱하여 산정한 금액으로 한다(자본시장법 제429조 ②).

 공개매수자의 배상책임(자본시장법 제142조)

공개매수공고 및 신고서(정정의 경우에도 동일) 또는 공개매수설명서 중 중요사항에 관하여 거짓의 기재 또는 표시를 하거나 이를 누락하여 응모주주가 손해를 입은 경우에는 다음 각 호의 사는 그 손해에 관하여 배상의 책임을 진다. 다만, 배상의 책임을 질 자가 상당한 주의를 하였음에도 불구하고 이를 알 수 없었음을 증명하거나 응모주주가 응모를 할 때에 그 사실을 안 경우에는 배상의 책임을 지지 아니한다.

> • 공개매수신고서(정정 포함)의 신고인(특별관계자를 포함, 신고인이 법인인 경우 그 이사 포함)과 그 대리인
> • 공개매수설명서의 작성자와 그 대리인

기재된 예측정보에 의해 손해가 발생하는 경우, 예측정보가 다음 각각에 따라 기재 또는 표시된 경우에는 위의 자는 배상의 책임을 지지 아니한다. 다만, 응모주주가 주식 등의 응모를 할 때에 예측정보 중 중요사항에 관하여 거짓의 기재 또는 표시가 있거나 이를 누락한 사실을 알지 못한 경우로서 위의 자에게 그 기재 또는 표시와 관련하여 고의 또는 중대한 과실이 있었음을 증명한 경우에는 배상의 책임을 진다.

> • 기재 또는 표시가 예측정보라는 사실이 밝혀져 있을 것
> • 예측 또는 전망과 관련된 가정 또는 근거가 밝혀져 있을 것
> • 기재 또는 표시가 합리적 근거 또는 가정에 기초하여 있을 것
> • 기재 또는 표시에 대해 예측치가 실제 결과치와 다를 수 있다는 주의문구가 있을 것

위에 따른 배상책임은 응모주주가 해당 사실을 안 날부터 1년 이내 또는 공고일로부터 3년 이내에 청구권을 행사하지 아니하면 소멸되며, 그 배상금액은 청구소송의 변론이 종결될 때의 그 주식의 시장가격(시장가격이 없는 경우에는 추정처분가격)에서 응모대가로 실제 받은 금액을 뺀 금액으로 한다.

⑧ 형사처벌

공개매수 공고 및 신고서(정정의 경우에도 동일), 공개매수설명서 등 중요사항에 관하여 거짓의 기재 또는 표시를 하거나 이를 누락한 경우, 또는 공고 및 정정공고를 하지 않거나 공개매수신고서 제출의무를 위반한 경우에는 5년 이하의 징역 또는 2억원 이하의 벌금에 처한다(자본시장법 제444조 15호 내지 17호).

그리고 공개매수규정에 해당됨에도 불구하고 공개매수 외의 방법으로 매수 등을 한 자는 3년 이하의 징역 또는 1억원 이하의 벌금에 처한다(자본시장법 제445조 19호).

또한 공개매수설명서를 미리 교부하지 아니하고 주식 등을 매수하거나 자본시장법 제145조 및 제150조에 의한 금융위원회의 처분명령 또는 시정명령을 위반한 경우에는 1년 이하의 징역 또는 3천만원의 벌금에 처한다(자본시장법 제446조 25호, 26호).

⑨ 과태료

공개매수신고서, 정정신고서, 철회신고서 등의 사본을 공개매수대상회사에게 송부하지 아니하거나, 송부한 사본에 신고서 기재내용과 다른 내용을 표시하거나 이를 누락한 경우에는 1억원 이하의 과태료를 부과한다(자본시장법 제449조 ① 37호, 38호).

또한 공개매수결과보고서를 제출하지 아니하거나 거짓으로 작성하여 제출한 경우, 금융위의 공개매수자 등 관계인에 대한 보고 또는 자료제출명령 등에 불응한 경우에는 3천만원 이하의 과태료가 부과된다(자본시장법 제449조 ③ 7호, 8호).

V 공정거래법상 신고규정

공개매수와 관련하여 아래와 같이 공정거래법상 기업결합신고의무가 발생할 수 있다.

 ## 기업결합신고

공정거래법 제11조(기업결합의 신고)에 의거 특수관계인을 포함한 자산총액 또는 매출총액이 3천억원 이상인 회사(기업결합신고대상회사)가 특수관계인을 포함하여 자산총액 또는 매출총액 300억원 이상인 회사(상대회사)에 대해 공개매수를 통해 그 주식을 20% 이상(상장회사의 경우 15%) 취득하는 경우에는 신고기준일(주식교부일)로부터 30일 내에 기업결합신고를 하여야 한다(공정거래법 제11조 및 동법 시행령 제18조). 그리고 이는 공개매수자인 상대회사가 기업결합신고대상회사인 공개매수대상회사의 주식을 20% 이상(상장회사의 경우 15%) 취득하는 경우에도 마찬가지로 적용된다.

만약 공개매수자와 공개매수대상회사가 특수관계인 간의 기업결합인 경우, 간이신고로 그 의무를 이행하도록 한다(공정위 고시 제2022-23호 '기업결합의 신고요령' Ⅱ. 2조 가목).

이때 주의하여야 할 것은 발행주식총수(의결권 없는 주식 제외)의 20%(상장회사는 15%) 이상을 취득한다는 것은 20%(상장회사는 15%) 미만인 상태에서 20%(상장회사는 15%) 이상인 상태가 된다(ex. 18% → 21%, 상장회사의 경우 14% → 16%)는 것을 말하며(공정거래법 시행령 제18조 ④), 이때 주식보유량은 자산 및 매출총액을 합산할 때와 마찬가지로 특수관계인의 주식보유량을 합산한 것을 의미한다(공정거래법 제11조 ⑤). 따라서 공개매수 이전에 계열회사인 공개매수대상회사에 대한 특수관계인들의 주식보유량이 이미 20%(상장회사는 15%) 이상이었다면 추가적인 주식취득에 대해 기업결합신고의 의무가 발생하지 않게 된다.

또한 원칙적으로 기업결합의 일방이 특수관계인을 포함하여 자산총액 또는 매출총액 2조원이 넘는 대규모회사라면 공정거래위원회에 대한 기업결합 사전신고 대상에 해당이 되나(공정거래법 제11조 ⑥, ⑦) 거래시기 및 금액등을 사전에 특정하기 어려운 공개매수의 경우에는 해당 사전신고의 의무가 제외된다(공정거래법 제11조 ⑥ 단서, 동법 시행령 제20조 ② 4호, 공정거래위원회고시 제2022-23호(기업결합의 신고 요령 VIII.)).

 ② 주의사항

공정거래법상 특수관계인(공정거래법 시행령 제14조)의 범위가 경영을 지배하려는 공동의 목적을 가지고 당해 기업결합에 참여하는 자도 포함될 정도로 그 범위가 광범위하므로 공개매수자 본인은 신고대상에 해당되지 않으나 특별관계자(특수관계인 및 공동보유자) 중에 신고대상에 해당되는 회사가 있을 경우 반드시 기업결합 신고를 하여야 한다.

| 특수관계인(공정거래법 시행령 제14조) |

- 당해 회사를 사실상 지배하고 있는 자(계열분리등의 경우 제외)
- 동일인 관련자
- 경영을 지배하려는 공동의 목적을 가지고 당해 기업결합에 참여하는 자

또한 공개매수자가 회사가 아닌 개인이라 할지라도 위 자산총액 및 매출총액은 그 특수관계인 회사들을 포함하는 것이므로 기업결합신고의무가 발생할 수 있다.

③ 벌 칙

기업결합의 신고를 하지 않거나 허위로 신고하거나, 대규모회사가 공정위 승인을 받지 않은 상태에서 기업결합을 행하는 경우에는 회사에 대해서는 1억원, 회사의 임원 또는 종업원등에 대해서는 1천만원 이하의 과태료가 부과되므로 각별히 유의하여야 한다(공정거래법 제130조 ① 1호).

VI. 공개매수시 유의사항

공개매수는 상장법인 지배주주의 경영권 방어, 적대적 M&A시 대규모 지분취득 수단, 지주회사 전환과성에서 자회사 지분요건 충족, 상장폐지시 소액주주 보호, 합병시 주총승인을 위한 안정적인 지분확보 등 다양한 목적으로 활용되고 있다. 이 중 지주회사 전환과정에서 지주회사가 자회사 주주들로부터 자회사주식을 공개매수의 방식으로 매입하고, 이에 대한 대가를 현금이 아닌 지주회사의 신주를 발행하는 현물출자방식의 공개매수의 경우는 본서 '제12장 지주회사' 편을 참조하기 바란다.

그러나 공개매수의 내용 및 절차가 신문 등을 통하여 완전공시되고 장외와 장내거래의 제도적 차이로 인하여 공개매수자가 자본시장의 전문투자자로부터 무위험차익(Arbitrage)거래의 대상이 되거나 일부 불건전한 세력에 의한 그린메일(Green Mail)의 대상이 되는 경우가 종종 발생한다.

이와 같은 거래로 인하여 공개매수자가 공개매수를 성공하지 못하거나 대규모 추가자금이 소요되는 경우가 발생하므로 공개매수자는 사전전략 수립시 이러한 거래에 대한 대응방안을 마련하여야 할 것이다.

- 무위험차익(Arbitrage) 거래 : 추가적인 위험을 부담하지 않고 추가수익을 실현하는 거래
- 그린메일(Green Mail) : 사전에 대량으로 지분을 매입한 후 공개매수자에게 프리미엄을 받고 매각하는 거래

① 공개매수와 무위험차익(Arbitrage) 거래

공개매수는 장외거래로서 장내거래와 비교하여 다음과 같은 단점이 있다.

구 분	장내거래	공개매수(장외거래)
소액주주 소득세	신고·납부의무 면제	신고·납부의무 부담
증권거래세	유가 : 매각금액의 0% 코스닥 : 매각금액의 0.15%	매각금액의 0.35%

구 분	장내거래	공개매수(장외거래)
매매 방법	전화 및 cyber 주문 가능	통상 증권사를 방문하여 계좌개설 및 청약

위와 같이 공개매수를 통하여 주식을 매각하는 경우 장내에서 주식을 매각하는 경우보다 조세상 불이익이 발생하고 공개매수대행증권회사를 방문하여 계좌를 개설하는 등 복잡한 절차가 수반되므로 많은 주주들이 공개매수에 응모하는 것보다 다소 가격은 낮더라도 장내에서 매각하려는 경향이 있다.

이와 같은 주주들의 성향을 이용하여 공개매수기간 동안 공개매수가격보다 약간 낮은 가격에 대량으로 매수주문을 접수해 놓고 주식을 매집한 다음 공개매수기간 종료시점 즈음에 기존에 매집했던 주식을 공개매수에 응모함으로써 차익을 추구하는 거래가 종종 발생되는데 이를 공개매수시 무위험차익(Arbitrage) 거래라고 한다. 이러한 무위험차익(Arbitrage) 거래가 상황에 따라서 그린메일(Green Mail)로 발전될 수 있으므로 공개매수자는 전략 수립시 이러한 거래에 대한 대응방안을 마련하여야 할 것이다.

그러나 이 경우, 공개매수자가 매수조건으로 목표수량 미달시 전부 매수거부를 설정한 경우 차익거래의 기회가 사라질 가능성도 있다. 이는 반대로, 전부 매수거부가 될 경우 차익거래자들의 기대수익이 줄어들게 되어 매수자가 원하는 청약수량에 현저하게 미달되는 결과가 나타날 수도 있다.

② 공개매수와 그린메일(Green Mail)

상장법인이 자진하여 상장을 폐지하거나 타 법인과 합병하기 위해서는 주주총회의 특별결의[Max(출석주주의 2/3 이상, 발행주식총수의 1/3 이상)]가 필요하고, 지주회사로 전환하고자 하는 회사는 자회사의 지분보유요건(상장법인 20% 이상, 비상장법인 40% 이상)을 충족하여야 한다.

따라서 위와 같은 요건을 충족하기 위한 수단으로 주로 공개매수를 활용하는데 이 과정에서 누군가가 공개매수자의 의도 및 전략을 미리 예측하고 주식을 대량으로 매집하여 공개매수를 무력화시킨 다음 공개매수자에게 프리미엄을 받고 매각하는 사례가 발생할 수 있는데 이와 같은 거래를 그린메일(Green Mail)이라 한다. 예를 들면, 상장법인의 자진상장 폐지시 상장폐지를 위한 주총 특별결의를 통과하기 위한 지분확보 및 소액주주 보호를 위하여 상장법인의 대주주 등이 공개매수를 실시하는 경우 누군가가 사전에 주총 특별결의를 무력화시킬 수 있는 지분(발행주식총수의 34%)을 확보할 수 있다면 그 주주는 공개매수자와의 별도 협상을 통하여 높은 가격에 주식을 매각할 수 있을 것이다.

③ 그린메일(Green Mail)과 무위험차익(Arbitrage) 거래의 차이점

그린메일(Green Mail)과 무위험차익(Arbitrage) 거래의 차이점은 그린메일의 경우 통상 공개매수가격 이상의 가격으로 주식을 매집하여 공개매수를 무력화시킨 다음 공개매수자와 별도의 협상을 통하여 공개매수가격 이상의 높은 가격으로 매집한 주식을 매각하는 방법이고, 무위험차익(Arbitrage) 거래는 공개매수가격보다 낮은 가격으로 주식을 매집하여 매집한 주식을 공개매수에 참여를 통하여 매각하는 방식이라는 점에서 차이가 있다.

VII 의무 공개매수 도입

그간 우리나라 경영권이전 거래는 합병형 M&A 보다는 대주주 지분에 대한 주식양수도 형식의 M&A가 다수를 차지하여 왔다. 이러한 주식양수도 방식은 인수자와 매도자(최대주주)의 당사자간 거래로만 인식되어, 회사의 경영권이 이전되고 상장회사 주식 가격에 큰 영향을 끼치는 것임에도 불구하고 다른 일반주주의 의사를 묻지 않고, 그들에게 발생할 수 있는 위험에 대한 보호장치가 부재한 점이 문제로 지목된다.

EU(영국 포함)나 일본등에서는 상장회사 경영권 이전시, 제도적으로 의무공개매수를 시행하고 있고, 미국의 경우 동 제도를 도입하고 있지는 않지만 이사회가 적극적 역할을 하고 발달된 민사소송제도 등을 통해 일반주주의 이익을 보호하고 있는데 반해 우리나라는 반대하는 일반주주에게 자금회수의 기회가 주어지지 않는 것은 물론이고, 최대주주에게 주어지는 높은 경영권프리미엄도 공유되지 못하고 있다는 지적이다. 이는 상법에서 다양한 M&A(합병, 영업양수도, 포괄적 주식교환)에 대하여 주주총회 및 주식매수청구권등 최소한의 주주보호장치를 두고 있는 것과도 대조적이라 할 수 있다.

❖ 우리나라 M&A관련 주요 주주보호 장치(현행) ❖

구 분	합병		영업양수도		주식양수도	
	인수회사	대상회사	인수회사	대상회사	인수회사	대상회사
주주총회 결의	○주)	○	○ (중요양수)	○ (중요양도)	×	×
주식매수청구권	○주)	○	○ (중요양수)	○ (중요양도)	×	×

주) 소규모합병의 경우 생략가능

이에 정치권을 중심으로 장외 주식매매형태의 상장회사 M&A로 인하여 나타나는 문제점들을 개선하고, 일반주주를 보호하기 위하여 의무공개매수 제도의 도입 필요성이 대두되어 왔고, 마침내 금융위원회는 2022년 12월 추후 입법을 통한 해당 제도의 도입을 발표하였다. 2023년중 자본시장과 금융투자업에 관한 법률 개정을 통해 해당 내용이 개정되고, 시장의 혼란을 피하기 위해 1년 이상의 유예기간이 주어질 예정이다. 이러한 제도개선이 이루어질 경우 주권상장법인의 경영권 거래와 관련하여 공개매수가 보다 활발하게 진행될 것으로 판단된다.

구 분	도입내용
적용요건	• 상장회사 주식의 25% 이상을 보유한 최대주주가 되는 경우 • 상장회사의 기존 최대주주가 25% 미만에서 추가취득을 통하여 25% 이상이 되는 경우 ex. 신규 인수자가 2대주주 지분 30%를 매입하는 경우(30% 초과하는 최대주주 별도 존재)에는 의무공개매수 대상에 해당되지 않음
매수가격	• 지배주주와 동일한 가격
매수물량	• 총 50%+1주 이상의 매수 의무 부과(경영권 변경 지분 포함) ex. 최대주주 지분 30% 인수거래 시, 해당 지분 제외 20%+1주 이상의 공개매수 실시

구 분	도입내용
적용제외	• 주주권익 침해가능성 등 감안, 합리적 예외사유 규정 (추후 시행령등 하위법령 개정시 구체화될 예정)
제재	• 의결권 제한, 처분명령 및 행정조치, 형벌 등

참고로 이미 우리나라에서도 지난 1997년 1월 13일 기업 인수·합병의 공정성 확립, 일반투자자에게 경영권 프리미엄을 공유할 수 있는 기회 부여를 취지로 당시 증권거래법 개정을 통해 의무공개매수 제도가 잠시 도입된 바 있었다. 그러나 1998년 2월 기업구조조정을 지연시킨다는 우려와 IMF측의 요구등에 따라 시행 거의 1년만에 해당 제도는 폐지된바 있다.

구 분	내용(구 증권거래법(1997.1.13.~1998.2.23.))
공개매수 주식등	• 주식등의 수 1) 주권의 경우에는 그 주식의 수 2) 신주인수권증서 : 신주인수권의 목적인 주식의 수(신주인수권의 목적인 주식의 발행가액총액 및 발행가격이 표시되어 있는 경우에는 당해 발행가액총액을 당해 발행가격으로 나누어 얻은 수) 3) 전환사채권 : 권면액 / 전환가격(1미만의 단수 계산않음) 4) 신주인수권부사채권 : 신주인수권의 목적인 주식의 수 5) 교환사채권 : 교환대상 유가증권별로 1)~4)에 해당하는 수 • 주식등의 총수 : 의결권있는 발행주식총수와 당해 매수등을 한 후에 보유하는 주식등(주권 및 교환대상주권 제외)의 수를 합산한 수
의무공개매수 대상행위	• 공개매수자(본인 및 특별관계인 포함)가 당해 매수등을 한 이후 주식등의 총수의 25% 이상을 보유한 경우 • 공개매수자(본인 및 특별관계인 포함)가 이미 주식등의 총수의 25% 이상을 보유한 상태에서 주식등을 매수하는 경우
의무공개매수의 주식수	• 대상 주식수 C = A - B -A : 대상회사 주식등의 총수의 50% + 1 주 -B : 기보유 주식등의 수

구　분	내용(구 증권거래법(1997.1.13.~1998.2.23.))
의무공개매수의 면제	• 해당 매수 또는 취득의 행위가 다행에 해당할 경우 　－소각을 목적으로 한 주식등의 매수등 　－주식매수청구에 응한 주식의 매수 　－특수관계인으로부터의 주식등의 매수등 　－신주인수권·전환청구권 또는 교환청구권의 행사에 의한 주식등의 매수등 　－본인 및 그 특별관계자가 보유하는 주식등의 수가 가장 많은 경우 본인이 당해 주식등을 매수하고자 할 때마다 매수예정 수량 및 기간(3월 이내)에 대하여 상법 제434조(주총 특별결의)를 거쳐 유가증권시장 또는 협회중개시장을 통하여 행하는 매수 　－합병 및 영업의 전부양수로 인한 주식등의 매수 　－본인 및 그 특별관계자의 보유지분의 합계가 100분의 50 이상인 경우(이미 50% 이상인 경우) 　－그외 기업의 경영합리화를 위하여 법률의 규정 또는 정부의 허가·인가·승인 또는 문서에 의한 지도·권고등에 따른 취득등 다른 주주의 권익침해가 없는 것으로서 위원회가 정하는 주식등의 매수등

부록…1 회계 및 세무

Ⅰ 공개매수 관련 세무

주식의 공개매수는 공개매수자와 공개매수 참여자(응모주주) 간에 이루어지는 집단적인 주식양수·도 행위로서 모든 거래가 거래소가 개설하는 증권시장(유가증권시장, 코스닥시장 및 코넥스시장) 밖에서 이루어지기 때문에 상장법인이라도 장외거래로 간주된다. 따라서 공개매수에 참여한 응모주주는 개인 또는 법인의 구분 없이 양도소득세 또는 법인세와 증권거래세를 부담하여야 하며, 경우에 따라 공개매수자는 과점주주 취득세를 부담할 수 있다. 예외적으로 회사가 이익소각 목적으로 주주를 상대로 공개매수를 하는 경우가 있는데 이러한 경우에 주주에게는 양도차익이 아닌 배당소득이 발생하게 되며 증권거래세 및 과점주주 취득세는 부담하지 않는다.

과점주주 취득세는 주식의 취득으로 인하여 과점주주에 해당될 경우에 부과되므로 주식 소각시 불균등감자로 인하여 특정 주주가 과점주주가 될 경우에는 과점주주 취득세 납세의무가 없다(서울세제 - 8259, 2015. 6. 4.).

종 류	당사자	세 목
제3자에 의한 주식취득	매수자	과점주주 취득세
	매도자	양도차익에 대한 법인세 또는 양도소득세, 증권거래세
발행회사에 의한 주식소각	매수자	–
	매도자	의제배당에 대한 법인세 또는 소득세

Ⅱ 개인주주의 세무

공개매수에 참여한 응모주주가 개인일 경우 응모주주는 양도차익에 대한 양도소득세와 매각대금에 대한 증권거래세를 부담하여야 한다.

① 양도소득세

주식의 양도차익에 대한 양도소득세는 중소기업과 일반기업, 대주주와 대주주외의 주주에 대한 구분에 따라 세율이 달리 적용된다. 주식의 양도차익 과세에 대한 상세에 설명은 '제5장 주식매수청구권'편을 참조하기 바란다.

② 증권거래세

증권거래세 과세에 대한 상세에 설명은 '제5장 주식매수청구권'편을 참조하기 바란다.

Ⅲ 법인주주의 세무

법인주주 과세에 대한 상세에 설명은 '제5장 주식매수청구권'편을 참조하기 바란다.

IV 외국인주주의 세무

국내증시에서 외국인의 주식소유 비중이 높아 공개매수시 외국인이 공개매수청약자에 포함되는 사례가 많다. 공개매수시 외국인과 관련된 세법항목은 양도소득세와 증권거래세가 있으며, 과세방법은 조세조약 등에 따라 다양하나 일반적인 내용을 정리하면 다음과 같다.

① 비거주자 및 외국법인의 양도소득세

국내사업장이 없는 비거주자 또는 외국법인에게 국내원천소득을 지급하는 자(법인, 개인)는 원천징수의무가 발생할 수 있으므로 사전에 원천징수 여부을 파악하여 비거주자나 외국법인에게 안내하여야 한다.

과세 조건		내 용
조건 1	법인세법 및 소득세법에 따른 과세	모든 주식에 대해서 과세. 단, 증권시장을 통해 양도하고 그 양도일이 속하는 연도와 그 직전 5년이 기간 중 계속하여 지분율이 25% 미만인 상장주식의 경우 비과세
조건 2	조세조약에 따른 과세	조세조약별로 과세대상에 차이가 있으나 일반적으로 비과세. 단, 부동산주식은 과세대상에 포함하는 조약이 많음[주]
원천징수	비과세 조건을 만족하지 못하는 경우 주식 매수자에 원천징수의무 발생	

주) 미국, 중국, 영국 등이 이에 해당하여 많은 경우 주식양도소득은 국내에서 과세되지 않음 .

소득지급자의 원천징수의 이행 절차는 다른 원천징수 대상 소득과 동일하게 원천징수세액을 징수한 이후 다음달 10일까지 관할세무서에 납부하여야 하며, 만약 조세조약에 따라 비과세 또는 면제되는 경우 비과세·면제신청서 및 실질귀속자임을 증명하는 서류를 비거주자나 외국법인으로부터 제출받아 다음달 9일까지 관할세무서에 제출하여야 한다.

구 분	원천징수	조세조약에 따른 비과세
납세의무자	주식 매수자(증권회사)	비과세·면제신청서와 거주자증명서 등 실질귀속자 증명서류 제출
세 액	다음 중 적은 금액 - 양도금액 × 11%(지방소득세 포함) - 양도차익 × 22%(지방소득세 포함)	
신고·납부 방법	매수자(증권회사)가 지급금액에서 원천징수	
신고·납부 기한	양도일의 다음 달 10일까지	다음 달 9일까지
신고·납부 장소	원천징수자의 관할세무서	
규 정	소득세법 제119조 11호, 법인세법 제93조 9호 소득세법 제156조 ① 7호, 법인세법 제98조 ① 7호 소득세법 제156조의2, 법인세법 제98조의 4	

(주) : 1. 국내원천소득의 실질 귀속자가 국외투자기구인 경우 국외투자기구 신고서를 추가로 제출
　　　2. 실질귀속자를 판단할 수 있는 서류를 제출받지 못하였거나 제출된 서류로 파악할 수 없는 경우 비과세를 적용하지 않고 원천징수함.

② 비거주자 및 외국법인의 증권거래세

구 분	내 용
납세의무자	매수자(증권회사)
과세표준	양도금액
세 율	0.35%(장외거래)
신고·납부 방법	매수자(증권회사)가 지급금액에서 원천징수
신고·납부 기한	양도일의 다음 달 10일까지 신고·납부
신고·납부 장소	원천징수자의 관할세무서

부록···2 서식모음

서식 1 매수통지서

매수통지서

_____ 귀하

_____ 년 ____ 월 ____ 일

성명 또는 명칭 : 공개매수자 성명
주   소 : 공개매수자 주소

1. 매수의 상황

주권 등의 종류	청약주권 등의 총수	매수예정주권 등의 총수	반환주권 등의 총수

2. 매수예정주권 등 또는 반환주권

매수예정 주권 등	청약주권 등의 종류	청약주권 등의 수	매수예정 주권 등의 수	매수대금 등			
				매수 가격	매수 대금	교환 유가증권	유가증권 거래세액
계산방법	매수예정주수 × 매수가격(증권거래세 0.35% 공제)						
반 환	주권 등의 종류			주권 등의 수		반환 방법	

3. 결제의 방법

| 매수의 결제를 하는 증권회사 | 명 칭 | | | |
	본점 소재지			
결제의 개시일				
결제의 방법	① 매수기간 종료 후 지체없이 매수통지서를 청약주주의 주소로 우송합니다. ② 매수대금(증권거래세 공제 후)은 결제일에 청약주주가 <u>공개매수사무취급자(증권회사)</u>명칭에 개설한 청약주주의 지정계좌로 입금합니다.			
결제의 장소	점포명	소재지	점표명	소재지

제 9 장

증 자

09 증자

I 증자의 개념

증자는 회사의 자본금을 증가시키는 것으로서 자본금을 증가시키는 방법은 크게 회사 자본금의 증가와 함께 실질자산의 증가를 가져오는 유상증자와, 자본금은 증가하지만 실질자산은 증가하지 아니하는 무상증자의 두 가지 형태가 있다.

II 증자의 목적

일반적으로 증자는 자본조달, 자본의 대형화에 의한 공신력 제고, 주주에 대한 이익배당, 재무구조의 개선, 주식분산과 유통주식수의 증가에 의한 원활한 주식거래의 유도, 경영권 확보 및 방어 등 다양한 목적을 위하여 이루어진다.

증자의 목적을 유상증자와 무상증자로 구분하여 정리하면 다음과 같다.

목 적	유상증자	무상증자
내 용	• 자본조달 • 자본의 대형화에 의한 공신력 제고 • 재무구조 개선 • 주식분산 및 유통주식수 증가 • 경영권 확보 및 방어	• 주주에 대한 이익배당 • 유통주식수 증가

III 증자의 형태

전술한 바와 같이 증자는 실질자산의 증가에 따라 유상증자와 무상증자로 구분된다.

유상증자	• 발행주식총수, 자본금 및 자본총계의 증가와 더불어 회사의 실질자산이 증가하거나 전환사채 주식전환으로 인한 자본 증가 및 부채감소, 신주인수권부사채 행사를 통한 자본 증가 등 실질적으로 순자산이 증가하는 형태 • 현금증자, 현물출자, 신주인수권부사채의 신주인수권 행사, 전환사채의 전환권 행사 등이 해당됨.
무상증자	• 발행주식총수 및 자본금은 증가하나, 회사의 실질적인 자산이 증대하지 않는 형식적인 증자의 형태 • 자본의 구성항목만 변경되는 형태(자본잉여금 또는 법정적립금의 자본금 대체) • 자본잉여금의 자본전입, 법정적립금의 자본전입이 해당됨.

IV 액면에 따른 분류

주식은 액면가액의 존재에 따라 액면주식과 무액면주식으로 구분할 수 있다. 액면주식은 1주당 금액이 정관과 주권에 기재되는 주식으로서 발행시 액면가액은 자본금으로 표시되고 액면가액을 초과하는 부분은 주식발행초과금으로 표시된다. 이에 반하여 무액면주식은 액면가액이 존재하지 않기 때문에 발행가액 중 자본금으로 계상하는 금액을 미리 이사회에서 결정(상법 제416조 2호의2)하고 이를 초과하는 부분을 주식발행초과금으로 계상하면 된다.

상법상 액면미달의 발행을 하기 위해서는 주주총회의 특별결의와 법원의 인가를 득하여야만 되는 번거로움이 있다(상법 제417조). 2012. 4. 15. 상법 개정 이후 기업은 액면주식과 무액면주식 중 어느 하나를 선택할 수 있게 되었으나, 상법은 한 기업에 액면주식과 무액면주식이 혼재되는 것을 인정하지 않고 있다(상법 제329

조). 따라서 기존에 액면주식을 발행하고 있는 기업이 무액면주식을 발행하기 위해서는 기존 주식을 무액면주식으로 모두 전환한 후 무액면주식의 발행이 가능하고, 상장주식의 경우 규정상 액면금액이 열거되어 있어(유가증권시장상장규정 제162조 및 동 시행세칙 제130조, 코스닥시장상장규정 제28조 ① 5호 및 동 시행세칙 제26조 ③), 현실적으로 신규설립되는 기업을 제외하고는 무액면주식을 발행하기는 상당기간 어려울 것으로 예상된다.

따라서 본 서에서는 액면주식을 대상으로 그 절차 및 내용에 대하여 살펴보기로 한다.

V 유상증자

① 유상증자의 정의

새로운 주식을 발행함으로써 발행주식총수 및 자본금의 증가와 동시에 회사의 실질자산이 증가하는 증자를 말한다. 즉, 신주를 발행할 때 그 인수가액을 현금이나 현물, 전환사채 가액으로 납입시켜 신규로 자산유입 또는 부채감소가 이루어지는 경우이다.

② 유상증자의 유형

유상증자는 ① 발행가액에 따라 액면미달발행, 액면발행, 시가발행으로 구분할 수 있고, ② 신주의 배정방법에 따라 주주배정 증자, 공모 증자, 제3자 배정증자로 나눌 수 있으며, ③ 신주의 발행방법에 따라 직접발행과 간접발행으로 나눌 수 있다.

(1) 발행가액에 따른 분류

액면
미달발행
	• 신주의 발행가액이 액면가액에 미달하는 증자방법
	• 재무구조가 부실하거나 경영상태가 어려운 부실화된 기업이 신주발행시 주주들의 청약이 부진할 경우에 실시하는 증자방식임.
	• 액면가액과 발행가액과의 차이를 주식할인발행차금으로 회계처리함.
	• 회사를 설립하는 경우 자본충실의 원칙에 따라 액면미달발행이 금지되어 있으나, 회사설립 후에도 이러한 원칙을 고수하면 회사의 자금조달이 어려울 수 있으므로 회사 설립 후에는 다음과 같은 엄격한 요건하에서 액면미달 발행이 가능하도록 허용하고 있음.
	① 비상장법인(상법 제417조)
	   가. 회사설립일로부터 2년 경과
	   나. 주주총회의 특별결의로 최저발행가액 결정
	   다. 법원 인가
	   라. 법원의 인가일로부터 1개월 내에 주식 발행(연장 가능)
	② 상장법인(자본시장법 제165조의8, 동법 시행령 제176조의10)
	   상장법인은 액면미달발행에 의한 특례를 적용받아 법원의 인가를 얻지 않고 주주총회의 특별결의와 다음의 요건만 충족되면 액면미달발행 가능함.
	   가. 주주총회특별결의로 최저발행가격 결정
	     최저발행가액 : Max(㉠, ㉡, ㉢) × 70%
	       ㉠ 주주총회 소집을 위한 이사회결의일 전일부터 과거 1개월간 최종시세가액의 평균액
	       ㉡ 주주총회 소집을 위한 이사회결의일 전일부터 과거 1주일간 최종시세가액의 평균액
	       ㉢ 주주총회 소집을 위한 이사회결의일 전일 최종시세가액
	   나. 기존 주식할인발행차금 상각 완료
	   다. 주주총회결의일부터 1개월 이내에 주식 발행

액면발행	• 신주의 발행가액이 정관에서 정하고 있는 액면가액인 형태 • 주식할인발행차금 또는 주식발행초과금이 발생되지 않음.
시가발행 (할증발행)	• 주식시장에서 형성되는 시가를 기준으로 기준주가를 산정하고 기준주가에 할인율을 적용하여 발행가액을 결정하는 방법으로 상장법인의 경우 신주의 발행가액을 액면가액 이상으로 주식시장에서 형성되는 시세를 기준으로 결정하는 형태 • 주금 납입액 중 액면가액에 해당하는 부분은 자본금으로 분류되고 액면가액을 초과하는 부분은 주식발행초과금으로 분류됨. • 상장법인의 대부분은 시가발행에 의하여 유상증자를 실시함.

(2) 신주 배정방법에 따른 구분

상법 및 자본시장법에서는 주식회사의 증자방식을 주주배정 증자, 일반공모 증자, 제3자배정 증자로 구분하고 있다.

증자방법	신주배정대상	신주배정 대상	근거 법령
주주배정	기존주주에게 주식수에 따라 배정	기존주주	상법 제418조 ① 자본시장법 제165조의6 ① 1호
일반공모	불특정 다수인에게 청약기회 부여	불특정 다수	자본시장법 제165조의6 ① 3호
제3자배정	특정인에게 부여	제3자	상법 제418조 ② 자본시장법 제165조의6 ① 2호

① 주주배정 증자

주주배정 증자시 유의해야 할 사항은 기존의 증자방법은 우리사주조합이 공모가격이 확정되지 않은 상태에서 청약(실무상 구주주 청약일의 20일 전에 청약실시)하는 문제가 있었으나 2013년 8월 29일 「자본시장법(제165조의7 ③)」 개정으로 주주배정 증자시 우리사주조합이 청약하지 아니한 주식에 대하여 청약일 2주전 통지·공고의무가 면제됨에 따라 우리사주조합도 발행가액이 확정된 후 구주주와 같은 날에 청약을 할 수 있게 되었다.

그러나 조합원과 주주가 반드시 동시청약을 해야 하는 것은 아니고 조합원 청약 후 잔여 주식을 주주에게 배정하는 방식도 가능하므로 실무에서는 실권주를 최소화 할 수 있는 구주주청약 이전 우리사주조합 청약방법과 구주주와 우리사주조합 동시 청약방법이 모두 적용될 수 있을 것으로 판단된다.

단, 우리사주조합 우선배정은 유가증권상장회사에만 적용된다(자본시장법 제167조의7, 동법 시행령 제176조의9).

주주배정 증자는 구주주대상 증자시 발생되는 실권주 처리방법에 따라 주주배정증자와 주주배정 후 실권주 일반공모 증자로 구분할 수 있다.

가. 주주배정 증자

상법 제418조 ① "주주는 그가 가진 주식 수에 따라서 신주의 배정을 받을 권리가 있다."에 근거하여 기존주주에게 신주인수권을 부여하는 방법으로

정관으로 주주의 신주인수권을 배제하거나 제한하지 않는 한 모든 신주인 수권은 기존주주에게 부여된다.

나. 주주배정 후 실권주 일반공모 증자

신주를 모집하는 경우 우리사주조합에 우선청약의 기회를 부여하여 청약 을 받고 우리사주조합이 청약하지 아니한 주식(실권주식)과 나머지 주식에 대하여 기존주주를 대상으로 청약을 받아 증자하는 방법으로 기존주주가 청약하지 아니한 주식(실권주식)에 대하여 다시 일반인들을 대상으로 추가 로 청약을 받는 방법이다.

참고 ● 주주배정 증자와 주주배정 후 실권주 일반공모 증자

구 분	주주배정 증자	주주배정 후 실권주 일반공모 증자
증자형태	• 상법상 주주의 신주인수권에 근거하여 기존 주주에게 신주인수권을 배정하는 방법	• 주주에게 신주인수권을 우선 부여하고 실권주가 발생되면 일반인을 대상으로 공모하는 방법
증자결정	• 이사회결의	• 정관에 근거조항 또는 주총 특별결의
배정방법	① 구주주청약 이전 우리사주조합 청약의 경우 • 우리사주조합 우선배정(20%) • 주주배정(80%) + 우리사주조합실권분 • 실권주 : 실권처리 ② 구주주와 우리사주조합 동시청약의 경우 • 우리사주조합 우선배정 20% + 주주배정 80% • 실권주 : 실권처리	① 구주주청약 이전 우리사주조합 청약의 경우 • 우리사주조합 우선배정(20%) • 주주배정(80%) + 우리사주조합 실권분 • 실권주 : 일반공모 • 최종 실권주 : 주관(증권)회사 인수 ② 구주주와 우리사주조합 동시청약의 경우 • 우리사주조합 우선배정 20% + 주주배정 80% • 실권주 : 일반공모 • 최종 실권주 : 주관(증권)회사 인수 ③ 실권주 처리 • 원칙 : 미발행 • 예외 : 할인율이 40% 이내일 경우 주주에게 초과청약기회(배정주식의 20% 범위) 부여 또는 인수인과 실권주 전부 인수계약 체결시 실권주 발행 가능

구　분	주주배정 증자	주주배정 후 실권주 일반공모 증자
우리사주 조합청약	① 구주주청약 이전 우리사주조합 청약의 경우 • 주주청약일 20일 전에 청약 실시(실권주 발생에 대비하기 위함) ② 구주주와 우리사주조합 동시청약의 경우 • 발행가액 확정 후 구주주와 동시청약	좌　동
증자업무 처리	• 발행회사 절차 주관	• 주관회사(증권회사) 주관

② 공모증자

공모증자방식은 신주를 모집하는 경우 구주주에게 우선청약의 기회 부여 여부에 따라 일반공모증자와 주주우선공모증자로 구분할 수 있다.

가. 일반공모 증자

정관에 일반공모 증자에 대한 근거조항이 있는 경우 이사회결의로써 기존주주의 신주인수권을 배제하고 불특정다수인(해당 법인의 주주 포함)을 대상으로 신주를 발행하는 방식으로 주관회사(증권회사)가 총액인수하여 우리사주조합과 일반인에게 청약을 받는 방식으로써 기존주주에 대한 신주배정 기준일 공고 또는 통지절차가 필요치 않아 단기간에 자금조달이 가능하다.

나. 주주우선공모 증자

신주를 모집하는 경우에 구주주와 우리사주조합에게 우선청약의 기회를 부여하여 청약을 받고 구주주나 우리사주조합이 청약하지 아니한 주식(실권주)에 대하여 일반인에게 추가로 청약(일반청약)을 받는 방법이다.

③ 제3자배정 증자

특별법 또는 발행회사의 정관이나 주주총회의 특별결의에 의하여 특정의 제3자에게 신주인수권을 부여하는 형태로서 합작법인, 신기술도입을 위한 기술도입선, 재무구조개선을 위한 국내외 금융기관 등에게 계약에 의해 신주인수권을 부여하는 방법(상법 제418조 ②)이다.

이 방법은 회사의 경영권, 기존주주의 지분율 및 이해관계에 중대한 영향을 미치므로 회사가 제3자배정방식으로 신주를 발행하는 경우 사전에 정관 또는 주주총회 특별결의로 발행한도, 목적, 발행대상을 구체적으로 정하여야 한다.

(3) 신주 발행방법에 따른 구분

유상증자시 신주 발행방법에 따라 직접발행과 간접발행으로 나눌 수 있으며, 간접발행은 다시 인수방법에 따라 총액인수, 모집주선으로 구분할 수 있다.

① 직접발행

인수인을 통하지 않고 발행기업이 직접 유상증자를 실시하는 방법으로, 신주의 배정대상이 분명하여 절차가 간단한 주주배정 방법과 제3자배정 방법에 의한 증자시 이용된다.

② 간접발행

직접발행과 달리 인수인을 통하여 유상증자를 실시하는 방식으로, 실권주 발행이 필요한 주주배정 후 실권주 일반공모 증자와 공모증자시에 주로 이용된다. 간접발행은 다시 인수인이 주식을 인수하는 방법에 따라 다음의 두 가지로 구분할 수 있다.

가. 총액인수방식

신주모집에 있어 주관회사(증권회사)가 유상증자총액을 인수하여 공모를 실시하며, 실권된 주식은 주관회사가 인수하는 방식이다.

나. 모집주선방식

총액인수방식과 달리 일반청약 후 발생한 실권주에 대해 주관회사가 인수하지 않고 발행회사의 이사회가 그 처리방법을 결정하는 방식이다.

 참고 ● 모집주선방식과 총액인수방식의 비교

구 분	모집주선방식	총액인수방식
의 의	주관회사가 절차 및 업무만을 대행하고 실권주가 발생될 경우 발행회사 이사회에서 처리하는 방법	주관회사가 증자총액을 인수하여 공모하며 실권주 부분은 주관회사가 인수하는 방법

구 분	모집주선방식	총액인수방식
실권주 처리	발행회사 이사회결의에 의하여 처리	주관회사 책임하에 일반에게 공모하고 일반공모분에서도 실권주가 발생될 경우 주관회사가 인수
주관회사 인수 수수료	실권주 인수에 대한 위험을 주관회사가 부담하지 않으므로 총액인수방법에 비해 인수수수료가 저렴	주관회사가 위험 부담(실권주 인수)함에 따라 모집주선에 비하여 인수수수료가 증가

(4) 금액에 따른 분류

과거 1년간의 공모실적 합산금액에 따라 공모금액 합산액이 10억원 이상인 경우 증권신고서를 제출하여야 하는 증자와 공모금액 합산액이 10억원 미만으로 간소화된 공시서류 제출만으로 증자가 가능한 소액공모증자로 구분할 수 있다.

※ 소액공모증자(자본시장법 제119조 ① 및 제130조, 동법 시행령 제120조 및 제137조)

자본시장법은 회사가 공모증자를 실시하는 경우 증권신고서를 사전에 금융위에 제출하고 효력이 발생된 이후에만 공모가 가능하도록 규정하고 있으나 일정한 규모[보통주·우선주·채무증권(CB·BW 등)에 관계없이 과거 1년간의 공모실적 합산금액이 10억원]에 미달하는 소규모 공모의 경우 증권신고에 들어가는 시간과 비용에 비해 투자자의 보호효과가 작으므로 증권신고서 제출절차를 면제하고 간소화된 공시서류만 제출하여 공모증자를 할 수 있도록 한 제도를 시행하고 있는데 이를 소액공모증자 제도라 한다.

③ 유상증자의 절차

유상증자는 앞서 언급한 유형별로 일정 및 절차에 차이가 존재한다. 따라서 유형별로 주주배정증자(주주배정 증자 및 주주배정 후 실권주 일반공모 증자), 일반공모증자(일반공모 증자 및 주주우선공모 증자), 제3자배정 증자로 구분하여 절차를 살펴보기로 한다.

(1) 주주배정 증자

주주배정 증자는 상법 규정에 의하여 구주주에게 지분비율대로 신주인수권을 배정하는 방법으로 실권주 처리방법에 따라 구주주배정 후 실권주를 미발행하는 주주배정 증자, 구주주배정 후 실권주를 일반에게 공모하는 주주배정 후 실권주 일반공모 증자로 구분할 수 있다.

배정대상		실권주 처리방법		증자 구분
구주주 배정	➡	미발행	➡	주주배정 증자
		일반공모		주주배정 후 실권주 일반공모 증자

또한, 앞에서 살펴보았듯이 현재의 자본시장법(제165조의7 ③)에서는 주주배정 증자시 우리사주조합이 청약하지 아니한 주식에 대하여 청약일 2주 전 통지·공고의무가 면제됨에 따라 우리사주조합도 발행가액이 확정된 후 구주주와 같은 날에 청약을 할 수 있게 되었다. 그러나 조합원과 주주가 반드시 동시청약을 해야 하는 것은 아니고 기존처럼 조합원 청약 후 잔여 주식을 주주에게 배정하는 방식도 가능하므로 실무에서는 실권주를 최소화 할 수 있는 「구주주청약 이전 우리사주조합 청약방법」과 「구주주와 우리사주조합 동시 청약방법」이 모두 적용될 수 있을 것으로 판단된다.

① 주주배정 증자

❖ 구주주와 우리사주조합 동시청약 ❖

절 차	일 정	규정 및 내용
사전절차	–	• 관련법률, 회계, 세무문제 검토 • 관계기관(감독원, 거래소, 명의개서 대행기관) 협의 • 유가증권 분석 및 예비실사(7영업일 이상)
인수/모집·주선계약 체결		
이사회 결의 및 신고·공시 주요사항보고서 제출	D	유가공시 제7조 ① 2호 가목(1), 코스닥 공시 제6조 ① 2호 가목(1) 자본시장법 제161조 ① 5호, 영 제171조 ① 1호
증권신고서/예비투자설명서 제출		자본시장법 제119조, 제124조 ② 2호

절 차	일 정	규정 및 내용
신주발행 공고 기준일 공고	D+1	주주확정일 2주 전 상법 제418조 ③, 증발공 제5-20조
증권신고서 효력 발생 투자설명서 전자공시	D+10	효력발생기간 7영업일 자본시장법 시행규칙 제12조 ①
1차 발행가액 결정 및 공시 증권신고서 및 투자설명서 정정	D+13	신주배정기준일 3거래일 전을 기산일로 산정 1차 발행가격 확정에 따른 정정
권리락	D+16	주주확정일 1거래일 전
주주확정일	D+17	신주배정기준일
신주인수권 상장신청	D+25	
신주배정 및 발행가액 통지 청약서 발송	D+25	구주주 청약일 2주 전, 상법 제419조
신주인수권 상장 안내공시	D+27	

신주인수권증서 상장~상장폐지	D+33~	• 매매가능기간 5거래일 이상
		• 구주주 청약개시일의 5거래일 전 상장
		  폐지
		• 유가상장 제150조 ③ 및 제152조 ②,
		  코스닥상장 제83조 ③, 제85조 ②

발행가액 확정 및 공시
증권신고서/투자설명서 정정
발행가액 주주통지/ 공고
	D+44	• 발행가액은 구구주 청약일 3거래일 전
		  에 확정
		• 발행조건 확정시 증권신고서/투자설명
		  서 정정
		• 증발공 제5-20조

구주주 및 우리사주조합 청약	D+48~49	구주주와 우리사주조합의 동시청약 가능
청약결과 공시	D+50	자율공시
실권주 처리 이사회 개최	D+50	실권주 실권처리(미발행)
주금납입 증권발행공시	D+51	자율공시
증권발행실적보고서 전자공시	D+51	자본시장법 제128조, 증발공 제2-19조
등기신청	D+52	
등기완료 및 주금인출	D+53	
신주권 상장신청	D+54	유가상장 제43조, 세칙 제37조(별표5) 코스닥상장 제44조, 세칙 제39조(별표5)
신주권 상장	D+61	

(주) : 1. 유가공시(유가증권시장공시규정), 코스닥공시(코스닥시장공시규정), 유가상장(유가증권시장상
장규정), 코스닥상장(코스닥시장상장규정), 증발공(증권의 발행 및 공시등에 관한 규정)
2. 증권신고서 효력발생기간은 영업일 기준이고 고위험 기업(감사의견이 적정이 아닌 기업 또는
자본금전액 잠식기업 등)은 증권신고서 효력발생기간이 추가로 3영업일 연장됨.

❖ 구주주청약 이전 우리사주조합 청약 ❖

절 차	일 정	규정 및 내용
사전절차	–	• 관련법률, 회계, 세무문제 검토 • 관계기관(감독원, 거래소, 명의개서 대행기관) 협의 • 유가증권 분석 및 예비실사(7영업일 이상)
인수/모집 · 주선계약체결		
이사회 결의 및 신고 · 공시 주요사항보고서 제출	D	유가공시 제7조 ① 2호, 코스닥공시 제6조 ① 2호 자본시장법 제161조 ① 5호, 영 제171조 ① 1호
증권신고서/예비투자설명서 제출		자본시장법 제119조, 제124조 ② 2호
신주발행 공고 및 기준일 공고	D + 1	주주확정일 2주 전 상법 제418조 ③, 증발공 제5 – 20조
증권신고서 효력 발생 투자설명서 전자공시	D + 10	효력발생기간 7영업일 자본시장법 시행규칙 제12조 ①
1차 발행가액 결정 및 공시 증권신고서 및 투자설명서 정정	D + 13	• 신주배정기준일 3거래일 전을 기산일로 산정 • 1차 발행가격 확정에 따른 정정
권리락	D + 16	주주확정일 1거래일 전
주주확정일	D + 17	신주배정기준일
신주인수권 상장 신청	D + 25	
신주배정 및 발행가액 통지		구주주 청약일 2주 전, 상법 제419조
신주인수권 상장 안내공시	D + 27	
우리사주조합 청약	D + 28	구주주 청약 20일 전까지 청약 완료

절 차	일 정	규정 및 내용
신주인수권증서 상장~상장폐지	D+33~	• 매매가능기간 5거래일 이상 • 구주주 청약개시일의 5거래일 전 상장폐지 • 유가상장 제150조 ③ 및 제152조 ②, 코스닥상장 제83조 ③, 제85조 ②
발행가액 확정 및 공시 증권신고서/투자설명서 정정 발행가액 주주통지/신문 공고	D+44	• 발행가액은 구구주 청약일 3거래일 전에 확정 • 발행조건 확정시 증권신고서/투자설명서 정정 • 증발공 제5-20조
구주주 청약	D+48~49	
청약결과 공시	D+50	자율공시
실권주 처리 이사회 개최		실권주 실권처리(미발행)
주금납입 증권발행공시	D+51	자율공시
증권발행실적보고서 전자공시		자본시장법 제128조, 증발공 제2-19조
등기신청	D+52	
등기완료 및 주금인출	D+53	
신주권 상장신청	D+54	유가상장 제43조, 세칙 제37조(별표5) 코스닥상장 제44조, 세칙 제39조(별표5)
신주권 상장	D+61	

(주) : 1. 유가공시(유가증권시장공시규정), 코스닥공시(코스닥시장공시규정), 유가상장(유가증권시장상장규정), 코스닥상장(코스닥시장상장규정), 증발공(증권의 발행 및 공시등에 관한 규정)
    2. 증권신고서 효력발생기간은 영업일 기준이고 고위험 기업(감사의견이 적정이 아닌 기업 또는 자본금전액 잠식기업 등)은 증권신고서 효력발생기간이 추가로 3영업일 연장됨.

② 주주배정 후 실권주 일반공모 증자 절차에서 주의해야 될 사항은 기존에는 실권주 처리에 대한 제한규정이 없어서 실권주가 발생될 경우 발행회사의 이사회에서 임의로 배정함에 따라 실권주가 지배주주 등의 지분율 강화 또는 특혜수단으로 활용되었으나 2013. 8. 29.「자본시장법」개정과 2013. 9. 17.「증권의 발행 및 공시 등에 관한 규정」개정으로 원칙적으로 실권주 발행을 금지하고 다음의 모든 요건을 충족한 경우 예외적으로 발행이 가능하도록 함에 따라 앞으로는 실권주 배정을 통한 불공정 거래 가능성이 줄어들게 되었다.

 | 실권주 발행의 제한(자본시장법 제165조의6 ②) |

① 원칙 : 당초 모집절차 완료로 발생된 실권주는 미발행
② 예외적 발행 허용
   - 투자매매업자(증권회사)가 실권주 전부를 인수하는 경우
   - 주주배정시 배정주식 초과청약을 한 주주에게 우선적으로 배정하는 경우
     (신주인수의 청약에 따라 배정받을 주식수의 20% 이하 한도)
   - 소액공모의 경우
   - 우리사주조합원에 대하여 신주를 우선배정하지 않은 경우로서 실권주를 우리사주조합원에게 배정하는 경우
③ 위의 예외사항에 해당하는 경우 신주배정 방식 별로 다음의 할인율을 적용한 가격 이상으로 신주를 발행해야 실권주 발행 가능(발행·공시규정 제5-15조의2)
   - 주주배정방식 : 40%
   - 일반공모방식 : 30%
   - 제3자 배정방식 : 10%

 | 초과청약 제도(자본시장법 제165조의6 ②, 동법 시행령 제176조의8 ②) |

- 발행회사와 주주 간 합의에 따라 주주 청약일에 주주가 배정받은 주식과 함께 배정주식의 20%까지 추가로 청약할 수 있도록 하는 제도
- 초과청약을 한 주주는 우리사주조합 또는 다른 주주가 청약하지 않은 주식을 초과청약 주식 수에 비례하여 배정받을 수 있음.
- 회사의 실권주 발생 가능성 감소

❖ 구주주와 우리사주조합 동시청약 ❖

절 차	일 정	규정 및 내용
사전절차	–	• 관련법률, 회계, 세무문제 검토 • 관계기관(감독원, 거래소, 명의개서 대행기관) 협의 • 유가증권 분석 및 예비실사(7영업일 이상)
인수계약 체결		증권회사와 인수계약 체결

절 차	일 정	규정 및 내용
이사회 결의 및 신고·공시 주요사항보고서 제출	D	유가공시 제7조 ① 2호, 코스닥공시 제6조 ① 2호 자본시장법 제161조 ① 5호, 영 제171조 ① 1호
증권신고서/예비투자설명서 제출		자본시장법 제119조, 제124조 ② 2호
신주발행 공고 및 기준일 공고	D+1	주주확정일 2주 전 상법 제418조 ③, 증발공 제5-20조
증권신고서 효력발생 투자설명서 전자공시	D+16	효력발생기간 10영업일 자본시장법 시행규칙 제12조 ①
1차 발행가액 결정 및 공시		신주배정기준일 3거래일 전을 기산일로 산정
증권신고서 및 투자설명서 정정		1차 발행가격 확정에 따른 정정
권리락	D+17	
주주확정일(신주배정기준일)	D+18	
신주인수권증서 상장신청	D+30	
신주배정 및 발행가액 통지 청약서 발송		구주주 청약일 2주 전, 상법 제419조
신주인수권 상장 안내공시	D+32	
신주인수권증서 상장~상장폐지	D+37~44	• 매매가능기간 5거래일 이상 • 구주주 청약개시일의 5거래일 전 상장폐지 • 유가상장 제150조 ③ 및 제152조 ② • 코스닥상장 제83조 ③, 제85조 ②
발행가액 확정 및 공시 증권신고서/투자설명서 정정	D+49	• 발행가액은 구주주 청약일 3거래일 전에 확정 • 발행조건 확정시 증권신고서/투자설명서 정정 • 증발공 제5-20조
발행가액 확정 공고	D+50	자율공시
구주주 및 우리사주조합 청약	D+52~53	법률개정으로 구주주와 우리사주조합의 동시청약 가능
청약결과 공지	D+54	

절 차	일 정	규정 및 내용
실권주 청약 공고	D+57	자본시장법 제165조의6 ②
실권주 일반청약	D+57~58	
청약결과 공시	D+59	자율공시
주금납입, 환불, 배정공고	D+61	자본시장법 제128조, 증발공 제2-19조
발행실적보고서 전자공시 증권발행공시		
등기신청	D+62	
증자등기 및 주금인출	D+63	
신주권 상장 신청	D+64	유가상장 제43조, 세칙 제37조(별표5) 코스닥상장 제44조, 세칙 제39조(별표5)
신주권 추가 상장	D+71	

(주) : 1. 유가공시(유가증권시장공시규정), 코스닥공시(코스닥시장공시규정), 유가상장(유가증권시장상
　　　　장규정), 코스닥상장(코스닥시장상장규정), 증발공(증권의 발행 및 공시등에 관한 규정)
　　　 2. 증권신고서 효력발생기간은 영업일 기준이고 고위험 기업(감사의견이 적정이 아닌 기업 또는
　　　　자본금전액 잠식기업 등)은 증권신고서 효력발생기간이 추가로 3영업일 연장됨.

❖ 구주주 청약 이전 우리사주조합 청약 ❖

절 차	일 정	규정 및 내용
사전절차	–	• 관련법률, 회계, 세무문제 검토 • 관계기관(감독원, 거래소, 명의개서 대행기관) 협의 • 유가증권 분석 및 예비실사(7영업일 이상)
인수계약 체결	D	증권회사와 인수계약 체결
이사회 결의 및 신고·공시 주요사항보고서 제출		유가공시 제7조 ① 2호, 코스닥공시 제6조 ① 2호 자본시장법 제161조 ① 5호, 영 제171조 ① 1호
증권신고서/예비투자설명서 제출		자본시장법 제119조, 제124조 ② 2호
신주발행 공고 및 기준일 공고	D+1	주주확정일 2주 전 상법 제418조 ③, 증발공 제5-20조

절 차	일 정	규정 및 내용
증권신고서 효력발생 투자설명서 전자공시	D+16	효력발생기간 10영업일 자본시장법 시행규칙 제12조 ①
1차 발행가액 결정 및 공시		신주배정기준일 3거래일 전을 기산일로 산정
증권신고서 및 투자설명서 정정		1차 발행가격 확정에 따른 정정
권리락	D+17	
주주확정일(신주배정기준일)	D+18	
우리사주조합 청약	D+22	
우리사주조합 청약 후 변경 배정비율 정정공시	D+23	
신주인수권증서 상장신청	D+30	
신주배정 및 발행가액 통지 청약서 발송	D+30	구주주 청약일 2주 전, 상법 제419조
신주인수권 상장 안내공시	D+32	
신주인수권증서 상장~상장폐지	D+37~44	• 매매기간 5영업일 이상 • 구주주 청약개시일의 5거래일 전 상장폐지 • 유가상장 제150조 ③ 및 제152조 ② • 코스닥상장 제83조 ③, 제85조 ②
발행가액 확정 및 공시 증권신고서/투자설명서 정정	D+49	• 발행가액은 구주주 청약일 3거래일 전에 확정 • 발행조건 확정시 증권신고서/투자설명서 정정 • 증발공 제5-20조
발행가액 확정 공고	D+50	
구주주 청약	D+52~53	
구주주 청약결과 공시	D+54	자율공시
실권주 청약 공고	D+57	
실권주 일반청약	D+57~58	
청약결과 공시	D+59	자율공시

절　차	일　정	규정 및 내용
주금납입, 환불, 배정공고	D+61	자본시장법 제128조, 증발공 제2-19조
발행실적보고서 전자공시 증권발행공시		
능기신정	D+62	
증자등기 및 주금인출	D+63	
신주권 상장 신청	D+64	유가상장 제43조, 세칙 제37조(별표5) 코스닥상장 제44조, 세칙 제39조(별표5)
신주권 추가 상장	D+71	

(주) : 1. 유가공시(유가증권시장공시규정), 코스닥공시(코스닥시장공시규정), 유가상장(유가증권시장상
장규정), 코스닥상장(코스닥시장상장규정), 증발공(증권의 발행 및 공시등에 관한 규정)
2. 증권신고서 효력발생기간은 영업일 기준이고 고위험 기업(감사의견이 적정이 아닌 기업 또는
자본금전액잠식기업 등)은 증권신고서 효력발생기간이 추가로 3영업일 연장됨.

가. 사전절차

상법은 기존주주 이외의 자에게 신주를 배정하기 위해서는 정관에 근거규
정을 두도록 규정하고 있다. 따라서 우리사주조합에 대한 우선 배정, 일반
공모 증자, 제3자배정 증자의 경우 정관에 근거조항을 설정해야 하고 정관
상 발행예정주식의 총수(수권주식수)가 충분한지를 검토하여야 된다. 또한,
유상증자 실시 전에 증자와 관련된 법률, 회계, 조세에 대하여 사전검토가
필요하며 증권신고서 및 투자설명서 기재사항, 절차 및 일정 등에 대하여
금융감독원, 주관기관(증권회사), 거래소, 명의개서 대행기관과 사전에 협의
하여야 한다.

특히, 2013년 실시규정 개정으로 기업실사기간이 의무적으로 7영업일 이상
으로 변경되었음을 유의하여야 한다.

나. 이사회결의 및 신고·공시(자본시장법 제161조 ① 5호, 시행령 제171조 ① 1호)

주식회사가 유상증자를 하기 위하여는 이사회에서 다음과 같이 신주발행
에 관한 제반사항을 결의하여야 하며, 상장법인의 경우 동 결의사항을 거
래소에 신고 및 공시하여야 한다(유가증권시장공시규정 제7조 ① 2호 가목 (1),
코스닥시장공시규정 제6조 ① 2호 가목 (1)).

| 이사회결의시 주요내용(상법 제416조) |

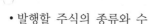

- 발행할 주식의 종류와 수
- 신주의 발행가액과 납입기일
- 신주의 인수방법
- (해당시) 현물출자자의 성명과 그 목적재산의 종류, 수량, 가액 및 이에 부여할 주식의 종류와 수
- 주주의 신주인수권 양도에 관한 사항
- 주주의 청구가 있을 경우 신주인수권증서를 발행한다는 것과 그 청구기간

특히, 상장법인은 신주발행을 위한 이사회결의시 실권주 처리방법, 신주인 수권증서 발행 의무화 및 신주인수권증서의 유통방법을 사전에 결의하여 야 한다.

다. 주요 신고사항

자본시장법에 따라 사업보고서 제출대상법인이 지분증권(주식)을 모집 또 는 매출하는 경우에는 주요사항보고서를 제출하여야 하고 증권신고서를 금융위원회에 제출하여야 하며, 증권신고서 효력이 발생되면 투자설명서 를 금융위원회에 제출하여야 한다. 또한, 증권신고서를 제출한 상장법인이 모집 또는 매출을 완료한 때는 지체없이 증권발행실적보고서를 금융위원 회에 제출하여야 한다.

❖ 주요 신고사항 요약 ❖

구 분	비상장법인		상장법인
	사업보고서 대상제외	사업보고서 제출대상[주1]	
주요사항보고서	미제출	제출	제출
증권신고서	• 모집매출[주2] 해당시 제출 • 모집매출 미해당시 미제출	좌동	좌동
투자설명서	증권신고서 제출시 제출	좌동	좌동
증권발행실적 보고서	증권신고서 제출시 제출[주3]	좌동	좌동

주1) 사업보고서 제출대상법인 : 주권 및 증권 등을 상장한 법인, 주권 및 증권 등을 모집매출한 법인, 주 권 및 증권 등별로 소유자 수가 500인 이상인 외감대상법인(자본시장법 시행령 제167조 ①)

주2) 모집 또는 매출 : 50명 이상의 자에게 증권의 취득권유 또는 매도권유를 하는 행위(이전 6개월 이내에 권유대상자 합산), 기존 상장법인 및 모집매출 실적이 있는 법인의 신주발행은 간주모집으로 의제. 다만, 권유대상자가 50인 미만이라 하더라도, 주식을 교부받는 시점에서 지체없이 한국예탁결제원에 예탁하고 그 예탁일부터 1년간 해당 증권을 인출하거나 매각하지 않기로 하는 내용의 예탁계약을 체결하는 등의 전매제한 조치가 없는 경우, 「증권의 발행 및 공시 등에 관한 규정」 제2-2조 제1항에 기술된 전매기준에 해당되게 되어 간주모집으로 의제

주3) 전매제한조치로 인해 증권신고서 체출하지 않은 3자배정시, 주요사항보고서를 제출한 경우 통상 자율공시로서 증권발행결과를 공시함.

ㄱ. 주요사항보고서

사업보고서 제출대상법인은 다음의 주요사항보고서를 제출하여 유상증자관련 사항을 공시하여야 한다.

제출의무자	유상증자를 하고자 하는 사업보고서 제출대상법인
제출시기	규정상 이사회 결의일 익일까지 제출하여야 하나 실무상 당일날 제출
제출장소	금융위원회
서 식	• 공시서식 중 "<별지 제38-6호 서식> 유상증자 결정" 참조 • 이 서식은 「자본시장과 금융투자업에 관한 법률」 제161조에 따른 주요사항보고서 제출 및 유가증권시장(코스닥시장)공시규정에 따른 공시의무사항 신고에 사용되며, 주요사항보고서를 익일까지 제출하여야 함에도 보고인이 유가증권상장법인 또는 코스닥상장법인 경우, 공시규정에 의거 **이사회결의일 당일 제출**
첨부자료	증자 결의 이사회 의사록
규 정	자본시장법 제161조 ① 5호, 유가공시 제7조 ① 2호 가목(1), 코스닥공시 제6조 ① 2호 가목(1)

ㄴ. 증권신고서

자본시장법에 따라 유상증자로 인하여 증권을 모집 또는 매출하는 경우에는 증권신고서를 금융위원회에 제출하여야 한다.

제출의무자	• 유상증자로 인하여 증권의 모집 또는 매출을 하는 발행인
제출시기	• 증권신고서 제출 및 수리 후 모집 또는 매출 가능
제출장소	• 금융위원회
기재사항	• 공시서식 중 <별지 제1호 서식> 증권신고서 참조

첨부서류	• 정관 • 증권의 발행을 결의한 주총 또는 이사회의사록의 사본 • 법인등기부 등본 • 증권의 발행에 관하여 행정관청의 허가 · 인가 또는 승인 등을 필요로 하는 경우에는 그 허가 · 인가 또는 승인 서류 • 증권의 인수계약을 체결한 경우에는 그 인수계약서의 사본 • 거래소로부터 발행할 증권이 상장기준에 적합하다는 확인을 받은 상장예비심사결과 서류 • 예비투자설명서를 사용하려는 경우에는 예비투자설명서 • 간이투자설명서를 사용하려는 경우에는 간이투자설명서 • 투자자 보호에 필요한 금융위원회가 고시하는 서류 • 감사인의 분기, 반기 등 감사보고서
규 정	• 자본시장법 제119조, 동법 시행령 제125조 • 「증권의 발행 및 공시 등에 관한 규정」 제2-6조 ⑧

증권신고서는 수리 거부통지가 없으면 이를 제출한 날에 수리한 것으로 간주하고 증권신고서 수리 후 효력발생기간은 영업일 기준이고 고위험 기업 (감사의견이 적정이 아닌 기업, 자본금 전액잠식기업, 사업보고서 및 반기 · 분기보고서를 법정기간 내에 제출하지 않는 기업 등)은 증권신고서 효력발생기간이 추가로 3영업일 연장된다.

❖ 증권신고서 효력 발생시기 ❖

발행기업 \ 증권	지분증권(주식)	
	일반공모, 주주우선공모	주주배정, 제3자배정
주권상장법인	10영업일	7영업일
일반법인	15영업일	
규 정	자본시장법 시행규칙 제12조	

주요사항보고서 및 증권신고서의 중요사항에 관하여 거짓의 기재 또는 표시가 있거나 중요사항이 기재 또는 표시되지 아니함으로써 증권의 취득자가 손해를 입은 경우 주요사항보고서 및 증권신고서 작성인의 책임을 엄격히 하기 위하여 자본시장법에서는 손해배상책임 및 형사적 책임에 대하여 명시하고 있다.

❖ 주요 신고사항에 대한 벌칙 ❖

손해배상책임 (자본시장법 제125조 내지 제127조 및 제162조)	• 주요사항보고서 및 증권신고서의 중요사항의 거짓기재 등 (거짓기재 또는 미기재)으로 인하여 증권의 취득자 등이 손 해를 입은 경우 손해배상책임 발생 단, 손해배상책임자가 상당한 주의를 하였음에도 알 수 없었음을 증명하거나, 취득 자(처분자)가 취득(처분)시 그 사실을 안 경우는 제외 • 청구권자가 당해 사실을 안 날로부터 1년 내 또는 해당서류 제출일로부터 3년 내에 청구권 미행사시 권리소멸 • 손해배상책임자 　- 제출인(신고인)과 제출(신고) 당시의 당해 법인의 이사 　- 명예회장, 회장, 사장, 부사장, 전무, 상무, 이사 등의 업 　　무집행 지시자 　- 서명한 공인회계사, 감정인, 신용평가회사, 변호사, 변리 　　사, 세무사 등 　- 자기의 평가, 분석, 확인 의견 기재에 동의하고 확인한 자 등
금융위 조사 및 조치 (자본시장법 제131조, 제132조 및 제164조)	• 투자자 보호를 위하여 필요한 경우 참고자료 제출 요구 및 장 부 서류 등의 조사 가능 • 중요사항의 거짓기재 등의 정정을 명하고, 증권발행제한, 거래 정지 또는 수사기관에 통보 등의 조치 가능
형사적 책임 (자본시장법 제444조 및 제446조)	• 5년 이하 징역 또는 2억원 이하 벌금(자본시장법 제444조) 　- 주요사항보고서 및 증권신고서의 중요사항에 관한 거짓기 　　재 등을 한 자 　- 거짓기재 등을 알고도 서명한 대표이사 및 담당이사 　- 거짓기재 등을 알고도 서명한 공인회계사, 감정인, 신용평 　　가회사 • 1년 이하 징역 또는 3천만원 이하 벌금(자본시장법 제446조) 　- 주요사항보고서를 제출하지 아니한 자 　- 증권신고서(투자설명서 및 정정신고서 포함) 관련 규정을 　　위반한 자
과징금 (자본시장법 제429조)	• 증권신고서상의 모집(매출)가액의 3%(20억원 한도)에서 과 징금 부과 　- 증권신고서, 투자설명서 등 미제출 및 거짓기재 등을 한 자 • 상장사의 경우 직전 사업연도 중 일일평균거래금액의 10% (20억원 한도), 비상장사의 경우 20억원 한도에서 과징금 부과 　- 주요사항보고서 미제출 및 거짓기재 등을 한 자 • 각 위반행위 발생 이후 5년 경과시 과징금 부과 불가

라. 예비투자설명서

증권의 모집 또는 매출을 위하여 청약의 권유를 하고자 하는 경우 투자설명서를 투자자에게 교부하여야 한다.

투자설명서는 증권신고서 효력이 발생되어야 사용할 수 있으나 증권신고서 효력발생에 일정기간이 소요되므로 신고서 효력발생 전이라도 투자의 권유행위가 가능하도록 하기 위하여 사용이 허용된 것이 예비투자설명서(신고의 효력이 발생되지 아니한 사실을 기록한 투자설명서)로서 통상 증권신고서 제출시점에 함께 제출한다.

마. 투자설명서

증권신고서를 제출한 회사는 증권신고서의 효력이 발생되면 투자설명서를 금융위원회에 제출하여야 한다.

제출의무자	• 증권신고서를 제출한 발행인
제출시기	• 증권신고서 효력발생일
제출장소	• 금융위원회
기재사항	• 공시서식 중 <별지 제20호 서식> 투자설명서 참조
규정	• 자본시장법 제123조, 시행령 제131조, 시행규칙 제12조 및 제13조

 | 정정신고서(자본시장법 제122조) |

• 금융위는 증권신고서에 형식상의 불비가 있거나 거짓의 기재, 또는 그 신고서에 기재할 중요한 사항의 기재가 불충분하다고 인정하는 때에는 그 이유를 제시하고 정정신고서의 제출을 명할 수 있음.

• 정정신고서의 제출을 명령받게 될 경우 이전에 제출한 증권신고서는 수리되지 아니한 것으로 보게 되므로 효력발생기간은 정정신고서 제출시점부터 새롭게 시작됨.

• 증권신고서를 제출한 자는 증권의 취득 또는 매수청약일 전일까지 정정신고서를 제출할 수 있음.

• 정정신고서의 효력발생시기는 증권신고서의 효력발생시기와 동일함.

바. 신주발행 공고 및 기준일 공고(상법 제418조, 증권의 발행 및 공시 등에 관한 규정 제5-20조)

증권신고서의 효력이 발생되면 발행회사는 신주의 종류와 수, 신주의 발행가액, 청약기일 및 납입일, 신주의 배정비율, 신주의 인수방법, 신주인수권의 양도에 관한 사항 등 신주발행에 관한 내용을 신문에 공고해야 한다. 단, 예비투자설명서를 제출하는 경우 증권신고서 효력 발생 전에도 공고가 가능하므로 증자기간을 단축하고자 하는 경우 증권신고서 제출시 예비투자설명서를 함께 제출하고 그 다음 날 공고를 함으로써 유상증자기간을 단축할 수 있다.

신주발행에 대한 공고와 함께 발행회사는 신주발행을 위한 이사회에서 정한 주주확정일을 공고하고, 이와 함께 주주확정일 익일부터 일정기간 동안 주주명부의 기재내용 변경 등을 정지하게 된다는 내용도 공고하여야 한다. 주주확정일 및 명의개서정지 공고는 주주확정일의 2주간 전에 공고하여야 하며, 명의개서 정지기간은 3개월을 초과할 수 없다.

기타 회사의 공고와 마찬가지로 정관에 정한 일간신문 또는 전자적 방법(홈페이지 게재, 상법 제289조 및 동법 시행령 제6조)으로 공고가 가능하다.

사. **권리락**(주주확정일 1거래일 전)

유상증자를 실시하면 발행주식수가 증가하여 기존 주식의 가치가 희석되므로 시장에서 거래되는 주식의 가격을 일정 폭 조정(권리락)하여야 한다. 권리락 가격은 아래 산식으로 계산한 금액을 호가 단위로 절상한다.

ㄱ. 권리락 기준가 = [(권리부종가 × 증자 전 주식수)+(발행가액 × 증자주식수)] / (증자 전 주식수+증자주식수) = (권리부종가+발행가액 × 유상증자비율) / (1+유상증자비율)

ㄴ. 권리부종가 : 권리락 전일의 종가

ㄷ. 발행가액 : 1차 발행가액

ㄹ. 유상증자비율 : 증자주식수 / 증자 전 주식수

아. **발행가액의 공고 및 공시**(증권의 발행 및 공시 등에 관한 규정 제5-20조)

발행가액이 확정된 경우 발행인은 주주에게 통지하거나 정관에 정한 신문에 공고하고 동 사항을 거래소에 공시하여야 한다. 기타 회사의 공고와 마찬가지로 정관에 정한 일간신문 또는 전자적 방법(홈페이지 게재, 상법 제289조 및 동법 시행령 제6조)으로의 공고가 가능하다.

자. **주주확정일**

신주발행을 위한 이사회결의에서 정한 날짜로, 이 날까지 주식을 보유한 자에게 배정비율만큼의 신주인수권이 부여된다(권리락은 주주확정일 1거래일 전).

차. 주식청약서 인쇄

발행회사는 구주주의 주식청약서를 인쇄하여 명의개서 대행기관에 전달하여야 하며, 명의개서 대행기관은 동 주식청약서와 함께 신주배정통지서를 주주들에게 발송한다. 주식청약서는 상법 제420조(주식청약서에 기재되어야 하는 사항)를 감안하여 작성해야 하며, 신주배정통지서는 상법 제419조(신주인수권자에 대한 최고)를 감안하여 작성해야 한다.

카. 신주배정 통지(상법 제419조)

명의개서 대행기관은 주주명부가 확정되면 즉시 신주인수권자들에게 신주배정 통지를 하게 된다. 신주배정통지는 구주주 청약일로부터 2주간 전에 통보해야 한다.

구 분	내 용	규 정
신주배정통지서에 기재되어야 하는 사항	• 당해 인수권자에게 배정된 주식의 종류와 수 • 청약일까지 배정주식에 대한 인수의 청약을 하지 않으면 실권된다는 내용 • 신주인수권 양도에 관한 사항 • 주주의 청구가 있는 때에만 신주인수권증서를 발행한다는 것과 그 청구기간[주]	상법 제419조
주식청약서에 기재되어야 하는 사항	• 상 호 • 회사가 발행할 주식의 총수 • 1주의 액면금액 • 주주에게 배당할 이익으로 주식을 소각할 것을 정한 때에는 그 내용 • 납입 금융기관과 납입장소 • 명의개서 대리인을 둔 때에는 그 성명, 주소 및 영업소 • 신주의 종류와 수 • 신주의 발행가액과 납입기일 • 신주의 인수방법 : 구주 1주에 대한 신주배정비율 • 현물출자가 있는 경우 그 현물출자자의 성명과 그 목적인 재산의 종류, 수량, 가액과 이에 대하여 부여할 주식의 종류와 수 • 액면미달발행시 그 발행조건과 미상각액·주주에 대한 신주인수권의 제한에 관한 사항 또는 특정한 제3자에게 이를 부여할 것을 정한 때에는 그 사항 • 신주의 발행결의 연월일	상법 제420조

주) 상장법인의 경우 주주배정증자시 신주인수권증서를 의무적으로 발행하여야 하며 증권시장 상장의
   방법등을 통하여 유통이 가능하도록 하여야 함(자본시장법 제165조의6 ③ 및 동법 시행령 제176조
   의8 ④).

타. 신주인수권증서 발행

상법에서는 주권의 교부 이전이라도 신주인수권의 양도를 인정하고 있으
며 신주인수권의 양도는 신주인수권증서를 통하여 이루어지므로 신주발행
을 위한 이사회 결의시에 신주인수권증서의 발행에 관한 사항을 결의하도
록 규정하고 있다.

신주인수권증서의 발행과 관련하여 상법 제416조 6호에서는 정관에 규정
이 없는 경우 주주의 청구가 있는 경우에만 이사회 결의에 의하여 그 증서
를 발행할 수 있도록 규정하고 있으나 상장법인의 경우 주주배정 증자시
통상 발행가격이 시가보다 낮아 신주인수권증서를 발행하지 않을 경우 증
자에 참여하지 못한 주주의 권리침해가 예상되므로 2013. 8. 29. 개정된
「자본시장법」 제165조의6 ③ 및 동법 시행령 제176조의8 ④에서는 기존주
주의 권익을 보호하기 위하여 신주인수권증서의 발행을 의무화하고 신주
인수권증서를 거래소에 상장하거나 2개 이상의 금융투자업자를 중개회사
로 지정하여 유통이 원활할 수 있도록 유도하고 있다.

❖ 신주인수권증서 발행 · 유통 의무화 ❖

내 용	• 상장법인은 주주배정에 의한 유상증자시 반드시 신주인수권 증서를 발행하여야 하며 동 내용을 이사회에서 결의하여야 함. • 발행된 증서의 유통이 원활하게 이루어질 수 있도록 당해 증서를 상장하거나 2 이상의 금융투자업자(증권회사)를 중개기관으로 지정하도록 이사회에서 결의하여야 함.
규 정	상법 제416조 6호, 자본시장법 제165조의6 ③ 및 동법 시행령 제176조의8 ④, 증권의 발행 및 공시등에 관한 규정 제5 - 19조

신주인수권증서는 매매가능기간이 5영업일 이상이어야 되고 구주주 청약
개시일의 제5거래일 전에 상장이 폐지된다(유가증권시장상장규정 제150조 ③
및 제152조 ②, 코스닥시장상장규정 제83조 ③ 및 제85조 ②).

파. 우리사주조합 및 구주주 청약

ㄱ. 우리사주 청약

우리사주조합의 경우 우선배정분과 기존주주 배정분을 주관회사에 청

약증거금과 함께 조합장 명의로 일괄청약하여야 하므로 청약일 이전에 우리사주조합분의 청약주식수를 확정하여야 한다. 기존에는 우리사주조합의 실권주를 구주주가 청약할 수 있도록 하기 위하여 우리사주조합의 청약을 구주주 청약일의 20일 전에 실시하였으나 이와 같이 하였을 경우 발행가격이 확정되지 않는 상태에서 청약이 실시되는 문제가 발생함에 따라 2013. 8. 29. 자본시장법(제165조의7 ③)을 개정하여 우리사주조합의 실권주를 기존 주주에게 배정하는 경우 상법상 2주 전 통지·공고 의무를 면제하여 우리사주조합이 공모가격 확정 이후 구주주와 동시에 청약할 수 있도록 규정이 개정되었으나 조합원과 주주가 반드시 동시청약을 해야 하는 것은 아니고 기존처럼 조합원 청약 후 실권주식을 주주에게 배정하는 방식도 가능하므로 실무에서는 실권주를 최소화 할 수 있는 기존방법인 「구주주청약 이전 우리사주조합 청약방법」과 「구주주와 우리사주조합 동시 청약방법」이 모두 적용될 수 있을 것으로 판단된다.

| 우리사주조합 실권분에 대한 주주통지의무 배제(자본시장법 제165조의7 ③) |

- 주주배정 증자 시 우리사주조합원이 청약하지 아니한 주식에 대하여는 청약일 2주간 전 통지 및 공고를 하지 않고도 주주에게 배정 허용
- 이에 따라 우리사주조합원도 발행가액이 확정된 후 주주와 같은 날에 청약 가능

 참고 ● 우리사주조합 우선배정

- 유가증권상장법인(자본시장법 제165조의7 ①, 시행령 제176조의9 ①) - 의무배정. 코스닥은 예외
  공모시 우리사주조합원에게 공모주식총수의 20% 범위 내에서 우선적으로 배정받을 권리부여
- 코스닥상장법인 - 자율배정
  법 및 규정에 우선배정권을 규정하고 있지 않으므로 정관에 규정이 있을 경우 그 규정에 따라 공모주식총수의 20% 범위 내에서 우선배정권 부여 가능
- 우리사주조합원 우선배정 적용 예외(자본시장법 제167조의7 ①, ②)
  - 유가증권 상장법인의 주식 모집/매출 시, 우리사주조합원의 청약액과 청약직전 12개월간 취득한 해당법인 주식 취득가액(액면가 미달일시는 액면가 적용)을 합산한 금액이 청약전 12개월간의 급여총액(소득과세대상 급여액)을 초과

하는 경우

- 우리사주조합원이 소유하는 주식수가 신규발행주식 및 기발행주식총수의 20% 초과하는 경우(자본시장법 제165조의7 ②)

ㄴ. **명부상 주주**

주권을 실물로 보관하고 있는 명부상 주주는 주관회사에서 청약한다. 단, 명의개서가 본인명의로 되어 있지 않은 실물보유주주는 주주확정일 전에 명의개서를 하여야만 본인명의의 청약이 가능하다.

ㄷ. **실질주주(증권계좌 위탁주주)**

실질주주들은 주식을 위탁한 거래증권사에서 청약한다.

하. **실권주 일반공모 청약**(자본시장법 제165조의6 ②)

실권주는 미발행이 원칙이나 공모가격이 60% 이상(할인율이 40% 이내)이면서 주주에게 초과청약기회(배정주식의 20% 범위)를 부여하거나 계열관계에 있지 않은 인수인(증권회사)이 실권주 전부를 취득하는 인수계약을 체결하는 경우 실권주 발행이 가능하다.

청약 후 실권주식수가 확정되면 그 실권주는 초과청약 및 일반공모의 방법으로 처리할 수 있으며 일반공모를 실시할 경우 일반공모에 관한 사항을 주관회사 명의로 기타 회사의 공고와 마찬가지로 정관에 정한 일간신문 또는 전자적 방법(홈페이지 게재, 상법 제289조 및 동법 시행령 제6조)으로 청약 안내문을 공고한다. 실권주 청약은 「금융실명거래 및 비밀보장에 관한 법률」에 의한 실명자이면 개인 및 법인에 제한 없이 1인 1건에 한하여 주관회사에서 청약할 수 있다.

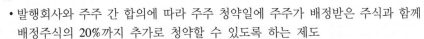
| 초과청약 제도(자본시장법 제165조의6 ②, 동법 시행령 제176조의8 ②) |

- 발행회사와 주주 간 합의에 따라 주주 청약일에 주주가 배정받은 주식과 함께 배정주식의 20%까지 추가로 청약할 수 있도록 하는 제도
- 초과청약을 한 주주는 우리사주조합 또는 다른 주주가 청약하지 않은 주식을 초과청약 주식 수에 비례하여 배정받을 수 있음.
- 회사의 실권주 발생 가능성 감소

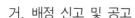
거. 배정 신고 및 공고

주관회사는 실권주 청약의 집계가 끝나면 각 청약단위별로 신주의 배정수량을 결정하여 금융위에 신고하고, 금융위에서 주관회사가 제출한 배정신고를 승인하면 기타 회사의 공고와 마찬가지로 정관에 정한 일간신문 또는 전자적 방법(홈페이지 게재, 상법 제289조 및 동법 시행령 제6조)으로 배정공고를 한다.

너. 주금납입

주금납입일에 주관회사는 청약자들이 납부한 청약증거금을 주금으로 대체하여 납입처에 납입하고 주식청약서를 등기부등본 및 인감증명서와 함께 발행회사에 제출한다. 청약자들은 주금의 납입을 이행한 때에는 납입기일의 익일부터 주주로서의 권리와 의무를 갖게 된다(상법 제423조 ①).

더. 환 불

주관회사는 실권주 청약결과 청약주수가 모집주수를 초과하여 청약주수보다 적게 배정한 경우 청약시 지정한 환불계좌로 배정된 금액을 제외한 나머지 청약증거금을 환불한다.

러. 증권발행실적보고서

증권신고서를 제출한 법인은 모집 또는 매출을 완료한 후 지체없이 증권발행실적보고서를 금융위원회에 제출(전자공시)하여야 한다.

제출의무자	• 증권신고서를 제출한 발행인
제출시기	• 모집 또는 매출을 완료한 때 지체없이 제출
제출장소	• 금융위원회
기재사항	• 발행개요 • 청약 및 배정에 관한 사항 • 유상증자 전후의 주요주주 지분변동 • 증권교부일 등 • 공시 이행상항 • 조달된 자금의 사용내역 • 신주인수권증서 발행내역 • 실권주 처리내역 • 예상손익구조의 확정 내용
서 식	• 공시서식 중 <별지 제24호 서식> 증권발행실적보고서 참조
규 정	• 자본시장법 제128조, 「증권의 발행 및 공시 등에 관한 규정」 제2-19조

머. 증자등기, 주금수령

주금납입이 완료되면 발행회사는 신주발행에 따른 자본금 변경등기를 하여야 한다.

자본금 변경등기는 납입일로부터 본점소재지에서는 2주 내에, 지점소재지에서는 3주 내에 관할등기소에 신청해야 하나, 증자등기를 하여야 주금인출이 가능하므로 일반적으로 납입일로부터 최단기간에 증자등기를 완료하여 주금을 인출한다.

증자등기시 필요서류(상업등기규칙 제133조)

- (공증받은) 이사회 의사록 및 주총의사록
- 정 관
- 주식인수를 증명하는 정보
- 주식청약을 증명하는 정보
- 주금납입증명서 또는 잔고증명서
- 상계가 있는 경우 상계를 증명하는 정보
- 현물출자가 있는 경우 검사인의 검사보고서와 부속서류, 현물출자증명서, 현물출자 재산인수증

버. 신주상장 신청

상장법인이 증자를 할 경우 상장주식의 수량이 변경되므로 신주상장 신청을 해야 한다.

유가증권상장법인의 신주상장 절차는 예탁자계좌부 기재확인서를 제외한 제출서류를 준비하여 상장예정일의 5거래일 전까지 신주상장 신청을 하고 예탁자계좌부 기재확인서가 확정되는 대로 한국거래소에 제출한다.

한편 코스닥상장법인의 경우에는 주금납입일로부터 1개월 이내에 신주상장 신청을 하도록 규정하고 있으나 실무에서는 예탁자계좌부 기재확인서를 제외한 제출서류를 준비하여 증자등기 후 최대한 빨리 신주상장 신청을 하고 예탁자계좌부 기재확인서가 확정되는 대로 한국거래소에 제출해야 하며 규정상 추가상장일의 5영업일 전까지는 제출하여야 한다.

구 분	유가증권상장법인	코스닥상장법인
신청시기	신주발행 효력 발생 후 지체없이, 상장예정일의 5영업일 전까지 신청	규정상 사유발생일(주금납입일)로부터 1개월 이내, 추가상장일로부터 5영업일 전까지 추가상장신청

구 분	유가증권상장법인	코스닥상장법인
첨부서류	• 상장신청서(별지 제32호) • 신주발행 일정표 • 법인등기부등본 • 발행등록사실확인서 • 주금납입증명서류(주금납입증명서) • 그 밖에 거래소가 상장심사상 필요하다고 인정하는 서류 　－이사회 의사록사본 　－상장수수료 납부영수증 　－금융거래정보제공 동의서	• 변경(추가) 상장신청서(<별지 제25호> 참조) • 이사회 또는 주총 의사록 사본 • 법인등기부등본 • 발행등록사실확인서 • (해당시) 의무보유확약서(<별지 제14호> 참조) • (해당시) 의무보유를 증명할 수 있는 예탁결제원이 발행한 서류 • 주금납입증명서류 • 유통주식현황표(<별지 제2호> 참조) • 상호변경, 액면분할, 합병 등으로 변경상장하는 경우 해당 증빙 서류 • 그 밖에 거래소가 상장심사상 필요하다고 인정하는 서류
제출처	한국거래소	한국거래소
규 정	• 유가증권시장상장규정 제43조 • 동 시행세칙 제37조 및 별표5	• 코스닥시장상장규정 제44조 • 동 시행세칙 제39조 및 별표5

(주) 신주상장 신청절차 및 첨부서류에 대해서는 사전에 거래소 담당자와 협의할 것

❖ 유상증자 발행비용 ❖

구 분	내 용	규 정
인수수수료	발행사와 증권사 간 협의 결정	－
발행분담금	발행금액 × 0.018%(10만원 미만 절사)	금융기관 분담금징수 등에 관한 규정 제5조 ①
상장수수료	증가 자본금에 따라 차등 적용	유가상장 시행세칙 제128조(별표10) 코스닥상장 시행세칙 제84조(별표14)
등록세	증자 자본금 × 0.4%	지방세법 제28조 ① 6호
교육세	등록세 × 20%	지방세법 제151조 ① 2호
기타 비용	신문공고비, 인쇄비 등	－

(주) 유가증권시장상장규정(유가상장), 코스닥시장상장규정(코스닥상장)

✦ 유가증권상장법인 상장수수료(유가증권시장상장규정 시행세칙 제128조 〔별표 10〕) ✦

시가총액^{주)}		수수료율	
	30억원 이하	10억원당 50만원 (단, 1억원 이하는 25만원, 1억원~10억원 이하는 50만원 정액으로 한다)	
30억원 초과	200억원 이하	150만원 + 30억원 초과금액의	0.021%
200억원 초과	500억원 이하	507만원 + 200억원 초과금액의	0.018%
500억원 초과	1,000억원 이하	1,047만원 + 500억원 초과금액의	0.015%
1,000억원 초과	2,000억원 이하	1,797만원 + 1,000억원 초과금액의	0.012%
2,000억원 초과	5,000억원 이하	2,997만원 + 2,000억원 초과금액의	0.008%
5,000억원 초과		5,397만원 + 5,000억원 초과금액의	0.003%
최대한도액		8천만원	

주) 상장수수료 산정시 시가총액 : 추가상장주식수 × 상장신청일 직전일 종가

✦ 코스닥 추가상장수수료(코스닥시장상장규정 시행세칙 제84조 및 〔별표 14〕) ✦

시가총액^{주)}		요 율	
	100억원 이하	10억원당 25만원 (최저한도액 25만원)	
100억원 초과	300억원 이하	250만원 + 100억원 초과금액의	0.009%
300억원 초과	500억원 이하	430만원 + 300억원 초과금액의	0.008%
500억원 초과	700억원 이하	590만원 + 500억원 초과금액의	0.007%
700억원 초과	1,000억원 이하	730만원 + 700억원 초과금액의	0.006%
1,000억원 초과	2,000억원 이하	910만원 + 1,000억원 초과금액의	0.005%
2,000억원 초과	5,000억원 이하	1,410만원 + 2,000억원 초과금액의	0.004%
5,000억원 초과		2,610만원 + 5,000억원 초과금액의	0.002%
최고한도액		5천만원	

주) 상장수수료 산정시 시가총액 : 추가상장주식수 × 상장신청일 직전일 종가

(2) 공모 증자

기존주주의 신주인수권을 배제하고 정관의 규정에 의하여 이사회 결의로써 불특정다수(해당 법인 주주 포함)를 대상으로 신주를 발행하는 방법으로 일반공모 증자와 주주우선공모증자로 구분할 수 있다.

기존에는 불특정다수인에게 청약의 기회를 부여하되 기존주주에게 청약의 우선권만을 부여하던 주주우선공모증자 방식이 기존주주의 권리를 침해할 가능성이 있어 실무에서 적용되기 어려웠으나 법률개정으로 주주우선공모를 일반공모의 하나의 유형으로 규정(자본시장법 제165조의6 ④ 3호)함에 따라 앞으로는 주주우선공모 증자방식도 실무에서 많이 적용될 것으로 기대된다.

공모증자방법은 기존주주에 대한 통지 및 배정절차가 필요없어 주주배정 증자에 비하여 그 절차가 단순하고 단기간에 증자절차를 완료할 수 있다는 장점이 있다.

① 일반공모증자

절 차	일 정	규정 및 내용
사전절차	–	• 관련법률, 회계, 세무문제 검토 • 관계기관(감독원, 거래소 등) 협의 • 유가증권 분석 및 예비실사(7영업일 이상)
인수계약 체결		증권회사와 인수계약 체결
이사회 결의 및 신고·공시 주요사항보고서 제출	D	유가공시 제7조 ① 2호, 코스닥공시 제6조 ① 2호 자본시장법 제161조 ① 5호, 영 제171조 ① 1호
증권신고서/예비투자설명서 제출		자본시장법 제119조, 제124조 ② 2호
발행가액 확정 확정발행가액 공시 증권신고서/투자설명서 정정	D+10	• 청약일 3~5거래일 전 • 발행조건 확정시 증권신고서/투자설명서 정정 • 증발공 제5-18조
증권신고서 효력발생 투자설명서 전자공시	D+15	자본시장법 시행규칙 제12조 ① 효력발생기간 10영업일(상장), 15영업일(비상장)
일반공모 청약안내 공고	D+16	
청약	D+18~19	
청약결과 공시	D+20	자율공시
배정공고 및 초과청약금 환불	D+21	
주금납입		
증권발행 공시	D+22	
증권발행실적보고서 전자공시		자본시장법 제128조, 증발공 제2-19조

절 차	일 정	규정 및 내용
주금인출	D+23	
상장신청	D+24	
신주권 상장	D+33	유가상장 제43조 ①, 세칙 제37조(별표5) 코스닥상장 제44조, 세칙 제39조(별표5)

(주) : 1. 유가공시(유가증권시장공시규정), 코스닥공시(코스닥시장공시규정), 유가상장(유가증권시장상장규정), 코스닥상장(코스닥시장상장규정), 증발공(증권의 발행 및 공시등에 관한 규정)
2. 증권신고서 효력발생기간은 영업일 기준이고 고위험 기업(감사의견이 적정이 아닌 기업 또는 자본금전액 잠식기업 등)은 증권신고서 효력발생기간이 추가로 3영업일 연장됨.

② 주주우선공모증자

절 차	일 정	규정 및 내용
사전절차	−	• 관련법률, 회계, 세무문제 검토 • 관계기관(감독원, 거래소 등) 및 명의개서대행기관과 협의 • 유가증권 분석 및 예비실사(7영업일 이상)
인수계약 체결		증권회사와 인수계약 체결
이사회 결의 및 신고·공시 주요사항보고서 제출	D	유가공시 제7조 ① 2호, 코스닥공시 제6조 ① 2호 자본시장법 제161조 ① 5호, 영 제171조 ① 1호
증권신고서/예비투자설명서 제출		자본시장법 제119조, 제124조 ② 2호
신주발행 공고 및 기준일 공고	D+1	주주확정일 2주 전 상법 제418조 ③, 증발공 제5−20조
증권신고서 효력발생 투자설명서 전자공시	D+16	효력발생기간 10영업일 자본시장법 시행규칙 제12조 ①
권리락	D+17	
주주확정일(신주배정기준일)	D+18	
신주배정 및 발행가액 통지 청약서 발송	D+30	구주주 청약일 2주 전, 상법 제419조

절 차	일 정	규정 및 내용
발행가액 확정 및 공시	D+39	• 발행가액은 구주주 청약일 3거래일 전에 확정 • 발행조건 확정시 증권신고서/투자설명서 정정 • 증발공 제5−20조
발행가액 확정 공고	D+42	
구주주 및 우리사주조합 청약	D+45~46	
실권주 청약 공고	D+50	
실권주 일반청약	D+50~51	
청약결과 공시	D+52	자율공시
주금납입, 환불, 배정공고 발행실적보고서 전자공시 증권발행공시	D+53	자본시장법 제128조, 증발공 제2−19조
등기신청	D+54	
주금인출	D+55	
신주권 상장 신청	D+56	유가상장 제43조, 세칙 제37조(별표5) 코스닥상장 제44조, 세칙 제39조(별표5)
신주권 추가 상장	D+65	

(주) : 1. 유가공시(유가증권시장공시규정), 코스닥공시(코스닥시장공시규정), 유가상장(유가증권시장상장규정), 코스닥상장(코스닥시장상장규정), 증발공(증권의 발행 및 공시등에 관한 규정)
2. 증권신고서 효력발생기간은 영업일 기준이고 고위험 기업(감사의견이 적정이 아닌 기업 또는 자본금전액 잠식기업 등)은 증권신고서 효력발생기간이 추가로 3영업일 연장됨.

(3) 제3자배정 증자

상장법인의 경우 당해 주권이 이미 공모를 통하여 상장되어 있으므로 청약권유자의 수가 50인 이하라 하더라도 상장법인의 신주발행은 공모로 간주(간주공모)된다. 따라서 청약권유자의 수가 50인 이하인 상장법인의 제3자배정 증자의 경우에도 공모로 간주되므로 증권신고서, 투자설명서, 증권발행실적보고서를 제출하여야 증자를 할 수 있다. 그러나 발행증권을 전매제한[발행된 증권을 1년간 한국예탁결제원에 예탁(보호예수)]하면 증권신고서, 투자설명서, 증권발행실적보고서 제출이 면제되므로 간편하게 증자를 실시할 수 있다.

따라서 상장법인의 제3자배정 증자는 대부분 발행된 증권을 1년간 한국예탁결제원에 예탁(보호예수)하는 형식으로 이루어지므로 증권신고서, 투자설명서, 증권발행실적보고서가 면제되어 절차가 단순하고 비교적 짧은 기간 내에 증자를 완료할수 있다.

상법에서는 증자의 공정성을 확보하고 기존 주주에게 불리한 신주발행을 막을 수있는 기회를 제공하기 위하여 제3자배정 증자시 신주발행사항을 사전에 공시하도록 규정(상법 제418조 ④)하고 있다.

따라서 회사가 제3자배정 증자를 실시하는 경우 그와 관련된 신주의 종류와 수, 신주의 발행가액과 납입기일, 신주의 인수방법, (현물출자 해당시)현물출자자의 성명과 목적재산의 종류, 수량, 가액과 이에 대해 부여할 주식의 종류와 수를 그 납입기일의 2주 전까지 주주에게 통지하거나 공고하여야 한다(상법 제418조 ④).

단, 비상장법인은 상법 제418조 ④에 따라 납입기일의 2주전 주주통지 또는 공고를 하여야 하는데 반해, 상장법인의 경우 금융위에 제출한 주요사항보고서를 3년간 일정한 장소에 비치하고 인터넷 홈페이지 등을 이용하여 금융위와 거래소에 공시한 경우(자본시장법 제163조) 납입기일의 1주전까지 주요사항보고서를 제출하는 경우에 한하여 상법 제418조 ④에 따른 납입기일의 2주전 주주통지 또는 공고절차를 생략할 수 있어(자본시장법 제165조의9) 이사회부터 납입일까지의 간격이 비상장법인에 비해서는 1주일 정도 축소되었다.

여기에서는 증권신고서 등 제출이 필요없는(전매제한) 제3자배정 증자 절차에 대하여 살펴보기로 한다.

절 차	일 정	비 고
정관정비 또는 주총특별결의	사전절차	• 정관에 제3자배정에 관한 근거조항 명시 • 정관에 근거규정이 없을 경우 주총특별결의 필요
발행가액 확정	D-1	
이사회결의 및 주요사항 보고서 제출	D	유가공시 제7조 ① 2호, 코스닥공시 제6조 ① 2호 자본시장법 제161조 ① 5호, 영 제171조 ① 1호

절 차	일 정	비 고
신주배정사항에 대한 공고		• 신주의 종류와 수, 신주의 발행가격 및 납입기일, 신주의 인수방법을 납입기일의 2주 전까지 공고(상법 제418조 ④) • 상장법인은 생략 가능(자본시장법 제165조의9)
인수계약서 체결		제3자와 인수계약 체결
청약 및 납입	D + 15	• 상장법인의 경우 주요사항보고서 제출 후 1주후 납입 등 후속절차 가능
증권발행결과 공시		자율공시
증자등기신청	D + 16	–
주금인출	D + 17	–

(주) : 1. 유가증권시장공시규정(유가공시), 코스닥시장공시규정(코스닥공시)
2. 상장법인의 경우 자본시장법 제165조의9에 의거, 납입기일의 1주전까지 주요사항보고서를 제출하는 경우에 한하여 상법 제418조 ④의 납입기일 2주전 주주통지 또는 공고절차를 생략할 수 있으므로 비상장사 대비, 최소 1주 이상의 기간 단축이 가능함.

(4) 소액공모증자절차

소액공모증자는 소규모상장기업의 기동성 있는 자금조달을 위하여 공모금액[보통주·우선주·채무증권(CB·BW 등)에 관계없이 과거 1년간의 공모실적 합산금액]이 10억원에 미달인 경우 증권신고서를 제출을 면제하고 간소화된 공시서류만을 제출하여 공모를 할 수 있도록 한 제도이다.

절 차	일 정	규정 및 내용
사전절차	–	• 관련법률, 회계, 세무문제 검토 • 관계기관(감독원, 거래소 등) 협의
청약증거금 관리계약 체결		자본시장법 제130조, 영 제137조 ① 3호의2
이사회 결의 및 주요사항 보고서 제출	D	유가공시 제7조 ① 2호, 코스닥공시 제6조 ① 2호 자본시장법 제161조 ① 5호, 영 제171조 ① 1호
소액공모공시서류 제출		자본시장법 제130조, 동법 시행령 제137조 별지 제15호 서식 : 소액공모공시서류 참조
청약안내 공고 (금감원 전자공시시스템)		자본시장법 시행령 제137조 ① 3호

절 차	일 정	규정 및 내용
청약 및 납입	D+8	자본시장법 제165조의9 상법 제418조 ④
배정공고		금감원 전자공시시스템 소액공모실적보고서에 게시
소액공모실적보고서 제출 (모집·매출실적에 대한 결과 보고)	D+8	• 별지 제28호 서식 : 소액공모실적보고서 참조 • 신고서를 제출하지 아니하는 모집 또는 매출 실적에 관한 결과 보고시 제출 • 자본시장법 제130조 및 동법 시행령 제137조 ① 4호
증자등기	D+9	
주금수령	D+10	
신주상장	사후절차	

① 청약증거금 관리계약 체결(자본시장법 시행령 제137조 ① 3호의2)

발행인은 청약증거금의 관리업무(수납·보관·환급)을 금융회사(증권사, 은행) 또는 증권금융이 수행할 수 있도록 금융기관 등과 청약증거금 관리계약을 체결하고 계좌를 개설하여야 한다.

② 소액공모서류 제출

소액공모 청약일의 3일 전까지 발행인은 다음과 같은 재무상태와 영업실적을 기재한 서류를 금융위원회에 제출하여야 한다.

제출서류	• 설립 후 1사업연도 경과 법인
	  – 감사인의 감사보고서(반기결산 경과시 반기검토보고서) 또는 최근월 말일을 기준으로 한 감사보고서
	• 설립 후 1사업연도 미경과 법인
	  – 최근월 말일을 기준으로 한 감사보고서

제출시기	소액공모 개시일(청약일)의 3일 전까지 제출
제 출 처	금융위원회
규 정	자본시장법 시행령 제137조 ① 1호, 3호 증권의 발행 및 공시 등에 관한 규정 제2-17조 ①, ②

③ 소액공모실적보고서 제출(모집·매출실적에 관한 결과 보고)

기재내용	• 발행인의 명칭 및 주소 • 주관회사 명칭(주관회사가 있는 경우) • 청약 및 배정에 관한 사항 • 증권의 교부일, 상장일 및 등기일 • 유상증자 전후의 주요주주의 지분변동 상황 • 자금사용 내역
보고시점	모집·매출 종료시
서 식	<별지 제28호 서식> : 소액공모실적보고서 참조
보 고 처	금융위원회
규 정	• 자본시장법 제130조 및 동법 시행령 제137조 ① 4호 • 증권의 발행 및 공시 등에 관한 규정 제2-17조 ③

 발행가액 결정방식

상장법인의 유상증자시 발행가액 결정방식을 증자유형별로 주주배정 및 주주배정 후 실권주 일반공모 증자, 일반공모 및 주주우선공모 증자, 제3자배정 증자로 구분하여 검토하면 다음과 같다.

(1) 주주배정 및 주주배정 후 실권주 일반공모

주주배정 및 주주배정 후 실권주 일반공모 증자의 경우 자본시장법 시행으로 발행가액 산정방법과 할인율이 완전히 자율화되어 과거 증권거래법의 경우처럼 1차, 2차, 확정발행가액을 산정할 필요가 없다. 그러나 실무에서는 주가의 변동을 발행가액에 최대한 반영하기 위하여 과거의 증권거래법에 의한 발행가액 산정방법을 지금도 일부 준용하고 있다.

① 발행가액 결정 절차

절 차	기산일	산정내역
예정 발행가액	이사회 결의일 前日	[기준주가×(1 - 할인율)]/[(1 + 할인율)×증자비율]
1차 발행가액	주주확정일 前 3거래일	[기준주가×(1 - 할인율)]/[(1 + 할인율)×증자비율]
권리락	주주확정일 前日	[권리락 전일종가＋(1차 발행가×증자비율)]/(1 + 증자비율)
2차 발행가액	구주주 청약일 前 3거래일	기준주가×(1 - 할인율)
최종 발행가액	구주주 청약일 前 3거래일	Max[Min[1차 발행가, 2차 발행가], 청약일 전 3~5거래일 가중산술평균주가 ×(1 - 실권주발행을 위한 최대할인율[주])]

주) 1차 발행가액 및 2차 발행가액 산정시의 할인율은 동일함. 단, 최종발행가액 산정시의 할인율은 위 1, 2차 가액 산정시의 할인율과 별개(자본시장법 제165조의6, 발행·공시규정 제5-15조의2)

② 증권거래법상 발행가액 산정방법(舊유가증권의 발행 및 공시 등에 관한 규정 제57조)
　　과거 증권거래법상 발행가액 산정시 적용하는 방법이나 자본시장법 시행으로 현재는 폐지되어 발행가액 산정방법이 완전히 자율화되었으나 실무에서는 현재도 증권거래법상 발행가액 산정방법을 여전히 준용하여 사용하고 있다.

구 분	1차 발행가액 산정방법
기산일	신주배정 기준일 전 제3거래일
계산식	1차 발행가액＝[기준주가 × (1 - 할인율)] / (1 + 할인율 × 증자비율)
기준주가	Min[(1개월 거래량 가중평균종가＋1주일 거래량 가중평균종가＋기산일종가) / 3, 기산일종가]
할인율	자율결정

(주) 가중평균종가＝∑일별(종가 × 거래량) / ∑일별 거래량

구 분	2차 발행가액 산정방법
기산일	구주주 청약일 제3거래일 전
계산식	2차 발행가액＝기준주가 × (1 − 할인율)
기준주가	Min[(1주일 거래량 가중평균종가＋최근일종가) / 2, 기산일종가]
할인율	자율결정(1차발행가액 산정시의 할인율)

(주) 가중평균종가＝∑일별(종가 × 거래량) / ∑일별 거래량

구 분	확정 발행가액 산정방법
결정시점	2차 발행가액 결정일
계산식	확정 발행가액＝Min(1차 발행가액, 2차 발행가액)

③ 현행 자본시장법상 발행가액 산정방법

앞서 설명하였듯이, 현행 자본시장법상 주주배정 증자의 경우 발행가액 산정 방식은 자율화되었다. 그러나 통상 위 산식을 사용하되, 그 기준주가는 기존 유가증권발행공시 규정에 쓰였던 거래량가중평균종가(= ∑일별(종가×거래량) / ∑일별 거래량) 대신 가중산술평균주가(∑일별 총거래금액 / ∑일별 총거래주식수)를 사용하고 있다.

또한 Min(1차 발행가액, 2차 발행가액)을 확정발행가액으로 사용하되, 실권주에 대해 발행을 하고자 하는 경우에는 발행가액이 청약일전 제3∼5거래일까지의 가중산술평균주가를 기준주가로 하여 40% 할인율을 적용하여 산정한 가격보다 높아야 하므로(자본시장법 제165조의6, 발행·공시규정 제5 − 15조의2) 이를 감안하여 아래와 같이 확정발행가액을 정하고 있다(단, 주가호가단위 미만은 절상함).

구 분	자본시장법상 발행가액 산정방법
(A) 1차발행가액	위 ②증권거래법상의 산식을 따르되, 가중산술평균주가 적용 −기산일 :주주배정기준일 전 3거래일 전 −기준주가＝Min[(1월 가중산술평균주가＋1주 가중산술평균주가＋기산일종가) / 3, 기산일종가] −발행가액＝[기준주가 × (1 − 할인율)] / (1 + 할인율 × 증자비율)
(B) 2차발행가액	위 ②증권거래법상의 산식을 따르되, 가중산술평균주가 적용 −기산일 : 청약일 3거래일 전 −기준주가＝Min(1주일 가중산술평균주가, 최근일 종가) −발행가액＝[기준주가 × (1 − 할인율)] / (1 + 할인율 × 증자비율)

구 분	자본시장법상 발행가액 산정방법
(C) 실권주발행 위한 최저가액	-청약일 전 3~5거래일 가중산술평균주가 × (1-40%) (자본시장법 제165조의6, 발행·공시규정 제5-15조의2)
확정발행가액	Max[Min(A, B), C] 실권주를 미발행할 경우에는 Min(A, B)

(주) 가중산술평균주가＝∑일별 총거래금액 / ∑일별 총거래주식

(2) 일반공모 증자(「증권의 발행 및 공시 등에 관한 규정」 제5-18조)

① 발행가액 결정 절차

절 차	기산일	산정내역
예정 발행가액	이사회 결의일 前 5거래일~3거래일	기준주가×(1-할인율)
⬇	⬇	⬇
최종 발행가액	청약일 前 5거래일~3거래일	기준주가×(1-할인율)

② 발행가액 산정방법

구 분	내 용
계산식	발행가액＝기준주가 × (1-할인율)
기준주가	청약일 전 과거 제3거래일로부터 제5거래일까지의 가중산술평균주가
할인율	30% 이내

(주) 가중산술평균주가＝∑일별 총거래대금 / ∑일별 총거래주식수

(3) 제3자배정 증자(「증권의 발행 및 공시 등에 관한 규정」 제5-18조)

제3자배정 증자의 경우 발행가액 산정은 발행된 증권에 대하여 전매를 제한(발행된 증권을 1년간 한국예탁결제원에 예탁-보호예수)하는 경우와 전매제한이 없는 경우에 따라 다음과 같이 결정된다.

구 분	발행가액 산정방법
전매제한이 있는 경우	아래 ①과 ② 중에서 선택 가능
전매제한이 없는 경우	아래 ②에 의하여 산정
전매제한 규정	증권의 발행 및 공시 등에 관한 규정 제2-2조 ② 1호

① 이사회 결의일 기준 기준주가 산정

구 분	내 용
기산일	유상증자를 위한 이사회 결의일 前日
계산식	발행가액＝기준주가 × (1 - 할인율)
기준주가	Min[(1개월 가중산술평균주가＋1주일 가중산술평균주가＋최근일 가중산술평균주가) / 3, 최근일 가중산술평균주가]
할인율	10% 이내

(주) 가중산술평균주가＝∑일별 총거래대금 / ∑일별 총거래주식수

② 청약일 기준 기준주가 산정

구 분	내 용
계산식	발행가액＝기준주가 × (1 - 할인율)
기준주가	청약일 前 과거 제3거래일로부터 제5거래일까지의 가중산술평균주가
할인율	10% 이내

(주) 가중산술평균주가＝∑일별 총거래대금 / ∑일별 총거래주식수

⑤ 유상증자와 주가와의 관계

일반적으로 유상증자는 자산가치는 증가하나 미래의 가치를 결정짓는 수익가치가 변하지 않는 상태에서 발행주식수만 늘어나게 되므로 주가에 부정적인 영향을 미친다.

유상증자로 주가가 하락하는 이유는 발행주식수 증가로 인해 1주당 수익가치가 하락하고 수급측면에서 매도가능수량이 많아지기 때문이며 유상증자 규모가 클수록 발행주식수는 더 늘어나게 돼 주가 하락폭은 더 커지게 되는 것이 일반적이다. 그러나 모든 유상증자가 주가에 부정적인 영향을 주는 것은 아니다. 대규모 수주

를 충족시키거나 우량한 주주의 영입 등 미래의 기업가치를 증대시키기 위한 자본조달 수단으로 유상증자를 실시하는 경우에는 오히려 유상증자의 사유가 호재로 작용하여 주가가 상승할 수도 있다.

⑥ 신주인수권증서의 상장

신주인수권증서란 기존주주가 소유한 주식수에 따라 신주를 배정받을 수 있는 권리를 표창하는 증권으로 기존주주는 신주인수권증서를 통하여 증자에 참여할 수 있고 증자에 참여하지 않을 경우 이를 매각할 수 있는 유가증권이다.

주주배정증자의 경우 통상 신주 발행가격이 시가보다 낮게 결정되기 때문에 권리락 절차가 존재하며 권리락이 발생되면 주가가 하락한다.

따라서 주주배정 증자시 기존주주가 증자에 참여하지 않을 경우 기존주주는 권리락으로 손해를 볼 수 있으나 신주인수권증서가 발행되어 상장된 경우 이를 매각함으로써 손해를 방지할 수 있다.

또한 신주인수권이 없어 증자에 참여할 수 없는 일반투자자들은 신주인수권증서를 매입함으로써 증자에 참여할 수 있으므로 발행회사 입장에서는 증자의 청약률을 제고하고 실권을 방지할 수 있다.

이와같이 신주인수권증서는 주주의 권익에 중요한 영향을 미치고 증자의 성공과 실패에 중요한 영향을 미치는 요소지만 현행 상법(제416조 6호)에서는 주주의 청구가 있는 경우에만 신주인수권증서를 발행할 수 있었으므로 상장법인의 경우 신주인수권증서를 발행하지 않고 증자를 실시함으로써 주주의 권익이 훼손되는 사례가 발생될 수 있었다.

자본시장법(제165조의6 ③ 및 동법 시행령 제176조의8 ④)에서는 이와 같은 문제점을 해결하기 위하여 법을 개정하여 주주배정 증자시 신주인수권증서 발행을 의무화하고 유통을 원활하게 하기 위하여 신주인수권증서를 거래소에 상장하거나 2개 이상의 증권회사를 중개회사로 지정하도록 법을 변경함으로써 주주의 권익을 보호하고 실권율 감소를 유도하고 있다.

신주인수권증서는 권리락이 필요한 주주배정증자의 경우에만 발행되고 권리락이 불필요한 일반공모증자와 제3자배정증자의 경우에는 발행되지 않는다.

| 신주인수권증서 발행 및 유통 의무화(자본시장법 제165조의6 및 및 동법 시행령 제176조의8)|

- 주주배정방식으로 신주를 발행하는 경우 반드시 신주인수권증서 발행
- 발행된 증서의 유통이 원활하게 이루어질 수 있도록 당해 증서를 상장하거나 둘 이상의 금융투자업자(증권회사)를 중개기관으로 지정하도록 함.

(1) 유가증권시장

① 신주인수권증서 신규상장 요건(유가증권시장상장규정 제150조)

구 분	요 건
발행회사	증서의 발행회사가 유가증권시장 상장법인일 것
질적 요건	발행회사 주식이 관리종목지정기준 또는 상장폐지기준에 해당되지 않을 것
신주인수권 양도허용	신주인수권 양도를 허용하고 신주인수권을 갖는 모든 주주에게 증서를 발행할 것
상장증서수	신주인수권증서 발행총수 1만증서(신주 액면 5,000원 기준) 이상
거래가능기간	거래가능기간이 5일(매매거래일 기준) 이상
규 정	유가증권시장상장규정 제150조 ③

② 신주인수권증서 신규상장시 제출서류

제 출 서 류
• <별지 제30호 서식> 신주인수권증서 상장신청서 • 정관 • 신주발행을 결의한 이사회의사록 사본 • 신주인수권증서의 서식 • 거래소가 상장심사상 필요하다고 인정하는 서류
유가증권시장상장규정 제150조 ① 및 동 시행세칙 제124조(별표3)

③ 신주인수권증서 상장 및 상장폐지 절차

절차	일정	내용	규정
신주배정기준일	D		
신수인수권증서 상장신청	D+8	신구배정기순일 이후 상장신청	유가상장 제150조
신주인수권증서 상장	D+15	상장신청일 이후 상장	유가상장 제150조 ③
신주인수권 거래	D+15 ~D+22	거래가능 기간 5일(매매일 기준) 이상	
신주인수권증서 상장폐지	D+23	구주주 청약개시일의 5거래일 전	유가상장 제152조 ②
구주주 청약일	D+30		

(주) 유가상장 : 유가증권시장상장규정

(2) 코스닥증권시장

① 신주인수권증서 신규상장 요건

구 분	요 건
발행회사	증서의 발행회사가 코스닥시장 상장법인일 것
질적 요건	발행회사의 주권이 관리종목 지정기준 또는 상장폐지기준에 해당되지 않을 것
신주인수권 양도허용	신주인수권 양도를 허용하고 신주인수권을 갖는 모든 주주에게 증서를 발행할 것
상장증서수	신주인수권증서 발행총수 1만증서(신주 액면 5,000원 기준) 이상
거래가능기간	거래가능기간이 5일(매매거래일 기준) 이상
규 정	코스닥시장상장규정 제83조 ②

② 신주인수권증서 신규상장시 제출서류

제 출 서 류
• 별지 제39호 서식의 신규상장신청서
• 신주발행을 결의한 이사회의사록 사본
• 신주인수권증서의 서식
• 발행등록사실확인서
• 거래소가 필요하다고 인정하는 서류 각
규정 : 코스닥시장상장규정 시행세칙 제81조, 별표2

③ 신주인수권증서 상장 및 상장폐지 절차

절차	일정	내용	규정
신주배정기준일	D		
신주인수권증서 상장신청	D+8	신주배정기준일 이후 상장신청	
신주인수권증서 상장	D+15	상장신청일 이후 상장	
신주인수권증서 거래	D+15 ~ D+22	거래가능 기간 5일(매매일 기준) 이상	코스닥상장 제83조 ③ 5호
신주인수권증서 상장폐지	D+23	구주주 청약개시일의 5거래일 전	
구주주 청약일	D+30		

(주) 코스닥상장 : 코스닥시장상장규정

VI 무상증자

① 무상증자의 개념

대차대조표상 자본의 항목 중 법정준비금을 자본금으로 전입하는 것을 무상증자라 한다.

상법상 법정준비금은 원칙적으로 결손보전 이외의 목적으로 사용하지 못하나, 예외적으로 자본에 전입(무상증자)하는 것을 허용하고 있다.

상법상 무상증자의 재원에 대하여 특별한 규정은 없으나 무상증자의 재원이 되는 준비금은 법정준비금만이 가능하다는 설이 통설이다.

법정준비금에는 이익준비금, 자본준비금(주식발행초과금 및 재평가적립금 등)이 있으며 이익배당이 가능한 임의적립금을 자본에 전입한 경우 이는 무상증자라 하지 않고 주식배당이라 한다.

② 무상증자의 목적

무상증자는 자본조달 또는 재무구조 개선을 목적으로 하지 않고 자본항목의 정비를 통한 사내유보의 적정화, 유통주식수의 증가에 의한 원활한 주식거래의 유도, 주주에 대한 이익배당 목적을 위하여 실시된다.

③ 무상증자의 성격

무상증자는 발행회사의 측면에서 실질자산이 증가하지 않고 자본금이 증가한다는 점에서 주식배당과 유사한 성격을 갖고 있고 주주측면에서는 주금납입이 이루어지지 않고 신주가 발행된다는 점에서 주식분할과 유사한 효과가 있다.

그러나 주식배당은 배당가능이익인 임의적립금을 재원으로 하므로 현금배당과 동일하게 주주총회에서 승인을 받아야 하는 반면, 무상증자는 법정준비금을 재원으로 하므로 정관에 주총으로 결정하기로 한 경우를 제외하고는 이사회의 결의(상법 제461조 ①)만으로 자본전입시기에 대한 제한 없이 영업연도 중간에도 신주발행이 가능하다.

또한 주식분할은 자본금이 증가하지 않고 일률적인 주식의 액면금액 감소에 비례하여 주식수가 증가하는 반면, 무상증자는 주식의 액면금액은 변하지 않고 발행주식수 및 자본금이 증가한다는 점에서 차이가 있다.

④ 무상증자의 경제적 기능

법정준비금을 자본에 전입하면 그 전입으로 인하여 증가된 자본금만큼 회사재산을 유지하여야 하므로 회사재산의 사내유보가 그만큼 가능하게 되고 회사의 자본충실도 높아지게 된다. 즉, 이익준비금[자본금의 1/2에 달할 때까지 현금배당의 10% 이상을 적립해야 되는 법정준비금(상법 제458조)]을 자본에 전입한 때에는 다시 일정한도까지 이익준비금을 적립하여야 하고 자본준비금이나 재평가적립금을 자본에 전입한 때에도 자본금이 증가됨에 따라 이익준비금의 적립을 위한 한도가 커지므로 그만큼 자산의 사내유보가 가능해진다.

또한 주가가 높은 경우에 준비금을 자본에 전입하여 신주를 발행하게 되면 주가를 안정화시키는 효과가 생기고 발행주식수가 적어 거래량이 부족할 때에는 유통주식수를 증가시켜 주식의 시장성을 회복 또는 강화시키는 효과 및 주주에게 배당의 효과를 부여할 수 있다.

⑤ 무상증자의 절차

무상증자는 주주총회결의 없이 이사회의 결의(정관으로 주총에서 결정하기로 정한 경우 주총결의)만으로 그 절차가 이루어지므로 이사회 결의 → (기준일 2주 전)신주배정 기준일 공고 → 기준일에 신주배정 → 증자등기 → 신주상장 및 단주대금 지급 순서로 절차가 진행된다.

절　차	일　정	규　정[주1]
준비금의 자본전입을 위한 이사회 결의	D	상법 제461조 ①
이사회 결의내용 및 주요사항 보고서 제출	D	• 유가공시 제7조 ① 2호 가목 (1) • 코스닥공시 제6조 ① 2호 가목 (1) • 자본시장법 제161조 ① 5호, 영 제171조 ① 1호
공시관련 매매거래 정지[주2]	D	• 유가공시 제40조 ① 2호, 동 시 행세칙 제16조 ① 4호 • 코스닥공시 제37조 ① 2호, 동시 행세칙 제18조 ① 1호
신주배정 기준일 공고 (기준일 2주 전)	D+1	상법 제461조 ③
권리락	D+14	신주배정기준일 전일 권리락
신주배정 기준일	D+15	신주를 교부받을 주주확정일
증자등기	D+16	－
변경상장 신청 및 변경상장		－
원천징수세액 납부	익월 10일까지	무상증자 재원이 이익준비금일 경 우 의제배당에 해당

주1) 자본시장과 금융투자업에 관한 법률(자본시장법), 유가증권시장공시규정(유가공시), 코스닥시장공 시규정(코스닥공시)
주2) 유가증권상장법인의 무상증자 비율 10% 이상, 코스닥상장법인의 무상증자비율 20% 이상 결의시 매 매거래가 정지됨.

(1) 이사회 결의(상법 제461조 ①)

무상증자는 자본금 및 주식수를 증가시키는 중요한 사항이나 실질자산, 자본총계 및 주주들의 지분율에 변화가 없어 주주의 권익에 영향을 미치지 아니하므로 주 주총회는 불필요하고 이사회 결의(정관으로 주총에서 결정하기로 정한 경우 주총결의) 만 거치면 된다.

(2) 이사회 결의 및 주요사항보고서 제출

사업보고서 제출대상법인은 무상증자 이사회 익일까지 해당 내역을 주요사항보고 서로 금융위에 제출하여야 한다. 단, 상장법인이 무상증자를 결의한 경우 각 시장 의 공시규정에 의거하여, 그 결의내용을 지체없이 금융위원회와 거래소에 신고하 여야 한다.

구 분	유가증권상장법인	코스닥상장법인
시 기	이사회 결의일 당일	좌동
장 소	금융위원회, 거래소	좌동
제출서식	• 기업공시서식 작성기준 제38-7호 • 유상증자를 겸하는 유무상증자의 경우 제38-6호	좌동
규 정	유가증권시장공시규정 제7조 ① 2호 가목 (1)	코스닥시장공시규정 제6조 ① 2호 가 목 (1)

(3) 공시관련 매매거래 정지

무상증자는 주가 또는 거래량에 중요한 영향을 미칠 수 있는 사항이므로 무상증 자가 결의된 경우 주가에 대한 충격을 완화하고 주주를 보호하기 위하여 당해 이 사회 결의에 대한 공시가 있을 경우 거래소는 시장안내에 의거 일시적으로 매매 거래를 정지하고 있다.

가. 유가증권상장법인

공 시 시 점	매매거래정지기간
매매거래 정지 기준	발행주식총수의 10% 이상인 무상증자 공시 시점
장개시 이전	장개시 이후 30분 동안
장개시 이후~장종료 60분 이전	공시시점으로부터 30분 동안
장종료 60분 전 이후	그 다음 날부터 매매거래 재개 (단, 장개시전 시간외거래는 불가)
규 정	• 유가증권시장공시규정 제40조 ① 2호 • 동 세칙 제16조 ① 4호, ③ 2호 • 유가증권시장업무규정 시행세칙 제54조

나. 코스닥상장법인

공 시 시 점	매매거래정지기간
매매거래 정지 기준	발행주식총수의 20% 이상인 무상증자 공시 시점
장개시 이전	상개시 이후 30분 동안
장개시 이후~장종료 60분 이전	공시시점으로부터 30분 동안
장종료 60분 전 이후	그 다음 날부터 매매거래 재개 (단, 장개시전 시간외거래는 불가)
규 정	• 코스닥시장공시규정 제37조 ① 2호 • 동 시행세칙 제18조 ① 1호의2, ② 2호 • 코스닥시장업무규정 시행세칙 제26조 2호, 3호

(4) 기준일 공고(상법 제461조 ③)

무상증자에 관한 이사회의 결의가 있는 때에는 회사는 일정한 날(기준일)을 정하여 그 날의 주주명부에 기재된 주주가 무상주의 주주가 된다는 뜻을 그 날의 2주간 전에 공고하여야 한다. 기타 회사의 공고와 마찬가지로 정관에 정한 일간신문 또는 전자적 방법(홈페이지 게재, 상법 제289조 및 동법 시행령 제6조)으로 공고가 가능하다.

(5) 등기

무상증자는 청약 및 납입 등의 절차가 필요 없으므로 신주배정 기준일이 도래하면 바로 등기가 가능하다.

(6) 신주상장 및 단주대금 지급

신주의 배정기준일 현재 주주명부에 등재된 주주에 대하여 소유주식 1주당 무상증자의 비율로 신주를 배정하며 배정결과 1주미만의 단수주에 대해서는 신주상장일 이후에 단주대금으로 현금을 지급한다.

단주대가에 대해서는 상장주식의 경우 변경상장 초일의 종가를 적용하여 지급하며 비상장주식의 경우 원칙적으로 경매를 통하여 대가를 산정하여야 하지만 경매를 통한 매각가능성이 높지 않을 경우 대주주 또는 발행회사가 법원의 허가를 얻어 합리적인 가격(최근거래가격 또는 평가가격)으로 단주를 취득하여 대금을 지급하는 것이 일반적이다(상법 제443조).

그러나 실무에서는 단수주가 많지 않고 그 금액이 중요하지 않는 경우에는 발행회사가 액면가격 또는 평가액으로 단수주를 취득하여 그 대금으로 단주대금을 지급하기도 한다.

부록 ··· 회계 및 세무

I 증자의 회계

증자에 대한 회계처리는 자본금의 납입시기에 따라 회사설립시의 증자와 회사설립 이후의 증자로 구분할 수 있으며, 자본금의 납입방법에 따라 현금증자, 현물출자, 잉여금의 자본전입(무상증자 및 주식배당)으로 구분할 수 있다.

1 일반적인 증자의 회계

일반적인 현금증자의 경우 회사에서는 주금납입시에 현금이 증가되고 자본금과 함께 주식발행초과금이 증가하는 단순한 회계처리가 이루어진다.

사례 1 증자

주식 10,000주(액면금액 5,000원)를 주당 7,000원에 발행하는 경우
현금을 주식발행 전에 수령하는 경우 신주청약증거금으로 하되, 청약기일이 경과될 경우 신주청약증거금은 자본조정에 그 내용을 나타내는 과목으로 기재하고, 추후 신주가 발행되는 때 자본금과 주식발행초과금으로 계상하여야 한다.

내 역	차 변		대 변	
주식발행 전	별 단 예 금	70,000,000원[주]	신주청약증거금	70,000,000원
주식발행 후	신주청약증거금	70,000,000원	자 본 금	50,000,000원
			주식발행초과금	20,000,000원

주) 주식발행 전에는 별단예금으로 기재하고 주식발행 후 일반예금으로 전환됨.

② 신주발행을 위하여 직접 소요되는 비용

일반기업회계기준에 의하면 회사의 설립시에 회사가 부담할 설립비용(정관작성비, 통신비, 인쇄비 등)과 발기인이 받은 보수액 등 창업 관련 비용은 무형자산의 인식기준을 충족하지 못하므로 그러한 비용은 당기비용으로 처리되어야 한다.

회사의 설립 또는 설립 이후에도 신주 발행하는 과정에서 등록면허세, 인수 및 대행 관련 수수료, 법률 및 회계자문수수료, 주권인쇄비 및 인지세와 같은 여러 가지 비용이 발생하는데 이러한 자본거래 비용 중 자본거래가 없었다면 회피가능하고 자본거래에 직접 관련되어 발생한 비용은 주식발행초과금에 가감한다(일반기업회계기준 '자본' 15.5).

③ 현물출자에 의한 주식발행

현물출자의 경우 회사는 취득한 자산의 공정가치를 취득원가로 회계처리한다. 따라서 취득하는 자산의 공정가치를 차변에 기재하고, 발행되는 신주의 액면금액을 대변에 자본금으로 계상한 후 자산의 공정가치와 신주의 액면금액과의 차이를 주식발행초과금 또는 주식할인발행차금으로 처리하면 된다.

회사 설립시의 현물출자는 변태설립사항으로서 정관에 기재하여야 효력이 발생하며, 이에 대해서는 반드시 법원이 선임한 검사인의 조사를 받아야 한다(상법 제290조, 제310조). 설립 이후의 현물출자는 비록 이사회의 결정사항이기는 하지만 검사인의 선임을 법원에 청구하여야 한다. 이 경우 공인된 감정인의 감정으로 검사인의 조사에 갈음할 수 있다(상법 제422조 ①).

현물출자시 토지 등에 대한 취득세 등은 토지의 취득원가로, 자본금의 증가에 따른 등록면허세 등은 주식발행초과금에서 차감하여야 한다.

사례 2 현물출자

공정가치 80,000,000원의 토지를 출자받아 신주 10,000주(액면가 5,000원)를 발행하는 경우

내 역	차 변		대 변	
현물출자	토 지 80,000,000원		자 본 금	50,000,000원
			주식발행초과금	30,000,000원
제세공과금	토 지 3,680,000원[주1]	현 금		3,920,000원
	주 식 발 행 초 과 금 240,000원[주2]			

주1) 토지에 대한 취득세

취 득 세	3,200,000(= 80,000,000 × 4%)
농 어 촌 특 별 세	160,000(= 중과기준세율 2% × 10%)
지 방 교 육 세	320,000(= 80,000,000 × 2% × 20%)
합 계	3,680,000원

주2) 주식발행에 대한 등록면허세

등 록 면 허 세	200,000(= 50,000,000 × 0.4%)
지 방 교 육 세	40,000(= 등록면허세 × 20%)
합 계	240,000원

※ 주식발행시 등록면허세의 과세표준은 액면금액이므로 동일한 금액을 증자하더라도 주식발행초과금을 높이고 액면금액을 낮추면 주식발행에 따른 등록면허세의 부담을 줄일 수 있다.

④ 잉여금의 자본전입에 의한 주식발행

주주에 의한 실질적인 출자(현금 또는 현물)가 없는 잉여금의 자본전입에 의한 주식발행은 무상증자와 주식배당으로 구분될 수 있다.

무상증자란 주금의 납입 없이 신주를 발행하고, 재무제표상 자본금을 증가시키는 행위로서 실무상 주로 주식발행초과금이나 재평가적립금 등과 같은 법적준비금을 재원으로 하여 액면발행으로 이루어진다.

주식배당은 현금배당 대신 임의적립금 또는 이익잉여금을 재원으로 하여 주주에게 회사의 주식을 교부함으로써 기업의 재산을 사외로 유출시키지 않고 이익잉여금을 자본금으로 대체하는 것이다.

무상증자 또는 주식배당은 자본잉여금 또는 이익잉여금을 자본금으로 대체하는 것에 불과할 뿐 실질적인 순자산의 변동은 없으므로 주주의 입장에서 주식수는

증가하더라도 보유주식의 지분율과 취득가액은 증가하지 않는다. 따라서 주주의 입장에서는 비망기록으로 주식수를 증가시키면 되고 그에 따라 1주당 단가는 감소하게 될 것이다.

II 증자의 세무

증자는 자본거래로서 일반적인 경우 회사나 주주단계에서 세무문제가 발생하지 않으나, 잉여금의 자본전입 또는 부의 이전을 목적으로 하는 불균등증자의 경우에는 이에 참여하는 주주에게 의제배당 또는 이익의 증여 등이 적용될 수 있다.

주 체	세 목	규 정
회 사	신주발행비	법인세법 제20조
	등록면허세	지방세법 제28조 ① 6호, ②
주 주	증자로 인한 의제배당	법인세법 제16조 ① 2호, 동법 시행령 제12조 소득세법 제17조 ② 2호, 동법 시행령 제27조
	불균등 증자에 따른 부당 행위계산의 부인	법인세법 제52조, 동법 시행령 제88조 ① 8호 및 8호의2, 제89조 ⑥
	불균등 증자에 따른 이익 의 증여	「상속세 및 증여세법」 제39조, 동법 시행령 제29조

① 신주발행비

법인세법에서는 증자시 발생하는 제반 신주발행비용을 자본거래에서 발생하는 것으로 보아 법인의 손비로 인정하지 않는다.

손금 불인정(신주발행비)	손금 인정
등록세, 신주의 발행과 관련하여 공모대행증권사에 지급하는 공모대행 인수수수료, 신주발행을 위하여 직접 지출하는 비용(법률비용, 주권인쇄비, 우송료, 등록비, 사무처리비, 광고료 등)(법인세 집행기준 20-0-1)	일반 재무적 자문, 총괄적 경영분석 및 평가, 구조조정 관련 자문 등의 대가로 지출하는 자문용역수수료(법인세과-138, 2012. 2. 24.)

법인세 손금불산입의 이유가 손익거래가 아닌 자본거래라는 점에 착안하여 신주발행비의 지출시 부담한 부가가치세 매입세액은 사업과 직접 관련이 없어 공제할 수 없다는 견해가 있었으나, 최근 국세청은 과세사업을 영위하는 법인이 과세사업 확장 및 설비투자에 필요한 자금을 조달할 목적으로 유상증자를 하면서 외부업체로부터 법률자문 및 컨설팅 자문용역을 공급받고 수수료를 지급한 경우로서 해당 자문용역이 자기의 과세사업에 직접 관련된 경우 수수료에 대한 매입세액은 매출세액에서 공제할 수 있다고 회신한 바 있다(법령해석부가-0112, 2021. 6. 23.).

 ## 취득세 및 등록면허세

① 과점주주 취득세

신주를 균등 배정할 경우 지분율의 변동은 없어 과점주주 취득세 문제가 발생하지 않는다. 이에 반해 불균등 배정시 지분율이 증가한 과점주주는 증가분에 대해 과점주주 취득세를 부담하여야 한다.

③ 등록면허세

법인은 증자시 증가된 자본금의 0.4%에 해당하는 등록면허세와 등록면허세의 20%에 해당하는 지방교육세를 부담하여야 한다(지방세법 제28조 ① 6호, 제151조 ① 2호).

이때 대도시 내에서의 법인의 설립이나 법인 설립 후 5년 이내의 증자의 경우에는 3배로 중과된다(지방세법 제28조 ②). 다만, 대도시는 수도권정비계획법 제6조의 구분에 의한 과밀억제권역을 의미하며 대도시 안에 설치가 불가피하다고 인정되는 지방세법 시행령 제26조에 해당하는 업종인 경우에는 중과대상에서 제외된다.

무상증자로 인한 의제배당

일반기업회계기준에서는 무상증자를 받는 주주의 입장에서 순자산의 변화가 없다고 보아 회계처리가 필요하지 않는 것으로 보는 반면 법인세법과 소득세법은 이를 형식을 달리하는 배당으로 보아 의제배당이라는 개념으로 도입해 과세하고 있다. 하지만 무상증자(잉여금의 자본전입)를 의제배당으로 포섭하여 과세하는 것은 다음과 같은 점에서 비판이 있다.

대 상	비 판
주주	• 주식을 처분시까지 실현되지 않는 미래소득에 대해 과세(주가하락시 영원히 실현되지 않을 수 있음) • 주주 입장에서 과세 예측 불가능(소득의 종류, 금액 및 시기) • 세금 납부를 위한 주식 매각시 소유권 및 지배구조 변동 초래 • 복잡한 취득원가 관리
발행회사	• 현금이 개입되지 않는 거래에 대한 원천징수의무 부과로 구상권 행사 • 기업회계기준과 다른 잉여금 기록 및 관리 의무 부과

위와 같은 문제로 인해 불특정다수의 주주가 있는 상장법인은 의제배당으로 과세되는 잉여금의 자본전입은 현실적으로 불가능하다. 이에 이하에서는 잉여금 자본전입시 의제배당 과세에 대해 간단한 개념만 정리하고자 한다.

(1) 잉여금의 종류별 의제배당 과세여부

잉여금의 자본전입에 의한 무상증자시 실제 배당금은 지급되지 아니하지만, 세법은 그 무상증자의 재원이 이익잉여금 등인 경우 무상증자로 수령하는 주식수에 액면가액(단, 주식배당인 경우에는 발행금액)을 곱한 금액을 배당소득으로 의제하고 있으므로 이에 대하여 개인주주는 소득세를, 법인주주는 법인세를 부담하여야 하고, 이를 지급하는 회사는 소득세 또는 법인세에 대한 원천징수의무를 이행하여야 한다.

자본잉여금 및 이익잉여금	과세 여부	비 고
주식발행초과금	과세 제외	주주의 출자금
주식의 포괄적 교환차익	과세 제외	자본거래로 인한 차익

자본잉여금 및 이익잉여금		과세 여부	비 고
주식의 포괄적 이전차익		과세 제외	자본거래로 인한 차익
감자차익	일반적인 감자차익	과세 제외	자본거래로 인한 차익
	자기주식소각익(2년 이후 자본전입) : 시가 ≤ 취득가	과세 제외	일반적인 감자와 동일한 성격
	자기주식소각익(2년 이후 자본전입) : 시가 〉 취득가	과 세	자기주식처분이익을 발생시키지 않으려는 의도로 간주
	자기주식소각익(2년 이내 자본전입)	과 세	자기주식처분이익과 동일
합병차익, 분할차익	적격합병시 장부가액 초과 승계액 등	과 세	피합병법인의 자산양도차익 및 의제배당대상 잉여금
	기타	과세 제외	자본거래로 인한 차익
재평가적립금	일반적인 재평가적립금	과세 제외	재평가차익에 대한 특례
	재평가세율 1% 적용 토지	과 세	자산의 평가차익
기타 자본잉여금		과 세	미처분이익잉여금과 동일
이익잉여금(주식배당)		과 세	미처분이익잉여금
규 정	법인세법 제16조 ① 2호, 동법 시행령 제12조 소득세법 제17조 ② 2호, 동법 시행령 제27조		

자본잉여금 및 이익잉여금은 상법에 의한 자본잉여금 및 이익잉여금으로서 기업회계기준에 따라 작성된 재무제표상 자본잉여금 또는 이익잉여금과 차이가 있을 수 있다. 예를 들어 과세특례요건을 충족하는 합병으로서 취득법에 의하여 회계처리된 경우를 보면, 상법상 합병차익이 기업회계기준에 따라 작성된 재무제표에는 주식발행초과금으로 계상될 수 있다. 기업회계기준상 주식발행초과금을 재원으로 하여 무상증자를 실시할 경우, 이는 상법상 합병차익에 해당하는 금액으로서 발생원천에 따라 세무상 의제배당에 해당하는 금액이 없는지에 대하여 세심한 검토가 필요하다.

 참고● 자기주식 보유시 무상증자에 따른 의제배당 원천징수 의무

무상증자를 시행하는 법인이 자기주식을 보유한 상태라면 자기주식에 대한 무상주 만큼 주주들에게 주식을 추가로 배정하는 것이 일반적이다. 그런데 주주 입장에서 이렇게 추가로 배정받은 주식은 비록 무상증자의 원천이 의제배당으로 과세되지 않

는 자본잉여금일지라도 의제배당으로 과세된다. 또한 무상증자시 자기주식에 무상 주를 배정하지 않는 경우에도 주주들의 지분율이 증가하게 되는데, 그 증가한 지분 율에 상당하는 주식가액은 의제배당으로 간주된다(법인세법 제16조 ① 3호, 소득세 법 제17조 ② 5호).

(2) 합병(분할)차익의 자본전입에 의한 의제배당

합병차익의 자본전입에 따른 의제배당은 피합병법인의 이익잉여금 또는 자산평가 차익 등이 적격합병으로 인해 피합병법인의 주주에게 합병시점에 배당으로 과세 되지 못하고 합병법인의 합병차익으로 전환됨에 따라 합병 후 이를 자본전입하는 경우 의제배당으로 과세하기 위한 규정이다.

개념상 합병차익은 피합병법인의 자산평가차익, 감자차익, 자본잉여금 승계, 이익 잉여금 승계분으로 구성되는데 적격합병시 합병차익 중 의제배당 대상은 다음과 같다(법인세법 시행령 제12조 ① 3호).

가. 자산조정계정

나. 피합병법인의 자본잉여금(의제배당대상이 아닌 자본준비금 등 제외)

다. 피합병법인의 이익잉여금

 사례

A사(합병법인)는 B사(피합병법인) 주주에게 합병대가로 30억원(액면금액 20억원)의 주식을 발행하여 주고 B사의 자산·부채를 승계하였으며, B사의 합병 전 재무상태표 및 A사(합병법인)의 세무상 합병분개는 다음과 같다.

(단위 : 억원)

피합병법인(합병 전)				합병분개(세무상 개념)			
자산	100	부채	40	자산	120	부채	40
	(시가 120)	자본금	30			자본금	20
		자본준비금	10			합병차익	60
		기타자본잉여금	5				
		이익잉여금	15				
계	100	계	100	계	120	계	120

여기서 합병차익의 구성순위에 따라 의제배당 해당 여부를 표시하면 다음과 같다.

피합병법인		합병분개		합병차익 구성		과세 여부
자산평가차익	0	합병차익	20	자산조정계정	20	과세
자본금	30	자본금	20	합병감자차익	10	과세 제외
자본준비금	10	합병차익	20	자본준비금	10	과세 제외
기타자본잉여금	5	합병차익	5	기타자본잉여금	5	과세
이익잉여금	15	합병차익	15	이익잉여금	15	과세
계	60	계	80	계	60	

위 사례는 개념상 합병차익의 이해를 돕기 위해 단순화한 것이다. 적격합병이나 적격분할로 다른 법인의 잉여금을 승계한 적이 있는 법인은 무상증자 전에 반드시 의제배당 해당 여부를 확인하여야 한다.

④ 불균등 증자에 따른 부당행위계산의 부인 및 이익의 증여

상법은 주주평등의 원칙에 의하여 주주가 동일한 조건으로 유상증자에 참여할 수 있도록 제3자를 배제하고 주주에게만 신주인수권을 부여하고 있다. 그러나 주주가 신주인수권을 행사하지 아니하고 임의로 포기할 경우 회사는 실권주를 다른 주주 또는 제3자에 배정(실권주 배정이 아닌 제3자 직접 배정도 증여 이익 대상에 포함)하기도 하는데, 이러한 실권주의 발생 및 재배정 등은 경제적 이익이 무상으로 이전되는 결과를 초래한다. 이에 세법은 증자시 발생하는 이익분여를 특수관계자간 부당행위 또는 증여이익으로 보아 규제하고 있다.

그런데 증자시 발생하는 이익의 분여행위는 그 유형이 다양하고 언제든지 새로운 유형의 변칙증여가 발생할 가능성이 있으므로 법인세법은 증여이익의 유형에 대하여 개념적인 방식으로,「상속세 및 증여세법」은 예시적으로 규정하고 있다. 따라서 예시된 유형 이외에도 부당하게 이익분여 행위가 발생하였다고 간주되는 모든 증자행위는 포괄주의에 따라 법인세 또는 증여세가 과세될 수 있다.

증자에 의한 이익의 증여를 규정하는 「상속세 및 증여세법」 제39조에 증여이익이 발생하는 경우 및 증여이익의 계산과정이 여타의 다른 자본거래에 비하여 상당히 복잡하게 기술되어져 있다. 따라서 전반적인 이해를 위하여 특수관계인 여부 및 현저한 이익의 발생 여부에 따른 법조항 적용을 요약하여 정리하면 다음과 같다.

증여이익 발생의 경우		특수관계 여부	현저한 이익	내 용
신주의 저가발행	실권주 재배정	×	×	자발적인 실권 후 회사의 비합리적 재배정
	실권주 소각	○	○	자발적인 실권으로 이익 분여
신주의 고가발행	실권주 재배정	○	×	고가 재배정까지 참여하여 이익 분여
	실권주 소각	○	○	자발적인 참여로 이익 분여

(주) 1. 제3자 배정 또는 불균등 배정은 실권주 재배정과 동일
　　 2. 법인세법에 따른 부당행위계산의 부인규정은 특수관계인 간의 부의 이전에만 적용된다.

위 표에서 정리된 바와 같이 경제적으로 합리적 의사결정인지에 따라 과세되는 증여이익의 범위가 결정되는 것으로 추정하는데, 예를 들어 첫 번째 사례는 신주의 저가발행에도 유상증자에 참여하지 않는 주주의 의사결정과 실권주를 소각한 후 시가로 재발행하지 않고 저가 실권주를 재배정하는 발행법인의 의사결정이 모두 비합리적인 것이라는 점에서 주주간 특수관계가 없고 분여받은 이익이 작더라도 모두 과세하고자 하는 것으로 보인다.

주식의 저가발행 또는 고가발행을 판단하는 기준이 되는 시가는 「상속세 및 증여세법」 제60조 및 제63조에 의하여 평가한 가액(합병, 증자, 감자, 현물출자, 전환사채 주식전환 등 증여 이익 계산시 최대주주할증 배제)이 된다. 통상 상장법인의 경우 증자시 발행가액이 「자본시장과 금융투자업에 관한 법률」에 의하여 정해지기 때문에 시가에 대한 다툼이 상대적으로 적다. 그러나 비상장법인의 경우에는 증자시 과세 당국과 납세자 간에 시가에 대한 다툼이 빈번하며, 이러한 다툼의 결과로 세액이 추징되는 경우 그 금액 또한 상당히 큰 경우가 많다. 통상 납세자가 특별한 반증을 제시하지 않는 한 과세관청은 「상속세 및 증여세법」에 따라 과세하게 된다.

따라서 비상장법인이 증자를 계획하고 있다면 증자를 실행하기 전에 대안 별로 세무 효과를 검토하는 것이 필요하다.

참고● 발행법인과 주주 간의 부당행위 계산 부인

손실이 발생하고 있는 해외법인의 유상증자에 참여 후 주식을 매각하면서 매각손실을 인식한 내국법인에 대해 부당행위계산부인을 적용한 국세청의 부과처분에 대한 소송에서 대법원은 법인세법 시행령 제88조 제1항 제8호의2는 신주를 고가인수한 주주가 주식발행법인에게 이익을 분여한 것으로 보아 적용할 수 있는 규정으로 보기는 어렵다고 판단하였다(대법원 2018두56602, 2020. 12. 10.). 다른 판례에서도 자본거래 당사자인 법인에게 법인세법상의 손익이 발생할 수 없는바, 신주발행은 주주 배정방식이든 제3자 배정방식이든 모두 발행법인의 자본거래이므로 발행법인이 위 제8호의2에서의 이익 분여 주체에 해당한다고 해석하는 것은 법인세법의 체계와도 부합하지 않는다라고 판시한 바 있다(서울고등법원 2017누47207, 2017. 12. 20.).

참고● 이익의 분여자가 개인주주인 경우 부당행위계산부인

법인세법상 부당행위계산부인 적용시 이익분여자가 개인인 경우 적용되지 않는다는 견해가 있으나, 대법원은 법인세법 시행령 제11조 제8호 및 제88조 제8호의2를 적용함에 있어 이익의 분여자가 주식발행법인의 개인주주라 하더라도 법인세법상 익금에 해당한다고 판시한 바가 있어 주의를 요한다(대법원 2017두50980, 2017. 10. 26).

참고● 특별주주총회에서 제3자 배정을 결정한 경우

주총 특별결의에 따라 신주를 직접배정한 것으로 기존주주가 신주인수권에 대한 권리를 포기하였다고 볼 수 없다고 판시한 바 있으나(대법원 2011두29779, 2012. 3. 29.) 동 소송 진행 중 과세당국은 불균등 자본거래에 관한 포괄규정인 법인세법 시행령 제88조 제8호의2를 신설하여 과세근거를 마련하였다.

(1) 신주를 저가로 발행하는 경우

신주를 저가로 발행하는 경우에 신주인수를 포기하는 것은 쉬운 이익을 포기하는 비합리적 의사결정이며, 반면 신주인수권을 행사하여 증자에 참여하는 기존 주주나 실권주를 배정받는 제3자는 기대하지 않은 이익을 분여받게 될 것이다.

① 실권주를 배정하는 경우

해당 법인의 주주가 신주인수권의 전부 또는 일부를 포기한 경우로서 그 포기한 실권주를 재배정하는 경우에 발생하는 경제적 이익에 대하여 법인세 또는 증여세가 과세된다. 다만, 주권상장법인이 「자본시장과 금융투자업에 관한 법률」 제9조 ⑦에 따른 유가증권의 모집방법으로 실권주를 불특정다수에게 공모배정하는 경우(간주모집은 특정인 배정이 가능하여 제외)에는 부당행위계산의 부인 및 이익의 증여의제 규정의 적용을 배제하도록 하고 있다(법인세법 시행령 제88조 ① 8호 나목, 상속세 및 증여세법 제39조 ① 1호 가목).

(주) 간주모집 : 청약의 권유를 받는 자의 수가 50인 미만으로서 증권의 모집에 해당되지 아니할 경우에도 해당 증권이 발행일로부터 1년 이내에 50인 이상의 자에게 양도될 수 있는 경우로서 「증권의 발행 및 공시 등에 관한 규정」 제2-2조에서 규정하는 전매기준에 해당하는 경우에는 유가증권의 모집으로 간주(「자본시장과 금융투자업에 관한 법률 시행령」 제11조 ③).

구 분	법인세	증여세
과세요건	① 자본의 증가가 있을 것 ② 신주인수를 포기한 주주가 있을 것 ③ 본래의 자기지분을 초과하여 실권주를 배정받은 자가 있을 것 ④ 주주 간에 특수관계가 있을 것	① 자본의 증가가 있을 것 ② 신주인수를 포기한 주주가 있을 것 ③ 본래의 자기지분을 초과하여 실권주를 배정받은 자가 있을 것
과세금액	부당행위계산부인금액 = (증자 후의 1주당 평가액[주] − 신주 1주당 인수가액) × 실권주주와 특수관계 있는 주주가 초과 배정받은 신주수 × (특수관계인 실권주주의 실권주식수 / 총실권주수)	증여이익금액 = (증자 후의 1주당 평가액[주] − 신주 1주당 인수가액) × 초과배정받은 실권주식수
기 타		• 지분을 초과하여 배정받은 모든 주주가 해당 • 주금납입일에 증여된 것으로 봄.
규 정	법인세법 제52조, 동법 시행령 제88조 ① 8호 나목, 제89조 ⑥	「상속세 및 증여세법」 제39조 ① 1호 가목, 동법 시행령 제29조 ② 1호

주) 증자시 증여의제가액 계산시 '최대주주 등의 주식에 대한 할증평가' 규정은 적용하지 않는다(「상속세 및 증여세법 시행령」 제53조 ⑥ 3호).

사례 1 실권주 재배정

발행주식총수가 10,000주인 A법인이 100% 자본증자를 위하여 아래와 같이 신주를 배정함.

- 증자 전 A법인의 1주당 평가액은 10,000원
- 신수인수가액은 1주당 5,000원
- 주주별 주식변동현황

주 주	증자 전	배 정	포 기	재배정	증자 후
갑	5,000	5,000	5,000		5,000
을	4,000	4,000		4,000	12,000
병	1,000	1,000		1,000	3,000
합 계	10,000	10,000	5,000	5,000	20,000

갑주주가 실권함으로써 을주주가 얻는 이익은?

- 증자 후 1주당 평가액
  = (당초 회사의 가치 + 신주납입금액) / 증자 후 총발행주식수
  = [(10,000원 × 10,000주) + (5,000원 × 10,000주)] / 20,000주 = 7,500원
- 을주주의 이익
  = (증자 후 1주당 평가액 − 신주 1주당 인수가액) × 추가배정받은 실권주식수
  = 실권한 신주인수권의 가치 × 추가적으로 인수한 주식의 수
  = (7,500원 − 5,000원) × 4,000 = 10,000,000원

② 실권주를 불균등하게 배정하는 경우(제3자 배정 포함)

해당 법인의 주주가 아닌 자가 신주를 직접 배정받은 경우와 해당 법인의 주주가 주식소유비율에 의하지 아니하고 불균등하게 배정받은 경우에 분여받은 이익의 계산방법은 위 '① 실권주를 배정하는 경우'와 내용이 동일하다.

③ 실권주를 배정하지 아니하는 경우

해당 법인의 주주가 신주인수권의 전부 또는 일부를 포기한 경우로서 실권주를 배정하지 아니하는 경우에 그 신주인수를 포기한 주주와 특수관계에 있는 자가 신주를 인수함으로써 얻은 이익에 대하여 법인세 또는 증여세가 과세된다.

구 분	법인세	증여세
과세요건	① 자본의 증가가 있을 것 ② 해당 법인의 주주가 신주인수권의 전부 또는 일부를 포기함으로써 실권주가 발생할 것	① 자본의 증가가 있을 것 ② 해당 법인의 주주가 신주인수권의 전부 또는 일부를 포기함으로써 실권주가 발생할 것

구 분	법인세	증여세
과세요건	③ 실권주를 배정하지 아니할 것 ④ 포기한 주주와 법인세법상 특수관계 있는 자가 이익을 얻을 것 ⑤ 증자 전·후 1주당 주식평가차익이 30% 이상이거나 분여한 이익금액이 3억원 이상일 것	③ 실권주를 배정하지 아니할 것 ④ 포기한 주주와 「상속세 및 증여세법」상 특수관계 있는 자가 이익을 얻을 것 ⑤ 증자 전·후 1주당 주식평가차익이 30% 이상이거나 증여이익금액이 3억원 이상일 것
과세금액	부당행위계산부인금액 = (균등증자시의 1주당 평가가액 – 신주 1주당 인수가액) × 신주인수자와 특수관계 있는 주주의 실권주수 × 증자 후 신주인수자의 지분비율	증여이익금액 = (균등증자시의 1주당 평가가액 – 신주 1주당 인수가액) × 신주인수자와 특수관계 있는 자의 실권주수 × 증자 후 신주인수자의 지분비율
규 정	법인세법 시행령 제88조 ① 8호 나목, 제89조 ⑥	「상속세 및 증여세법」제39조 ① 1호 나목, 동법 시행령 제29조 ② 2호

균등증자시의 1주당 평가가액은 아래와 같이 산정된다.

> 균등증자시 1주당 평가가액 = 〔(증자 전의 1주당 평가가액 × 증자 전의 발행주식총수) + (신주 1주당 인수가액 × 증자 전의 지분비율대로 균등증자하는 경우의 증가주식수)〕 / (증자 전의 발행주식총수 + 증자 전의 지분비율대로 균등하게 증자하는 경우의 증가주식수)

 사례 2 실권주 실권처리

발행주식총수가 10,000주인 A법인이 100% 자본증자를 위하여 아래와 같이 신주를 배정함. 단, 갑과 을은 특수관계인임.
- 증자 전 A법인의 1주당 평가액은 10,000원
- 신주인수가액은 1주당 5,000원
- 주주별 주식변동현황

주 주	증자 전	배 정	포 기	증자 후	증자 후 지분율
갑	5,000	5,000	5,000	5,000	33%
을	4,000	4,000		8,000	53%
병	1,000	1,000		2,000	13%
합 계	10,000	10,000	5,000	15,000	

갑주주가 실권함으로써 을주주가 얻는 이익은?

- 증자 후 1주당 평가액

   = (당초 회사의 가치 + 신주납입금액) / 증자 후 총발행주식수

   = [(10,000원 × 10,000주) + (5,000원 × 5,000주)] / 15,000주

   = 8,333.3원

- 을주주의 이익

   = 을주주의 증자 후 주식평가액 − 갑주주가 포기하지 않았을 경우 가치

   = 8,333.3원 × 8,000주 − 7,500원 × 8,000주

   = 6,666,000원(천원 미만 절사)

   (을주주의 신주납입금액은 갑주주의 포기 여부와 관계없이 동일하므로 주식평가액으로만 비교, 7,500원은 위 '사례 1'에서 산출)

   [별 해]

   (균등증자시 1주당 평가액 − 신주 1주당 인수가액) × 특수관계 있는 자의 실권주식수 × 증자 후 신주인수자의 지분비율

   = (7,500 − 5,000) × 5,000 × 53.33%

   = 6,666,000원(천원 미만 절사)

- 부당행위에 대한 검토(30% 이상 차이가 있는지)

   = (실권주가 없을 경우 증자 후 주식가치 − 신주인수가액) / 실권주가 없을 경우 증자 후 주식가치

   = (7,500원 − 5,000원) / 7,500원

   = 33% : 현저한 이익에 해당됨.

(2) 신주를 고가로 발행하는 경우

신주를 고가로 발행하는 경우에는 저가발행과 달리 신주를 인수하는 주주가 이익을 분여하게 되며, 신주인수권을 포기한 주주가 이익을 분여받는 입장이 된다. 고가발행에 따른 이익의 증여가 저가발행의 이익의 증여와 다른 점은 '특수관계인으로부터 분여받은 이익'에 대해서만 과세된다는 점이다. 따라서 고가발행의 경우 실권주를 특수관계가 없는 제3자가 인수한다면 이익의 증여문제가 발생하지 않는다.

① 실권주를 배정하는 경우

해당 법인의 주주가 신주인수권의 전부 또는 일부를 포기한 경우로서 그 포기한 실권주를 배정하는 경우에 발생하는 경제적 이익에 대하여 법인세 또는 증여세가 과세된다.

구 분	법인세	증여세
과세요건	① 자본의 증가가 있을 것 ② 신주인수를 포기한 주주가 있을 것 ③ 본래의 자기지분을 초과하여 실권주를 배정받은 자가 있을 것 ④ 포기한 주주와 법인세법상 특수관계 있는 자가 실권주를 인수할 것 ⑤ 실권주주가 이익을 얻을 것	① 자본의 증가가 있을 것 ② 신주인수를 포기한 주주가 있을 것 ③ 본래의 자기지분을 초과하여 실권주를 배정받은 자가 있을 것 ④ 포기한 주주와 「상속세 및 증여세법」상 특수관계 있는 자가 실권주를 인수할 것 ⑤ 실권주주가 이익을 얻을 것
과세금액	부당행위계산부인금액 = (1주당 인수가액 − 증자 후의 1주당 평가가액) × 신주인수를 포기한 주주의 실권주수 × 신주인수를 포기한 주주와 특수관계 있는 자가 인수한 실권주수 / 총실권주수	증여이익금액 = (신주 1주당 인수가액 − 증자 후의 1주당 평가가액) × 신주인수를 포기한 주주의 실권주수 × 신주인수를 포기한 주주와 특수관계 있는 자가 인수한 실권주수 / 총실권주수
규 정	법인세법 시행령 제88조 ① 8호 나목, 제89조 ⑥	「상속세 및 증여세법」 제39조 ① 2호 가목, 동법 시행령 제29조 ② 3호

 사례 3 고가 실권주 재배정

발행주식총수가 10,000주인 A법인이 100% 자본증자를 위하여 아래와 같이 신주를 배정함.
- 증자 전 A법인의 1주당 평가액은 10,000원
- 신주인수가액은 1주당 15,000원
- 주주별 주식변동현황

주 주	증자 전	배 정	포 기	재배정	증자 후
갑	5,000	5,000	5,000		5,000
을	4,000	4,000		4,000	12,000
병	1,000	1,000		1,000	3,000
합 계	10,000	10,000	5,000	5,000	20,000

갑주주가 실권함으로써 얻는 이익은?
- 증자 후 1주당 평가액
  = (당초 회사의 가치 + 신주납입금액) / 증자 후 총발행주식수
  = [(10,000원 × 10,000주) + (15,000원 × 10,000주)] / 20,000주
  = 12,500원
- 갑주주의 이익
  = 실권 후의 가치 − 실권 전의 가치

= (12,500원 × 5,000주) - (10,000원 × 5,000주)

= 12,500,000원(갑주주의 납입금액은 실권 전후에 변화가 없음)

갑주주와 을주주가 특수관계였을 경우 증여이익금액은?

• 증여이익

= 갑주주의 이익 × (을주주가 인수한 실권주수 / 총실권주수)

= 12,500,000원 × (4,000주 / 5,000주)

= 10,000,000원

② 실권주를 불균등하게 배정하는 경우(제3자 배정 포함)

해당 법인의 주주가 아닌 자가 신주를 직접 배정받은 경우와 해당 법인의 주주
가 주식소유 비율에 의하지 아니하고 불균등하게 배정받은 경우에 분여받은
이익의 계산방법은 위 '①의 실권주를 배정하는 경우'와 개념이 동일하다(「상
속세 및 증여세법 시행령」제29조 ② 5호의 공식 사용시 먼저 개념을 이해하고 이용하여
야 오류가 발생하지 않는다).

③ 실권주를 배정하지 아니하는 경우

해당 법인의 주주가 신주인수권의 전부 또는 일부를 포기한 경우로서 실권주
를 배정하지 아니하는 경우에는 그 신주인수를 포기한 자와 특수관계에 있는
자가 신주를 인수함으로써 신주인수를 포기한 자가 얻은 이익에 대하여 법인
세 또는 증여세가 과세된다.

구 분	법인세	증여세
과세요건	① 자본의 증가가 있을 것 ② 해당 법인의 주주가 신주를 배정받을 수 있는 권리의 전부 또는 일부를 포기함으로써 실권주가 발생할 것 ③ 그 실권주를 배정하지 아니할 것 ④ 신주를 인수한 주주와 법인세법상 특수관계 있는 신수인수 포기자가 이익을 얻을 것 ⑤ 증자 전·후 1주당 주식평가차익이 30% 이상이거나 분여한 이익금액이 3억원 이상일 것	① 자본의 증가가 있을 것 ② 해당 법인의 주주가 신주를 배정받을 수 있는 권리의 전부 또는 일부를 포기함으로써 실권주가 발생할 것 ③ 그 실권주를 배정하지 아니할 것 ④ 신주를 인수한 주주와 「상속세 및 증여세법」상 특수관계 있는 신주인수 포기자가 이익을 얻을 것 ⑤ 증자 전·후 1주당 주식평가차익이 30% 이상이거나 증여이익금액이 3억원 이상일 것

구 분	법인세	증여세
과세금액	부당행위계산부인금액 = (신주 1주당 인수가액 – 증자 후의 1주당 평가가액) × 신주인수를 포기한 주주의 실권주수 × 신주인수를 포기한 주주의 특수관계인이 인수한 신주수 / 증자 전의 지분비율대로 균등하게 증자하는 경우의 증자주식총수	증여이익금액 = (신주 1주당 인수가액 – 증자 후 1주당 평가가액) × 신주인수를 포기한 주주의 실권주수 × 신주인수를 포기한 주주의 특수관계인이 인수한 신주수 / 증자 전의 지분비율대로 균등하게 증자하는 경우의 증자주식총수
규 정	법인세법 시행령 제88조 ① 8호 나목, 제89조 ⑥	「상속세 및 증여세법」 제39조 ① 2호 나목, 동법 시행령 제29조 ② 4호

 사례 4 고가 실권주 실권처리

발행주식총수가 10,000주인 A법인이 100% 자본증자를 위하여 아래와 같이 신주를 배정함.
- 증자 전 A법인의 1주당 평가액은 10,000원
- 신주인수가액은 1주당 15,000원
- 주주별 주식변동현황

주 주	증 자 전	배 정	포 기	증 자 후	증자 후 지분율
갑	5,000	5,000	5,000	5,000	33%
을	4,000	4,000		8,000	53%
병	1,000	1,000		2,000	13%
합 계	10,000	10,000	5,000	15,000	

갑주주가 실권함으로써 얻는 이익은?
- 증자 후 1주당 평가액
  = (당초 회사의 가치 + 신주납입금액) / 증자 후 총발행주식수
  = [(10,000원 × 10,000주) + (15,000원 × 5,000주)] / 15,000주
  = 11,666원
- 갑주주의 이익
  = 갑주주 증자 후 주식평가액 – 갑주주 증자 전 주식평가액
  = 11,666원 × 5,000주 – 10,000원 × 5,000주
  = 8,333,000원

갑주주와 을주주가 특수관계였을 경우 증여이익금액은?
- 증여이익
  = 갑주주의 이익 × 을주주가 인수한 주식수 / 총증자주식수
  = 8,333,000원 × 4,000주 / 5,000주

= 6,666,000원

[별 해]

(신주 1주당 인수가액 – 증자 후 1주당 평가가액) × 포기한 주주의 실권주식수 × 특수관계인이 인수한 주식수 / 증자 전 지분비율대로 증자한 경우 증자주식총수

= (15,000원 – 11,666원) × 5,000주 × 8,000주 / 20,000주

= 6,666,000원

- 부당행위에 대한 검토(30% 이상 차이가 있는지)

= (신주인수가액 – 증자 후 주식가치) / 증자 후 주식가치

= (15,000원 – 11,666원) / 11,666원

= 28.5% : 현저한 이익에 해당되지 않음.

(3) 신주를 전환주식으로 발행하는 경우

신주를 상법 제346조의 전환주식으로 교부받고 전환권 행사 시점에서 전환이익이 발생하는 경우 당초 교부받은 전환주식을 저가 또는 고가로 인수하여 발생한 증여 이익에 추가하여 전환이익에 대하여 법인세 또는 증여세를 부담하게 된다. 기타 발행부터 전환까지 포괄적인 과세 체계는 '제10장 주식연계채권'편의 설명을 참조하기 바란다.

구 분	법인세	증여세
과세요건	• 전환주식을 시가보다 낮은 가액으로 발행 : 교부받았거나 교부받을 주식의 가액이 전환주식 발행 당시 전환주식의 가액을 초과함으로써 그 주식을 교부받은 자가 이익을 얻을 경우 • 전환주식을 시가보다 높은 가액으로 발행 : 교부받았거나 교부받을 주식의 가액이 전환주식 발행 당시 전환주식의 가액보다 낮아짐으로써 그 주식을 교부받은 자의 특수관계인이 이익을 얻을 경우	
과세금액	• 증여이익금액 = 전환주식을 다른 종류의 주식으로 전환함에 따라 교부받은 주식을 신주로 보아 저가 또는 고가로 발행함에 따라 계산한 증여이익금액 – 전환주식 발행 당시 저가 또는 고가로 발행함에 따라 계산한 증여이익금액	
계산기준일	• 전환주식을 다른 종류의 주식으로 전환한 날	
규 정	법인세법 시행령 제88조 ① 8호 나목, 제89조 ⑥	「상속세 및 증여세법」 제39조 ① 3호, 동법 시행령 제29조 ② 6호

제 10 장
주식연계채권

chapter

10 주식연계채권

I 개 요

주식연계채권은 채권과 주식의 성격을 동시에 갖는 채권으로서 발행시점에서는
채권으로 발행되나 일정한 조건하에서 발행회사의 주식으로 전환이 가능한 전환
사채(Convertible Bond), 발생회사의 주식발행을 청구할 수 있는 신주인수권이 붙어
있는 신주인수권부사채(Bond With Warrant), 발행회사가 보유한 타회사 주식 또는
발행회사의 자기주식으로 교환이 가능한 교환사채(Exchangeable Bond)로 구분할 수
있다.

구 분	전환사채(CB)	신주인수권부사채(BW)	교환사채(EB)
내 용	발행회사 주식(신주)으로 전환할 수 있는 권리가 부여된 채권	발행회사 주식(신주)을 신규로 교부받을 수 있는 권리가 부여된 채권	발행회사 자기주식(구주)이나 발행회사 보유 다른 회사 주식(구주)으로 교환할 수 있는 권리가 부여된 채권
효 과	• 전환권이 첨부되어 일반사채 대비 유리한 조건으로 자금조달 가능 • 전환권 행사시 부채감소 및 자본증가로 재무구조 개선 • 발행시에 신규자금 유입, 전환시 신규자금 유입 없이 전환사채가 자본으로 대체됨.	• 신주인수권이 첨부되어 일반사채 대비 유리한 조건으로 자금조달 가능 • 신주인수권 행사시 증자자금 유입으로 재무구조개선(대용납입시 부채감소 및 자본증가) • 분리발행시 대주주의 신주인수권 인수를 통한 지분율 증대 가능	• 교환권이 첨부되어 일반사채 대비 유리한 조건으로 자금조달 가능 • 자기주식 및 발행회사 보유 타회사 주식의 유동화 가능

구 분	전환사채(CB)	신주인수권부사채(BW)	교환사채(EB)
권리의 분리 여부	채권과 전환권 비분리	• 채권과 신주인수권 비분리 또는 분리 발행 가능 • 비상장법인의 경우 신주인수권 분리 및 비분리 발행이 다 가능 • 상장법인의 경우 비분리 발행이 원칙이나 공모발행일 경우 분리 발행 가능	채권과 교환권 비분리
채권소멸	전환권 행사시 채권 소멸	• 분리형 : 신주인수권 행사시에도 채권 존속(대용납입시 소멸) • 비분리형 : 신주인수권 행사시 채권 소멸	교환권 행사시 채권 소멸
투자형태	이자수익 및 행사시 전환차익	• 분리형 : 채권과 신주인수권 분리 발행으로 이자수익, 신주인수권 매각수익, 행사시 자본차익 등 수익의 다양화 가능 • 비분리형 : 이자수익 및 행사시 자본차익	이자수익 및 행사시 교환차익
발행주체	상장 · 비상장사 모두 가능	상장 · 비상장사 모두 가능	상장 · 비상장사 모두 가능
교부대상 (교환 대상)	발행회사의 신주	발행회사의 신주	• 발행회사의 자기주식(구주) 및 발행회사 보유 다른 회사의 주식(구주) 단, 교환대상이 되는 증권은 한국예탁결제원의 예탁이 가능한 증권이어야 함.
등기 여부	발행 및 전환시 등기 필요	발행 및 신주인수권 행사시 등기 필요	자본금 변화를 수반하지 않으므로 발행 및 교환시 등기 불필요

II 전환사채

전환사채(CB)는 일정한 기간 동안(만기) 사전에 약정된 가격(전환가격)으로 발행회사의 주식으로 전환이 가능한 권리(전환권)를 보유한 채권으로서 발행시점에는 채권으로 발행되나 발행회사의 주가가 발행시 설정한 전환가격을 초과하는 경우 전환사채 보유자의 전환권 행사를 통하여 채권은 소멸되고 발행회사의 주식으로 전환되는 채권이다. 전환사채는 상장회사 및 비상장회사 모두 발행이 가능하다.

① 발행제한

(1) 상법상 제한규정

상법상 주식회사는 전환사채를 발행할 수 있고, 다음의 사항으로 정관에 규정이 없는 것은 이사회가 결정한다. 다만, 정관으로 주주총회에서 이를 결정하기로 한 경우에는 그러하지 아니한다(상법 제513조).

 |상법 제513조(전환사채의 발행) |

제513조 (전환사채의 발행) ① 회사는 전환사채를 발행할 수 있다.
② 제1항의 경우에 다음의 사항으로서 정관에 규정이 없는 것은 이사회가 이를 결정한다. 그러나 정관으로 주주총회에서 이를 결정하기로 정한 경우에는 그러하지 아니하다.
1. 전환사채의 총액
2. 전환의 조건
3. 전환으로 인하여 발행할 주식의 내용
4. 전환을 청구할 수 있는 기간
5. 주주에게 전환사채의 인수권을 준다는 뜻과 인수권의 목적인 전환사채의 액
6. 주주외의 자에게 전환사채를 발행하는 것과 이에 대하여 발행할 전환사채의 액
③ 주주외의 자에 대하여 전환사채를 발행하는 경우에 그 발행할 수 있는 전환사채의 액, 전환의 조건, 전환으로 인하여 발행할 주식의 내용과 전환을 청구할 수 있는 기간에 관하여 정관에 규정이 없으면 제434조의 결의로써 이를 정하여야 한다. 이 경우 제418조 제2항 단서의 규정을 준용한다. (개정 2001. 7. 24.)
④ 제3항의 결의에 있어서 전환사채의 발행에 관한 의안의 요령은 제363조의 규

정에 의한 통지에 기재하여야 한다. (개정 2014. 5. 20.)

[전문개정 1984. 4. 10.]

과거 상법(제470조(총액의 제한))에서는 사채의 상환능력을 고려하여 주식회사의 사채발행한도를 대차대조표상의 순자산액의 4배로 제한하는 사채발행한도를 두고 있었으나 이와 같은 규정이 실효성이 낮고 사채발행의 기동성을 저해한다고 판단하여 2012. 4. 15.부터 적용되는 개정 상법에서는 해당 조항이 삭제되었다.

| 구 상법 제470조(총액의 제한) |

제470조 (총액의 제한) ① 사채의 총액은 최종의 대차대조표에 의하여 회사에 현존하는 순자산액의 4배를 초과하지 못한다.

② 삭제 (1995. 12. 29.)

③ 구사채를 상환하기 위하여 사채를 모집하는 경우에는 구사채의 액은 사채의 총액에 산입하지 아니한다. 이 경우에는 신사채의 납입기일, 수회에 분납하는 때에는 제1회의 납입기일로부터 6월내에 구사채를 상환하여야 한다.

(2) 자본시장법상 제한규정

통상 전환사채가 전환될 경우 유통주식수 증가에 따라 주가가 하락할 수 있으므로 전환사채를 발행할 경우 일반주주들은 피해를 볼 수 있다.

따라서 자본시장법에서는 일반주주 피해를 방지하기 위하여 전환사채의 사모발행시 전환가격을 시가를 반영한 기준가격 이상으로 설정하도록 규정(증권의 발행 및 공시 등에 관한 규정 제5−22조 ①)하고 있고, 주가 하락시 전환가격 조정(Refixing)의 범위를 30% 이내(정관 또는 주총 특별결의로 Refixing의 범위를 30% 이상으로 늘릴 수 있으나 액면가액 이하로 설정하는 것은 불가능)로 제한(증권의 발행 및 공시 등에 관한 규정 제5−23조)하고 있다.

그러나 최대주주등의 지분율 확대를 목적으로 콜옵션(매도청구권)이 부여된 전환사채가 다수 발행되고, 위 주가하락 Refixing이 지나치게 부각되면서 불공정 거래 수단으로 악용된다는 문제점이 지속적으로 제기되어 왔다. 이에 금융당국은 2021년 12월 증권의 발행 및 공시규정의 개정을 통하여, 전환사채 발행시 최대주주 및 특수관계인에게 부여하는 콜옵션에 행사 한도를 설정하고 공시의무를 부과하였다. 또한 시가하락에 따른 하향 Refixing의 내용을 정한 경우 다시 시가가 상승하면 전환가액을 발행시 전환가액 한도안에서 상향조정하도록 하였다.

❖ 콜옵션 행사한도 예시(기존 총주식수 100, CB 발행 50 가정) ❖

구 분	현재 지분		콜옵션 행사한도	
	甲(최대주주)	乙(특수관계인)	甲	乙
개정 전	30(지분율 30%)	20(지분율 20%)	한도 없음	
개정 후 (21년 12월 이후)	30(지분율 30%)	20(지분율 20%)	15까지 허용 (30%, 45/150)	10까지 허용 (20%, 30/150)

또한 상장법인의 경우 소수주주가 임원해임을 위한 주총소집청구 및 법원에 그 소집허가를 청구한 때, 임원의 직무집행 정지 또는 주주총회결의 무효·취소 등의 소를 제기하는 등 당해 상장법인의 경영권 분쟁사실이 신고·공시된 경우에는 그 기간 동안 주주배정 또는 공모발행 이외의 방법으로는 전환사채의 발행이 금지(사모발행금지)된다(증권의 발행 및 공시 등에 관한 규정 제5-21조).

과거 증권거래법에서는 공개매수기간 동안 전환사채의 발행을 금지하는 규정이 있었으나 2005년 증권거래법 개정으로 동 규정이 삭제되었고 자본시장법에 특별한 제한규정이 없으므로 공개매수기간 중이라도 위의 경영권분쟁 사유에 해당되지 않을 경우 전환사채 발행이 가능하다고 판단된다[주].

주) 상장법인의 주식을 대량매수하기 위한 공개매수신고가 발행·공시규정 제5-21조에서 정한 경영권분쟁사실이 신고·공시된 경우인지에 대한 문제가 제기될 수 있으나, 공개매수 자체가 주총소집 청구 또는 법원에 청구 및 소송을 제기 등 경영권분쟁 관련하여 구체적인 사실의 발생이라고는 보기 어려움(금융감독원 기업공시실무안내, Q&A 2-40, 2022년 12월).

(3) 판 례

판례에서는 "전환사채의 발행이 경영권 분쟁 상황하에서 열세에 처한 구 지배세력이 지분 비율을 역전시켜 경영권을 방어하기 위하여 이사회를 장악하고 있음을 기화로 기존 주주를 완전히 배제한 채 제3자인 우호 세력에게 집중적으로 신주를 배정하기 위한 하나의 방편으로 채택된 것으로서, 전환사채제도를 남용하여 전환사채라는 형식으로 사실상 신주를 발행한 것으로 보이는 경우 이러한 전환사채의 발행은 주주의 신주인수권을 실질적으로 침해할 위법이 있어 무효로 보아야 한다"고 판시한 바 있다(서울고등법원 1997. 5. 13. 선고, 97라36 결정).

(4) 정관규정

발행회사가 전환사채를 발행하기 위해서는 정관에 근거규정이 있어야 되고 전환
권 행사기간 동안 발행회사가 발행할 주식의 총수(수권주식수)에서 전환권 행사에
의하여 발행될 주식(Refixing 고려)을 미발행주식으로 유보하여야 한다.

② 발행방법

전환사채의 발행방법은 청약을 권유받는 자의 수에 따라 공모발행과 사모발행으
로 구분할 수 있으며 배정방법에 따라 주주배정, 공모배정, 제3자배정으로 구분할
수 있다.

(1) 청약을 권유받는 자의 수에 따른 구분

공모발행은 사모발행에 비하여 증권신고서, 투자설명서 및 증권발행실적보고서를
제출해야 하므로 절차가 복잡하나 전환권 행사가 전환사채 발행 후 1개월 이후부
터 가능(사모발행의 경우 1년 이후부터 행사 가능)하고 기준가격 산정방법이 투자자
에게 유리하다는 장점이 있다.

구 분	공모발행	사모발행
청약권유자의 수	50인 이상	50인 미만
신용평가	• 인수인이 없는 직접 발행의 경우 신용평가 불필요 • 증권회사가 인수하는 간접 발행의 경우 2개 이상의 신용평가사로부터 신용평가 필요	불필요
증권신고서 및 투자설명서 제출	• 발행금액이 10억원 이상인 공모의 경우 증권신고서, 투자설명서 제출 • [보통주·우선주·채무증권(CB·BW·EB 등)에 관계없이 과거 1년간의 공모실적 합산금액]이 10억원 미만인 소액공모의 경우 소액공모 공시서류 제출	증권신고서 및 투자설명서 제출 면제

구 분	공모발행	사모발행
최초 전환가격	기준가격 산정방식이 투자자에게 유리함.	기준가격 산정방식이 투자자에게 불리함.
채권의 상장가능성	상장 가능	상장 불가능
주식 전환기간	사채발행일 이후 1개월 이후부터 주식 전환 가능	사채발행일 이후 1년 이후부터 주식 전환 가능
증권발행실적보고서 제출	제 출	면 제
주식으로서 전매제한 조치[주1]	불필요	필 요
사채로서 전매제한 조치[주2]	불필요	필 요

주1) 주식으로서 전매제한 조치 : 전환권 행사금지 기간을 발행일로부터 1년 이상으로 증권권면에 기재 (증권의 발행 및 공시 등에 관한 규정 제2-2조 ② 3호)

주2) 채권으로서 전매제한 조치 : 권면의 매수를 50매 미만으로 하고 발행 후 1년간 권면분할을 금지한다는 특약(권면분할방지특약)을 증권권면에 기재(증권의 발행 및 공시 등에 관한 규정 제2-2조 ② 2호)

① 비상장법인

비상장법인의 공모발행과 사모발행의 차이는 50인 이상의 불특정 다수에게 전환사채의 청약을 권유하는 방법이 공모발행이고 50인 미만의 소수의 투자자를 선정한 후 그들만을 대상으로 전환사채를 발행하는 방법이 사모발행이다.

여기서 50인 산정시 유의해야 할 사항은 금차에 발행하는 전환사채로는 50인 미만에게 청약을 권유하나 금차 전환사채를 기준으로 과거 6월간 동일증권(주식연계채권과 일반 사채는 동일증권으로 분류)에 대하여 사모로 청약의 권유를 받은 자를 합산하여 50인 이상이 되는 경우에도 공모에 해당된다는 점을 주의하여야 한다(자본시장법 제9조 ⑦, ⑨ 및 동법 시행령 제11조).

② 상장법인

상장법인의 경우 공모의 방법으로 전환사채를 발행하고 금융투자회사(증권사)가 해당 전환사채를 인수하는 경우, 일반사채와 마찬가지로 신용평가업자 중 2개 이상의 자로부터 신용평가를 받아야 한다(증권 인수업무등에 관한 규정 제11조의2 ①).

또한 이미 회사가 발행한 주식이 공모절차를 통하여 상장되어 있는 바 금차에 발행할 전환사채 또는 6개월 이내에 발행한 동일증권(주식연계채권과 일반 사채는 동일증권으로 분류)의 청약권유자의 수를 합산하여 50인 미만이라 하더라도 전환권에 부여된 권리의 목적(발행회사의 주식)이 이미 공모절차를 거쳐 상장되어 있으므로 공모에 해당(간주공모)된다(증권의 발행 및 공시 등에 관한 규정 제2-2조 ① 3호).

따라서 금차 또는 과거 1년간(동 기간 중 증권신고서를 제출한 실적이 있으면 그 이후의 기간 동안) 증권신고서를 제출하지 아니한 공모금액의 합계액[보통주, 우선주, 채무증권(CB, BW, EB 포함)]이 10억원 이상인 경우에는 증권신고서와 투자설명서를 제출하여야 하고 그 금액이 10억원 미만인 경우 소액공모 공시서류를 제출하여야 한다.

단, 상장법인의 경우 주식으로서 전매제한조치(전환권 행사금지기간을 전환사채 발행일로부터 1년 이상으로 증권권면에 기재) 및 사채로서 전매제한조치(권면의 매수를 50매 미만으로 하고 발행 후 1년간 권면분할을 금지한다는 특약을 증권권면에 기재-권면분할방지특약)를 한 경우에는 사모에 의한 발행이 가능하고 증권신고서와 투자설명서의 제출이 면제된다(증권의 발행 및 공시 등에 관한 규정 제2-2조 ② 2호 및 3호).

(2) 배정방법에 따른 구분

① 주주배정방식(상법 제513조의2)

전환사채 발행은 실질적으로 그 인수인에게 신주인수권을 부여하는 것과 동일한 효과가 발생하므로 상법은 일반적인 신주발행의 경우와 동일하게 그 인수권을 원칙적으로 주주가 보유한 주식 수에 비례하여 가지는 것으로 규정하고 있다.

따라서 "전환사채의 인수권을 가진 주주는 그가 가진 주식의 수에 따라서 배정을 받을 권리가 있다"의 규정에 근거하여 기존주주에게 그 소유주식수에 비례하여 전환사채를 배정하는 방법이다. 그러나 전환사채의 금액중 최저액에 미달하는 단수에 대해선 권리가 주어지지 않는다.

② 공모방식(상법 제513조 ③, 자본시장법 제165조의10)

정관에 일반공모의 방법으로 전환사채를 배정할 수 있는 근거조항이 있는 경우 이사회결의로써 기존주주를 배제하고 일반인에게 청약을 받는 방법(공모발행)이다.

| 표준정관 제14조의2(전환사채의 발행 및 배정) |

① 회사는 다음 각 호의 어느 하나에 해당하는 경우 이사회의 결의로 주주 외의 자에게 전환사채를 발행할 수 있다.

1. 사채의 액면총액이 [　]원을 초과하지 않는 범위 내에서 신기술의 도입, 재무구조의 개선 등 회사의 경영상 목적을 달성하기 위하여 필요한 경우 제10조 제1항 제1호 외의 방법으로 특정한 자(이 회사의 주주를 포함한다)에게 사채를 배정하기 위하여 사채인수의 청약을 할 기회를 부여하는 방식으로 전환사채를 발행하는 경우

2. 사채의 액면총액이 ○○원을 초과하지 않는 범위 내에서 제10조 제1항 1호 외의 방법으로 불특정 다수인(이 회사의 주주를 포함한다)에게 사채인수의 청약을 할 기회를 부여하고 이에 따라 청약을 한 자에 대하여 사채를 배정하는 방식으로 전환사채를 발행하는 경우

(참고) 제10조 (주식의 발행 및 배정) ① 이 회사가 이사회의 결의로 신주를 발행하는 경우 다음 각 호의 방식에 의한다.
　　　 1. 주주에게 그가 가진 주식 수에 따라서 신주를 배정하기 위하여 신주인수의 청약을 할 기회를 부여하는 방식

③ 제3자배정방식(상법 제513조 ③)

상법은 전환사채를 주주 외의 자에게 발행할 경우에는 전환사채의 액, 전환의 조건, 전환으로 인하여 발행할 주식의 내용과 전환청구기간을 정관의 규정 또는 주주총회 특별결의로 정하도록 규정하면서 신기술의 도입, 재무구조의 개선 등 회사의 경영상 목적의 달성을 위하여 필요한 경우에 한하여 예외적으로 제3자에게 전환사채 발행을 허용하고 있다.

이 방법은 기존주주의 지분율 및 권익에 중대한 영향을 미치므로 정관에서 특별히 규정하고 있거나 주주총회의 특별결의를 거쳐야 하는 등 엄격한 제한하에 발행이 가능하다.

| 상장회사 표준정관 제14조의2(전환사채의 발행) |

① 회사는 다음 각호의 어느 하나에 해당하는 경우 이사회 결의로 주주 외의 자에게 전환사채를 발행할 수 있다.

1. 사채의 액면총액이 [ ]원을 초과하지 않는 범위 내에서 긴급한 자금조달을 위하여 국내외 금융기관 또는 기관투자자에게 전환사채를 발행하는 경우
2. 사채의 액면총액이 [ ]원을 초과하지 않는 범위 내에서 사업상 중요한 기술도입, 연구개발, 생산·판매·자본제휴를 위하여 그 상대방에게 전환사채를 발행하는 경우

| 상장회사 표준정관 제14조의2 ① 주석 |

회사가 제3자배정방식으로 전환사채를 발행하고자 하는 경우에 정관에 한도를 규정하더라도 지나치게 높은 비율이나 큰 금액을 기재하는 경우에는 주주의 신주인수권을 침해할 소지가 있음. 따라서 (3자배정 방식의)한도를 규정하는 경우사채의 액면총액은 발행주식총수의 20%를 금전으로 환산한 액수 내외로 정할 것을 권고함.

 ③ 발행절차

전환사채 발행은 앞서 살펴본 공모발행과 사모발행에 따라 일정 및 절차에 차이가 있으므로 각 방법별로 구분하여 살펴보면 다음과 같다.

(1) 공모발행

공모발행은 발행방법에 따라 발행회사가 인수인을 통하지 않고 직접 발행하는 직접발행과 인수인을 통하여 발행하는 간접발행으로 구분할 수 있다.
실무에서 공모발행은 대부분 간접발행을 통하여 진행되므로 아래에서는 간접발행을 통한 공모절차에 대하여 살펴보도록 한다.

절 차	일 정	내 용	규 정
인수인 등 선정	사전절차	• 인수계약서 체결 • 원리금지급대행계약서 체결 • 사채모집위탁계약서 체결	
신용평가 신청		• 신용평가사 2개사에 신용평가 신청 • 신용평가등급 확보	증권 인수업무에 관한 규정 제11조의2
이사회 결의 및 주요사항 보고서 제출	D	• 1차 전환가액 확정 • 전환사채 발행 이사회 결의 및 공시	• 상법 제513조 ② • 자본시장법 제161조 ① 9호 • 동법 시행령 제171조 ③ 4호 • 유가공시 제7조 ① 2호 가목 (6) 가 • 코스닥공시 제6조 ① 2호 가목 (6) 가
증권신고서 제출		증권신고서, 예비투자설명서 제출	자본시장법 제119조, 제124조 ② 2호
전환가격 확정 증권신고서 정정	D+6	• 청약 3거래일 전 • 전환가격 확정에 따른 증권신고서 및 예비투자설명서 정정	
증권신고서 효력발생 및 투자설명서 제출	D+10	• 증권신고서 효력발생기간 : 신고서수리일로부터 7영업일 • 효력발생일에 투자설명서 제출	자본시장법 시행규칙 제12조 ① 1호
청약공고		일간신문 등 공고	상법 제513조의3, 제419조
청 약	D+10 ~11	청약기간 통상 2일간	
배정공고 및 납입	D+14	배정공고(일간신문 등)	
증권발행실적 보고서 제출		모집 또는 매출완료시	자본시장법 제128조
등 기	D+15	납입 완료일로부터 2주일 내	상법 제514조의2

(주) : 1. 유가공시(유가증권시장공시규정), 코스닥공시(코스닥시장공시규정)
　　　 2. 증권신고서 효력발생기간은 영업일 기준이고 고위험 기업(감사의견이 적정이 아닌 기업 또는 자본잠식기업 등)은 증권신고서 효력발생기간이 추가로 3영업일 연장됨.

① 이사회 결의

과거 상법에서는 사채를 발행하기 위해서는 이사회의 결의를 거치도록 규정하였으나, 현재 상법에서는 사채발행의 기동성 및 편리성을 제고하기 위하여 정관에 정함이 있는 경우 이사회는 대표이사에게 사채의 금액 및 종류를 정하여 1년을 초과하지 않는 기간 내에서 사채발행을 위임할 수 있다(상법 제469조 ④).

 │ 상장회사 표준정관 제14조(사채의 발행) ② 주석 │

② 이사회는 대표이사에게 사채의 금액 및 종류를 정하여 1년을 초과하지 아니하는 기간 내에 사채를 발행할 것을 위임할 수 있다.

※ 이사회에서 대표이사에게 사채발행을 위임하는 경우 제2항에서 정한 사항 이외에도 발행조건, 상환기간 등을 정하여 위임할 수 있음.

※ 집행임원을 설치한 회사는 "대표이사"를 "대표집행임원"으로 변경하여 규정하여야 함.

② 주요사항보고서 제출

사업보고서 제출대상법인은 전환사채/신주인수권부사채 및 교환사채 발행관련 이사회 익일까지 해당 내역을 주요사항보고서로 금융위에 제출하여야 한다. 단, 상장법인의 경우 각 시장의 공시규정에 의거하여, 그 결의 내용을 지체 없이 거래소에 신고 및 공시하여야 한다. 비상장이면서 사업보고서 제출대상법인의 경우에는 익일까지, 유가증권 및 코스닥 상장법인은 당일에 공시문을 제출하면 된다.

구 분	유가증권상장법인	코스닥상장법인
시 기	이사회결의일 당일	좌동
장 소	금융위/거래소	좌동
제출서식	기업공시서식 작성기준 제38-24호	좌동
규 정	• 자본시장법 제161조 ① 9호 • 동법 시행령 제171조 ③ 4호 • 유가공시규정 제7조 ① 2호 가목 (6) 가	• 자본시장법 제161조 ① 9호 • 동법 시행령 제171조 ③ 4호 • 코스닥공시규정 제6조 ① 2호 가목 (6) 가

③ 증권신고서

자본시장법에 따라 전환사채를 모집 또는 매출하는 경우에는 증권신고서를 금융위원회에 제출하여야 한다.

제출의무자	• 전환사채의 모집 또는 매출을 하는 발행인
제출시기	• 증권신고서 제출 및 수리 후 모집 또는 매출 가능
제출장소	• 금융위원회
기재사항	• 공시서식 중 <별지 제1호 서식> 증권신고서 참조
첨부서류	• 정관 • 증권의 발행을 결의한 주총 또는 이사회의사록 사본 • 법인등기부 등본 • 증권의 발행에 관하여 행정관청의 허가·인가 또는 승인 등을 필요로 하는 경우에는 그 허가·인가 또는 승인 서류 • 증권의 인수계약을 체결한 경우에는 그 계약서의 사본 • 예비투자설명서를 사용하려는 경우에는 예비투자설명서 • 간이투자설명서를 사용하려는 경우에는 간이투자설명서 • 직접공모의 경우 　증권분석기관의 평가의견서 　증권분석기관 대표자의 비밀유지 각서 　청약증거금을 예치받을 은행의 통장 사본 • 투자자 보호에 필요한 금융위원회가 고시하는 서류 　회계감사인의 분기, 반기 등 감사보고서 　원리금지급 대행계약을 체결한 경우에는 그 계약서 사본 　증권 신탁계약을 체결한 경우에는 그 계약서 사본 　모집위탁계약을 체결한 경우에는 그 계약서 사본 　신용평가업자의 평가등급을 받은 경우 그 신용평가서 사본
규 정	• 자본시장법 제119조 ①, 동법 시행령 제125조 ②, ③ • 「증권의 발행 및 공시등에 관한 규정」 제2-6조

④ 증권신고서 효력 발생시기(자본시장법 시행규칙 제12조 ① 1호)

증권신고서는 수리 거부통지가 없으면 이를 제출한 날에 수리한 것으로 간주하고 증권신고서 수리 후 채무증권의 모집 또는 매출의 효력발생일은 7영업일이다. 한편, 고위험 기업(감사의견이 적정이 아닌 기업, 자본잠식기업, 사업보고서 및 반기·분기보고서를 법정기간 내에 제출하지 않는 기업 등)은 증권신고서 효력발생기간이 추가로 3영업일 연장된다.

⑤ 주요 신고사항에 대한 벌칙

증권신고서의 중요사항에 관하여 거짓의 기재 또는 표시가 있거나 중요사항이 기재 또는 표시되지 아니함으로써 증권의 취득자가 손해를 입은 경우 주요사항보고서 및 증권신고서 작성인의 책임을 엄격히 하기 위하여 자본시장법에서는 손해배상책임 및 형사적 책임에 대하여 명시하고 있다.

손해배상책임 (자본시장법 제125조 내지 제127조 및 제162조)	• 주요사항보고서 및 증권신고서의 중요사항의 거짓기재 등(거짓기재 또는 미기재)로 인하여 증권의 취득자 등이 손해를 입은 경우 손해배상책임 발생. 단, 손해배상책임자가 상당한 주의를 하였음에도 알 수 없었음을 증명하거나, 취득자(처분자)가 취득(처분)시 그 사실을 안 경우는 제외 • 청구권자가 당해 사실을 안 날로부터 1년 내 또는 해당서류 제출일로부터 3년 내에 청구권 미행사시 권리소멸 • 손해배상책임자 　- 제출인(신고인)과 제출(신고) 당시의 당해 법인의 이사 　- 명예회장, 회장, 사장, 부사장, 전무, 상무, 이사 등의 업무집행 지시자 　- 서명한 공인회계사, 감정인, 신용평가회사, 변호사, 변리사, 세무사 등 　- 자기의 평가, 분석, 확인 의견 기재에 동의하고 확인한 자 등
금융위 조사 및 조치 (자본시장법 제131조, 제132조 및 제164조)	• 투자자 보호를 위하여 필요한 경우 참고자료 제출 요구 및 장부 서류 등의 조사 가능 • 중요사항의 거짓기재 등의 정정을 명하고, 증권발행제한, 거래 정지 또는 수사기관에 통보 등의 조치 가능
형사적 책임 (자본시장법 제444조 및 제446조)	• 5년 이하 징역 또는 2억원 이하 벌금(자본시장법 제444조) 　- 주요사항보고서 및 증권신고서의 중요사항에 관한 거짓기재 등을 한 자 　- 거짓기재 등을 알고도 서명한 대표이사 및 담당이사 　- 거짓기재 등을 알고도 서명한 공인회계사, 감정인, 신용평가회사 • 1년 이하 징역 또는 3천만원 이하 벌금(자본시장법 제446조) 　- 주요사항보고서를 제출하지 아니한 자 　- 증권신고서(투자설명서 및 정정신고서 포함) 관련 규정을 위반한 자

⑥ 예비투자설명서(자본시장법 제124조 ② 2호, 증권의 발행 및 공시 등에 관한 규정 제2 - 15조)

증권의 모집 또는 매출을 위하여 청약의 권유를 하고자 하는 경우 투자설명서를 투자자에게 교부하여야 한다.

투자설명서는 증권신고서 효력이 발생되어야 사용할 수 있으나 증권신고서 효력발생에 일정기간이 소요되므로 신고서 효력발생 전이라도 투자의 권유행위가 가능하도록 하기 위하여 사용이 허용된 것이 예비투자설명서(신고의 효력이 발생되지 아니한 사실을 기록한 투자설명서)로서 증권신고서 제출시점에 함께 제출한다.

⑦ 투자설명서

증권신고서를 제출한 회사는 증권신고서 효력발생일로부터 투자설명서를 금융위원회에 제출하여야 한다.

제출의무자	• 증권신고서를 제출한 발행인
제출시기	• 증권신고서 효력발생일
제출장소	• 금융위원회
비치장소	• 해당 증권 발행인의 본점 • 금융위원회 • 거래소 • 청약사무를 취급하는 장소
기재사항	• 공시서식 중 <별지 제20호 서식> 투자설명서 참조
규 정	• 자본시장법 제123조, 동법 시행령 제131조, 동법 시행규칙 제13조 • 발행·공시규정 제2 - 14조

⑧ 증권발행실적보고서

증권신고서를 제출한 발행회사는 모집 또는 매출을 완료한 경우 지체없이 증권발행실적보고서를 금융위원회에 제출(전자공시)하여야 한다.

제출의무자	• 증권신고의 효력이 발생한 증권의 발행인
제출시기	• 모집 또는 매출을 완료한 때 지체없이 제출
제출장소	• 금융위원회
기재사항	• 발행인의 명칭 및 주소 • 주관회사의 명칭 • 청약에 관한 사항

기재사항	• 공시이행 사항 • 증권교부일, 상장일 및 등기일 • 조달된 자금의 사용내역
서 식	• 공시서식 중 <별지 제24호 서식> 증권발행신저보고서 참조
규 정	• 자본시장법 제128조, 「증권의 발행 및 공시 등에 관한 규정」 제2-19조

(2) 사모발행

사모발행은 증권신고서, 투자설명서 및 증권발행실적보고서 제출이 면제되므로 공모발행에 비하여 그 기간이 짧고 절차가 간단하다.

절 차	일 정	내 용	규 정
이사회결의 주요사항보고서 제출	D	• 전환가액 확정 • 전환사채 발행 이사회 결의 및 공시 • 공시서식 중 <별지 제38-24호 서식>	• 상법 제513조 ② • 자본시장법 제161조 ① 9호 및 동법 시행령 제171조 ③ 4호 • 유가공시 제7조 ① 2호 가목 (6) 가 • 코스닥공시 제6조 ① 2호 가목 (6) 가
인수계약체결	D+1	투자자와 인수계약서 체결	
청약 및 납입	D+2	청약일(1일간), 실무에서는 청약 없이 바로 납입	상법 제418조 ②
증권발행결과 공시		자율공시	• 유가공시 제28조 동 세칙 제8조 11호의2 • 코스닥공시 제26조 동 세칙 제13조 11호
등 기	D+3	납입 완료일로부터 2주일 내	상법 제514조의2

(주) 증권의발행및공시등에관한규정(발행공시), 유가증권시장공시규정(유가공시), 코스닥시장공시규정(코스닥공시)

전환가격 결정(증권의 발행 및 공시 등에 관한 규정 제5-22조)

비상장법인의 경우 전환가격에 대한 제한규정이 없으므로 발행회사와 전환사채 인수자 간 협의에 의하여 전환가격을 액면가격 이상에서 자유롭게 결정할 수 있으나 상장법인의 경우 전환가격은 다음에서 산정한 기준주가의 100% 이상(그 가액이 액면가액 이상)에서 결정되어야 한다.

다만, 2 이상의 신용평가업자가 평가한 당해 채권의 신용평가등급이 투기등급(BB+ 이하)인 경우 또는 「자산 유동화에 관한 법률」의 규정에 의하여 발행하는 유동화증권의 기초자산이 되는 경우 전환가격은 기준주가의 90% 이상에서 결정할 수 있다(증권의 발행 및 공시 등에 관한 규정 제5-22조 ②).

또한 기업구조조정 촉진을 위한 금융기관협약에 의하여 기업개선작업을 추진중인 기업 또는 금융기관이 공동으로 경영정상화를 추진중인 기업이 경영정상화 계획에서 정한 자를 대상으로 전환사채를 발행하는 경우 증권의 발행 및 공시 등에 관한 규정에 의한 전환가격 결정방법을 적용하지 않을 수 있다.

(1) 공모발행

전환가격 = MAX〔기준주가의 100% 이상, 액면가액 이상〕

❖ 기준주가 산정 ❖

구 분	산 식	기준주가
1개월 가중산술평균주가	A	
1주일 가중산술평균주가	B	
최근일 가중산술평균주가	C	
산술평균가액	D = [(A+B+C)/3]	MIN[D, C, E]
청약일 전(청약일이 없는 경우 납입일) 제3거래일 가중산술평균주가	E	

(주) : 1. 기산일 : 전환사채 발행 이사회 결의일 전일

2. 가중산술평균주가 = $\dfrac{\sum \text{일별총거래대금}}{\sum \text{일별총거래주식수}}$

(2) 사모발행

전환가격 = MAX〔기준주가의 100% 이상, 액면가액 이상〕

❖ 기준주가 산정 ❖

구 분	산 식	기준주가
1개월 가중산술평균주가	A	
1주일 가중산술평균주가	B	
최근일 가중산술평균주가	C	
산술평균가액	$D = [(A+B+C)/3]$	MAX[D, C, E]
청약일 전(청약일이 없는 경우 납입일) 제3거래일 가중산술평균주가	E	

(주) : 1. 기산일 : 전환사채 발행 이사회 결의일 전일

2. 가중산술평균주가 $= \dfrac{\sum \text{일별총거래대금}}{\sum \text{일별총거래주식수}}$

⑤ 전환가격 조정(증권의 발행 및 공시 등에 관한 규정 제5-23조)

주권상장법인의 전환사채 발행시 전환가격은 전환사채 발행 후 유·무상증자, 주식분할 및 병합 등과 같이 발행회사 주식의 액면가액 또는 주식수가 변동되는 경우 전환가격을 조정하는 경우와 시가가 하락할 경우 전환가격을 조정하는 경우로 구분할 수 있다. 또한 2021년 12월 증권의 발행 및 공시 등에 관한 규정 개정으로 시가하락으로 인한 전환가격 조정의 경우 사모발행에 한하여 다시 시가가 상승할 시에도 전환가격의 조정이 이루어져야 한다.

(1) 액면가액 또는 주식수 변경시 전환가격 조정

① 무상증자, 주식배당의 경우

조정 후 전환가격 = 조정 전 전환가격 × (A) / (B)

(A) = 조정사유 발생 전 발행주식총수
(B) = 조정사유 발생 후 발행주식총수

② 주식분할, 주식병합의 경우

$$조정\ 후\ 전환가격 = 조정\ 전\ 전환가격 \times (A) / (B)$$

(A) = 조정사유 발생 후 1주당 액면금액
(B) = 조정사유 발생 전 1주당 액면금액

③ 시가미달 유상증자, 주식매수선택권 부여, 전환사채 또는 신주인수권부사채의 발행의 경우

$$조정\ 후\ 전환가격 = 조정\ 전\ 전환가격 \times [(A) + \{(B) \times (C) / (D)\}] / [(A) + (B)]$$

(A) = 기존발행 주식총수
(B) = 신규발행 주식총수
(C) = 신주발행가격(주식매수선택권, 전환사채, 신주인수권부사채의 경우 행사가격)
(D) = 기준가격

④ 회사분할, 감자의 경우

해당 사유 발생 직전에 본 전환사채가 주식으로 전환되었다면 전환사채권자가 수령하였을 주식수를 전환사채권자가 실제 전환시 수령할 수 있도록 발행회사 및 전환사채권자 간의 협의를 통하여 전환가격이 조정된다.

⑤ 발행회사가 타회사에 피흡수합병되는 경우

전환사채 발행회사가 타회사에 피흡수합병되는 경우 합병회사는 신규 전환사채를 발행하여 피합병법인의 전환사채권자들에게 교부하고 그 전환사채의 조건상 법령이 허용하는 한도 내에서 전환사채의 사채권자가 전환사채를 합병 직전에 전환하였을 경우 그 전환주식의 소지인이 합병시 수령하였을 종류 및 금액의 주식 등으로 전환할 수 있는 권리를 그 이후 전환기간 동안 갖는다.

(2) 시가 하락시 전환가격 조정(Refixing)

전환사채 발행시 이사회 결의에 의하여 전환가격을 조정할 수 있다는 내용, 조정사유, 조정시기 및 조정방법을 결의한 경우 전환가격은 발행회사 주가의 변동에 따라 조정(Refixing)되나 통상 주가가 상승할 경우에는 조정되지 않고 주가가 하락

하는 경우에 조정된다. 또한 2021년 12월 증권의 발행 및 공시 등에 관한 규정 개정으로 인해 사모발행에 한하여, 주가하락 Refixing의 내용을 정한 경우, 반대로 주가상승시에도 전환가액은 상향조정되어야 한다.

비상장 법인의 경우 전환가격 조정에 대한 제한규정이 없으므로 통상 실적(주가가 없으므로 통상 영업이익)과 연동하여 액면가액까지 자유롭게 조정할 수 있으나 상장 법인의 경우 전환가격은 발행시 전환가격의 70% 미만(그 가액이 액면가액 이상)으로 재조정될 수 없으나 발행회사의 정관 및 주주총회 특별결의로 최저조정가액을 액면가격 이상으로 설정할 수 있다.

| 상장회사 표준정관 제14조의2(전환사채의 발행) 주석 |

시가하락에 의한 전환가액 조정시 이사회 결의로 발행당시의 전환가액의 70% 미만으로 행사가격을 조정할 수 있도록 하기 위해서는 아래와 같은 내용을 정관에 추가하여 규정하여야 함(증권의 발행 및 공시 등에 관한 규정 제5-23조).

1) 정관 규정만으로 가능하게 하는 경우

  예) 이사회는 사채의 액면총액이 ○○억원을 초과하지 않는 범위 내에서 주주의 주식소유비율에 따라 전환사채를 발행하거나 제○항 제○호의 사유로 인하여 전환사채를 발행하는 경우에는 시가하락에 의한 조정 후 전환가액의 최저한도를 ○○원으로 할 수 있다.

2) 정관에서 주주총회 특별결의에 위임하는 경우

  예) 회사는 시가하락에 의한 조정 후 전환가액의 최저한도를 주주총회 특별결의로 전환사채 부여시의 전환가격의 100분의 70 미만으로 정할 수 있다.

① 공모발행

발행시 이사회 결의에 따라 전환사채의 최초 전환가격은 발행일로부터 [ ]개월이 경과한 날 및 그로부터 매 [ ]개월 되는 날마다 아래 두 가격(A, B) 중 낮은 가격으로 재조정된다.

재조정된 전환가격 = MIN〔A, B〕

(A) 재조정되기 전 전환가격(유·무상증자 등으로 전환가격을 이미 조정한 경우 이를 감안한 가액)

(B) 전환가격 재조정일 전일을 기산일로 소급한 1개월 가중산술평균주가, 1주일 가중산술평균주가 및 최근일 가중산술평균주가를 산술평균한 가격과 최근일 가중산술평균주가 중 낮은 가격

(주) 가중산술평균주가 = $\dfrac{\Sigma \text{ 일별총거래대금}}{\Sigma \text{ 일별총거래주식수}}$

② 사모발행

발행시 이사회 결의에 따라 전환사채의 최초 전환가격은 발행일로부터 [　]개월이 경과한 날 및 그로부터 매 [　]개월 되는 날마다 재조정된다.

앞서 설명하였듯이, 2021년 12월 발행공시규정 개정 이후 주권상장법인의 전환사채 사모발행시 주가하락 Refixing이 반영된 경우, 주가 상승이 있을 시 최초 전환가액을 한도로 하여 전환가액을 상향조정 해주어야 한다.

재조정 전환가액 = MIN[(a+b+c)/3, c]

(a) 1개월 가중산술평균주가
(b) 1주일 가중산술평균주가
(c) 최근일 가중산술평균주가

* 단, 주가 하락시에는 최저전환가액(통상 최초전환가액의 70%) 이상으로 하며 주가상승시에도 발행당시의 전환가액(유·무상증자 등으로 전환가격을 이미 조정한 경우 이를 감안한 가액) 한도 내에서 재조정

(주) 가중산술평균주가 = $\dfrac{\Sigma \text{ 일별총거래대금}}{\Sigma \text{ 일별총거래주식수}}$

(3) 전환가격의 상향 조정(증권의 발행 및 공시 등에 관한 규정 제5-23조의2)

통상 전환사채를 발행한 기업이 감자를 실시할 경우 전환가격이 감자비율을 반영하여 상향조정되어야 하나 계약에 의하여 전환가격이 변동되지 않도록 함(일명 황금CB)으로써 주가는 감자비율을 반영하여 상향조정되나 전환가격은 변동되지 않아 전환사채 보유 채권자들이 전환권을 행사하여 부당하게 이익을 얻는 경우가 발생할 수 있다.

감독기관은 이와 같은 비논리적인 거래를 방지하여 일반주주들을 보호하고자 2010년 11월 규정을 개정하여 상장법인이 전환사채를 발행한 후 감자·주식병합 등이 발생하는 경우 감자·주식병합 등으로 인한 조정비율만큼 전환가격도 상향 조정하도록 규정하고 있다.

⑥ 전환금지 기간(증권의 발행 및 공시 등에 관한 규정 제5 - 21조 ②)

비상장법인의 경우 법률상 전환기간에 대한 제한이 없으므로 정관에 전환사채 발행에 대한 근거규정이 있고 전환금지 기간에 대한 특별한 제한이 없을 경우 이사회 결의에 이하여 발행일 익일부터 선환사채 만기전일까지 주식전환이 가능하도록 전환사채를 발행할 수 있으나 상장법인은 법률에 의하여 공모발행의 경우 발행 후 1개월이 경과한 날부터, 사모발행의 경우 발행 후 1년이 경과한 날부터 주식으로 전환할 수 있도록 규정하고 있다.

발행방법	주식 전환기간
공모발행	사채발행일 이후 1개월이 경과한 날부터 전환 가능
사모발행	사채발행일 이후 1년이 경과한 날부터 전환 가능

여기서 주의해야 할 사항은 상장법인의 전환청구기간이 사채발행일 이후 1년이 경과한 날부터로 규정된 정관을 사전에 정비하지 않고 공모발행을 추진하는 경우 그 발행조건을 전환사채 발행일 이후 1개월이 경과한 날부터 전환이 가능하도록 설계하더라도 그 공모발행은 정관의 규정에 의하여 전환사채 발행일 이후 1년이 경과해야 전환청구가 가능하므로 전환사채 발행 후에 투자자와 갈등을 야기하는 경우가 발생될 수 있다.

따라서 상장법인이 전환사채를 공모방식으로 발행하고자 할 경우에는 정관과 법률규정이 상충되지 않도록 사전에 정관을 정비하여야 할 것이다.

| 상장회사 표준정관 제14조의2(전환사채의 발행) ⑤ |

⑤ 전환을 청구할 수 있는 기간은 당해 사채의 발행일 이후 ○○월(또는 ○○일)이 경과하는 날로부터 그 상환기일의 직전일까지로 한다. 그러나 위 기간 내에서 이사회의 결의로써 전환청구기간을 조정할 수 있다.

전환청구시 발행 주식

회사가 전환사채의 전환청구로 인하여 발행할 주식은 보통주뿐만 아니라 종류주식도 가능하다. 단, 보통주 이외의 주식을 발행하기 위해서는 회사의 정관에 해당주식을 발행할 수 있는 근거규정이 있어야 한다.

| 상장회사 표준정관 제14조의2(전환사채의 발행) ④ |

④ 전환으로 인하여 발행하는 주식은 ○○주식으로 하고 전환가액은 주식의 액면금액 또는 그 이상의 가액으로 사채발행시 이사회가 정한다.
※ 회사가 전환사채의 전환청구로 인하여 발행할 신주의 종류를 여러 종류의 주식으로 하고자 할 경우에는 다음과 같이 규정할 수 있음.
예) 전환으로 인하여 발행하는 주식은 사채의 액면총액 중 ○○원은 보통주식으로, ○○원은 제○조(내지 제○조)의 종류주식으로 하고, 전환가액은 주식의 액면금액 또는 그 이상의 가액으로 사채발행시 이사회가 정한다.

8 조기상환청구권(Put Option)

발행회사가 채권발행을 원활하게 하기 위하여 채권인수자에게 만기 이전에 채권원금의 조기상환을 청구할 수 있는 권리를 부여하는 경우가 있는데 이를 조기상환청구권(Put Option)이라 한다.

실무에서는 전환사채를 발행할 때 통상 만기 3년(또는 5년)에 1년(또는 2년) 이후부터 조기상환이 가능하도록 설계하는데 투자자 입장에서는 발행회사의 주가가 하락하여 전환차익 가능성이 현저히 낮은 경우 또는 발행회사의 재무구조가 악화되어 채권의 기간위험이 증가하는 경우 Put Option을 행사하여 원금을 조기에 상환받는 것이 유리할 수 있다.

통상 조기상환시 적용되는 이자율(YTP: Yield To Put)은 만기보장수익률(YTM: Yield To Maturity)보다 같거나 낮은 것이 일반적이다.

⑨ 매도청구권(Call Option)

채권인수자의 조기상환청구권(Put Option)과 반대로 채권의 발행회사는 전환사채 전환으로 인한 주식수 증가 및 주가하락을 방지하기 위하여 발행회사가 자금이 여유가 있을 경우 채권인수사에게 만기 전에 특정한 가격과 이자율로 전환사채 매입을 요청하는 경우가 있는데 이를 매도청구권(Call Option)이라 한다. 단, 전환사채 발행시 공시서류에 기재한 Put Option 또는 Call Option 외의 사유로 전환사채를 조기상환하는 경우 공시위반으로 감독기관으로부터 제재를 받을 수 있으므로 유의하여야 한다.

최대주주등의 지분율 확대를 목적으로 콜옵션(매도청구권)이 부여된 전환사채가 다수 발행되어 불공정 거래수단으로 악용된다는 문제점이 지속적으로 제기되어 왔다. 이에 금융당국은 2021년 12월 증권의 발행 및 공시 등에 관한 규정의 개정을 통하여, 전환사채 발행시 최대주주 및 특수관계인에게 부여하는 콜옵션에 행사한도를 설정하고 공시의무를 부과하였다.

❖ **콜옵션 행사한도 예시(기존 총주식수 100, CB 발행 50 가정)** ❖

구 분	현재 지분		콜옵션 행사한도	
	甲(최대주주)	乙(특수관계인)	甲	乙
개정 전	30(지분율 30%)	20(지분율 20%)	한도 없음	
개정 후 (21년 12월 이후)	30(지분율 30%)	20(지분율 20%)	15까지 허용 (30%, 45/150)	10까지 허용 (20%, 30/150)

(주) : 1. 공모 및 사모발행 모두 해당
2. 최대주주등에게 매도청구권(Call Option)을 부여한 전환사채를 발행하는 경우 및 해당 주권상장법인이 해당 CB를 취득후 최대주주등에게 매도하는 경우를 포함함.

❖ 콜옵션 관련 공시의무 부여 ❖

구 분	제3자 Call Option 행사	회사의 자기매도 결정
시 기	해당 Call Option 행사시	회사가 자기가 발행한 CB를 취득하여 제3자에게 매도결정한 때
장 소	금융위/거래소	좌동
제출서식	제3자의 전환사채매수선택권행사 기업공시서식 작성기준 제38-48호	자기 전환사채 매도 결정 기업공시서식 작성기준 제38-49호
규 정	• 자본시장법 제161조 ② • 동법 시행령 제171조 ④ 8호 • 발행·공시규정 제4-5조 ② 6호 가목	• 자본시장법 제161조 ② • 동법 시행령 제171조 ④ 8호 • 발행·공시규정 제4-5조 ② 6호 나목

통상 매도청구권 행사시 적용되는 전환사채 매입금액은 주가 및 만기보장수익률(YTM)을 고려하여 그 수익률이 만기보장수익률 이상에서 결정되는 것이 일반적이다.

⑩ 의무전환사채(Mandatory CB)

(1) 정 의

전환사채 발행회사 입장에서는 채권 만기시점에 원금을 지급할 필요가 없고, 전환사채 보유자 입장에서는 만기까지 전환권을 행사하지 않을 경우 전환사채가 소멸되므로 만기 전에 반드시 주식으로 전환해야 하는 채권을 말한다.

(2) 성 격

① 회계적 측면
의무전환사채는 일반사채와는 달리 만기시점에 원금 지급의무가 없으므로 회계상 부채가 아닌 자본으로 분류된다.
따라서 발행회사는 의무전환사채 발행으로 자금조달뿐 아니라 재무구조 개선의 목적을 달성할 수 있다.
② 법률적 측면
법률상 의무전환사채의 성격에 대하여 논란이 많다. 그러나 법률당국에서는 의무전환사채가 만기에 원금 지급의무가 존재하지 않고, 전환권 행사에 대한 선

택권이 없다는 측면에서 상법상 사채로 보지 않고 있다(법무부 해석 2009. 7. 3.).

(3) 발행현황

의무전환사채는 만기에 원금 지급의무가 없고 전환권에 대한 선택권이 없으므로 빌행조건이 투자자에게 매우 불리한 채권이다.

따라서 시장논리에 의할 경우 그 발행 가능성이 매우 낮다고 할 수 있다.

그러나 상장폐지 위험이 높은 부실기업의 경우 기존채무를 의무전환사채로 차환 발행할 경우 재무구조가 개선되고 상장폐지를 회피할 수 있기 때문에 이와 같은 특별한 경우에는 발행회사 및 투자자 모두가 이익을 얻을 수 있다.

따라서 이와같은 특별한 목적으로 의무전환사채를 발행하는 경우가 대부분이라 할 수 있다.

(4) 발행가능성

법률에서 발행을 금지할 수 있는 규정이 없고 이미 해외 및 국내에서 발행한 사례가 있으므로 발행이 가능한 것으로 간주할 수 있으나 법률당국에서 의무전환사채를 상법상 사채로 보지 않고 있으므로 감독당국에서는 2009년 7월 이후 그 발행을 엄격히 제한하고 있다.

11 발행 및 지분변동공시

(1) 발행공시

상장법인이 전환사채를 발행하는 경우 모든 발행조건을 공시하여야 한다. 만약, 신고 또는 공시내용에 허위 또는 중요한 사항이 누락된 경우 과징금이 부과되므로 유의하여야 한다.

① 발행공시(유가증권시장공시규정 제7조 ① 2호 (6), 코스닥시장공시규정 제6조 ① 2호 (6))
전환사채 발행 공시서류에 발행회사와 인수자간의 중요한 발행조건(옵션조항, 기한이익상실조항, 손실보전계약 등)을 기재하고 기타 별도약정이 없음을 추가로 기재하여 이사회 결의일에 공시하여야 한다(필요시 전환사채 계약서 첨부 가능).

② 증권신고서 제출(자본시장법 제119조)

공모로 전환사채를 발행하는 경우 증권신고서에 일반적인 발행조건과 함께 기한이익상실 조건 등 중요한 특약사항을 기재하고, 기타 별도약정이 없음을 추가로 기재하여야 한다.

특히 증권신고서 본문에 중요한 특약사항(옵션조항, 기한이익상실조항, 손실보전계약 등)을 상세히 기재하되, 요약정보에는 본문 또는 첨부한 계약서를 참조하라는 형식으로 기재가 가능하다.

③ 전환가액 조정에 관한 사항

전환가액 조정에 관한 사항(조정사유, 조정방법, 기준일 등)은 발행공시 및 증권신고서 제출시 구체적으로 확정하여 기재하여야 하며 액면가액 또는 주식수 변경, 시가하락 등에 의한 전환가액 조정 등에 관한 사항을 이사회 등에 위임하는 것은 금지되므로 주의하여야 한다.

④ 발행 후 변동보고

전환사채를 발행한 코스닥상장법인은 다음의 사항이 발생한 경우에는 거래소에 신고하여야 한다.

보고사항	• 전환가격이 결정된 경우 • 전환청구로 인한 발행주식수가 발행주식총수의 1% 이상인 경우 • 전환가격이 조정된 경우 • 전환사채를 만기 전에 취득한 경우
보고시기	• 사유발생일에 신고
보고장소	• 거래소
규 정	• 코스닥시장공시규정 제38조 7호∼10호

(주) 유가증권 상장법인은 위의 사항에 대하여 보고의무는 없으나 통상 자율공시사항으로 공시함. 또한 채무증권이 상장된 경우에는 전환청구권 행사, 전환가격 변경 및 기한이익상실 등의 사유가 있을 시 상장규정 제93조 및 시행세칙 제79조에 의한 신고의무가 있음.

(2) 지분변동공시

상장법인의 전환사채를 인수하여 그 보유비율이 5% 이상이 되거나 그 보유비율이 1% 이상 변동되는 경우 또는 주요주주가 되는 경우에는 다음과 같이 보고하여야 한다.

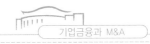
| 주요주주(자본시장법 제9조 ①, 금융회사의 지배구조에 관한 법률 제2조 6호) |

• 누구의 명의로 하든지 자기의 계산으로 의결권 있는 발행주식총수의 10% 이상
을 소유한 자(그 주식과 관련된 증권예탁증권 포함)
⇨ 주요주주는 특수관계인 또는 공동보유자를 합산하지 않고 개별적으로 적
용함.
• 의결권 있는 발행주식총수의 10% 이상을 보유하고 있지 아니한 주주라도 임원
의 임명 등 당해 법인의 중요한 경영사항에 대하여 사실상 영향력을 행사하고
있는 주주
⇨ 실질적인 지배주주를 의미함.

5% 보고와 관련하여 특히 주의하여야 할 사항은 기산일이 납입일이 아닌 계약체
결일이므로 계약체결일로부터 5영업일 이내에 보고해야 된다는 점과 보고사유와
관련하여 자본시장법 시행령 제153조 ⑤ 제5호에서는 "발행 가격 조정만으로 보
유주식 등의 수가 증가하는 경우 변동보고를 면제한다"고 규정하고 있으나 변동
보고의무 면제사유에 해당되더라도 신규보고의무는 면제되지 않으므로 반드시 신
규보고를 이행하여야 한다는 점이다.
예를 들어 전환가격 조정(Refixing)으로 보유주식 등의 수가 증가하여 지분율이 6%
에서 7%로 변동된 경우 변동보고의무는 면제되나 전환가격 조정(Refixing)으로 보
유주식 등의 수가 증가하여 지분율이 4%에서 6%로 변동된 경우 신규보고의무는
발생된다.
과거 증권거래법에서는 주식연계채권은 5% 보고대상 증권에는 포함되고 임원 등
의 특정증권 등 소유상황(10% 보고) 보고대상 증권에 포함되지 않았으나 자본시장
법에서는 주식연계채권도 임원 등의 특정증권 등 소유상황(10% 보고) 보고대상에
포함되므로 임원・주요주주가 주식연계채권을 보유한 경우에도 반드시 임원 등의
특정증권 등 소유상황(10% 보고) 보고를 이행하여야 한다.
특히 임원 등의 특정증권 등 소유상황(10% 보고) 보고시 주의하여야 할 사항은 주
요주주는 "의결권 있는 발행주식총수의 10% 이상의 주식"을 소유한 자를 의미하
므로 주식이 아닌 주식연계채권은 주요주주 판단시 포함되지 않는다는 점이다.
예를 들어 주식 8%, 주식연계채권 3%를 보유한 주주는 주요주주에 해당되지 않
으므로 임원 등의 특정증권 등 소유상황(10% 보고) 보고를 할 필요가 없으나 주식
10%, 주식연계채권 3%를 보유한 주주는 주요주주에 해당되므로 임원 등의 특정

증권 등 소유상황(10% 보고) 보고를 이행하여야 하며 이행시 보고지분율은 13% 이다.

구 분	주식 등의 대량보유상황 보고 (5% 보고)	임원 등의 특정증권 등 소유상황 보고 (10% 보고)
보고 접수처	금융위원회, 거래소	증권선물위원회, 거래소
보 고 기 준	• 신규보고 : 5% 이상 보유시 • 변동보고 : 5% 이상 보유자 1% 이상 변동시	• 소유상황보고 : 10% 이상 보유 또는 임원선임시 • 변동보고 : 1천주 이상 또는 1천 만원 이상 변동시
보고지분율 산정대상	본인 및 특별관계자 (특별관계자 범위 : 자본시장법 시행령 제141조)	임원 또는 주요주주 (특별관계자 포함하지 않음)
보고 기준일	계약 체결일	취득일
보 고 기 한	• 경영참여 : 기준일로부터 5영업일 이내 • 단순투자 : 기준일이 속하는 달의 다음 달 10일까지	• 기준일로부터 5영업일 이내 • 주식배당, 준비금의 자본전입, 주식분할 및 병합, 자본감소에 따른 변동은 다음 달 10일까지
서 식	• <별지 제44호 서식> : 주식 등의 대량보유상황보고서(일반) • <별지 제45호 서식> : 주식 등의 대량보유상황보고서(약식)	<별지 제46호 서식> : 임원·주요주주 특정증권 등 소유상황보고서
규 정	자본시장법 제147조~제150조 동법 시행령 제153조~제159조	자본시장법 제173조 동법 시행령 제200조

(주) : 1. 영업일 : 토요일, 공휴일, 근로자의 날 제외
2. 경영참여: 임원의 선임·해임 또는 직무의 정지, 이사회 등 회사의 기관과 관련된 정관의 변경 등에 영향력을 행사하는 것(자본시장법 시행령 제154조 ①)

① 보유비율 계산(자본시장법 시행규칙 제17조)

상장법인의 주식연계채권을 인수한 경우에는 당해 인수자가 보유하고 있는 수량을 기준으로 보유비율을 계산한다. 여기서 보유수량 계산은 주식연계채권 인수금액을 권리행사가격(전환가격)으로 환산한 수량으로 계산한다.

$$보유비율 = [(A+B+C) / (D+E+F)]$$

구　분	산　식
본인과 특별관계자 보유주식	A
본인과 특별관계자 보유 주식관련사채(교환사채 포함)	B
스톡옵션에 의한 주식(자기주식대상 스톡옵션은 제외)	C
발행주식총수(보통주＋의결권 있는 우선주)	D
본인과 특별관계자 보유 주식관련사채(교환사채 제외)	E
스톡옵션에 의한 주식(자기주식대상 스톡옵션은 제외)	F

(주) 특별관계자 : 자본시장법 시행령 제141조 참조

② 변동보고의무의 면제(자본시장법 시행령 제153조 ⑤ 5호)

전환사채의 전환가격 조정(Refixing)만으로 보유주식 등의 수가 증가하는 경우 변동보고의무가 면제된다고 규정하고 있으나 변동보고의무 면제사유에 해당되더라도 신규보고의무는 면제되지 않으므로 전환가격 조정(Refixing)으로 보유주식 등의 비율이 5% 미만에서 5% 이상이 되는 경우 반드시 신규보고의무를 이행하여야 한다.

③ 5%보고자의 발행회사에 대한 보고서 사본 송부 의무(자본시장법 제148조)

대량보유자는 주식 등의 대량보유상황보고서를 금융위원회와 거래소에 제출한 후 지체없이 주식연계채권 발행회사에게 송부하여야 한다.

⑫ 전환의 효력 발생(상법 제350조)

상법상 주식의 전환은 그 전환청구를 한 때에 효력이 발생한다(상법 제350조 ①). 과거 전환된 주식의 배당에 관하여는 과거 그 청구를 한 때가 속하는 영업연도 말에 전환된 것으로 규정하였으나, 2020년 12월 상법 개정으로 인해 해당 조항(구 상법 제350조 ③)이 삭제됨에 따라 배당기준일 및 주식 발행시기(전환시기)와 관계없이 모든 동종의 주식은 동등한 배당이 가능하게 되었다.

아울러 전환청구일이 각각의 이자지급기일 이전에 속하는 경우, 당해 이자지급기일에 대한 이자는 지급하지 않는다.

│구 상법 제350조(전환의 효력발생)

③ 전환에 의하여 발행된 주식의 이익배당에 관하여는 주주가 전환을 청구한 때 또는 제346조 제3항 제2호의 기간이 끝난 때가 속하는 영업연도 말에 전환된 것으로 본다. 이 경우 신주에 대한 이익배당에 관하여는 정관으로 정하는 바에 따라 그 청구를 한 때 또는 제346조 제3항 제2호의 기간이 끝난 때가 속하는 영업연도의 직전 영업연도 말에 전환된 것으로 할 수 있다.

│상장회사 표준정관 제10조의4(동등배당)

이 회사는 배당 기준일 현재 발행(전환된 경우를 포함한다)된 동종 주식에 대하여 발행일에 관계 없이 모두 동등하게 배당한다.

⑬ 전환사채의 상장

전환사채를 공모로 발행하는 경우 청약률을 제고하기 위하여 전환사채를 상장하는 경우가 있다.

채권의 경우 주로 유가증권시장 종목들이 유가증권시장상장규정에 의거 상장을 하고 있으며 아래의 요건을 충족하여야 상장이 가능하다. 단, 코스닥 주권상장법인의 경우에도 회사채, 전환사채, 신주인수권부사채 및 교환사채 등 채무증권에 대해 유가증권시장상장규정 제88조에 의거 신규상장이 가능하다. 그러나 채권이 상장되더라도 일부 대기업이 발행한 사채를 제외하고는 거래량이 미미하므로 실질적으로 상장의 실효성은 매우 낮다고 할 수 있다.

전환사채가 상장된 경우에는 투자자는 채권의 만기 또는 Put Option 행사기간에 관계없이 자본시장에서 전환사채의 매매를 통하여 자유롭게 투자자금의 회수 및 자본차익의 추구가 가능하다는 장점이 있다.

(1) 신규상장 심사요건(유가증권시장상장규정 제88조)

구 분	요 건
발행인의 자본금	5억원 이상
발행방식	공모(모집 또는 매출) 발행
발행 및 미상환 총액	당해 채권의 발행총액 및 미상환 발행총액 3억원 이상

(2) 신규상장시 제출서류(유가증권시장상장규정 시행세칙 제73조 ①, 〔별표 3〕 신규상장신청서류)

제 출 서 류
신규상장신청서(별지 제27호 서식)
발행등록사실확인서
신탁증서(간접발행시), 인수계약서 또는 매출계약서 사본, 모집위탁계약서 사본
최근 3개년 재무제표, 반기재무제표(반기 종료 후 45일 경과시), 최근 사업연도 감사보고서
채무증권대금 납입 증명서류(납입은행계좌)
거래소 심사상 필요 서류(상장관련 이사회 의사록, 상장수수료 입금증 등)

(3) 상장 후 거래소 신고의무(유가증권시장상장규정 제93조, 동 시행세칙 제79조)

전환사채가 상장된 경우 다음의 사항이 발생한 경우에는 발행회사는 지체없이 거래소에 관련 문서를 제출하여 신고하여야 한다.

- 전환청구권이 행사된 경우 거래소에 전환청구권 행사 보고서를 매월 말일을 기준으로 [별지 제21호 서식]으로 작성하여 제출
- 전환가격에 변동이 있는 경우 관련 이사회 의사록 사본 제출
- 기한의 이익 상실 및 중도상환 결정이 있는 경우 문서로 통보

III 신주인수권부사채

1 개 요

신주인수권부사채(BW)는 일정한 기간 동안(만기) 사전에 약정된 가격(행사가격)으로 발행회사의 주식(신주)을 교부받을 수 있는 권리(신주인수권)가 부여된 채권으로 신주인수권 보유자가 신주인수권 행사를 통하여 사전에 약정된 가격으로 주식대금을 납입하고 발행회사의 주식을 교부받을 수 있는 채권이다.

신주인수권부사채는 신주인수권과 채권의 분리 여부에 따라 분리형 신주인수권부사채와 비분리형 신주인수권부사채로 구분할 수 있으며 분리형 신주인수권부사채는 신주인수권과 채권의 분리 발행이 가능하므로 신주인수권과 채권을 분리하여 보유하거나 매각이 가능하다.

따라서 지배주주가 신주인수권부사채 발행후 신주인수권만을 매입함으로써 지분율 증대를 도모할 수 있기 때문에 지배주주의 경영권 안정화 수단으로 많이 활용된다.

2 신주인수권부사채와 전환사채의 차이

신주인수권부사채는 상장법인과 비상장법인이 모두 발행가능하고 발행대상도 발행회사의 신주라는 점에서 전환사채와 공통점이 있으나 신주인수권을 행사하더라도 사채가 소멸되지 않고 계속 존속된다는 점에서 전환사채와 구별된다. 단, 대용납입의 경우에는 채권의 발행가액으로 신주대금을 납입하므로 채권이 소멸된다.

구 분	신주인수권부사채(BW)	전환사채(CB)
내 용	발행회사의 주식(신주)을 교부받을 수 있는 권리를 갖는 채권	발행회사의 주식(신주)으로 전환할 수 있는 채권
발행목적	자금조달, 지배주주 지분강화 등	자금조달 등
발행주체	상장법인 및 비상장법인 모두 가능	상장법인 및 비상장법인 모두 가능
발행대상	발행회사의 신주	발행회사의 신주

구 분	신주인수권부사채(BW)	전환사채(CB)
형 태	• 비상장법인 : 채권과 신주인수권 분리 또는 비분리 발행 가능 • 상장법인 : 비분리 발행이 원칙이나 공모발행일 경우 분리 발행 가능	비상장법인 및 상장법인 모두 채권과 전환권 비분리 발행만 가능
채권존속 여 부	신주인수권을 행사하더라도 채권은 계속 존속. 단, 대용납입의 경우 채권 소멸	전환권을 행사할 경우 채권은 소멸되고 주식으로 전환됨.
권리행사	• 신주인수권 행사시 신규자금 유입 • 대용납입의 경우 부채감소 및 자본증가	전환권 행사시 부채감소 자본증가로 재무구조 개선(신규자금 유입 없음)
등기여부	발행 및 신주인수권 행사시 등기 필요	발행 및 전환시 등기 필요
투자형태	• 분리발행 : 이자수익, 신주인수권 매각수익, 행사시 매각차익 등 수익의 다양화가 가능 대부분의 투자자들은 Put Option 행사를 통하여 채권은 조기에 상환받고 신주인수권은 장기 보유함으로써 장기적인 자본차익 기회 보유 • 비분리발행 : 이자수익 및 행사시 자본차익	인수자가 채권 및 전환권을 함께 보유하므로 이자수익 및 전환차익 동시 추구

③ 이해관계자에게 미치는 영향

신주인수권부사채를 분리형으로 발행하는 경우 신주인수권과 채권의 분리발행시 투자자는 사전약정에 의하여 신주인수권부사채를 인수한 후 신주인수권을 분리하여 그 일부를 발행회사의 지배주주 등에게 매각하고 채권은 조기상환(Put Option) 함으로써 지배주주 등은 큰 자금부담 없이 지분율을 증대할 수 있고 투자자도 장기간 채권을 보유할 필요 없이 신주인수권만을 보유함으로써 미래에 행사를 통하여 자본차익을 추구할 수 있으나 신주인수권이 행사될 경우 유통주식수 증가에 따라 주가가 하락할 수 있으므로 일반주주들은 피해를 볼 수 있다.

구 분	영 향
발행회사	유리한 조건(저금리, Long만기 등)으로 자금조달 가능
지배주주	신주인수권 매입으로 지분율 증대 및 경영권 안정화 가능
투자자	다양하고 안정적인 수익실현(이자수익, 신주인수권 매각수익, 신주인수권 행사를 통한 자본차익) 가능
일반주주	신주인수권 행사시 유통주식수 증가로 주가하락위험 증대

따라서 위와 같은 신주인수권부사채의 분리발행으로 인한 폐해를 방지하고 일반 주주를 보호하기 위하여 자본시장법에서는 상장법인의 경우 비분리 발행을 원칙으로 하고 공모발행일 경우에 한하여 분리 발행을 허용하고 있다(자본시장법 제165조의10 ②).

④ 발행제한

(1) 상법상 제한규정

상법상 주식회사는 신주인수권부사채를 발행할 수 있고, 다음의 사항으로 정관에 규정이 없는 것은 이사회가 결정한다. 다만, 정관으로 주주총회에서 이를 결정하기로 한 경우에는 그러하지 아니한다(상법 제516조의2).

|상법 제516조의2(신주인수권부사채의 발행) |

제516조의2 (신주인수권부사채의 발행) ① 회사는 신주인수권부사채를 발행할 수 있다.

② 제1항의 경우에 다음의 사항으로서 정관에 규정이 없는 것은 이사회가 이를 결정한다. 그러나 정관으로 주주총회에서 이를 결정하도록 정한 경우에는 그러하지 아니하다. (개정 2011. 4. 14.)

1. 신주인수권부사채의 총액
2. 각 신주인수권부사채에 부여된 신주인수권의 내용
3. 신주인수권을 행사할 수 있는 기간
4. 신주인수권만을 양도할 수 있는 것에 관한 사항
5. 신주인수권을 행사하려는 자의 청구가 있는 때에는 신주인수권부사채의 상환에 갈음하여 그 발행가액으로 제516조의9 제1항의 납입이 있는 것으로 본다는 뜻

6. 삭제 (1995. 12. 29.)

7. 주주에게 신주인수권부사채의 인수권을 준다는 뜻과 인수권의 목적인 신주인수권부사채의 액

8. 주주외의 자에게 신주인수권부사채를 발행하는 것과 이에 대하여 발행할 신주인수권부사채의 액

④ 주주외의 자에 대하여 신주인수권부사채를 발행하는 경우에 그 발행할 수 있는 신주인수권부사채의 액, 신주인수권의 내용과 신주인수권을 행사할 수 있는 기간에 관하여 정관에 규정이 없으면 제434조의 결의로써 이를 정하여야 한다. 이 경우 제418조 제2항 단서의 규정을 준용한다. (개정 2001. 7. 24.)

또한, 신주인수권부사채에 부여된 신주인수권의 행사로 인하여 발행할 주식의 합계액은 신주인수권부사채의 금액을 초과할 수 없다(상법 제516조의2 ③).

과거 상법에서는 사채의 상환능력을 고려하여 주식회사의 사채발행한도를 대차대조표상의 순자산액의 4배로 제한하는 사채발행한도를 두고 있었으나 이와 같은 규정이 실효성이 낮고 사채발행의 기동성을 저해한다고 판단하여 2012. 4. 15.부터 적용되는 개정 상법에서는 이 조항을 삭제하였다.

(2) 자본시장법상 제한규정

자본시장법에서는 신주인수권부사채의 편법발행 및 일반주주의 피해를 방지하기 위하여 사모발행시 행사가격을 시가를 반영한 기준가격 이상(증권의 발행 및 공시 등에 관한 규정 제5-24조 ①)으로 정하도록 규정하고 있고, 주가 하락시 행사가격 조정(Refixing)의 범위를 30% 이내(정관 또는 주총 특별결의로 Refixing의 범위를 30% 이상으로 늘릴 수 있으나 액면가액 이하로 설정하는 것은 불가능)로 제한(증권의 발행 및 공시 등에 관한 규정 제5-24조 ①)하고 있다.

그러나 최대주주등의 지분율 확대를 목적으로 콜옵션(매도청구권)이 부여된 전환사채 및 신주인수권부사채가 다수 발행되고, 위 주가하락 Refixing이 지나치게 부각되면서 불공정 거래수단으로 악용된다는 문제점이 지속적으로 제기되어 왔다. 이에 금융당국은 2021년 12월 증권의 발행 및 공시 등에 관한 규정의 개정을 통하여, 전환사채 및 신주인수권부사채 발행시 최대주주 및 특수관계인에게 부여하는 콜옵션에 행사 한도를 설정하고 공시의무를 부과하였다. 또한 시가하락에 따른 하향 Refixing의 내용을 정한 경우 다시 시가가 상승하면 발행시 행사가액 한도안에서 행사가액을 상향조정하도록 개정하였다.

❖ 콜옵션 행사한도 예시(기존 총주식수 100, BW 발행 50 가정) ❖

구 분	현재 지분		콜옵션 행사한도	
	甲(최대주주)	乙(특수관계인)	甲	乙
개정 전	30(지분율 30%)	20(지분율 20%)	한도 없음	
개정 후 (21년 12월 이후)	30(지분율 30%)	20(지분율 20%)	15까지 허용 (30%, 45/150)	10까지 허용 (20%, 30/150)

아울러 상법에서는 분리형 및 비분리형 신주인수권부사채의 발행이 모두 가능하도록 규정하고 있으나 자본시장법에서는 상장법인의 경우 비분리 발행을 원칙으로 하고 공모발행일 경우에 한하여 분리 발행을 허용하고 있다(자본시장법 제165조의10 ②). 한편, 상장법인의 경우 소수주주가 임원해임을 위한 주총소집청구 및 법원에 그 소집허가를 청구한 때, 임원의 직무집행 정지 또는 주주총회결의 무효·취소 등의 소를 제기하는 등 당해 상장법인의 경영권 분쟁사실이 신고·공시된 경우에는 그 기간 동안 주주배정 또는 공모발행 이외의 방법으로는 신주인수권부사채의 발행이 금지(사모발행 금지)된다(증권의 발행 및 공시 등에 관한 규정 제5-24조, 제5-21조). 또한 과거 증권거래법에서는 공개매수기간 동안 신주인수권부사채의 발행을 금지하는 규정이 있었으나 2005년 증권거래법 개정으로 동 규정이 삭제되었고 자본시장법에 특별한 제한규정이 없으므로 공개매수기간 중이라도 위의 경영권 분쟁 사유에 해당되지 않을 경우 신주인수권부사채 발행이 가능하다고 판단된다[주].

주) 상장법인의 주식을 대량매수하기 위한 공개매수신고가 발행·공시규정 제5-21조에서 정한 경영권분쟁사실이 신고·공시된 경우인지에 대한 문제가 제기될 수 있으나, 공개매수 자체가 주총소집 청구 또는 법원에 청구 및 소송을 제기 등 경영권분쟁 관련하여 구체적인 사실의 발생이라고는 보기 어려움(금융감독원 기업공시실무안내, Q&A 2-40, 2022년 12월).

또한, 상장법인이 신주인수권부사채를 발행하는 경우 각 신주인수권부사채에 부여된 신주인수권의 행사로 인하여 발행할 주식의 발행가액의 합계액은 각 신주인수권부사채의 발행가액을 초과할 수 없다(증권의 발행 및 공시 등에 관한 규정 제5-24조 ②).

(3) 정관규정

발행회사가 신주인수권부사채를 발행하기 위해서는 정관에 근거규정이 있어야 되고 신주인수권 행사기간 동안 발행회사가 발행할 주식의 총수(수권주식수)에서 신주인수권 행사에 의하여 발행될 주식(Refixing 고려)을 미발행주식으로 유보하여야 한다.

⑤ 발행방법

신주인수권부사채의 발행방법은 청약을 권유받는 자의 수에 따라 공모발행과 사모발행으로 구분할 수 있으며 배정방법에 따라 주주배정, 공모증자, 제3자배정으로 구분할 수 있다.

(1) 청약을 권유받는 자의 수에 따른 구분

공모발행은 사모발행에 비하여 증권신고서, 투자설명서 및 증권발행실적보고서를 제출해야 하므로 절차가 복잡하나 신주인수권 행사가 발행 후 1개월 이후부터 가능(사모발행의 경우 1년 이후부터 행사 가능)하고 기준가격 산정방법이 투자자에게 유리하다는 장점이 있다.

구 분	공모발행	사모발행
청약권유자의 수	50인 이상	50인 미만
신용평가	• 인수인이 없는 직접발행의 경우 신용평가 불필요 • 증권회사가 인수하는 간접발행의 경우 2개 이상의 신용평가사로부터 신용평가 필요	불필요
증권신고서 및 투자설명서 제출	• 발행금액이 10억원 이상인 공모의 경우 증권신고서, 투자설명서 제출 • 보통주·우선주·채무증권(CB·BW·EB 등)에 관계없이 과거 1년간의 공모실적 합산금액이 10억원 미만인 소액공모의 경우 소액공모 공시서류 제출	증권신고서 및 투자설명서 제출 면제
최초 행사가격	기준가격 산정방식이 투자자에게 유리	기준가격 산정방식이 투자자에게 불리
채권의 상장가능성	상장 가능	상장 불가능
신주인수권 행사기간	사채발행일 이후 1개월 이후부터 신주인수권 행사가능	사채발행일 이후 1년 이후부터 신주인수권 행사 가능
증권발행실적 보고서 제출	제 출	면 제

구 분	공모발행	사모발행
주식으로서 전매제한 조치^{주1)}	불필요	필 요
사채로서 전매제한 조치^{주2)}	불필요	필 요

주1) 주식으로서 전매제한 조치 : 신주인수권 행사금지 기간을 발행일로부터 1년 이상으로 증권권면에
   기재(증권의 발행 및 공시 등에 관한 규정 제2-2조 ② 3호)
주2) 채권으로서 전매제한 조치 : 권면의 매수를 50매 미만으로 하고 발행 후 1년간 권면분할을 금지한다는
   특약(권면분할방지특약)을 증권권면에 기재(증권의 발행 및 공시 등에 관한 규정 제2-2조 ② 2호)

① 비상장법인

비상장법인의 공모발행과 사모발행의 차이는 50인 이상의 불특정 다수에게 신
주인수권부사채의 청약을 권유하는 방법이 공모발행이고 50인 미만의 소수의
투자자를 선정한 후 그들만을 대상으로 신주인수권부사채를 발행하는 방법이
사모발행이다.

여기서 50인 산정시 유의해야 할 사항은 금차에 발행하는 신주인수권부사채로
는 50인 미만에게 청약을 권유하나 금차 신주인수권부사채를 기준으로 과거
6개월간 동일증권(주식연계채권과 일반사채는 동일증권으로 분류)에 대하여 사모
로 청약의 권유를 받은 자를 합산하여 50인 이상이 되는 경우에도 공모에 해당
된다는 것을 주의하여야 한다(자본시장법 제9조 ⑦, ⑨ 및 동법 시행령 제11조).

② 상장법인

상장법인의 경우 공모의 방법으로 신주인수권부사채를 발행하고 금융투자회
사(증권사)가 해당 BW를 인수하는 경우, 일반사채와 마찬가지로 신용평가업자
중 2개 이상의 자로부터 신용평가를 받아야 한다(증권 인수업무등에 관한 규정
제11조의2 ①).

또한 이미 회사가 발행한 주식이 공모절차를 통하여 상장되어 있는 바 금차에
발행할 신주인수권부사채 또는 6개월 이내에 발행한 동일증권(주식연계채권과
일반사채는 동일증권으로 분류)의 청약권유자의 수를 합산하여 50인 미만이라 하
더라도 신주인수권에 부여된 권리의 목적(발행회사의 주식)이 이미 공모절차를
거쳐 상장되어 있으므로 공모에 해당(간주공모)된다(증권의 발행 및 공시등에 관
한 규정 제2-2조 ① 3호).

따라서 금차 또는 과거 1년간(동 기간 중 증권신고서를 제출한 실적이 있으면 그

이후의 기간 동안) 증권신고서를 제출하지 아니한 공모금액의 합계액이 10억원 이상인 경우에는 증권신고서와 투자설명서를 제출하여야 하고 그 금액[보통주, 우선주, 채무증권(CB, BW, EB 포함)]이 10억원 미만인 경우 소액공모 공시서류를 제출하여야 한다.

난, 상상법인의 경우 주식으로서 전매제한조치(신주인수권의 행사금지기간을 발행일로부터 1년 이상으로 증권권면에 기재) 및 사채로서 전매제한조치(권면의 매수를 50매 미만으로 하고 발행 후 1년간 권면분할을 금지한다는 특약을 증권권면에 기재 – 권면분할방지특약)를 한 경우에는 사모에 의한 발행이 가능하고 증권신고서와 투자설명서의 제출이 면제된다(증권의 발행 및 공시 등에 관한 규정 제2-2조 ② 2호 및 3호).

(2) 배정방법에 따른 구분

① **주주배정방법**(상법 제516조의11)

신주인수권부사채 발행은 실질적으로 그 신주인수권 보유자에게 신주인수권을 부여하는 효과가 발생하므로 상법은 일반적인 신주발행의 경우와 마찬가지로 그 인수권을 원칙적으로 주주가 보유한 주식 수에 비례하여 가지는 것으로 규정하고 있다.

따라서 "신주인수권부사채의 인수권을 가진 주주는 그가 가진 주식의 수에 따라서 배정을 받을 권리가 있다"에 근거하여 기존주주에게 그 소유주식수에 비례하여 신주인수권부사채를 배정하는 방법이다.

② **공모방법**(상법 제516조의2 ④ 및 자본시장법 제165조의10)

정관에 일반공모의 방법으로 신주인수권부사채를 배정할 수 있는 근거조항이 있는 경우 이사회결의로써 기존주주를 배제하고 일반인에게 청약을 받는 방식(공모발행)이다.

 │표준정관 제15조(신주인수권부사채의 발행 및 배정)│

① 이 회사는 다음 각호의 어느 하나에 해당하는 경우 이사회 결의로 주주 외의 자에게 신주인수권부사채를 발행할 수 있다.

1. 사채의 액면총액이 ○○원을 초과하지 않는 범위 내에서 신기술의 도입, 재무구조의 개선 등 회사의 경영상 목적을 달성하기 위하여 필요한 경우 제10조 제1항 제1호 외의 방법으로 특정한 자(이 회사의 주주를 포함한다)에게 사채를

배정하기 위하여 사채인수의 청약을 할 기회를 부여하는 방식으로 신주인수권
부사채를 발행하는 경우
2. 사채의 액면총액이 ○○원을 초과하지 않는 범위 내에서 제10조 제1항 1호 외
의 방법으로 불특정 다수인(이 회사의 주주를 포함한다)에게 사채인수의 청약
을 할 기회를 부여하고 이에 따라 청약을 한 자에 대하여 사채를 배정하는 방식
으로 신주인수권부사채를 발행하는 경우
(참고) 제10조 (주식의 발행 및 배정) ① 이 회사가 이사회의 결의로 신주를 발행
하는 경우 다음 각 호의 방식에 의한다.
1. 주주에게 그가 가진 주식 수에 따라서 신주를 배정하기 위하여 신주인
수의 청약을 할 기회를 부여하는 방식

③ 제3자배정방법(상법 제516조의2 ④, 제418조)

상법은 신주인수권부사채를 주주 외의 자에게 발행할 경우에는 신주인수권부사
채의 액, 신주인수권의 내용, 신주인수권의 행사 가능 기간을 정관의 규정 또는
주주총회 특별결의로 정하도록 규정하면서 신기술의 도입, 재무구조의 개선 등
회사의 경영상 목적의 달성을 위하여 필요한 경우에 한하여 예외적으로 제3자에
게 신주인수권부사채 발행을 허용하고 있다.

이 방법은 기존주주의 지분율과 권익에 중대한 영향을 미치므로 정관에서 특별
히 규정하고 있거나 주주총회의 특별결의를 거쳐야 하는 등 엄격한 제한하에서
발행이 가능하다.

| 상장회사 표준정관 제15조 ① 주석 |

회사가 제3자배정방식으로 신주인수권부사채를 발행하고자 하는 경우에 정관에
한도를 규정하더라도 지나치게 높은 비율이나 큰 금액을 기재하는 경우에는 주주
의 신주인수권을 침해할 소지가 있음. 따라서 한도를 규정하는 경우 사채의 액면
총액은 발행주식총수의 20%를 금전으로 환산한 액수 내외로 정할 것을 권고함.

6 발행절차

신주인수권부사채 발행은 앞서 언급한 공모발행과 사모발행에 따라 일정 및 절차에 차이가 있으므로 각 방법별로 구분하여 살펴보면 다음과 같다.

(1) 공모발행

공모발행은 발행방법에 따라 발행회사가 인수인을 통하지 않고 직접 신주인수권부사채를 발행하는 직접발행과 인수인을 통하여 신주인수권사채를 발행하는 간접발행으로 구분할 수 있다.

실무에서 공모발행은 대부분 간접발행을 통하여 진행되므로 아래에서는 간접발행을 통한 공모절차에 대하여 살펴보도록 한다.

절 차	일 정	내 용	규 정
인수인 등 선정	사전절차	• 인수계약서 체결 • 원리금지급대행계약서 체결 • 사채모집위탁계약서 체결	
신용평가 신청		• 신용평가사 2개사에 신용평가 신청 • 신용평가등급 확보	증권 인수업무에 관한 규정 제11조의2
이사회 결의 및 주요사항보고서 제출	D	• 1차 행사가액 확정 • 신주인수권부사채 발행 이사회 결의 • 결의일 당일 공시 완료	• 상법 제516조의2 • 자본시장법 제161조 ① 9호 • 동법시행령 제171조 ③ 4호 • 유가공시 제7조 ① 2호 가목 (6) 가 • 코스닥공시 제6조 ① 2호 가목 (6) 가
증권신고서 제출	D	증권신고서, 예비투자설명서 제출	자본시장법 제119조, 제124조 ② 2호
행사가격 확정 증권신고서 정정	D+6	• 청약 3거래일 전 • 행사가격 확정에 따른 증권신고서 및 예비투자설명서 정정	

절 차	일 정	내 용	규 정
증권신고서 효력발생 및 투자설명서 제출	D+10	• 증권신고서 효력발생기간 : 신고서 수리일로부터 7일 • 효력발생일에 투자설명서 제출	자본시장법 시행규칙 제12조 ① 1호
청약공고		일간신문 등 공고	상법 제516조의3, 제419조
청 약	D+10 ~11	청약기간 통상 2일간	
배정공고 및 납입	D+13	배정공고(일간신문 등)	
증권발행실적 보고서 전자공시		모집 · 매출 완료시	자본시장법 제128조
등 기	D+14	납입 완료일로부터 2주일 내	상법 제516조의8

(주) : 1. 유가공시(유가증권시장공시규정), 코스닥공시(코스닥시장공시규정)
2. 증권신고서 효력발생기간은 영업일 기준이고 고위험·기업(감사의견이 적정이 아닌 기업 또는 자본잠식기업 등)은 증권신고서 효력발생기간이 추가로 3영업일 연장됨.

① 이사회 결의

과거 상법에서는 사채를 발행하기 위해서 이사회의 결의를 거치도록 규정하였으나, 현재 상법에서는 사채발행의 기동성 및 편리성을 제고하기 위하여 정관에 정함이 있는 경우 이사회는 대표이사에게 사채의 금액 및 종류를 정하여 1년을 초과하지 않는 기간 내에 사채발행을 위임할 수 있다(상법 제469조 ④).

 | 상장회사 표준정관 제14조(사채의 발행) ② 주석 |

② 이사회는 대표이사에게 사채의 금액 및 종류를 정하여 1년을 초과하지 아니하는 기간 내에 사채를 발행할 것을 위임할 수 있다.
※ 이사회에서 대표이사에게 사채발행을 위임하는 경우 제2항에서 정한 사항 이외에도 발행조건, 상환기간 등을 정하여 위임할 수 있음.
※ 집행임원을 설치한 회사는 "대표이사"를 "대표집행임원"으로 변경하여 규정하여야 함.

② 주요사항보고서 제출

사업보고서 제출대상법인은 전환사채/신주인수권부사채 및 교환사채 발행관련 이사회 익일까지 해당 내역을 주요사항보고서로 금융위에 제출하여야 한다.

단, 상장법인의 경우 각 시장의 공시규정에 의거하여, 그 결의 내용을 지체없이 거래소에 신고 및 공시하여야 한다. 비상장이면서 사업보고서 제출대상법인의 경우에는 익일까지, 유가증권 및 코스닥 상장법인은 당일에 공시문을 제출하면 된다.

구 분	유가증권상장법인	코스닥상장법인
시 기	이사회결의일 당일	좌동
장 소	금융위/거래소	좌동
제출서식	기업공시서식 작성기준 제38－25호	좌동
규 정	• 자본시장법 제161조 ① 9호 • 동법 시행령 제171조 ③ 4호 • 유가공시규정 제7조 ① 2호 가목 (6) 가	• 자본시장법 제161조 ① 9호 • 동법 시행령 제171조 ③ 4호 • 코스닥공시규정 제6조 ① 2호 가목 (6) 가

③ 증권신고서

자본시장법에 따라 신주인수권부사채를 모집 또는 매출하는 경우에는 증권신고서를 금융위원회에 제출하여야 한다.

제출의무자	• 신주인수권부사채의 모집 또는 매출을 하는 발행인
제출시기	• 증권신고서 제출 및 수리 후 모집 또는 매출 가능
제출장소	• 금융위원회
기재사항	• 공시서식 중 <별지 제1호 서식> 증권신고서 참조
첨부서류	• 정관 • 증권의 발행을 결의한 주총 또는 이사회의사록 사본 • 법인등기부 등본 • 증권의 발행에 관하여 행정관청의 허가 · 인가 또는 승인 등을 필요로 하는 경우에는 그 허가 · 인가 또는 승인 서류 • 증권의 인수계약을 체결한 경우에는 그 계약서 사본 • 예비투자설명서를 사용하려는 경우에는 예비투자설명서 • 간이투자설명서를 사용하려는 경우에는 간이투자설명서 • 직접공모의 경우 　증권분석기관의 평가의견서 　증권분석기관 대표자의 비밀유지 각서 　청약증거금을 예치받을 은행의 통장 사본 • 투자자 보호에 필요한 금융위원회가 고시하는 서류

	회계감사인의 분기, 반기 등 감사보고서 원리금지급 대행계약을 체결한 경우에는 그 계약서 사본 증권 신탁계약을 체결한 경우에는 그 계약서 사본 모집위탁계약을 체결한 경우에는 그 계약서 사본 신용평가업자의 평가등급을 받은 경우 그 신용평가서 사본
규 정	• 자본시장법 제119조, 동법 시행령 제125조 ②, ③ • 「증권의 발행 및 공시등에 관한 규정」 제2-6조 ⑥

④ 증권신고서 효력 발생시기(자본시장법 시행규칙 제12조 ① 1호)

증권신고서는 수리 거부통지가 없으면 이를 제출한 날에 수리한 것으로 간주하고 증권신고서 수리 후 채무증권의 모집 또는 매출 효력발생일은 7영업일이다. 한편, 증권신고서 효력발생기간은 영업일 기준이고 고위험 기업(감사의견이 적정이 아닌 기업, 자본잠식기업, 사업보고서 및 반기·분기보고서를 법정기간 내에 제출하지 않는 기업 등)은 증권신고서 효력발생기간이 추가로 3영업일 연장된다.

⑤ 주요 신고사항에 대한 벌칙

증권신고서의 중요사항에 관하여 거짓의 기재 또는 표시가 있거나 중요사항이 기재 또는 표시되지 아니함으로써 증권의 취득자가 손해를 입은 경우 주요사항보고서 및 증권신고서 작성인의 책임을 엄격히 하기 위하여 자본시장법에서는 손해배상책임 및 형사적 책임에 대하여 명시하고 있다.

손해배상책임 (자본시장법 제125조 내지 제127조 및 제162조)	• 주요사항보고서 및 증권신고서의 중요사항의 거짓기재 등(거짓기재 또는 미기재)으로 인하여 증권의 취득자 등이 손해를 입은 경우 손해배상책임 발생. 단, 손해배상책임자가 상당한 주의를 하였음에도 알 수 없었음을 증명하거나, 취득자(처분자)가 취득(처분)시 그 사실을 안 경우는 제외 • 청구권자가 당해 사실을 안 날로부터 1년 내 또는 해당서류 제출일로부터 3년 내에 청구권 미행사시 권리소멸 • 손해배상책임자 　- 제출인(신고인)과 제출(신고) 당시의 당해 법인의 이사 　- 명예회장, 회장, 사장, 부사장, 전무, 상무, 이사 등의 업무집행 지시자 　- 서명한 공인회계사, 감정인, 신용평가회사, 변호사, 변리사, 세무사 등 　- 자기의 평가, 분석, 확인 의견 기재에 동의하고 확인한 자 등

금융위 조사 및 조치 (자본시장법 제131조, 제132조 및 제164조)	• 투자자 보호를 위하여 필요한 경우 참고자료 제출 요구 및 장부 서류 등의 조사 가능 • 중요사항의 거짓기재 등의 정정을 명하고, 증권발행제한, 거래 정지 또는 수사기관에 통보 등의 조치 가능
형사적 책임 (자본시장법 제444조 및 제446조)	• 5년 이하 징역 또는 2억원 이하 벌금(자본시장법 제444조) 　- 주요사항보고서 및 증권신고서의 중요사항에 관한 거짓 　　기재 등을 한 자 　- 거짓기재 등을 알고도 서명한 대표이사 및 담당이사 　- 거짓기재 등을 알고도 서명한 공인회계사, 감정인, 신용 　　평가회사 • 1년 이하 징역 또는 3천만원 이하 벌금(자본시장법 제446조) 　- 주요사항보고서를 제출하지 아니한 자 　- 증권신고서(투자설명서 및 정정신고서 포함) 관련 규정 　　을 위반한 자

⑥ 예비투자설명서(자본시장법 제124조 ② 2호, 증권의 발행 및 공시 등에 관한 규정 제2
　-15조)

증권의 모집 또는 매출을 위하여 청약의 권유를 하고자 하는 경우 투자설명서를
투자자에게 교부하여야 한다.

투자설명서는 증권신고서 효력이 발생되어야 사용할 수 있으나 증권신고서 효
력발생에 일정기간이 소요되므로 신고서 효력발생 전이라도 투자의 권유행위가
가능하도록 하기 위하여 사용이 허용된 것이 예비투자설명서(신고의 효력이 발생
되지 아니한 사실을 기록한 투자설명서)로서 증권신고서 제출시점에 함께 제출한다.

⑦ 투자설명서

증권신고서를 제출한 회사는 증권신고서 효력발생일로부터 투자설명서를 금융
위원회에 제출하여야 한다.

제출의무자	• 증권신고서를 제출한 발행인
제출시기	• 증권신고서 효력발생일
제출장소	• 금융위원회
비치장소	• 해당 증권 발행인의 본점 • 금융위원회 • 거래소 • 청약사무를 취급하는 장소

기재사항	• 공시서식 중 <별지 제20호 서식> 투자설명서 참조
규정	• 자본시장법 제123조, 동법 시행령 제131조, 동법 시행규칙 제13조 • 발행·공시규정 제2-14조

⑧ 증권발행실적보고서

증권신고서를 제출한 회사는 모집 또는 매출을 완료한 경우 지체없이 증권발행실적보고서를 금융위원회에 제출하여야 한다.

제출의무자	• 증권신고의 효력이 발생한 증권의 발행인
제출시기	• 모집 또는 매출을 완료한 때 지체없이 제출
제출장소	• 금융위원회
기재사항	• 발행인의 명칭 및 주소 • 주관회사의 명칭 • 청약에 관한 사항 • 공시 이행 사항 • 증권교부일, 상장일 및 증자등기일 • 조달된 자금의 사용내역
서 식	• 공시서식 중 <별지 제24호 서식> 증권발행실적보고서 참조
규 정	• 자본시장법 제128조, 「증권의 발행 및 공시 등에 관한 규정」 제2-19조

(2) 사모발행

사모발행은 증권신고서, 투자설명서 및 증권발행실적보고서 제출이 면제되므로 공모발행에 비하여 그 절차가 상대적으로 간단하다.

절 차	일 정	내 용	규 정
이사회 결의 및 주요사항보고서 제출	D	• 발행가액 확정 • 신주인수권부사채 발행 이사회 결의 및 공시 • 공시서식 중 <별지 제38-25호 서식>	• 상법 제516조의2 • 자본시장법 제161조 ① 9호 및 동법 시행령 제171조 ③ 4호 • 유가공시 제7조 ① 2호 가목 (6) 가 • 코스닥공시 제6조 ① 2호 가목 (6) 가
인수계약 체결	D+1	투자자와 인수계약서 체결	

절 차	일 정	내 용	규 정
청약 및 납입	D+2	청약일(1일간), 실무에서는 대부분 청약없이 바로 납입	상법 제418조
증권발행결과 공시		자율공시	• 유가공시 제28조 동 세칙 제8조 11호의2 • 코스닥공시 제26조 동 세칙 제13조 11호
등 기	D+3	납입 완료일로부터 2주일 내	상법 제516조의8

(주) 유가증권시장공시규정(유가공시), 코스닥시장공시규정(코스닥공시)

⑦ 신주인수권 행사가격 결정(발행·공시규정 제5-24조)

비상장법인의 경우 신주인수권 행사가격에 대한 제한규정이 없으므로 발행회사와 신주인수권부사채 인수자간 협의에 의하여 행사가격을 액면가격 이상에서 자유롭게 결정할 수 있으나 상장법인의 경우 신주인수권 행사가격은 기준주가의 100% 이상(그 가액이 액면가액 이상)에서 결정되어야 한다.

(1) 공모발행

> 신주인수권의 행사가격 = MAX[기준주가의 100% 이상, 액면가액 이상]

❖ 기준주가 산정 ❖

구 분	산 식	기준주가
1개월 가중산술평균주가	A	
1주일 가중산술평균주가	B	
최근일 가중산술평균주가	C	MIN[D, C, E]
산술평균가액	D=[(A+B+C)/3]	
청약일 전(청약일이 없는 경우 납입일) 제3거래일 가중산술평균주가	E	

(주) : 1. 기산일 : 신주인수권부사채 발행 이사회 결의일 전일

2. 가중산술평균주가 = $\dfrac{\Sigma \text{ 일별총거래대금}}{\Sigma \text{ 일별총거래주식수}}$

(2) 사모발행

> 신주인수권의 행사가격 = MAX〔기준주가의 100% 이상, 액면가액 이상〕

❖ 기준주가 산정 ❖

구 분	산 식	기준주가
1개월 가중산술평균주가	A	
1주일 가중산술평균주가	B	
최근일 가중산술평균주가	C	MAX[D, C, E]
산술평균가액	D = [(A+B+C)/3]	
청약일 전(청약일이 없는 경우 납입일) 제3거래일 가중산술평균주가	E	

(주) : 1. 기산일 : 신주인수권부사채 발행 이사회 결의일 전일

2. 가중산술평균주가 = $\dfrac{\Sigma \ \text{일별총거래대금}}{\Sigma \ \text{일별총거래주식수}}$

⑧ 신주인수권 행사가격 조정(발행 · 공시규정 제5 − 24조)

주권상장법인의 신주인수권부사채 발행시 신주인수권의 행사가격은 발행 후 유 · 무상증자, 주식분할 및 병합 등과 같이 발행회사 주식의 액면가액 또는 주식수가 변동되는 경우 행사가격을 조정하는 경우와 시가가 하락될 경우 행사가격을 조정하는 경우로 구분할 수 있다.

(1) 액면가액 또는 주식수 변경시 행사가격 조정

① 무상증자, 주식배당의 경우

> 조정 후 행사가격 = 조정 전 행사가격 × (A) / (B)
>
> (A) = 조정사유 발생 전 발행주식총수
> (B) = 조정사유 발생 후 발행주식총수

② 주식분할, 주식병합의 경우

> 조정 후 행사가격 = 조정 전 행사가격 × (A) / (B)
>
> (A) = 조정사유 발생 후 1주당 액면금액
> (B) = 조정사유 발생 전 1주당 액면금액

③ 시가미달 유상증자, 주식매수선택권 부여, 전환사채 또는 신주인수권부사채의 발행의 경우

> 조정 후 행사가격 = 조정 전 행사가격 × 〔(A) + {(B) × (C) / (D)}〕 / 〔(A) + (B)〕
>
> (A) = 기존발행 주식총수
> (B) = 신규발행 주식총수
> (C) = 신주발행가격(주식매수선택권, 전환사채, 신주인수권부사채의 경우 행사가격)
> (D) = 기준가격

④ 회사분할, 감자의 경우

해당 사유 발생 직전에 본 신주인수권이 행사되었다면 신주인수권보유자가 수령하였을 주식수를 신주인수권보유자가 실제 행사시 수령할 수 있도록 발행회사 및 신주인수권보유자 간의 협의를 통하여 행사가격이 조정된다.

⑤ 발행회사가 타회사에 피흡수합병되는 경우

신주인수권부사채 발행회사가 타회사에 피흡수합병되는 경우 합병회사는 신규로 사채와 신주인수권을 발행하여 피합병법인의 사채권자와 신주인수권 보유자들에게 교부하고 그 신주인수권의 조건상 법령이 허용하는 한도 내에서 신주인수권 보유자가 권리를 합병 직전에 행사하였을 경우 그 행사주식의 소지인이 합병시 수령하였을 종류 및 금액의 주식 등으로 행사할 수 있는 권리를 그 이후 행사기간 동안 갖는다.

(2) 시가 하락시 신주인수권 행사가격 조정(Refixing)

신주인수권부사채 발행시 이사회 결의에 의하여 신주인수권의 행사가격을 조정할 수 있다는 내용, 조정사유, 조정일자 및 조정방법을 결의한 경우 신주인수권 행사가격은 발행회사 주가의 변동에 따라 조정(Refixing)되나 통상 주가가 상승할 경우에는

조정되지 않고 주가가 하락하는 경우에 조정된다. 또한 2021년 12월 증권의 발행 및 공시 등에 관한 규정의 개정으로 인해 사모발행에 한하여, 주가하락 Refixing의 내용을 정한 경우, 반대로 주가상승시에도 행사가액은 상향조정되어야 한다.

비상장법인의 경우 신주인수권 행사가격 조정에 대한 제한규정이 없으므로 통상 실적(주가가 없으므로 통상 영업이익)과 연동하여 액면가액까지 자유롭게 조정할 수 있으나 상장법인의 신주인수권 행사가격은 신주인수권부사채 발행시 행사가격의 70% 미만(그 가액이 액면가액 이상)으로 재조정될 수 없으나 발행회사의 정관 및 주주총회 특별결의로 최저조정가액을 액면가액 이상으로 정할 수 있다.

| 상장회사 표준정관 제15조(신주인수권부사채의 발행) 주석 |

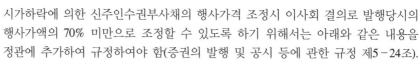

시가하락에 의한 신주인수권부사채의 행사가격 조정시 이사회 결의로 발행당시의 행사가액의 70% 미만으로 조정할 수 있도록 하기 위해서는 아래와 같은 내용을 정관에 추가하여 규정하여야 함(증권의 발행 및 공시 등에 관한 규정 제5-24조).

1) 정관 규정만으로 가능하게 하는 경우
   예) 이사회는 사채의 액면총액이 ○○억원을 초과하지 않는 범위 내에서 주주의 주식소유비율에 따라 신주인수권부사채를 발행하거나 제○항 제○호의 사유로 인하여 신주인수권부사채를 발행하는 경우에는 시가하락에 의한 조정 후 신주인수권 행사가액의 최저한도를 ○○원으로 할 수 있다.

2) 정관에서 주주총회 특별결의에 위임하는 경우
   예) 회사는 시가하락에 의한 조정 후 신주인수권 행사가액의 최저한도를 주주총회 특별결의로 신주인수권부사채 부여시의 신주인수권 행사가격의 100분의 70 미만으로 정할 수 있다.

① 공모발행

발행시 이사회 결의에 따라 신주인수권의 최초 행사가격은 발행일로부터 [ ]개월이 경과한 날 및 그로부터 매 [ ]개월 되는 날마다 아래 두 가격(A, B) 중 낮은 가격으로 재설정된다.

$$재조정된\ 행사가격 = MIN〔A,\ B〕$$

(A) 재조정되기 전 행사가격(유・무상증자 등으로 행사가격을 이미 조정한 경우 이를 감안한 가액)

(B) 행사가격 재조정일 전일을 기산일로 소급한 1개월 가중산술평균주가, 1주일 가중산술평균주가 및 최근일 가중산술평균주가를 산술평균한 가격과 최근일 가중산술평균주가 중 낮은 가격

(주) 가중산술평균주가 = $\dfrac{\sum 일별총거래대금}{\sum 일별총거래주식수}$

② 사모발행

발행시 이사회 결의에 따라 신주인수권의 최초 행사가격은 발행일로부터 [ ]개월이 경과한 날 및 그로부터 매 [ ]개월 되는 날마다 재설정된다. 앞서 설명하였듯이, 2021년 12월 발행공시규정 개정 이후 주권상장법인의 신주인수권부사채 사모발행시 주가하락 Refixing이 반영된 경우, 주가 상승이 있을 시 최초행사가액을 한도로 하여 행사가액을 상향조정 해주어야 한다.

$$재조정 행사가격 = MIN〔(a+b+c)/3,\ c〕$$

(a) 1개월 가중산술평균주가

(b) 1주일 가중산술평균주가

(c) 최근일 가중산술평균주가

* 단, 주가 하락시에는 최저 조정가액(통상 최초행사가액의 70%) 이상으로 하며 주가상승시에도 발행당시의 행사가액(유・무상증자 등으로 전환가격을 이미 조정한 경우 이를 감안한 가액) 한도 내에서 재조정

(주) 가중산술평균주가 = $\dfrac{\sum 일별총거래대금}{\sum 일별총거래주식수}$

(3) 행사가격의 상향 조정(증권의 발행 및 공시 등에 관한 규정 제5-24조 ①)

통상 신주인수권부사채를 발행한 기업이 감자를 실시할 경우 행사가격이 감자비율을 반영하여 상향조정되어야 하나 계약에 의하여 행사가격이 변동되지 않도록 함(일명 황금BW)으로써 주가는 감자비율을 반영하여 상향조정되나 행사가격은 변동되지 않아 신주인수권보유자들이 신주인수권을 행사하여 부당하게 이익을 얻는

경우가 발생할 수 있다.

감독기관은 이와 같은 비논리적인 거래를 방지하여 일반주주들을 보호하고자 2010년 11월 규정을 개정하여 상장법인이 신주인수권부사채를 발행한 후 감자·주식병합 등이 발생하는 경우 감자·주식병합 등으로 인한 조정비율만큼 행사가 격도 상향조정하도록 규정하고 있다.

⑨ 신주인수권 행사금지 기간(발행·공시규정 제5-24조)

비상장법인의 경우 법률상 신주인수권 행사기간에 대한 제한이 없으므로 정관에 신주인수권부사채 발행에 대한 근거규정이 있고 신주인수권 행사금지기간에 대한 제한이 없을 경우 이사회 결의에 의하여 발행일 익일부터 만기일 전일까지 신주 인수권 행사가 가능하도록 신주인수권부사채를 발행할 수 있으나 상장법인은 법 률에 의하여 공모발행의 경우 발행 후 1개월이 경과한 날부터, 사모발행의 경우 발행 후 1년이 경과한 날부터 신주인수권을 행사할 수 있도록 규정하고 있다.

발행방법	신주인수권 행사기간
공모발행	사채발행일 이후 1개월이 경과한 날부터 신주인수권 행사 가능
사모발행	사채발행일 이후 1년이 경과한 날부터 신주인수권 행사 가능

여기서 유의해야 할 사항은 상장법인이 신주인수권 행사기간이 사채발행일 이후 1년이 경과한 날로부터 규정된 정관을 사전에 정비하지 않고 공모를 추진하는 경우 그 발행조건을 신주인수권부사채 발행일 이후 1개월이 경과한 날부터 행사가 가능하도록 설계하더라도 그 공모발행은 정관의 규정에 의하여 신주인수권부사채 발행일 이후 1년이 경과해야 신주인수권 행사가 가능하므로 신주인수권부사채 발 행 후에 투자자와 갈등을 야기하는 경우가 발생될 수 있다.

따라서 상장법인이 신주인수권부사채를 공모방식으로 발행하고자 할 경우에는 정 관과 법률규정이 상충되지 않도록 사전에 정관을 정비하여야 할 것이다.

| 표준정관 제15조(신주인수권부사채의 발행) |

⑤ 신주인수권을 행사할 수 있는 기간은 당해 사채발행일후 ○○월(또는 ○○일)
이 경과한 날로부터 그 상환기일의 직전일까지로 한다. 그러나 위 기간 내에서 이
사회의 결의로써 신주인수권의 행사기간을 조정할 수 있다.

⑩ 신주인수권 행사시 발행 주식

회사가 신주인수권 행사로 인하여 발행할 주식은 보통주뿐만 아니라 종류주식도
가능하다. 단, 보통주 이외의 주식을 발행하기 위해서는 회사의 정관에 해당 주식
을 발행할 수 있는 근거규정이 있어야 한다.

| 상장회사 표준정관 제15조(신주인수권부사채의 발행) |

④ 신주인수권의 행사로 발행하는 주식은 ○○주식으로 하고 그 발행가액은 액면
금액 또는 그 이상의 가액으로 사채발행시 이사회가 정한다.
※ 회사가 신주인수권의 행사로 인하여 발행할 신주의 종류를 여러 종류의 주식
  으로 하고자 할 경우에는 다음과 같이 규정할 수 있음.
   예) 신주인수권의 행사로 인하여 발행하는 주식은 사채의 액면총액 중 ○○원
      은 보통주식으로, ○○원은 제○조(내지 제○조)의 종류주식으로 하고, 행
      사가액은 주식의 액면금액 또는 그 이상의 가액으로 사채발행시 이사회가
      정한다.

⑪ 대용납입(상법 제516조의2 ② 5호)

신주인수권부사채는 사채와 신주인수권을 분리하여 발행할 수 있고 신주인수권을
행사할 경우에도 사채는 소멸되지 않고 신주대금을 별도로 납부해야 되는 점이
전환사채와 구별된다.
그러나 신주인수권 보유자가 신주인수권 행사로 인한 주식대금 납부절차의 단순
화를 위하여 신주인수권부사채의 상환에 갈음하여 그 발행가액으로 신주대금납입
을 요청하는 경우가 있는데 이를 대용납입이라 하며 신주인수권부사채의 경우에
도 대용납입이 허용된다.

신주인수권부사채에 대하여 대용납입이 가능하기 위해서는 신주인수권부사채 발행 이사회 결의시 대용납입 가능하다는 결의가 있어야 하나 사채보유자가 대용납입형태의 신주인수권부사채를 보유하고 있더라도 현금납입을 선택할 수 있으므로 대용납입 규정은 Option으로 간주될 수 있다.

일반적으로 분리형 신주인수권부사채는 신주인수권과 사채가 분리되어 발행되고 신주인수권은 독립적인 매매가 가능하므로 사채보유자와 신주인수권보유자가 동일하지 않는 경우가 많고 대용납입을 신청한 경우 그 동안 발생된 미수이자를 받을 수 없기 때문에 실무에서는 대부분 현금납입을 선호한다.

⑫ 조기상환청구권(Put Option)

발행회사가 사채발행을 원활하게 하기 위하여 채권인수자에게 만기 이전에 채권원금의 조기상환을 청구할 수 있는 권리를 부여하는 경우가 있는데 이를 조기상환청구권(Put Option)이라 한다.

실무에서는 대부분 신주인수권부사채를 통상 만기 3년(또는 5년)에 1년(또는 2년) 이후부터 조기상환이 가능하도록 설계하는데 신주인수권부사채 투자자 입장에서는 만기까지 보유할 경우에 수령할 만기보장수익률(YTM : Yield To Maturity)이 실세금리보다 낮은 것이 일반적이므로 주가가 하락하여 행사차익 가능성이 현저히 낮은 경우 또는 발행회사의 재무구조가 악화되어 채권의 기간위험 증가하는 경우 Put Option을 행사하여 원금을 조기에 상환받는 것이 유리할 수 있다.

또한, 분리형 신주인수권부사채의 경우 사채는 조기에 상환받고 신주인수권만을 보유함으로써 투하자본에 대한 위험없이 장기적인 자본차익을 얻을 수 있다.

통상 조기상환시 적용되는 이자율(YTP : Yield To Put)은 만기보장수익률(YTM : Yield To Maturity)보다 같거나 낮은 것이 일반적이다.

⑬ 매도청구권(Call Option)

채권인수자의 조기상환청구권(Put Option)과 반대로 채권의 발행회사는 신주인수권의 행사로 인한 주식수 증가 및 주가하락을 방지하기 위하여 발행회사가 자금의 여유가 있을 경우 채권인수권부사채보유자에게 만기 전에 특정한 가격과 이자율로 신주인수권부사채(분리발행의 경우 사채 및 신주인수권) 매입을 요청하는 경우가 있는데 이를 매도청구권(Call Option)이라 한다. 단, 신주인수권부사채 발행시 공시서류에 기재한 Put Option 또는 Call Option 외의 사유로 신주인수권부사채를 조기상환하는 경우 공시위반으로 감독기관으로부터 제재를 받을 수 있으므로 유의하여야 한다.

최대주주등의 지분율 확대를 목적으로 콜옵션(매도청구권)이 부여된 CB 및 BW가 다수 발행되어 불공정 거래수단으로 악용된다는 문제점이 지속적으로 제기되어 왔다. 이에 금융당국은 2021년 12월 증권의 발행 및 공시 등에 관한 규정의 개정을 통하여, CB 및 BW 발행시 최대주주 및 특수관계인에게 부여하는 콜옵션에 행사 한도를 설정하였다.

❖ 콜옵션 행사한도 예시(기존 총주식수 100, BW 발행 50 가정) ❖

구 분	현재 지분		콜옵션 행사한도	
	甲(최대주주)	乙(특수관계인)	甲	乙
개정 전	30(지분율 30%)	20(지분율 20%)	한도 없음	
개정 후 (21년 12월 이후)	30(지분율 30%)	20(지분율 20%)	15까지 허용 (30%, 45/150)	10까지 허용 (20%, 30/150)

(주) : 1. 공모 및 사모발행 모두 해당
2. 최대주주등에게 매도청구권(Call Option)을 부여한 전환사채를 발행하는 경우 및 해당 주권상장법인이 해당 CB를 취득후 최대주주등에게 매도하는 경우를 포함함.

통상 조기매입소각시 적용되는 신주인수권부사채 매입금액은 주가 및 만기보장수익률(YTM)을 고려하여 그 수익률이 만기보장수익률 이상에서 결정되는 것이 일반적이다.

⑭ 발행 및 지분변동공시

(1) 발행공시

상장법인이 신주인수권부사채를 발행하는 경우 모든 발행조건을 공시하여야 한다. 만약, 신고 또는 공시내용에 허위 또는 중요한 사항이 누락된 경우 과징금이 부과되므로 주의하여야 한다.

① 발행공시(유가증권시장공시규정 제7조 ① 2호 가목 (6) 가, 코스닥시장공시규정 제6조 ① 2호 가목 (6) 가)

신주인수권부사채 발행 공시서류에 발행회사와 인수자간의 중요한 발행조건 (옵션조항, 기한이익상실조항, 손실보전계약 등)을 기재하고 기타 별도약정이 없음을 추가로 기재하여 이사회 결의일에 공시하여야 한다(필요시 신주인수권부사채 계약서 첨부 가능).

② 증권신고서 제출(자본시장법 제119조)

공모로 신주인수권부사채를 발행하는 경우 증권신고서에 일반적인 발행조건과 함께 기한이익상실 조건 등 중요한 특약사항을 기재하고, 기타 별도약정이 없음을 추가로 기재하여야 한다.

특히 증권신고서 본문에 중요한 특약사항(옵션조항, 기한이익상실조항, 손실보전계약 등)을 상세히 기재하되, 요약정보에는 본문 또는 첨부한 계약서를 참조하라는 형식으로 기재가 가능하다.

③ 행사가격 조정에 관한 사항

신주인수권 행사가격 조정에 관한 사항(조정사유, 조정방법, 기준일 등)은 발행공시 및 증권신고서 제출시 구체적으로 확정하여 기재하여야 하며 액면가액 또는 주식수 변경, 시가하락 등에 의한 행사가격 조정 등에 관한 사항을 이사회 등에 위임하는 것은 금지되므로 주의하여야 한다.

④ 발행 후 변동보고

신주인수권부사채를 발행한 코스닥상장법인은 다음의 사항이 발생한 경우에는 거래소에 신고하여야 한다.

보고사항	• 신주인수권 행사가격이 결정된 경우 • 신주인수권행사로 인한 발행주식수가 발행주식총수의 1% 이상인 경우 • 신주인수권 행사가격이 조정된 경우 • 신주인수권부사채를 만기 전에 취득한 경우
보고시기	• 사유발생일에 신고
보고장소	• 거래소
규 정	• 코스닥시장공시규정 제38조 7호~10호

(주) 유가증권상장법인은 위의 사항에 대하여 보고의무는 없으나 통상 자율공시사항으로 공시함. 또한 채무증권이 상장된 경우에는 신주인수권 행사, 행사가격의 변경 및 기한이익상실 등의 사유가 있을 시 상장규정 제93조 및 시행세칙 제79조에 의한 신고의무가 있음.

(2) 지분변동공시

상장법인의 신주인수권부사채(분리형의 경우 신주인수권)를 인수하여 그 보유비율
이 5% 이상이 되거나 5% 이상 보유자의 보유비율이 1% 이상 변동되는 경우 또는
주요주주가 되는 경우에는 다음과 같이 보고하여야 한다.

| 주요주주(자본시장법 제9조 ①, 금융회사의 지배구조에 관한 법률 제2조 6호) |

- 누구의 명의로 하든지 자기의 계산으로 의결권 있는 발행주식총수의 10% 이상
  을 소유한 자(그 주식과 관련된 증권예탁증권 포함)
  ⇨ 주요주주는 특수관계인 또는 공동보유자를 합산하지 않고 개별적으로 적
     용함.
- 의결권 있는 발행주식총수의 10% 이상을 보유하고 있지 아니한 주주라도 임원
  의 임명 등 당해 법인의 중요한 경영사항에 대하여 사실상 영향력을 행사하고
  있는 주주
  ⇨ 실질적인 지배주주를 의미함.

5% 보고 관련하여 특히 주의하여야 할 사항은 기산일이 납입일이 아닌 계약체결
일이므로 계약체결일로부터 5영업일 이내에 보고해야 된다는 점과 보고사유와 관
련하여 자본시장법 시행령 제153조 ⑤ 제5호에서는 "발행가격 조정만으로 보유주
식 등의 수가 증가하는 경우 변동보고를 면제한다"고 규정하고 있으나 변동보고
의무 면제사유에 해당되더라도 신규보고의무는 면제되지 않으므로 반드시 신규보
고를 이행하여야 한다는 점이다.

예를 들어 행사가격 조정(Refixing)으로 보유주식 등의 수가 증가하여 지분율이 6%
에서 7%로 변동된 경우 변동보고의무는 면제되나 행사가격 조정(Refixing)으로 보
유주식 등의 수가 증가하여 지분율이 4%에서 6%로 변동된 경우 신규보고의무는
발생된다.

과거 증권거래법에서는 주식연계채권은 5% 보고대상 증권에는 포함되고 임원 등
의 특정증권 등 소유상황(10% 보고) 보고대상 증권에 포함되지 않았으나 자본시장
법에서는 주식연계채권도 임원 등의 특정증권 등 소유상황(10% 보고) 보고대상에
포함되므로 임원·주요주주가 주식연계채권을 보유한 경우에도 반드시 임원 등의
특정증권 등 소유상황(10% 보고) 보고를 하여야 한다.

특히 임원 등의 특정증권 등 소유상황(10% 보고) 보고시 주의하여야 할 사항은 주요

주주는 "의결권 있는 발행주식총수의 10% 이상의 주식"을 소유한 자를 의미하므로 주식이 아닌 주식연계채권은 주요주주 판단시 포함되지 않는다는 점이다.

예를 들어 주식 8%, 주식연계채권 3%를 보유한 주주는 주요주주에 해당되지 않으므로 임원 등의 특정증권 등 소유상황(10% 보고) 보고를 할 필요가 없으나 주식 10%, 주식연계채권 3%를 보유한 주주는 주요주주에 해당되므로 임원 등의 특정증권 등 소유상황(10% 보고) 보고를 이행하여야 하며 이행시 보고 지분율은 13%이다.

구 분	주식 등의 대량보유상황보고 (5% 보고)	임원 등의 특정증권 등 소유상황 보고 (10% 보고)
보고 접수처	금융위원회, 거래소	증권선물위원회, 거래소
보 고 기 준	• 신규보고 : 5% 이상 보유시 • 변동보고 : 5% 이상 보유자 1% 이상 변동시	• 소유상황보고 : 10% 이상 보유 또는 임원선임시 • 변동보고 : 1천주 이상 또는 1천만원 이상 변동시
보고지분율 산정대상	본인 및 특별관계자 (특별관계자 범위 : 자본시장법 시행령 제141조)	임원 또는 주요주주 (특별관계자 포함하지 않음)
보고 기준일	계약 체결일	취득일
보 고 기 한	• 경영참여 : 기준일로부터 5영업일 이내 • 단순투자 : 기준일이 속하는 달의 다음 달 10일까지	• 기준일로부터 5영업일 이내 • 주식배당, 준비금의 자본전입, 주식분할 및 병합, 자본감소에 따른 변동은 다음 달 10일까지
서 식	• <별지 제44호 서식> : 주식 등의 대량보유상황보고서(일반) • <별지 제45호 서식> : 주식 등의 대량보유상황보고서(약식)	<별지 제46호 서식> : 임원·주요주주 특정증권 등 소유상황보고서
규 정	자본시장법 제147조~제150조 동법 시행령 제153조~제159조	자본시장법 제173조 동법 시행령 제200조

(주) : 1. 영업일 : 토요일, 공휴일, 근로자의 날 제외
    2. 경영참여 : 임원의 선임·해임 또는 직무의 정지, 이사회 등 회사의 기관과 관련된 정관의 변경 등에 영향력을 행사하는 것(자본시장법 시행령 제154조 ①)

① 보유비율 계산(자본시장법 시행규칙 제17조)

상장법인의 주식관련사채를 인수한 경우에는 당해 인수자가 보유하고 있는 수량을 기준으로 보유비율을 계산한다. 여기서 보유수량 계산은 주식관련사채 인수금액을 권리행사가격으로 환산한 수량으로 계산한다.

$$보유비율 = [(A+B+C) / (D+E+F)]$$

구　분	산　식
본인과 특별관계사 보유주식	A
본인과 특별관계자 보유 주식관련사채(교환사채 포함)	B
스톡옵션에 의한 주식(자기주식 대상 스톡옵션은 제외)	C
발행주식총수(보통주＋의결권 있는 우선주)	D
본인과 특별관계자 보유 주식관련사채(교환사채 제외)	E
스톡옵션에 의한 주식(자기주식 대상 스톡옵션은 제외)	F

(주) 특별관계자 : 자본시장법 시행령 제141조 참조

② 변동보고의무의 면제(자본시장법 시행령 제153조 ⑤ 제5호)

신주인수권부사채의 행사가격 조정(Refixing)만으로 보유주식 등의 수가 증가하는 경우 변동보고의무가 면제된다고 규정하고 있으나 변동보고의무 면제사유에 해당되더라도 신규보고의무는 면제되지 않으므로 행사가격 조정(Refixing)으로 보유주식 등의 비율이 5% 미만에서 5% 이상이 되는 경우 반드시 신규보고의무를 이행하여야 한다.

③ 5% 보고자의 발행회사에 대한 보고서 사본 송부 의무(자본시장법 제148조)

대량보유자는 주식 등의 대량보유상황보고서를 금융위원회와 거래소에 제출한 후 지체없이 신주인수권부사채의 발행회사에게 송부하여야 한다.

⑮ 신주인수권 행사의 효력 발생

상법상 신주인수권의 행사는 그 신주인수권을 행사한 때에 효력이 발생하며 신주인수권의 행사로 인하여 발행하는 주식에 대한 이익의 배당에 관하여는 그 행사를 한 때가 속하는 영업연도 말에 발행된 것으로 규정하고 있다. 그러나 정관(아래의 상장회사 표준정관 참조)이 정하는 바에 따라 그 신주인수권의 행사를 한 때가 속하는 영업연도의 직전 영업연도 말에 발행된 것으로 할 수 있다고 규정하고 있다.

대부분의 기업이 정관에 신주인수권의 행사로 인하여 발행하는 주식에 대한 이익의 배당에 관하여는 신주를 발행한 때가 속하는 영업연도의 직전 영업연도 말에 발행된 것으로 보는 규정이 있으므로 실무에서는 신주인수권의 행사로 인하여 발행된 신주에 대한 이익의 배당에 관하여는 신주 발행일이 속하는 영업연도의 직전 영업연도 말에 발행된 것으로 보아 배당의 효력을 가지며, 신주인수권 행사일이 각각의 이자지급기일 이전에 속하는 경우, 당해 이자지급기일에 대한 이자는 지급하지 않는다.

 | 상장회사 표준정관 제10조의4(신주의 배당기산일) |

이 회사가 유상증자, 무상증자 및 주식배당에 의하여 신주를 발행하는 경우 신주에 대한 이익의 배당에 관하여는 신주를 발행한 때가 속하는 영업연도의 직전 영업연도 말에 발행된 것으로 본다.

 신주인수권의 매매

신주인수권의 매매는 발행회사 정관에 매매제한 규정이 없고 신주인수권부사채 발행 이사회 결의시 신주인수권부사채를 채권과 신주인수권으로 분리발행하고 신주인수권만을 매매할 수 있다는 사항을 결정한 경우(상법 제516조의2 ② 4호) 신주인수권 보유자와 매수자간 계약에 의하여 자유롭게 매매가 이루어질 수 있다.

따라서 신주인수권부사채의 적법한 인수인이 사채와 신주인수권을 분리인수한 후 신주인수권만을 제3자 또는 발행회사의 대주주 및 임원에게 전부 또는 일부를 매각하는 것도 가능하다.

단, 이와 같은 신주인수권 매매계약이 법적 효력을 인정받기 위해서는 먼저 신주인수권부사채의 발행이 법률 및 정관상 적법한 발행이어야 한다. 만일 신주인수권부사채의 발행에 하자가 있다면 신주인수권 매매계약 역시 하자가 발생할 수 있기 때문이다.

① 신주인수권부사채 발행의 적법성

신주인수권부사채의 발행이 법률 및 정관상 적법한 발행이 되기 위해서는 당해 발행이 정관(또는 주주총회 특별결의)에 근거하여 이루어져야 하고 발행회사의 경영상 목적에 부합하여야 한다.

신주인수권부사채의 발행은 실질적으로 그 인수인에게 신주인수권을 부여하

는 것과 동일하므로 상법은 일반적인 신주발행의 경우와 마찬가지로 그 인수
권을 원칙적으로 주주가 보유한 주식 수에 비례하여 가지는 것으로 하고 정관
또는 주주총회의 특별결의로 정한 경우에만 예외적으로 제3자에게 발행할 수
있도록 규정하고 있다.

또한, 상법은 신주인수권부사채를 주주 이외의 자에게 발행할 경우에는 신주
인수권부사채의 액, 신주인수권의 내용과 그 행사기간에 대하여 정관의 규정
또는 주주총회의 특별결의로 정하도록 하면서(상법 제516조의2 ④) 신기술의 도
입, 재무구조의 개선 등 회사의 경영상 목적을 달성하기 위하여 필요한 경우에
한하여 제3자에게 신주인수권부사채 발행을 허용하고 있다(상법 제516조의2 ④,
제418조 ②).

따라서 먼저 발행회사가 주주 외의 제3자에게 신주인수권부사채를 적법하게
발행하기 위해서는 발행회사 정관에 발행규모, 발행사유, 제3자의 범위를 정하
거나 주주총회 특별결의로 정하여야 하고 그 규정에 부합하여야 신주인수권부
사채 발행의 적법성을 충족하는 것으로 볼 수 있다.

다음으로 적법한 신주인수권부사채의 발행을 위해서는 "회사의 경영상 목적"
이 있어야 한다. 상법에서는 경영상 목적을 신기술의 도입, 재무구조 개선 등
으로 예시하고 있으나 실무에서는 자금조달도 제3자배정을 합리화할 수 있는
사유로 간주하고 있다.

따라서 신주인수권부사채의 발행이 오로지 지배주주의 경영권 강화 또는 특정
주주의 경제적 이득을 목적으로 이루어진다면 이러한 사유는 제3자배정을 합
리화 할 수 없으므로 그 발행자체가 하자가 될 수 있다.

② 신주인수권 매매계약의 적법성

신주인수권부사채의 발행이 법률과 정관에 따라 적법하게 이루어진 이후 신주
인수권부사채 인수권자가 신주인수권 매수자와 신주인수권 매매계약을 체결
한다면 이는 신주인수권부사채의 인수계약과는 거래 당사자를 달리하는 독립
된 계약으로 볼 수 있다. 이러한 신주인수권 매매계약은 그 대상이 제3자뿐 아
니라 발행회사의 주주 및 임원이라 하더라도 적법하게 취득한 신주인수권을
매각하는 것으로 그 자체로 금지되거나 법률에 위배된다고 할 수 없다.

③ 신주인수권의 가치

일반적으로 신주인수권의 가치는 제3자간 객관적 거래가격, 감정 및 평가가격,
상속세 및 증여세법상 평가액 순서로 그 가치가 인정된다.

따라서 신주인수권의 가치는 제3자간 객관적 거래가격이 있을 경우 그것을 먼저 적용하고 그 이후에 감정 및 평가가격, 상속세 및 증여세법상 평가액을 적용하여야 하나 현실적으로 신주인수권이 상장된 경우를 제외하고는 시장에서 활발하게 매매되지 않고 그 가치산정을 위하여 감정 또는 평가를 하는 경우는 많지 않기 때문에 실무에서는 대부분 상속세 및 증여세법에 의거하여 그 가치를 산정한다.

상속세 및 증여세법(상속세 및 증여세법 시행령 제58조의2 ②)에 의할 경우 행사기간이 도래하지 않는 신주인수권가치의 산정방법은 다음과 같다.

신주인수권가치 = A − B

A : 신주인수권부사채의 만기상환금액(이자 포함)을 사채발행이율로 할인한 현재가치
B : 만기상환금액(이자 포함)을 적정할인율(8%)로 할인한 현재가치
※ 적정할인율 : 금융기관이 보증한 3년만기 회사채의 유통수익률을 고려하여 기획재정부령으로 정하는 이자율(8%, 상증법 시행규칙 제18조의3)

---

⑰ 신주인수권부사채의 상장

신주인수권부사채를 공모로 발행하는 경우 청약률을 제고하기 위하여 신주인수권부사채, 분리형인 경우 신주인수권을 제외한 사채와 신주인수권증권을 분리하여 상장하는 경우가 있다.

채권의 경우 주로 유가증권시장 종목들이 유가증권시장상장규정에 의거 상장을 하고 있으며 아래의 요건을 충족하여야 상장이 가능하다. 단, 코스닥 주권상장법인의 경우에도 회사채, 전환사채, 신주인수권부사채 및 교환사채 등 채무증권에 대해 유가증권시장상장규정 제88조에 의거 신규상장이 가능하다. 그러나 채권이 상장되더라도 일부 대기업이 발행한 사채를 제외하고는 거래량이 미미하므로 실질적으로 상장의 실효성은 매우 낮다고 할 수 있다. 신주인수권부사채, 분리형인 경우 신주인수권을 제외한 사채와 신주인수권증권이 분리되어 상장된 경우에는 투자자는 채권의 만기, **Put Option** 행사기간, 권리행사와 관계없이 자본시장에서 각각의 매매를 통하여 자유롭게 투자자금의 회수 및 자본차익의 추구가 가능하다는 장점이 있다.

(1) 채무증권의 신규상장 심사요건(유가증권시장상장규정 제88조)

구 분	요 건
발행인의 자본금	5억원 이상
발행방식	공모(모집 또는 매출) 발행
발행 및 미상환 총액	당해 채권의 발행총액 및 미상환 발행총액 3억원 이상

(2) 채무증권의 신규상장시 제출서류(유가증권시장상장규정 시행세칙 제73조 ①, 〔별표 3〕 신규상장신청서류)

제 출 서 류
신규상장신청서(별지 제27호 서식)
발행등록사실확인서
신탁증서(간접발행시), 인수계약서 또는 매출계약서 사본, 모집위탁계약서 사본
최근 3개년 재무제표, 반기재무제표(반기 종료 후 45일 경과시), 최근 사업연도 감사보고서
채무증권대금 납입 증명서류(납입은행계좌)
거래소 심사상 필요 서류(상장관련 이사회 의사록, 상장수수료 입금증 등)

(3) 신주인수권증권의 신규상장 심사요건

앞서 설명하였듯이, 일반적으로 코스닥시장에서 채무증권을 상장시키는 경우가 흔하지 않고, 코스닥시장상장규정상에 채무증권의 신규상장과 관련 명문화된 문구는 없다. 다만, 코스닥시장의 주권상장법인이 발행하는 채무증권을 상장시킬 경우, 유가증권시장상장규정 제88조에 따라 심사가 이뤄진다. 회사채, 전환사채 및 교환사채를 비롯하여 신주인수권부사채에 있어서도 신주인수권을 제외한 사채는 유가상장규정 제88조의 요건을 충족하여야 한다.

그러나 신주인수권부사채에 있어, 신주인수권증권의 경우에는 코스닥시장상장규정 및 유가증권시장상장규정에서 다음과 같이 별도의 조항으로 심사요건 및 첨부서류 등을 규정하고 있다.

구 분	유가증권	코스닥
심사요건	1. 신청인이 보통주권 상장법인이거나 외국주권 등 상장법인일 것 2. 상장주권이 관리종목지정 또는 상장폐지의 사유에 해당하지 않을 것 3. 신주인수권증권의 발행총수가 1만 증권 이상일 것(목적인 신주의 액면가 5,000원을 기준으로 함) 4. 잔존권리행사기간이 1년 이상일 것 5. 모집·매출로 발행되었을 것(주주에게 인수권이 주어진 경우에는 예외)	1. 당해 증권의 발행회사 주권이 코스닥시장에 상장되어 있을 것 2. 발행회사의 상장주권이 관리종목 또는 상장폐지의 사유에 해당하지 않을 것 3. 신주인수권증권의 발행총수가 1만증권 이상일 것(목적인 신주의 액면가 5,000원을 기준으로 함) 4. 잔존권리행사기간이 1년 이상일 것 5. 모집·매출로 발행되었을 것(주주에게 인수권이 주어진 경우에는 예외)
첨부서류	• 별지 제29호 서식의 신규상장신청서 • 법인등기부등본 • 그 밖에 거래소가 심사에 필요하다고 인정하는 서류	• 별지 제38호 서식의 신규상장신청서 • 발행등록사실확인서 • 법인등기부등본 • 그 밖에 거래소가 심사에 필요하다고 인정하는 서류
규정	유가상장규정 제150조 동 시행세칙 제124조 및 별표3	코스닥시장상장규정 제83조 동 시행세칙 제81조 및 별표2

(주) 기준일 : 상장신청일 현재

(4) 상장 후 거래소 신고의무(유가증권시장상장규정 제93조, 동 시행세칙 제79조)

신주인수권부사채가 상장된 경우 다음의 사항이 발생한 경우에는 발행회사는 지체없이 거래소에 관련 문서를 제출하여 신고하여야 한다.

> • 신주인수권이 행사된 경우 거래소에 신주인수권 행사 보고서를 매월 말일을 기준으로 [별지 제21호 서식]으로 작성하여 제출
> • 행사가격에 변동이 있는 경우 관련 이사회 의사록 사본 제출
> • 기한의 이익 상실 및 중도상환 결정이 있는 경우 문서로 통보

IV 교환사채

 개 요

교환사채(EB)는 일정한 기간(만기) 동안 사전에 약정된 가격(교환가격)으로 발행회사가 보유한 타법인 주식 또는 자기주식으로 교환이 가능한 권리(교환권)가 부여된 채권이다.

과거에는 교환사채 발행은 상장법인만 가능하였으나 2012. 4. 15. 상법개정 이후에는 상장법인뿐 아니라 비상장법인도 교환사채 발행이 가능하게 되었다(상법 제469조 ② 2호).

또한 교환대상증권에 대하여 상법 시행령(제22조 ①)에서 "회사 소유의 주식이나 그 밖의 다른 유가증권"으로 규정하고 있기 때문에 상장법인뿐 아니라 비상장법인의 주식도 교환대상증권이 될 수 있다.

그러나 상법 시행령(제22조 ③)에서 교환대상증권을 한국예탁결제원에 예탁하거나 주식·사채 등의 전자등록에 관한 법률의 전자등록기관에 전자등록하도록 규정하고 있으므로 교환대상이 되는 증권은 한국예탁결제원의 예탁이 가능하거나 전자등록된 증권(상장법인은 가능, 비상장법인은 일부만 가능)이어야 할 것이다.

따라서 비상장법인의 자기주식 또는 발행회사가 보유하고 있는 다른 회사의 비상장법인 주식을 교환대상증권으로 교환사채를 발행하고자 할 때에는 사전에 해당 교환대상증권의 한국예탁결제원의 예탁 가능여부 또는 전자등록 여부를 확인하여야 할 것이다.

또한 상장법인이 소유하고 있는 상장증권 중 자기주식을 교환대상으로 하거나 자기주식으로 상환하는 사채권을 발행한 경우에는 그 사채권을 발행하는 때에 자기주식을 처분한 것으로 보게 되므로(자본시장법 시행령 제176조의2 ④) 관련된 공시 처리에 유의하여야 할 것이다.

교환사채와 타 주식연계채권의 비교

(1) 교환사채와 전환사채의 비교

교환사채와 전환사채는 권리와 채권이 분리되지 않고 권리를 행사하면 채권이 소멸된다는 공통점이 있으나 발행대상, 등기 등에서 다음과 같은 차이가 있다.

구 분	교환사채(EB)	전환사채(CB)
내 용	발행회사 보유 타회사 주식 또는 자기주식으로 교환이 가능한 채권	발행회사의 주식으로 전환할 수 있는 채권
발행주체	상법 개정으로 상장회사 및 비상장회사 모두 발행 가능	상장회사 및 비상장회사 모두 발행 가능
발행대상	한국예탁결제원의 예탁이 가능한 발행회사 보유 타법인주식(구주) 및 발행회사의 자기주식(구주)	발행회사의 주식(신주)
채권존속 여부	교환권 행사시 채권 소멸	전환권 행사시 채권 소멸
권리행사	교환권 행사시 부채감소 및 자산감소(자기주식의 경우 부채감소 및 자본증가)	전환권 행사시 부채감소 및 자본증가
등기 여부	발행 및 권리행사시 등기 불필요	발행 및 전환권 행사시 등기 필요

(2) 교환사채와 신주인수권부사채의 비교

교환사채와 신주인수권부사채는 권리와 채권의 분리 가능성, 발행대상, 등기 등에서 다음과 같은 차이가 있다.

구 분	교환사채(EB)	신주인수권부사채(BW)
내 용	발행회사 보유 타회사 주식 또는 자기주식으로 교환이 가능한 채권	발행회사의 주식을 교부받을 권리를 갖는 채권
발행주체	상법개정으로 상장회사 및 비상장회사 모두 발행 가능	상장회사 및 비상장회사 모두 발행 가능
발행대상	한국예탁결제원의 예탁이 가능한 발행회사 보유 타법인주식(구주) 및 발행회사의 자기주식(구주)	발행회사의 주식(신주)

구 분	교환사채(EB)	신주인수권부사채(BW)
형 태	채권과 교환권 비분리	채권과 신주인수권 비분리 또는 분리 가능(상장법인은 비분리만 가능)
채권존속 여부	교환권 행사시 채권 소멸	• 비분리형 : 신주인수권 행사시 채권 소멸 • 분리형 : 신주인수권 행사시에도 채권 존속 단, 대용납입의 경우 채권이 소멸됨.
권리행사	교환권 행사시 부채감소 및 자산감소(자기주식의 경우 부채감소 및 자본증가)	• 신주인수권 행사시 신규자금 유입으로 자산 및 자본증가 • 대용납입의 경우 부채감소 및 자본증가
등기 여부	발행 및 권리행사시 등기 불필요	발행 및 신주인수권 행사시 등기 필요

3 발행제한

(1) 상법상 제한규정(구상법 제470조)

상법 제469조 및 시행령 제22조에 의거 주식회사는 교환사채를 발행할 수 있다. 과거 상법에서는 사채의 상환능력을 고려하여 주식회사의 사채발행한도를 대차대조표상의 순자산액의 4배로 제한하는 사채발행한도를 두고 있었으나 이와 같은 규정이 실효성이 낮고 사채발행의 기동성을 저해한다고 판단하여 2012. 4. 15.부터 시행되는 개정 상법에서는 해당 조항이 삭제되었다.

(2) 자본시장법상 제한규정

전환사채 및 신주인수권부사채의 경우 권리가 행사될 경우 자본금이 증가되고 신주가 발행되므로 그 사채의 발행이 주주의 지분율 및 권익에 중요한 영향을 미치므로 전환가격(행사가격), 전환가격(행사가격) 조정(Refixing), 권리행사기간 등에 대하여 법률에 엄격한 제한규정을 두고 있다.

그러나 교환사채의 경우 교환대상증권이 자기주식(구주) 및 타법인의 주식(구주)으로서 권리가 행사될 경우 증자가 아닌 자산매각 효과가 발생되므로 발행회사의 자본금이 변동되거나 기존주주의 지분율을 변화시킬 가능성은 낮다고 할 수 있다.

따라서 감독당국에서는 교환사채에 대하여 법률에 그 발행근거만 명시하고 있을 뿐 교환가격, 교환가격 조정(Refixing), 권리행사기간 등과 관련된 특별한 제한규정은 두고 있지 않다.

❖ 전환사채, 신주인수권부사채, 교환사채의 자본시장법상 제한규정 비교 ❖

구 분	교환사채(EB)	신주인수권부사채(BW)	전환사채(CB)
권리행사기간	제한규정 없음	사모 - 1년 이후 공모 - 1개월 이후	사모 - 1년 이후 공모 - 1개월 이후
기준가격 산정방법	제한규정 없음	기준가격 산정방법 법정화	기준가격 산정방법 법정화
Refixing	제한규정 없음	최초발행가격의 70% 이상 으로 제한	최초발행가격의 70% 이상 으로 제한

 발행방법

(1) 공모 발행 및 사모 발행방법

교환사채의 발행방법은 청약을 권유받는 자의 수에 따라 공모발행과 사모발행으로 구분할 수 있다.

앞에서 살펴본 전환사채 및 신주인수권부사채의 경우 공모발행은 사모발행에 비하여 절차가 복잡하나 기준가격 산정방법과 권리행사기간(공모-1개월 이후, 사모-1년 이상) 등에서 더 유리한 면이 있어 투자자에게 공모방법이 더 유리하다고 할 수 있다.

그러나 교환사채의 경우 법률에 교환가격 산정방법 및 권리행사 기간에 대한 제한규정이 없으므로 실무에서는 대부분 발행회사와 투자자 측면에서 절차가 복잡한 공모발행보다 사모방법으로 발행이 이루어진다.

특히, 교환대상증권이 상장법인인 사모발행은 조기에 권리행사가 가능하고(실무에서는 사채발행 후 1개월 이후부터 교환이 가능하도록 설계) 교환권 행사 후 교환대상증권 교부기간이 단기간(3일 이내)에 이루어져서 교환대상증권을 조기에 매각할 수 있다는 투자자 측면의 장점으로 인하여 발행조건이 발행회사에게 매우 유리하게 설계된다.

구 분	공모발행	사모발행
청약권유자의 수	50인 이상	50인 미만
신용평가	인수인이 없는 직접발행의 경우 신용평가 불필요 증권회사가 인수하는 간접발행의 경우 2개 이상의 신용평가사로부터 신용평가 필요	불필요
증권신고서 및 투자설명서 제출	• 10억원 이상인 공모의 경우 증권신고서, 투자설명서 제출 • 보통주·우선주·채무증권(CB·BW·EB 등)에 관계없이 과거 1년간의 공모실적 합산금액이 10억원 미만인 소액공모의 경우 소액공모 공시서류 제출	증권신고서 및 투자설명서 제출 면제
채권의 상장가능성	상장 가능	상장 불가능
교환권 행사기간	제한규정은 없으나 실무상 전환사채 및 신주인수권부사채 공모발행을 준용하여 사채발행일 이후 1개월 이후부터 교환권 행사가 가능하도록 설계	좌 동
증권발행실적 보고서 제출	제 출	면 제
주식으로서 전매제한 조치[주1]	불필요	불필요
채권으로서 전매제한 조치[주2]	불필요	필 요

주1) 주식으로서 전매제한 조치 : 권리행사 금지 기간을 발행일로부터 1년 이상으로 증권권면에 기재(증권의 발행 및 공시 등에 관한 규정 제2-2조 ② 3호)
주2) 채권으로서 전매제한 조치 : 권면의 매수를 50매 미만으로 하고 발행 후 1년간 권면분할을 금지한다는 특약(권면분할방지특약)을 증권권면에 기재(증권의 발행 및 공시 등에 관한 규정 제2-2조 ② 2호)

(2) 제3자 배정방법

전환사채 또는 신주인수권부사채의 제3자 배정방법은 권리행사시 법정자본금의 변동으로 인하여 기존주주의 지분율 및 권익에 중대한 영향을 미치므로 정관의 제3자 배정규정 또는 주주총회 특별결의에 의해서만 그 발행이 가능하도록 엄격하게 규정하고 있다.

그러나 교환사채는 그 권리의 행사가 발행회사의 자본금 변경 및 신주발행을 수반하지 않는 단순한 자산의 매각거래로서 기존주주의 지분율과 권익에 큰 영향을 미치지 않는다.

따라서 교환사채의 제3자 배정방법은 상법 시행령(제22조 ②)에 "주주 외의 자에게 발행회사의 자기주식으로 교환할 수 있는 사채를 발행하는 경우에 사채를 발행할 상대방에 관하여 정관에 규정이 없으면 이사회가 이를 결정한다"라고 규정하고 있듯이 정관에 근거규정이 없더라도 이사회의 결의만으로도 그 발행이 가능하다.

⑤ 교환가격 결정

상장법인의 전환사채 및 신주인수권부사채 발행시 전환(행사)가격은 법정된 기준 주가의 100% 이상에서 결정하도록 규정하고 있다(증권의 발행 및 공시 등에 관한 규정 제5-22조 및 제5-24조).

그러나 교환사채의 경우 교환가격 결정에 대한 법률규정이 없으므로 그 결정방법에 대하여 제한이 없으나 실무에서는 전환사채 및 신주인수권부사채의 권리행사가격 결정방법을 준용하여 교환대상 주식의 시가 이상에서 발행회사와 인수자 간 협의하여 결정한다.

특히, 교환대상증권이 상장법인인 사모발행은 조기에 권리행사가 가능하고(실무상 사채발행 후 1개월 이후부터 교환이 가능하도록 설계) 교환권 행사 후 교환대상증권 교부기간이 단기간(3일 이내)에 이루어져서 교환대상증권을 조기에 매각할 수 있다는 투자자 측면의 장점으로 인하여 발행조건이 시가에 premium을 가산한 premium부 발행(예를 들어 최초 교환가격을 시가의 110%로 하는 경우)이 일반적이다.

⑥ 교환가격 조정

교환가격 조정은 교환사채 발행 후 교환대상 주식의 유·무상증자, 주식분할 및 병합 등과 같이 교환대상 주식의 액면가액 또는 주식수가 변동되는 경우 교환가격을 조정하는 경우와 교환대상 주식의 시가가 하락할 경우 교환가격을 조정하는 경우로 구분할 수 있다.

단, 교환대상증권이 상장법인의 주식인 경우 전환사채 및 신주인수권부사채의 경우 전환가격(행사가격) 조정(Refixing)에 대한 제한규정(최초발행가격의 70% 이상)이 있으나 교환사채의 경우 교환가격 조정(Refixing)에 대한 제한 규정이 없으므로 교환가격 조정범위를 자유롭게 설계할 수 있다.

(1) 액면가액 또는 주식수 변경시 교환가격 조정

① 교환대상주식의 무상증자, 주식배당의 경우

$$\text{조정 후 교환가격} = \text{조정 전 교환가격} \times (A) / (B)$$

(A) = 조정사유 발생 전 발행주식총수
(B) = 조정사유 발생 후 발행주식총수

② 교환대상주식의 주식분할, 주식병합의 경우

$$\text{조정 후 교환가격} = \text{조정 전 교환가격} \times (A) / (B)$$

(A) = 조정사유 발생 후 1주당 액면금액
(B) = 조정사유 발생 전 1주당 액면금액

③ 교환대상주식의 시가미달 유상증자, 주식매수선택권 부여, 전환사채 또는 신주인수권부사채의 발행의 경우

$$\text{조정 후 교환가격} = \text{조정 전 교환가격} \times [(A) + \{(B) \times (C) / (D)\}] / [(A) + (B)]$$

(A) = 기존발행 주식총수
(B) = 신규발행 주식총수
(C) = 신주발행가격(주식매수선택권, 전환사채, 신주인수권부사채의 경우 행사가격)
(D) = 기준가격

④ 교환대상주식의 회사분할, 감자의 경우

해당 사유 발생 직전에 본 교환사채가 교환대상주식으로 교환되었다면 교환사채권자가 수령하였을 주식수를 교환사채권자가 실제 교환시 수령할 수 있도록 발행회사 및 교환사채권자 간의 협의를 통하여 교환가격이 조정된다.

(2) 시가 하락시 교환가격 조정(Refixing)

전환사채 및 신주인수권부사채의 경우 발행회사의 주가 하락시 전환(행사)가격 조정은 발행시 전환(행사)가격의 70% 미만(그 가액이 액면가액 이상)으로 재조정될 수 없고 주가 상승시에는 전환(행사)가격을 최초 전환(행사)가격 이상으로 재조정할 수 없도록 규정(증권의 발행 및 공시 등에 관한 규정 제5-23조, 제5-24조)하고 있으나 교환사채의 경우 교환가격 조정에 대한 제한이 없다.

따라서 실무에서는 전환사채 및 신주인수권부사채의 전환(행사)가격 조정방법을 준용하여 교환사채 교환가격 조정범위를 발행회사와 인수자 간 협의하여 결정하나 사모발행시에도 조기에 권리행사가 가능하고(통상 사채발행 후 1개월 이후부터 교환 가능) 교환권 행사 후 교환대상증권 교부기간이 단기간(3일 이내)에 이루어져서 교환대상증권을 조기에 매각할 수 있다는 투자자 측면의 장점으로 인하여 전환사채 및 신주인수권부사채보다 교환가격 조정범위가 발행회사에 더 유리(예를 들어 Refixing 범위를 90%로 제한)하게 설계된다.

⑦ 발행절차

교환사채의 발행절차에서 전환사채 또는 신주인수권부사채의 발행절차와 가장 큰 차이가 나는 부분은 교환사채를 발행하는 법인은 교환대상증권(자기주식 포함)을 교환사채권자의 교환청구가 있을 때 또는 당해 사채의 교환청구기간이 만료하는 때까지 한국예탁결제원에 예탁하여야 한다는 점이다. 이 경우 한국예탁결제원은 당해 증권에 대하여 신탁재산표시를 하여 관리할 수 있다.

교환사채 발행은 앞서 언급한 공모발행과 사모발행에 따라 일정 및 절차에 차이가 있으므로 각 방법별로 구분하여 살펴보면 다음과 같다.

(1) 공모발행

공모발행은 발행방법에 따라 발행회사가 인수인을 통하지 않고 직접 발행하는 직접 발행과 인수인을 통하여 발행하는 간접발행으로 구분할 수 있다.

실무에서 공모발행은 대부분 간접 발행을 통하여 진행되므로 아래에서는 간접 발행을 통한 공모절차에 대하여 살펴보도록 한다.

절 차	일 정	내 용	규 정
인수인 선정	사전절차	• 인수계약서 체결 • 원리금지급대행계약서 체결 • 사채모집위탁계약서 체결	
신용평가 신청		신용평가사 2개사에 신용평가	증권 인수업무에 관한 규정 제11조의2
교환사채발행 이사회 결의 및 주요사항보고서 제출	D	• 1차 교환가액 확정 • 교환사채 발행 이사회 결의 및 공시 • 공시서식 <별지 제38-26호 서식>	• 자본시장법 제161조 ① 9호 및 시행령 제171조 ③ 4호 • 유가공시 제7조 ① 2호 가목 (6) 가 • 코스닥공시 제6조 ① 2호 가목 (6) 가
교환대상주식 예탁관리계약 체결		발행회사와 예탁원 간 예탁관리계약 체결	상법 시행령 제22조 ③
자기주식 처분 이사회 결의 및 주요사항보고서 제출		• 교환대상이 상장법인의 자기주식인 경우 • 공시서식 <별지 제38-33호 서식>	• 자본시장법 제161조 ① 8호 • 유가공시 제7조 ① 2호 가목 (3) • 코스닥공시 제6조 ① 2호 가목 (3)
증권신고서 제출	D	증권신고서, 예비투자설명서 제출	• 자본시장법 제119조, 제124조 ② 2호
교환가격 확정 증권신고서 정정	D+6	• 청약 3거래일 전 교환가격 확정 • 교환가격 확정에 따른 증권신고서 및 예비투자설명서 정정	
증권신고서 효력발생	D+10	• 증권신고서 효력발생기간 : 신고서 수리일로부터 7영업일 • 효력발생일에 투자설명서 제출	자본시장법 시행규칙 제12조 ① 1호
청약공고		일간신문 등 공고	
청약	D+10 ~11	청약기간 통상 2일간	

절 차	일 정	내 용	규 정
배정공고 및 납입	D＋14	배정공고(일간신문 등)	
교환대상주식 처분		교환대상주식 예탁 또는 전자등록	상법 시행령 제22조 ③
증권발행실적 보고서 제출		모집·매출완료시(전자공시)	자본시장법 제128조
자기주식처분결과 보고서 제출	D＋15	• 교환대상이 상장법인의 자기주식인 경우 • 교환사채 발행 완료일로부터 5일 이내 제출 • <별지 제52호 서식> 참조	증발공 제5-9조 ③

(주) : 1. 유가증권시장공시규정(유가공시), 코스닥시장공시규정(코스닥공시), 증권의 발행 및 공시 등에 관한 규정(증발공)
2. 증권신고서 효력발생기간은 영업일 기준이고 고위험 기업(감사의견이 적정이 아닌 기업 또는 자본잠식기업 등)은 증권신고서 효력발생기간이 추가로 3영업일 연장됨.

① 이사회

과거 상법에서는 사채를 발행하기 위해서 이사회 결의를 거치도록 규정하였으나 현행 상법에서는 사채발행의 기동성 및 편리성을 제고하기 위하여 정관에 정함이 있는 경우 이사회는 대표이사에게 사채의 금액 및 종류를 정하여 1년을 초과하지 않는 기간 내에 사채발행을 위임할 수 있다(상법 제469조 ④).

 ┃상장회사 표준정관 제14조(사채의 발행) ② 주석┃

② 이사회는 대표이사에게 사채의 금액 및 종류를 정하여 1년을 초과하지 아니하는 기간 내에 사채를 발행할 것을 위임할 수 있다.
※ 이사회에서 대표이사에게 사채발행을 위임하는 경우 제2항에서 정한 사항 이외에도 발행조건, 상환기간 등을 정하여 위임할 수 있음.
※ 집행임원을 설치한 회사는 "대표이사"를 "대표집행임원"으로 변경하여 규정하여야 함.

한편, 교환사채 발행 이사회에서는 다음의 사항을 결의하여야 한다.

결의사항	• 교환할 주식이나 유가증권의 종류 및 내용 • 교환의 조건 • 교환을 청구할 수 있는 기간
규 정	상법 시행령 제22조 ①

② 주요사항보고서 제출

　가. 교환사채 발행

사업보고서 제출대상법인은 전환사채/신주인수권부사채 및 교환사채 발행 관련 이사회 익일까지 해당 내역을 주요사항보고서로 금융위에 제출하여야 한다. 단, 상장법인의 경우 각 시장의 공시규정에 의거하여, 그 결의 내용을 지체없이 거래소에 신고 및 공시하여야 한다. 비상장이면서 사업보고서 제출대상법인의 경우에는 익일까지, 유가증권 및 코스닥 상장법인은 당일에 공시문을 제출하면 된다.

구 분	유가증권상장법인	코스닥상장법인
시 기	이사회결의일 당일	좌동
장 소	금융위/거래소	좌동
제출서식	기업공시서식 작성기준 제38－26호	좌동
규 정	• 자본시장법 제161조 ① 9호 • 동법 시행령 제171조 ③ 4호 • 유가공시규정 제7조 ① 2호 가목 (6) 가	• 자본시장법 제161조 ① 9호 • 동법 시행령 제171조 ③ 4호 • 코스닥공시규정 제6조 ① 2호 가목 (6) 가

　나. 자기주식 처분(교환대상이 상장법인의 자기주식인 경우)

상장법인이 소유하고 있는 자기주식을 교환대상으로 교환사채를 발행한 경우 그 교환사채를 발행하는 때에 자기주식을 처분한 것으로 보므로(자본시장법 시행령 제176조의2 ④) 상장법인이 자기주식을 교환대상으로 교환사채를 발행하는 경우 자기주식 처분에 대한 주요사항보고서를 제출하여야 한다.

제출의무	• 자기주식을 교환대상으로 교환사채 발행을 결의한 경우
제출시기	• 규정상 자기주식처분 이사회 결의일 익일까지 제출하나 실무에서는 결의일에 공시와 함께 제출
제출장소	• 금융위원회
기재사항	• 공시서식 중 <별지 제38－33호 서식> 참조
첨부자료	• 자기주식처분이사회 의사록
규 정	• 자본시장법 제161조 ① 8호

③ 증권신고서

자본시장법에 따라 교환사채를 모집 또는 매출하는 경우에는 증권신고서를 금
융위원회에 제출하여야 한다.

제출의무자	• 교환사채를 모집 또는 매출을 하는 발행인
제출시기	• 증권신고서 제출 및 수리 후 모집 또는 매출 가능
제출장소	• 금융위원회
기재사항	• 공시서식 중 <별지 제1호 서식> 증권신고서 참조

첨부서류	• 정관
	• 증권의 발행을 결의한 주총 또는 이사회 의사록 사본
	• 법인등기부 등본
	• 증권의 발행에 관하여 행정관청의 허가 · 인가 또는 승인 등을 필요로 하는 경우에는 그 허가 · 인가 또는 승인 서류
	• 증권의 인수계약을 체결한 경우에는 그 계약서의 사본
	• 거래소로부터 증권이 상장기준에 적합하다는 확인을 받은 상장예비심사결과서류(상장시)
	• 예비투자설명서를 사용하려는 경우에는 예비투자설명서
	• 간이투자설명서를 사용하려는 경우에는 간이투자설명서
	• 직접공모의 경우
	  증권분석기관의 평가의견서
	  증권분석기관 대표자의 비밀유지 각서
	  청약증거금을 예치받을 은행의 통장 사본
	• 투자자 보호에 필요한 금융위원회가 고시하는 서류
	  회계감사인의 분기, 반기 등 감사보고서
	  원리금지급 대행계약을 체결한 경우에는 그 계약서 사본
	  증권 신탁계약을 체결한 경우에는 그 계약서 사본
	  모집위탁계약을 체결한 경우에는 그 계약서 사본
	  신용평가업자의 평가등급을 받은 경우 그 신용평가서 사본

규 정	• 자본시장법 제119조, 동법 시행령 제125조 ②, ③ • 「증권의 발행 및 공시 등에 관한 규정」 제2－6조 ⑥

④ 증권신고서 효력 발생시기(자본시장법 시행규칙 제12조 ① 1호)

증권신고서는 수리 거부통지가 없으면 이를 제출한 날에 수리한 것으로 간주
하고 증권신고서 수리 후 채무증권의 모집 또는 매출의 효력발생일은 7영업일
이다.

증권신고서 효력발생기간은 영업일기준이고 고위험 기업(감사의견이 적정이 아

닌 기업, 자본잠식기업, 사업보고서 및 반기·분기보고서를 법정기간 내에 제출하지 않는 기업 등)은 증권신고서 효력발생기간이 추가로 3영업일 연장된다.

⑤ 주요 신고사항에 대한 벌칙

증권신고서의 중요사항에 관하여 거짓의 기재 또는 표시가 있거나 중요사항이 기재 또는 표시되지 아니함으로써 증권의 취득자가 손해를 입은 경우 주요사항보고서 및 증권신고서 작성인의 책임을 엄격히 하기 위하여 자본시장법에서는 손해배상책임 및 형사적 책임에 대하여 명시하고 있다.

손해배상책임 (자본시장법 제125조 내지 제127조 및 제162조)	• 주요사항보고서 및 증권신고서의 중요사항의 거짓기재 등(거짓기재 또는 미기재)로 인하여 증권의 취득자 등이 손해를 입은 경우 손해배상책임 발생. 단, 손해배상책임자가 상당한 주의를 하였음에도 알 수 없었음을 증명하거나, 취득자(처분자)가 취득(처분)시 그 사실을 안 경우는 제외 • 청구권자가 당해 사실을 안 날로부터 1년 내 또는 해당서류 제출일로부터 3년 내에 청구권 미행사시 권리소멸 • 손해배상책임자 　- 제출인(신고인)과 제출(신고) 당시의 당해 법인의 이사 　- 명예회장, 회장, 사장, 부사장, 전무, 상무, 이사 등의 업무집행 지시자 　- 서명한 공인회계사, 감정인, 신용평가회사, 변호사, 변리사, 세무사 등 　- 자기의 평가, 분석, 확인 의견 기재에 동의하고 확인한 자 등
금융위 조사 및 조치 (자본시장법 제131조, 제132조 및 제164조)	• 투자자 보호를 위하여 필요한 경우 참고자료 제출 요구 및 장부 서류 등의 조사 가능 • 중요사항의 거짓기재 등의 정정을 명하고, 증권발행제한, 거래정지 또는 수사기관에 통보 등의 조치 가능
형사적 책임 (자본시장법 제444조 및 제446조)	• 5년 이하 징역 또는 2억원 이하 벌금(자본시장법 제444조) 　- 주요사항보고서 및 증권신고서의 중요사항에 관한 거짓기재 등을 한 자 　- 거짓기재 등을 알고도 서명한 대표이사 및 담당이사 　- 거짓기재 등을 알고도 서명한 공인회계사, 감정인, 신용평가회사 • 1년 이하 징역 또는 3천만원 이하 벌금(자본시장법 제446조) 　- 주요사항보고서를 제출하지 아니한 자 　- 증권신고서(투자설명서 및 정정신고서 포함) 관련 규정을 위반한 자

⑥ 예비투자설명서(자본시장법 제124조 ② 2호, 증권의 발행 및 공시 등에 관한 규정 제2-
15조)

증권의 모집 또는 매출을 위하여 청약의 권유를 하고자 하는 경우 투자설명서를
투자자에게 교부하여야 한다.

투자설명서는 증권신고서 효력이 발생되어야 사용할 수 있으나 증권신고서 효
력발생에 일정기간이 소요되므로 신고서 효력발생 전이라도 투자의 권유행위
가 가능하도록 하기 위하여 사용이 허용된 것이 예비투자설명서(신고의 효력이
발생되지 아니한 사실을 기록한 투자설명서)로서 증권신고서 제출시점에 함께 제
출한다.

⑦ 투자설명서

증권신고서를 제출한 회사는 신고서 효력발생일로부터 투자설명서를 금융위
원회에 제출하여야 한다.

제출의무자	• 증권신고서를 제출한 발행인
제출시기	• 증권신고서 효력발생일
제출장소	• 금융위원회
비치장소	• 해당 증권 발행인의 본점 • 금융위원회 • 거래소 • 청약사무를 취급하는 장소
기재사항	• 공시서식 중 <별지 제20호 서식> 투자설명서 참조
규 정	• 자본시장법 제123조, 동법 시행령 제131조, 동법 시행규칙 제13조

⑧ 증권발행실적보고서

증권신고서를 제출한 회사는 모집 또는 매출을 완료한 경우 지체없이 증권발
행실적보고서를 금융위원회에 제출(전자공시)하여야 한다.

제출의무자	• 증권신고서의 효력이 발생한 증권의 발행인
제출시기	• 모집 또는 매출을 완료한 때 지체없이 제출(전자공시)
제출장소	• 금융위원회
기재사항	• 발행인의 명칭 및 주소 • 주관회사의 명칭 • 청약에 관한 사항

기재사항	• 공시 이행 사항 • 증권교부일, 상장일 및 증자등기일 • 조달된 자금의 사용내역
서 식	• 공시서식 중 <별지 제24호 서식> 증권발행실적보고서 참조
규 정	• 자본시장법 제128조, 「증권의 발행 및 공시 등에 관한 규정」 제2-19조

⑨ 자기주식 처분결과보고서

상장법인이 소유하고 있는 자기주식을 교환대상으로 교환사채를 발행한 경우 그 교환사채를 발행하는 때에 자기주식을 처분한 것으로 보므로(자본시장법 시행령 제176조의2 ④) 교환사채의 발행을 완료한 경우에는 발행완료일로부터 5일 이내에 자기주식 처분결과보고서를 제출하여야 한다.

제출의무	• 자기주식을 교환대상으로 교환사채 발행을 완료한 경우
제출시기	• 교환사채 발행완료일로부터 5일 이내
제출장소	• 금융감독원
기재사항	• 공시서식 중 <별지 제52호 서식> 참조
첨부자료	• 교환사채 발행 증빙서류
규 정	• 「증권의 발행 및 공시 등에 관한 규정」 제5-9조 ③

(2) 사모발행

사모발행은 증권신고서, 투자설명서 및 증권발행실적보고서 제출이 면제되므로 공모발행에 비하여 기간이 짧고 절차가 간단하다.

절 차	일 정	내 용	규 정
교환사채발행 이사회 결의 및 주요사항보고서 제출	D	• 교환가액 확정 • 교환사채 발행 이사회 결의 및 공시 • 공시서식 중 <별지 제38-26호 서식>	• 자본시장법 제161조 ① 9호 및 동법 시행령 제171조 ③ 4호·유가공시 제7조 ① 2호 가 (6) 가 • 코스닥공시 제6조 ① 2호 가 (6) 가
교환대상주식 예탁관리계약 체결		발행회사와 예탁원 간 예탁관리계약 체결	상법 시행령 제22조 ③

절 차	일 정	내 용	규 정
자기주식처분 이사회결의 및 주요사항보고서 제출	D	• 교환대상이 상장법인의 자기주식인 경우 • <별지 제38-33호 서식>	• 자본시장법 제161조 ① 8호 • 유가공시 제7조 ① 2호 가 (3) • 코스닥공시 제6조 ① 2호 가 (3)
인수계약 체결	D+1	투자자와 교환사채 인수계약서 체결	
청약 및 납입	D+8	• 청약일(1일간) • 실무에서는 청약없이 바로 납입	
증권발행결과 공시		자율공시	• 유가공시 제28조 동 세칙 제8조 11호의2 • 코스닥공시 제26조 동 세칙 제13조 11호
교환대상주식 처분		교환대상 주식 예탁 또는 전자등록	상법 시행령 제22조 ③
자기주식처분결과 보고서 제출	D+3	• 교환대상이 상장법인의 자기주식인 경우 • 교환사채 발행 완료일로부터 5일 이내 제출 • <별지 제52호 서식>	증발공 제5-9조 ③

(주) 유가증권시장공시규정(유가공시), 코스닥시장공시규정(코스닥공시), 증권의 발행 및 공시 등에 관한 규정(증발공)

⑧ 조기상환청구권(Put Option)

발행회사가 사채발행을 원활하게 하기 위하여 채권인수자에게 만기 이전에 채권 원금의 조기상환을 청구할 수 있는 권리를 부여하는 경우가 있는데 이를 조기상 환청구권(Put Option)이라 한다.

실무에서는 대부분 교환사채를 통상 만기 3년(또는 5년)에 1년(또는 2년) 이후부터 조기상환이 가능하도록 설계하는데 교환사채 투자자 입장에서는 만기까지 보유할 경우에 수령할 만기보장수익률(YTM : Yield To Maturity)이 실세금리보다 낮은 것이 일반적이므로 주가가 하락하여 행사차익 가능성이 현저히 낮은 경우 또는 발행회

사의 재무구조가 악화되어 채권의 기간위험 증가하는 경우 **Put Option**을 행사하여 원금을 조기에 상환받는 것이 유리할 수 있다.

통상 조기상환시 적용되는 이자율(YTP : Yield To Put)은 만기보장수익률(YTM : Yield To Maturity)보다 같거나 낮은 것이 일반적이다.

⑨ 조기매입소각(Call Option)

채권인수자의 조기상환청구권(Put Option)과 반대로 채권의 발행회사가 자금의 여유가 있을 경우 채권인수자에게 만기 전에 특정한 가격과 이자율로 교환사채 매입을 요청하는 경우가 있는데 이를 매도청구권(Call Option)이라 한다.

통상 조기매입소각시 적용되는 교환사채 매입금액은 주가 및 만기보장수익률(YTM)을 고려하여 그 수익률이 만기보장수익률 이상에서 결정되는 것이 일반적이다.

⑩ 발행공시 및 지분변동공시

(1) 발행공시

상장법인이 교환사채를 발행하는 경우 모든 발행조건을 공시하여야 한다. 만약, 신고 또는 공시내용에 허위 또는 중요한 사항이 누락된 경우 과징금이 부과되므로 유의하여야 한다.

① 발행공시(유가증권시장공시규정 제7조 ① 2호 가목 (6) 가, 코스닥시장공시규정 제6조 ① 2호 가목 (6) 가)

교환사채 발행관련 공시서류에 발행회사와 인수자간의 중요한 발행조건(옵션조항, 기한이익상실조항, 손실보전계약 등)을 기재하고 기타 별도약정이 없음을 추가 기재하여 이사회 결의일에 공시하여야 한다(필요시 교환사채 계약서 첨부 가능).

② 주요사항보고서 제출(자본시장법 제161조 ① 8호, 자본시장법 시행령 제171조 ③ 4호)

사업보고서 제출 대상법인이 자기주식을 대상으로 교환사채를 발행하는 경우 교환사채 발행 관련 주요사항보고서를 제출해야 할 뿐 아니라 자기주식을 예탁결제원에 예탁하여야 하는 바 자기주식 예탁은 자기주식 처분으로 간주되므로 사업보고서 제출 대상 법인이 자기주식 처분 이사회 결의를 한 경우에는 그 내용을 기재한 보고서(주요사항보고서)를 금융위원회에 제출하여야 한다.

따라서 상장법인이 자기주식을 교환대상증권으로 교환사채를 발행하는 경우에는 2번의 주요사항보고서(교환사채 발행 및 자기주식처분)를 제출하여야 한다.

③ 증권신고서 제출

공모로 교환사채를 발행하는 경우 증권신고서에 일반적인 발행조건과 함께 기한이익상실 조건 등 중요한 특약사항을 기재하고, 기타 별도약정이 없음을 추가로 기재하여야 한다.

특히 증권신고서 본문에 중요한 특약사항(옵션조항, 기한이익상실조항, 손실보전계약 등)을 상세히 기재하되 요약정보에는 본문 또는 첨부한 계약서를 참조하라는 형식으로 기재가 가능하다.

④ 교환가격 조정에 관한 사항

교환가격 조정에 관한 사항(조정사유, 조정방법, 기준일 등)은 발행공시 및 증권신고서 제출시 구체적으로 확정하여 기재하여야 하며 액면가액 또는 주식수 변경, 시가하락 등에 의한 교환가액 조정 등에 관한 사항을 이사회 등에 위임하는 기재는 금지되므로 유의하여야 한다.

⑤ 발행 후 변동보고

교환사채를 발행한 코스닥상장법인은 다음의 사항이 발생한 경우에는 거래소에 신고하여야 한다.

보고사항	• 교환가격이 결정된 경우 • 교환권행사로 인한 행사주식수가 발행주식총수의 1% 이상인 경우 • 교환가격이 조정된 경우 • 교환사채를 만기 전에 취득한 경우
보고시기	• 사유발생일에 신고
보고장소	• 거래소
규 정	• 코스닥시장공시규정 제38조 7호~10호

(주) 유가증권 상장법인은 위의 사항에 대하여 보고의무 없으나 통상 자율공시사항으로 공시함. 또한 채무증권이 상장된 경우에는 교환청구권 행사, 교환가격 변경 및 기한이익상실 등의 사유가 있을 시 상장규정 제93조 및 시행세칙 제79조에 의한 신고의무가 있음.

(2) 지분변동공시

교환대상증권이 상장법인의 주식인 교환사채를 인수하여 그 보유비율이 5% 이상이 되거나 그 보유비율이 1% 이상 변동되는 경우 또는 주요주주가 되는 경우에는 다음과 같이 보고하여야 한다.

> | 주요주주(자본시장법 제9조 ①, 금융회사의 지배구조에 관한 법률 제2조 6호) |
>
> • 누구의 명의로 하든지 자기의 계산으로 의결권 있는 발행주식총수의 10% 이상을 소유한 자(그 주식과 관련된 증권예탁증권 포함)
>   ⇨ 주요주주는 특수관계인 또는 공동보유자를 합산하지 않고 개별적으로 적용함.
> • 의결권 있는 발행주식총수의 10% 이상을 보유하고 있지 아니한 주주라도 임원의 임명 등 당해 법인의 중요한 경영사항에 대하여 사실상 영향력을 행사하고 있는 주주
>   ⇨ 실질적인 지배주주를 의미함.

5% 보고와 관련하여 특히 주의하여야 할 사항은 기산일이 납입일이 아닌 계약체결일이므로 계약체결일로부터 5영업일 이내에 보고해야 한다는 점과 보고사유와 관련하여 자본시장법 시행령 제153조 ⑤ 제5호에서는 "발행가격 조정만으로 보유주식 등의 수가 증가되는 경우 변동보고를 면제한다"고 규정하고 있으나 변동보고의무 면제사유에 해당되더라도 신규보고의무는 면제되지 않으므로 반드시 신규보고를 이행하여야 한다는 점이다.

예를 들어 교환가격 조정(Refixing)으로 교환대상주식 등의 수가 증가하여 지분율이 6%에서 7%로 변동된 경우 변동보고의무는 면제되나 교환가격 조정(Refixing)으로 교환대상주식 등의 수가 증가하여 지분율이 4%에서 6%로 변동된 경우 신규보고의무는 발생된다.

과거 증권거래법에서는 주식연계채권은 5% 보고대상 증권에는 포함되고 임원 등의 특정증권 등 소유상황(10% 보고) 보고대상 증권에는 포함되지 않았으나 자본시장법에서는 주식연계채권도 임원 등의 특정증권 등 소유상황(10% 보고) 보고대상에 포함되므로 임원·주요주주가 주식연계채권을 보유한 경우에도 반드시 임원 등의 특정증권 등 소유상황(10% 보고) 보고를 이행하여야 한다.

특히 임원 등의 특정증권 등 소유상황(10% 보고) 보고시 주의하여야 할 사항은 주

요주주는 "의결권 있는 발행주식총수의 10% 이상의 주식"을 소유한 자를 의미하므로 주식이 아닌 주식연계채권은 주요주주 판단시 포함되지 않는다는 점이다. 예를 들어 주식 8%, 교환대상증권 3%를 보유한 주주는 주요주주에 해당되지 않으므로 임원 등의 특정증권 등 소유상황(10% 보고) 보고를 할 필요가 없으나 주식 10%, 교환대상증권 3%를 보유한 주주는 주요주주에 해당되므로 임원 등의 특정증권 등 소유상황(10% 보고) 보고를 이행하여야 하며 이행시 보고지분율은 13%이다.

구 분	주식 등의 대량보유상황 보고 (5% 보고)	임원 등의 특정증권 등 소유상황 보고 (10% 보고)
보고 접수처	금융위원회, 거래소	증권선물위원회, 거래소
보고 기준	• 신규보고 : 5% 이상 보유시 • 변동보고 : 5% 이상 보유자 1% 이상 변동시	• 소유상황보고 : 10% 이상 보유 또는 임원선임시 • 변동보고 : 1천주 이상 또는 1천만원 이상 변동시
보고지분율 산정대상	본인 및 특별관계자 (특별관계자 범위 : 자본시장법 시행령 제141조)	임원 또는 주요주주 (특별관계자 포함하지 않음)
보고 기준일	계약 체결일	취득일
보고 기한	• 경영참여 : 기준일로부터 5영업일 이내 • 단순투자 : 기준일이 속하는 달의 다음 달 10일까지	• 기준일로부터 5영업일 이내 • 주식배당, 준비금의 자본전입, 주식분할 및 병합, 자본감소에 따른 변동은 다음 달 10일까지
서 식	• <별지 제44호 서식> : 주식 등의 대량보유상황보고서(일반) • <별지 제45호 서식> : 주식 등의 대량보유상황보고서(약식)	<별지 제46호 서식> : 임원·주요주주 특정증권 등 소유상황보고서
규 정	자본시장법 제147조~제150조 동법 시행령 제153조~제159조	자본시장법 제173조 동법 시행령 제200조

(주) : 1. 영업일 : 토요일, 공휴일, 근로자의 날 제외
2. 경영참여: 임원의 선임·해임 또는 직무의 정지, 이사회 등 회사의 기관과 관련된 정관의 변경 등에 영향력을 행사하는 것(자본시장법 시행령 제154조 ①)

① 보유비율 계산(자본시장법 시행규칙 제17조)

교환대상이 상장법인의 주식인 교환사채를 인수한 경우 당해 인수자가 보유하고 있는 수량을 기준으로 보유비율을 계산한다. 여기서 보유수량 계산은 교환사채 인수금액을 교환가격으로 환산한 수량으로 계산한다.

$$보유비율 = [(A+B+C) / (D+E+F)]$$

구 분	산 식
본인과 특별관계자 보유수식	A
본인과 특별관계자 보유 주식관련사채(교환대상증권 포함)	B
스톡옵션에 의한 주식(자기주식 대상 스톡옵션은 제외)	C
발행주식총수(보통주＋의결권 있는 우선주)	D
본인과 특별관계자 보유 주식관련사채(교환대상증권 제외)	E
스톡옵션에 의한 주식(자기주식 대상 스톡옵션은 제외)	F

(주) 특별관계자 : 자본시장법 시행령 제141조 참조

② 변동보고의무의 면제(자본시장법 시행령 제153조 ⑤)

　　교환사채의 교환가격 조정(Refixing)만으로 보유주식 등의 수가 증가하는 경우에는 변동보고의무가 면제된다고 규정하고 있으나 변동보고의무 면제사유에 해당되더라고 신규보고의무는 면제되지 않으므로 교환가격 조정(Refixing)으로 보유주식 등의 비율이 5% 미만에서 5% 이상이 되는 경우 반드시 신규보고의무는 이행하여야 한다.

③ 5% 보고자의 교환대상증권 발행회사에 대한 보고서 사본 송부 의무(자본시장법 제148조)

　　대량보유자는 주식 등의 대량보유상황보고서를 금융위원회와 거래소에 제출한 후 지체없이 교환사채 발행회사 및 교환대상증권의 발행회사에 송부하여야 한다.

⑪ 교환의 효력발생

　　교환사채의 교환은 그 청구를 한 때에 효력이 발생하며 교환된 주식의 배당에 관하여는 그 청구를 한 때가 속하는 영업연도 말에 교환된 것으로 볼 수 있으나 정관이 정하는 바에 따라 그 청구를 한 때가 속하는 영업연도의 직전 영업연도 말에 교환된 것으로 할 수 있다.

　　실무에서는 교환권 행사로 인하여 교환된 주식에 대한 이익의 배당에 관하여는

교환청구권을 행사한 때가 속하는 영업연도의 직전 영업연도 말에 교환된 것으로 보아 배당의 효력을 가지며, 교환청구일이 각각의 이자지급 기일 이전에 속하는 경우, 당해 이자지급기일에 대한 이자는 지급하지 않는다.

⑫ 교환사채의 상장

교환사채를 공모로 발행하는 경우 청약률을 제고하기 위하여 상장하는 경우가 있다. 채무증권의 경우 주로 유가증권시장 종목들이 유가증권시장상장규정에 의거 상장을 하고 있으며 아래의 요건을 충족하여야 상장이 가능하다. 단, 코스닥 주권상장 법인의 경우에도 회사채, 전환사채, 신주인수권부사채 및 교환사채 등 채무증권에 대해 유가증권시장상장규정 제88조에 의거 신규상장이 가능하다.

그러나 채무증권이 상장되더라도 일부 대기업이 발행한 주식연계채권을 제외하고는 거래량이 미미하므로 실질적으로 상장의 실효성은 매우 낮다고 할 수 있다.

교환사채가 상장된 경우에는 투자자는 교환사채만기 또는 Put Option 행사기간에 관계없이 자본시장에서 매매를 통하여 자유롭게 투자자금의 회수 및 자본차익의 추구가 가능하다는 장점이 있다.

(1) 신규상장 심사요건(유가증권시장상장규정 제88조)

구 분	요 건
발행인의 자본금	5억원 이상
발행방식	공모(모집 또는 매출) 발행
발행 및 미상환 총액	당해 채권의 발행총액 및 미상환 발행총액 3억원 이상

(2) 신규상장시 제출서류(유가증권시장상장규정 시행세칙 제73조 ①, 〔별표 3〕 신규상장신청서류)

제 출 서 류
신규상장신청서(별지 제27호 서식)
발행등록사실확인서

제 출 서 류
신탁증서(간접발행시), 인수계약서 또는 매출계약서 사본, 모집위탁계약서 사본
최근 3개년 재무제표, 반기재무제표(반기 종료 후 45일 경과시), 최근 사업연도 감사보고서
채무증권대금 납입 증명서류(납입은행계좌)
거래소 심사상 필요 서류(상장관련 이사회 의사록, 상장수수료 입금증 등)

(3) 상장 후 거래소 신고의무(유가증권시장상장규정 제93조, 동 시행세칙 제79조)

교환사채가 상장된 경우 다음의 사항이 발생한 경우에는 발행회사는 지체없이 거래소에 관련 문서를 제출하여 신고하여야 한다.

- 교환권이 행사된 경우 거래소에 교환청구권 행사 보고서를 매월 말일을 기준으로 제출 [별지 제21호 서식]
- 교환가격에 변동이 있는 경우 관련 이사회 의사록 사본 제출
- 기한의 이익 상실 및 중도상환 결정이 있는 경우 문서로 통보

부록 ··· 회계 및 세무

I 주식연계채권의 회계

① 일반 원칙

주식연계채권은 채무증권(금융부채)과 지분증권(지분상품)이 결합된 복합증권이므로 부채(일반사채)와 자본(전환권 또는 신주인수권)을 분리하여 인식할 것인가에 대한 판단이 요구된다. 주식연계채권에서 지분증권을 분리하여 자본으로 인식하는 방식이 복합증권의 경제적 실질을 보다 잘 반영하므로 현행 일반기업회계기준에서는 이 방식을 채택하고 있다.

전환권 또는 신주인수권이 행사될 경우 신주의 발행이 이루어지게 되는데, 주식 발행가액의 결정방식에 따라 회계처리는 장부금액법과 시가법으로 구분된다. 장부금액법에 의할 경우에는 사채의 장부금액이 주식의 발행가액이 되므로 전환손익이 발생하지 않으며, 시가법에 의할 경우에는 전환시 시가와 장부금액의 차액만큼 전환손익이 발생한다. 장부금액법은 전환사채(신주인수권부사채)의 발행과 전환(납입)을 동일 사건의 연속으로 판단하여 전환(납입)을 발행 당시 약정한 조건의 이행으로 보는 것으로, 이 방식에 의할 경우 전환손익을 인식하지 않게 되어 손익이 왜곡되지 않는 장점이 있어 일반기업회계기준에서 채택하고 있다.

② 주식연계채권 발행자의 회계

주식연계채권은 일반사채와 전환권대가(신주인수권대가)의 두 가지 요소로 구성된 복합증권이므로, 주식연계채권의 발행시 발행가액 중 일반사채 부분은 부채항목으로 분류하며, 전환권대가(신주인수권대가)는 자본항목(기타자본잉여금)으로 분류한 후 전환권(신주인수권)의 행사시 주식발행초과금으로 대체한다.

전환사채의 전환권 행사시 주식의 발행가액은 행사된 전환사채의 장부금액과 전환권대가의 합계로 한다. 신주인수권부사채의 신주인수권 행사시 주식의 발행가액은 납입된 금액과 신주인수권대가의 합계로 한다.

재무상태표상 상환할증금(만기까지 전환권 또는 신주인수권 미행사시 지급하는 약정금액)은 전환사채(신주인수권부사채)의 액면금액에 부가하며, 사채할인발행차금은 전환사채(신주인수권부사채)의 액면금액에서 차감하여 표시한다.

교환사채는 소유자가 요청시 발행회사가 보유한 타회사 주식 또는 자기주식으로 교환이 가능한 복합증권으로 성격이 전환사채와 동일하다. 따라서 기본적인 회계처리는 전환사채와 동일하며, 교환권 행사시에는 교환으로 소멸되는 타회사 주식 또는 자기주식의 처분가액을 행사된 교환사채의 장부금액과 교환권대가의 합계로 한다(GKQA04-001 2017. 11. 20. 수정).

구 분	내 용
주식연계채권 발행	• 발행가액을 일반사채에 해당하는 부채부분과 전환권(신주인수권)에 해당하는 자본부분(전환권대가 또는 신주인수권대가)으로 분리
전환권대가 (신주인수권대가)	• 전환권(신주인수권)대가 = 발행가액 - 일반사채의 공정가치 • 일반사채의 공정가치는 만기일까지 기대되는 미래 현금흐름(상환이 없는 경우 지급하는 할증금을 포함한 현금흐름)을 사채발행일 현재 발행회사 일반사채의 시장이자율로 할인한 금액 • 전환권(신주인수권)대가는 기타자본잉여금으로 분류한 후 전환권(신주인수권)이 행사되어 추가로 주식을 발행하는 시점에 주식발행초과금으로 대체
사채의 장부금액 및 이자비용	• 전환사채(신주인수권부사채)의 장부금액 = 액면금액 ± 사채발행차금 + 사채상환할증금 • 이자비용 = 사채의 장부금액 × 일반사채의 시장이자율
전환권 행사로 신주발행 (전환사채)	• 신주 발행가액 = 전환권을 행사한 부분에 해당하는 전환사채의 장부금액(상환할증금 포함) + 해당 전환권대가 • 전환권이 회계기간 중에 행사된 경우에는 최종이자지급일로부터 전환권 행사일까지의 발생이자를 장부금액 계산시 고려
신주인수권 행사로 신주발행 (신주인수권부사채)	• 신주 발행가액 = 신주인수권 행사에 따라 납입되는 금액 + 신주인수권을 행사한 부분에 해당하는 신주인수권대가 + 해당 상환할증금

구 분	내 용
교환권 행사로 자기주식 등 교환 (교환사채)	• 자기주식 등 처분가액 = 교환권을 행사한 부분에 해당하는 교환사채의 장부가액 + 해당 교환권대가 • 교환권이 회계기간 중에 행사된 경우에는 최종이자지급일로부터 교환권 행사일까지의 발생이자를 장부가액 계산시 고려 • 자기주식 등 처분가액과 교환사채 장부가액과의 차액을 자기주식처분손익으로 인식(GKQA04‒001 2017. 11. 20. 수정)
규 정	일반기업회계기준 '자본' 15.9, 15.18, 15.21

(주) 자기주식 등은 발행회사가 보유한 타회사의 주식 또는 발행회사의 자기주식을 의미함.

 사례　회계처리 개념 예시

• A사는 전환되지 않을 경우 100원을 추가로 지급하는 조건으로 액면 10,000원인 전환사채를 발행함.
• 회사의 신용도 등을 고려할 때 전환권이 없이 만기에 10,100원을 상환하는 일반사채로 발행할 경우 9,000원에 발행 가능하였으나, 전환권이 부여되어 9,500원에 발행함.

1. 전환사채 발행시
   <부채 부분>

   차) 현금　　　　　　　　　 9,000　　대) 전환사채　　　　　　 10,000
   　　사채발행차금　　　　　 1,100　　　　상환할증금　　　　　　 100

   • 현금 : 일반사채를 가정한 미래현금흐름(전환사채액면 + 표시이자 + 상환할증금)의 현재가치
   • 전환사채 : 액면금액(미래현금흐름)
   • 상환할증금 : 지급 약정된 금액(미래현금흐름. 개념상 사채의 액면으로 취급)
   • 사채발행차금 : 전환사채와 상환할증금의 합계(미래가치)와 현금 유입액(현재가치)의 차액

   <자본 부분>

   차) 현금　　　　　　　　　　 500　　대) 전환권　　　　　　　　 500

   • 전환권 : 일반사채에 비해 추가로 유입된 현금

2. 이자 지급시

   차) 이자비용　　　　　　　　 ××　　대) 현금　　　　　　　　　 ××
   　　　　　　　　　　　　　　　　　　　　사채발행차금　　　　　　 ××

   • 발행시 처리한 부채 부분에 대한 이자비용 인식

3. 전환권 청구로 인한 주식 발행

차) 전환사채	××	대) 자본금	××
상환할증금	××	주식발행초과금	××
전환권	××	사채발행차금	××

K-IFRS에서 주식연계채권 발행자의 회계처리는 일반기업회계기준과 원칙적으로 다르지 않다. 하지만 발행자가 주가 변동에 따라 행사가격을 조정할 수 있는 조건(리픽싱 조건)이 있는 전환사채를 발행하는 경우 그 전환권을 자본이 아닌 파생상품부채로 분류하고 파생상품평가손실을 검토하여야 한다(K-IFRS 1032호 '금융상품 표시' 11). 이는 전환권을 주식에 대한 콜옵션으로 보는 견해인데 현재 상장법인이 발행하는 전환사채에는 리픽싱 조건이 부가되는 것이 일반적인 점을 고려하면 주가 변동에 따른 파생상품 평가문제는 기업이익의 변동성과 회계처리의 복잡성을 크게 증가시키고 있다.

③ 주식연계채권 투자자의 회계

일반기업회계기준에서는 전환권(신주인수권)을 주계약에 포함된 내재파생상품으로 판단하여 다음의 요건을 충족하는 경우 일반사채와 전환권(신주인수권)을 분리하여 매도가능금융자산으로 회계처리 하도록 하고 있다.

⑴ 내재파생상품의 경제적 특성 및 위험도와 주계약의 경제적 특성 및 위험도 사이에 '명확하고 밀접한 관련성'이 없는 경우

⑵ 주계약과 내재파생상품으로 이루어진 복합계약이 일반기업회계기준에 따른 공정가치 평가(당기손익 반영) 대상이 아닌 경우

⑶ 내재파생상품과 동일한 조건의 독립된 파생상품이 파생상품으로 분류되는 경우

회계처리에 대한 기본적인 내용은 아래를 참조하기 바란다.

구 분	내 용
주식연계채권 취득	• 내재파생상품의 분리조건 충족시 일반사채와 전환권(신주인수권)의 공정가치를 기준으로 전환권(신주인수권)의 가치를 별도로 인식

구 분	내 용
이자수익	• 일반사채와 동일하게 회계처리 • 사채상환할증금 : 받기로 확정되었을 때 이자수익으로 인식
전환권 행사로 주식취득 (전환사채)	• 교부받은 주식의 취득원가 : 전환사채의 장부금액(분리 인식한 전환권가치 포함) * 단, 교부받은 주식이 시장성이 있는 경우 공정가치로 계상하고 장부금액과의 차이는 전환손익으로 인식. 기타포괄손익누계액에 포함된 미실현보유손익은 전환손익에 포함
신주인수권 행사로 주식취득 (신주인수권부사채)	• 교부받은 주식의 취득원가 : 납입하는 금액(분리형 신주인수권부사채의 경우 신주인수권의 장부금액을 가산한 금액) * 단, 교부받은 주식이 시장성이 있는 경우 공정가치로 계상하고 납입금액과의 차이는 전환손익으로 인식. 기타포괄손익누계액에 포함된 미실현보유손익은 전환손익에 포함
교환권 행사로 주식취득 (교환사채)	• 교부받은 주식의 취득원가 : 교환사채의 장부금액(분리 인식한 교환권가치 포함) * 단, 교부받은 주식이 시장성이 있는 경우 공정가치로 계상하고 장부금액과의 차이는 교환손익으로 인식. 기타포괄손익누계액에 포함된 미실현보유손익은 교환손익에 포함
규 정	일반기업회계기준 '금융자산·금융부채' 6.41, 6.42, 실6.52

일반기업회계기준에 교환사채의 회계처리에 대해서는 기술되어 있지 않으나 교환사채는 성격이 전환사채와 동일하므로 투자자의 회계처리는 전환사채의 회계처리를 준용하면 될 것으로 본다.

한편, K-IFRS 제1109호 '금융상품'에 따르면 전환사채 등의 투자자는 전환사채 등을 일반사채와 내재파생상품으로 구분하여 인식하지 않는다(K-IFRS 1109호 '금융상품' 4.3.2). 이러한 차이는 리픽싱 조건이 있는 전환사채의 발행자와 투자자의 전환권대가에 대한 회계처리 방법이 서로 상이한 결과를 가져오고 있다.

구 분	K-IFRS	일반회계기준
발행자	내재파생상품 구분 검토하여 부채로 처리하고 평가	전환권 대가를 자본으로 처리
투자자	구분하여 인식하지 않음	내재파생상품 구분

II 주식연계채권의 세무

일반적으로 주식연계채권의 취득과 전환은 채무증권의 지분증권으로의 전환 또는 신주발행의 자본거래이므로 별다른 세무문제가 발생하지 않으나, 특수관계인 간의 거래를 통한 부당한 이익분여행위에 대해서는 부당행위계산의 부인 또는 이익의 증여에 따른 세법항목이 적용될 수 있다.

주 체	세 목	규 정
발행법인 및 인수자	부당행위계산의 부인	법인세법 제52조, 동법 시행령 제88조 ① 8호의2
인수자	전환사채 등의 주식전환 등에 따른 이익의 증여	「상속세 및 증여세법」 제40조, 동법 시행령 제30조
	증권거래세	증권거래세법 제2조 ④

1 부당행위계산의 부인

법인세법에는 내국법인이 특수관계인과 저가양도 또는 고가양수 등의 거래로 인하여 그 법인의 소득에 대한 조세의 부담을 부당히 감소시키는 것을 방지하기 위해 부당행위계산의 부인규정을 두고 있다.

주식연계채권과 관련한 부당행위계산은 전환사채 등(전환사채, 신주인수권부사채, 교환 사채)과 관련한 거래로 인하여 법인이 손실을 입고, 법인의 특수관계인인 다른 주주 등이 이익을 얻는 경우에 발생된다(법인세법 시행령 제88조 ① 8호의2).

전환사채를 시가보다 낮게 발행한 경우에 이를 인수한 자가 이익을 얻었다는 것은 개념적으로 단순하며 뒤에 설명하는 바와 같이 증여세가 과세될 수 있다. 이때 전환사채를 발행한 법인은 전환권이 행사되거나 상환되기 이전까지 이자비용을 과다하게 인식하게 되는데 이러한 과도한 이자비용에 대해 부당행위계산부인이 적용될 수 있다. 한편 고가발행의 경우에는 이를 인수한 법인에게 낮은 이자율로 자금대여 또는 무수익 자산의 인수에 따른 부당행위계산 부인이 적용된다.

결국 저가 발행과 고가 발행에 부당행위계산 부인은 전환사채 발행시 적용한 유효이자율에 대한 쟁점으로 귀결된다.

참고 · 시가의 판단

전환사채의 시가에 대해서 법인이 발행한 전환사채와 동일하거나 유사한 조건으로 발행된 신종자본증권의 시가가 존재하는지 여부, 쟁점전환사채 발행시점에 이자율과 관련한 외부기관의 평가액이 존재하는지 여부, 쟁점전환사채의 발행시점에 공시된 신용등급별 무보증 사모사채 기준이자율에 위험프리미엄을 가산한 방법 등을 종합적으로 고려하여 전환사채의 적정이자율(시가)을 재조사하도록 판단함(조심 2021 서4857, 2022. 9. 29.).

② 전환사채 등의 주식전환 등에 따른 이익의 증여

전환사채 등을 인수·취득·양도하거나 전환사채 등에 의하여 주식으로의 전환·교환 또는 주식의 인수를 함으로써 특수관계인 간에 이익의 증여가 발생하는 경우에 증여이익을 받은 자에게 증여세가 과세된다.

구 분	수증자	과세대상	기준금액
발행	최대주주 및 그와 특수관계인 주주 또는 특수관계인 제3자	• 저가발행(전환사채 시가 〉 전환사채 인수가격) • 주주 불균등배정 또는 제3자 배정	MIN(30%, 1억)
거래	특수관계인간 양수도	• 시가 대비 저가 양수 • 시가 대비 고가 양도	MIN(30%, 1억)
	특수관계인 양수 후 제3자 양도	• 전환예상이익을 계산 • 채권 양도차익이 아닌 증여이익으로 과세	1억
전환	최초 발행시 인수한 최대주주 및 그와 특수관계인 주주 또는 특수관계인 제3자	• 전환이익 과세(주식가액 〉 전환가액)	1억
	특수관계인간 양수도를 통해 취득후 전환한 자		1억
	고가전환에 참여한 자와 특수관계인	• 특수관계인으로부터 분여 받은 전환이익 과세(주식가액 〈 전환가액)	-

주목할 점은 특수관계인으로부터 전환사채 등을 취득한 자가 전환사채 등을 주식 등으로 전환하지 않고 제3자에 양도할 경우에도 전환으로 간주하여 증여이익을 계산하는 점이다. 이는 개인의 경우 사채의 양도차익은 비과세되므로 전환사채 등을 주식으로 전환하지 않고 사채로 양도할 경우도 증여이익으로 과세한다는 것이고 이 때 증여이익은 양도차익을 초과할 수 없다는 것으로 해석된다(「상속세 및 증여세법 시행령」제30조 ① 2호). 따라서 특수관계인으로부터 전환사채 등을 취득한 자는 양도 및 전환시까지 각별한 주의가 요구된다.

(1) 전환사채 등을 인수 및 취득함으로써 얻은 이익(인수·취득일)

구 분	내 용
과세대상이익	• 전환사채 등을 발행한 법인[상장법인이 공모 발행(간주모집 제외)시는 제외]의 최대주주 1인이나 그의 특수관계인인 주주가 그 법인으로부터 전환사채 등을 시가보다 낮은 가액으로 그 소유주식수에 비례한 배정수량을 초과하여 인수·취득함으로써 얻은 이익 • 전환사채 등을 발행한 법인의 주주가 아닌 자로서 그 법인의 최대주주 1인의 특수관계인이 그 법인으로부터 전환사채 등을 시가보다 낮은 가액으로 인수 등을 함으로써 얻은 이익 • 특수관계인으로부터 전환사채 등을 시가보다 낮은 가액으로 취득함으로써 얻은 이익
전환사채 등의 시가	• 한국거래소에서 거래되는 전환사채 등은 평가기준일 이전 2월간 최종시세가액의 평균액과 최근일의 최종시세가액 중 큰 금액 • 전환 등이 불가능한 기간 중의 시장성이 없는 전환사채 등은 만기상환금액 및 발생이자를 현재가치로 할인한 가액에 평가기준일까지 발생한 이자를 가산한 금액 • 전환 등이 가능한 기간 중의 시장성이 없는 전환사채 등은 전환 등이 불가능한 기간 중의 평가액과 전환(인수) 가능 주식가액 등을 고려하여 평가한 가액 중 큰 금액
증여재산가액	• 증여재산가액 = 전환사채 등의 시가 − 전환사채 등의 인수·취득가액 • 증여재산가액이 전환사채 등의 시가의 30% 이상 또는 1억원 이상인 경우에만 적용
규 정	「상속세 및 증여세법」제40조 ① 1호, 동법 시행령 제30조, 제58조의2

(주) : 1. 전환사채 등 : 전환사채, 신주인수권부사채(신주인수권증권이 분리된 경우에는 신주인수권증권), 또는 그 밖의 주식으로 전환·교환하거나 주식을 취득할 수 있는 권리가 부여된 사채
　　　2. 인수 등 : 인수·취득(「상속세 및 증여세법」제40조 ①).

3. 최대주주 : 최대주주 및 특수관계인 중 보유주식 등의 수가 가장 많은 주주 1인을 말한다(「상속세 및 증여세법 시행령」제30조 ③). 전환사채 등의 인수 등을 한 자가 최대주주에 해당하거나 최대주주의 특수관계인에 해당하는 이상 정관 등에 의하여 인수를 포기한 주주와의 특수관계 여부는 묻지 않으며, 전환사채 등의 인수자가 얻은 이익 전체를 최대주주로부터 증여받은 것으로 한다.

(2) 전환사채 등을 주식으로 전환 등을 함으로써 얻은 이익(전환 등을 한 날)

① 전환 등에 따른 이익(교부받았거나 교부받을 주식가액 〉 전환가액)

구 분	내 용
과세대상이익	• 전환사채 등을 특수관계인으로부터 취득한 자가 전환사채 등에 의하여 교부받았거나 교부받을 주식가액이 전환가액 등을 초과함으로써 얻은 이익 • 전환사채 등을 발행한 법인의 최대주주 1인이나 그 특수관계인인 주주가 그 법인으로부터 전환사채 등을 그 소유주식수에 비례한 배정수량을 초과하여 인수 등을 한 경우로서 전환사채 등에 의하여 교부받았거나 교부받을 주식가액이 전환가액 등을 초과함으로써 얻은 이익 • 전환사채 등을 발행한 법인의 주주가 아닌 자로서 최대주주 1인의 특수관계인이 그 법인으로부터 전환사채 등의 인수 등을 한 경우로서 전환사채 등에 의하여 교부받았거나 교부받을 주식가액이 전환가액 등을 초과함으로써 얻은 이익
교부받은 주식가액	• 교부받은 주식가액 = [(전환 등 전의 1주당 평가가액 × 전환 등 전의 발행주식총수)+(주식 1주당 전환가액 등 × 전환 등에 의하여 증가한 주식수)] / (전환 등 전의 발행주식총수+전환 등에 의하여 증가한 주식수) • 상장법인 등의 주식으로 전환 등을 한 경우로서 전환 등 후의 1주당 평가액이 교부받은 주식가액보다 낮은 경우에는 당해 가액으로 함.
증여재산가액	• 증여재산가액 = (교부받았거나 교부받을 주식가액 − 주식 1주당 전환가액 등) × 교부받았거나 교부받을 주식수 − 이자손실분 − 전환사채 등을 인수 등을 함으로써 얻은 이익 • 증여재산가액이 1억원 이상인 경우에만 적용
규 정	「상속세 및 증여세법」제40조 ① 2호 가목, 나목, 다목

(주) : 1. 전환 등 : 전환사채 등을 주식으로 전환, 교환하거나 주식을 인수하는 것
2. 교부받았거나 교부받을 주식가액 : 전환사채 등에 의하여 주식으로 전환 등을 한 경우 교부받은 주식가액, 전환사채 등을 양도한 경우에는 양도일 현재 주식으로 전환 등을 할 경우 교부받을 주식가액
3. 전환가액 등 : 전환, 교환 또는 인수가액(「상속세 및 증여세법」제40조 ①).

사례 1　전환사채의 전환에 따른 이익(교부받은 주식가액 > 전환가액)

발행주식총수가 10,000주인 A법인이 20%의 전환사채를 발행하였고, 갑의 실권으로 인하여 특수관계인인 주주 을과 기타주주가 재배정을 받았으며, 전환사채의 전환권은 모두 행사되었다.

- 전환 전 A법인의 1주당 평가액은 10,000원
- 주식 1주당 전환가액은 5,000원
- 전환사채 전환시 주식변동현황

(단위 : 주)

주　주	전환 전	배　정	포　기	재배정	전환 후
갑	5,000	1,000	1,000		5,000
을	2,000	400		400	2,800
기타	3,000	600		600	4,200
합　계	10,000	2,000	1,000	1,000	12,000

갑주주가 실권함으로써 을주주가 얻는 이익은(증여재산가액)?
- 교부받은 주식가액
  = (당초 회사의 가치 + 전환에 의한 회사가치) / 전환 후 총발행주식수
  = [(10,000원 × 10,000주) + (5,000원 × 2,000주)] / 12,000주
  = 9,166.6원
- 증여재산가액
  = (교부받은 주식가액 − 주식 1주당 전환가액) × 재배정으로 교부받은 주식수
  = (9,166.6원 − 5,000원) × 400주
  = 1,666,640원

② 전환 등에 따른 이익(교부받은 주식가액 < 전환가액)

구　분	내　용
과세대상이익	• 전환사채 등에 의하여 주식으로 전환 등을 한 경우로서 전환사채 등에 의하여 교부받은 주식의 가액이 전환가액 등보다 낮게 됨으로써 그 주식을 교부받은 자의 특수관계인이 얻은 이익
교부받은 주식가액	• 교부받은 주식가액 = [(전환 등 전의 1주당 평가가액 × 전환 등 전의 발행주식총수) + (주식 1주당 전환가액 등 × 전환 등에 의하여 증가한 주식수)] / (전환 등 전의 발행주식총수 + 전환 등에 의하여 증가한 주식수) • 상장법인 등의 주식으로 전환 등을 한 경우로서 전환 등 후의 1주당 평가액이 교부받은 주식가액보다 높은 경우에는 당해 가액으로 함.

구 분	내 용
증여재산가액	• 증여재산가액＝(주식 1주당 전환가액 등 − 교부받은 주식가액) × 전환 등에 의하여 증가한 주식수 × 당해 주식을 교부받은 자의 특수관계인이 전환 등을 하기 전에 보유한 지분비율 • 증여재산가액이 1원이라도 있으면 적용
규 정	「상속세 및 증여세법」 제40조 ① 2호 라목

사례 2 전환사채의 전환에 따른 이익(교부받은 주식가액 < 전환가액)

발행주식총수가 10,000주인 A법인이 20%의 전환사채를 발행하였고, 갑의 실권으로 인하여 특수관계인인 주주 을과 기타주주가 재배정을 받았으며, 전환사채의 전환권은 모두 행사되었다.

• 전환 전 A법인의 1주당 평가액은 10,000원
• 주식 1주당 전환가액은 15,000원
• 전환사채 전환시 주식변동현황   (단위 : 주)

주 주	전환 전	배 정	포 기	재배정	전환 후
갑	5,000	1,000	1,000		5,000
을	2,000	400		400	2,800
기타	3,000	600		600	4,200
합 계	10,000	2,000	1,000	1,000	12,000

갑주주가 실권함으로써 얻는 이익은(증여재산가액)?
• 교부받은 주식가액
  ＝ (당초 회사의 가치 + 전환에 의한 회사가치) / 전환 후 총발행주식수
  ＝ [(10,000원 × 10,000주) + (15,000원 × 2,000주)] / 12,000주
  ＝ 10,833.3원
• 증여재산가액
  ＝ (주식 1주당 전환가액 − 교부받은 주식가액) × 전환에 의해 증가한 주식수
    × 특수관계인의 전환 전 보유한 지분비율
  ＝ (15,000원 − 10,833.3원) × 2,000주 × 2,000주/10,000주
  ＝ 1,666,800원

[별해] 갑주주 부의 변동 × 특수관계자 기여율

구 분	계산	금액
갑 기존 가치	10,000원 × 5,000주	50,000,000
갑 전환 후 가치	[(10,000원 × 10,000주) + (15,000원 × 2,000주)] × 5,000주/ 12,000주	54,166,000

구 분	계 산	금 액
갑 주주 지분 가치 증가	54,166,000 − 50,000,000	4,166,000
을주주의 기여	800주 / 2000주	40%
합 계	4,166,000 × 40%	1,666,400

(3) 전환사채 등을 양도함으로써 얻은 이익(양도일)

구 분	내 용
과세대상이익	• 전환사채 등을 특수관계인에게 양도한 경우로서 양도가액이 시가를 초과함으로써 양도인이 얻은 이익
증여재산가액	• 증여재산가액 = 전환사채 등의 양도가액 − 전환사채 등의 시가 • 증여재산가액이 전환사채 등의 시가의 30% 이상 또는 1억원 이상인 경우에만 적용
규 정	「상속세 및 증여세법」 제40조 ① 3호

③ 증권거래세

주권의 양도는 증권거래세의 과세대상이며, 증권거래세법상 신주인수권은 주권으로 간주되므로 신주인수권의 양도는 증권거래세의 과세대상이 된다(증권거래세법 제2조 ④). 따라서 분리형신주인수권부사채의 신주인수권의 양도자는 양도시에 양도가액의 0.35%에 해당하는 증권거래세를 부담하여야 한다.

신주인수권의 양도인이 국내사업장을 가지고 있지 아니한 비거주자 또는 국내사업장을 가지고 있지 아니한 외국법인일 경우에는 신주인수권의 양수인이 증권거래세의 납세의무자가 되므로 유의하여야 한다(증권거래세법 제3조 3호).

신주인수권의 장외거래로 증권거래세를 양도자가 직접 납부할 경우에는 양도일이 속하는 반기의 말일부터 2개월 이내에 신고·납부하여야 한다.

한편, 전환사채 및 비분리형신주인수권부사채의 경우 신주인수권이 부여되어 있으므로 신주인수권에 해당하는 금액을 구분하여 해당 금액에 대하여는 증권거래세를 부담하여야 할 것이나, 실무상 일반사채 가치와 신주인수권의 가치가 구분되어 거래되지 않으며 신주인수권의 가치에 대한 객관적인 평가가 쉽지 아니하여 비분리형 신주인수권 상당액에 대하여는 증권거래세를 부담하지 않고 있는 실정이다.

제 11 장

감 자

11 감 자

I 감자의 정의

자본금의 감소란 회사의 자본금이 일정한 방법에 의하여 감소되는 것을 의미하며, 실무적으로 감자(減資)라 한다.

II 감자의 종류

감자는 회사의 실질자산 감소 여부에 따라 실질적인 자본감소(유상감자)와 명목적인 자본감소(무상감자)로 구분한다.

실질적인 자본감소 (유상감자)	• 자본금 감소에 따라 회사의 실질재산도 감소 • 사업규모상 보유현금이 너무 많거나 자본이 과잉인 때 이를 주주에게 돌려주거나 또는 회사해산을 예상, 청산절차를 간편하게 할 목적으로 이용
명목상의 자본감소 (무상감자)	• 회사재산의 실제 감소 없이 회계장부상으로만 자본금 감소 • 결손이 발생한 경우 결손보전 후 장래의 이익배당을 가능하게 하거나 자본조달을 원활하게 할 목적으로 이용

Ⅲ 감자의 방법

자본금은 주식액면가액과 발행주식총수로 구성되므로 자본금을 감수하는 방법은 액면가액을 감액하는 방법과 발행주식총수를 감소시키는 방법으로 구분할 수 있고, 두 방식의 병행도 가능하다. 발행주식총수를 감소시키는 방법은 다시 주식병합과 주식소각으로 구분할 수 있다.

액면가액을 감액하는 방법	• 발행주식수를 그대로 두고 액면가액을 낮추는 방법으로 주식의 액면가액은 균일해야 하므로 모든 주주에게 평등하게 적용 • 상법 제329조에 따라 액면가액은 100원 이상이어야 하므로 액면가액을 100원 미만으로 낮추거나 법률 또는 규정과 상이하게 액면가액을 감액하여서는 안됨. 또한 상장주식의 경우 규정에 열거된 액면가액을 따라야 함(유가상장규정 시행세칙 제130조, 코스닥상장규정 시행세칙 제26조 ③). • 실무적으로 많이 쓰이지는 않음.
발행주식총수를 감소시키는 방법	• 수 개의 주식을 합하여 그것보다 적은 수의 주식으로 발행(예, 2주를 합하여 1주로 하는 것)하는 주식병합과 특정주식만을 대상으로 주식수를 소멸시키는 주식소각으로 구분 • 주식병합은 유상감자와 무상감자로 구분할 수 있고 주식소각은 상법 제341조의2에 의거 특정목적(합병 및 타회사 영업 전부양수, 담보권 등 권리실행, 단주처리, 주식매수청구권)에 의하여 보유하게 된 자기주식의 소각시 적용되는 자본감소에 의한 소각과 상법 제341조에 의거 배당가능이익 범위 내에서 이사회 결의로 취득한 자기주식소각시 적용되는 배당가능이익에 의한 소각으로 구분 • 배당가능이익에 의한 소각은 다시 상환주식 상환과 자사주 취득·소각으로 구분

IV 감자의 절차

과거 상법에서는 회사의 재산이 과잉되거나 회사에 결손이 생긴 경우에 엄격한 절차를 거쳐 자본감소를 허용하였다.

감자는 무엇보다 주주의 권리에 중요한 영향을 미치게 되므로 주주간의 불공정한 자본감소를 방지하기 위하여 주주총회의 특별결의를 거쳐야 한다. 또한 자본이 회사채권자에 대한 담보로서 회사신용의 기초가 되는 점을 감안할 때 유상감자의 경우 회사의 실질 자본이 감소하고, 무상감자의 경우 실질적인 자본감소는 발생하지 않으나 결손보전으로 향후 배당을 통한 자본유출이 가능하므로 기본적으로 감자시에는 채권자의 권익을 보호하기 위하여 채권자 보호절차를 거치도록 규정하고 있다.

단, 결손보전을 위한 감자(무상감자)의 경우 주주 간 불공정 거래 가능성이 낮고 실질적인 자본유출이 발생되지 않아 채권자의 권익을 침해할 가능성이 낮기 때문에 절차의 간소화를 위하여 채권자 보호절차 없이 주주총회 보통결의만으로 감자가 가능하다.

구 분	유상감자	결손보전목적 감자
주총 결의방법	특별결의	보통결의
채권자 보호절차	필요	불필요
규 정	상법 제438조 ①, ②, 제439조 ②	

① 주식병합

절 차	일 정	설 명	관련규정
이사회결의		감자 승인 결의	
주요사항보고서 제출	D−41	• 금감위, 거래소 신고·공시 <별지 제38−9호 서식> 참조	• 자본시장법 제161조 ① 5호 • 동법 시행령 제171조 ① 1호 • 유가공시 제7조 ① 2호 가목 (1) • 코스닥공시 제6조 ① 2호 가목 (1)
매매거래 정지		• 유가증권상장법인 : 발행주식총수의 10% 이상 무상감자시 매매거래 정지 • 코스닥상장법인 : 발행주식총수의 20% 이상 감자시 매매거래 정지	• 유가공시 제40조 ① 2호 • 유가공시 세칙 제16조 ① 4호 • 코스닥공시 제37조 ① 2호 • 코스닥공시 세칙 제18조 ① 1호의2
주총소집 이사회 결의		주총소집은 이사회 결의사항	상법 제362조
기준일 공고	D−40	주주명부확정 기준일 2주 전 공고	상법 제354조 ④
주주명부확정 기준일	D−25	주총소집을 위한 권리주주 확정일	상법 제354조
주주총회소집 공고	D−15	• 주총일 2주 전 공고 • 감자의안의 요령기재	상법 제363조, 제438조 ③
감자 승인 주주총회		• 유상감자 : 특별결의 • 결손보전 감자 : 보통결의	상법 제438조 ①, ②
주총결과 공시	D	주총완료시 결의사항 공시	• 유가공시 제7조 ① 3호 라목 • 코스닥공시 제6조 ① 3호 라목
채권자 이의제출 공고 및 최고	D+1	• 주총일로부터 2주 이내 공고 • 공고기간 1개월 이상 • 결손보전 감자의 경우 채권자 보호절차 면제	상법 제439조

절 차	일 정	설 명	관련규정
주식병합공고	D+15	주식병합일의 2주간 전에 공고	• 상법 제440조 • 전자증권법 제65조
매매거래 정지	D+31	주식병합일 전 2영업일 ~ 변경상장 전일	• 유가상장 제153조 ① 4호 • 코스닥업무 제25조 ① 3호
채권자 이의제출기간 만료	D+32	공고기간 1개월 이상	상법 제439조 ②
감자 기준일		신주권 배정 기준일	
효력발생일	D+33	감자효력발생일	상법 제441조
감자등기	D+34	본점－2주 내, 지점－3주 내	상법 제183조
변경상장 신청	사후 절차	발행주식수 감소로 인한 상장주 식수 변경	• 유가상장 제46조 • 코스닥상장 제44조 ①
변경상장 및 단주대금 지급		－	－

(주) : 1. 유가증권시장공시규정(유가공시), 코스닥시장공시규정(코스닥공시), 유가증권시장상장규정(유
 가상장), 코스닥시장상장규정(코스닥상장), 코스닥시장업무규정(코스닥업무)
 2. 비상장법인의 경우 총주주로부터 기간단축동의서 징구시 감자 이사회결의 익일에 주총개최 가능
 3. 특정주식에 대한 주식병합의 경우에는 해당 매매정지 생략

(1) 감자 및 주총소집에 대한 이사회결의

회사정관의 중요한 변경사항인 자본의 감소는 주총결의와 이사회의 결의를 거쳐
야 하며, 주총소집을 위한 이사회결의는 감자에 대한 이사회 결의시 함께 이루어
진다.

(2) 주요사항보고서 제출

사업보고서 제출대상법인은 감자 이사회 익일까지 해당 내역을 주요사항보고서로
금융위에 제출하여야 한다. 단, 상장법인의 경우 각 시장의 공시규정에 의거하여,
그 결의 내용을 지체없이 거래소에 신고 및 공시하여야 한다. 비상장이면서 사업
보고서 제출대상법인의 경우에는 익일까지, 유가증권 및 코스닥 상장법인은 당일
에 공시문을 제출하면 된다.

구 분	유가증권상장법인	코스닥상장법인
시 기	이사회결의일 당일	좌동
장 소	금융위/거래소	좌동
제출서식	기업공시서식 작성기준 제38−9호	좌동
규 정	• 자본시장법 제161조 ① 5호 • 동법시행령 제171조 ① 1호 • 유가증권시장공시규정 제7조 ① 2호 가목 (1)	• 좌동 • 좌동 • 코스닥시장공시규정 제6조 ① 2호 가목 (1)

(3) 공시관련 매매거래 정지

감자는 주가 또는 거래량에 중요한 영향을 미칠 수 있는 사항이므로 감자가 결의된 경우 주가에 대한 충격을 완화하고 주주를 보호하기 위하여 당해 이사회 결의에 대한 공시가 있을 경우 거래소는 시장안내에 의거 일시적으로 매매거래를 정지하고 있다.

① 유가증권상장법인

공 시 시 점	매매거래정지기간
거래정지 대상	발행주식총수의 10% 이상인 감자 또는 주식소각
매매거래 정지 기준	자본감소 공시 시점
장개시 이전	장개시 이후 30분 동안
장개시 이후~장종료 60분 이전	공시시점으로부터 30분 동안
장종료 60분 전 이후	그 다음 날부터 매매거래 재개 (단, 장개시 전 시간외거래는 불가)
규 정	• 유가증권시장공시규정 제40조 ① 2호 • 동 시행세칙 제16조 ① 4호, ③ 2호 • 유가증권시장업무규정 시행세칙 제54조

② 코스닥상장법인

공 시 시 점	매매거래정지기간
거래정지 대상	발행주식총수의 20% 이상인 감자 또는 주식소각
매매거래 정지 기준	자본감소 공시 시점
장개시 이전	장개시 이후 30분 동안
장개시 이후~장종료 60분 이전	공시시점으로부터 30분 동안
장종료 60분 전 이후	그 다음 날부터 매매거래 재개 (단, 장개시 전 시간외거래는 불가)
규　정	• 코스닥시장공시규정 제37조 ① 2호 • 동 시행세칙 제18조 ① 1호의2, ② 2호 • 코스닥시장업무규정 시행세칙 제26조 2호, 3호

(4) 주주명부 폐쇄 및 기준일 공고

감자주총에서 의결권을 행사할 권리주주를 확정하기 위하여 이사회에서 정한 기준일을 공고하고 기준일 익일부터 일정기간 동안 주주명부를 폐쇄한다는 내용을 기준일의 2주 전에 공고하여야 한다. 단, 2019년 9월 도입된 주식·사채 등의 전자등록에 관한 법률("전자증권법")에 의거 모든 상장사들은 명부폐쇄와 관련된 업무가 생략되었다. 이에 향후 실무는 기준일 이후 즉각적으로 소유자명세가 나오고, 그 이후 실무적 절차를 진행하면 될 것으로 판단된다(전자증권법 제66조 및 제37조). 주주수가 많지 않거나 총주주에 대한 통제가 가능한 경우 총주주로부터 기간단축 동의서를 징구함으로써 공고절차를 생략하여 주총소집기간을 단축할 수 있다.

(5) 주주명부확정 기준일(권리주주 확정일)

기준일자의 주주명부에 등재된 주주가 주총에서 감자 승인에 대한 의결권을 행사할 권리주주로 확정된다.

(6) 주총소집 통지·공고 및 비치공시

상장법인의 경우 의결권 있는 발행주식총수의 1% 이하의 주식을 보유한 주주(소액주주)에 대해서는 주총일 2주 전에 2 이상의 일간신문에 주총소집의 뜻과 주총의 목적사항을 각각 2회 이상 공고하거나 금감원 또는 거래소의 전자공시시스템에 공고함으로써 소집통지에 갈음할 수 있으며, 다음의 사항을 회사의 인터넷 홈페이지에 게재하고 금융위 등에 비치하여 일반인이 열람할 수 있도록 하여야 한다.

회사의 인터넷 홈페이지에 게재할 내용	Ⅰ. 사외이사 등의 활동내역과 보수에 관한 사항 1. 사외이사 등의 활동내역 2. 사외이사 등의 보수현황 Ⅱ. 최대주주 등과의 거래내역에 관한 사항 1. 단일거래규모가 일정규모 이상인 거래 2. 당해 사업연도 중에 특정인과 당해 거래를 포함한 거래총액이 일정규모 이상인 거래 Ⅲ. 경영참고사항 1. 사업의 개요 2. 주주총회의 목적사항별 기재사항
비치장소	• 상장회사의 본점 및 지점 • 명의개서 대행회사 • 금융위, 거래소
규 정	• 상법 제542조의4 • 상법 시행령 제31조

(주) 금융감독원 기업공시제도실 '기업공시서식 작성기준' 중 '주주총회 소집공고' 공시서식 참조

(7) 주주총회소집 공고 및 통지

주주명부가 확정되면 회사는 주총일 2주 전에 감자 승인을 위한 주총소집 공고 및 통지를 하여야 하며, 공고와 통지에는 감자에 관한 의안과 요령(상법 제438조 ③)을 반드시 기재하여야 한다.

상장법인의 감자결의를 위한 주총소집과 관련하여 기준일 공고, 주총소집 통지절차를 정리하면 다음과 같다.

절 차	일 정	내 용
주총소집 이사회결의	D-16	
기준일 공고	D-15	기준일 2주 전 공고
기준일	D	권리주주 확정일
주총참석장 등 작성	D+9~D+10	
주총소집통지 발송일	D+10~D+11	주총일 2주 전 통지
주주총회일	D+25	

(8) 감자 승인 주주총회 개최

감자는 정관의 중요한 변경사항인 바, 주주총회의 특별결의를 거쳐야 한다.
주주총회 특별결의 요건은 출석주주 의결권의 2/3 이상을 득하여야 하며, 그 비율
이 발행주식총수의 1/3 이상이어야 한다(상법 제438조 ①).
단, 실질적인 자산유출이 없는 결손보전 목적의 감자시 주주총회 보통결의만으로
감자가 가능하다(상법 제438조 ②).

(9) 채권자 이의제출 공고 및 최고

감자는 회사신용의 기초이자 회사채권자에 대한 담보인 자본을 감소시킨다는 점
을 감안하여 상법에서는 합병시 적용되는 채권자 보호절차를 감자시에도 준용하
도록 규정하고 있다.
상법은 채권자 보호를 위하여 감자의 주총결의일로부터 2주 내에 회사채권자(금
융, 상거래 등 모든 채권자 포함)에 대하여 감자에 이의가 있으면 1개월 이상의 일정
한 기간 내에 이의를 제출할 것을 공고하고, 알고 있는 채권자에 대해서는 각별로
최고하도록 규정하고 있다.
단, 실질적인 자산유출이 없는 결손보전 목적의 감자의 경우 채권자 보호절차 없
이 감자가 가능하다(상법 제439조 ②).

(10) 주식병합공고

상법은 주식을 병합할 경우 1개월 이상의 기간을 정하여 그 뜻과 그 기간 내에 주권을 회사에 제출할 것을 공고하고, 주주명부에 기재된 주주와 질권자에 대하여는 각별로 그 통지를 할 것을 요구하고 있다. 기타 회사의 공고와 마찬가지로 정관에서 정한 일간신문 또는 전자적 방법(홈페이지 게재, 상법 제289조 및 동법 시행령 제6조)으로 공고가 가능하다.

증권사에 주식을 예탁하고 있는 법인의 실질주주는 증권예탁원에서 개별 주주를 대신하여 명의개서 대행기관에 구주권을 일괄 제출하게 되므로 별도의 구주권 제출절차가 불필요하나, 명부주주(주권을 실물로 보유한 주주)의 경우 구주권을 실물로 제출하여야 신주권을 교부받을 수 있다.

2019년 9월부터 시행되는 주식·사채 등의 전자등록에 관한 법률에 따라 상장법인의 경우, 병합기준일의 2주간 전까지 신문 및 홈페이지에 주식병합공고를 내어야 한다.

(11) 매매거래 정지

상장법인이 주식의 병합을 위하여 주권의 제출을 요구한 때에는 거래소에서 시장안내를 통하여 다음과 같이 주권의 매매거래를 정지한다. 단, 드물게 발생하는 특정주식의 병합의 경우에는 해당 매매거래 정지를 생략한다.

구 분	유가증권상장법인	코스닥상장법인
기 간	주식병합일의 전 2영업일~변경상장 전일	좌 동
규 정	유가증권시장상장규정 제153조 ① 4호	• 코스닥시장업무규정 제25조 ① 3호 • 동 시행세칙 제30조 ① 2호

(12) 채권자 이의제출기간 만료

채권자가 이의신청기간 내에 이의를 제출하지 아니한 때에는 감자를 승인한 것으로 간주하고, 이의를 제출한 채권자가 있는 때에는 회사는 그 채권자에 대하여 변제, 담보제공, 재산신탁 등의 별도의 보호절차를 취해야 한다.

(13) 구주권 제출기간 만료 및 감자 기준일

주식의 병합을 통한 감자는 주권제출기간이 만료한 때에 그 효력이 발생하나, 채권자 보호절차가 종료되지 아니한 경우에는 그 종료시에 효력이 발생된다. 상장법인의 경우, 2019년 9월부터 시행되는 주식·사채 등의 전자등록에 관한 법률에 따라 병합기준일의 2주간 전까지 신문 및 홈페이지에 주식병합공고를 내고 주주 및 질권자에게 통지를 하여야 하고, 주주들의 경우 전자등록된 주식의 병합이 자동으로 이루어지므로 별도의 조치는 필요하지 않다.

(14) 감자등기

채권자 보호절차 및 구주권 제출기간이 만료된 감자기일에 실질적인 감자의 효력은 발생하지만, 감자로 인한 변경등기가 이루어져야 법률적인 효력이 발생한다. 감자등기시점은 회사의 본점소재지에서는 감자기일로부터 2주간 내, 지점소재지에서는 3주간 내에 변경등기를 완료해야 한다(상업등기규칙 제139조, 제142조).

(15) 변경상장 신청

상장법인이 주식병합으로 인하여 감자를 할 경우 상장주식의 수량이 변경되므로 변경상장을 신청해야 한다.

구 분	유가증권상장법인	코스닥상장법인
신청시기	규정상 명기된 기간은 없으나 변경상장일을 고려하여 등기 이후 거래소와 협의하여 제출. 단, 변경상장 예정일의 5영업일 전까지 제출 의무	해당사유 발생일로부터 1개월 이내에 신청. 단, 변경상장예정일의 5거래일 전까지 신청
제출서류	• 변경상장신청서(별지 제33호 서식) • 신주발행일정표 • 법인등기부등본 • 발행등록사실확인서 • 기타 거래소 요구서류	• 변경상장신청서(<별지 제25호> 참조) • 이사회 및 주총 의사록사본 • 법인등기부등본 • 발행등록사실확인서 • (해당시) 의무보유확약서 (<별지 제14호> 참조) • (해당시) 의무보유증명서(예탁결제원) • 유통주식현황표(<별지 제2호> 참조) • 그 밖에 거래소가 상장심사상 필요하다고 인정하는 서류

구 분	유가증권상장법인	코스닥상장법인
규 정	• 유가증권시장상장규정 제46조 • 동 시행세칙 제40조 • [별표 6] 변경상장 신청서류	• 코스닥시장상장규정 제44조 • 동 시행세칙 제39조 및 별표 5

(주) 변경상장 신청절차 및 첨부서류에 대해서는 사전에 거래소 담당자와 협의할 것

(16) 변경상장시 시초가 결정

상장법인의 감자 후 변경등록시 1주당 시초가격은 무상감자와 유상감자로 구분하여 다음과 같이 결정된다.

구 분	무상감자	유상감자
1주당 평가가격	평가가격＝①×② ① 최종 매매거래일 종가 ② 병합 또는 소각비율	평가가격＝[(①×②) − (③×④)]÷⑤ ① 최종 매매거래일 종가 ② 감자 전 주식수 ③ 1주당 지급금액 ④ 감자 주식수 ⑤ 감자 후 주식수
1주당 기준가격	• 최저호가＝평가가격×50% • 최고호가＝평가가격×150% 단, 평가가격×150%가 최종 매매거래일 종가 미만시 최종 매매거래일 종가를 최고호가로 함.	
1주당 시초가격	최저호가～최고호가 범위 내에서 주문 접수하여 9시에 시초가 결정	
규 정	• 유가증권시장업무규정 제37조 ①, 동 시행세칙 제55조 ① 2호, 동 시행세칙 [별표 1] • 코스닥시장업무규정 제18조, 동 시행세칙 제27조 ④ 및 동 시행세칙 [별표 1]	

(17) 신주권 교부 및 단주대금 지급

회수한 구주권을 소각하고 감자 기준일 현재 주주명부에 등재된 주주에 대하여 신주권을 다시 교부하며 1주 미만의 단주에 대해서는 신주상장일 이후에 단주대금으로 현금을 지급한다.

단주대가에 대해서는 상장주식의 경우 변경상장 초일의 종가를 적용하여 지급하

며 비상장주식의 경우 원칙적으로 경매를 통하여 대가를 산정하여야 하지만 경매
를 통한 매각가능성이 높지 않을 경우 대주주 또는 발행회사가 법원의 허가를 얻
어 합리적인 가격(최근거래가격 또는 평가가격)으로 단주를 취득하여 대금을 지급하
는 것이 일반적이다(상법 제443조).

그러나 실무에서는 단주수가 많지 않고 그 금액이 중요하지 않은 경우에는 발행
회사가 액면가격 또는 평가액으로 단주를 취득하여 그 대금으로 단주대금을 지급
하기도 한다. 아울러, 단주대금을 지급하지 아니하고 무상소각하는 경우도 있다.

(18) 지분공시의무

자본시장법 시행령 제153조 ⑤ 4호는 자본감소로 보유주식 등의 비율이 변동된 경
우 변동보고의무를 면제하고 있다.

그러나 변동보고의무 면제사유에 해당되더라도 신규보고의무는 면제되지 않으므
로 불균등 감자 등으로 당해 법인의 주식을 신규로 5% 이상 보유하는 등 신규보
고의무가 발생되는 경우 반드시 신규보고를 하여야 한다. 또한 비율이 변동하지
않아 생략했던 5%공시 의무는 차후 다른 변동보고 사유발생으로 인한 변동보고
시 세부변동내역에 이를 기재하여야 한다.

한편, 자본시장법 제173조에 따른 임원등의 특정증권등 소유상황 보고의 경우, 지
분율이 아닌 주식수의 변동에 따른 보고이므로 감자 관련하여 기본적으로는 변동
신고를 하여야 한다. 단, 주주 본인의 특정행위와 관련없는 사유에 의한 주식병합,
감자등의 경우에는 주식수의 변동이 있었던 달의 다음달 10일까지 변동보고를 할
수 있다(자본시장법 시행령 제200조 ⑧).

아울러 유가증권 상장법인의 경우, 최대주주등이 소유하고 있는 주식수의 변동이
있을 경우 그 변동내용을 지체없이 거래소에 신고하여야 한다(유가상장규정 제83조
및 시행세칙 제72조). 단, 5% 공시 및 10% 공시를 해당 사유발생일로부터 2일 이내
이행한 경우에는 본 유가상장규정상의 공시는 생략할 수 있다(유가상장규정 제83조
제3항).

② 주식소각

회사가 보유하는 자기주식은 크게 상법 제341조의2에 의한 특정목적(합병 및 타회사 영업 전부양수, 담보권 등 권리실행, 단주처리, 주식매수청구권)에 의하여 보유하게 된 자기주식과 상법 제341조에 의한 배당가능이익 범위 내에서 이사회 결의로 취득한 자기주식으로 구분할 수 있다.

상법 제341조에 의한 배당가능이익 범위 내에서 이사회 결의로 취득한 자기주식의 소각은 자본감소의 절차가 불필요(상법 제343조 단서 규정)하나 상법 제341조의2에 의한 특정목적에 의하여 보유하게 된 자기주식을 소각할 경우 자본감소의 절차가 필요하므로 다음의 절차는 상법 제341조의2에 의한 특정목적에 의하여 보유하게 된 자기주식을 소각할 경우에 적용된다.

주식의 소각을 통한 감자 절차는 일반적인 주식병합에 의한 감자 절차와 대부분 동일하나, 특정주식을 매입하여 소각하거나 보유하고 있는 주식을 소각하므로 구주권 제출 절차가 생략(구주권제출 기간 종료일 전일~신주상장일까지 적용되는 매매거래 정지도 생략)된다는 점에서 차이가 있다. 이는 회사가 특정한 사유에 의하여 취득한 일부주식만을 소각함으로써 일반주주가 소유하고 있는 주식수에는 직접적인 영향을 미치지 않고 지분율만 변동시키기 때문이다.

소각을 통한 감자 절차는 구주권의 제출절차가 필요하지 않으므로 별도의 신주권 교부 절차 및 단주대금 지급 절차가 요구되지 않으며, 상장법인의 경우 주식의 매매거래 정지기간이 필요하지 않게 되어 일반주주의 주식매매거래가 자유롭게 이루어질 수 있다.

그러나 채권자 이의제출절차가 이 경우에도 요구되므로, 구주권 제출기간이 생략된다 하더라도 전체 소요기간은 단축되지 않는다.

절 차	일 정	설 명	관련규정
이사회결의		이사회 감자 승인 결의	• 자본시장법 제161조 ① 5호
주요사항보고서 제출	D-41	금감위, 거래소 신고 · 공시 <별지 제38-9호 서식> 참조	• 시행령 제171조 ① 1호 • 유가공시 제7조 ① 2호 가목 (1) • 코스닥공시 제6조 ① 2호 가목 (1)

절 차	일 정	설 명	관련규정
매매거래 정지	D-41	• 유가증권상장법인 : 발행주식 총수의 10% 이상 감자시 매매거래 정지 • 코스닥상장법인 : 발행주식총수의 20% 이상 감자시 매매거래 정지	• 유가공시 제40조 ① 2호 • 유가공시세칙 제16조 ① 4호 • 코스닥공시 제37조 ① 2호 • 코스닥공시세칙 제18조 ① 1호의2
주총소집 이사회 결의		주총소집은 이사회 결의사항	상법 제362조
기준일 공고	D-40	주주명부확정 기준일 2주 전 공고	상법 제354조 ④
주주명부확정 기준일	D-25	주총소집을 위한 권리주주 확정일	상법 제354조
주주총회소집 공고 및 통지	D-15	• 주총일 2주 전 공고 및 통지 • 감자 의안의 요령기재	상법 제363조, 제438조 ③
감자 승인 주주총회	D	주총 특별결의	상법 제438조 ①, ②
주총결과 공시		주총완료시 결의사항 공시	• 유가공시 제7조 ① 3호 라목 • 코스닥공시 제6조 ① 3호 라목
채권자 이의제출 공고 및 최고	D+1	주총일로부터 2주 이내 공고	상법 제439조
주식병합공고	D+15	주식병합일의 2주간 전에 공고	• 상법 제440조 • 전자증권법 제65조
채권자 이의제출기간 만료	D+32	공고기간 1개월 이상	상법 제439조
감자 기준일		신주권 배정 기준일	
효력발생일	D+33	감자효력 발생일	상법 제441조
감자등기	D+34	본점-2주 내, 지점-3주 내	상법 제183조
변경상장 신청 (상장법인의 경우)	사후 절차	발행주식수 감소로 인한 상장주식수 변경	• 유가상장 제46조 • 코스닥상장 제44조 ①
변경상장 및 단주대금 지급		–	–

(주) : 1. 비상장법인의 경우 총주주로부터 기간단축동의서 징구시 감자 이사회결의 익일에 주총개최 가능
　　　 2. 유가증권시장공시규정(유가공시), 코스닥시장공시규정(코스닥공시), 유가증권시장상장규정(유가상장), 코스닥시장상장규정(코스닥상장), 코스닥시장업무규정(코스닥업무)

③ 배당가능이익에 의한 소각

배당가능이익에 의한 소각의 경우 그 절차가 법률 및 정관에 의한 엄격한 규정에 의하여 이루어지므로 주주의 권익을 침해할 가능성이 낮고 그 취득금액이 배당가능이익 범위 내에서 이루어지므로 채권자의 권익을 침해할 가능성이 낮기 때문에 주주총회결의 및 채권자 보호절차 없이 이사회 결의만으로 소각이 가능하다.

아울러 주주총회 사전결의(배당결정권이 이사회에 있는 경우 이사회 결의)가 있는 경우 배당가능이익 범위 내에서 자기주식 취득이 가능(상법 제341조)하므로 배당가능이익이 있는 기업의 경우 주주총회 결의 및 채권자 보호절차 없이 이사회 결의만으로 자기주식 취득·소각이 가능하다(상법 제343조 단서 규정).

 | 자본시장법상 이익소각 폐지 |

상법 개정(2012. 4. 15.부터 시행)에 따라 상장법인의 이익소각이 비상장법인보다 불리해진 것을 해소하기 위하여 기존의 자본시장법상 이익소각 규정 폐지됨.

(1) 자사주 취득 및 절차

절차	일정	내용	규정
자사주 취득 한도 확인	사전절차	배당가능이익 범위 (상법 제462조 ①)	상법 제341조 ①
자사주 취득 이사회 결의	D-41		상법 시행령 제10조
주총소집 이사회 결의			상법 제362조
주주명부 폐쇄 및 기준일 공고	D-40	명부확정기준일 2주전 공고	상법 제354조
주주명부 확정기준일	D-25	주총소집을 위한 권리주주 확정일	상법 제354조
주총소집 공고 및 통지 발송	D-15	주총 2주 전까지 공고 및 통지	상법 제363조 ①
자사주 취득 주주총회	D	보통결의	상법 제341조

절차	일정	내용	규정
자사주 취득 통지	D+1	자사주 취득 시작일 2주 전까지 모든 주주에게 통지	상법 시행령 제10조
자사주 취득 시작	D+15	• 최단 20일, 최장 60일 • 주식매매계약일 : 주식 양도신청 종료일	
자사주 취득 종료	D+35		
자사주 취득	D+65	자사주 취득 기간 종료일부터 1개월 이내	
대금 지급			
자기주식 취득 내역서 비치	취득 후 6개월	본점에 6개월간 비치	상법 시행령 제9조

(주) 위의 절차는 비상장법인의 자사주 취득절차로 정관상 이사회결의로 대체가 되지 않는 경우를 가정하였음.

① 자사주 취득한도(상법 제462조)

자사주는 다음의 배당가능이익 범위 내에서 취득이 가능함.

> 배당가능이익 = 직전 결산기의 대차대조표상 순자산액 − (A + B + C + D)
>
> A : 자본금
> B : 그 결산기까지 적립된 자본준비금과 이익준비금의 합계액
> C : 결산기에 적립하여야 할 이익준비금
> D : 미실현이익
> 규정 : 상법 제462조, 상법 시행령 제19조

② 자사주 취득 이사회 결의 사항(상법 시행령 제10조)

> − 자사주 취득의 목적
> − 취득할 주식의 종류 및 수
> − 주식 취득대가(금전 및 그 밖의 재산이 가능하나 해당 회사의 주식 제외)
> − 취득대가로 지불할 금전 등의 총액
> − 주식양도를 신청할 수 있는 기간(자기주식 취득기간) − 최단 20일 이상, 최장 60일 이내
> − 금전 등 교부 기간(대금 지급일) − 양도신청기간(자기주식 취득기간) 종료일로부터 1개월 내
> − 그 밖의 주식취득의 조건

③ 자사주 취득 주주총회(상법 제341조 ②)

결의 방법	주주총회 보통결의(단, 이사회 결의로 이익배당을 할 수 있다고 정관으로 정한 경우 이사회의 결의)
결의 내용	취득할 수 있는 주식의 종류 및 수, 취득가액의 총한도, 자기주식을 취득할 수 있는 기간(1년 이내)

④ 자사주 취득 통지(상법 시행령 제10조)

회사는 양도신청기간(자기주식 취득기간)이 시작하는 날의 2주 전까지 각 주주에게 회사의 재무 현황, 자기주식 보유 현황 및 이사회 결의사항을 서면 또는 각 주주의 동의를 받아 전자 문서로 통지

⑤ 자사주 취득 방법(상법 시행령 제9조)

상장법인	거래소에서 취득하는 방법 공개매수 방법(자본시장법 제133조~제146조)
비상장법인	회사가 총주주에게 자기주식 취득의 통지 또는 공고를 하여 취득하는 방법

⑥ 양도신청기간(자기주식 취득기간) 및 방법(상법 시행령 제10조)

가. 양도신청기간(자기주식 취득기간) : 자사주 취득 통지일 2주 후부터 20일~60일

나. 양도신청방법 : 양도하려는 주식의 종류와 수를 기재한 서면 제출

⑦ 주식매매계약 성립시기(상법 시행령 제10조)

양도신청기간(자기주식 취득기간) 종료일에 매매가 성립된 것으로 간주

(2) 주식소각 및 절차

배당가능이익 범위 내에서 취득한 자기주식은 상법상 자사주 처분기간 및 소각의무(구 상법 제342조)가 삭제됨으로써 기간에 제한없이 보유할 수 있고 정관의 규정 및 이사회 결의에 의하여 자유롭게 매각(상법 제342조) 및 소각이 가능하다.

과거 상법에서는 배당가능이익에 의하여 취득한 주식을 소각할 때 자본감소 절차가 필요한지에 대하여 논란이 있었으나 개정 상법(2012. 4. 15.부터 시행)에서는 이사회 결의에 의하여 회사가 보유하는 자기주식을 소각할 경우에는 주주총회 결의 및 채권자 보호절차 등과 같은 자본금 감소에 관한 규정을 따를 필요가 없이 이사회 결의만으로 소각이 가능하도록 규정하고 있다.

| 상법 제343조(주식의 소각) |

① 주식은 자본금 감소에 관한 규정에 따라서만 소각(消却)할 수 있다. 다만, 이사회의 결의에 의하여 회사가 보유하는 자기주식을 소각하는 경우에는 그러하지 아니하다.

④ 액면가 감액

앞서 설명하였듯이 액면가 감액을 통한 감자방식은 발행주식수는 줄이지 않으면서, 주식의 액면금액만 감액하는 방식이다. 주식의 액면가는 균일해야 하므로, 주주총회 특별결의를 거쳐야 하고 해당 감자의 효과는 모든 주주들에게 평등하게 적용된다.

그 외 일반적인 절차는 앞서의 다른 감자형식을 참조하기 바란다.

상장법인 주식의 액면가액은 다음과 같다.

구　분	유가증권	코스닥
주당 액면가액	• 1주 5천원 이하 : 100원, 200원, 500원, 1,000원, 2,500원, 5,000원 • 1주 5천원 초과 : 1만원의 배수에 해당하는 금액	100원, 200원, 500원, 1,000원, 2,500원, 5,000원
규정	• 유가증권시장상장규정 제162조, 동 시행세칙 제130조 • 코스닥시장상장규정 시행세칙 제26조 ③	

절　차	일　정	설　명	관련규정
이사회결의		감자 승인 결의	
주요사항보고서 제출	D-41	• 금감위, 거래소 신고·공시 〈별지 제38-9호 서식〉 참조	• 자본시장법 제161조 ① 5호 • 동법 시행령 제171조 ① 1호 • 유가공시 제7조 ① 2호 가목 (1) • 코스닥공시 제6조 ① 2호 가목 (1)

절 차	일 정	설 명	관련규정
매매거래 정지	D−41	• 유가증권상장법인 : 발행주식총수의 10% 이상 무상감자시 매매거래 정지 • 코스닥상장법인 : 발행주식총수의 20% 이상 감자시 매매거래 정지	• 유가공시 제40조 ① 2호 • 유가공시세칙 제16조 ① 4호 • 코스닥공시 제37조 ① 2호 • 코스닥공시세칙 제18조 ① 1호의2
주총소집 이사회 결의		주총소집은 이사회 결의사항	상법 제362조
기준일 공고	D−40	주주명부확정 기준일 2주 전 공고	상법 제354조 ④
주주명부확정 기준일	D−25	주총소집을 위한 권리주주 확정일	상법 제354조
주주총회소집 공고	D−15	• 주총일 2주 전 공고 • 감자의안의 요령기재	상법 제363조, 제438조 ③
감자 승인 주주총회	D	• 유상감자 : 특별결의 • 결손보전 감자 : 보통결의	상법 제438조 ①, ②
주총결과 공시		주총완료시 결의사항 공시	• 유가공시 제7조 ① 3호 라목 • 코스닥공시 제6조 ① 3호 라목
채권자 이의제출 공고 및 최고	D+1	• 주총일로부터 2주 이내 공고 • 공고기간 1개월 이상 • 결손보전 감자의 경우 채권자 보호절차 면제	상법 제439조
주식병합공고	D+15	주식병합일의 2주간 전에 공고	• 상법 제440조 • 전자증권법 제65조
매매거래 정지	D+31	주식병합일 전 2영업일 ~ 변경상장 전일	• 유가상장 제153조 ① 4호 • 코스닥업무 제25조 ① 3호
채권자 이의제출기간 만료	D+32	공고기간 1개월 이상	상법 제439조 ②
감자 기준일 (액면감소 기준일)		감자의 효력발생	• 상법 제441조 • 전자증권법 제65조
효력발생일	D+33	감자효력발생일	상법 제441조

절 차	일 정	설 명	관련규정
감자등기	D+34	본점-2주 내, 지점-3주 내	상법 제183조
변경상장 신청	사후 절차	발행주식수 감소로 인한 상장주식수 변경	• 유가상장 제46조 • 코스닥상장 제44조 ①
변경상장 및 단주대금 지급		–	–

V 단주 처리

감자로 인하여 발생하는 단주는 취합하여 성주를 형성할 수 있는 경우와 성주를 형성하지 못하는 경우로 구분할 수 있다. 각각의 경우에 대해 그 처리 방법과 관련 이슈를 살펴본다.

① 단주 처리 방법

성주 형성 단주	• 비상장법인은 취합된 단주에 대해 발행한 성주(신주)를 경매한 뒤 주주별로 각 단주수에 따라 단주대금을 지급하고 상장법인은 단주수에 상장 초일의 종가를 곱하여 산정한 금액을 주주에게 지급하는 것이 원칙 • 거래소의 시세 있는 주식은 거래소를 통해 매각하고, 거래소의 시세 없는 주식은 법원의 허가를 받아 경매 외의 방법으로 매각하는 것도 가능(상법 제443조) • 경매 외의 가능한 방법으로는 회사의 매입(자사주 형태), 대주주의 매입 등이 있음. • 실무에서는 단주수가 많지 않고 그 금액이 중요하지 않은 경우에는 발행회사가 액면가격 또는 평가액으로 단주를 취득하여 그 대금으로 단주대금을 지급하기도 함. • 회사가 지급한 단주대가가 주식의 취득가액을 상회할 경우 의제배당으로 간주되어 의제배당소득에 대한 회사의 원천징수의무 발생하나 금액이 소액일 경우 생략 가능

성주 비형성 단주	• 성주의 발행이 불가능하므로 실무에서는 회사가 직접 단주대금을 주주에게 교부(회사는 잡손실 처리) • 회사의 지급부담을 최소화하기 위해서는 성주 비형성 단주의 수를 최소화하는 것이 바람직

② 단주대가 산정

단주대가에 대해서는 특별히 명문화된 규정이 존재하지 않는다. 상장주식의 경우에는 시가가 존재하므로 단주대가 산정에 객관적인 시가(변경상장 초일의 종가)를 적용한다. 반면 비상장주식의 경우에는 객관적인 시가가 존재하기 어려운 경우가 대부분이다.

비상장주식의 경우 원칙적으로는 경매를 통하여 매각대금이 결정되지만, 경매를 통한 매각 가능성이 낮기 때문에 발행회사 또는 발행회사의 이해관계자(대주주, 관계사 등)가 법원의 허가를 얻어 합리적인 가격에 단주를 취득하는 경우가 일반적이다.

비상장주식의 단주대가를 산정함에 있어 여러 검토 가능한 기준으로는 최근 거래가 있었을 경우 최근 거래가격, 최근 거래가격이 없을 경우 액면가액 또는 순자산가치 등이 참고가 될 수 있다.

실무에서는 단주수가 많지 않고 그 금액이 중요하지 않은 경우에는 발행회사가 액면가격 또는 평가액으로 단수주를 취득하여 그 대금으로 단주대금을 지급하기도 한다.

참고 • 법원에 대한 단주매각허가신청서

신청인   나서울
                          서울시 서울구 서울동 서울아파트 A동 101호
                          신청인의 대리인   법무법인 _____
                                         담당변호사 _____

사건본인   서울 주식회사
                          서울시 서울구 서울동 100번지
                          대표이사 나서울

- 신청취지 -

사건본인 회사 발행의 별지 목록 기재 주식을 신청 외 ____에게 주당 _____원에 매각하는 것을 허가한다.
라는 결정을 구함.

- 신청이유 -

1. 서울 주식회사(이하 "사건본인 회사")는 1990년 1월 1일 설립된 주식회사로서 발행예정주식수 1억주, 기발행주식은 액면금액 5,000원인 보통주 _____주, 자본금은 _____원인 회사입니다(소갑제1호증 법인등기부등본 참조).

2. 사건본인 회사는 _____년 ___월 ___일 제 _____기 임시총회에서 이월결손금의 보전과 향후 사업연도에서 예상되는 결손금 보전을 대비한 재무구조 개선 및 원활한 자본조달을 위하여, 1주의 액면금 5,000원의 주식 _____주를 같은 액면금의 주식 1주로 병합하여 발행주식총수 _____주를 _____주로 감소시키는 방법으로 자본금 총액 금 _____원을 자본금 총액 금 _____원으로 감소할 것을 결의하였습니다(소갑제2호증 _____년 ___월 ___일 기준 대차대조표, 소갑제3호증 자본감소결의 주주총회 의사록 참조).

3. 사건본인 회사는 위 주주총회 결의에 따라 (1) 자본감소에 이의 있는 채권자의 이의진술기간을 _____년 ___월 ___일부터 같은 해 ___월 ___까지, (2) 주주의 주식병합으로 인한 주권 제출기간을 같은 해 ___월 ___부터 같은 해 ___월 ___까지로 정하고, 같은 해 ___월 ___에 이를 각 공고하였습니다(소갑제4호증 채권자 이의진술 공고, 소갑제5호증 주권제출 공고 각 참조). 또한, 같은 날 알려진 채권자 및 각 주주 및 등록질권자에 대하여 소정의 최고장 및 통지서를 발송하였습니다(소갑제6호증 채권자 이의진술 최고서, 소갑제7호증 주권제출 통지서 각 참조). 위 채권자 이의진술기간 중에 이의를 진술한 채권자가 없었고, 위 주권제출기간 최종일인 _____년 ___월 ___일의 만료와 동시에 주식병합의 효력이 발생하였습니다. 사건본인 회사는 _____년 ___월 ___일 위 자본감소에 관한 등기절차를 완료하였습니다(위 소갑제1호증 참조).

4. 한편, 사건본인 회사의 위 자본감소에 의하여 병합에 적합하지 아니한 수의 주식

(이하 "단주")이 _____주 발생합니다(소갑제8호증 주주명부 및 단주조사표 참조).
위 자본감소에 의하여 발생하는 단주의 소유주는 총 ____인입니다(위 소갑제8호
증 참조).

5. 사건본인 회사는 위 4항의 단주에 해당하는 신주식을 경매하여 그 금액을 단주의
주주들에게 주식보유비율에 따라 지급하여야 할 것이나, 경매에 의한 매각은 이
해관계인인 각 단주의 주주들에게 각각 통지하여야 하는 등 많은 경비와 번잡한
절차를 요할 뿐만 아니라 사건본인 회사는 최대주주인 _____의 주식소유비중(
___%)이 높아 경매절차에 들어가더라도 사실상 그 주식의 매각이 어려울 것으로
예상됩니다. 또, 사건본인 회사의 이월결손금이 _____원에 이르러 경매에 의할
경우 주식의 매각가격이 낮아 오히려 소수주주들에게 불리할 것으로 생각됩니다
(위 소갑제2호증 참조).

6. 그런데, ____년말 기준 감자 전 1주당 순자산가치는 _____원이며(소갑제9호증
주당 순자산가치 계산식 참조) 향후 추가손실이 발생한다면 주당 순자산가치는
더 하락할 것이나, 사건본인 회사의 최대주주인 ____는 상기 순자산가치에 일정
프리미엄을 가산한 주당 ____원에 본건 단주의 매수를 희망하고 있습니다(소갑
제10호증 단주매수확약서 참조). 이에 사건본인 회사는 소수주주들의 이익을 최
대한 보호하는 방법은 본건 단주를 위 최대주주 _____에 매각하는 것이라고
판단하여 상법 제443조 제1항 단서의 허가신청을 하게 된 것입니다.

－ 소명자료 －

1. 소갑제1호증	법인등기부등본
1. 소갑제2호증	____년 ___월 ___일 기준 대차대조표
1. 소갑제3호증	자본감소결의 주주총회 의사록
1. 소갑제4호증	채권자 이의진술 공고
1. 소갑제5호증	주권제출 공고
1. 소갑제6호증	채권자 이의진술 최고서
1. 소갑제7호증	주권제출 통지서
1. 소갑제8호증	주주명부 및 단주조사표
1. 소갑제9호증	주당 순자산가치 계산식
1. 소갑제10호증	단주매수확약서

년   월   일

신청인의 대리인
법무법인 _____
담당변호사 _____

부록 … 1 회계 및 세무

I 감자의 회계처리

감자는 주주를 상대로 하는 자본거래로서 원칙적으로 손익계산서에 영향이 없이 재무상태표상 자기자본에 속하는 계정을 변화시키는 행위이며, 자산의 유출여부에 따라 유상감자와 무상감자로 구분된다.

① 일반적인 감자의 회계처리

기업회계기준상 유상감자는 기업이 이미 발행한 주식을 유상으로 재취득하여 소각하는 것으로 정의하고 있다. 이때 주식의 재취득원가가 액면금액보다 작다면 그 차액을 감자차익으로 하여 자본잉여금으로 회계처리하고 재취득원가가 액면금액보다 크다면 그 차액을 감자차손으로 한다. 감자차손은 기 계상된 감자차익의 범위 내에서 우선 상계하고, 미상계된 잔액이 있을 경우에는 자본조정으로 회계처리한다. 이후 이익잉여금(결손금) 처분(처리)으로 상각되지 않은 감자차손은 향후 발생하는 감자차익과 우선적으로 상계한다(일반기업회계기준 '자본' 15.11).

한편, 기업이 주주에게 순자산을 반환하지 않고 주식의 액면금액 또는 주식수를 감소시키는 무상감자의 경우에는 감소되는 액면금액을 감자차익으로 하여 자본잉여금으로 회계처리한다(일반기업회계기준 '자본' 15.14).

감자 회계처리를 간단한 예를 들어 설명하면 아래와 같다.

 사례

• 주식 10,000주(액면금액 5,000원)를 주당 3,000원에 매입하여 소각하는 경우

(차변) 자 본 금	50,000,000	(대변) 현 금	30,000,000
		감자차익	20,000,000

- 주식 10,000주(액면금액 5,000원)를 주당 6,000원에 매입하여 소각하는 경우

  (차변) 자 본 금   50,000,000   (대변) 현   금   60,000,000
         감자차손   10,000,000

- 결손금 40,000,000원을 보전하기 위해서 발행주식 (10,000주) 전체에 대하여 액면금액을 10,000원에서 5,000원으로 감소시키는 경우

  (차변) 자 본 금   50,000,000   (대변) 결 손 금   40,000,000
                                           감자차익   10,000,000

실무적으로 감자는 빈번하게 발생하지 않지만 일반적으로 경험할 수 있는 감자는 기업이 무상감자를 통해 재무 건전성을 확보한 뒤 대주주나 제3자 유상증자를 통해서 자금을 확보하는 재무개선계획의 일환이거나, 또는 M&A를 통해 주식을 매입한 투자회사가 유상감자를 통해서 투자금의 일부를 회수하기 위한 전략으로 실행되는 것이다.

② 자기주식을 취득한 후 소각하는 경우

발행기업이 매입 등을 통하여 취득하는 자기주식은 취득 목적에 상관없이 취득원가를 자본조정으로 회계처리하며(일반기업회계기준 '자본' 15.8), 이후 소각하는 경우에 있어서는 일반적인 감자의 경우와 동일하게 회계처리하면 된다.

참고로 실무상 자기주식은 아래와 같은 경우에 취득하게 된다.
- 자사주펀드를 통하여 취득하는 경우
- 합병시 포합주식에 대하여 주식을 발행하는 경우
- 주주가 주식매수청구권을 행사하는 경우

③ 자기주식을 보유한 법인이 주식을 병합하는 경우

자기주식을 보유한 법인이 주식을 병합하는 경우에는 병합되는 비율에 근거하여 자기주식을 감소시키고 이를 감자차손으로 계상하여야 한다.

II 감자의 세무

세무상 감자는 자본거래로서 감자 과정에서 회사가 인식하는 감자차익이나 감자차손은 추가적인 자본의 불입(감자차익) 또는 지분의 환급(감자차손)으로 간주하기 때문에 감자를 시행하는 회사에서는 과세문제가 발생하지 않는다.

감자를 통해 주식을 반환하고 금전 등 대가를 수령하는 주주 입장에서는 감자로 인한 의제배당이나 불균등감자에 따른 이익의 증여가 적용될 수 있다. 무상감자의 경우에는 지분의 환급이 없으므로, 소유주식가액을 조정하지 않고 주식의 수가 감소된 경우에 한하여 1주당 장부가액만 수정한다(법인세법 기본통칙 19 – 19…35).

참고로 감자로 인한 주식의 반환은 양도에 해당하지 않으므로 증권거래세가 과세되지 않으며, 또한 적극적 취득 행위가 없으므로 감자로 인하여 특정 주주가 과점주주에 해당되더라도 과점주주 취득세 납세의무는 발생하지 않는다(지방세정팀 – 3248, 2005. 10. 17.).

주 체	세 목	규 정
주 주	감자로 인한 의제배당	법인세법 제16조 ① 1호, 동법 시행령 제14조 소득세법 제17조 ② 1호, 동법 시행령 제27조
	불균등감자에 따른 부당행위 계산의 부인	법인세법 제52조, 동법 시행령 제88조 ① 8호 및 8호의2, 제89조 ⑥
	불균등감자에 따른 이익의 증여	「상속세 및 증여세법」 제39조의2, 동법 시행령 제29조의2

① 감자로 인한 의제배당

주식의 소각이나 자본의 감소로 인하여 주주가 취득하는 금전과 기타 재산가액의 합계액이 해당 주식을 취득하거나 해당 법인에 출자하기 위하여 소요된 금액을 초과하는 금액은 의제배당에 해당된다. 이때 출자하기 위하여 소요된 금액은 실제 주식 등의 취득금액을 의미하는 것으로서 취득부대비용을 포함하는 것이 타당하다.

② 불균등 감자에 따른 부당행위계산의 부인 및 이익의 증여

불균등 감자에 따른 주주 간의 이익 분여행위에 대해서는 법인세법과 「상속세 및 증여세법」에서 각각 규제하고 있는데, 법인세법에서는 이익을 분여하는 자가 특수관계자인 경우에 한하여 부당행위계산 부인규정을 적용하고, 「상속세 및 증여세법」에서는 이익을 분여받는 자가 개인 대주주 등인 경우에 감자에 따른 이익의 증여규정을 적용한다.

법인세법 시행령 제88조 ① 8호 다목 및 8호의2에 따라 법인의 감자에 있어서 주주 등의 지분비율에 의하지 아니하고 일부 주주 등의 주식 등을 소각함에 따라 주주 등인 법인이 특수관계인인 다른 주주 등에게 이익을 분여한 경우에는 부당행위계산 부인규정이 적용된다. 이때 부당행위계산의 부인금액이나 「상속세 및 증여세법」상 증여이익을 계산하는 방식은 동일하며, 특수관계인의 범위는 각각 법인세법과 「상속세 및 증여세법」에 각각 달리 규정하고 있다.

세 목	내 용
요 건	• 주식소각을 수반하는 불균등 감자일 것 • 특수관계인인 주주 등이 주식소각으로 이익을 얻을 것(「상속세 및 증여세법」 : 저가소각시에는 특수관계인에 해당하는 대주주가, 고가소각시에는 대주주의 특수관계인이 주식소각으로 이익을 얻을 것) • 감자한 주식 1주당 평가액에서 주식소각시 지급한 1주당 금액을 차감한 차액(주당 이익분여액)이 감자한 주식 1주당 평가액의 30% 이상이거나 이익분여액이 3억원 이상인 경우에만 적용
이익분여액	• (감자한 주식 1주당 평가액 – 주식소각시 지급한 1주당 금액) × 총감자주식수 × 대주주 등의 감자 후 지분비율 × 대주주 등의 특수관계인의 감자주식수 / 총감자주식수 ⇨ 이는 아래와 같이 해석될 수 있음. 주식소각을 당한 주주의 총 이익분여액 × 이익을 받는 자의 주식소유비율 × 이익분여액 중 특수관계인이 분여한 비율 • 감자한 주식 1주의 평가액이 액면가액 이하인 상태에서 그 평가액을 초과하여 감자한 경우의 이익산정방법은 '(1주당 지급액 – 1주당 평가액) × 당해 주주의 감자주식수'로 계산
특수관계인	• 법인세법 시행령 제43조 ⑧, 「상속세 및 증여세법」 시행령 제2조의2
규 정	법인세법 제52조, 동법 시행령 제88조 ① 8호 다목, 8호의2, 제89조 ⑥ 「상속세 및 증여세법」 제39조의2, 동법 시행령 제29조의2

(주) 「상속세 및 증여세법」에서 규정하는 어타의 이익의 증여와 달리, 감자시 이익의 증여규정의 특징 중 하나는 이익을 분여(한)받은 대주주와 이익을 분여(받은)하는 자 간에 특수관계가 있어야 한다는 것이다.

여기서 '대주주'란 해당 주주 등의 지분 및 그의 특수관계인의 지분을 포함하여 해당 법인의 발행주식총수의 1% 이상을 소유하고 있거나 소유하고 있는 주식 등의 액면가액이 3억원 이상인 주주 등을 말한다(「상속세 및 증여세법 시행령」 제28조 ②). 대주주에의 해당 여부는 특정한 주주 1인을 중심으로 하여 그와 특수관계인의 지분을 모두 합하여 법인총지분의 1% 이상이거나 이들의 지분합계액이 액면기준으로 3억원 이상이면 된다. 따라서 특수관계인 주주군의 최대주주 1인만을 의미하는 것은 아니며 비록 단독으로는 1% 미만의 주식을 소유한 소액주주이나 그의 특수관계인인 주주와의 주식을 합산한 지분이 1% 또는 3억원 이상인 경우에는 당해 소액주주도 대주주가 된다.

 사례 감자시 증여 이익과 의제배당 개념

- A씨와 그 아들 B씨는 갑법인 설립시부터 갑법인을 각각 50%씩 소유하고 있음
- 설립시 주당 5,000원에 주식을 취득함.
- 갑 법인은 A가 보유한 주식을 대상으로 감자를 실시함.

사례1) 감자시 갑법인 주식의 평가액는 7,000원임.

구분	A에게 지급된 감자대가	의제배당 (A씨)	증여이익 (A씨)	증여이익 (B씨)
1-1	3,000	0	0	4,000
1-2	6,000	1,000	0	1,000
1-3	9,000	4,000	0	0

1-1과 1-2
- 저가소각으로 A씨는 의제배당 / B씨에게 증여 이익
1-3
- 고가소각으로 A씨에게 의제배당과 증여이익 문제 발생
- 소각시 감자대가 > 평가액 > 액면가액(취득가액)이므로 전액 의제배당

사례2) 감자시 갑법인 주식의 평가액는 3,000원임.

구분	A에게 지급된 감자대가	의제배당 (A씨)	증여이익 (A씨)	증여이익 (B씨)
1-1	1,000	0	0	2,000
1-2	4,000	0	1,000	0
1-3	6,000	1,000	2,000	0

1-1
- 평가액에 비해 저가소각으로 B씨에게 증여 이익
1-2
- 고가소각으로 A씨에게 의제배당과 증여이익 문제 발생 가능

- 액면가액(취득가액) 〉 감자대가로 의제배당은 없음.

1-3

- 고가소각으로 A씨에게 의제배당과 증여이익 문제 발생
- 감자대가 6,000원 〉 액면가액(취득가액) 5,000원 〉 평가액 3,000원
- 의제배당 = 감자대가 - 취득가액, 나머지는 증여이익

부록···2 서식모음

:: 서식 1 이사회 의사록

이사회 의사록

일　시 :
장　소 :

출석이사 및 감사 수
이 사 총 수 :　　　　　　　출 석 이 사 수 :
감 사 총 수 :　　　　　　　출 석 감 사 수 :

의장인 대표이사 나서울은 정관규정에 따라 의장석에 좌석하여 본 회의가 적법하게 성립되었음을 선언하고, 다음 안건을 부의하여 심의를 구하다.

제1호 의안 : 자본감소에 관한 결의의 건

의장은 상기 의안을 상정하고 자본감소의 필요성을 설명하고 출석이사들의 심의를 구한 바, 출석이사 전원은 이의 없이 만장일치로 다음과 같이 승인 가결하다.

– 다　　음 –

1. 감자 목적
　　이월결손금의 보전을 통한 재무구조의 개선

2. 감자 내역
　　– 감자주식의 종류와 수 : 기명식 보통주 ＿＿＿주
　　– 주당 액면가액 : 5,000원
　　– 감자 방법 : 보통주식 ＿＿＿주를 병합하여 같은 액면주식 1주로 병합
　　– 감자 전 자본금 및 발행주식수 : ＿＿＿＿＿원 / ＿＿＿＿＿주
　　– 감자 후 자본금 및 발행주식수 : ＿＿＿＿＿원 / ＿＿＿＿＿주
　　– 감자기준일 : ＿＿＿＿＿년 ＿＿＿월 ＿＿＿일
　　– 감자비율 : ＿＿＿%

3. 감자 일정
   - 주주총회 예정일 : _____년 ____월 ____일
   - 매매거래정지 예정기간 : _____년 ___월 ___일~_____년 ___월 ___일(또는 변경 상장 전일)
   - 신주권 교부예정일 : _____년 ____월 ____일
   - 신주상장 예정일 : _____년 ____월 ____일

4. 단수주식 처리방법
   주식병합으로 인하여 1주 미만의 단수주식이 발생할 때에는 신주상장 초일 종가를 기준으로 계산하여 현금으로 지급함.

5. 구주권 제출 및 신주권 교부장소 : _____(명의개서 대행기관명)

6. 기 타
   상기 내용은 관계기관과의 협의과정 및 주주총회의 특별결의 과정에서 변경될 수 있으며, 기타 세부사항은 대표이사에게 위임함.

제2호 의안 : 임시주주총회 소집의 건

의장은 자본감소 결의를 위한 임시주주총회를 소집하고자 한다고 말하고 그 결의를 구한 즉 만장일치로 다음과 같이 가결하다.

- 다　　음 -

1. 임시주주총회 소집일시 : _____년 ____월 ____일 오전 / 오후 _____시

2. 임시주주총회 소집장소 : _____

3. 부의 안건 : 자본감소 승인의 건

의장은 이상으로서 회의의 목적인 의안의 심의 및 의결을 종료하였으므로 폐회한다고 선언하다. 위 결의내용을 명확히 하기 위하여 의사록을 작성하고 의장과 출석이사가 기명날인한다.

년　　월　　일

서울 주식회사 이사회 참석이사 기명날인

::서식 2 임시주주총회 소집통지서

임시주주총회 소집통지

주주님의 건승과 댁내의 평안하심을 기원합니다.

상법 제365조, 제438조 및 당사 정관 제＿＿조에 의거하여 아래와 같이 임시주주총회를 소집하오니 참석하여 주시기 바랍니다.

－ 아　　래 －

1. 일시 : ＿＿＿년 ＿＿＿월 ＿＿＿일 오전 ＿＿시

2. 장소 :

3. 회의목적사항
   제1호 의안 : 마포 주식회사와의 감자결의의 건

4. 실질주주의 의결권 행사에 관한 사항
   금번 당사의 주주총회에서는 예탁결제원이 주주님들의 의결권을 대리 행사할 수 없습니다. 따라서 주주님이 주주총회에 참석하여 의결권을 직접 행사하시거나 또는 위임장에 의거 의결권을 간접적으로 행사하실 수 있습니다.

5. 주주총회 참석시 준비물
   － 직접행사 : 주주총회참석장, 신분증
   － 간접행사 : 주주총회참석장, 위임장(주주와 대리인의 인적사항 기재, 인감날인), 대리인의 신분증

   별첨 : 1. 감자의 개요　　　　　　　　　　1부

서울 주식회사

대표이사 나서울

서울시 서울구 서울동 100

〔별첨〕 감자의 개요

서울(주) 감자의 개요

1. 감자의 목적

당사는 누적된 이월결손금을 보전하여 재무구조를 개선할 목적으로 주식의 병합을 통한 자본의 감소를 실시하고자 합니다.

2. 감자의 방법

1주의 금액 금 5,000원의 보통주식 _____주를 같은 액면주식 1주로 병합하여 자본금을 _____원에서 _____원으로 감소

3. 감자의 요령

① 감자 후 서울 주식회사의 변경될 사항

구 분	종 류	감자 전	감자 후
수권주식수	보통주		
	우선주		
발행주식수	보통주		
	우선주		
자본금	−		

② 감자 후 신주배정에 관한 사항

감자기준일(___년___월___일) 현재 서울 주식회사의 주주명부에 등재되어 있는 주주에 대하여 그가 소유한 서울 주식회사의 보통주식 1주당 _____주의 비율로 서울 주식회사의 보통주식을 배정합니다.

③ 단주대금에 관한 사항

주식병합으로 인하여 1주 미만의 단주가 발생한 때에는 신주상장 초일의 증가(상장법인의 경우), 상법 제443조에 의한 처리가액(상장법인의 경우)으로 계산하여 현금으로 지급합니다.

④ 감자 일정

　가. 이사회결의일 : _____년 _____월 _____일

　나. 주주총회를 위한 주주확정일 : _____년 _____월 _____일

　다. 감자승인을 위한 주주총회일 : _____년 _____월 _____일까지

　라. 구주권 및 채권자 이의제출기간 : ___년 ___월 ___일 ～ ___년 ___월 ___일

　마. 매매거래 정지기간 : _____년 _____월 _____일～ _____년 _____월 _____일(또는 변경상장 전일)

　바. 감자기준일 : _____년 _____월 _____일

　사. 등기일 : _____년 _____월 _____일(예정)

　아. 신주권 교부예정일 : _____년 _____월 _____일(예정)

4. 기타 사항

상기 내용은 관계기관과의 협의과정 및 법령의 개정에 의해 변경될 수 있으며 본 내용은 당사의 주주총회 특별결의를 득함으로써 그 효력이 발생합니다.

:: 서식 3 자본감소 공고

자본감소 공고

서울 주식회사는 _____년 ____월 ____일 개최한 임시주주총회에서 자본의 총액 금원을
금 _____원으로 감소하고 그 방법으로서 1주의 금액 금 5,000원의 주식 _____주를
같은 액면주식 1주로 병합하여 발행주식총수 _____주를 _____주로 감소할 것을
결의하였습니다.

이 자본감소에 이의가 있는 채권자는 이 공고게재 익일부터 1월 이내에 이의를 제출할 것
을 이에 공고합니다.

년   월   일

서울주식회사
대표이사 나서울
서울시 서울구 서울동 100

:: 서식 4 최고서

최 고 서

서울 주식회사는 _____년 ____월 ____일 개최한 각각의 임시주주총회에 자본의 총액 금
원을 금 _____원으로 감소하고 그 방법으로써 1주의 금액 금 5,000원의 주식 _____
주를 같은 액면주식 1주로 병합하여 발행주식총수 _____주를 _____주로 감소할
것을 결의하였습니다.

주식병합에 의한 이번 무상감자는 회사의 자본이 유출되지 않고 회사의 재무구조를 견고
하게 하여 궁극적으로 채권의 안정성을 제고하는 데 기여할 것입니다.

.

이 자본감소에 이의가 있는 채권자는 _____년 ____월 ____일까지 이의를 제출할 것을
이에 최고합니다.

이의제출 장소 : 서울시 서울구 서울동 100번지
　　　　　　　　 서울 주식회사 재무팀(전화번호 : _____)

년　　월　　일

서울 주식회사
대표이사 나서울
서울시 서울구 서울동 100

서식 5 변제영수증 또는 진술서

변제영수증

1. 채권금액 금 ○○○○원
   귀 회사의 감자에 대하여 이의를 제출했던 바, 금일 위의 채권 전액을 변제하였으므로 이에 영수합니다.

년   월   일

채권자 ○○○
○○시 ○○구 ○○동 ○○번지

서울 주식회사
대표이사 나서울 귀하
서울시 서울구 서울동 100

"OR"

진 술 서

본 회사는 _____년 ___월 ___일자로 _____신문에 감자에 관한 공고를 하고 채권자에게 개별 최고를 하였으나 _____년 ___월 ___일까지 이의를 제출하는 채권자가 전혀 없었음을 이에 진술합니다.

년   월   일

서울 주식회사
대표이사 나서울 (인)
서울시 서울구 서울동 100

∷ 서식 6 자본감소로 인한 주권제출 공고

자본감소로 인한 주권제출 공고

당사는 ＿＿＿＿년 ＿＿월 ＿＿일 임시주주총회의 결의로 자본의 총액 금 ＿＿＿＿＿＿원을 감소하여 금 ＿＿＿＿＿원으로 하고, 그 방법으로 1주의 금액 금 5,000원의 주식 ＿＿＿＿＿＿주를 병합하여 같은 액면의 주식 1주로 하였으므로 구주권을 가진 사람은 이 공고의 게재일로부터 1월 이내의 구주권을 당사에 제출하시기 바랍니다.

년 　월 　일

서울 주식회사
서울시 서울구 서울동 100

※ 실무에서는 자본감소로 인한 주권제출 공고와 자본감소 공고를 병합하여 신문에 공고함.

⬛⬛ 서식 7 주주통지서

주주통지서

당사는 _____년 ____월 ____일 개최한 임시주주총회에서 다음과 같이 자본금 감소를 결의하였기에 주주께서는 다음의 요령에 따라 구주권을 제출하여 주시기 바랍니다.

- 다　　음 -

1. 감자의 목적

　　가. 회사의 재무구조 개선을 위하여 이월결손금 _____원의 제거

　　나. 향후 원활한 자본조달을 위한 여건 조성

2. 감자의 내용

　　가. 감자주식의 종류와 수 : 기명식 보통주식 _____주

　　나. 감자의 방법 : 1주의 금액 금 **5,000**원의 보통주식 _____주를 같은 액면주식 1주로 병합하여 발행주식총수를 _____주에서 _____주로 감소

3. 구주권 제출에 관한 사항

　　가. 구주권 제출기간 : _____년 ____월 ____일 ~ _____년 ____월 ____일

　　나. 구주권 제출장소 : 명의개서 대행기관(명의개서 대리인이 있는 경우), 회사재무팀(비상장법인의 경우)

4. 신주권 교부 및 단주대금 지급에 관한 사항

　　가. 신주권 교부예정일 : _____년 ____월 ____일

　　나. 단주대금에 관한 사항 : 보유주식수가 _____주 미만인 주주는 이번 감자로 인해 단주보유주주가 되어 신주권을 교부받지 못하며 대신 단주대금을 지급받게 됩니다.

　　　　주식병합으로 인하여 1주 미만의 단주가 발생한 때에는 신주상장 초일의 종가(상장법인의 경우), 상법 제**443**조에 의한 처리가액(비상장법인의 경우)으로 계산하여 현금으로 지급할 예정이며, 금액 및 수령방법 등은 추후 고지할 예정입니다.

5. 기타 사항

　가. 분실 등으로 구주권을 제출할 수 없는 경우에는 상법 제442조의 절차를 거쳐야 신주권을 교부받을 수 있으므로 구주권 제출기간 내에는 그 내용을 상기 구주권 제출장소에 신고하여 주시기 바랍니다.

　나. 구수권 제출기간 내에 구주권을 제출하지 않을 경우에는 주주명부에 등재된 주식 수에 따라 병합한 후 구주권을 회수한 후 신주권 교부 및 단주대금을 지급합니다.

　다. 구주권 제출, 신주권 및 단주대금 수령시 신분증과 등록인감을 지참하시기 바랍니다.

　　　　　　　　년　　　월　　　일

　　　　　　　　　　　　　　　　　　　　서울 주식회사
　　　　　　　　　　　　　　　　　　　　대표이사 나서울
　　　　　　　　　　　　　　　　　　　　서울시 서울구 서울동 100

제 12 장

지주회사

12 지주회사

I 개 요

지주회사는 다른 회사의 주식을 소유함으로써 그 회사 지배를 목적으로 설립된 회사로서 독점규제 및 공정거래에 관한 법률(공정거래법)에서는 자산총액이 5,000억원 이상으로서 지배 목적으로 보유한 다른 회사의 지분합계가 당해 회사 자산총액의 50% 이상인 회사를 지주회사로 규정하고 있다. 이와 별도로 금융지주회사법에서는 i.자산 5,000억원 이상으로서 ii.지배목적으로 보유한 1개 이상의 금융기관 및 금융업과 밀접한 관련 있는 회사의 지분합계가 회사자산의 50% 이상인 회사로서 iii)금융위 사전인가를 받을 경우 금융지주회사를 별도로 지정하고 있으나 (금융지주회사법 제2조 ①, 동법 시행령 제2조), 본서에서는 공정거래법에 의한 일반지주회사만을 언급하기로 한다.

여기서 다른 회사를 지배하는 회사를 지주회사(Holding Company) 또는 모회사라 하고 지배를 받는 회사를 사업회사(Operation Company) 또는 자회사라 한다.

우리나라에서는 경제력 집중 및 산업의 독점화를 방지하기 위하여 지주회사 제도를 법률로 금지하여 왔으나 IMF금융위기 이후 구조조정을 원활하게 하기 위하여 공정거래법상 엄격한 요건을 충족할 경우에 한하여 지주회사 설립 및 전환을 허용하고 있다.

II 장점 및 단점

지주회사에게 적용되는 혜택은 적은 반면 설립·전환에 대한 까다로운 요건 및 감독당국의 엄격한 규제로 인히어 그동인 지주회사 세노가 크게 활성화되지 않았다. 그러나 정부는 1999년 공정거래법 개정을 통해 지주회사를 허용한 이후 순차적으로 지주회사 규제를 완화하고 있으며, 2010년부터 시행된 연결납세제도 등을 통한 조세지원이 이루어진 이후 다수의 회사들이 지주회사로 전환을 하였다. 그러나, 2016년 공정거래법 시행령 개정으로 자산 요건을 기존 1천억원에서 5천억원으로 상향하는 조치가 이루어지므로써 대형그룹사를 제외한 중견그룹 이하에서는 그 전환시도에 어려움이 예상된다. 아울러 그간 최대주주의 지배력 확대를 위해 널리 이용되던 상장회사의 인적분할 이후 사업회사 지분의 현물출자 모델이 조세특례제한법의 개정 시행으로 추후 이를 시행하려는 기업들이 많이 줄어들 것으로 보인다.

❖ 조세특례제한법 제38조의2 개정 ❖

기간	과세 이연 방법
2023년 12월 31일까지	• 주식을 처분할때까지 양도차익을 과세이연 • 처분시 처분 비율에 상당하는 금액을 과세
2024년 1월 1일부터 2026년 12월 31일까지	• 양도차익에 대해서 양도일이 속하는 사업연도와 이후 3개 사업연도 동안 과세이연 • 이후 다음 3개 사업연도의 기간 동안 균분한 금액 이상을 양도차익으로 인식하여 과세(개인은 계산된 세액을 이연후 분할 납부하는 방식) • 처분시 처분 비율에 상당하는 금액을 과세

(주) 4년거치 3년 분할납부에 대한 조항은 2019년 말 개정되었으나 당초 부칙에서 그 시행시기를 2022년 1월 1일로 하였다가 이후 다시 2024년 1월 1일로 연기됨.

① 장 점

지주회사는 그 구조상 소유와 경영의 분리를 통한 책임 및 투명경영이 가능하고 부채비율 및 채무보증 제한 등 엄격한 요건으로 인하여 지주회사의 재무구조의 개선을 도모할 수 있다.

그리고 지주회사와 자회사 간 수직적 출자 및 경제적 거래는 허용하되 자회사간 수평적 출자 및 채무보증 관계는 허용하지 않기 때문에 출자관계가 단순하여 일부 자회사의 위험이 다른 자회사에게 전이되는 것을 방지할 수 있어 리스크 관리와 구조조정이 용이하다는 장점이 있다.

또한, 정부는 지주회사 제도를 활성화하기 위하여 지주회사에 대한 과점주주 취득세를 면제하고 지주회사가 자회사로부터 수취하는 배당금에 대하여 이중과세를 완화하는 등 조세상 혜택을 부여하고 있다. 다만, 조세특례제한법의 개정시행으로 상장법인의 인적분할 이후 현물출자를 통한 최대주주 지배력 강화효과를 앞으로는 크게 기대하기 어렵게 되었다.

구 분	내 용
책임경영 및 투명성 제고	소유(지주회사)와 경영(자회사)의 분리로 책임경영 가능 출자관계 단순화로 투명경영 가능
재무구조 개선	지주회사의 부채비율 200% 이내로 제한 자회사간 순환출자 및 채무보증 금지
신속한 의사 결정	기업환경 변화에 따른 신속한 구조조정 또는 신규사업 진출 가능 자회사간 이해상충 방지
최대주주 지배력 강화	지주회사를 Control Tower로 활용 지주회사 설립·전환 과정에서 자회사에 대한 지분율 강화 가능[주]
상속 및 증여	지주회사 설립 및 전환시 후계자에 대한 선택적 지분강화 효과
조세 혜택	과점주주 취득세 면제(지방세특례제한법 제57조의2 ⑤) 지주회사 수입배당금 익금불산입(법인세법 제18조의2) 연결납세제도(법인세법 제76조의8~제76조의22) 현물출자시 양도소득세 과세이연(조세특례제한법 제38조의2)

주) 상장회사의 사업부문과 지주부문의 인적분할 이후, 사업부문 상장사 지분에 대한 현물출자 방식을 주로 이용함.

② 단 점

지주회사는 적은 자본으로 다수기업의 지배가 가능하므로 경제력 집중과 독점을 야기할 수 있으며 지주회사 설립과정에서 지배주주는 추가적인 경제적 부담 없이 지분율 상승을 통해 지배권을 강화할 수 있으므로 상장회사의 경우 소액주주의 권익침해 가능성이 존재한다.

또한, 지주회사의 경우 자회사의 주요사항에 대하여 공정거래위원회 및 금융위원회 신고 및 보고의무를 부담하며 지주회사 설립·전환 과정에서 이루어진 주식 등 거래에 대하여 공정거래위원회의 조사를 받아야 한다.

Ⅲ 종 류

지주회사는 그 기능에 따라 순수지주회사와 사업지주회사로 구분할 수 있고 주된 자회사의 영위 업종에 따라 일반지주회사와 금융지주회사로 구분할 수 있다.

① 기능에 따른 분류

구 분	내 용
순수지주회사	지주회사 자체는 사업을 영위하지 않고 자회사를 지배하는 사업만 영위
사업지주회사	지주회사가 자체사업과 자회사를 지배하는 사업을 동시에 영위

② 업종에 따른 분류

구 분	일반지주회사	금융지주회사
규제 법률	공정거래법	금융지주회사법
규제 기관	공정거래위원회	금융위원회
기능 분류	순수지주 또는 사업지주 형태 가능	순수지주만 가능 (자회사 경영관리 및 부수업무 외 영리목적 다른 업무 영위 금지)

구 분	일반지주회사	금융지주회사
전환·설립 요건	자산 5천억원 이상 자회사 주식합계 자산 50% 이상 (공정위 사후 신고)	좌동 좌동 금융위 사전인가 (공정위 사후신고)
자회사 요건	국내 계열회사	국내외 계열회사
기타 업종관련	사업관련성 규제 없음.	은행, 지방은행, 금융투자, 보험 등 세분화

IV 지주회사 요건

아래의 요건을 충족한 법인은 공정거래법에 의거 지주회사로 신고를 할 수 있으며 공정거래위원회로부터 승인을 받아야 법률상 지주회사로 인정된다.

따라서 아래의 요건을 충족하지 못하거나 충족하더라도 공정거래위원회로부터 지주회사로 승인을 받지 못할 경우 법률상 지주회사로 인정되지 않으므로 지주회사에 대한 법률 및 세제상 혜택을 받을 수 없다.

구 분	내 용	규 정
자산총계	5,000억원 이상	• 공정거래법 제2조 7호
자회사 주식가액	자산총계의 50% 이상	• 동법 시행령 제3조

(주) 자회사 주식가액 산정 기준은 "지주회사관련 규정에 관한 해석지침" (공정위 예규 410호, 2022.11.10) 참고

① 자산총계

공정거래법상 지주회사 신청을 하고자 하는 법인은 직전 사업연도 종료일 현재 대차대조표 기준 자산총액이 5,000억원 이상인 회사로서 해당 사업연도에 신규 설립되었거나 합병 또는 분할을 한 경우에는 각각 설립 또는 합병·분할등기일 기준 대차대조표상 자산총액이 5,000억원 이상이어야 한다(공정거래법 시행령 제3조 ①).

자산 총계 기준은 99년 공정거래법상 최초로 지주회사를 허용할 당시 100억 기준으로 시작하여, 경제규모의 성장과 함께 2001년 300억, 2002년 4월부터는, 1,000억으로 상향되어 오랜 기간을 유지하여 왔으나, 2016년 9월 이를 5,000억으로 일시에 상향하는 시행령 개정안이 발표되었다. 10년 이상 자산 1천억 요건이 지속되어 왔기에 당시 이에 맞추어 분할 및 지주회사 전환 작업을 진행하던 기업들이 많았던 바, 개정 시행령은 2016년 9월부터 시행하되 지주회사 자산 요건 관련 부분만 2017년 7월 1일부터 시행하기로 하였다. 또한 위 시행일(2017년 7월 1일) 전에 지주회사를 설립하거나 지주회사로 전환하여 설립/전환 신고를 한 지주회사로서 같은 시행일 당시 개정된 자산 5천억 기준에 해당하지 아니하게 된 지주회사(이하 "기존 지주회사"라 한다)는 2027년 6월 30일까지 해당요건을 충족하도록 하여, 기존에 설립/전환 작업이 진행중이던 기업들에게 유예기간을 부여하게 하였다. 다만, 기존 지주회사가 위 시행일 이후 지주회사 제외 신고를 한 경우에는 신고한 날부터 지주회사에서 제외된다.

② 자회사의 주식가액

공정거래법상 지주회사는 내국법인에게만 적용되므로 지주회사가 소유하고 있는 국내 자회사의 주식가액의 합계액이 당해 지주회사 자산총액의 100분의 50 이상이어야 한다(공정거래법 시행령 제3조 ①).

공정거래법상 자회사는 국내회사만을 대상으로 하므로 해외계열회사는 공정거래법상의 자회사의 범위에 포함되지 않으며 「중소기업 창업지원법」에 따라 설립된 중소기업창업투자회사 또는 「여신전문금융업법」에 따라 설립된 신기술사업금융업자가 창업투자 목적 또는 신기술사업자 지원 목적으로 다른 국내회사의 주식을 취득할 경우에는 자회사에서 제외한다.

여기서 자회사란 아래의 요건을 충족하는 회사를 말한다(공정거래법 시행령 제3조 ③).
1. 지주회사의 국내계열회사
2. 지주회사가 소유하는 주식이 그 특수관계인 중 최다출자자 이상인 경우

즉, 지주회사 및 그 특수관계인(계열회사 및 개인)이 동시에 국내계열회사의 주식을 보유하고 있을 시, 지주회사가 보유한 주식수가 타 특수관계인 중 최다출자자의 보유 주식수와 동일하거나 이를 초과하는 경우에만 이를 자회사로 인정한다.

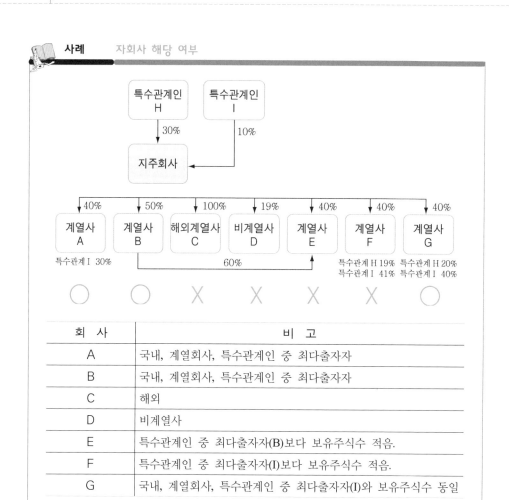

사례   자회사 해당 여부

회 사	비 고
A	국내, 계열회사, 특수관계인 중 최다출자자
B	국내, 계열회사, 특수관계인 중 최다출자자
C	해외
D	비계열사
E	특수관계인 중 최다출자자(B)보다 보유주식수 적음.
F	특수관계인 중 최다출자자(I)보다 보유주식수 적음.
G	국내, 계열회사, 특수관계인 중 최다출자자(I)와 보유주식수 동일

V 지주회사 행위제한

공정거래법은 지주회사를 통한 경제력 집중과 독점의 폐해를 막기 위하여 지주회사 및 그 자회사 등에 대하여 다음과 같이 다양한 행위제한을 규정하고 있다. 다만, 지주회사의 설립·전환을 용이하게 하기 위하여 일부 사항에 대해서는 행위제한상의 유예기간을 설정하고 있으므로 지주회사 설립·전환 및 운영시 이를 유의하여야 한다.

① 상호출자제한 기업집단의 지주회사 설립·전환 제한

공정거래법상 상호출자제한 기업집단[자산총액 10조원 이상의 기업집단(공정거래법 제31조)]에 속하는 회사를 지배하는 동일인 또는 당해 동일인의 특수관계인이 지주회사의 설립·전환을 하고자 하는 경우에는 다음에 해당하는 채무보증을 해소하여야 한다.

| 상호출자제한 기업집단의 채무보증 해소 의무(공정거래법 제19조) |

- 지주회사와 자회사 간의 채무보증
- 지주회사와 다른 국내계열회사(당해 지주회사가 지배하는 자회사를 제외) 간의 채무보증
- 자회사 상호간의 채무보증
- 자회사와 다른 국내계열회사(당해 자회사를 지배하는 지주회사 및 당해 지주회사가 지배하는 다른 자회사를 제외) 간의 채무보증
- 지주회사를 설립·전환 신고시, 신고서상에 위 채무보증을 해소하였음을 증빙과 함께 제출

② 지주회사의 행위제한 및 유예기간

(1) 행위제한(공정거래법 제18조 ①, ②)

행위제한	내 용
부채비율	• 부채비율 200% 이내 유지
자회사 주식비율	• 비상장 자회사 주식 50% 이상 보유 • 상장 자회사, 국외상장법인[주1], 공동출자법인[주2]의 경우 30% 이상 지분 보유 • 벤처지주회사[주3] 자회사 지분율 : 상장·비상장 구분없이 20% 이상 보유
투자목적 주식보유 및 자회사 외 주식보유 금지	• 국내 비계열회사 주식 5% 초과 보유 금지(단, 벤처지주회사 또는 그 가액이 지주회사 보유한 자회사 주식가액 합계의 15% 미만인 지주회사의 경우 예외) • 또는 자회사 이외의 국내계열회사 주식 소유
일반지주회사의 금융·보험회사 주식소유	• 일반지주회사의 금융회사[주4] 주식소유 금지
금융지주회사의 금융·보험회사 외 주식소유	• 금융지주회사의 금융회사 외의 국내회사 주식소유 금지 (금융회사 전산정보처리, 부동산 기타자산관리, 조사연구 등 관련회사 제외. 공정거래법 시행령 제28조 ②)

주1) 국외상장법인 : 미국뉴욕증권거래소, 나스닥시장, 동경증권거래소 등 해외증시 상장법인
주2) 공동출자법인 : 상호 간 계약 등을 통해 출자지분의 양도를 제한하고, 공동으로 경영에 영향을 미치고 있는 법인
주3) 벤처지주회사 : 「벤처기업육성에 관한 특별조치법」에 따른 벤처기업을 자회사로 하는 지주회사(공정거래법 제18조 ① 2호, 시행령 제27조)
주4) 금융회사 : 통계법 제22조(표준분류) 제1항에 따라 한국표준산업분류상 금융업 또는 보험업을 영위하는 회사(공정거래법 제2조 10호)

참고로 지주회사의 자회사 주식보유 비율을 비상장사 40%, 상장 및 공동출자 20%에서 각각 50%, 30%로 상향하는 내용을 포함한 공정거래법 전부개정 법률안이 2020년 12월 공포되었고, 1년후부터 시행되고 있다. 다만, 현재의 전면개정안에 의한 제18조 제2항의 지분소유 관련된 행위제한은 전부개정 법률이 시행되기 전에 종전 규정에 따라 신고한 지주회사에 대해서는 이를 적용하지 아니한다[공정거래법 부칙 법률 제17799호, 제11호(지주회사 등의 행위제한에 관한 경과조치)].

(2) 유예기간(공정거래법 제18조 ②)

지주회사 행위제한	기 산 일	유예기간
부채비율 미달	• 지주회사 전환·설립일로부터	2년
자회사 주식비율 미달	• 지구회사 선완·설립일로부터	2년
	• 상장법인 또는 국외상장법인이거나 공동출자법인이었던 자회사가 그에 해당하지 아니하게 되어 자회사 주식보유기준에 미달하게 된 경우, 그 해당하지 아니하게 된 날부터 • 벤처지주회사이었던 회사가 그에 해당하지 아니하게 되어 자회사 주식보유기준에 미달하게 된 경우, 그 해당하지 아니하게 된 날부터 • 자회사가 주식을 공모하면서 우리사주조합에 우선 배정하거나, 전환사채 또는 신주인수권부사채의 권리행사로 자회사 주식보유기준에 미달하게 된 경우, 그 미달하게 된 날부터 • 신규로 자회사 편입할 때 그 자회사 주식보유기준에 미달하는 경우, 자회사 편입일로부터 • 자회사 탈퇴과정에서 자회사 주식보유기준에 미달하게 된 경우, 자회사 탈퇴일로부터 • 자회사가 다른 회사와 합병하여 자회사 주식보유기준에 미달하게 된 경우, 그 미달하게 된 날부터	1년
비계열회사주식 5% 초과 보유 또는 자회사 외 국내계열회사 주식소유 금지	• 지주회사 전환·설립시 규정위반의 경우, 전환·설립일로부터	2년
	• 비계열회사를 자회사로 편입하는 과정에서 규정위반의 경우, 자회사 해당일로부터 • 주식 소유하지 않은 국내계열회사를 자회사 편입시키는 과정에서 규정위반의 경우, 주식취득일로부터 • 자회사 탈퇴과정에서 규정위반의 경우, 탈퇴일로부터	1년
금융지주회사의 금융·보험회사 외 주식소유	• 금융지주회사 전환·설립시 비금융회사 주식 소유시 금융지주회사 전환·설립일로부터	2년
일반지주회사의 금융·보험회사 주식소유	• 일반지주회사가 전환·설립시 금융회사 주식을 소유할 경우 일반지주회사 전환·설립일로부터	2년

③ 자회사의 행위제한 및 유예기간(공정거래법 제18조 ③)

일반지주회사의 자회사는 손자회사를 보유(비상장회사 50%, 국내외 상장 및 공동출자법인 30%)할 수 있으나 지주회사와 같은 부채비율에 대한 제한은 없다.
또한, 지주회사와 동일하게 자회사의 경우에도 손자회사 이외의 국내 계열회사의 지분을 소유하는 행위는 금지가 되나, 국내 비계열회사의 주식을 소유하는 행위에 대해서는 그 제한이 없다.

자회사 행위제한	내 용	유예기간
손자회사 주식보유기준 미달	• 자회사가 될 당시에 손자회사 주식을 보유기준 미달로 소유하는 경우	2년
	• 손자회사가 상장폐지, 국외상장법인 및 공동출자법인이 아니게 된 경우 • 벤처지주회사였던 자회사가 벤처지주에 해당되지 아니한 자회사가 됨에 따라 손자회사 주식보유기준에 미달하는 경우 • 우리사주조합 배정, 전환사채 및 신주인수권부사채 권리행사의 경우 • 새로이 손자회사에 편입된 경우 • 손자회사를 손자회사에 해당하지 않게 하는 경우(1년 내에 손자회사에 해당하지 아니하게 된 경우에 한정함) • 손자회사가 다른 회사와 합병하는 경우(지분율 희석)	1년
손자회사 외의 국내계열회사 주식소유금지	• 자회사가 될 당시에 주식을 소유하고 있는 국내계열회사의 경우	2년
	• 계열회사가 아닌 회사를 손자회사에 해당하게 하는 경우 • 주식 소유하지 않은 국내계열회사를 손자회사 편입시키는 경우 • 손자회사에서 제외시키는 경우(1년 내에 손자회사에 해당하지 아니하게 된 경우에 한함) • 손자회사가 다른 자회사와 합병하여 손자회사가 아닌 다른 자회사(합병존속법인)의 주식을 소유하게 되는 경우 • 자기주식 보유한 자회사가 회사분할(인적)로 인해 다른 국내계열회사의 주식을 소유하게 된 경우	1년

자회사 행위제한	내 용	유예기간
금융손자회사 보유	• 일반지주회사의 자회사가 될 당시에 주식을 소유하는 경우	2년

참고로 자회사의 손자회사 주식보유 비율을 비상장사 40%, 상장 및 공동출자 20%에서 각각 50%, 30%로 상향하는 내용을 포함한 공정거래법 전부개정 법률안이 2020년 12월 공포되었고, 1년후부터 시행되고 있다. 다만, 현재의 전면개정안에 의한 제18조 제2항의 지분소유 관련된 행위제한은 전부개정 법률이 시행되기 전에 종전 규정에 따라 신고한 지주회사의 자회사에 대해서는 이를 적용하지 아니한다[공정거래법 부칙 법률 제17799호, 제11호(지주회사 등의 행위제한에 관한 경과조치)].

④ 손자회사의 행위제한 및 유예기간(공정거래법 제18조 ④)

일반지주회사의 손자회사는 통상 국내계열회사의 주식소유가 불가하나, 1) 100% 보유하거나, 2) 벤처지주회사로서 그 국내계열회사 주식을 50% 이상 소유가 가능하다. 만약 그 외의 경우로 주식을 보유할 때는 다음과 같이 유예기간이 적용된다.

행위제한	내 용	유예기간
국내계열회사 주식보유	• 손자회사가 될 당시에 주식을 소유하고 있는 경우	2년
	• 손자회사가 주식을 소유중인 비계열 국내회사를 계열회사로 편입하는 경우 • 자기주식을 보유하고 있던 손자회사가 회사분할(인적)로 인해 다른 국내계열회사(분할 상대법인)의 주식을 소유하게 된 경우	1년
	• 손자회사가 벤처지주회사인 경우 그 손자회사가 국내계열회사(금융업 제외)를 50% 이상 소유하는 경우 • 국내계열회사(금융회사는 제외)의 발행주식 총수를 소유하는 경우	허용

⑤ 증손회사의 행위제한 및 유예기간(공정거래법 제18조 ⑤)

일반지주회사의 손자회사가 발행주식 총수의 100%를 보유하는 증손회사는 국내 계열회사의 주식을 소유하여서는 안 되며(그 외의 경우, 손자회사는 증손회사 주식을 가질 수 없음), 만약 주식을 보유할 경우 다음의 유예기간이 주어진다.

행위제한	내 용	유예기간
국내계열회사 주식보유	• 100% 증손회사가 될 당시에 주식을 소유하고 있는 경우	2년
	• 증손회사가 기존에 주식을 소유 중인 비계열 국내회사를 계열회사로 편입하는 경우 • 벤처지주회사였던 손자회사가 벤처지주회사에 해당되지 않게되어 기존 제18조 ④ 5호의 주식보유기준에 미달하는 경우	1년

⑥ 유예기간 연장(공정거래법 제18조 ⑥)

행위제한에 대한 유예기간 중 주식가격의 급변 등 경제여건 변화, 주식처분금지계약, 사업의 현저한 손실 등의 사유로 인하여 그 부채액을 감소시키거나 주식의 취득 및 처분 등이 곤란한 경우에는 공정거래위원회의 승인을 얻어 2년간 그 기간을 연장할 수 있다.

VI 신고 및 보고 의무

공정거래법은 지주회사에 대하여 다음과 같이 엄격한 신고 및 보고의무를 규정하고 있디.

① 지주회사 설립·전환 신고(공정거래법 제17조, 동법 시행령 제26조)

(1) 신고의무

지주회사를 설립·전환할 경우 지주회사 설립·전환신고서를 다음의 신고기한에 따라 공정거래위원회에 제출하여야 한다(공정거래위원회 고시 제2021-41호 <지주회사의 설립·전환의 신고 및 지주회사 등의 사업내용 등의 보고에 관한 요령>(이하 "보고요령") 참고).

설립·전환 유형	신고기한
지주회사 설립	설립등기일로부터 30일 이내
합병 및 분할을 통한 지주회사 전환	합병 및 분할등기일로부터 30일 이내
타 법률에 의거 지주회사 설립·전환 신고의 적용이 제외되는 회사	해당 법률상 제외기간 경과일로부터 30일 이내
주식취득, 자산증감 등으로 지주회사가 되는 경우	사업연도 종료일로부터 4개월 이내

공정거래법상 상호출자제한 기업집단에 속하는 회사 또는 그 특수관계인이 지주회사 설립·전환하는 경우 설립·전환 신고시 채무보증 해소실적을 제출하여야 한다(공정거래법 시행령 제26조 ①, 보고요령 제5조).

또한 지주회사의 설립신고시 설립에 참여하는 자가 2이상인 경우 공동으로 신고하여야 하며 신고의무자 중 1인을 대리인으로 정하여 <별지 제7호 서식>에 따라 위임장을 작성하여 그 대리인이 공정거래위원회에 제출할 수 있다(공정거래법 시행령 제26조 ③, 보고요령 제6조).

참고로 지주회사를 설립하거나 합병에 의하여 지주회사로 전환하는 경우 지주회사 설립·전환 신고가 공정거래법 제11조(기업결합의 신고)의 규정에 의한 회사설립 신고 내지 합병 신고와 중복될 때에도 별도로 지주회사 설립·전환신고를 하여야 한다. 다만, 첨부서류 중 중복서류가 있을 경우에는 이를 제외할 수 있으므로 공정거래위원회와 사전에 협의하여야 한다(보고요령 제7조).

(2) 신고시 제출 서류

지주회사 설립·전환신고서(보고요령 별지서식 제1호)의 제출시에는 다음의 서류를 첨부하여 공정거래위원회에 제출하여야 한다.

① 지주회사의 제출서류(보고요령 제4조)

첨부서류	내　용
설립·전환사유서	정관 및 법인등기부 등본 첨부
주주 현황	지주회사 설립·전환일 기준 주주현황 (편의상 가장 최근의 주주현황 기재 가능. 별지 제2호 서식)
계열회사 현황	자회사, 손자회사, 증손회사, 국내계열회사 기재 (해외 계열회사는 작성대상에서 제외. 별지 제3호 서식)
소유주식명세서	지주회사 설립·전환일 기준 자회사, 자회사 외의 국내계열회사, 비계열회사로 구분(회계감사 필요. 별지 제4호 서식)
대차대조표	지주회사 설립·전환일 기준의 감사보고서로 갈음
법인등기부등본	지주회사의 동의하에 제출에 갈음하여 행정정보 공동이용을 통해 확인 가능(부동의시에는 당해 서류 제출의무)

(주) 분할·합병 등으로 지주회사 전환시 사유 발생일 30일 이내에 신고를 해야 하므로 감사인과 사전 협의 필요

② 자회사의 제출서류

첨부서류	내　용
주주현황	(별지 제2호 서식)
소유주식명세서	손자회사, 손자회사 외의 국내계열회사, 비계열회사로 구분(회계감사 필요. 별지 제4-1호 서식)
감사보고서	직전 사업연도 말 기준
주요사업내용 및 직전 사업연도의 거래처별 거래내역	금융지주회사의 일반자회사인 경우에만 해당(회계감사 필요, 별지 제5호 서식)

(주) 자회사가 회계감사를 받지 않는 경우 세무조정계산서 등으로 감사보고서 대체 가능(사전 협의)

③ 손자회사의 제출서류

첨부서류	내　용
주주현황	(별지 제2호 서식)
소유주식명세서	증손회사, 증손회사 외의 국내계열회사, 비계열회사로 구분(별지 제4-2호 서식)
감사보고서	직전 사업연도 말 기준(회계사의 감사 또는 확인 받은 것)

(주) 손자회사가 회계감사를 받지 않는 경우 세무조정계산서 등으로 감사보고서 대체 가능(사전 협의)

④ 증손회사의 제출서류

첨부서류	내　용
주주현황	(별지 제2호 서식)
소유주식명세서	국내계열회사, 비계열회사로 구분하여 기재(별지 제4-3호 서식)
감사보고서	직전 사업연도 말 기준(회계사의 감사 또는 확인 받은 것)

(주) 증손자회사가 회계감사를 받지 않는 경우 세무조정계산서 등으로 감사보고서 대체 가능(사전 협의)

② 지주회사의 적용제외 신고(공정거래법 시행령 제26조 ④, ⑤ 및 보고요령 제8조, 제9조)

직전 사업연도 지주회사에 해당되었으나 당해 사업연도 내에 소유주식의 감소, 자산의 증감 등으로 지주회사에 해당되지 아니하게 되어 지주회사등에 대한 각종 제한규정의 적용을 면하고자 하는 회사가 이를 공정거래위원회에 신고한 경우 아래의 사유 발생일로부터 지주회사로 보지 아니한다.

지주회사의 적용제외 신고를 하는 회사는 공정거래위원회가 정하는 바(보고요령 제7조, 제8조)에 따라 아래의 사유가 발생일을 기준으로 회계감사를 받은 대차대조표 및 주식소유현황을 공정거래위원회에 제출하여야 한다.

이 경우 공정거래위원회는 신고를 받은 날부터 30일 이내에 그 심사결과를 신고인에게 통지하여야 한다.

(1) 지주회사 적용제외 신고 기준일

구 분	사 유	당해 사유 발생일
자회사 주식감소	자회사 주식 매각	주권교부일
	자회사 청산 또는 자본감소 등	청산등기일 또는 자본감소 등기일
	기타	실질적인 주식감소가 있는 날
자산의 증감	자본 증감의 경우	등기일
	사채 발행 또는 상환의 경우	사채 발행일 또는 상환일
	기타	실질적인 자산의 증감이 있는 날

(2) 지주회사 적용제외 신고시 첨부서류

지주회사 적용제외 신고의 경우 별지 제8호 서식의 <지주회사의 적용제외 사실 통지서>에 아래의 서류를 첨부하여 공정거래위원회에 제출하여야 한다.

첨부서류	내 용
지주회사 제외 사실입증서류	주식매매계약서 및 주식매매대금 영수증 등 기타 지주회사 요건(자산 5,000억원 이상, 자회사주식가액 50% 이상)의 해당제외 사실을 증명할 수 있는 서류
소유주식명세서	별지 제4호 서식(신고기준일 현재. 회계감사 필요)
대차대조표	감사보고서(신고기준일 현재)
주주현황	별지 제2호 서식

③ **지주회사 주식소유현황 보고**(공정거래법 제18조 ⑦, 동법 시행령 제29조 및 보고요령 제10조, 제11조)

공정거래법상 지주회사로서 직전 사업연도 종료일 기준 지주회사의 요건에 해당하는 지주회사는 공정거래위원회가 정하는 요령(보고요령 제10조)에 따라 직전 사업연도 종료 후 4개월 이내에 다음의 사항들을 기재한 보고서를 공정거래위원회에 제출하여야 한다.

(1) 지주회사의 제출서류

지주회사는 직전 사업연도 종료일을 기준으로 다음의 서류를 공정거래위원회에 제출하여야 한다.

첨부서류	내 용
주주 현황	별지 제2호 서식
계열회사 현황	자회사, 손자회사, 증손회사, 기타 국내계열회사 기재 (해외계열회사는 작성대상에서 제외. 별지 제3호 서식)
소유주식명세서	자회사, 자회사 외의 국내계열회사, 비계열회사로 구분하여 기재(별지 제4호 서식)
직전 사업연도의 감사보고서	연결재무제표 작성기업의 경우 연결재무제표 포함
특수관계인(국외계열사 제외) 거래행위 현황	벤처지주회사가 제출하는 경우로 한정(별지 제10호 서식)

지주회사가 상호출자제한기업집단에 속한 회사인 경우에는 직전 사업연도중 새로이 편입한 자회사에 대하여 별지 제6호 서식에 의하여 직전 사업연도 종료일을 기준으로 작성된 다음의 서류를 제출하여야 한다(보고요령 제12조).

첨부서류
새로 편입한 자회사가 계열회사에 대하여 제공한 채무보증명세서
새로 편입한 자회사가 계열회사로부터 제공받은 채무보증명세서
새로 편입된 자회사가 자회사로 편입되기 전 최근 1년간 계열회사에게 제공한 채무보증 및 계열회사로부터 제공받은 채무보증의 해소실적

(2) 자회사의 제출서류

지주회사의 자회사는 직전 사업연도 종료일을 기준으로 작성된 다음의 서류를 공정거래위원회에 제출하여야 한다.

첨부서류	내 용
주주 현황	별지 제2호 서식
소유주식명세서	손자회사, 손자회사 외의 국내계열회사, 비계열회사로 구분하여 기재(별지 제4-1호 서식)

첨부서류	내 용
감사보고서	직전 사업연도 말 기준
주요사업내용 및 직전 사업연도의 거래처별 거래내역	금융지주회사의 일반자회사인 경우에만 해당 (별지 제5호 서식)
특수관계인(국외계열사 제외) 거래행위 현황	벤처지주회사가 제출하는 경우로 한정(별지 제10호 서식)

(주) 자회사가 회계감사를 받지 않는 경우 세무조정계산서 등으로 감사보고서 대체 가능

(3) 손자회사의 제출서류

지주회사의 손자회사는 직전 사업연도 종료일을 기준으로 작성된 다음의 서류를 공정거래위원회에 제출하여야 한다.

첨부서류	내 용
정 관	신규손자회사 or 정관 변동시에만 해당
주주 현황	별지 제2호 서식
소유주식명세서	증손회사, 증손회사 외의 국내계열회사, 비계열회사로 구분하여 기재(별지 제4-2호 서식)
감사보고서	직전 사업연도 말 기준
특수관계인(국외계열사 제외) 거래행위 현황	벤처지주회사가 제출하는 경우로 한정(별지 제10호 서식)

(주) 손자회사가 회계감사를 받지 않는 경우 세무조정계산서 등으로 감사보고서 대체 가능

(4) 증손회사의 제출서류

지주회사의 증손회사는 직전 사업연도 종료일을 기준으로 작성된 다음의 서류를 공정거래위원회에 제출하여야 한다.

첨부서류	내 용
정 관	신규증손회사 or 정관 변동시에만 해당
주주 현황	별지 제2호 서식
소유주식명세서	국내계열회사, 비계열회사로 구분하여 기재 (별지 제4-3호 서식)

첨부서류	내　용
감사보고서	직전 사업연도 말 기준
특수관계인(국외계열사 제외) 거래행위 현황	벤처지주회사가 제출하는 경우로 한정(별지 제10호 서식)

(주) 증손회사가 회계감사를 받지 않는 경우 세무조정계산서 등으로 감사보고서 대체 가능

VII 행위제한 및 신고규정 위반에 대한 벌칙

① 탈법행위의 금지(공정거래법 제36조 ①)

누구든지 공정거래법상 지주회사 등의 행위제한(법 제18조), 상호출자제한 기업집단의 지주회사 설립제한(법 제19조) 및 일반지주회사의 금융회사 주식소유제한에 관한 특례(법 제20조) 등의 규정 적용을 면탈하려는 행위를 하여서는 안 된다.

② 시정조치(공정거래법 제37조)

공정거래위원회는 지주회사 등의 행위제한(법 제18조), 상호출자제한 기업집단의 지주회사 설립제한(법 제19조) 및 일반지주회사의 금융회사 주식소유제한에 관한 특례(법 제20조) 등 규정을 위반하거나 위반할 우려가 있는 경우에는 당해 사업자 또는 위반행위자에 대하여 다음과 같은 시정조치를 명할 수 있다(공정거래법 제37조 ①).

| 시정조치 |

- 해당 행위 중지, 주식의 전부 또는 일부의 처분, 임원의 사임, 영업의 양도, 채무보증의 취소, 시정명령을 받은 사실의 공표, 공시의무의 이행 또는 공시내용의 정정, 기타 법 위반상태를 시정하기 위하여 필요한 조치

그리고 공정거래위원회는 상호출자제한 기업집단의 지주회사 설립제한 규정을 위반한 합병 또는 설립이 있는 때에는 당해 회사에 대해 합병 또는 설립무효의 소를 제기할 수 있다(공정거래법 제37조 ②).

③ 과징금(공정거래법 제38조)

공정거래위원회는 지주회사 등의 행위제한 규정을 위반한 자에 대하여 다음 금액의 10% 한도 내에서 과징금을 부과할 수 있다.

위반내용	한 도
부채비율 200% 초과금지 조항	기준대차대조표상[주] 자본총액의 2배를 초과한 부채액
자회사 주식비율 (비상장 50%, 상장 등 30%) 조항	당해 자회사 장부가액 합계액에 다음의 비율에서 그 자회사 주식의 소유비율을 뺀 비율을 곱한 금액을 그 자회사 주식 소유비율로 나누어 산출한 금액 -국내외 상장법인, 공동출자법인 : 30% -벤처지주회사의 자회사 : 20% -그 외 자회사 : 50%
기 타	계열회사가 아닌 국내회사주식 5% 초과소유금지, 금융지주회사의 비금융 국내회사 주식소유금지, 일반지주회사의 금융회사 주식소유금지 등을 위반하여 소유하는 주식의 기준대차대조표상 장부가액의 합계액
자회사의 손자회사 주식보유기준 조항	당해 손자회사 주식의 기준 대차대조표상 장부가액의 합계액에 다음의 비율에서 그 손자회사 주식의 소유비율을 뺀 비율을 곱한 금액을 그 손자회사 주식의 소유비율로 나누어 산출한 금액 -국내외 상장법인, 공동출자법인 : 30% -벤처지주회사의 자회사인 손자회사 : 20% -그 외 손자회사 : 50%

주) 기준대차대조표(공정거래법 시행령 제43조) : 지주회사, 자회사, 손자회사의 행위제한 규정을 위반한 사실이 최초로 나타난 대차대조표

④ 벌 칙

지주회사, 자회사, 손자회사, 증손회사의 행위제한 규정을 위반한 자, 채무보증제한 기업집단의 지주회사 설립제한 규정을 위반한 자, 탈법행위를 한 자에 대해서

는 3년 이하의 징역 또는 2억원 이하의 벌금에 처하며, 징역형과 벌금형은 이를 병과할 수 있다(공정거래법 제124조).

또한, 지주회사 설립·전환의 신고 규정을 위반한 자, 지주회사의 주식소유현황의 보고 규정을 위반한 자에 대해서는 1억원 이하의 벌금에 처한다(공정거래법 제126조 1호, 2호). 그리고 법인의 대표자나 법인 또는 개인의 대리인, 사용인, 그 밖의 종업원등이 위 벌칙 조항(공정거래법 제124조, 제126조)을 위반할 시, 그 행위자를 벌하는 외에 그 밖의 법인 및 개인에게도 해당 조문의 벌금형을 과한다(공정거래법 제128조).

Ⅷ 지주회사 설립 및 전환 절차

회사는 공정거래법상의 지주회사를 설립하거나 전환하기 위하여 부채비율, 자회사 지분율, 순환출자 등을 고려하여 지주회사의 설립 및 전환의 여러 가지 방법 중 한 가지 방법을 선택할 것이다. 이 중에서 상장회사의 지주회사 설립 및 전환과 관련하여 가장 선호되는 유형은 인적분할을 통한 지주회사 설립·전환 후 현물출자를 통한 자회사 편입으로 과거 LG그룹이 지주회사 전환시 실행한 이후 많은 상장회사들이 준용하고 있는 방법이다.

이 방법은 계열회사 주식을 가지고 있는 준지주회사(상장법인)를 투자부문과 사업부문으로 인적분할하여 지주회사로 설립·전환하는 것이다. 존속법인은 변경상장하고, 신설법인은 재상장하여 상장회사를 추가할 수 있으며, 이때 투자부문(지주회사)과 사업부문(자회사) 중 어느 회사를 존속법인으로 할 것인지는 선택가능하다. 그리고, 분할 전 준지주회사가 자기주식을 보유한 경우 인적분할과 동시에 투자부문(지주회사)는 사업부문(자회사)의 지분을 보유하는 효과를 가질 수 있다.

인적분할에 의한 지주회사 설립·전환 후 투자부문(지주회사)은 사업부문(자회사)의 주주들로부터 사업부문의 주식을 현물출자받고 지주회사의 신주(또는 자기주식)를 대가로 교부해줌으로써 사업부문을 자회사로 편입 또는 자회사에 대한 지분율 제고를 하게 된다. 인적분할 직후 사업회사 소유구조에 따른 자회사 판단 여부는 다음과 같다.

사례   인적분할 직후 사업회사의 소유구조에 따른 자회사 판단 여부

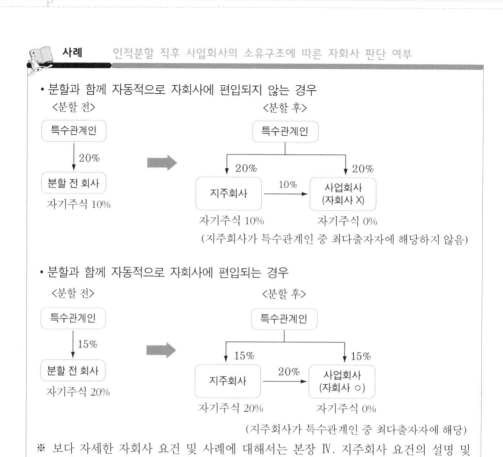

* 분할과 함께 자동적으로 자회사에 편입되지 않는 경우

※ 보다 자세한 자회사 요건 및 사례에 대해서는 본장 Ⅳ. 지주회사 요건의 설명 및 도표를 참고바람.

① 인적분할을 통한 지주회사 설립·전환절차

상장법인의 인적분할을 통한 지주회사 설립·전환은 '제2장 분할' 편에서 살펴본 상장회사의 인적분할 절차와 거의 동일하므로, 차이가 있는 부분에 대해서만 살펴 보도록 하겠다.

(1) 정관변경

일반적으로 인적분할을 거쳐 지주회사로 설립·전환되는 회사는 향후 현물출자 과정 을 통하여 사업회사를 자회사로 편입하게 된다. 이때, 현물출자에 대한 신주발행을 용 이하게 하기 위하여 지주회사 부문의 정관에 다음과 같은 조항을 반영하여야 한다.

〈정관 예시〉

제××조 (신주인수권)

① 회사의 주주는 소유주식의 비율에 따라 신주의 배정을 받을 권리가 있다.

② 제1항의 규정에도 불구하고 다음 각호에 해당하는 경우에는 신주배정방법 기타 발행사항의 결정은 이사회의 결의에 의한다.

1. 주주우선공모의 방식으로 신주를 발행하는 경우

2. 발행주식총수의 100분의 50을 초과하지 않는 범위 내에서 자본시장과 금융투자업에 관한 법률 제16조의 6에 따라 일반공모의 방식으로 신주를 발행하는 경우

3. 발행주식총수의 100분의 50을 초과하지 않는 범위 내에서 사업상 중요한 기술도입, 연구개발, 생산·판매·자본제휴 또는 긴급한 자금 조달 등 회사의 경영상 필요에 의하여 개인, 국내외 금융기관, 계열회사, 기관투자자, 외국인투자자 등 제3자 신주를 발행하는 경우

4. …

5. …

③ 회사가 독점규제 및 공정거래에 관한 법률상의 자회사의 주식을 추가로 취득하기 위하여 또는 다른 회사를 독점규제 및 공정거래에 관한 법률상의 자회사로 만들기 위하여 당해 회사의 주식을 취득할 필요가 있는 경우 및 기타 금전 이외의 재산을 취득할 필요가 있는 경우에는, 회사는 당해 주식 또는 기타 재산을 현물출자받기 위하여 당해 주식 또는 기타 재산을 소유한 자에게 이사회 결의에 의하여 신주를 배정할 수 있다.

현물출자의 경우, 회사에 현물을 출자하고 그 대가로서 신주를 배정받는 것으로서 구주주의 신주인수권을 침해하지 않는 것이므로 위 정관예시안의 3항이 없다 하더라도 주주 이외의 자에게 신주를 발행할 수 있으며, 이 경우 현물출자를 받을 때 일반공모(현물출자공개매수) 또는 제3자배정(현물출자3자배정)의 방식 중 어느 것을 취하더라도 위 정관예시안의 2항 2호 및 3호에서 정한 발행한도의 적용을 받지 않는다(대법원 1989. 3. 14. 선고, 88누889 판결).

다만, 불필요한 논쟁을 피하기 위하여 현물출자를 필요로 하는 대부분의 지주회사 설립·전환시에 관례적으로 위와 같은 문구를 삽입하여 두고 있다.

(2) 변경상장 및 재상장

일반적으로 인적분할시 지주회사 부문을 존속법인으로 하고 사업부문을 분할신설법인으로 하여 지주회사 절차를 진행한다. 그러나 경영상의 이유로 지주회사 부문

을 신설법인으로 하는 경우가 있으며, 유가증권상장법인의 경우 지주회사 부문을 분할신설법인으로 하여 재상장시 매출액 및 이익액 산정에 있어 지주부문의 실적이 아닌 자회사 영업부문실적과 지분율의 곱으로 대체해주는 등의 특례규정이 마련되어 있으나(유가증권시장상장규정 제42조 ②, ⑥), 코스닥상장법인의 경우 이러한 규정이 없어 이에 대한 추가적인 검토가 필요할 것이다.

구 분	지주회사 전환	지주회사 설립
개 념	• 투자부문을 존속회사로 하고, 기존사업부문을 신설회사로 하여 인적분할	• 투자부문을 신설회사로 하고, 기존사업부문을 존속회사로 하여 인적분할
상 장	• 지주회사 변경상장 • 사업회사 재상장	• 지주회사 재상장 • 사업회사 변경상장
장 점	• 기존사업부문이 그대로 옮겨가므로 사업회사의 재상장문제 용이 • 회사 연혁 등 정통성이 지주회사에 존속	• 인허가, 계약이전 등 내부절차 간소 • 개시대차대조표에 대한 감사보고서를 거래소와 공정위에 동시제출 가능
단 점	• 인허가, 계약이전 등 내부절차 번거로움 • 사업회사 개시대차대조표에 대한 감사보고서(유가증권시장은 검토확인서)와 공정위제출용 지주회사 개시대차대조표에 대한 감사보고서 따로 작성	• 재상장심사요건 관련 지주회사 특례조항은 유가증권시장에만 있음 • 재상장 심사의 난이도 증대 (지주회사가 보유한 회사들을 질적 평가하므로, 자회사들이 소규모 비상장사 위주인 경우 심사난이도 높아짐)

(3) 지주회사 설립 · 전환신고

인적분할을 통해서 지주회사로 설립 · 전환할 경우 해당 지주회사는 분할(또는 설립)등기일로부터 30일 이내에 공정위에 지주회사 설립 · 전환신고서를 제출하여야 한다. 이때 지주회사는 분할등기일 기준의 대차대조표에 대해 감사인의 감사를 받아야 하고 자회사, 손자회사 및 증손회사는 직전 사업연도 기준의 감사보고서를 첨부하여야 하므로 해당 기업집단은 감사보고서(외감법상 감사보고서 미제출 법인의 경우, 세무조정계산서 등으로 대체 가능)를 사전에 준비하여야 한다.

(4) 공정거래위원회의 확인

지주회사 설립·전환신고 후 공정위가 당 회사의 지주회사 요건 충족을 확인하는 절차가 필요하며, 회사는 공정위의 확인이 있는 날 주요경영사항 공시를 통해 이를 알리도록 한다. 그러나, 이 절차는 지주회사 설립·전환에 대한 확인 절차에 불과하므로, 공정거래법상 지주회사의 행위제한 등은 지주회사 설립·전환의 사유발생일부터 준수하여야 할 것이다.

② 사업부문에 대한 현물출자 절차

일반적으로 인적분할에 의한 지주회사 설립·전환 후 지주회사는 사업회사를 자회사로 편입하거나 이미 자회사 요건을 충족한 사업부문에 대해 현물출자를 통해 지분율제고를 시도한다.

또는 인적분할 당시에는 지주요건(자산 5천억원 이상 & 자회사주식가액 비중 50% 이상)을 충족하지 못하고 현물출자 이후에야 현물출자받아 납입하는 사업회사 주식가액 만큼 자산도 상향되고, 그 만큼 자회사주식가액 비중도 높아져서 지주전환을 하는 경우도 있다. 이때는 지주 요건 갖춘 이후 특정일을 기준으로 대차대조표에 대해 감사인의 감사보고서를 첨부하여 공정위에 지주회사 전환신고를 하여야 한다.

참고로, 최대주주가 보유한 사업회사의 주식을 지주회사가 현금으로 매입하게 되면 지분매입 비용과 양도차익에 대한 과세문제가 발생하게 되므로 사업회사의 주식을 지주회사에 현물출자하는 방법이 이용된다. 현물출자의 방법은 사업회사 주주들의 보유주식을 지주회사에 현물로 출자하고 그 대가로 지주회사의 신주를 배정하는 것으로, 이를 통하여 지주회사는 사업회사에 대한 지분매입비용을 줄일 수 있으며 최대주주는 현물출자 후 배정받은 지주회사의 신주를 통해서 지주회사의 지배력을 높이고 양도소득세를 이연시킬 수 있다.

다만, 기존에 조세특례제한법이 매 3년마다 위 과세이연효과에 대한 일몰조항을 3년씩 연장해주었던 것에 반해, 현재는 아래와 같이 특정 기간 내에 현물출자를 완료하지 못하는 회사의 경우에는 그 과세이연의 기간이 짧아졌다. 특히 2026년 12월 말 이전에 현물출자를 완료하는 경우에는 해당 사업연도 포함 4년 거치, 이후 3년 분할납부 의무가 생기게 된다(조세특례제한법 제38조의2).

기간	과세이연 방법
2023년 12월 31일까지	• 주식을 처분할때까지 양도차익을 과세이연 • 처분시 처분 비율에 상당하는 금액을 과세
2024년 1월 1일부터 2026년 12월 31일까지	• 양도차익에 대해서 양도일이 속하는 사업연도와 이후 3개 사업연도 동안 과세이연 • 이후 다음 3개 사업연도의 기간 동안 균분한 금액 이상을 양도차익으로 인식하여 과세(개인은 계산된 세액을 이연후 분할 납부하는 방식) • 처분시 처분 비율에 상당하는 금액을 과세

(주) 4년거치 3년 분할납부에 대한 조항은 2019년 말 개정되었으나 당초 부칙에서 그 시행시기를 2022년 1월 1일로 하였다가 이후 다시 2024년 1월 1일로 연기되었다.

현물출자의 방법 적용시 지주회사는 신주배정을 위하여 유상증자를 실시하게 된다. 이때 현물출자 증자는 사업회사 주주들의 증자참여방식을 어떻게 할 것인지에 따라서 일반공모증자(현물출자공개매수)와 제3자배정 증자로 구분할 수 있다.

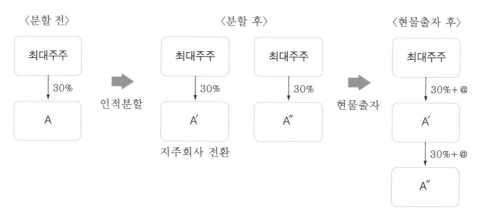

※ A″ 주식의 현물출자 공개매수 후 최대주주는 A′ 주식만을 보유하며, A′에 대한 지분율이 크게 증가함.

한편, 분할 전 회사가 자기주식을 보유한 경우 지주회사가 사업회사의 주식을 보유하는 형태로 인적분할을 할 수 있으므로 지주회사 전환절차 종료 후 지주회사의 사업회사에 대한 지분율을 미리 확보해 둘 수 있는 장점이 있다.

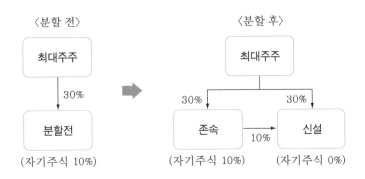

※ 참고 : 현물출자공개매수를 통한 자회사 편입

3 현물출자공개매수

앞서 설명하였듯이 지주회사는 사업회사의 주주들로부터 사업회사의 주식을 현물
출자받고 신주를 발행하게 되는데, 지주회사는 사업회사의 주주들로부터 주식을 매
입하고 대가를 지불하는 것이기도 하지만, 사업회사의 주주들이 지주회사의 신주를
배정받는 유상증자에 참여하면서 그 대가로 현금이 아닌 현물을 납입하는 것이기도
하다. 따라서 본 절차는 주식의 매입매도와 유상증자의 절차가 혼재되어 있다.

이때 일반인 모두(사업회사의 주주 모두)를 대상으로 지주회사 증자의 청약을 받을
것인지, 아니면 최대주주 및 특수관계인 등 일부에게서만 증자 청약을 받을 것인
지를 선택하여야 한다.

모든 주주를 대상으로 청약을 받는 것이 일반공모의 방법이다. 일반공모의 방식으
로 지주회사가 증자를 하되, 이 증자에 참여하고자 하는 이는 현금이 아닌 사업회
사의 주식을 납입해야 하는 바, 지주회사의 입장에서는 모든 주주들을 대상으로
사업회사의 주식을 대량으로 매입하게 된다.

지주회사는 사업회사의 주주들로부터 주식을 매입하게 되고, 사업회사의 주주들
은 지주회사의 신주를 배정받게 되므로 결국 지주회사의 증자에 참여하게 되는
것이기도 하다. 이때 사업회사가 상장회사라고 하면 지주회사는 짧은 시간(6개월
내)에 다수로부터(10인 이상) 다량의 주식(5% 이상)을 현물출자받게 되므로(청약기간
이후에 일괄 장외매입하게 되므로 장외거래 해당) 사업회사 주식 취득에 있어 자본시
장법 제133조 이하에 의한 공개매수의 방식을 따라야 한다.

일반적인 공개매수 및 일반공모증자의 설명 및 절차 등은 본서 제8장 및 제9장을 참

조하기 바라며, 본 장에서는 현물출자공개매수의 일반적인 절차를 살펴보도록 한다.

	공개매수	일반공모
	사전 준비작업	사전 준비작업
D-1	공개매수(현물출자)가격결정	
D-day	공개매수이사회결의	유상증자이사회결의 주요사항보고서 제출
D+1	신문공고(2개)	공고(신문 or 홈페이지)
	공개매수신고서 제출	증권신고서 제출
	공개매수설명서 제출	예비투자설명서
D+11		신주발행가액 확정
	공개매수신고서 정정	증권신고서 정정(효력발생 전 3영업일)
	공개매수설명서 정정	예비투자설명서 정정
D+15		증권신고서 효력발생(10영업일 소요)
		투자설명서 제출
D+16	공개매수 실시	청약 실시
D+35	공개매수 완료	청약 완료
D+36	공개매수결과 통지	유상증자결정 정정
D+37	주권반환, 단수주 대금납입	단수주 대금납입
	공개매수결과보고	증권발행실적보고
	대량보유주식수변동신고	
D+40	최대주주 변경신고	
	최대주주 등 소유주식수변동신고	
	지주회사의 자회사편입신고	
D+41		증자등기
D+43		대량보유주식수변동신고
	임원/주요주주 특정증권 등 소유상황 보고	임원/주요주주 특정증권 등 소유상황 보고
		상장신청
D+52		신주상장
~D+67	기업결합신고(해당시)	

(1) 사전 준비작업

현물출자공개매수는 사업회사 주식가격(현물출자가격)을 산정하기 위하여 변경상
장 및 재상장으로부터 최소 1개월 이상의 시간이 경과된 후 진행되어야 한다. 한
편, 공개매수사무취급자와 유상증자의 투자중개업자는 동일하게 하여 이사회 결
의 및 신고서 제출 등 공개매수와 일반공모증자의 공통된 업무절차는 동시에 진
행할 수 있도록 하여야 할 것이다.

(2) 공개매수 가격(현물출자 가격)의 결정

주식회사가 현물출자를 받는 경우, 회사는 그 현물출자의 대상물에 대해 검사인
조사 또는 공인된 감정인으로부터의 감정을 받아 법원의 인가를 받아야 한다(상법
제422조 ①). 현물출자 목적대상이 거래소의 시세 있는 유가증권일 경우에는 상법
특례조항에 의거하여 해당 현물출자 대상주식의 가격은 이사회결의일 전 영업일
을 기준일로 하여 다음과 같이 계산된 금액을 초과하지 않도록 하여 법원인가 절
차없이 정할 수 있으며, 이때 해당 주식에 대해 그 사용, 수익, 담보제공, 소유권
이전 등에 대한 물권/채권적 제한이나 부담이 설정된 경우에는 이를 법원인가 절
차 생략이 적용되지 아니한다(상법 제422조, 동법 시행령 제14조 ②, ③).

현물출자가액	산정내역
기준주가	기준주가＝Min[(ⓐ ＋ ⓑ ＋ ⓒ) / 3, ⓒ] ⓐ 1월간의 평균종가 ⓑ 1주일 평균종가 ⓒ 최근일 종가 ※기산일 : 유상증자(현물출자) 이사회결의일의 전영업일

(주) 현물출자의 목적재산이 회사의 자본금의 1/5 이하이고, 5천만원 미만인 경우 위 인가절차를 생략할
수 있음(상법 제422조 ②, 동법 시행령 제14조 ①).

한편, 현물출자와 관련한 특례조항이 신설되기 이전에는 상장회사 간의 현물출자
공개매수를 하는 경우에도 상기의 방식(과거 상장법인의 합병가액 산정방식)을 준용
하였으나, 감정평가보고서를 작성하여 법원 제출 및 인가를 받은 후에 공개매수신
고서 및 증권신고서를 제출할 수 있었다.
이 경우 법원인가 시간으로 인하여, 지급될 지주회사 주식의 발행가격결정이 지연
되고 이미 결정된 현물출자 대상 주식과의 가격결정 시점 차이로 교환 대상물의

적절한 상대가격을 반영하지 못하는 결과를 가져왔다. 이에 현물출자 대상이 상장
회사 주식인 경우 검사인의 조사보고서 또는 감정인의 감정서 등에 대한 법원의
인가가 있는 것으로 보게 되어 현물출자 공개매수에 대한 불확실성을 줄이고, 가
격결정 시점의 차이를 줄일 수 있게 되었다.

(3) 신문 공고

공개매수자는 공개매수사무취급자(증권사)를 통하여 공개매수에 관한 상세한 내용
을 일간지 또는 경제지 중 전국을 보급지역으로 하는 2개 이상의 신문에 공고한
다. 이때, 유상증자에 대한 신문공고를 겸하도록 한다.

(4) 공개매수 및 증권신고서 제출

공개매수하는 주식(현물출자받으려는 신설법인 주식)에 대한 대가로서 지급하는 지
주회사의 신주는 청약일로부터 3영업일 이전에 가격이 확정되므로 증권신고서 제
출시에는 신고서 제출일 전일 또는 3영업일 전을 기산일로 하여 예정 발행가액을
기재하여 신고서를 작성하도록 한다. 이때 예정발행가액은 실제교환비율과 상관
없는 가격으로 신주발행가액확정시 정정의 대상이 된다.

(5) 신주발행가액 확정

현물출자 대상주식(사업회사의 주식)에 대한 대가로서 지주회사가 발행하게 되는
신주의 발행가액은 유상증자 청약일로부터 3영업일 이전에 확정되며, 기존에 제
출하였던 주요사항보고서, 공개매수신고서 및 증권신고서(투자설명서) 등은 그 내
역을 정정하여 제출하도록 한다.

구 분	내 용
할인율	30% 이내
기산일	청약일 전 제3거래일을 기산일로 하여 기준주가를 산정
계산식	발행가 = 기준주가 × (1 − 할인율)
기준주가	기준주가 = 3거래일간 가중산술평균주가 (ⓐ / ⓑ) ⓐ : ∑ 일별 총거래금액 ⓑ : ∑ 일별 총거래주식수

(6) 공개매수 및 유상증자 청약 실시

사업회사 주식의 공개매수기간은 20일 이상 60일 이내로 하여야 하며, 유상증자 기간은 특별한 제한이 없으므로 공개매수기간에 맞추어 청약을 실시한다. 한편 유상증자의 청약업무는 증권신고서를 제출하고 11일째(영업일 기준)되는 날 ㅗ 신고서의 효력이 발생된 후 진행할 수 있다. 이러한 증권신고서(지분증권)에 대해 금융감독원의 정정명령 또는 자진정정이 있을 경우, 효력발생이 지연될 수 있으므로 증권신고서에 대한 정정 및 효력발생기간을 잘 고려하여 공개매수 및 유상증자 청약 일정을 잡아야 할 것이다. 참고로 증권신고서 제출 후 청약일 사이에 필수 정정사유[ex. 결산 재무제표 확정, 분반기보고서 제출 등(자본시장법 제122조 ③, 동법 시행령 제130조 ②)]가 발생할 시, 강제 정정신고 및 효력기간 재산정의 문제가 발생하니 특히 유의하여야 할 것이다.

(7) 공개매수 결과통지 및 주요사항보고서 정정공시

공개매수기간 종료 후 지체없이 청약주주가 공개매수청약서에 기재한 주소로 매수통지서를 발송하여야 한다. 매수통지서에는 개별 응모자에게 해당되는 매수예정주식과 반환주식의 수량 및 이에 대한 결제방법을 기재하게 된다.
공개매수기간 종료시 유상증자 청약도 종료되므로 확정된 공개매수 주식수에 맞추어 신주발행 주식수도 확정하여 정정 공시를 하도록 한다.

(8) 주권반환 및 매수대금 지급

공개매수통지서의 내용대로 개별 응모주주에게 매수대금을 지급하고, 응모주식 총수가 매수예정주식 총수에 미달하여 전부를 매수하지 않을 경우 또는 응모주식 총수가 매수예정주식을 초과하여 안분배정할 경우 매수하지 못한 주식에 대해서는 주권을 반환하는 조치를 취해야 한다. 일반적인 공개매수의 경우 매수대금이 결제일에 지급되어야 하나, 현물출자공개매수의 매수 대가는 지주회사가 발행하는 신주이므로 결제일에는 교환비율에 따른 단수주 대금만이 응모주주 본인 명의의 계좌로 입금되도록 한다.

> ex〉
> — 공개매수 가격(이사회결의일 전일 기준으로 결정) : 2,500원
> — 신주발행 가격(청약일로부터 3거래일 전일 기준으로 결정) : 10,000원
> — 교환비율 : 공개매수 1주당 지주회사 신주 0.25주 교환
> 만약 사업회사의 주주(A)가 40주를 공개매수에 응한다면 발행되는 신주는 10주로
> 단수주가 발생하지 않는다. 그러나 주주(B)가 50주를 공개매수에 응한다면 이때 대
> 가로 지급되어야 하는 지주회사의 신주는 12.5주가 된다. 이때 12주는 성주이므로
> 신주 상장일에 응모주주의 계좌에 주식이 입고되며, 0.5주는 단수주가 된다.
> 따라서 실질적인 주권양도일인 결제일에는 단수주 0.5주에 대한 대금만이 응모주주
> 에게 지급된다.
> — 0.5주 × 신주발행 가격(10,000원)＝5,000원

(9) 공개매수 결과보고 및 증권발행실적보고

공개매수 결과에 따라 결제 및 반환한 주식에 대한 정보를 금융위와 거래소에 보
고하여야 하며 유상증자 결과에 따른 정보를 금융위에 보고하도록 한다.

(10) 최대주주 변경신고

사업회사의 경우 현물출자공개매수를 통해 최대주주가 분할 전 최대주주에서 지
주회사로 변경되므로 최대주주가 변경되었음을 다음 날까지 거래소에 신고하여야
한다(코스닥회사는 당일 신고). 단, 분할 전 보유 중인 자기주식으로 인해 분할 직후
부터 지주회사가 사업회사의 최대주주에 해당되었다면 신고의무가 없다(유가증권
시장공시규정 제7조 ① 3호 가목 (1), 코스닥시장공시규정 제6조 ① 3호 가목 (1)).

(11) 지주회사의 자회사편입신고

분할 전 보유 중인 자기주식으로 인하여 사업회사가 분할 직후 이미 자회사가 되
는 경우를 제외하고는, 현물출자공개매수로 인하여 지주회사는 사업회사를 공정
거래법상의 자회사로 편입하게 되므로 이를 사유발생 당일 거래소에 보고하여야
한다(유가증권시장공시규정 제7조 ① 3호 가목 (3), 코스닥시장공시규정 제6조 ① 3호 가
목 (6)).

(12) 최대주주 등의 소유주식수 변동신고

지주회사의 경우 현물출자공개매수로 인해 최대주주의 보유주식수가 늘게 되고, 사업회사의 경우 최대주주가 변경되므로 그 소유주식수의 변동사항을 거래소에 신고하여야 한다. 이는 유가증권 상장법인에만 해당되며, 자본시장법 제147조의 주식등의 대량보유등의 보고(5%공시) 및 제173조 임원등의 특정증권등 소유상황 보고(10%공시)에 따른 보고의무가 해당사유 발생일로부터 2일내에 이행된 경우에는 생략할 수 있다(유가증권시장상장규정 제83조).

(13) 기업결합신고

공정거래법 제11조(기업결합의 신고)에 의거 특수관계인을 포함한 자산총액 또는 매출총액이 3천억원 이상인 회사(기업결합신고대상회사)가 특수관계인을 포함하여 자산총액 또는 매출총액 300억원 이상인 회사(상대회사)의 발행주식총수(의결권 없는 주식 제외)의 20%(상장회사는 15%) 이상을 취득하게 되는 경우에는 주식을 교부받은 날로부터 30일 내에 기업결합신고를 하여야 한다(공정거래법 제11조 및 동법 시행령 제18조). 단, 이때 공개매수자는 특수관계인을 포함하여 자산총액 또는 매출총액 300억원 이상이어야 한다(공정거래법 제11조 및 동법 시행령 제18조). 그리고 이는 상대회사가 기업결합신고대상회사의 발행주식총수(의결권 없는 주식 제외)의 20%(상장회사는 15%) 이상을 취득하게 되는 경우에도 마찬가지로 적용된다.

지주회사와 사업회사의 경우, 특수관계인 간의 기업결합이므로 간이신고로 그 의무를 이행하도록 한다(공정위 고시 제2022-23호 '기업결합의 신고요령' II. 제2조 가목). 그리고 기업결합의 일방이 특수관계인 포함하여 자산총액 또는 매출총액 2조원이 넘는 대규모회사라면 원칙적으로 공정거래위원회에 대한 기업결합 사전신고에 대한 승인전까지 주식 취득이 금지되나(공정거래법 제11조 ⑥, ⑦, ⑧). 거래시기 및 금액등을 사전에 특정하기 어려운 공개매수의 경우에는 해당 사전신고의 의무가 제외된다(공정거래법 제11조 ⑥ 단서조항, 시행령 제20조 ①, 기업결합의 신고요령 VIII.). 이때 주의하여야 할 것은 발행주식총수(의결권 없는 주식 제외)의 20%(상장회사는 15%) 이상을 취득한다는 것은 20%(상장회사는 15%) 미만인 상태에서 이상인 상태가 된다는 것을 말하며(공정거래법 시행령 제18조 ④), 이때 주식보유량은 자산 및 매출총액을 합산할 때와 마찬가지로 특수관계인의 주식보유량을 합산한 것을 의미한다는 것이다(공정거래법 제11조 ⑤). 따라서 인적분할 이전 회사에 대한 특수관계인들의 주식보유량이 이미 20%(상장회사는 15%) 이상이었거나 분할 전 자기주식으로 분할 후 사업회사에 대한 특수관계인 및 지주회사의 주식보유 합계가 20%(상장회사는 15%) 이상인 경우에는 추가적인 주식취득에 대해 기업결합신고의 의무가 발생하지 않게 된다.

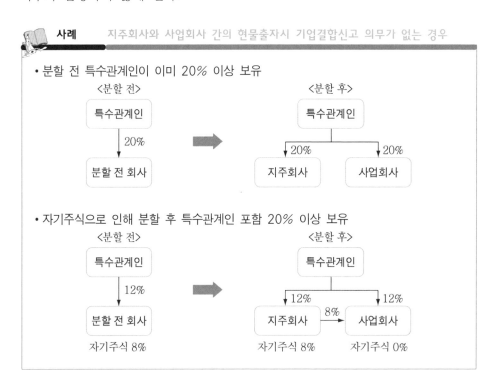

사례 지주회사와 사업회사 간의 현물출자시 기업결합신고 의무가 없는 경우

④ 현물출자 3자배정증자

앞서 인적분할 이후, 지주회사는 사업회사의 주주들로부터 사업회사의 주식을 현물출자받고 신주를 발행하되 그 신주발행 증자에 참여하게 되는 이가 일반인 모두(사업회사의 주주 모두)가 아닌 사업회사의 최대주주 및 특수관계인 등 일부에게서만 청약을 받아 신주를 배정할 수 있다. 이를 흔히 3자배정 방식의 현물출자로 부르고 있으며 간략한 절차는 다음과 같다.

절 차	일 정	비 고
사전 준비(현물출자가격(자산양수가격)에 대한 평가보고서 작업)	–	

절 차	일 정	비 고
현물출자가격(자산양수가격) 결정	D – 1	상법 제422조, 동법 시행령 제14조
유상증자이사회설의 주요사항보고서(유상증자결정) 제출	D – day	유가공시 제7조 ① 2호 가목 (1) 코스닥공시 제6조 ① 2호 가목 (1) 자본시장법 제161조 ① 5호, 동법 시행령 제171조 ① 1호
주요사항보고서(중요한 자산양수·도 결정) 제출		자본시장법 제161조 ① 7호, 동법 시행령 제171조 ② 5호
청약 및 납입일	D + 8	자본시장법 제165조의9, 상법 제418조 ④
합병등종료보고서(자산양수·도) 제출	D + 8	발행·공시규정 제5 – 15조
증자등기	D + 9	
신주상장	–	

(주) 발행되는 신주에 1년간의 전매제한 조치를 원치 않는 경우, 위 절차에 증권신고서 및 효력발생기간
(7영업일), 투자설명서, 발행실적보고서 등을 감안하여야 함.

앞서 현물출자 공개매수의 경우와 마찬가지로 상장법인 간의 현물출자의 경우, 3
자배정을 실시하더라도 규정에 의거할 시 법원인가가 생략된다(상법 제422조, 동법
시행령 제14조 ②, ③).

현물출자가액	산정내역
기준주가	기준주가＝Min[(ⓐ + ⓑ + ⓒ) / 3, ⓒ] ⓐ 1월간의 평균종가 ⓑ 1주일 평균종가 ⓒ 최근일 종가 ※기산일 : 유상증자(현물출자) 이사회 결의일의 전영업일

여타의 절차는 '제9장 증자'편을 참조하기 바란다. 다만, 여기에서 주의할 점은 지
주회사가 현물출자를 받는 제3자(최대주주 등)의 주식가액이 지주회사 자산총계의
10% 이상일 시에는 중요한 자산양수도에 해당되어 이에 대한 신고 및 공시를 취
하여야 한다는 것이다.

중요한 자산양수·도는 상법이 아닌 자본시장법에 그 근거를 두고 있다(자본시장
법 제161조 ① 7호). 과거 증권거래법에서는 직전연도 자산총계 대비 10% 초과하는

자산을 양수도하는 경우 신고서제출의 예외사유로 공개매수를 비롯하여 현물출자를 규정하고 있었으나, 자본시장법에서 현물출자에 대한 조항이 제외됨으로써 제3자배정 현물출자시 그 주식가액이 지주회사 자산의 10% 이상이 되는 경우 지주회사는 이를 자본시장법상의 중요한 자산양수도의 방식으로 취득하여야만 한다.

자본시장법 시행령 제171조 ② 5호에서 정하는 중요한 자산양수·도시 주요사항보고서 제출예외사유(발행·공시규정 제4-4조)

- 상품, 원재료, 저장품 또는 그 밖에 재고자산의 매입매출 등 일상적인 영업활동으로 인한 양수도
- 영업활동에 사용되는 기계, 설비, 장치 등의 주기적 교체를 위한 자산의 취득 또는 처분(교체주기 1년 미만인 경우에 한함)
- 법 및 상법에 따른 자기주식 취득 또는 처분
- 자산유동화에 관한 법률에 따른 자산유동화
- 공개매수에 의한 주식 등의 취득 및 처분
- 기타 법률 등에 의한 거래

(주) 과거 〈유가증권 발행 및 공시 등에 관한 규정〉에서는 위 예외사항에 현물출자가 있었으나, 자본시장법 체제 이후 주요사항보고서 제출면제사유에서 삭제

참고 ● 현물출자공개매수와 현물출자3자배정의 비교

구 분	현물출자공개매수	현물출자3자배정
증자 방식	일반공모증자	제3자배정증자
참여주주	참여하고자 하는 사업회사의 모든 주주	최대주주 등 소수
현물출자주식의 취득 방법	공개매수	일반적 장외거래(자산양수)
현물출자가격	이사회전일을 기준으로 $Min[(A+B+C)/3, \ C]$ - A : 1개월 평균주가 - B : 1주일 평균주가 - C : 최근일 주가	좌동
신주발행가격	청약일 전 3~5거래일 거래량가중산술평균주가 =총거래규모/총거래량 * 30% 이내에서 할인율 적용 가능[주2]	- 전매제한有 : ①, ②선택가능[주1] - 전매제한無 : ① ① 좌동 ② 이사회전일을 기준으로 $Min[(A+B+C)/3, \ C]$

구 분	현물출자공개매수	현물출자3자배정
		−A : 1개월 평균주가* −B : 1주일 평균주가* −C : 최근일 주가 * 위 평균주가는 거래량가중평균주가를 말함 　= 총거래금액/총거래량 * ②에서 정해진 가격의 10% 이내에서 할인율 적용 가능
청약기간	최소 20일(20일~60일)	1일
최대주주 지배권 강화정도	일반주주 참여 높아질수록 최대주주의 지주회사 지분율 강화 효과 하락(일반주주 참여율 0%시, 제3자배정증자와 효과 동일)	일반주주 참여 배제를 통한 최대주주의 지주회사 지분율강화 효과 극대화
신주에 대한 매매제한	없음	전매제한조치(1년간 보호예수) −보호예수 면제를 위해서는 증권신고서 제출 및 효력기간 7영업일 필요
기타	• 동등한 기회제공으로 인한 일반주주 반발최소화 • 조세위험 최소화 • 대다수 사례	• 기회배제에 대한 일반주주반발 우려 • 조세위험 증대 • 최근 사례 거의 없음

주1) 규정상 상장회사의 제3자배정 증자시, 신주를 취득하는 49인 이하의 소수 주주는 자신의 주식을 1년간 매각하지 아니하는 발행·공시규정 2-2의 전매제한조치를 취하고 증권신고서 제출을 면제받을 수도 있고, 전매제한을 하지 않고 신고서를 제출할 수도 있다. 다만, 지주회사 전환 또는 지주회사의 자회사 요건충족을 위한 현물출자시, 사업회사(자회사)주식을 지주회사(모회사)에 매각하며 발생하는 양도소득세의 과세이연 효과를 고려할 시 전매제한조치를 하지 않고, 굳이 증권신고서를 내는 경우는 없으리라고 판단된다. 또한 기회배제 등 일반주주 반발로 사례가 거의 없음에 비추어 볼 때, 혹시나 사례가 나오더라도 최대주주등의 취득가격을 더욱 낮추어주는 할인율 적용은 힘들 것으로 판단된다.

주2) 통상 최대주주의 지분율 상향을 위하여 이뤄지는 현물출자 공개매수(증자의 입장에서는 일반공모)시 할인율을 적용하면 모회사 주식을 더 많이 받게 되므로, 일반주주들의 참여유인을 높이게 된다. 이에 통상 할인율을 적용하는 사례는 거의 없다.

부록 … 1 회계 및 세무

I 지주회사의 설립 및 전환의 회계

지주회사의 설립 및 전환에는 분할 및 주식교환 등 절차가 수반되는데 이에 대한 회계처리는 '제2장 분할' 등에서 검토하였으므로 본 장에서는 이에 대한 검토를 생략한다. 한편, 지주회사의 설립 및 전환과 관련하여 주식의 현물출자 또는 포괄적 교환·이전이 발생할 경우 지주회사는 자회사의 주식을 자산에 편입하고 그에 해당하는 자본을 증가시키므로 자산과 자본증가의 회계처리를 하게 된다.

① 지주회사의 회계

지주회사가 현물출자의 방법에 따라 자회사 주식을 매수하고 지주회사의 주식을 교부하는 경우 매수하는 주식의 취득원가는 매수대가로 발행하는 지주회사 주식의 공정가액으로 하여야 한다(질의회신 02－155, 2002. 9. 11.).

또한, 주식의 포괄적 교환 또는 이전의 방법에 의한 지주회사 설립의 경우 자회사 주식의 취득원가는 교부하는 지주회사 주식의 공정가액으로 평가하여야 한다(질의회신 05－034, 2005. 10. 10.).

구 분	내 용
자회사 주식	• 교부하는 지주회사 주식의 공정가액으로 평가
주식교환 대가	• 자회사주식의 취득원가 〉 발행신주의 액면가액 : 주식발행초과금 • 자회사주식의 취득원가 〈 발행신주의 액면가액 : 주식할인발행차금
규 정	질의회신 02－155, 질의회신 05－034

② 자회사의 회계

주식의 현물출자 또는 포괄적 교환·이전은 자회사의 자산·부채에 변동이 없는 주주 간의 주식이동이므로 자회사 입장에서는 별다른 회계처리를 요하지 않는다.

II 지주회사의 설립 및 전환의 세무

지주회사의 설립 및 전환시 회사 간의 분할 등 복잡한 절차가 수반되고 설립, 전환 및 운영 방식에 따라 이해당사자들의 세부담이 달라질 수 있으므로 지주회사의 구조를 설계할 경우에는 관련된 세무검토가 선행되어야 한다. 개별적인 합병, 분할, 주식교환 등에 대한 세무 내용은 앞선 장들에서 상세하게 설명하였으므로 본 장에서는 지주회사의 설립 및 전환과 직접 관련된 세법항목에 대해서만 검토하기로 한다.

지주회사의 설립 및 전환시 일반적으로 주식의 현물출자 또는 교환·이전 거래를 통해 자회사 주식의 소유권이 기존 주주로부터 지주회사로 이전된다. 이 과정에서 자회사의 기존 주주에게는 주식의 양도차익에 대한 양도소득세 또는 법인세와 증권거래세가 적용되며, 자회사의 주식을 취득하는 지주회사는 자회사 주식의 평가, 과점주주 취득세 및 자회사 주식을 보유함에 따른 수입배당금의 익금불산입 등의 세법항목이 적용된다.

주체	세 목	규 정
자회사 주주	자회사 주주의 과세이연	조세특례제한법 제38조의2
	증권거래세	조세특례제한법 제117조
지주회사	자회사 주식의 평가	조세특례제한법 제38조의2
	과점주주 취득세	지방세특례제한법 제57조의2
	지주회사의 수입배당금액의 익금불산입	법인세법 제18조의2

① 자회사 주주의 세무

지주회사의 설립 등을 위해 주식을 양도하는 자회사 주주에 적용되는 주요 세법 항목은 다음과 같다.

세 목	규 정
양도차익 과세이연	조세특례제한법 제38조의2, 동법 시행령 제35조의3
증권거래세	조세특례제한법 제117조

(1) 양도차익 과세이연

자회사 주식을 지주회사에 양도하는 주주 입장에서 자회사 주식에 내재된 미실현 이익이 일시에 실현되어 거액의 양도소득세 납부의무가 발생할 수 있는데, 세법은 지주회사의 설립과 그 후 지분비율에 미달하는 자회사에 대한 지분비율요건의 충족을 지원하기 위하여 내국법인의 내국인 주주가 2026. 12. 31.까지 과세특례요건을 모두 갖추어 주식을 현물출자나 주식교환에 따라 발생한 양도차익에 상당하는 금액에 대하여는 양도소득세 또는 법인세를 4년 거치 후 3년간 분할납부할 수 있도록 하고 있다. 기존에 주식 처분시까지 기한없이 과세이연하였음에 비교하면 납세자에게 불리한 개정이므로 지주회사 전환을 고려하고 있다면 2023년 이내 실행하는 것을 고려할 수 있다.

기간	과세이연 방법
2023년 12월 31일까지	• 주식을 처분할때까지 양도차익을 과세이연 • 처분시 처분 비율에 상당하는 금액을 과세
2024년 1월 1일부터 2026년 12월 31일까지	• 양도차익에 대해서 양도일이 속하는 사업연도와 이후 3개 사업연도 동안 과세이연 • 이후 다음 3개 사업연도의 기간 동안 균분한 금액 이상을 양도차익으로 인식하여 과세(개인은 계산된 세액을 이연후 분할 납부하는 방식) • 처분시 처분 비율에 상당하는 금액을 과세

(주) 4년거치 3년 분할납부에 대한 조항은 2019년 말 개정되었으나 당초 부칙에서 그 시행시기를 2022년 1월 1일로 하였다가 이후 다시 2024년 1월 1일로 연기되었다.

① 현물출자 등

과세이연의 대상이 되는 현물출자 등은 다음과 같다.

- 지주회사 설립지원 : 과세특례요건을 모두 갖추어 주식을 현물출자함에 따라 「독점규제 및 공정거래에 관한 법률」에 따른 지주회사(금융지주회사법에 따른 금융지주회사 포함)를 새로 설립하거나 기존의 내국법인을 지주회사로 전환하는 경우

구 분	내 용
현물출자에 의한 지주회사의 설립 또는 전환 요건	① 지주회사 및 현물출자를 한 주요 지배주주 등이 현물출자로 취득한 주식을 전환·현물출자일이 속하는 사업연도 종료일까지 보유할 것 ② 현물출자로 인하여 지주회사의 자회사가 된 내국법인이 현물출자일이 속하는 사업연도의 종료일까지 사업을 계속할 것
규 정	조세특례제한법 제38조의2 ①, 동법 시행령 제35조의3

- 지분비율요건의 충족을 지원 : 현물출자, 적격분할, 적격물적분할에 의하여 전환된 지주회사("전환지주회사")에 지분비율미달자회사의 주식을 현물출자하거나 전환지주회사의 자기주식과 교환하는 경우. 단, 현물출자 이전에 전환지주회사가 40%(주권상장법인 및 벤처기업의 경우 20%) 이상 소유한 자회사 주식의 추가 현물출자와 전환지주회사가 전환 당시 출자하고 있지 않은 회사 주식의 현물출자 등에 대해서는 과세특례가 적용되지 않으므로 다른 과세이연 방법 검토가 필요함.

구 분	내 용
전환지주회사에 현물출자 또는 자기주식교환 요건	① (전환)지주회사 및 현물출자 등을 한 주주 중 주요 지배주주 등이 현물출자 등으로 취득한 주식을 현물출자·교환일이 속하는 사업연도의 종료일까지 보유할 것 ② 현물출자로 인하여 (전환)지주회사의 자회사가 된 내국법인이 현물출자일이 속하는 사업연도의 종료일까지 사업을 계속할 것 ③ 지분비율미달자회사의 주식을 현물출자 또는 (전환)지주회사의 자기주식과 교환하는 것일 것 ④ (전환)지주회사가 된 날부터 2년 이내에 현물출자 또는 (전환)지주회사의 자기주식과 교환하는 것일 것 ⑤ 자기주식교환의 경우에는 해당 지분비율미달자회사의 모든 주주가 자기주식교환에 참여할 수 있어야 하며, 그 사실을 공시할 것
규 정	조세특례제한법 제38조의2 ②, 동법 시행령 제35조의3

② 과세이연 방법 등

가. 법인주주의 과세이연

구 분	내 용
법인주주의 범위	• 내국법인, 국내사업장이 있는 외국법인 등
과세이연 금액	• (전환)지주회사 주식을 취득한 사업연도의 소득금액 계산시 주식양도차익에 대하여 지주회사 주식의 압축기장충당금으로 손금산입 • 주식양도차익 = 현물출자일 현재 취득한 (전환)지주회사 주식의 시가 − 현물출자일 전일의 해당 자회사 주식의 장부가액 * 단, 그 금액이 해당 자회사 주식의 시가에서 장부가액을 뺀 금액을 초과하는 경우 그 초과금액은 즉시 과세
분할 납부 (2024. 1. 1. 이후)	• 양도일이 속하는 사업연도와 해당 사업연도의 종료일 이후 3개 사업연도의 기간 중 익금에 산입하지 아니하고 그 다음 3개 사업연도의 기간 동안 균분한 금액 이상을 익금에 산입
압축기장충당금의 관리	• (전환)지주회사 주식 매각시 매각비율 상당액의 압축기장충당금 익금산입 − 익금산입액 = 전기말 압축기장충당금 × 처분주식수 / 전기말 보유 주식수(2024. 1. 1. 이후 적용이나 현행과 취지는 동일) • 현물출자 등으로 취득한 주식 외에 다른 방법으로 취득한 주식이 있는 경우에는 현물출자 등으로 인하여 취득한 주식을 먼저 처분한 것으로 계산
규 정	조세특례제한법 제38조의2 ③, 동법 시행령 제35조의3

나. 거주자 등인 주주의 과세이연

개인주주의 경우 2024년부터 기존 양도차익 과세이연 방식에서 양도소득세 납부이연방식으로 전환되는 점에 주의하여야 한다. 본 서에서는 개인주주의 혼동을 피하기 위하여 현재 적용되고 있는 양도차익 과세이연 방식을 설명한다.

구 분	내 용
거주자 등의 범위	• 거주자, 비거주자, 국내사업장이 없는 외국법인
과세이연 방법 및 과세금액	• 해당 보유주식의 현물출자 등으로 인하여 발생하는 소득에 대하여 양도소득세를 과세하지 아니하되, (전환)지주회사의 주식 양도시 (전환)지주회사 주식의 취득가액에서 주식과세이연금액을 차감한 금액을 취득가액으로 보아 양도소득세 과세

구 분	내 용
과세이연 방법 및 과세금액	• 주식과세이연금액＝현물출자일 현재 취득한 (전환)지주회사 주식의 시가－현물출자일 전일의 해당 보유주식의 장부가액 • 현물출자 등으로 취득한 주식 외에 다른 방법으로 취득한 주식이 있는 경우에는 현물출자 등으로 인하여 취득한 주식을 먼저 처분한 것으로 계산
규 정	조세특례제한법 제38조의2 ③, 동법 구 시행령 제35조의3

(주) 양도소득세 계산시 현물출자일 전일의 자회사 주식의 장부가액이 지주회사 주식의 시가보다 크다면 현물출자 전의 자회사 주식의 장부가액을 지주회사 주식의 취득가액으로 보아 양도소득세를 계산하여야 할 것이다(취득원가 유지).

다. 양도차익명세서 등 제출

양도차익에 대한 과세특례를 적용받으려는 주주는 주식 현물출자등 양도차익명세서 및 과세이연 조정명세서를 관할 세무서장에게 제출하여야 한다.

③ 사후관리

현물출자·교환일이 속하는 사업연도의 다음 사업연도 개시일로부터 2년 이내 지주회사가 지분을 처분하거나 자회사가 사업을 폐지하는 등 사후관리 사유 발생시 익금에 산입하지 아니한 양도차익 또는 납부하지 아니한 양도소득세 전액을 해당 사유가 발생한 날이 속하는 과세연도의 소득금액을 계산할 때 익금에 산입하거나 해당 과세연도의 양도소득세 과세표준 확정신고기한 종료일까지 납부하여야 한다. 자세한 내용은 아래 지주회사의 세무를 참조하기 바란다.

(2) 증권거래세

주식의 현물출자는 증권거래세법상 주식의 양도에 해당하므로 증권거래세의 과세대상에 해당된다. 다만, 조세특례제한법에서는 제38조에 따른 주식의 포괄적 교환·이전을 위하여 주식을 양도하는 경우와 금융기관의 주주 및 금융지주회사가 제38조의2에 따라 주식을 교환·이전하는 경우에 한하여 증권거래세를 면제하고 있다(조세특례제한법 제117조 ① 14호, 16호).

지주회사의 세무

지주회사에 적용되는 주요 세법항목은 다음과 같다.

세 목	규 정
자회사 주식의 평가	조세특례제한법 제38조의2 ③, 동법 시행령 제35조의3 ⑥
과점주주 취득세	지방세특례제한법 제57조의2
지주회사의 수입배당금액의 익금불산입	법인세법 제18조의2, 동법 시행령 제17조의2

(1) 자회사 주식의 평가

자회사 주식의 평가 규정은 2019년 말 개정되면서 삭제되었으나 부칙에서 그 시행시기를 2024년 1월 1일로 규정하고 있으므로 실무상 유의하여야 한다.

과세특례를 적용받아 양도소득세 또는 법인세의 과세를 이연받은 경우 지주회사는 취득한 자회사의 주식을 장부가액으로 하고, 현물출자·교환일이 속하는 사업연도 종료일로부터 2년 내에 사후관리 사유가 발생할 경우에는 현물출자일 현재의 시가와 장부가액의 차액을 익금에 산입하도록 하고 있다. 그러나 주식의 교환·이전 및 현물출자와 같이 자산조정계정에 대한 처리에 있어 자회사 주주에게 과세된 이익이 지주회사 단계에서 다시 과세되는 이중과세가 발생하지 않도록 법인세 과세표준 계산시 주의가 필요하다.

구 분	내 용
현물출자에 의한 지주회사의 설립 또는 전환 요건	• 내국법인의 내국인 주주가 다음 요건을 모두 갖추어 주식을 현물출자하여 지주회사를 설립하거나 기존 내국법인을 지주회사로 전환 ① 지주회사 및 현물출자를 한 주요 지배주주 등이 현물출자로 취득한 주식을 전환·현물출자일이 속하는 사업연도 종료일까지 보유할 것 ② 현물출자로 인하여 지주회사의 자회사가 된 내국법인이 현물출자일이 속하는 사업연도의 종료일까지 사업을 계속할 것

구 분	내 용
전환지주회사에 현물출자 또는 자기주식교환 요건	• 내국법인의 내국인 주주가 다음 요건을 모두 갖추어 전환지주회사에 주식을 현물출자하거나 그 전환지주회사의 자기주식과 교환 ① (전환)지주회사 및 현물출자 등을 한 주주 중 주요 지배주주 등이 현물출자 등으로 취득한 주식을 현물출자·교환일이 속하는 사업연도의 종료일까지 보유할 것 ② 현물출자로 인하여 (전환)지주회사의 자회사가 된 내국법인이 현물출자일이 속하는 사업연도의 종료일까지 사업을 계속할 것 ③ 지분비율미달자회사의 주식을 현물출자 또는 (전환)지주회사의 자기주식과 교환하는 것일 것 ④ (전환)지주회사가 된 날부터 2년 이내에 현물출자 또는 (전환)지주회사의 자기주식과 교환하는 것일 것 ⑤ 자기주식교환의 경우에는 해당 지분비율미달자회사의 모든 주주가 자기주식교환에 참여할 수 있어야 하며, 그 사실을 공시할 것
규 정	조세특례제한법 제38조의2, 동법 시행령 제35조의3

구 분	내 용
자회사 주식가액	• 내국법인의 내국인 주주가 보유주식의 현물출자 등으로 양도소득세 또는 법인세의 과세를 이연받은 경우 (전환)지주회사는 취득한 주식의 가액을 장부가액으로 함.
자산조정계정의 관리	• 취득한 자회사의 주식가액을 현물출자일 현재 시가로 계상하되, 시가와 자회사 주식 장부가액과의 차액을 자산조정계정으로 계상하고 그 주식을 처분하는 사업연도에 다음 산식에 따라 계산한 금액을 익금 또는 손금산입 * 단, 자기주식으로 소각되는 경우에는 익금 또는 손금에 산입하지 않고 소멸 – 익금 또는 손금산입액 = 자산조정계정 × 처분한 주식수 / 취득한 주식수
주식 현물출자의 사후관리	• 현물출자·교환일이 속하는 사업연도의 다음 사업연도 개시일로부터 2년 이내에 다음 중 하나의 사유 발생시 자산조정계정 잔액(잔액이 0보다 큰 경우에 한정)을 익금산입(②의 경우 이자상당액을 가산하여 납부) ① (전환)지주회사가 지주회사에 해당하지 아니하게 되는 경우 ② (전환)지주회사가 지주회사로 전환한 날의 다음 날부터 2년이 되는 날까지 지분비율미달자회사의 주식을 「독점규제 및 공정거래에 관한 법률」 제2조 ② 2호에서 정한 비율 미만으로 소유하는 경우

구 분	내 용
주식 현물출자의 사후관리	③ 자회사(지분비율미달자회사 포함)가 사업을 폐지하는 경우 ④ (전환)지주회사 또는 현물출자 등을 한 주요 지배주주 등이 현물출자·교환으로 취득한 주식을 처분하는 경우
규 정	조세특례제한법 제38조의2, 동법 시행령 제35조의3

자본거래의 특성상 부득이한 사유가 있는 경우에는 사업폐지 또는 주식처분의 예외로 한다(조세특례제한법 시행령 제35조의3 ⑬).

가. 사업폐지 예외

- (전환)지주회사의 자회사가 파산함에 따라 승계받은 자산을 처분한 경우
- (전환)지주회사의 자회사가 적격합병, 적격분할, 적격물적분할, 적격현물출자에 따라 사업을 폐지한 경우
- (전환)지주회사의 자회사가「조세특례제한법 시행령」제34조 ⑥ 1호에 따른 기업개선계획의 이행을 위한 약정 또는 같은 항 2호에 따른 기업개선계획의 이행을 위한 특별약정에 따라 승계받은 자산을 처분한 경우
- (전환)지주회사의 자회사가「채무자 회생 및 파산에 관한 법률」에 따른 회생절차에 따라 법원의 허가를 받아 승계받은 자산을 처분한 경우

나. 주식처분의 예외

- (전환)지주회사 및 현물출자를 한 주요 지배주주 등이 현물출자 등으로 교부받은 주식 등의 2분의 1 미만을 처분한 경우(해당 주주 등이 현물출자 등으로 교부받은 주식 등을 서로 간에 처분하는 것은 해당 주주 등이 그 주식 등을 처분한 것으로 보지 않는다)
- (전환)지주회사 및 현물출자를 한 주요 지배주주 등이 사망하거나 파산하여 주식 등을 처분한 경우
- (전환)지주회사 및 현물출자를 한 주요 지배주주 등이 적격합병, 적격분할, 적격물적분할, 적격현물출자에 따라 주식 등을 처분한 경우
- (전환)지주회사 및 현물출자를 한 주요 지배주주 등이「조세특례제한법」제38조·제38조의2·제121조의30에 따라 주식 등을 현물출자 또는 교환·이전하고 과세를 이연받으면서 주식 등을 처분한 경우
- (전환)지주회사 및 현물출자를 한 주요 지배주주 등이「채무자 회생 및 파산에 관한 법률」에 따른 회생절차에 따라 법원의 허가를 받아 주식 등을 처분하는 경우
- (전환)지주회사 및 현물출자를 한 주요 지배주주 등이「조세특례제한법 시행령」제34조 ⑥ 1호에 따른 기업개선계획의 이행을 위한 약정 또는 같은 항 2호에 따른 기

업개선계획의 이행을 위한 특별약정에 따라 주식 등을 처분한 경우
- (전환)지주회사 및 현물출자를 한 주요 지배주주 등이 법령상 의무를 이행하기 위하여 주식 등을 처분하는 경우

(2) 과점주주 취득세

지방세법 제7조 ⑤에 따르면 법인의 주식 또는 지분을 취득함으로써 법인의 과점주주가 되었을 때에는 그 과점주주가 해당 법인의 취득세 과세대상 물건을 취득한 것으로 보아 주식취득비율에 따라 취득세를 부담하도록 하고 있다.

한편, 2024. 12. 31.까지 기업의 구조조정을 지원하기 위하여 「독점규제 및 공정거래에 관한 법률」에 의한 지주회사(금융지주회사 포함)가 되거나, 지주회사가 동법에 따른 자회사의 주식을 취득하는 경우에는 과점주주 취득세의 85%를 면제하되, 해당 지주회사의 설립·전환일로부터 3년 이내에 지주회사의 요건을 상실하게 되는 경우에는 면제받은 취득세를 추징한다(지방세특례제한법 제57조의2 ⑤, 제177조의2 ①). 지주회사의 과점주주 취득세는 지주회사로의 전환시점이나 지분비율미달자회사의 주식을 취득하는 경우에 면제되는 것이므로 지주회사가 된 이후에 새로운 자회사를 편입할 경우에는 과점주주 취득세가 면제되지 않음에 유의하여야 한다.

(3) 지주회사의 수입배당금액의 익금불산입

지주회사의 주된 수입원은 자회사로부터 받는 배당소득인데 해당 배당소득에 대하여 법인세가 부과된다면, 일차적으로 자회사 단계에서 법인세가 부과된 소득에 대하여 지주회사 단계에서 다시 법인세를 부담하게 되는 것이므로 이중과세의 문제가 발생된다.

법인세법은 이러한 이중과세 조정을 위해 지주회사가 자회사로부터 받은 배당금액에 대해서 익금불산입하되 지주회사와 일반법인을 서로 달리 취급하였으나 2022년 12월 31일 지주회사 수입배당금액에 대한 복잡한 익금불산입 규정을 삭제하고 일반법인과 동일하게 일원화하였다. 2023년 1월 1일 이후에 받는 수입배당금에 적용되는 익금불산입비율은 다음과 같으며 자세한 내용은 '제3장 주식의 교환 및 이전'편을 참고하기 바란다.

회사 종류	출자비율	익금불산입비율
모든법인	50% 이상	100%
	20% 이상 50% 미만	80%
	20% 미만	30%

아래는 삭제된 법인세법 제18조의3(지주회사 수입배당금액의 익금불산입 특례)를 요약한 것으로 참고목적으로 기재한다.

구 분	내 용
지주회사의 요건	• 사업연도 종료일 현재 「독점규제 및 공정거래에 관한 법률」에 의거 공정거래위원회에 지주회사로 신고된 내국법인(금융지주회사, 공공연구기관첨단기술지주회사 및 산학연협력기술지주회사로서 관련 법률에 따라 신고된 내국법인 포함)일 것 • 사업연도 종료일 현재 지주회사의 설립·전환의 신고기한이 도래하지 아니한 자가 과세표준 신고기한까지 법률에 따라 신고한 경우에는 이를 지주회사로 간주
자회사의 요건	• 지주회사가 자회사 발행주식의 40%(주권상장법인 및 벤처기업의 경우 20%) 이상을 배당기준일 현재 3개월 이상 계속하여 보유하고 있는 법인일 것 • 금융지주회사법에 의한 금융지주회사의 경우에는 자회사가 관련 법에 따른 금융기관일 것 • 금융지주회사법에 의한 금융지주회사 외의 지주회사인 경우에는 금융업 및 보험업을 영위하지 아니하는 법인일 것
익금불산입액	• 익금불산입 대상금액 – 지급이자 중 익금불산입 차감액 • 익금불산입액이 0보다 작은 경우에는 없는 것으로 봄.
익금불산입 대상 금액	• 자회사로부터 받은 수입배당금액 × 익금불산입비율
수입배당금액의 범위	• 자회사로부터 받은 수입배당금엑과 의제배당소득을 포함하되 다음의 배당금액은 제외함. ① 배당기준일 전 3개월 이내에 취득한 주식 등을 보유함으로써 발생한 수입배당금액 ② 배당소득에 대하여 소득공제를 적용받는 유동화전문회사 등으로부터 받은 수입배당금액 ③ 동업기업과세특례를 적용받는 법인으로부터 받은 수입배당금액

구 분	내 용
수입배당금액의 범위	④ 법인세법과 조세특례제한법에 따라 법인세를 비과세·면제·감면받는 법인으로부터 받은 수입배당금액으로서 지방이전에 대한 세액감면, 제주첨단과학기술단지 입주기업에 대한 감면, 제주투자진흥지구 및 사유무역지역 입주기업에 대한 감면을 적용받는 기업으로부터 받는 수입배당금액(단, 감면율이 100%인 경우에만 적용)

익금불산입비율	2023년 1월 1일 전에 받는 수입배당금		
	자회사 종류	지주회사 출자비율	익금불산입비율
	상장 법인	40% 이상	100%
		40% 미만	90%
		30% 미만	80%
	비상장 법인	80% 이상	100%
		80% 미만	90%
		50% 미만	80%

구 분	내 용
지급이자 중 익금불산입 차감액	• 차입금으로 주식을 취득하여 배당을 받은 경우 지급이자 중 자산총액에서 출자주식 등의 세무상 장부가액이 차지하는 비율 상당액 만큼 익금불산입 대상금액에서 제외 • 지급이자 × [(출자주식의 장부가액적수 × 익금불산입비율) / 사업연도 종료일 현재 재무상태표상 자산총액의 적수]상장 법인
규 정	법인세법 제18조의3, 동법 시행령 제17조의3

참고 • 연결납세제도

1. 지주회사에 대한 과세체계의 문제점

지주회사가 받는 수입배당금에 대한 익금불산입은 지주회사의 설립 및 전환의 가장 큰 이점이기도 하다. 그러나 사업부문을 분할하여 자회사를 신설하고 지주회사를 설립하는 경우 일반적으로 자회사 단계에서 과세소득이 증가할 여지가 있다.

즉, 한 기업의 사업부 형태로 유지될 경우에는 타 사업부의 이익과 상계될 수 있는 특정 사업부의 손실이 자회사 형태에서는 상계되지 않고 특정 자회사의 이월결손금으로 누적될 수밖에 없다. 따라서, 자회사 전체의 관점에서 과세소득이 증가하게 된다.

또한, 사업부 간의 재화 및 용역의 공급이 있을 경우 사업부 형태에서는 미실현이익으로 과세되지 않으나 자회사 형태에 있어서는 실현이익이 되므로 과세되게 된다.

사업부형태			지주회사형태		
AA회사			지주회사		
A사업부 과세소득 : 100	B사업부 100	C사업부 (100)	A회사 과세소득 : 100	B회사 100	C회사 (100)
전체과세소득 : 100+100−100=100			전체과세소득 : 100+100+0=200		

2. 연결납세제도

과세당국은 지주회사에 대한 과세체계의 문제점을 해결하기 위하여 2010년부터 연결납세제도를 시행하고 있다. 연결납세제도를 도입할 경우 각 사업연도소득과 결손금을 통산하고 연결법인 간의 거래에서 발생된 이익을 이연할 수 있어 연결법인 입장에서 유리할 수 있다. 한편, 연결납세제도는 내국법인과 완전자법인(해당 내국법인이 발행주식총수의 전부를 보유한 다른 내국법인) 간에만 적용되며, 일단 연결납세방식을 선택할 경우 5년간 계속하여 적용하여야 하므로 연결납세제도를 적용하고자 할 경우에는 연결납세제도의 장·단점을 충분히 검토한 후 적용 여부를 결정하여야 할 것이다.

구 분	내 용
연결납세방식 의 적용	• 다른 내국법인을 완전 지배하는 내국법인(완전모법인)과 그 다른 내국법인(완전자법인)은 완전모법인의 관할지방국세청장의 승인을 받아 연결납세방식을 적용할 수 있음. • 완전자법인이 2개 이상일 경우 해당 법인 모두가 연결납세방식을 적용하여야 함. • 각 연결납세법인의 사업연도는 일치하여야 하며 1년을 초과하지 못함. • 연결납세방식을 적용받으려는 완전모법인과 완전자법인은 최초의 연결사업연도 개시일로부터 10일 이내에 연결납세방식 적용신청서를 관할세무서장을 경유하여 관할지방국세청장에게 제출하여야 함.
연결자법인의 추가 및 배제	• 연결모법인이 새로 연결자법인을 추가하게 된 경우에는 완전지배가 성립한 날이 속하는 연결사업연도의 다음 연결사업연도부터 해당 내국법인은 연결납세방식을 적용하여야 하며, 법인의 설립등기일부터 완전자법인이 되는 경우에는 설립등기일이 속하는 사업연도부터 연결납세방식을 적용하여야 함. • 연결모법인의 완전지배를 받지 아니하게 되거나 해산한 연결자법인은 해당 사유가 발생한 날이 속하는 연결사업연도의 개시일부터 연결납세방식을 적용하지 않음.

구 분	내 용
연결자법인의 추가 및 배제	• 연결모법인은 연결자법인의 변경이 있는 경우에는 변경일 이후 중간예납기간 종료일과 사업연도 종료일 중 먼저 도래하는 날부터 1개월 이내에 관할지방국세청장에게 신고하여야 함.
연결납세방식의 포기	• 연결납세방식을 최초로 적용받은 연결사업연도와 그 다음 연결사업연도의 개시일부터 4년 이내에 끝나는 연결사업연도까지는 연결납세방식의 적용을 포기할 수 없음. • 연결납세방식을 포기하는 경우에는 사업연도 개시일 전 3개월이 되는 날까지 연결모법인의 관할지방국세청장에게 신고하여야 하며, 연결납세방식이 적용되지 아니하는 최초의 사업연도와 그 다음 사업연도의 개시일부터 4년 이내에 끝나는 사업연도까지는 연결납세방식의 적용 당시와 동일한 법인을 연결모법인으로 하여 연결납세방식을 적용받을 수 없음.
규 정	법인세법 제76조의8~제76조의12, 동법 시행령 제120조의12~제120조의16

(주) : 1. 내국법인 : 비영리내국법인, 청산 중인 법인, 유동화전문회사, 완전모법인이면서 다른 법인의 완전자법인인 경우 등 제외
      2. 완전지배 : 내국법인 또는 내국법인과 그의 완전자법인이 다른 내국법인의 발행주식총수(의결권없는 주식 등 포함)의 전부 보유(우리사주조합 보유 5% 이내 주식 제외)

부록···2 서식모음

:: 서식1 지주회사의 설립·전환 신고서

지주회사의 설립·전환 신고서	[ ] 일반지주회사
	[ ] 금융지주회사

※ 첨부서류 및 작성방법은 뒤 쪽을 참고하시기 바라며, [ ]에는 해당되는 곳에 √표를 합니다.　　　　(앞 쪽)

지주회사 현황	상　호		대 표 자	
	회사 설립일 (상장일)		지주회사 설립(전환)일	
	주　소		연 락 처	
	법인등록번호		사업자등록번호	

지주회사의 재무상황① (백만 원)	자본총액(A)		자회사 주식가액(C)②		
	부채총액(B)		자산총액(D)		
	B/A(%)		C/D(%)		
	벤처지주회사 해당 여부	[ ] 해당 [ ] 미해당	벤처자회사 주식가액(E)③		E/C(%)

자회사 현황	구　분		수	자산총액 합계액
	상장 여부	주권상장법인		
		주권비상장법인		
	영위 업종	금융업·보험업④		
		비금융업·보험업		

손자회사 현황	구　분		수	자산총액 합계액
	상장 여부	주권상장법인		
		주권비상장법인		

증손회사 현황	구　분		수	자산총액 합계액
	상장 여부	주권상장법인		
		주권비상상법인		

설립(전환) 유형⑤	

「독점규제 및 공정거래에 관한 법률」 제17조(지주회사의 설립·전환의 신고) 및 같은 법 시행령 제26조에 따라 위와 같이 신고합니다.

　　　　　　　　　　　　　　　　　　　　　　　년　　　　월　　　　일

　　　　　　　　　　　　　신고인　　　　　　　　　　　　　　　(인)

공정거래위원회 귀중

(뒷면 참조)

신고인 첨부서류	1. 지주회사에 관한 서류 　가. 설립·전환 사유서 1부. 　나. 주주 현황 1부. 　다. 계열회사 현황 1부. 　라. 소유주식명세서 1부. 　마. 대차대조표 1부. 　바. 법인등기부등본 1부.(신고인이 행정기관간 정보공유에 동의하지 않는 경우에만 제출) 　사. 주주 총회 또는 이사회에서 벤처지주회사로 설립·전환하기로 의결하였음을 입증할 수 있 　　　는 서류 1부.(벤처지주회사인 경우에만 제출) 2. 자회사에 관한 서류 　가. 주주 현황 1부. 　나. 소유주식명세서 1부. 　다. 직전 사업연도의 감사보고서 1부. 　라. 금융지주회사가 영 제28조에 따라 소유하고 있는 자회사인 경우에는 해당 자회사의 생산제 　　　품 종류별·거래처별 매출액 등 주요 사업내용을 기재한 서류 1부. 3. 손자회사에 관한 서류 　가. 주주 현황 1부. 　나. 소유주식명세서 1부. 　다. 직전 사업연도의 감사보고서 1부. 4. 증손회사에 관한 서류 　가. 주주 현황 1부. 　나. 소유주식명세서 1부. 　다. 직전 사업연도의 감사보고서 1부.
담당 공무원 확인사항	1. 법인등기부등본(신고인이 행정기관간 정보공유에 동의하는 경우)

행정정보 공동이용 동의서
본인은 이 건 업무처리와 관련하여 담당 공무원이 「전자정부법」 제36조 제1항에 따른 행정정보의 공동이용을 통하여 담당 공무원 확인사항을 확인하는 것에 동의합니다. 　　　　　　　　　　　신고인　　　　　　　　　　　　　　　　　　　　　　　　(서명 또는 인)

작성방법
① 재무상황: 지주회사의 재무상황은 지주회사 설립·전환일 현재의 재무제표에 의거 기재 ② 자회사 주식가액: 기업회계기준에 따라 작성된 대차대조표상의 가액으로 기재 ③ 벤처자회사 주식가액: 벤처지주회사에 해당되는 경우만 작성하되, 벤처기업 또는 연간 매출액 대비 연구개 　　　　　　발비의 비율이 5% 이상 중소기업인 자회사의 주식가액 합계액을 기재 ④ 금융업·보험업의 범위: 통계법에 따라 고시된 한국표준산업분류에 따름 ⑤ 설립(전환) 유형: 지주회사 설립·전환 유형을 기재 [설립인 경우에는 "설립"으로 기재하고, 전환인 경우에 　　　　　　는 "전환(인적분할)", "전환(물적분할)", "전환(합병)", "전환(자회사 주식가액 증가)", "전 　　　　　　환(자산증가)" 등으로 괄호안에 지주회사 요건을 갖추게 된 사유까지 포함하여 기재]

서식 2 주주 현황

주 주 현 황

※ 아래의 작성방법을 읽고 작성하시기 바랍니다.

회사 개요	회사명		자본금		원
	총발행주식수	주	주당액면가		원

주 주			소유주식수			지분율(%)	
구 분		성명 또는 명칭	계	보통주	우선주	보통주 기준①	총발행주식 기준②
동일인 관 련	동일인						
	특 수 관계인	계열회사					
		친 족					
		비영리법인					
		임 원					
		자기주식					
	소 계						
기타	법 인						
	개 인						
	기 타						
	소 계						
총 계							

작성방법

1. 동일인 관련 주주에 대해서는 모두 기재
2. 기타 주주에 대해서는 지분율 1% 이상인 주주만 기재
3. 지분율 기재의 경우 ①은 발행된 보통주 총 주식수 대비 해당 주주가 소유하는 보통주 주식수의 비율을, ②는 발행된 총 주식수(보통주+우선주) 대비 해당 주주가 소유하는 주식수(보통주+우선주)의 비율을 기재

⠿ 서식 3 계열회사 현황

계열회사 현황

※ 아래의 작성방법을 읽고 작성하시기 바랍니다.

동일인

상 호	구 분	설립일	상장일	주요 업종	납입 자본금	자본 총계	자산 총액	매출액	당기 순이익	주요주주 (지분율, %)

작성방법

1. '구분'란은 해당 회사가 '지주회사', '자회사', '손자회사', '증손회사', '기타 국내계열회사' 중 어디에 해당하는지를 기재 [해외 계열회사는 작성대상에서 제외]
2. 작성대상이 되는 계열회사는 지주회사 설립·전환일 당시의 계열회사이며(단, 시행령 제29조에 따른 지주회사등의 사업내용에 관한 보고서 제출의 경우에는 직전 사업년도말 시점의 계열회사), 해당 계열회사의 재무현황은 직전 사업연도말을 기준으로 작성
3. 금액은 백만 원 단위로 기재

서식 4 지주회사의 소유주식명세서

지주회사의 소유주식명세서

※ 아래의 작성방법을 읽고 작성하시기 바랍니다.

(단위: 원, 주, %)

구 분	상호	주식 종목	영위 업종	1주당 금액	주식수 (지분율)	취득 가액	대차대조표 가액	중소벤처 기업 여부	비고
자회사									
소 계									
자회사외의 국내계열회사									
소 계									
비계열회사 (국내)									
소 계									
총 계									

우리 회사의 소유주식현황이 상기와 같음을 확인합니다.

회사명 　　　　대표이사 　　　　 (인)

작성방법

1. 지주회사 설립·전환일을 기준으로 작성(단, 시행령 제29조에 따른 지주회사등의 사업내용에 관한 보고서 제출의 경우에는 직전 사업연도 종료일을 기준으로 작성)
2. 주식종목은 보통주, 우선주를 구분하여 기재
3. 영위업종은 통계법에 따라 통계청장이 고시한 한국표준산업분류 중 세세분류(5단위분류)를 기준으로 기재
4. 지분율은 총 발행 주식수(보통주, 우선주 등 포함)를 기준으로 기재
5. 중소벤처기업 여부는 벤처지주회사인 경우에만 작성하되, 자회사가 벤처기업 또는 연간 매출액 대비 연구개발비의 비율이 5% 이상인 중소기업인 경우에 '해당'이라고 기재(벤처지주회사가 아닌 지주회사는 기재 불필요)
6. 비고에는 해당 주식의 평가손 또는 평가증을 표시하고 그 금액을 기재

▦ 서식 4-1 자회사의 소유주식명세서

자회사의 소유주식명세서

※ 아래의 작성방법을 읽고 작성하시기 바랍니다.

회사명	

(단위: 원, 주, %)

구 분	상호	주식 종목	영위 업종	1주당 금액	주식수 (지분율)	취득 가액	대차대조표 가액	비고
손자회사								
소 계								
손자회사외의 국내계열회사								
소 계								
비계열회사 (국내)								
소 계								
총 계								

우리 회사의 소유주식현황이 상기와 같음을 확인합니다.

회사명   대표이사   (인)

작성방법

1. 지주회사 설립·전환일을 기준으로 작성(단, 시행령 제29조에 따른 지주회사등의 사업내용에 관한 보고서 제
   출의 경우에는 직전 사업연도 종료일을 기준으로 작성)
2. 주식종목은 보통주, 우선주를 구분하여 기재
3. 영위업종은 통계법에 따라 통계청장이 고시한 한국표준산업분류 중 세세분류(5단위분류)를 기준으로 기재
4. 지분율은 총 발행 주식수(보통주, 우선주 등 포함)를 기준으로 기재
5. 비고에는 해당 주식의 평가손 또는 평가증을 표시하고 그 금액을 기재

서식 4-2 손자회사의 소유주식명세서

손자회사의 소유주식명세서

※ 아래의 작성방법을 읽고 작성하시기 바랍니다.

회사명	

(단위: 원, 주, %)

구 분	상호	주식 종목	영위 업종	1주당 금액	주식수 (지분율)	취득 가액	대차대조표 가액	비고
증손회사								
소 계								
증손회사외의 국내계열회사								
소 계								
비계열회사 (국내)								
소 계								
총 계								

우리 회사의 소유주식현황이 상기와 같음을 확인합니다.

회사명   대표이사   (인)

작성방법

1. 지주회사 설립·전환일을 기준으로 작성(단, 시행령 제29조에 따른 지주회사등의 사업내용에 관한 보고서 제출의 경우에는 직전 사업연도 종료일을 기준으로 작성)
2. 주식종목은 보통주, 우선주를 구분하여 기재
3. 영위업종은 통계법에 따라 통계청장이 고시한 한국표준산업분류 중 세세분류(5단위분류)를 기준으로 기재
4. 지분율은 총 발행 주식수(보통주, 우선주 등 포함)를 기준으로 기재
5. 비고에는 해당 주식의 평가손 또는 평가증을 표시하고 그 금액을 기재

서식 4-3 증손회사의 소유주식명세서

증손회사의 소유주식명세서

※ 아래의 작성방법을 읽고 작성하시기 바랍니다.

회사명	

(단위: 원, 주, %)

구 분	상호	주식 종목	영위 업종	1주당 금액	주식수 (지분율)	취득 가액	대차대조표 가액	비고
국내계열회사								
소 계								
비계열회사 (국내)								
소 계								
총 계								

우리 회사의 소유주식현황이 상기와 같음을 확인합니다.

회사명   대표이사   (인)

작성방법

1. 지주회사 설립·전환일을 기준으로 작성(단, 시행령 제29조에 따른 지주회사등의 사업내용에 관한 보고서 제출의 경우에는 직전 사업연도 종료일을 기준으로 작성)
2. 주식종목은 보통주, 우선주를 구분하여 기재
3. 영위업종은 통계법에 따라 통계청장이 고시한 한국표준산업분류 중 세세분류(5단위분류)를 기준으로 기재
4. 지분율은 총 발행 주식수(보통주, 우선주 등 포함)를 기준으로 기재
5. 비고에는 해당 주식의 평가손 또는 평가증을 표시하고 그 금액을 기재

:: 서식 5 주요 사업내용 및 거래내역

주요 사업내용 및 거래내역

※ 금융지주회사의 자회사로서 금융업·보험업 외의 사업을 영위하고 있는 회사용입니다.
※ 아래의 작성방법을 읽고 작성하시기 바랍니다.

상 호		사업자등록번호	
주 소	(본사) (공장)	(전화 :　　　　　) (전화 :　　　　　)	
사업내용①			

금융회사·보험회사 와의 거래비중	금융·보험회사에 대한 매출액(A)②	총매출액(B)②	비중(A/B) %

생산제품·용역 1③		표준산업분류④		
특징·용도 등⑤	주요거래처⑥	매출액②	비중(%)⑦	
	계			

생산제품·용역 2③		표준산업분류④		
특징·용도 등⑤	주요거래처⑥	매출액②	비중(%)⑦	
	계			

작성방법

① 사업내용: 영 제28조 제2항 각 호의 규정에 해당되는 내용을 중심으로 기재
② 매출액: 부가가치세신고서상 매출액을 기준으로 하며 외화표시 매출액이 있는 경우에는 연평균환율을 적용하여 원화로 환산(단위: 백만 원)
③ 생산제품·용역: 매출비중이 가장 큰 순서대로 기재하되 3 이상인 경우 별지로 기재
④ 표준산업분류: 통계법에 따른 한국표준산업분류 중 세세분류(5단위분류)를 기재
⑤ 생산제품의 특성·용도 등: 세부적인 내용을 기재하되, 도표·그림이 필요한 경우에는 별지에 기재
⑥ 주요거래처: 거래규모가 큰 순서대로 기재하고, 수출이 있는 경우에는 이를 표시
⑦ 비중: 해당 생산제품·용역의 총매출액 대비 거래처별 매출액의 비중을 기재

기업금융과 M&A

서식 6 채무보증해소실적 신고서

채무보증해소실적 신고서

※ 첨부서류 및 작성방법은 2쪽부터 4쪽까지를 참조하시기 바랍니다.

「독점규제 및 공정거래에 관한 법률」 제19조 및 같은 법 시행령 제26조 제1항에 따라 지주회사 및 자회사의 채무보증 해소실적을 국내 금융기관의 확인을 받아 별첨 내용과 같이 신고합니다.

<별첨서류>

Ⅰ. 채무보증 현황 및 해소실적

  1. 기존 채무보증명세서

  2. 기존 채무보증의 최근 1년간 해소실적

Ⅱ. 금융기관확인서

년　　　월　　　일

회사명:
대표자:　　　　　　(인)

공정거래위원회 귀중

제12장 지주회사_833

Ⅰ-1. 기존 채무보증명세서

(단위: 백만 원)

구분	보증한 회사명	보증받은 회사명	보 증 한 내 용					
			여신종류	여신금액	보증한 금액	여신제공 금융기관	보증일자	만기일자
제한 대상 채무 보증								
	소계	소계						
제한 제외 대상 채무 보증								
	소계	소계						
합 계								

Ⅰ-2. 기존 채무보증의 최근 1년간 해소실적

(단위: 백만 원)

구분	보증한 회사명	보증받은 회사명	보 증 한 내 용					
			여신종류	여신금액	보증한 금액	여신제공 금융기관	보증일자	해소일자
제한 대상 채무 보증								
	소계	소계						

II. 금융기관 확인서

금융기관 확인서(지주회사용)

　　우리 회사는 「독점규제 및 공정거래에 관한 법률」에 따른 지주회사로서　　년　　월　　일에 지주회사로 전환하였습니다.

　　우리 회사는 법 제19조 및 같은 법 시행령 제26조에 따라 지주회사로 전환하기 전에 계열회사에 대하여 제공한 채무보증과 계열회사로부터 제공받은 채무보증을 미리 해소하여야 하며 최근 1년간의 해소실적을 금융기관의 확인을 받아 제출하여야 합니다.

　　이에 우리 회사가 귀 금융기관으로부터 받은 여신과 관련된 기존 채무보증 명세서 및 최근 1년간의 해소실적이 사실과 다르지 않으며, 누락된 사항이 없음을 확인하여 주시기 바랍니다.

<별첨>
1. 기존 채무보증 명세서
2. 기존 채무보증의 최근 1년간 해소실적

년　　　월　　　일

회사명:

대표자:　　　　　　　　(인)

　　상기 귀사의 우리 금융기관의 여신관련 기존 채무보증 명세서 및 최근 1년간의 해소실적이 사실과 다르지 않고, 누락된 사항이 없음을 확인합니다.

년　　　월　　　일

금융기관명:

대표자:　　　　　　　　(인)

금융기관 확인서(자회사용)

　　우리 회사는 「독점규제 및 공정거래에 관한 법률」에 따라 　　년 　　월 　　일자로 설립(전환)된 ＿＿＿＿＿＿＿＿지주회사의 자회사로서 　　년 　　월 　　일자로 지주회사의 자회사가 되었습니다.

　　우리 회사는 법 제19조 및 같은 법 시행령 제26조에 따라 지주회사의 자회사가 되기 전에 계열회사에 대하여 제공한 채무보증과 계열회사로부터 제공받은 채무보증을 미리 해소하여야 하며 최근 1년간의 해소실적을 금융기관의 확인을 받아 제출하여야 합니다.

　　이에 우리 회사가 귀 금융기관으로부터 받은 여신과 관련된 기존 채무보증 명세서 및 최근 1년간의 해소실적이 사실과 다르지 않으며, 누락된 사항이 없음을 확인하여 주시기 바랍니다.

1. 기존 채무보증 명세서
2. 기존 채무보증의 최근 1년간 해소실적

년 　　월 　　일

회사명 :

대표자 : 　　　　　　(인)

　　상기 귀사의 우리 금융기관의 여신관련 기존 채무보증 명세서 및 최근 1년간의 해소실적이 사실과 다르지 않고, 누락된 사항이 없음을 확인합니다.

년 　　월 　　일

금융기관명:

대표자: 　　　　　　(인)

:: 서식 7 위임장

위 임 장

①신고건:

②신고인(위임인):

③수임인:

위 지주회사의 설립 신고건에 관하여 _____ 에게 신고대리를 위임함.

년   월   일

위 임 인: (인)

주   소:

:: 서식 8 지주회사 적용제외 사실 통지서

지주회사 적용제외 사실 통지서

※ 첨부서류 및 작성방법은 아래를 참조하시기 바랍니다.

회사현황	상 호		대 표 자	
	회사 설립일 (상장일)		지주회사 설립(전환)일	
	주 소		연 락 처	

지주회사 적용제외 사유	적용제외 사유 발생일	
	적용제외 사유①	

재무현황② (백만 원)	납 입 자 본 금		자본총계	
	부 채 총 액		자산총액	

자산구성 (백만 원)	자 산 내 역	자산구성			
		적용제외사유 발생 전	%	적용제외사유 발생 후	%
	자회사 주식③				
	기타 자산				
	합 계				

「독점규제 및 공정거래에 관한 법률」 시행령 제26조 제4항 및 제5항에 따라 위와 같이 지주회사의 기준에 해당하지 않게 된 사실을 통지합니다.

년 월 일

제출인 대표자 (인)

공정거래위원회 귀중

제출인 첨부서류	1. 주식매매계약서 및 주식매매대금영수증, 그 밖에 영 제3조 각 항의 요건에 해당하지 아니하게 된 사실을 입증할 수 있는 서류 1부. 2. 소유주식명세서 1부. 3. 대차대조표 1부. 4. 주주 현황 1부.

작성방법

① 지주회사 적용제외 사유: 소유하고 있는 자회사 주식의 처분 등 지주회사에 해당하지 아니하게 된 구체적인
  사유를 기재
② 재무상황: 지주회사에 해당하지 아니하게 된 사유가 발생한 날을 기준으로 작성된 대차대조표(단, 공인회계
  사의 회계감사를 받은 것이어야 함)에 의거하여 기재
③ 자회사 주식가액: 기업회계기준에 따라 작성된 대차대조표상의 가액으로 기재

∷ 서식 9 지주회사등의 사업내용에 관한 보고서

지주회사등의 사업내용에 관한 보고서

[ ] 일반지주회사
[ ] 금융지주회사

※ 첨부서류 및 작성방법은 뒤 쪽을 참고하시기 바라며, [ ]에는 해당되는 곳에 √표를 합니다.　　(앞 쪽)

지주회사 현황	상　호		대 표 자	
	회사 설립일 (상장일)		지주회사 설립(전환)일	
	주　　소		연 락 처	

지주회사의 재무상황① (백만 원)	자본총액(A)			자회사 주식가액(C)②		
	부채총액(B)			자산총액(D)		
	B/A(%)			C/D(%)		
	벤처지주회사 해당 여부	[ ] 해당 [ ] 미해당	벤처자회사 주식가액(E)③		E/C(%)	

자회사 현황	구　　분		수	자산총액 합계액
	상장 여부	주권상장법인		
		주권비상장법인		
	영위 업종	금융업·보험업④		
		비금융업·보험업		

손자회사 현황	구　　분		수	자산총액 합계액
	상장 여부	주권상장법인		
		주권비상장법인		

증손회사 현황	구　　분		수	자산총액 합계액
	상장 여부	주권상장법인		
		주권비상장법인		

「독점규제 및 공정거래에 관한 법률」 제18조 제7항 및 같은 법 시행령 제29조에 따라 위와 같이 보고합니다.

　　　　　　　　　　　　　　　　　　　　년　　　　　　월　　　　　　일

　　　　　　　　　　　보고인　　　　　　　　　　　　　　　　　　　(인)

공정거래위원회 귀중

(뒷면 참조)

보고인 첨부서류	1. 지주회사에 관한 서류 　가. 주주 현황 1부. 　나. 소유주식명세서 1부. 　다. 직전 사업연도의 감사보고서 1부. 　라. 특수관계인을 상대방으로 하는 거래 등 현황 1부.(벤처지주회사인 경우에만 제출) 2. 자회사에 관한 서류 　가. 주주 현황 1부. 　나. 소유주식명세서 1부. 　다. 직전 사업연도의 감사보고서 1부. 　라. 금융지주회사가 영 제28조에 따라 소유하고 있는 자회사인 경우에는 해당 회사의 생산제품 　　(용역을 포함한다)의 종류별·거래처별 매출액 등 주요 사업내용을 기재한 서류 1부. 　마. 특수관계인을 상대방으로 하는 거래 등 현황 1부.(벤처지주회사인 경우에만 제출) 3. 손자회사에 관한 서류 　가. 주주 현황 1부. 　나. 소유주식명세서 1부. 　다. 직전 사업연도의 감사보고서 1부. 　라. 특수관계인을 상대방으로 하는 거래 등 현황 1부.(벤처지주회사인 경우에만 제출) 4. 증손회사에 관한 서류 　가. 주주 현황 1부. 　나. 소유주식명세서 1부. 　다. 직전 사업연도의 감사보고서 1부. 　라. 특수관계인을 상대방으로 하는 거래 등 현황 1부.(벤처지주회사인 경우에만 제출)

작성방법
① 재무상황: 직전 사업연도 종료일을 기준으로 작성하여 공인회계사의 회계감사를 받은 대차대조표에 따라 　기재 ② 자회사 주식가액: 기업회계기준에 따라 작성된 대차대조표상의 가액으로 기재 ③ 벤처자회사 주식가액: 벤처지주회사에 해당되는 경우만 작성하되, 벤처기업 또는 연간 매출액 대비 연구개발 　비의 비율이 5% 이상 중소기업인 자회사의 주식가액 합계액을 기재 ④ 금융업·보험업의 범위: 통계법에 따라 고시된 한국표준산업분류에 따름

제 13 장
가치평가

13 가치평가

Ⅰ 가격결정 개요

경영권이 수반된 M&A 과정에서 기업의 인수자와 매도자의 입장에서 가장 중요한 사항은 대상기업에 대한 가격결정일 것이다.

대상기업의 가격결정은 인수자 및 매도자의 입장, 대상회사의 수익성 또는 현금창출능력, 대상기업의 업종 및 영업환경, 대상기업의 재무구조, 매도이유 및 인수목적, 경제상황, 시너지 효과 등에 따라 다양하게 결정되므로 대상기업에 대한 가격결정 과정은 대단히 복잡하고 주관적이라 할 수 있다.

Ⅱ 가격결정 방법

M&A 과정에서 대상기업에 대한 가격결정은 먼저 대상기업에 대한 가치평가를 실시한 다음 여기서 산정된 가치평가에 영업권 가치와 경영권 프리미엄을 가산하여 결정된다.

여기서 영업권 가치란 대상기업의 뛰어난 name value, 우수한 경영진, 앞선 기술력 등으로 동종업종의 타 기업에 비하여 초과 수익을 실현하고 있고 그 효과가 미래에도 지속될 것으로 인정될 경우 지불되는 가치이고, 경영권 프리미엄이란 M&A 과정에서 인수자가 100% 이하의 주식을 매수함에도 불구하고 대상기업을 100% 통제하는 효과(경영권 확보효과)를 갖게 되므로 그에 대하여 지불하는 가치이다.

일반적으로 「상속세 및 증여세법」에서는 영업권과 경영권 프리미엄에 대한 가치 산정 방법을 공식화하여 주식가치 평가시 이를 가산하여 평가하도록 명문화하고

있으나 이는 조세채권을 확보할 목적으로 규정된 방법으로 실무에서 이를 적용하기는 어렵다고 판단된다.

위와 같이 영업권 가치와 경영권 프리미엄이 매우 주관적인 가치이므로 실무에서는 그 가치를 매도이유 및 인수목적, 대상기업의 환경 및 시너지 효과 등 다양한 가격결정 요소를 감안하여 인수자와 매도자 사이에서 주관적으로 결정하게 된다.

❖ 「상속세 및 증여세법」상 영업권 가치 및 경영권 프리미엄 평가방법 ❖

영업권 가치	• 영업권 가액 = [(최근 3년간 가중평균순손익액 × 50%) - (평가기준일 현재의 자기자본 × 10%)] × 평가기준일 이후 영업권의 지속연수 • 영업권의 지속연수 : 5년(현재가치로 환산) • 규정 : 「상속세 및 증여세법 시행령」 제59조 ②
경영권 프리미엄	• 최대주주 및 그 특수관계인이 보유한 주식에 대하여는 주식가치평가액에서 20%를 할증함. • 단, 중소기업, 중견기업 및 평가기준일 속한 사업연도 전 3년내 계속하여 법인세법(제14조 ②)에 따른 결손금이 있는 법인의 주식등은 예외로 함. • 규정 : 「상속세 및 증여세법」 제63조 ③, 동법 시행령 제53조

III 가치평가 방법

위에서 살펴보았듯이 대상기업의 가격결정 과정에서 영업권 가치와 경영권 프리미엄은 M&A 개별 사례별로 주관적으로 평가되므로 가격결정 과정의 가장 중요한 요소는 가치평가 방법이라 할 수 있다.

기업에 대한 가치평가는 상장법인의 경우 주식이 자본시장에서 거래되고 있기 때문에 해당 기업의 주가를 기준으로 평가하여야 할 것이다. 그러나 상장법인의 주가라 하더라도 거래량이 많지 않거나 주가가 순자산가치에 현저하게 미달하여 해당 상장법인의 공정가치를 반영하지 못하고 있을 경우와 비상장법인의 경우에는 해당 기업의 주식이 자본시장에서 거래가 이루어지지 않으므로 별도의 가치평가 과정을 거쳐야 할 것이다.

기업의 M&A 과정에서 주로 활용되는 가치평가 방법은 대상기업의 특성을 고려하여 다양한 방법을 적용할 수 있으나 주로 순자산가치법, 수익가치평가법, 상대가치평가법, M&A transaction 비교법이 주로 활용된다.

순자산가치법	• 평가기준일의 자산총계에서 부채총계를 차감하여 순자산가치를 산정하고 이 순자산가치를 발행주식총수로 나누어 1주당 주식가액을 평가하는 방법 • 대상기업의 자산 및 부채에는 부외자산과 부외부채와 같은 실사 결과를 반영하여 산정함. • 순자산가치 평가시 평가대상 자산 및 부채는 장부가액이 아닌 공정가치(시가)를 의미함.
수익가치평가법	• 수익가치평가법은 기업의 미래 수익을 할인율로 할인한 현재가치로 기업가치를 평가하는 방법 • 수익가치평가법은 미래의 수익에 대한 기준 또는 할인의 대상에 따라 미래영업이익을 할인대상으로 하는 영업이익할인법, 미래순이익을 할인대상으로 하는 순이익할인법, 미래현금흐름을 할인대상으로 하는 현금흐름할인법 등으로 구분할 수 있음. • 영업이익할인법과 순이익할인법은 동일한 현금흐름을 창출하는 기업이라도 감가상각방법 등 대체적인 회계처리방법, 재무구조, 부담세율에 따라 기업가치의 차이가 발생하는 문제점이 있으므로 이를 해결하기 위해 현금흐름할인법을 주로 사용함. • 현금흐름할인법은 기업의 미래현금흐름을 자본비용으로 할인한 현재가치로 기업가치를 평가하는 방법 • 현금흐름할인법은 추정기간의 현금흐름과 추정기간 이후의 현금흐름을 추정하여 이를 자본비용으로 할인함으로써 기업가치를 산정하고 여기에서 순부채를 차감한 자기자본가치를 발행주식총수로 나누어 1주당 주식가액을 산정하는 방법
상대가치평가법	• 평가대상기업과 영업환경 및 재무구조가 유사한 상장법인을 선정하여 선정된 상장법인의 매출액, 순자산액, 당기순이익 대비 주가수준 또는 EBITDA[주] 대비 주가수준을 평가대상기업의 해당 요소와 비교하여 가치를 산정하는 방법 • 실무례에서는 업종마다 상이하겠으나 유사기업 EV / EBITDA Multiple 평가방법이 가장 보편적인 방법 중 하나로 사용되고 있음.
M&A transaction 비교법	최근에 발생한 비슷한 M&A 사례의 거래가격을 참고하여 대상기업의 가치를 평가하는 방법

주) EBITDA : 이자, 세금, 감가상각비 및 무형자산상각비 공제 전 이익(Earing Before Interest, Tax, Depreciation and Amortization)

Ⅳ 순자산가치법

① 개 요

순자산가치법은 크게 장부가액 기준 순자산가치법과 공정가치(시가)기준 순자산가치법으로 구분할 수 있으나, M&A 거래에 적용되는 가치평가방법으로는 주로 공정가치기준 순자산가치법이 사용된다. 따라서 본 장에서는 순자산가치법 중에서 공정가치기준 순자산가치법에 대하여 살펴보기로 하겠다.

공정가치기준 순자산가치법은 M&A 대상기업에 대한 일정시점의 공정가치기준 1주당 순자산가치를 산정하기 위한 가치평가 방법으로 감사보고서 등으로 검증된 재무제표와 실사결과 나타난 부외자산 및 부외부채, 자산과 부채에 대한 평가법인 등의 공정가치평가를 바탕으로 평가한다.

공정가치기준 순자산가치법은 미래 수익성과 산업 및 영업의 위험을 반영하지 않고 가치평가가 이루어지므로 비교적 간단하고 객관성이 높은 평가방법이다.

M&A 과정에서 산정되는 공정가치기준 순자산가치는 특정시점의 대상기업에 대한 공정가치에 대한 정보 및 대상기업의 자산을 시장에서 매각할 경우 얻을 수 있는 가격에 대한 정보를 제공하므로 기업의 매도자 측면에서 요구하여야 할 최저의 가치를 나타낸다고 할 수 있다.

그러나 공정가치기준 순자산가치법은 공정가치에 대한 평가가 어렵고 미래의 수익성과 위험을 반영하지 못하기 때문에 급격한 기술 및 환경변화를 수반하는 성장산업에는 적절하지 않으므로 성장산업의 평가시에는 수익가치평가법 또는 상대가치평가법을 보완하는 참고용으로 활용되고 있다.

결과적으로 공정가치기준 순자산가치법은 계속기업가치보다는 공정가치(시가)기준 청산가치의 관점에서 기업가치를 평가하는 방법이라고 할 수 있다.

② 평가방법

평가일로부터 가장 최근시점의 감사보고서 등으로 신뢰성이 검증된 재무상태표상 자산 및 부채총계에서 장부상 시점과 평가시점과의 차이에서 비롯된 자산 및 부채의 변동사항을 가감하여 평가시점의 장부상 자산 및 부채총계를 산정한 다음 실사를 통하여 확인된 부외자산과 부채를 가감하고 자산성이 없는 자산을 차감하여 실사 후 자산 및 부채총계를 산정한다.

이러한 실사 후 자산 및 부채총계를 공정가치기준으로 다시 평가하면 공정가치기준 자산 및 부채총계, 즉 공정가치기준 순자산가치에 대한 정보를 얻을 수 있다. 위에서 산정한 공정가치기준 순자산가치를 평가시점의 발행주식총수로 나누어 1주당 순자산가치를 산정하게 되는데 이것이 공정가치기준 순자산가치법에 의한 1주당 평가액이다.

구 분	계산내용
최근시점의 자산 및 부채총계	감사보고서 등 신뢰성이 검증된 재무상태표 사용
평가시점의 자산 및 부채총계	최근시점의 자산 및 부채총계에서 평가기준일까지의 자산 및 부채의 변동사항 가감
실사 후 자산 및 부채총계	• 평가시점의 자산 및 부채총계 + 부외자산 − 부외부채 − 자산성이 없는 자산 • 부외자산 : 자기주식 등 • 부외부채 : 지급보증액, 소송가액 등 우발채무 • 자산성이 없는 자산 : 실질가치가 없는 무형자산, 회수가능성이 없는 채권, 시장성 없는 투자주식 중 순자산가액이 취득원가보다 낮은 경우 순자산가액과 취득원가의 차이, 기업회계기준에 미달하게 계상한 퇴직급여충당금, 전환권조정계정과 신주인수권조정계정에 미달하는 전환권 및 신주인수권 대가 등
공정가치기준 자산 및 부채총계	실사 후 자산 및 부채총계 ± 개별 자산 및 부채의 공정가치 반영
1주당 평가액	공정가치기준 순자산가치 / 발행주식총수

③ 장점 및 단점

앞에서 살펴보았듯이 공정가치기준 순자산가치법은 대상기업의 객관적인 회계자료, 실사결과, 자산 및 부채에 대한 공정가치를 바탕으로 가치평가가 이루어지므로 객관성이 높고 평가방법이 간단하다는 장점이 있다.

그러나 대상기업의 미래 현금흐름 창출능력 및 수익성, 산업위험, 영업 및 재무위험을 반영하지 못할 뿐 아니라 대규모의 연구개발, 뛰어난 기술력, 영업권과 같은 재무제표에 기재할 수 없는 무형의 가치에 대한 평가는 반영할 수 없다.

따라서 기업의 개별자산을 취득(P&A)하거나 청산목적의 M&A 거래라면 공정가치기준 순자산가치법에 의하여 유용한 가치정보를 획득할 수 있으나, 계속기업의 가정 하에 기업 전체의 가치를 평가하는 방법으로서는 그 한계가 있다고 할 수 있다. 특히, 대규모의 연구개발 및 급속한 기술변화를 추구하는 IT(Information Technology), BT(Bio Technology), NT(Nano Technology) 업종의 기업에 대해서는 순자산가치법이 무형의 가치와 미래의 성장성을 적절하게 반영하지 못하므로 기업가치 평가방법으로 적합하지 못할 수도 있다. 또한 공정가치기준 순자산가치법은 공정가치에 대한 평가가 어렵고 재무상태표가 가지고 있는 발생주의의 한계점을 그대로 내포하는 단점도 안고 있다.

장 점	• 평가방법이 간단하고 객관적임. • 검증가능성이 높음. • 기업의 회계장부를 이용함. • 인수자의 실사자료를 반영할 수 있음. • 자산의 공정가치가 반영되므로 개별 자산에 대한 공정(시장)가치의 정보를 제공함. • 미래 재무제표, 자본비용, 성장률 등에 대한 추정이 불필요함.
단 점	• 미래 현금창출능력 및 수익성을 반영하지 못함. • 산업위험, 영업 및 재무위험을 반영하지 못함. • 대규모 연구개발 활동, 뛰어난 기술력, 영업권 등 화폐가치로 환산할 수 없는 자산에 대한 평가가 제외됨. • 개별 자산에 대한 가치정보를 획득할 수 있으나, 기업 전체에 대한 가치정보를 획득하기는 어려움. • 기업의 라이프 사이클 변동을 적절히 반영하지 못함. • 공정가치 평가가 어려움. • 재무상태표를 기본으로 하므로 재무상태표가 가지고 있는 발생주의의 한계점을 내포함.

④ 적용 분야

순자산가치법은 대상기업의 미래의 수익성과 위험을 반영하지 못하므로 산업 및 영업환경이 안정적이고 무형자산의 가치가 중요하지 않은 전통 제조업에 적합한 가치평가방법이라 할 수 있다. 또한 대상기업의 라이프 사이클 측면에서는 성숙단계에 도달한 기업에 적용하면 그 유용성이 높다고 할 수 있다.

그러나 산업 및 영업환경의 변화가 심하고 성장성이 높으며 연구개발 및 기술개발 등 무형자산의 가치가 기업가치의 중요한 부분을 차지하는 IT(Information Technology), NT(Nano Technology), BT(Bio Technology) 등과 같은 산업에는 적합하지 않다. 또한 대상기업의 라이프 사이클이 초창기 또는 성장기에 있는 기업에 공정가치기준 순자산가치법을 적용하면 기업가치가 과소평가되는 결과를 초래할 수 있다.

Ⅴ 수익가치평가법

수익가치평가법은 기업의 미래 수익성을 적정 할인율로 할인한 현재가치로 기업가치를 평가하는 방법이다. 미래의 수익성에 대한 기준 또는 할인의 대상에 따라 미래영업이익을 할인율로 할인하여 기업가치를 평가하는 영업이익할인법, 미래순이익을 할인율로 할인하여 기업가치를 평가하는 순이익할인법, 미래현금흐름을 할인율로 할인하여 기업가치를 평가하는 현금흐름할인법 등으로 구분할 수 있다. 그러나 영업이익할인법과 순이익할인법은 동일한 현금흐름을 창출하더라도 감가상각방법 등 대체적인 회계처리방법, 재무구조, 부담세율에 따라 기업가치의 차이가 발생하므로, 수익가치평가법에서는 이와 같은 문제점을 해결할 수 있는 현금흐름할인법을 주로 사용한다. 따라서 본 장에서는 수익가치평가법 중에서 실무에서 주로 사용하고 있는 현금흐름할인법에 대하여 살펴보기로 하겠다.

① 현금흐름할인법(Discounted Cash Flow method ; DCF)

현금은 기업의 모든 거래와 활동을 경제적으로 환산시켜 주는 지표로서 기업이 보유하고 있는 모든 자원과 가치가 현금으로 체화되어 나타난다. 즉 기업이 창출하는 현금은 기업의 모든 기대수익과 위험이 반영되어 나타나는 결과물이라 할 수 있다.

현금흐름할인법(Discounted Cash Flow method : DCF)이 가치평가 방법으로서 가장 유용성을 인정받고 있는 이유는 이와 같이 중요하고 객관적인 지표인 현금을 이용하여 가치평가를 실시하기 때문일 것이다.

현금흐름할인법에 의한 가치평가 방법은 일정기간 동안 기업의 현금흐름을 추정하여 추정기간의 현금흐름과 추정기간 이후의 현금흐름을 가중평균 자본비용(WACC)으로 할인한 현재가치의 합으로 기업가치를 평가하는 방법이다.

그러나 여기서 추정하는 현금흐름은 영업현금흐름으로서 투자활동 등과 같은 비영업활동에서 창출된 현금흐름은 반영하지 않기 때문에 영업현금흐름을 자본비용으로 할인한 현재가치는 영업활동과 관련된 기업가치만을 반영하므로 완전한 기업가치를 산정하기 위해서는 비영업활동으로 창출된 현금흐름의 결정체인 비업무용 자산을 가산하여야 한다.

현금흐름할인법은 **M&A** 과정에서 가장 빈번하게 사용되는 가치평가방법으로서 미래에 대한 재무자료 추정, 가중평균 자본비용에 대한 추정, 성장률에 대한 추정이 정확할 경우 가장 정확하고 유용한 가치평가 방법이라 할 수 있다.

② 평가방법 요약

(1) 기업가치(Enterprise Value) 산정 개요

기업가치는 EV(Enterprise Value)라고 하며, 미래영업현금흐름을 가중평균 자본비용으로 할인한 현재가치에 비업무용 자산을 가산하여 산정한다.

여기서 미래영업현금흐름은 추정기간의 영업현금흐름과 추정기간 이후의 영업현금흐름으로 구분된다.

미래영업현금흐름에 대한 추정기간은 통상 경기변동기간을 고려하여 한 번의 경기변동 사이클을 거치고 기업의 영업이 안정단계에 도달하는 기간 동안을 예상하

여 추정하여야 하나, 특정산업과 기업에 대한 경기변동 사이클을 추정하는 것 또
한 어려운 일이므로 실무에서는 일반적으로 5년에서 10년간을 추정한다.

본 장에서는 추정기간을 편의상 5년으로 가정하기로 한다.

추정연도 현금흐름	• 기업의 미래 재무제표를 추정하여 산정한 기업의 영업현금흐름 • 실무에서는 약 5년에서 10년의 기간을 추정함.
추정연도 이후의 현금흐름	• 추정기간 경과 후 영업현금흐름 • 기업의 영업현금흐름을 직접적으로 추정하지 않고 과거의 영업현금 흐름이 일정한 법칙으로 지속된다는 가정하에 추정한 영업현금흐름 을 의미

또한, 가중평균 자본비용(WACC)은 영업현금흐름을 할인하는 할인율로 사용되는
중요한 요소로서 자기자본비용과 타인자본비용을 자기자본비율(자기자본총계 / 총
자산)과 부채비율(부채총계 / 총자산)로 가중평균하여 산출한다.

자기자본비용	• 자기자본비용은 자기자본사용에 대한 대가로서 보통주에 대한 배당 금을 그 예로 들 수 있음. • 자기자본비용은 무위험 수익률, 리스크 프리미엄, 해당 기업 주식의 위험(β계수) 등 3가지 변수에 의하여 결정됨.
타인자본비용	• 타인자본비용은 기업이 타인자본으로 자금을 조달할 때 부담하는 비 용으로 차입금에 대한 이자를 그 예로 들 수 있음. • 타인자본비용은 기업이 부담하는 지급이자율과 세율의 2가지 변수에 의하여 결정됨.

(2) 재무자료 추정

미래영업현금흐름을 추정하기 위해서는 먼저 기업의 재무자료(요약 재무상태표와
손익계산서)를 추정하여야 한다.

본 장에서는 추정기간을 5년으로 가정하였으므로 기업가치 평가시점을 T년말
또는 T+1년중이라고 가정하면 추정기간은 T+1년부터 T+5년까지의 기간이
될 것이다.

① 손익계산서 추정

기업의 미래영업현금흐름의 추정은 기업의 영업에 대한 추정에서 출발하므로 손익계산서상 매출액과 영업이익에 대한 추정이 가장 중요한 요소가 된다.

미래영업현금흐름은 손익계산서상 영업이익에서 손익계정 중 감가상각비와 무형자산상각비를 가산하고 세금을 차감한 다음 재무상태표의 일부계정을 가산 또는 차감해야 하므로 손익계산서 추정에는 반드시 매출액, 영업이익, 감가상각비, 무형자산상각비, 세금의 내역이 포함되어야 할 것이다.

일반적으로 기업의 미래영업현금흐름의 추정을 위하여 실무에서 사용하고 있는 요약 손익계산서 양식은 다음과 같다.

구 분	T+1년	T+2년	T+3년	T+4년	T+5년
매출액					
영업이익					
감가상각비					
무형자산상각비					
법인세 등					

※ '법인세 등'에는 주민세를 포함함.

② 재무상태표 추정

미래영업현금흐름은 앞에서 말한 손익계정 외에 순운전자본, 유형자산 투자액, 무형자산 투자액을 가산 또는 차감하여 추정하고 영업용 자산과 비영업용 자산을 별도로 구분해야 한다.

따라서 미래영업현금흐름의 추정과 영업용 또는 비영업용 자산의 구분을 원활히 하기 위하여 자산의 추정에는 반드시 유동자산 중 현금 및 예금 등(단기금융상품 포함), 운전자본(매출채권 및 재고자산 등), 유가증권을 구분하여야 하고, 비유동자산은 유형자산, 무형자산, 투자자산(예금 및 장기금융상품 포함)으로 구분하여 추정이 이루어져야 할 것이다.

부채부문의 추정에는 사채 및 차입금 등과 같은 이자지급성 부채와 이자지급 의무가 없는 부채, 매입채무 등의 운전자본을 구분하여 추정하여야 한다.

일반적으로 기업의 미래영업현금흐름의 추정을 위하여 실무에서 사용하고 있는 재무상태표 양식은 다음과 같다.

구 분	T+1년	T+2년	T+3년	T+4년	T+5년
유동자산					
(현금 및 현금성자산 등)					
(매출채권)					
(선 급 금)					
(재고자산)					
(유가증권)					
(기 타)					
비유동자산					
(투자자산)					
(유형자산)					
(무형자산)					
(기 타)					
자산총계					
유동부채					
(매입채무)					
(선 수 금)					
(차입금 및 사채 등)					
(기 타)					
비유동부채					
(차입금 및 사채 등)					
(기 타)					
부채총계					
자본총계					
(자본금)					
(기 타)					
부채 및 자본총계					

(3) 영업현금흐름 추정

영업현금흐름은 추정기간 영업현금흐름과 추정기간 경과 후 영업현금흐름으로 구분할 수 있다.

추정기간의 영업현금흐름은 위에서 추정한 추정재무자료에 의하여 냉업이익에 감가상각비와 무형자산상각비를 가산한 EBITDA에서 법인세 등(주민세 포함), 순운전자본 증가, 유형 및 무형자산 투자액을 차감하여 추정하고, 추정기간 경과 후 영업현금흐름은 별도의 추정절차를 거치지 않고 추정연도 말(T+5년) 영업현금흐름에 성장률과 자본비용을 고려하여 산정한다.

추정연도 영업현금흐름	• T+1년부터 T+5년까지의 영업현금흐름 추정 • 영업현금흐름 = EBITDA − 법인세 등 − 순운전자본 증가 − 유형자산 투자액 − 무형자산 투자액 • EBITDA = 영업이익 + 감가상각비 + 무형자산상각비
추정연도 경과 후 영업현금흐름	• 별도의 절차를 거쳐서 추정하지 않고 마지막 추정연도(T+5년)의 영업현금흐름에 성장률과 자본비용을 고려하여 추정함. • 추정연도 경과 후 영업현금흐름 = T+5년의 영업현금흐름 × (1 + 성장률) / (자본비용 − 성장률) 단, 자본비용 〉성장률

① 추정기간 영업현금흐름

일반적으로 기업의 미래영업현금흐름의 추정을 위하여 실무에서 사용하고 있는 양식은 다음과 같다.

구 분	계산내역	T+1년	T+2년	T+3년	T+4년	T+5년
영업이익(A)						
감가상각비(B)						
무형자산상각비(C)						
EBITDA(D)	D=A+B+C					
법인세 등(E)	−					
순운전자본 증가(F)	−					
유형자산 투자액(G)	−					
무형자산 투자액(H)	−					
추정영업현금 흐름(I)	I=D−E−F−G−H					

② 추정기간 이후의 영업현금흐름

일반적으로 기업의 미래영업현금흐름의 추정을 위하여 실무에서 사용하고 있는 추정기간 경과 후 영업현금흐름 추정양식은 다음과 같다.

구 분	추정연도 말 현금흐름	성장률	자본비용	추정기간 이후의 현금흐름
계산내역	A	B	C	$D = [A \times (1+B)] / (C-B)$

③ 법인세 등

법인세 등(주민세 포함)은 현금유출을 의미하므로 현금흐름 추정시 차감되어야 한다.

이론적으로 차감되어야 할 법인세는 소득공제 및 세액공제 등 세무조정사항을 고려한 해당기간 실효법인세율을 적용하여 산정한 손익계산서상의 법인세에서 이자비용에 대한 절세효과를 조정하고 비영업용 자산과 관련된 수익과 비용에서 발생된 세금효과를 가감하여야 하나, 실무에서는 편의를 위하여 소득공제 및 세액공제 등을 고려하지 않고 추정 영업이익에 세법상 법인세율과 주민세율을 적용하여 산정한 법인세 등을 차감한다.

④ 순운전자본 증감액

순운전자본은 재무상태표상 유동자산에서 유동부채를 차감하여 산정하나, 영업현금흐름 추정에서 의미하는 순운전자본은 영업활동과 관련된 순운전자본을 의미하므로 유동자산 중 영업활동과 관련이 없는 현금 및 예금, 단기금융상품, 유가증권과 미수금을 제외하여야 하며 유동부채에서도 영업활동과 관련 없는 미지급금, 단기차입금 등은 제외하여야 한다.

실무에서는 통상 유동자산 중 매출채권과 재고자산, 선급금을 포함하고 유동부채에서는 매입채무와 선수금을 포함하여 순운전자본을 산정한다.

순운전자본 증가액은 현금흐름에서 차감하고 순운전자본 감소액은 현금흐름에 가산한다.

일반적으로 실무에서 사용하고 있는 순운전자본 증감 추정양식은 다음과 같다.

구 분	계산내역	T년	T+1년	T+2년	T+3년	T+4년	T+5년
매출채권(A)	–						
재고자산(B)	–						
선급금(C)							
매입채무(D)	–						
선수금(E)							
순운전자본(F)	F=A+B+C-D-E	G	H	I	J	K	L
순운전자본 증감(J)	당해연도 금액 -직전연도 금액	–	H-G	I-H	J-I	K-J	L-K

⑤ 유형 및 무형자산 순투자액

유형자산 및 무형자산 순투자액은 재무회계상으로는 투자활동과 관련된 현금의 유출로 분류되나, 현금흐름할인법(DCF)에 의한 가치평가시에는 영업활동과 관련된 현금의 유출로 간주하여 추정현금흐름에서 차감한다.

이론적으로는 유형 및 무형자산 투자액은 당기영업용 유형 및 무형자산의 투자액에서 유형 및 무형자산의 매각으로 유입될 현금을 차감하여 산정하여야 하나, 일반적으로 유형 및 무형자산은 매각목적으로 보유하는 것이 아니라 영업활동에 사용할 목적으로 보유하므로 매각이 자주 발생하지 않고 매각으로 인한 현금유입이 대부분 미미하므로 실무에서는 유형 및 무형자산 매각으로 인한 현금유입액(예상액)은 무시하고 평가한다.

일반적으로 실무에서 사용하고 있는 유형 및 무형자산 투자액 추정양식은 다음과 같다.

구 분	계산내역	T+1년	T+2년	T+3년	T+4년	T+5년
유형자산 투자액(A)						
무형자산 투자액(B)						
비유동자산 투자액(C)	C=A+B					

(4) 가중평균 자본비용 추정

앞에서 살펴본 바와 같이 가중평균 자본비용(WACC)은 추정현금흐름을 할인하는 할인율로 사용되는 중요한 요소로서, 자기자본비용과 타인자본비용을 자기자본비율(자기자본총계 / 총자산)과 부채비율(부채총계 / 총자산)로 가중평균하여 산출한다.

이론적으로는 부채비율 및 자기자본비율을 산정하기 위한 자본구조는 기업의 장기적인 자본구조가 반영된 목표자본구조가 적용되어야 하나, 실무에서는 추정재무상태표를 적용하거나 안정화단계에 있는 유사기업들의 재무구조의 평균 부채비율 및 평균 자본비율을 사용하여 산정한다.

가중평균 자본비용 (WACC)	• 추정현금흐름을 할인하는 할인율 • 가중평균 자본비용＝(자기자본비용 × 자기자본비율)＋(타인자본비용 × 타인자본비율) • 자기자본비율＝자본총계 / 자산총계 • 타인자본비율＝부채총계 / 자산총계

① 자기자본비용 추정

앞에서 살펴본 바와 같이 자기자본비용은 자기자본의 사용대가로서 보통주에 대한 배당금을 그 예로 들 수 있다.

자기자본비용은 무위험 수익률, 리스크 프리미엄(시장수익률 − 무위험 수익률), 평가대상주식의 위험(β 계수) 등 3가지 변수에 의하여 결정된다.

구 분	내 용
자기자본비용	무위험 수익률＋(시장수익률 − 무위험 수익률) × β
무위험 수익률	무위험 자산이 창출하는 수익률
시장수익률	자본시장의 종합주가지수의 수익률
β 계수 추정	해당 수식의 위험을 나타내는 지표

※ '시장수익률 − 무위험 수익률'을 이론적으로 리스크 프리미엄이라 한다.

가. 무위험 수익률 추정

무위험 수익률은 무위험 자산에서 발생되는 수익률로서 이론적으로는 위험이 없는 자산의 수익률을 적용하여야 하나, 실무에서는 평가기준일 또는 평가기준일이 속한 사업연도의 마지막날의 5년만기 또는 10년만기 국고채 수익률을 많이 사용한다.

나. 리스크 프리미엄 또는 시장수익률 추정

시장수익률은 리스크 프리미엄(시장수익률 – 무위험 수익률)을 산정하기 위하여 필요한 요소로서 시장 전체 수익률을 대표하는 시장지표의 수익률이다. 일반적으로는 주식시장에서 장기간에 형성된 종합주가지수의 수익률을 시장수익률의 내용치로 사용한다. 현재 실무적으로는 Bloomberg에서 제공하는 직전년도말 기준 (1~5년 평균) Market Risk Premium을 구하여 리스크 프리미엄으로 활용하고 있다.

실무상 Bloomberg를 활용하지 아니할 시에는 통상 평가기준일 10년간 종합주가지수의 평균수익률을 구하고 여기에서 무위험 수익률을 차감하는 방법을 주로 사용한다.

연 도	기 초	기 말	연평균 수익률
T-10년	~	~	(기말 – 기초) / 기초 × 100%
~			"
T-2년			"
T-1년			"
합 계	–	–	
평 균	–	–	

다. β계수 추정

β계수는 시장수익률 변동에 대한 특정기업 주식의 수익률 변화를 나타내주는 지표로서 특정기업주식의 위험을 나타내주는 지표이다.

β 계수는 기업마다 상이한데 이와 같은 상이성은 일반적으로 영업위험(영업환경 및 매출구조)의 상이성과 재무위험(재무구조)의 상이성에 기인한다고 볼 수 있다.

일반적으로 주식시장에 상장된 기업의 β 계수는 증권사 연구소 등에서 자료를 보관하고 있으므로 쉽게 산정할 수 있으나, 비상장법인의 경우에는 증권시장에서 거래가 이루어지지 않으므로 β 계수를 산정하기가 매우 어렵다.

따라서 비상장법인의 경우에는 동종업종의 영업환경과 매출구조가 비교적 비슷한 상장법인의 β 계수를 활용하여 다음과 같은 방법으로 β 계수를 산정한다.

비상장법인의 β계수 산정방법	• 동종업종의 영업환경과 매출구조가 비교적 비슷한 자본시장에 상장된 2개 이상의 회사를 선정함. • 선정된 회사의 β계수를 통하여 재무구조의 상이성에서 기인된 영향을 배제한 선정된 회사와 비슷한 영업환경 및 매출구조를 갖는 기업에 적용될 수 있는 부채를 사용하지 않는 β계수(이하 "무부채 사용기업의 β"라고 함)를 산정함. • 위의 무부채 사용기업의 β계수를 산술평균하여 부채를 사용하지 않는 동종업종 전체 기업에 적용할 수 있는 산업평균 β계수를 산정함. • 위의 부채를 사용하지 않는 동종산업의 β계수에 평가대상회사의 재무구조를 반영하여 평가대상기업의 β계수를 산정함.

㉠ 무부채 사용기업의 β계수 산정

평가대상회사와 동종업종의 영업환경과 매출구조가 비교적 비슷한 자본시장에 상장된 2개 이상의 회사(이하 "대용기업"이라 한다)의 β계수를 활용하여 각각의 무부채 사용기업의 β계수를 산정하고 이를 산술평균하여 부채를 사용하지 않는 동종업종 전체 기업에 적용할 수 있는 산업 β계수를 산정한다.

무부채 사용기업의 β계수를 산정하기 위한 세율은 실효세율을 적용하여야 하나, 산정하기 어려운 경우 정상적인 법인세율 등(주민세 포함)을 적용하면 되고, 부채비율(부채총계 / 자본총계)은 목표자본구조를 적용하여야 하나 통상적으로 대용기업의 평가시점의 재무상태표상 부채비율을 적용한다.

무부채 사용기업의 β계수＝대용기업의 β계수 / 〔1＋대용기업의 부채비율×（1－세율）〕

회사명	대용기업 β계수(A)	대용기업 부채비율[주](B)	실효세율 (C)	무부채 사용기업의 β계수 D＝A / [1＋B × (1−C)]
가				
나				
다				
산술평균	－	－	－	

주) 대용기업 부채비율＝부채총계 / 자본총계

ⓛ 평가대상기업의 β 계수 산정

평가대상기업의 β 계수는 위에서 산정된 산술평균 무부채 사용기업의 β 계수를 활용하여 산정한다.

평가대상기업의 β 계수를 산정하기 위한 세율은 실효세율을 적용하여야 하나, 산정하기 어려운 경우 정상적인 법인세율 등(주민세 포함)을 적용하면 되고, 부채비율(부채총계 / 자본총계)은 목표자본구조를 적용하여야 하나 통상적으로 대용기업의 평가시점의 재무상태표상 부채비율을 적용한다.

> 평가대상기업의 β계수 = 산술평균 무부채 사용기업의 β계수 × 〔1 + 평가대상기업의 부채비율 × (1 − 세율)〕

구 분	산술평균 무부채 사용기업의 β계수	평가대상기업 부채비율[주]	실효세율	평가대상기업의 β계수
계산내역	(A)	(B)	(C)	$D = A \times [1 + B \times (1 - C)]$

주) 평가대상기업 부채비율 = 부채총계 / 자본총계

라. 자기자본비용 산정

앞에서 산정한 무위험 수익률, 시장수익률, 평가대상회사의 β 계수를 이용하여 평가대상회사의 자기자본비용은 다음과 같이 계산된다.

> 자기자본비용 = 무위험 수익률 + (시장수익률 − 무위험 수익률) × 평가대상기업의 β

구 분	무위험 수익률	시장수익률	평가대상기업의 β계수	자기자본비용
계산내역	(A)	(B)	(C)	$D = A + (B - A) \times C$

② 타인자본비용 추정

타인자본비용은 기업이 타인자본으로 자금을 조달할 때 부담하는 비용으로서, 차입금에 대한 이자를 그 예로 들 수 있다. 타인자본비용은 기업이 부담하는 지급이자율과 세율의 2가지 변수에 의하여 결정된다.

가. 세전 타인자본비용

세전 타인자본비용은 현재 시점에서 차입할 경우의 이자율이므로 실무적으로는 평가기준일 현재 기업의 신용등급이 고려된 회사채 수익률을 활용하고 있다.

> 세전 타인자본비용 = 회사채 수익률

다만, 해당 기업의 신용등급등의 파악이 어려운 경우에 한하여 과거 차입이자율을 차선책으로 활용한다. 과거 차입이자율은 추정연도 연간 이자비용을 추정연도의 차입금 적수로 나누거나 차입금 적수산정이 번거로울 경우 추정연도의 기초 차입금과 기말 차입금의 평균으로 나누어 산정한다.

> 과거 차입이자율=연간 이자비용 / 평균 차입금

차입금 내용	2015년 기초 (A)	2015년 기말 (B)	평균차입금 C＝(A＋B)/2	연간 이자비용 (D)	세전 이자율 E＝D/C
단기차입금					
장기차입금					
사 채					
기타 이자지급성 부채					
합 계					

나. 세후 타인자본비용

자본비용을 구성하는 타인자본비용은 이자의 세금효과를 차감한 세후 타인자본비용으로서 세후 타인자본비용은 세전 타인자본비용에 법인세 등 을 차감하여 계산한다.

> 세후 타인자본비용=세전 타인자본비용 × (1－세율)

구 분	세전 타인자본비용	세 율	세후 타인자본비용
계산내역	(A)	(B)	$C = A \times (1 - B)$

다. 부채비율 및 자기자본비율 추정

부채비율 및 자기자본비율은 목표자본구조를 이용하거나 추정연도 기업의 재무상태표를 이용하여 추정한다.

실무에서 사용하는 부채비율 및 자기자본비율을 추정하기 위한 양식은 다음과 같다.

구 분	부채총계	자본총계	자산총계	부채비율	자기자본비율
계산내역	(B)	(S)	(A)	(B/A)	(S/A)

③ 가중평균자본비용(WACC) 추정

가중평균자본비용(WACC)은 추정현금흐름을 할인하는 할인율로 사용되는 중요한 요소로서, 자기자본비용과 타인자본비용을 자기자본비율(자기자본총계 / 총자산)과 부채비율(부채총계 / 총자산)로 가중평균하여 산출한다.

> 가중평균자본비용＝(세후 부채비용 × 부채비율) ＋ (자기자본비용 × 자기자본비율)

구 분	세후 부채비용	부채비율	자기자본 비용	자기자본 비율	가중평균자본비용
계산내역	A	B	C	D	$E = (A \times B) + (C \times D)$

(5) 기업가치(Enterprise Value) 평가

현금흐름할인법에 따른 기업가치(Enterprise Value)는 추정시점을 기준으로 하여 추정기간의 현금흐름(T년말 또는 T＋1년 중 평가시, T＋1년~T＋5년)과 추정기간 이후의 현금흐름을 자본비용으로 할인한 현재가치의 합으로 산정한다.

그러나 위에서 산정하는 현금흐름에는 영업활동에서 창출된 현금흐름만 포함되고 영업활동 이외의 활동, 즉 투자활동 등에서 발생되는 현금흐름은 포함되지 않는다.

일반적으로 기업은 영업활동을 하는 과정에서 주된 영업활동 이외에 타기업의 지배목적으로 관계회사 주식을 취득하거나 여유자금의 운용을 목적으로 유가증권을 취득하며, 투자차익을 목적으로 부동산에 투자하기도 한다.

만약, 기업가치를 영업활동에서 발생한 영업현금흐름만을 자본비용으로 할인하여 산정한다면 위에서 언급한 영업활동 이외의 활동에서 발생하는 현금흐름은 반영되지 못하기 때문에 기업가치가 왜곡될 수 있다.

현금흐름할인법에서는 위와 같은 문제점을 해결하기 위하여 기업가치 산정시 영업현금흐름을 자본비용으로 할인한 현재가치에 비업무용 자산의 가치를 가산하여 기업가치를 산정한다.

> 기업가치(EV)=추정기간 현금흐름의 현재가치+추정기간 이후 현금흐름의 현재가치 +비업무용 자산의 가치

① 추정기간(T+1년~T+5년) 현금흐름의 현재가치

추정기간 현금흐름의 현재가치는 앞에서 추정한 추정연도(T+1년~T+5년)의 현금흐름을 자본비용으로 할인한 현재가치의 합으로 산정한다.

> 추정기간 현금흐름의 현재가치=T+1년 현금흐름 / (1+자본비용)+T+2년 현금흐름 / (1+자본비용)^2+T+3년 현금흐름 / (1+자본비용)^3+T+4년 현금흐름 / (1+자본비용)^4+T+5년 현금흐름 / (1+자본비용)^5

구 분	T+1년	T+2년	T+3년	T+4년	T+5년	현재가치 합
추정영업 현금흐름	A	B	C	D	E	
자본비용	(1+자본 비용)	(1+자본 비용)^2	(1+자본 비용)^3	(1+자본 비용)^4	(1+자본 비용)^5	F+G+H +I+J
현재가치	F=A / (1+자본 비용)	G=B / (1+자본 비용)^2	H=C / (1+자본 비용)^3	I=D / (1+자본 비용)^4	J=E / (1+자본 비용)^5	

② 추정기간 이후 현금흐름의 현재가치

실무에서는 추정기간 이후의 현금흐름은 간단한 가정하에서 산정한다. 즉, 추

정기간 이후에는 별도로 현금흐름을 추정하지 않고 추정연도 말 현금흐름에 (1＋성장률)을 곱하고 이를 자본비용에서 성장률을 차감한 값(자본비용－성장률)으로 나누어서 추정연도 이후의 현금흐름을 산정한다. 추정연도 이후의 현금흐름은 Terminal Value라고 하며 T+5년 말에 산정한 T+6년 이후의 기업가치를 의미한다.

> • Terminal Value＝T＋5년 추정영업현금흐름 × (1＋성장률) / (자본비용－성장률)(단, '자본비용 > 성장률'일 것)
> • Terminal Value의 현재가치＝Terminal Value / (1＋자본비용)^5

가. 성장률 산정

Terminal Value 산정시 적용되는 성장률은 추정연도 경과 후 현금흐름이 매년 성장률만큼 영속적으로 증가한다는 개념으로 실무에서는 추정연도 이후의 5개연도～10개연도의 예상 잠재성장률의 평균을 적용하여 산정한다.

구 분	시기 : 2021년 ～ 2025년		
	고성장률 (A)	저성장률 (B)	평균 성장률 C＝(A＋B) / 2
성장률	－ %	－ %	－ %

나. Terminal Value 산정

Terminal Value는 T+5년말에 산정한 T+6년 이후의 현금흐름을 자본비용으로 할인한 가치를 의미한다.

T＋5년 추정 영업현금흐름	성장률	T＋6년 추정 영업현금흐름	자본비용	Terminal Value
A	B	C＝A × (1＋B)	D	E＝C / (D－B)

다. Terminal Value의 현재가치 산정

Terminal Value를 현재가치로 환산하기 위해서는 적절한 할인율로 할인하여야 한다.

> Terminal Value의 현재가치＝Terminal Value / (1＋자본비용)^5

Terminal Value	자본비용	Terminal Value의 현재가치
A	B	$C = A / (1+B)^5$

③ 비업무용 자산의 가치

기업가치는 영업현금흐름을 현재가치로 할인한 영업가치와 유가증권등 금융자산 또는 투자자산과 같은 비업무용 자산에서 창출되는 현금흐름의 합으로 산정된다는 점을 살펴보았다.

따라서 대상회사의 기업가치를 산정하기 위해서는 비업무용 자산에서 창출되는 현금흐름의 현재가치를 산정하여야 한다.

그러나 비업무용 자산의 보유목적은 장기간 기업의 영업활동에 사용하기 위하여 보유하는 것이 아니라 투자목적, 처분목적, 여유자산 운용목적으로 보유하므로 대상자산에서 안정적인 현금흐름을 추정하기에는 곤란한 경우가 많다.

따라서 실무에서는 비업무용 자산을 평가시점에서 처분하였을 때 유입되는 현금, 즉 평가시점의 시가에 의하여 평가한 가액을 비업무용 자산의 가치로 평가한다.

기업가치 평가시 가산하여야 할 비업무용 자산의 내역에는 여유자금을 운용하기 위하여 취득한 유가증권 및 투자유가증권, 타기업을 지배하기 위하여 취득한 주식, 투자차익을 남길 목적의 투자부동산, 유휴자산, 금융자산 등 영업현금흐름에 포함되지 않는 투자 및 비영업용 자산 전체를 포함한다.

(6) 자기자본가치(Equity Value) 산정

자기자본가치는 위에서 산정한 기업가치에서 순부채를 차감하여 산정한다.

> 자기자본가치＝기업가치－순부채

① 순부채(Net Debt)

순부채는 평가시점의 차입금 및 사채 등 이자지급성 부채에서 비업무용 자산에 포함되지 않는 현금 및 현금성자산 등(장・단기예금 포함)을 차감하여 산정한다.

이자지급성 부채	현금 및 현금성자산 등	순부채
A	B	$C = A - B$

② 자기자본가치(Equity Value)

자기자본가치는 앞에서 산정한 기업가치에서 순부채를 차감하여 산정한다.

기업가치	순부채	자기자본가치
A	B	C = A - B

(7) 1주당 평가액

평가대상기업의 1주당 평가액은 앞에서 산정한 자기자본가치를 평가시점의 발행주식총수로 나누어 산정한다.

자기자본 가치	발행주식총수	1주당 평가액
A	B	C = A / B

③ 민감도 분석

현금흐름할인법에 의한 가치평가방법은 추정기간 동안 미래 재무자료 추정, 자본비용 추정, 성장률 추정 등 많은 추정과 가정을 전제로 이루어지기 때문에 가치평가 과정이 정확하다고 할지라도 잠재성장률 및 이자율 등 거시경제지표의 변화, 산업의 환경 및 기업의 재무구조의 변화에 의하여 추정자료가 변경될 수 있다. 실무에서는 위와 같은 추정과 가정의 변동가능성을 고려하여 미래 재무자료 추정을 다양화하고 자본비용 및 성장률 등을 특정 값이 아닌 범위로 나타내어 가치평가를 일정한 범위로 산정하게 되는데, 이를 민감도 분석이라 한다.

민감도 분석은 추정 재무자료와 자본비용 및 성장률의 변화가 기업가치에 미치는 영향을 분석하여 기업가치를 상황변화에 따라서 적절하게 활용할 목적으로 이용하며, 일반적으로 다음과 같은 방법에 의하여 이루어진다.

(1) 추정 재무자료의 민감도 분석

현금흐름할인법에 의한 가치평가 방법은 기업의 미래 수익성과 현금창출능력 및 위험을 적극적으로 반영하는 가치평가 방법으로, 기본적으로 미래 약 5개년 이상의 재무자료를 추정하여 산정한다.

그러나 현대기업은 급속한 기술개발과 신산업의 등장 등으로 기업의 환경변화가 심해서 미래 재무자료 추정이 현재의 가정 및 미래의 예측 가능한 지표를 최대한 반영하여 이루어진다 하더라도 미래의 실제자료와 현재의 추정자료 사이에는 차이가 발생하기 마련이다.

따라서 실무에서는 재무자료를 추정할 때 위와 같은 변동성에 대비하기 위하여 재무자료를 낙관적, 평균적, 비관적의 3가지 형태로 추정하여 산업 및 기업의 환경변화에 탄력적으로 대응하면서 가치평가를 실시하기도 한다.

구 분	낙관적 가정	평균적 가정	비관적 가정
재무자료	A + α	A	A − α

(2) 추정 자본비용과 성장률에 대한 민감도 분석

앞의 가치평가시 적용한 특정 자본비용을 기준으로 자본비용을 범위화하여 탄력적으로 적용하고, 앞에서 산정한 특정 성장률을 기준으로 성장률을 역시 범위화하여 탄력적으로 적용하여 1주당 주식가치 평가액을 산정할 수 있는데, 통상 **Matrix**(행렬)형태로 자본비용과 성장률을 대응시켜 1주당 주식가치의 범위를 산정한다.

① Matrix(행렬)형태에 의한 민감도 분석

만약, 앞에서 추정한 자본비용이 7%이고 성장률이 3%였다면 산정되는 1주당 주식가치 평가액은 색칠한 부분인 'E'로 산정될 것이다.

그러나 거시경제지표 및 산업환경이 변하게 되면 이미 추정한 자본비용과 성장률도 변하게 되므로 앞에서 추정한 자본비용과 성장률을 기준으로 일정한 범위를 산정하여 가치를 평가하게 되면 미래 상황변화에 탄력성을 줄 수 있고 의사결정권자가 탄력적으로 의사결정을 할 수 있는 기회를 마련해 줄 수 있다.

자본비용	성장률		
	2%	3%	4%
6%	A	D	H
7%	B	E	I
8%	C	F	J

② 가치산정 범위

앞에서 산정한 민감도 Matrix(행렬)에 의하여 추정한 평가대상기업의 1주당 평가액의 범위는 최저 평가액(자본비용 8%, 성장률 2%) 'C', 최고 평가액(자본비용 6%, 성장률 4%) 'H'로 나타낼 수 있다.

따라서 평가대상기업의 1주당 평가액의 범위는 'C~H'로 산정되고 M&A시 현금흐름할인법에 의한 가격협상은 위의 범위 내에서 경영권 프리미엄 및 영업권 가치를 감안하여 결정되어야 할 것이다.

구 분	산정내용	산정지표
1주당 평가액	자본비용 7%, 성장률 3%일 경우	E
1주당 최고 평가액	자본비용 6%, 성장률 4%일 경우	H
1주당 최저 평가액	자본비용 8%, 성장률 2%일 경우	C
1주당 평가액 범위	1주당 최저 평가액~1주당 최고 평가액	C~H

④ 장점 및 단점

현금흐름할인법에 의한 가치평가 방법은 기업의 미래 현금창출능력 및 수익성이 현금흐름에 반영되고 산업 및 영업위험과 기업의 재무구조 상이성의 영향이 자본비용에 반영되므로 재무자료, 자본비용, 성장률에 대한 추정이 정확하다면 이론적으로 가장 우수한 가치평가 방법이라 할 수 있다. 또한, 기업회계기준에 의하여 산정된 이익에 대한 영향을 적게 받으므로 회계방법을 달리 적용하고 있는 기업 간에도 비교가능성이 높다고 할 수 있다.

그러나 평가의 전과정에 추정과 가정이 개입되므로 추정과 가정의 불확실성으로 인하여 객관성이 부족할 수 있으며 가치정보로는 유용하나 시장에서의 수요와 공급에 의하여 형성되는 가격에 대한 정보는 제공하지 못한다는 단점이 있다.

또한, 비교적 장기의 추정기간이 필요하므로 단기적으로는 가치를 정확히 측정하지 못한다는 측면과 평가과정에 재무관리, 회계, 조세, 경제학 등 전분야에 걸친 전문지식이 필요하여 복잡하다는 단점이 있다.

장 점	• 기업의 미래 수익성과 현금창출능력이 현금흐름에 반영됨. • 산업 및 영업환경의 위험이 자본비용에 반영됨. • 기업 간 재무구조의 상이성의 영향이 자본비용에 반영됨. • 산업환경이 안정적인 전통기업뿐만 아니라 고성장이 예상되는 기업 등 모든 기업에 대한 적용이 가능함. • 회계이익에 대한 영향을 적게 받음. • 추정만 정확하다면 기업의 라이프 사이클에 관계없이 어떤 단계에도 적용이 가능함.
단 점	• 재무자료, 자본비용, 성장률에 대한 추정으로 객관성이 부족함. • 장기의 추정기간이 필요하므로 단기적인 가치평가 방법으로는 정확하지 못함. • 평가의 과정에서 재무관리, 회계, 세무, 경제학 등 전문적인 지식이 필요함. • 복잡하여 검증가능성이 낮음. • 가치정보로는 유용하나, 시장에서의 수요와 공급에 의하여 형성되는 가격에 대한 정보는 제공하지 못함.

VI 상대가치평가법

앞에서 살펴보았던 현금흐름할인법(Discounted Cash Flow method ; DCF)은 가치를 산정하는 방법으로서 자본시장에서의 수요와 공급에 의하여 결정되는 가격을 반영한다고는 볼 수 없다.

따라서 M&A 가격협상시 현금흐름할인법에 의하여 산정된 가치에 지나치게 의존하게 되면 가격협상의 탄력성을 상실하여 매수자의 입장에서는 원하는 기업을 인수하지 못하거나 매도자의 입장에서는 최적의 매각기회를 상실할 수 있다.

이와 같은 현금흐름할인법이 가지고 있는 단점을 보완하고 수요와 공급에 의한 시장가격을 반영하기 위하여 도입된 가치평가 방법이 상대가치평가법이라 할 수 있다.

상대가치평가법은 평가대상기업과 유사한 상장법인의 매출액(주가 매출액 배율인

PSR을 이용하는 방법), 순자산가액(1주당 순자산 비율인 PBR을 이용하는 방법), 당기순이익(주가 수익 배율인 PER을 이용하는 방법), EBITDA 등을 평가대상기업의 해당 요소와 비교하여 가치를 산정하는 방법이다.

상대가치평가법 중 가장 보편적으로 사용하는 방법 중의 하나는 기업의 수익성을 가상 살 표현하면서 감가상각 방법의 대체적 회계처리 등 현행 발생주의 회계의 문제점을 배제할 수 있는 유사기업 EV / EBITDA Multiple법이다.

따라서 본 장에서는 상대가치평가법 중 실무에서 가장 활용도가 높은 유사기업 EV / EBITDA Multiple법을 중심으로 살펴보기로 하겠다.

① 유사기업 EV / EBITDA Multiple법

(1) 개 요

국내 또는 해외증시에 상장된 기업 중 유사한 사업을 영위하고 매출구조 및 재무구조가 유사한 회사를 선정하여 이들 회사의 Enterprise Value(EV)와 EBITDA를 비교대상으로 하여 비상장법인의 시장가격을 산정하는 방법이 유사기업 EV / EBITDA Multiple에 의한 가치평가 방법이다.

여기서 EBITDA(Earning Before Interest, Tax, Depreciation and Amortization)는 회계상 영업이익에 상응하는 현금흐름의 개념으로서 세금, 이자, 감가상각을 포함하는 현금기준 이익의 개념으로 영업이익보다 범위가 넓다.

(2) 평가방법

유사기업의 EV / EBITDA Multiple에 의한 가치평가를 실시하기 위해서는 먼저 유사기업을 선정하고 유사기업의 EV / EBITDA Multiple을 평가대상기업의 EBITDA에 적용하여 EV를 산정한다.

① 유사기업의 조건

유사기업의 조건에 대하여 명시된 특별한 기준은 없으나 「증권의 발행 및 공시 등에 관한 규정 시행세칙」 제7조에서는 평가대상회사와 한국거래소 업종분류에 따른 소분류 업종이 동일한 주권상장법인 중 주요제품 또는 용역의 종류가 유사한 법인으로서 다음의 요건을 충족할 것을 요구하고 있다.

가. 주당법인세비용차감전계속사업이익이 액면가액의 10% 이상일 것
나. 주당순자산이 액면가액 이상일 것
다. 상장일이 속하는 사업연도의 결산을 종료하였을 것
라. 최근사업연도 감사의견이 적정 또는 한정일 것

그러나 EV / EBITDA Multiple에 의한 가치평가시에는 유사기업이 상기 조건을 모두 충족할 필요 없이 평가대상회사와 동종업종을 영위하는 회사로서 매출품목과 재무구조가 유사하고 자본시장에서 형성된 주식가치가 회사의 재무구조 및 경영실적과 비교하여 합리적이면 될 것으로 판단된다.

② 유사기업의 EBITDA 산정

일반적으로 위에서 언급한 기준을 충족하는 2개 이상의 유사기업의 EBITDA를 산정하여야 하며 실무에서 유사기업의 EBITDA를 산정하는 양식은 아래와 같다.

구 분	계산내역	A회사	B회사	C회사
영업이익(A)				
감가상각비(B)				
무형자산상각비(C)				
EBITDA(D)	D = A + B + C			

유사기업의 EBITDA를 산정하는 시기는 가장 최근일의 재무제표를 기준으로 산정하여야 하나, 일반적으로 가치평가시점이 반기 또는 분기결산을 완료하지 않았을 경우에는 직전연도 재무제표를 기준으로 하고, 가치평가시점이 반기 또는 분기결산을 완료하고 산업의 구조상 상반기와 하반기 또는 분기별 매출 및 영업이익의 변화가 심하지 않을 경우에는 반기 또는 분기 재무자료를 연으로 환산하여 사용하면 될 것이다.

③ 유사기업의 EV(Enterprise Value) 산정

유사기업의 EV는 다음과 같은 방법으로 산정한다.

구 분	계산내역	A회사	B회사	C회사
주가(A)				
발행주식총수(B)				
시가총액(C)	C = A × B			

구 분	계산내역	A회사	B회사	C회사
순부채(D)				
EV(E)	E=C+D			

④ 뉴사기업의 EV / EBITDA Multiple 산정

유사기업의 EV / EBITDA Multiple은 EV를 EBITDA로 나누어서 산정하며 유사기업의 수가 2사 이상일 경우 산술평균 EV / EBITDA Multiple을 산정하여야 한다.

실무에서는 유사기업 중 특정기업의 EV / EBITDA Multiple이 지나치게 높거나 낮아 다른 유사기업들과 차이가 심한 경우에는 그 특정기업을 제외하거나 유사기업수가 많을 경우 최대 및 최소치를 제외한 기업을 대상으로 산술평균한 Multiple을 적용한다.

EV / EBITDA Multiple은 유사회사의 기업가치(EV)가 EBITDA의 몇 배로 형성되었는가를 나타내는 지표로서 EV / EBITDA Multiple이 5라면 유사회사의 기업가치가 EBITDA의 5배로 형성되어 있다는 것을 의미한다.

구 분	계산내역	A회사	B회사	C회사	산술평균
EV(A)					
EBITDA(B)					
Multiple(C)	C=A / B				

⑤ 평가대상회사의 EV 산정

유사회사의 EV / EBITDA Multiple을 이용한 평가대상회사의 EV 산정방법은 다음과 같다.

구 분	계산내역
유사회사 산술평균 EV / EBITDA Multiple(A)	
평가대상회사 EBITDA(B)	
평가대상회사 EV(C)	C=A×B

⑥ 1주당 평가액 산정

평가대상회사의 1주당 주식가치 평가액은 앞에서 산정한 EV에서 순부채(Net

Debt)를 차감하여 주주가치(Equity Value)를 산정하고 주주가치를 발행주식총수로 나누어 1주당 평가액을 산정한다.

구 분	계산내역
평가대상회사 EV(A)	
순부채(B)	
평가대상회사 주주가치(C)	C = A − B
발행주식총수(D)	
평가대상회사 1주당 평가액(E)	E = C / D

(3) 민감도 분석

① 개 요

주식의 가격은 경제지표 및 기업의 환경변화뿐 아니라 매일매일의 주식시장에서의 수요와 공급에 의하여 변동한다.

따라서 주식가치 평가시 평가액을 특정 숫자로 확정을 하게 되면 상황변화에 대한 변동성이 저하되고 의사결정에 대한 탄력성이 부족하게 된다.

이와 같은 문제점을 극복하기 위하여 유사기업의 EV / EBITDA Multiple에 의한 가치평가시에도 현금흐름할인법에 의한 가치평가 방법과 유사하게 기업가치를 일정 범위로 나타내는 민감도 분석과정을 거치게 된다.

② 민감도 분석

만약 앞에서 산정한 유사기업의 EV / EBITDA Multiple이 8배이고 재무지표가 평균적인 가정이라고 하면 1주당 주식가치 평가액은 색칠한 부분인 "E"로 산정될 것이다.

재무지표 \ EV/EBITDA Multiple	7배	8배	9배
낙관적	A	B	C
평균적	D	E	F
비관적	H	I	J

③ 가치산정 범위

상기 민감도표에 의하여 추정한 평가대상기업에 대한 1주당 평가액의 범위는 최

저 평가액(비관적인 재무지표, Multiple이 7배) 'H', 최고 평가액(낙관적인 재무지표, Multiple이 9배) 'C'로 나타낼 수 있다.

따라서 평가대상기업의 1주당 평가액의 범위는 'H~C'로 산정되고 M&A시 유사기업의 EV / EBITDA Multiple에 의한 가격협상은 위의 범위 내에서 경영권 프리미엄 능을 감안하여 결정하여야 할 것이다.

(4) 장점 및 단점

유사기업의 EV / EBITDA Multiple에 의한 가치평가 방법은 EV, EBITDA Multiple 의 산정과정시 특별한 추정 또는 가정을 필요로 하지 않고 주식시장에서 형성된 유사기업의 주가와 유사기업 및 평가대상기업의 재무제표를 활용하여 제반지표를 산정하므로 현금흐름할인법에 비하여 간단하고 객관적이어서 실무에서 보편적으로 사용되고 있다.

또한 유사기업의 EV / EBITDA Multiple에 의한 가치평가 방법은 자본시장의 수요와 공급을 반영한 주식시장가격을 기준으로 분석이 이루어지므로 유사기업의 선정만 적절하다면 대단히 객관적이고 신뢰성 있는 가격에 대한 정보를 얻을 수 있다. 그러나 주식시장이 협소한 우리나라의 경우 유사기업이 많지 않고 주식시장의 효율성이 낮을 경우에는 유사기업의 EV / EBITDA Multiple이 왜곡될 수 있다.

또한, 유사기업의 EV / EBITDA Multiple에 의한 가치평가 방법은 주식시장가치를 반영하여 평가하는 가격의 개념이기 때문에 일시적으로 외부충격에 의하여 시장 또는 유사기업이 심하게 고평가되거나 저평가될 경우 또는 불공정 세력 등에 의하여 유사기업의 주가가 비합리적인 가격으로 형성될 경우 평가대상기업의 가치평가액도 심하게 왜곡될 수 있다.

따라서 유사기업의 EV / EBITDA Multiple에 의한 가치평가시 유사기업을 선정할 때에는 유사기업의 주가를 면밀히 검토하여 불공정한 가격이 형성된 기업이 유사기업에 포함되지 않도록 주의해야 할 것이다.

장 점	• 특별한 추정 및 가정이 불필요하므로 객관적임. • 자본시장의 수요와 공급에 의한 가격정보를 제공함. • 평가방법이 간단하고 이해하기 쉬움.

	• 유사기업의 선정이 어려움.
단 점	• 시장의 효율성이 결여될 경우 왜곡되기 쉬움.
	• 주식시장이 외부충격에 의하여 가격이 심하게 고평가 또는 저평가될 경우 또는 불공정 세력에 의하여 유사기업의 주가가 심하게 왜곡될 경우 평가대상회사의 가치도 심하게 왜곡될 수 있음.

(5) 적용분야

유사기업의 EV / EBITDA Multiple에 의한 가치평가 방법은 유사기업이 존재하는 경우 어느 기업에게나 적용할 수 있다는 장점이 있다.

② 기타의 상대가치평가방법

(1) 주가 / 순자산 배수 모형(Price / Book Value Ratio ; PBR)에 의한 가치평가 방법

PBR은 1주당 주식가치가 1주당 순자산가액의 몇 배로 형성되어 있는가를 나타내는 배수로서 자본시장에서 평가한 투자자산의 효율성을 나타내는 지표로도 사용된다. 주가 / 순자산 배수 모형에 의한 가치평가 방법은 유사기업의 PBR 배수를 산정한 다음 이를 평가대상기업의 1주당 순자산가치에 곱하여 평가대상기업의 1주당 주식가치를 산정하는 방법이다.

① 유사기업의 주가 / 순자산 배수(PBR) 산정

예를 들어, A - 유사기업의 주가가 10,000원이고 1주당 순자산가치가 5,000원일 경우 A - 유사기업의 주가 / 순자산 배수(PBR)는 2배로 산정되고, B - 유사기업의 주가가 20,000원이고 1주당 순자산가치가 8,000원일 경우 B - 유사기업의 주가 / 순자산 배수(PBR)는 2.5배가 된다.

이를 산술평균하여 유사기업의 산술평균 PBR 배수를 산정한다.

구 분	A-유사기업	B-유사기업	산술평균 PBR
주가(A)	10,000원	20,000원	
주당순자산(B)	5,000원	8,000원	
PBR(C=A / B)	2배	2.5배	2.25배

(주) 유사기업의 주당순자산의 기준일은 평가대상기업의 평가시점과 일치시켜야 함.

② 평가대상기업의 1주당 주식가치

위에서 산정한 유사기업의 산술평균 PBR 배수를 평가대상기업의 1주당 순자산가치에 곱하여 평가대상기업의 1주당 주식가치를 산정한다.

예를 들어, 평가대상기업의 1주당 순자산가치가 10,000원이라면 평가대상기업의 1수낭 수식가치는 다음과 같이 10,000원에 산술평균 PBR 배수인 2.25배를 곱하여 22,500원으로 산정된다.

구 분	산정내역	평가대상기업
유사기업의 산술평균 PBR 배수	(A)	2.25배
평가대상기업의 1주당 순자산	(B)	10,000원
평가대상기업의 1주당 주식가치	(C) = (A×B)	22,500원

(2) 주가 / 순이익 배수 모형(Price / Earning Ratio ; PER)에 의한 가치평가 방법

주가 / 순이익 배수 모형(PER)은 1주당 주식가치가 1주당 당기순이익의 몇 배로 형성되어 있는가를 나타내는 배수로서 유사기업의 PER 배수를 산정한 다음 이를 평가대상기업의 1주당 당기순이익에 곱하여 평가대상기업의 1주당 주식가치를 산정하는 방법이다.

① 유사기업의 주가 / 순이익 배수(PER) 산정

예를 들어, A - 유사기업의 주가가 20,000원이고 1주당 순이익이 2,000원일 경우 A - 유사기업의 주가 / 순이익 배수(PER)는 10배로 산정되고, B - 유사기업의 주가가 36,000원이고 1주당 순이익이 3,000원일 경우 B - 유사기업의 주가 / 순이익 배수(PER)는 12배가 된다.

이를 산술평균하여 유사기업의 산술평균 PER 배수를 산정한다.

구 분	A-유사기업	B-유사기업	산술평균 PER 배수
주가(A)	20,000원	36,000원	
주당순이익(B)	2,000원	3,000원	
PER(C=A/B)	10배	12배	11배

② 평가대상기업의 1주당 주식가치

위에서 산정한 유사기업의 산술평균 PER 배수를 평가대상기업의 1주당 순이익에 곱하여 평가대상기업의 1주당 주식가치를 산정한다.

예를 들어, 평가대상기업의 1주당 순이익이 2,000원이라면 평가대상기업의 1주당 주식가치는 다음과 같이 2,000원에 산술평균 PER 배수인 11배를 곱하여 22,000원으로 산정된다.

구 분	산정내역	평가대상회사
유사기업의 산술평균 PER 배수	(A)	11배
평가대상기업의 1주당 순이익	(B)	2,000원
평가대상기업의 1주당 주식가치	(C)=(A×B)	22,000원

(3) 주가 / 매출액 배수 모형(Price / Sales Ratio ; PSR)에 의한 가치평가 방법

주가 / 매출액 배수(PSR)는 1주당 주식가치가 1주당 매출액의 몇 배로 형성되어 있는가를 나타내는 배수로서 신생기업으로서 매출은 발생하나 이익이 발생하지 않는 기업에 적합한 가치평가 방법이다.

① 유사기업의 주가 / 매출액 배수(PSR) 산정

예를 들어, A - 유사기업의 주가가 10,000원이고 1주당 연간 매출액 20,000원일 경우 A - 유사기업의 주가 / 매출액 배수(PSR)는 0.5배로 산정되고 B - 유사기업의 주가가 18,000원이고 1주당 연간 매출액 20,000원일 경우 B - 유사기업의 주가 / 매출액 배수(PSR)는 0.9배가 된다.

이를 산술평균하여 유사기업의 산술평균 PSR 배수를 산정한다.

구 분	A-유사기업	B-유사기업	산술평균 PSR 배수
주가(A)	10,000원	18,000원	
주당 연간 매출액(B)	20,000원	20,000원	
PSR(C=A / B)	0.5배	0.9배	0.7배

② 평가대상기업의 1주당 주식가치

위에서 산정한 유사기업의 산술평균 PSR 배수를 평가대상기업의 1주당 연간 매출액에 곱하여 평가대상기업의 1주당 주식가치를 산정한다.

예를 들어, 평가대상기업의 1주당 연간 매출액이 20,000원이라면 평가대상기업의 1주당 주식가치는 다음과 같이 20,000원에 산술평균 PSR 배수인 0.7배를 곱하여 14,000원으로 산정된다.

구 분	산정내역	평가대상기업
유사기업의 산술평균 PSR 배수	(A)	0.7배
평가대상기업의 1주당 연간 매출액	(B)	20,000원
평가대상기업의 1주당 주식가치	(C)=(A×B)	14,000원

VII M&A transaction 비교법

M&A transaction 비교법은 과거에 발생한 비슷한 M&A 사례의 거래가격을 고려하여 대상기업의 가치평가를 하는 방법이다.

비교적 최근에 발생한 M&A 사례 중 비슷한 업종 및 규모의 회사의 거래가격을 안다면 당해 거래가격이 순자산 대비 몇 배인가, EBITDA의 몇 배인가를 기준으로 평가대상기업의 가치를 평가하는 방법이다.

예를 들면, 통신업종의 경우 가입자 1인이 기업가치에 기여하는 금액을 얼마로 적용하여 유사기업의 M&A 가치를 평가하였는가? 또는 인터넷 기업의 경우 회원 1인당 기업가치에 기여하는 금액을 얼마로 적용하여 유사기업의 M&A 가치를 평가하였는가? 등을 고려하여 평가대상기업에 비슷한 M&A 사례를 적용하여 가치를 평가한다.

M&A transaction에 의한 가치평가방법은 우리나라의 경우 비슷한 M&A 사례가 드물고 설령 비슷한 사례가 있다 하더라도 M&A의 속성상 거래내용이 공개되지 않고, 특히 가치산정 방법 등을 추정하기 어려운 경우가 많아 현실적으로 적용하기에는 어려움이 많다.

Ⅷ 본질가치 평가방법

① 개 요

2002년 8월 이전에는「유가증권 인수업무에 관한 규정」에 의하여 주식의 상장을 위한 공모가격 산정시 자산가치와 수익가치를 1 : 1.5로 가중평균한 본질가치와 유사회사별 비교가치를 평균한 가액을 감안한 상대가치(상대가치를 산정할 수 없는 경우 상대가치 제외)로 공모가액을 평가하도록 하였으나 2002년 8월 이후에는 규정 개정을 통하여 기업공개를 위한 주식가치 평가방법이 자율화되었다.

따라서 2002년 8월 이후부터는 '구「유가증권 인수업무에 관한 규정」에 의한 공모 가액 산정방법'이 공모대상기업의 가치산정 방법으로 사용되지 않고 있으나, 실무에서는 벤처기업 등의 가치평가 방법으로 여전히 사용되고 있고 '자본시장법 시 행령 제176조의5 및 증권의 발행 및 공시 등에 관한 규정 시행세칙 제4조'에 의하여 상장법인과 합병하는 비상장법인의 합병가액 산정방법으로 여전히 사용되고 있으므로 이 장에서 그 산정방법을 살펴보기로 하겠다.

② 본질가치 산정

본질가치는 다음에서 산정하는 자산가치와 수익가치를 각각 4 : 6으로 가중평균하여 산정한다. 이 경우 본질가치 산정을 위한 분석기준일은 주요사항보고서를 제출하는 날의 5영업일 전일로 한다. 단, 분석기준일 이후에 분석에 중대한 영향을 줄 수 있는 사항이 발생한 경우에는 그 사항이 발생한 날로 한다.

구 분	산정방법
자산가치	(A)
수익가치	(B)
본질가치	C = (A × 0.4) + (B × 0.6)
규 정	「증권의 발행 및 공시 등에 관한 규정 시행세칙」 제4조

(1) 자산가치 산정방법

자산가치는 주요사항보고서 제출일이 속하는 날의 직전연도 말 재무상태표상의 자본총계에서 다음과 같은 부외자산을 가산하고 부외부채 및 자산성이 없는 자산을 차감하여 산정한다.

구 분	산정방법
1. 감사보고서상 자본총계^{주)}	A
(1) 가산항목	$B=a+b+c+d+e+f$
－ 분석기준일 현재 취득원가 평가 투자주식의 평가익	a
－ 분석기준일 현재 시장성 있는 투자주식의 평가익	b
－ 최근 사업연도말 자기주식	c
－ 결산기 이후 유상증자, CB전환권행사 및 BW신주인수권 행사 등으로 증가한 자본금	d
－ 결산기 이후 주식발행초과금 등 자본잉여금 및 재평가잉여금 발생액, 전기오류수정이익 등	e
－ 기타 결산기 이후 이익잉여금 증가없이 자본총계 증가시킨 거래로 인한 중요한 순자산증가액	f
(2) 차감항목	$C=a+b+c+d+e+f$ $+g+h+i+j$
－ 최근 사업연도말 비지배지분(연결재무상태표 사용시에 한함)	a
－ 분석기준일 현재 실질가치 없는 무형자산	b
－ 분석기준일 현재 회수불능채권	c
－ 분석기준일 현재 취득원가 평가 투자주식의 평가감 (단, 손상발생시 차이 가신 ×)	d
－ 분석기준일 현재 시장성 있는 투자주식의 평가감	e
－ 분석기준일 현재 퇴직급여채무 또는 퇴직급여충당부채 과소 설정액	f
－ 결산기 이후 자산의 손상차손	g
－ 결산기 이후 유상감자에 의한 자본금 감소	h
－ 결산기 이후 배당금지급, 전기오류수정손실 등	i

구 분	산정방법
− 기타 결산기 이후 이익잉여금 증가없이 자본총계 감소시킨 거래로 인한 중요한 순자산감소액	j
2. 순자산	$D = A + B - C$
3. 분석기준일 현재 발행주식 총수[주]	E
4. 1주당 자산가치	$F = D / E$
5. 규 정	「증권의 발행 및 공시 등에 관한 규정 시행세칙」 제5조

주) 단, 전환주식, CB, BW등 향후 자본금을 증가시킬 수 있는 증권의 권리행사 가능성이 확실한 경우에는 이를 순자산 및 발행주식총수에 반영함.

(2) 수익가치 산정방법

수익가치는 현금할인모형, 배당할인모형 및 이익할인모형 등 미래수익가치 산정에 관하여 일반적으로 공정하고 타당한 것으로 인식되는 모형을 적용하여 합리적으로 산정한다(「증권의 발행 및 공시 등에 관한 규정 시행세칙」 제6조).

통상적으로 현금할인모형(DCF)을 많이 활용하고 있으며, 간혹 과거 발행·공시규정 시행세칙이 개정되기 전 이익할인모형을 사용하는 경우가 있다.

 참고 ● 발행·공시규정 개정 이전 수익가치 산정방식(이익할인모형)

> 2012년 12월, 발행·공시규정 시행세칙 개정으로 인한 수익가치 자율화 이후에도 현금할인모형 등의 지나친 주관적 가정에 부담을 느낀 일부기업들이 과거와 같이 2개년 추정이익을 가중평균하여 자본환원율로 할인하는 방법을 여전히 사용하는 경우가 있다. 이 경우, 아래의 산식을 적용함에 있어 자본환원율, 추정기간 및 가중치 등은 상황에 따라 사율로 실징하고 있다.
>
> − 추정기간 : 2개년(주요사항보고서 제출 사업연도 및 그 다음 사업연도)
> − 자본환원율 : Max(①, ②)
>   ① 평가대상회사가 상환하여야 할 모든 차입금의 가중평균이자율의 1.5배
>   ② 상속세 및 증여세법상 할인율[주](10%)
>   주) 상속세 및 증여세법 시행령 제54조 ①에 따라 기획재정부장관이 지정·고시하는 이자율('순손익가치환원율')

구 분	추정 1차연도	추정 2차연도	산정방법
1. 추정 법인세비용차감 전계속사업이익			A
2. 법인세 등			B
3. 우선수배당조성액			C
4. 각 사업연도 추정이익	a	b	D＝A－B－C
5. 발행주식총수	c	d	E
6. 1주당 추정이익	e＝a / c	f＝b / d	
7. 추정연도별 가중치^{주)}	60%	40%	
8. 1주당 평균추정이익			F＝e×60%＋f×40%
9. 자본환원율			G
10. 1주당 수익가치			H＝F / G
11. 규 정	(2012년 12월 이전「증권의 발행 및 공시 등에 관한 규정 시행세칙」제6조)		

주) 2차연도의 추정이익이 1차연도의 추정이익보다 작은 경우 가중치는 50% : 50%를 적용함.

IX 상속세 및 증여세법상 비상장주식의 평가

① 비상장주식의 시가 평가원칙

비상장주식의 가액은 상장주식과 마찬가지로 「상속세 및 증여세법」에 규정된 재산의 평가원칙에 따라 상속개시일 또는 증여일 현재의 시가로 평가되어야 한다. 여기서 시가는 평가기준일 전후 6월(증여재산의 경우에는 평가기준일 전 6개월부터 평가기준일 후 3개월) 이내의 기간 중에 특수관계가 없는 제3자 간에 이루어진 객관적인 매매가격을 의미하는 것으로서, 당해 주식의 공정교환가치(Fair Market Value)를 반영하고 있다고 인정되는 가액을 말한다. 다만, 특수관계인과의 거래 등으로 인하여 그 거래가액이 객관적으로 부당하다고 인정되는 경우 또는 거래된 비상장주식의 가액이 액면가액 기준으로 발행주식총액의 1% 또는 3억원 미만인 경우에는 시가로 인정되지 않는다(「상속세 및 증여세법 시행령」제49조 ① 1호).

「상속세 및 증여세법」에서는 비상장주식의 경우 자본시장에서 거래가 이루어지기 어렵고 거래 자체가 빈번하지 아니하여 객관적인 시가를 산정하기 어려우므로 자의적인 평가방법에 따른 납세자의 혼선을 방지하고 세원을 확보하고자 보충적인 평가방법을 규정하고 있다.

구 분	내 용

비상장주식의 시가 산정방법	• 상속개시일 또는 증여일 현재의 시가(공정교환가치)에 의하여 평가
	• 시가는 평가기준일 전후 6월(증여재산의 경우에는 평가기준일 전 6개월부터 평가기준일 후 3개월) 이내의 기간 중에 특수관계가 없는 제3자 간에 이루어진 객관적인 매매가액
	   - 해당 재산에 대한 매매사실이 있는 경우에는 그 거래가액
	   - 해당 재산(상장주식 제외)에 대하여 둘 이상의 공신력 있는 감정기관이 평가한 감정가액이 있는 경우에는 그 감정가액의 평균액
	   - 해당 재산에 대하여 수용·경매 또는 공매사실이 있는 경우에는 그 보상가액·경매가액 또는 공매가액
	• 위의 제3자 간의 객관적인 매매가액이 존재하지 않을 경우에는 보충적 평가방법에 따라 시가 산정
	• 최대주주 할증 반영(단, 합병·증자·감자·현물출자·전환사채 등의 주식전환 등에 따른 증여이익을 계산하는 경우에는 할증하지 않음)

규 정	「상속세 및 증여세법」 제60조, 동법 시행령 제49조

② 비상장주식의 보충적 평가방법

「상속세 및 증여세법」상 보충적 평가방법에 따른 비상장주식의 가액은 1주당 순손익가치와 순자산가치를 각각 3과 2의 비율(부동산과다보유법인의 경우에는 1주당 순손익가치와 순자산가치의 비율을 각각 2와 3)로 가중평균하여 계산한다. 다만, 그 가중평균한 가액이 1주당 순자산가치의 80% 해당액보다 낮을 경우에는 1주당 순자산가치의 80% 해당액을 비상장주식의 가액으로 한다.

구 분	내 용
비상장주식의 보충적 평가방법	비상장주식의 가치 = Max[(순손익가치 × 3 + 순자산가치 × 2) / 5, 순자산가치 × 80%] × [1+최대주주 할증률]
규 정	「상속세 및 증여세법」 제63조 ① 1호 나목, 동법 시행령 제54조 ①, 제55조, 제56조

(1) 순손익가치

순손익가치의 산정방법은 앞에서 검토한 현금흐름할인법과 유사하다. 다만, 「상속세 및 증여세법」에서는 미래현금흐름 대신에 과거 3년간 실적을 근거로 계산된 순손익액의 가중평균액을 사용하도록 하고 있고, 할인율(자본비용)내신에 기획재정부장관이 고시하는 이자율을 사용하도록 규정하고 있다.

$$1주당\ 가액 = \frac{1주당\ 최근\ 3년간\ 순손익액의\ 가중평균액\ 또는\ 1주당\ 추정이익의\ 평균액}{기획재정부장관이\ 고시하는\ 이자율(10\%)}$$

① 최근 3년간 순손익액의 가중평균액

1주당 최근 3년간 순손익액의 가중평균액은 다음과 같이 산출된다.

$$1주당\ 최근\ 3년간\ 순손익액의\ 가중평균액 = \frac{A \times 3 + B \times 2 + C \times 1}{6}$$

A : 평가기준일 이전 1년이 되는 사업연도의 1주당 순손익액
B : 평가기준일 이전 2년이 되는 사업연도의 1주당 순손익액
C : 평가기준일 이전 3년이 되는 사업연도의 1주당 순손익액

이때 순손익액의 계산은 「상속세 및 증여세법 시행령」 제56조 ④ 및 ⑤에 의거하여 각 사업연도소득에 가감항목을 반영하여 산출한다.

순손익액＝각 사업연도소득 + 가산항목 − 차감항목 + 유상증자금액 − 유상감자금액

각 사업연도소득의 가산항목은 주로 법인의 순자산을 증가시켰으나 조세정책상 익금에 산입하지 아니하는 항목이며, 차감항목은 법인의 순자산을 감소시켰으나 조세정책상 손금에 산입하지 아니한 항목이다. 실무상 빈번히 발생하는 세무조정사항 중 위의 가감항목에 포함되지 아니한 항목을 보면 가지급금에 대한 인정이자, 대손금 및 대손충당금, 재고자산평가손익, 퇴직급여충당금 한도초과액 등 주로 실질적인 부의 변동이 없거나 자산·부채와 직접 관련된 세무조정항목임을 알 수 있다.

항 목		비 고
가산 항목	국세 또는 지방세의 과오납금의 환급금에 대한 이자	법인세법 제18조 4호
	수입배당금액 중 익금불산입액	법인세법 제18조의2
	법정기부금 및 지정기부금 한도초과 이월금액의 손금산입액	법인세법 제24조 ⑤
	업무용차량의 감가상각비 및 임차료 한도초과 이월금액의 손금산입액	법인세법 제27조의2 ③ 및 ④
	화폐성외화자산·부채 또는 통화선도 등에 대하여 평가하지 않은 경우 해당 평가이익	법인세법 시행령 제76조
	그 밖에 기획재정부령으로 정하는 금액	미정
차감 항목	당해 사업연도의 법인세액(농어촌특별세액 및 지방소득세액 포함)	법인세산출세액에 공제감면세액을 차감하고 가산세를 가산한 총결정세액(당해 사업연도에 대한 수정 및 경정 후의 금액)
	벌금, 과료, 과태료, 가산금 및 체납처분비(징수불이행으로 납부하는 세액 포함)	법인세법 제21조 3호
	법령에 따라 의무적으로 납부하는 것이 아닌 공과금	법인세법 제21조 4호
	업무와 관련 없는 비용	법인세법 제27조
	업무용 승용차 관련 비용의 손금불산입액	법인세법 제27조의2
	징벌적 목적의 손해배상금 중 손금불산입액	법인세법 제21조의2
	기부금, 접대비 손금불산입액	법인세법 세24소 및 제25조 조세특례제한법 제73조, 제136조
	과다경비 등 손금불산입액	법인세법 제26조
	지급이자 손금불산입액	법인세법 제28조
	감가상각비 시인부족액 중 상각부인액 범위에서 추인된 금액을 차감한 금액	법인세법 시행령 제32조 ①

항 목		비 고
차감 항목	화폐성외화자산·부채 또는 통화선 도 등에 대하여 평가하지 않은 경우 해당 평가손실	법인세법 시행령 제76조

가. 각사업연도소득

각 사업연도소득은 세무조정계산서의 소득금액을 사용하여야 한다. 다만, 법인세에 대한 경정 등의 사유로 인하여 소득금액이 변경된 경우에는 경정 후의 소득금액을 사용하여야 한다. 따라서 세무조사 등의 사유로 인하여 경정이 발생하였다면 과거에 보충적 평가방법에 따른 주식거래 신고가 있었는지 확인하여 해당 주식거래에 따른 세액도 경정하여 신고하여야 한다. 실무적으로 기업들은 의도적으로 또는 오류에 의하여 재무제표 작성시 기업회계기준을 따르지 않는 경우가 있다. 주식가치 평가시 이러한 차이를 적극적으로 반영하여 각 사업연도소득을 수정하여야 하는가에 대한 의문이 있을 수 있다. 「상속세 및 증여세법」상 비상장주식의 가치를 정확하게 평가하기 위해서는 순손익액 계산시 법인세법상 한도금액에 미달하게 결산에 반영된 항목을 각 사업연도소득에서 차감하는 것이 타당하다. 그 예로 '최근 3년간의 순손익액을 평가함에 있어서 당해 사업연도 말의 퇴직급여추계액을 기준으로 한 퇴직급여충당금 과소계상액을 차감하는 것이 상당한데도 이를 차감하지 아니하여 위법하다'는 판례를 들 수 있다(대법원 2008두4275, 2011. 7. 14.). 이러한 항목으로 대손금, 이자수익, 이자비용, 감가상각비 등을 들 수 있는데 과거 빈번히 문제가 되어 왔던 감가상각비 시인부족액은 2014년 법인세법 시행령 개정시 반영되어 각 사업연도소득에서 차감되어야 할 항목으로 명시되었다.

나. 법인세 등

순손익액 계산시 차감하여야 할 법인세 등은 각 사업연도소득에 대하여 납부하였거나 납부하여야 할 법인세 총결정세액을 말한다. 따라서 법인세외에 법인세에 부가되는 지방교육세와 농어촌특별세를 모두 포함하는 것이다. 이월결손금이나 이월세액공제로 인하여 실제 납부한 법인세액이 각 사업연도소득을 기준으로 납부하여야 할 법인세액을 하회한다면 이는 없는 것으로 보아야 한다. 또한, 세무조사로 인하여 과거 사업연도의 소득금액이 경정되었다면 경정된 소득금액을 기준으로 재계산하여야 하며, 세무조사의 결과로 조사가 이루어진 연도에 과거 사업연도에 대한 법인세추납액을 납부한 경우에도 이를 납부한 연도의 법인세 총결정세액으로 볼 사항이 아니다.

다. 벌금, 과료, 과태료, 가산금 및 체납처분비

공정거래위원회에서 부과하는 과징금은 범칙행위의 발생과 관계없이 해당 고지 납부한 사업연도를 기준으로 차감하여야 한다.

한편, 평가기준일이 속하는 사업연도 전 3년 이내에 유상증자 또는 유상감자를 한 경우에는 해당 사업연도와 그 이전 사업연도의 순손익액은 다음의 유상증자금액을 더하고, 유상감자금액을 차감하여 계산한다. 이 경우 유상증자 또는 유상감자를 한 사업연도의 유상증자금액 또는 유상감자금액은 사업연도 개시일부터 유상증자 또는 유상감자를 한 날까지의 기간에 대하여 월할로 계산한다.

- 유상증자금액 = 유상증자한 주식 1주당 납입금액 × 유상증자로 증가한 주식수 × 10%
- 유상감자금액 = 유상감자시 지급한 1주당 금액 × 유상감자로 감소한 주식수 × 10%

---

② 1주당 추정이익의 평균액

일시적이고 우발적인 사건에 의하여 최근 3년간의 순손익액이 비정상적으로 증가하는 등의 사유로 인하여 1주당 최근 3년간의 순손익액의 가중평균액을 사용하는 것이 불합리한 경우에는 다음의 요건을 모두 갖추어 1주당 추정이익의 평균가액으로 산정할 수 있다.

- 상속세(증여세) 과세표준 신고기한까지 1주당 추정이익의 평균가액을 신고할 것
- 추정이익의 산정기준일과 평가서작성일이 과세표준 신고기한 이내일 것
- 추정이익의 산정기준일과 상속개시일(증여일)이 같은 연도에 속할 것

이때 1주당 추정이익은 신용평가전문기관, 회계법인 또는 세무법인 중 2 이상의 평가기관이 「자본시장과 금융투자업에 관한 법률 시행령」 제176조의5 ②에 따라 산정한 수익가치에 순손익가치환원율(10%)을 곱하여 산정한다.

③ 발행주식총수의 계산

발행주식총수라 함은 각 사업연도 종료일 현재의 발행주식총수를 말하며, 평가기준일이 속하는 사업연도 전 3년 이내에 증자 또는 감자를 한 사실이 있는 경우에는 다음의 산식에 따라 발행주식총수를 환산주식수로 조정하여야 한다 (「상속세 및 증여세법 시행령」 제56조 ③, 동법 시행규칙 제17조의3 ⑤).

가. 증자의 경우

> 환산주식수 = 증자 전 각 사업연도 말 주식수 × (증자 직전 사업연도 말 주식수 + 증자주식수) / (증자 직전 사업연도 말 주식수)

나. 감자의 경우

> 환산주식수 = 감자 전 각 사업연도 말 주식수 × (감자 직전 사업연도 말 주식수 − 감자주식수) / (감자 직전 사업연도 말 주식수)

사업연도 종료일 현재 자기주식을 보유하고 있는 경우에 주식의 소각 또는 자본의 감소를 위하여 취득한 자기주식은 발행주식총수에서 제외하는 것이나, 일시적으로 보유한 후 처분할 자기주식은 발행주식총수에 포함하는 것이다(제도 46014-10291, 2001. 3. 28.).

 사례　증자가 있는 경우 주당 순손익액

3년 이내 유상증가 1회 발생한 경우
- 2019년 말 발행주식수 10,000주
- 2020년 말 발행주식수 20,000주(2020. 7 .1 주당 100원 10,000주 유상증자)
- 2021년 말 발행주식수 20,000주
- 유상증자 가액 1,000,000원은 증자 이후 기간에 증자액의 10%만큼 연간 순이익 증가에 기여

순이익 및 주식수 현황

	2019	2020	2021
순이익	300,000	350,000	400,000
발행주식수	10,000	20,000	20,000
주당순이익	30	17.5	20

비상장주식 평가를 위한 유상증자 조정후 주당순이익

	2019	2020	2021
순이익	300,000	350,000	400,000
이익조정액	100,000	50,000	-
조정후 이익	400,000	400,000	400,000
조정후 발행주식수	20,000	20,000	20,000
주당순이익	20	20	20

• 조정으로 인해 주당순이익이 20원/주로 평준화되는 효과가 발생

(2) 순자산가치

순자산가치는 평가기준일 현재 해당 법인의 총자산에서 총부채를 차감한 (영업권이 제외된)순자산가액에 영업권 가액을 가산하여 산출한다. 다만, 수익가치를 반영하지 않고 순자산가치만으로 평가하는 경우에는 영업권을 가산하지 않으며, 순자산가액이 0 이하인 경우에는 0으로 한다.

1주당 자산가치는 순자산가치를 발행주식총수로 나누어 산출한다. 이때 발행주식총수는 평가기준일 현재의 발행주식총수로 한다.

> 순자산가액 = 영업권이 제외된 순자산가액+영업권 가액

① 영업권이 제외된 순자산가액의 산정

순자산가액의 평가기준일은 상속개시일 또는 증여일이다. 따라서 일반적으로 가결산을 통하여 평가기준일 현재의 재무상태표를 작성하여 법인의 자산을 확정하고 평가를 개시한다.

자산의 평가는 시가평가를 원칙으로 하되, 시가가 없을 경우에는 「상속세 및 증여세법」상 보충적 평가방법에 따른 평가액으로 한다. 이때 보충적 평가방법에 따른 평가액이 장부가액보다 적은 경우에는 장부가액으로 하여야 한다. 다만, 장부가액보다 적은 정당한 사유가 있는 경우에는 예외로 한다. 순자산가치를 산정함에 있어서 다음의 항목은 자산과 부채의 가액에서 각각 차감하거나 가산한다.

가. 자산에서 조정되어야 할 항목

	항 목	비 고
가산항목	지급받을 권리가 확정된 가액	부외자산은 자산에 가산
	법인세법상 유보금액	기업회계와 세무회계의 순자산 사이 소정이 필요한 경우에 한함
차감항목	선급비용 중 비용으로 확정된 것과 무형자산 중 개발비	실질적으로 자산성이 없는 항목

나. 부채에서 조정되어야 할 항목

	항 목	비 고
가산항목	평가기준일까지 발생된 소득에 대해 계상되지 아니한 법인세 등	지방소득세 및 농어촌특별세를 포함한 가액으로 하며, 평가기준일까지 가결산 자료를 근거로 추정납부세액을 계산
	확정된 배당금과 상여금, 기타 지급의무가 확정된 금액	잉여금처분에 대한 결의가 상속개시일(증여일)전에 이루어져 배당금과 상여금이 이미 상속세(증여세)과세가액에 산입되었을 경우, 동 금액을 부채에 가산(퇴직수당, 공로금 등도 동일)
	퇴직금 추계액	평가기준일 현재 전 임직원이 일시에 퇴직할 경우에 지급되어야 할 금액
차감항목	제 충당금과 준비금	단, 보험업법과 기타 법률에 따라 강제된 준비금은 세무상 한도 내에서 인정

ㄱ. 법인세법상 유보금액

자본금과적립금조정명세서(乙)상의 유보금액은 기업회계와 세무회계의 차이 중 과세되지 않은 금액으로서 순자산가치 계산시 자산에 가산되어야 한다. 자산별로 보충적 평가방법에 따른 평가액으로 평가되었거나 충당부채 등 부채로 인정되지 않는 항목과 관련된 유보금액은 조정하지 않는다.

ㄴ. 자기주식

자기주식을 소각 등 감자의 목적으로 보유하고 있는 경우에는 자본차감 항목이므로 자기주식 평가액을 자산에 포함시키지 않으나, 일시적 보유목적 등으로 보유하고 있는 경우에는 자기주식 평가액을 자산에 포함하여 순자산가액을 계산한다(서일 46014-10200, 2001. 9. 19., 서면-2015-상속증여-0254, 2015. 2. 26.).

② 영업권 가액의 산정(「상속세 및 증여세법 시행령」 제59조 ②)

순자산가액을 산정하기 위해서는 상기 '① 영업권이 제외된 순자산가액'에 아래 산식으로 산출된 영업권 가액을 가산하여야 한다.

> 영업권 가액＝〔(최근 3년간 가중평균순손익액 × 50%) − (평가기준일 현재의 자기자본 × 10%)〕× 평가기준일 이후 영업권의 지속연수를 고려한 현가지수(5년, 3.7908)

(3) 순자산가치만으로 평가하여야 하는 경우

주식을 발행한 회사의 상황에 따라 순손익가치를 고려하지 않고 순자산가치만으로 비상장주식을 평가하여야 하는 경우가 있다(「상속세 및 증여세법 시행령」 제54조 ④). 이 경우에는 순자산가치의 80%를 한도로 하는 것이 아니라 순자산가치 해당액으로 평가하는 것이다.

- 상속세(증여세) 과세표준 신고기한 이내에 평가대상법인의 청산절차가 진행 중이거나 사업자의 사망 등으로 인하여 사업의 계속이 곤란하다고 인정되는 법인의 주식 등
- 사업개시 전의 법인, 사업개시 후 3년 미만의 법인과 휴·폐업 중인 법인의 주식 등. 단, 적격분할, 적격물적분할로 신설된 법인의 기간은 분할 전 동일 사업부문의 개시일부터 기산
- 법인의 자산총액 중 토지, 건물, 부동산에 관한 권리, 해당 법인이 보유한 다른 법인의 주식가액에 그 법인의 부동산보유비율을 곱하여 산출한 가액이 차지하는 비율이 80% 이상인 법인의 주식 등(자산총액은 해당법인의 세무상 장부가액으로 하되, 토지와 건물은 기준시가와 장부가액 중 큰 금액으로 계산하고, 개발비, 사용수익기부자산, 양도일부터 소급하여 1년 이내에 증가한 현금·금융자산·대여금은 제외)
- 자산총액 중 주식 등의 가액이 차지하는 비율이 80% 이상인 법인의 주식 등
- 법인 설립시 정관에 존속기한이 확정된 법인으로서 평가기준일 현재 잔여 존속기한이 3년 이내인 법인의 주식 등

평가기준일이 속하는 사업연도 전 3년 내의 사업연도부터 계속하여 결손금이 있는 법인의 주식 등은 2018. 2. 13. 이후 평가분부터 순자산가치만으로 평가하는 경우에 해당되지 않는다.

(4) 재산평가심의위원회에 의한 심의평가

비상장주식을 평가할 때 납세자가 다음 중 어느 하나에 해당하는 방법으로 평가한 평가가액을 첨부하여 국세청과 지방국세청에 설치된 평가심의위원회에 비상장주식의 평가가액 및 평가방법에 대한 심의를 신청하는 경우에는 보충적 평가방법 및 순자산가치만으로 평가하여야 하는 규정에도 불구하고 평가심의위원회가 심의하여 제시하는 평가가액에 의하거나 그 위원회가 제시하는 평가방법 등을 고려하여 계산한 평가가액에 의할 수 있다. 다만, 납세자가 평가한 가액이 보충적 평가방법에 따른 주식평가액의 70% 내지 130%의 범위 안의 가액인 경우로 한정한다(「상속세 및 증여세법 시행령」 제54조 ⑥).

- 유사상장법인과의 주가 비교를 통한 상대평가방법
- 현금흐름할인방법
- 배당흐름할인방법
- 상기 방법에 준하는 방법으로서 일반적으로 공정하고 타당한 것으로 인정되는 방법

재산평가심의위원회에 의한 심의평가시 아래 최대주주 등에 대한 할증평가조항까지 인용하는 것은 아니므로 각각의 평가방법을 이용할 때 최대주주 등에 대한 할증평가는 별도로 이루어져야 한다.

(5) 최대주주 등에 대한 할증평가

최대주주의 보유주식에 대해서는 시가 또는 보충적 평가방법에 의하여 평가한 1주당 가액(수용가격·공매가격 및 감정가격 등 시가로 인정되는 것을 포함)에 평가액의 20%를 가산하여 평가한다(「상속세 및 증여세법」 제63조 ③). 다만, 중소기업 주식과 직전 3개년 매출액 평균이 5천억원 미만인 「중견기업법」상 중견기업이 발행한 주식 등에 대해서는 할증하여 평가하지 아니한다.

중소기업은 중소기업기본법에 의한 중소기업의 요건을 충족하면 되므로 조세특례제한법에 따른 업종제한은 없으며, 중소기업이 규모의 확대 등으로 인하여 중소기업에 해당하지 않게 된 경우 그 사유가 발생한 연도의 다음 사업연도부터 3년간 중소기업으로 보는 중소기업 유예기간 중의 기업도 중소기업으로 본다(서면4팀-2629, 2005. 12. 27.).

이와 같이 주식가액을 할증하여 평가하는 이유는 최대주주 등이 매각하는 주식은 경영권이 수반되어 매매가 이루어지는 것으로 보고 경영권 프리미엄을 가산하는 것이라고 볼 수 있다. 다만, 다음과 같은 경우에는 할증평가의 예외로 한다(「상속세 및 증여세법 시행령」 제53조 ⑥).

- 평가기준일이 속하는 사업연도 전 3년 이내의 사업연도부터 계속하여 결손금이 있는 경우
- 평가기준일 전후 6월(증여의 경우 3월) 이내의 기간 중 최대주주 등이 보유하는 주식 등이 전부 매각된 경우(단, 특수관계가 없는 자 간의 매매사례가액이 있는 경우에 한함)
- 합병·증자·감자·현물출자·전환사채 등의 주식전환 등에 따른 증여이익을 계산하는 경우
- 평가대상인 주식 등을 발행한 법인이 다른 법인('1차 출자법인'이라 한다)이 발행한 주식 등을 보유하고 있고, 1차 출자법인이 또 다른 법인('2차 출자법인'이라 한다)이 발행한 주식 등을 보유함으로써 1차 출자법인 및 2차 출자법인이 최대주주 등에 해당하는 경우에 1차 출자법인 및 2차 출자법인의 주식 등을 평가하는 경우(즉, 1차 출자법인 및 2차 출자법인이 보유하는 주식은 할증평가하지 않고, 평가대상 법인이 보유한 1차 출자법인에 한정하여 할증 평가함)
- 평가기준일로부터 소급하여 3년 이내에 사업을 개시한 법인으로서 사업개시일이 속하는 사업연도부터 평가기준일이 속하는 사업연도의 직전 사업연도까지 각 사업연도의 기업회계기준에 의한 영업이익이 모두 0 이하인 경우
- 상속·증여세 과세표준 신고기한 이내에 평가대상주식 등을 발행한 법인의 청산이 확정된 경우
- 최대주주 등이 보유하고 있는 주식 등을 최대주주 등 외의 자가 해당 증여일 전 10년 이내에 상속 또는 증여받은 경우로서 상속 또는 증여로 인하여 최대주주 등에 해당되지 아니하는 경우
- 주식의 실제소유자와 명의자가 다른 경우로서 명의신탁재산의 증여 의제에 해당하여 해당 명의자가 실제소유자로부터 증여받은 것으로 보는 경우

(6) 기타 고려할 사항

① 10% 이하 지분 및 상호출자지분의 평가

기본적으로 주식 등을 발행한 법인이 1차 출자법인의 주식을 소유한 경우 1차

출자법인의 주식도 시가 또는 보충적인 평가방법에 의하여 평가하여야 하나, 총발행주식 중 10% 이하의 지분을 소유하고 있는 경우에는 1차 출자법인의 주식을 취득가액으로 할 수 있다. 다만, 상장된 주식으로 신뢰할 수 있는 시가가 있으면 시가를 우선하여 적용하여야 한다(「상속세 및 증여세법 시행령」 제54조 ③). 상속재산인 주식 등을 발행한 법인이 1차 출자법인의 총발행주식의 10%를 초과하여 소유하고 있으면서 상호출자하고 있는 경우에는 다원 1차 방정식으로 평가액을 계산하여야 한다(상담4팀 – 3278, 2007. 11. 13.).

② 외국법인 주식의 평가

현행 「상속세 및 증여세법」은 외국법인 주식의 평가에 대하여 별도로 규정하고 있지 않다. 따라서 외국법인의 주식에 대해서도 시가가 없다면, 「상속세 및 증여세법」에 따른 보충적 평가방법을 적용하여 주식가액을 평가하여야 한다(상담4팀 – 1862, 2005. 10. 12.). 다만, 보충적 평가방법의 적용이 부적당한 경우에는 해당 재산이 소재하는 국가에서 양도소득세, 상속세 또는 증여세 등의 부과목적으로 평가한 가액을 적용하고, 재산 소재국의 평가액이 없을 경우에는 세무서장 등이 2 이상의 국내 또는 외국의 감정기관에 의뢰하여 감정한 가액을 참작하여 평가한 가액에 의한다(「상속세 및 증여세법 시행령」 제58조의3).

순손익가치를 계산할 경우 그 계산의 출발점은 법인세법 제14조의 규정에 의한 각 사업연도 소득금액이어야 하나 현실적으로 외국법인은 법인세법에 따른 각 사업연도소득금액을 산출할 수가 없다는 문제점이 있으며, 당해 소재지국의 세법에 따른 세무상 과세소득을 기준으로 하는 것도 회계기준의 차이, 세무조정 방법의 차이 등으로 인하여 신뢰할 수 있는 소득으로 볼 수 없다. 실무적으로는 현지 기업회계기준에 따라 작성된 손익계산서상 당기순이익에 중요한 기업회계기준의 오류나 차이를 조정한 금액을 이용하여 평가를 수행하고 있는 실정이다.

순자산가치의 계산에 있어서도 지침이 될 만한 규정이 없다. 다만, 자산평가가 현실적으로 불가능한 경우에는 장부가액을 기준으로 순자산가치를 계산할 수 있으나(재삼 46014 – 2261, 1994. 8. 18.) 최근 들어서는 해외감정평가법인의 감정가액을 이용하는 경우가 증가하고 있다.

한편, 외국법인은 국내 중소기업기본법의 적용대상이 아니므로 외국법인의 최대주주 등이 보유하는 주식에 대해서는 「상속세 및 증여세법」 제63조 ③에 따라 규모에 상관없이 일반기업의 할증률을 적용받게 된다.

3 비상장주식의 평가사례

 사례

(1) 재무상태표

㈜인포마인

계정과목	금액	
	2022. 6. 30. 현재	(단위:원)
현금예금		423,500
매출채권	1,256,700	
대손충당금	(78,500)	1,178,200
단기대여금		205,600
미수수익		100,300
재고자산	786,700	
평가충당금	(23,200)	763,500
투자주식A		500,800
투자주식B		700,400
토지		1,289,100
건물	2,363,200	
감가상각누계액	(356,200)	2,007,000
기계장치	3,934,500	
감가상각누계액	(1,236,500)	2,698,000
상표권		156,000
개발비		6,000
자산총계		10,028,400
매입채무		123,600
단기차입금		2,500,000
미지급비용		125,100
미지급세금		154,100
퇴직급여충당금		2,098,000
자본금		1,000,000
미처분이익잉여금		4,027,600
부채와자본총계		10,028,400

(2) 세무상 유보금액

내 용	금 액
감가상각비 한도초과	120,500
퇴직급여충당금 한도초과	250,700
합 계	371,200

(3) 최근 3년간 각 사업연도소득금액 및 세무조정사항

구 분	2021년	2020년	2019년
각 사업연도소득금액	770,500	710,300	654,800
세무조정사항			
국세환급금이자	10,200	–	–
벌금, 과료, 과태료	2,200	3,300	1,100
접대비 한도초과액	11,600	9,800	5,900
지급이자 부인액	7,800	6,900	5,200
법인세 및 지방소득세	154,100	142,060	130,960

(4) 기타 자료

① ㈜인포마인의 최대주주인 갑의 지분율은 40%이고, 증여목적으로 갑의 1주당 주식가액을 평가함.

② ㈜인포마인은 설립 후 3년 이상 경과한 법인이며, 중소기업기본법상 중소기업에 해당하지 않음.

③ 토지의 공시지가는 1,400,000원이고, 건물의 과세시가표준액은 장부가액과 일치함.

④ 투자주식 A와 B는 최대주주로서 할증 전 「상속세 및 증여세법」상 보충적 평가방법에 따른 평가액은 다음과 같음.

투자주식	구 분	지분율	할증 전 평가액
투자주식A	내국중소기업	50%	800,000
투자주식B	외국법인	30%	1,000,000

⑤ 상표권에 대한 평가기준일 이후의 수입금액은 확정되지 않았음. 과거 3년간 상표권 수입금액의 평균액은 200,000원이고 향후 존속기간은 5년임.

⑥ 평가기준일 현재 퇴직금총추계액은 2,480,000원임.

⑦ 순자산가액은 평가기준일로 산정하여야 하나 편의상 평가기준일 현재의 자산·부채는 2022. 6. 30. 현재의 재무상태표 금액과 동일한 것으로 가정함.

⑧ 1주당 액면가액은 100원이며, 2020. 6. 25.에 500,000원의 유상증자가 있었음.

〈평가심의위원회 운영규정 별지 제3호 서식 부표3〉 (앞면)

비 상 장 주 식 평 가 조 서

1. 평가대상 비상장법인

① 법 인 명 (사 업 자 등 록 번 호)	㈜인포마인 (000-00-00000)	② 대 표 자	
③ 소 재 지		④ 사 업 개 시 일	2000년 1월 1일
⑤ 발 행 주 식 총 수	10,000주	⑥ 자 본 금	1,000,000원
⑦ 1 주 당 액 면 가 액	100원	⑧ 휴·폐 업 일	. . .
⑨ 해 산(합병) 등 기 일	. . .	⑩ 평 가 기 준 일	2022년 7월 25일

2. 1주당 가액 평가

⑪ 순 자 산 가 액	6,359,355
⑫ 1 주 당 순 자 산 가 액 (⑪ ÷ ⑤)	635
⑬ 최근 3년간 순손익액의 가중평균액에 의한 1주당가액 또는 2이상의 신용평가전문기관(회계법인 포함)이 산출한 1주당 추정이익의 평균액	580
⑭ 1주당 평가액 : ㉮ 평가액과 ㉯의 평가액 중 많은 금액	602
㉮ 1주당 가중평균액 : [{(⑫ × 2) + (⑬ × 3)} ÷ 5] * 자산가액중 부동산가액의 50% 이상인 법인 [{(⑫ × 3)+(⑬ × 2)} ÷ 5]	602
㉯ 1주당 순자산가액(⑫)의 80% (2017. 4. 1. ~ 2018. 3. 31. : 70%)	508
⑮ 최대주주 소유주식의 1주당 평가액 : ⑭ ×할증율^{주)}	722

3. 상속세 및 증여세법 시행령 제54조 제4항 제1호부터 제4호까지에 해당되는 경우

⑯ 사업의 계속이 곤란하다고 인정되는 법인		⑰ 사업개시 전 법인		⑱ 사업개시 후 3년 미만 법인	
⑲ 휴·폐업 중에 있는 법인		⑳ 평가기준일 전 3년 내 계속 결손인 법인 (2018.2.13. 삭제)		㉑ 부동산평가액이 총자산의 80% 이상 법인	
㉒ 주식평가액이 총자산의 80% 이상인 법인		㉓ 잔여존속기한이 3년 이내인 법인			

주) 최대주주 갑의 지분율이 40%이고 중소기업에 해당되지 않으므로 20%의 할증률이 적용됨.

〈평가심의위원회 운영규정 별지 제3호 서식 부표4〉 　　　　　　　　　　　　　　(앞면)

순 손 익 액 계 산 서

평가대상 법인명 : (주)인포마인　　　　　　　　　　　　　　　평가기준일 : 2022. 7. 25

평가기준일 이전 1년, 2년, 3년이 되는 사업연도			2021년	2020년	2019년
① 사 업 연 도 소 득		계	770,500	710,300	654,800
소득에 가산할 금액	② 국세, 지방세 과오납에 대한 환급금 이자		10,200		
	③ 수입배당금중 익금 불산입한금액				
	④ 기부금의 손금산입한도액 초과금액의 이월손금 산입액				
(A) 합계(① + ② + ③ + ④)			780,700	710,300	654,800
소득에서 공제할 금액	⑤ 벌금, 과료, 과태료, 가산금 과 체 납 처 분 비		2,200	3,300	1,100
	⑥ 손금용인되지않는공과금				
	⑦ 업 무 에 관 련 없 는 지 출				
	⑧ 각 세 법 에 규 정 하 는 징 수 불 이 행 납 부 세 액				
	⑨ 기 부 금 한 도 초 과 액				
	⑩ 접 대 비 한 도 초 과 액		11,600	9,800	5,900
	⑪ 과 다 경 비 등 의 손 금 불 산 입 액				
	⑫ 지 급 이 자 의 손 금 불 산 입 액		7,800	6,900	5,200
	⑬ 감가상각비 시인부족액에서 상각 부인액을 손금으로 추인 차감한 금액				
	⑭ 법 인 세 총 결 정 세 액		140,091	129,145	119,055
	⑮ 농 어 촌 특 별 세 총 결 정 세 액				
	⑯ 지 방 소 득 세 총 결 정 세 액		14,009	12,915	11,905
(B) 공제할금액합계(⑤+…⑯)			175,700	162,060	143,160
⑰ 순 손 익 액(A−B)			605,000	548,240	511,640
⑱ 유 상 증 (감) 자 시 반 영 액[주2)]				25,000	50,000
⑲ 순 손 익 액(⑰ ± ⑱)			605,000	573,240	561,640
⑳ 사 업 연 도 말 주 식 수 또 는 환 산 주 식 수[주1)]			10,000	10,000	10,000
㉑ 주 당 순 손 익 액(⑲÷⑳)			ⓐ　60	ⓑ　57	ⓒ　56
㉒ 가 중 평 균 액{(ⓐ×3 + ⓑ×2 + ⓒ) / 6}		58			
㉓ 기획재정부장관이 고시하는 이 자 율		10%			
㉔ 최 근 3 년 간 순 손 익 액 의 가 중 평 균 액 에 의 한 1 주 당 가 액(㉑÷㉒)		580			

주1) 2019년 환산주식수 = 5,000주 × (5,000주 + 5,000주) / 5,000주 = 10,000주

주2) 유상증자시 반영액 : 2020년 6월 25일의 유상증자로 인하여 2018년에는 증자 후 주식수를 적용하고, 2019년의 주식수는 환산주식수를 적용하므로, 유상증자일 이전 기간에 대하여 유상증자대금 운용이익을 가산. 이경우 1개월 미만은 1월로 계산함.

연도	납입금액	적용이율	운용기간	유상증자시 반영액
2020년	500,000	10%	6개월	25,000
2019년	500,000	10%	12개월	50,000

〈평가심의위원회 운영규정 별지 제3호 서식 부표5〉 　　　　　　　　　　　　　　　　　(앞면)

순 자 산 가 액 계 산 서

평가대상 법인명 : (주)인포마인

구 분		평가기준일	2022년7월25일		
① 재 무 상 태 표 상 의 자 산 가 액			10,130,100		
자산에가산	② 평　　　가　　　차　　　액		1,497,555		
	③ 법 인 세 법 상 유 보 금 액주1)		120,500		
	④ 유　　상　　증　　자　　등				
	⑤ 기　　　　　　　　　　　타				
자산에서제외	⑥ 선　　급　　비　　용　　등		6,000		
	⑦ 증 자 일 전 의 잉 여 금 의 유 보 액				
가. 자 산 총 계 (① + …⑤) − (⑥ + ⑦)			11,742,155		
⑧ 재 무 상 태 표 상 의 부 채 액			5,102,500		
부채에가산	⑨ 법　　　　　인　　　　　세				
	⑩ 농 어 촌 특 별 세				
	⑪ 지　　방　　소　　득　　세				
	⑫ 배 당 금 · 상 여 금				
	⑬ 퇴 직 급 여 추 계 액		2,480,000		
	⑭ 기　　　　　　　　　　　타				
부채에서제외	⑮ (제　　　준　　　비　　　금)				
	⑯ (제　　　충　　　당　　　금)주2)		2,199,700		
	⑰ (기　　　　　　　　　　타)				
나. 부 채 총 계 (⑧ + …⑭) − (⑮ + …⑰)			5,382,800		
⑱ 영 업 권 포 함 전 순 자 산 가 액 (가 − 나)			6,359,355		
⑲ 영　　　　　　　업　　　　　　　권					
⑳ 순　　자　　산　　가　　액 (⑱ + ⑲)			6,359,355		

주1) 퇴직급여를 퇴직급여추계액으로 평가하므로 유보금액 중 퇴직급여충당금과 관련된 유보금액은 제외하고,
　　감가상각비 한도초과액만 기재
주2) 퇴직급여충당금 2,098,000원+대손충당금 78,500원+재고자산평가충당금 23,200원

〈평가심의위원회 운영규정 별지 제3호 서식 부표6〉 　　　　　　　　　　　　　　　(앞면)

평 가 차 액 계 산 명 세 서

평가대상 법인명 : ㈜인포마인　　　　　　　　　평가기준일 : 2022년 7월 25일

자 산 금 액				부 채 금 액			
계 정 과 목	상증법 평가액	재무상태표 금 액	차 액	계 정 과 목	상증법 평가액	재무상태표 금 액	차 액
합　　계	11,627,655	10,130,100	A 1,497,555	합　　계	5,102,500	5,102,500	B
현 금 예 금	423,500	423,500		매 입 채 무	123,600	123,600	
매 출 채 권주1)	1,256,700	1,256,700		단 기 차 입 금	2,500,000	2,500,000	
단 기 대 여 금	205,600	205,600		미 지 급 비 용	125,100	125,100	
미수수익주2)	86,000	100,300	(14,300)	미 지 급 세 금	154,100	154,100	
재 고 자 산주1)	786,700	786,700		대 손 충 당 금	78,500	78,500	
투자주식A주3)	800,000	500,800	299,200	평 가 충 당 금	23,200	23,200	
투자주식B주3)	1,200,000	700,400	499,600	퇴　　충	2,098,000	2,098,000	
토　　지	1,400,000	1,289,100	110,900				
건　　물	2,007,000	2,007,000					
기 계 장 치	2,698,000	2,698,000					
상 표 권주4)	758,155	156,000	602,155				
개 발 비주5)	6,000	6,000					
비　　고							

※ 기재요령

　　평가기준일 또는 직전사업연도말 현재의 재무상태표상의 자산 또는 부채금액을 기준으로 하여 순자산가액을 계산시 재무상태표상 미계상된 경우를 포함한 평가차액을 계산하는 경우에 사용합니다.

　1. 계정과목란에는 평가대상 자산 또는 부채를 재무상태표에 기재된 계정명으로 기입하며 재무상태표상 미계상 된 경우에는 추가로 기재합니다.

　2. 평가차액란 A(자산)에서 B(부채)를 차감한 잔액을 순자산가액계산서의 ②평가차액란에 옮겨 기재합니다.

주1) 매출채권과 재고자산은 각각 대손충당금과 평가충당금을 차감하기 전의 금액임.

주2) 평가기준일 현재 평가대상 법인이 보유하고 있는 예금 적금 등의 미수수익은 원천징수세액 상당액을 차감 하여 평가함(「상속세 및 증여세법」제63조 ④).

주3) 투자주식A의 경우 내국중소기업이므로 할증을 배제하고, 투자주식B의 경우 외국법인이므로 20%의 할증률 적용.

주4) 상표권의 평가 : 각 연도의 수입금액 × $(1 + 0.1)^n$ (n : 평가기준일부터의 경과연수)

주5) 개발비는 순자산가액계산서에서 차감하므로 여기서는 장부가액으로 평가함.

〈평가심의위원회 운영규정 별지 제3호 서식 부표7〉

영 업 권 평 가 조 서

평가대상 법인명 : ㈜인포마인

① 평 가 기 준 일	평가기준일 전 3년간 순손익액 가중평균액			
	② 평가기준일 이전 1년이 되는 사업 연도 순손익액	③ 평가기준일 이전 2년이 되는 사업 연도 순손익액	④ 평가기준일 이전 3년이 되는 사업 연도 순손익액	⑤ 가중평균액 $\dfrac{(② \times 3 + ③ \times 2 + ④)}{6}$
2022. 7. 25	605,000	573,240	561,640	587,186

⑥ 3년간 순손익액의 가중평균액의 50% (⑤ × 50 / 100)	⑦ 평 가 기 준 일 현 재 의 자 기 자 본	⑧ 기 획 재 정 부 령 이 정 하 는 이 자 율	⑨ 영 업 권 지 속 연 수
293,593	6,359,355	10%	5년

⑩ 영업권 계산액(5년 현재가치 할인액의 합계액) $[\dfrac{⑥ - (⑦ \times ⑧)}{(1 + 0.1)^n}]$ n : 평가기준일부터의 경과연수	⑪ 영업권 상당액에 포함된 매입한 무체 재산권가액 중 평가기준일까지의 감 가상각비를 공제한 금액	⑫ 영 업 권 평 가 액 (⑩ - ⑪)
0	0	0

※ 계산근거 : 「상속세 및 증여세법 시행령」 제59조 제2항

■ 저자소개

■ 최상우 공인회계사
- 서강대학교 경제학과 졸업
- 공인회계사, 세무사
- 전)삼일회계법인 근무
- 전)한국투자증권
    M&A/국제금융부 근무
- 전)IBK캐피털 IB본부 근무
- 전)동원산업 경영지원실 근무
- 전)동원엔터프라이즈 경영지원실
    근무
- 현)동원기술투자(주) 대표이사

■ 전우수 공인회계사
- 서강대학교 경영학과 졸업
- 공인회계사
- 전)삼일회계법인 근무
- 전)한영회계법인 근무
- 전)GE International Inc Korea
    근무
- 현)김·장 법률사무소

■ 박준영
- 고려대학교 경영학과 졸업
- 미시간대학교 경영대학원(Univ
    of Michigan, MBA) 졸업
- 한국투자증권 기업금융1부 근무
- 금감원 합병비율평가T/F(2012)
- 금감원 M&A제도 T/F(18~19)
- 금융감독원장 표창(2019.12)
- 현)한국투자증권 M&A인수금융3부
    근무

개정증보판 **기업금융과 M&A**

2003년 12월 23일 초판 발행
2023년 3월 27일 11판 발행

저자협의
인지생략

공 저 자 최상우 · 전우수 · 박준영

발 행 인 이 희 태

발 행 처 **삼일인포마인**

서울특별시 용산구 한강대로 273 용산빌딩 4층
등록번호 : 1995. 6. 26 제3 - 633호
전   화 : (02) 3489 - 3100
F A X : (02) 3489 - 3141
I S B N : 979 - 11 - 6784 - 141 - 4 93320

♣ 파본은 교환하여 드립니다.

정가 95,000원